JN418374

개정판

블루오션 M&A 전략

박 상 호

LUE OCEAN M&A STRATEGY

이 시대 M&A 열풍의 이유는 무엇인가.
세계적 재벌의 시스코와 GM, 스웨덴의 일렉트로룩스, CJ 등 많은 국내외 기업들은
M&A를 기업의 가치혁신과 확장을 위한 엔진전략으로 택하여 왔다.
기업의 성장과 가치를 극대화하고 싶은가.
최고의 기업을 만들고 싶은가. 창업에 도전하고자 하는가. 재벌을 꿈꾸는가.
피바다(Red Ocean)가 아닌 넓고 푸른바다(Blue Ocean)의 진입을 위한
블루오션 M&A의 경영전략에 주목하라

M&A에 임하는 자세

21C 지구촌 글로벌경영시대와 초스피드로 변화하는 디지털경영환경 하에서 기업이 계속기업(going concern)으로 살아남고 성장하고 확장하기 위해서 국내외의 많은 기업들은 주저 없이 M&A를 그 엔진 전략으로 선택하였다. 그럼에도 불구하고 M&A는 여러 현실에 부딪치는 문제와 막연한 불안감, 다른 기업과의 문화적 차이, 인수후의 리스크 염려, 인수자금의 부담, 인수자의 확고한 의지와 결단력부족, 조언자마다 제각기 다른 의견에 대한 혼란, 인수자 측에서 계획하고 있는 경영전략과의 불일치 등으로 쉽게 의사결정을 할 수 없는 것이 현실이다.

본인은 M&A를 통하여 창업이득을 회수하고 자금을 확보하여 새로운 기회를 얻고자하는 사람들을 위해, M&A를 통하여 기업의 성장과 확장을 이루고 기업의 가치를 극대화 하고자하는 기업가들을 위해, M&A를 통하여 창업에 도전하고자 계획하는 예비 기업가들을 위해, M&A를 통하여 새로운 영역에 도전하고자 꿈꾸는 벤처 기업가들을 위해, M&A를 통하여 재벌을 꿈꾸고 대기업으로 성장시키고자하는 큰 꿈을 가진 경영자들을 위해 다음과 같은 제언을 하고자 한다.

인수자의 자세

▪ 도전해야 얻는다.

이 세상에 공짜는 없다. 그저 얻어지는 것도 없다. 로또복권에 당첨되기 위해서도 발품을 팔아 복권을 구입해야하고, 고기를 잡기위해서도 그물을 던지고 낚시 줄을 던져야하고, 결혼상대자를 얻기 위해서도 용기 있게 도전해야 그 첫 단추가 끼워진다.

새로운 기회와 새로운 영역을 개척하기위한 용기 있는 도전이 블루오션(Blue Ocean)의 새로운 신화를 만들어 갈 수 있다.

▪ 완전한 기회는 오지 않는다.

M&A를 시도하는 사람들 중 완전한 회사를 찾는 경우가 종종 있다. 이 세상에 완전한 것은 어디에도 없다. 아무리 좋은 세계 제일의 회사라고 할지라도 완전할 수는 없다. 설사 그런 것이 있다면 천문학적 자금이 소요되어 딜이 성사되지 못할 것이다.

일부문제점과 어려운 점이 있다 해도 인수전략에 부합하고 구조조정 후 성장가능성이 예측되면 도전하여 성취하는 자세가 필요하다.

일류가 되는 것은 다른 사람이 성취해놓은 이익을 빼앗는 것이 아니라 이익을 창출할 수 있는 능력을 갖추고 그 일을 찾아내는 것이다.

■ New는 믿지 마라.

새로운 것일수록, 새로운 첨단기술일수록, 세계 최초 개발상품일수록 성공가능성보다 실패의 가능성이 더 높다. 소비자의 인식이 부족한 새로운 상품보다 시장의 수요변화와 트랜드(Trend)에 맞는 상품이 성공할 가능성이 더 높다. 과거에도 있었고 현재에도 있고 미래에도 있어야할 그러한 시장을 보는 자세가 필요하다.

■ 캐즘(Chasm)은 뛰어 넘어라.

"캐즘(Chasm)은 지질학 용어로써 단층현상으로 만들어진 폭이 넓고 깊은골"이라는 것으로 M&A초기에 있을 수 있는 깊은골, 이를테면 상이한 기업의 문화, 배타적인 감정, 필요한 구조조정 등의 문제에 따른 단점만을 부각시켜 스스로에 올가미를 채우는 우를 범하는 것보다, 그러한 문제점을 해결하고 뛰어 넘고 탈출할 수 있다는 의지의 자세가 필요하다.

골퍼들은 공이 깊은 러프(rough)에 빠졌을 때나 벙커(bunker)에 빠졌을 때도 푸른 페어웨이(fairway)와 그린(green)에 올릴 수 있다는 자신감으로 어려운 샷에 도전하며 그들만의 짜릿한 성취를 얻는다.

■ 핵분열을 구상하라.

계란을 한 바구니에 담지 말라고 했다. 한정된 대부분의 자금을 사용하여 회사를 인수한다면 실패 시 후유증이 매우 크다. 현재 100이란 회사의 가치에서 10을 사용 한다면 10%가 되지만, 회사의 가치를 1000으로 키운 다음 똑같이 10을 사용한다면 단 1%만의 자금을 활용하게 된다. 이러한 방법을 지속적으로 선순환 한다면 회사의 핵분열이 이루어짐과 동시에 회사의 성장과 가치가 계속해서 확장되는 구조가 지속할 것으로 확신한다. 시스코시스템즈의 M&A전략이 이와 같다.

■ 볼링게임을 하라.

핀을 하나 맞추면 그 핀이 또 다른 핀을 맞추어 10개의 공을 쓰러뜨려 완전한 성공을 이루어 내는 볼링게임의 인수전략을 구사하라. 이를 위해 1+1이 2가 아닌 3의 시너지효과를 창출할 수 있는 인수를 하는데 집중한다.

■ 하이에나(hyena)와 독수리(eagle)의 공격법을 배우라.

서둘러서 인수하면 실패가 높고 착시현상을 일으킬 수 있으며 불필요한 자금의 투입이 많아질 수 있다. 충분히 검토하고 세밀한 전략을 수립한 후 인수한다.

상대방이 지치고 힘이 빠질 때까지 기다려 적절한 먹이사냥(인수)의 타이밍을 살피는 하이에나와 같은 끈질긴 여유와, 먹이사냥을 위해 높은 곳에서 주위를 맴돌며 충분히 살피고 관찰 한 다음 확신이 설 때 모든 힘을 다해 전속력으로 돌진하여 단 한번에 깨끗하게 먹이사냥을 끝내는 독수리의 지혜를 함께 배울 필요가 있다.

▪ 우호관계를 수립하라.

M&A의 성공에 있어서 무엇보다도 중요한 것은 상대방과의 충분한 신뢰관계에 있다. 기업은 하나의 상품이기도 하지만 유기적으로 살아 움직이는 생물과 같다. 따라서 인수자측의 신뢰나 경영능력에 문제가 될 수 있다고 판단되면 충분한 가치를 인정한다고 해도 실패할 수 있는 확률이 매우 높다. 먼저 상대방과의 충분한 신뢰와 우호관계를 형성하는데 노력을 할 필요가 있다.

양도자의 자세

▪ 벌떼들이 모여드는 "꽃"을 만들어라.

기업도 상품이다. 상품중에도 아주 특별한 상품이다. 벌떼(인수자측)들이 모여들고 향기나는 꽃(상품)을 만들어라. 그런 상품은 인기가 매우 높을 것이며 상품의 가치도 매우 높게 인정받게 될 것이다. 꽃은 꽃이되 향기가 없거나 시들어 있거나 말라있다면 벌떼들이 모여들지 않을 것이며, 그 꽃은 이미 폐기(청산, 구조조정)의 대상일 것이다. 팔고 싶으면 모든 사람들이 탐을 내는 상품을 만들고 가꾸는 노력이 필요하다. 이를 위해 평소에 끊임없는 구조조정과 가치혁신의 기업경영이 요구된다.

"끓는 물속에 개구리를 넣으면 깜짝 놀란 개구리는 밖으로 튀어나와 살아 날 수 있지만, 찬물 속에 개구리를 넣고 물을 천천히 끓이면 개구리는 점점 올라가는 온도를 느끼지 못하고 기진맥진하다가 그대로 죽어버린다"는 것이 개구리 이론이다. 현실에 만족하고 미래를 위한 준비가 없다면 개구리식 경영이 현실화가 될 것이다.

"솔개는 40년을 살면 발톱이 노화하여 사냥감을 잡기 어렵고 부리도 길게 자라 구부러지고 깃털이 두꺼워 날기도 힘들게 되어 그대로 있으면 죽게 되는데, 어떤 솔개는 반년에 걸친 매우 고통스러운 갱생과정(구조조정과정)을 거쳐 그로부터 30년을 더 살아갈 수 있다고 한다. 이를 위해 높은 곳으로 올라가 둥지를 짓고 머물며 부리로 바위를 쪼아 부리가 깨지고 빠지게 만든다. 그러면 서서히 새로운 부리가 돋아나고 새로 돋은 부리로 자신의 발톱을 하나하나 뽑아내고 새로운 발톱이 나면 다시 날개의 깃털을 하나하나 뽑아내어 모든 갱생의 과정을 마치고 다시 태어나는 모습으로 힘차게 30년을 더 살아간다고 한다."

최고의 기업을 만들기 위해서 필요하다면 개구리나 솔개에서 구조조정의 지혜를 배울 필요가 있을 것이다.

- **솔직하게 접근하라.**

상대방에게 있는 그대로 솔직하게 접근하고, 있는 그대로를 설명하여야 한다. 조금이라도 거품이 있고 진실이 의심되면 딜은 되지 않는다. 오히려 인간적인 신뢰만 무너지게 된다. 상대방에게 인간적인 면과 진실한 점을 부각하면 오히려 아주 높은 가치를 인정받을 수 있다. 실사 등의 M&A절차를 거치면서 어차피 모든 사실은 알게 되어있다.

- **딜의 가치는 인수자의 입장에서 생각하라.**

M&A에 있어서 무엇보다도 중요한 성패의 요인 중 하나는 얼마에 딜을 할 것인가 하는 가치의 문제이다. 가치는 나의 입장에서 보다 상대방인 인수자의 입자에서 생각할 필요가 있으며, 객관적이고 외부의 전문가가 진단하는 가치를 존중할 필요가 있다.

인수자는 인수하는 순간부터 경영권행사에 대한 결과와 리스크를 동시에 안고 있다. 양도자의 희망하는 가치(Value)는 손해 보는 생각으로 임하라. 그럴 경우 해결은 어렵지 않을 것이다.

회사의 가치는 인수하는 주체가 누군가(Who)에 따라, 언제(When)인가에 따라, 인수목적(Why)에 따라, 경제사정과 자금여건에 따라, 인수하고자하는 경쟁정도에 따라, 증권시장의 변화 여건에 따라 달라질 수밖에 없다.

- **M&A는 타이밍의 예술이다.**

시장의 기본원리는 수요와 공급이다. 아무리 좋은 회사(상품)를 팔고 싶어도 살 사람이 없다면 팔수 없을 뿐만 아니라 그 가치를 인정받을 수 없다. 회사를 팔고 창업이득을 회수하고 또 다른 기회를 얻고자 계획을 갖고 있다면 회사가 성장하고 잘 되고 있을 때 팔아라. 회사가 어렵고 잘되지 않을 때는 공짜로 줘도 인수할 사람이 없다.

M&A는 트랜드(Trend)이며 타이밍의 예술이다. 타이밍을 놓치면 후회 할 뿐이다.

인수자의 마음은 갈대와 같다. 인수하고 싶을 때 팔아라. 그 시기를 놓치면 아주 오랜 시간이 걸리고 회사가 망할 수도 있으며 한푼도 못 건지는 경우가 있다.

독자에게 드리는 글

1994년 12월 M&A를 전문으로 하는 회사를 창업한 이래 10여 년 동안 필드에서 겪은 현장경험과 틈틈이 강의해온 자료, 정보의 바다라고 하는 인터넷상에서 필요한 정보를 얻어 본서를 쓰게 되었다. 책을 쓴 다기 보다 본인의 부족한 부분을 채우고 다시 공부하기 위해서 시작하였으며, 주위의 강력한 권고가 책을 쓰게 한 결정적인 동기가 되었다고 생각한다.

본서의 본문은 모두 11부로 구성되어 있으며 그 주요내용은 M&A에 대한 전반적인 이해를 다루었고, M&A의 거래관계자와 자금조달방안, 실무상 접하는 M&A의 구체적 진행과정, 전략적인 합병방법, 기업의 구조조정과 가치극대화를 위한 A&D와 비공개법인의 우회공개전략, 구조조정을 위한 회사분할전략, 영업양수도와 P&A전략, 벤처기업 등의 M&A활성화를 위한 주식교환전략, 적대적 M&A를 위한 실천전략과 이에 대한 방어전략, 마지막으로 M&A를 위한 기업가치평가 등으로 구성하였다.

특히, 각 내용별로 관련사례를 함께 수록하여 독자들의 이해를 돕고자 노력하였으며, "구조조정을 통한 M&A사례 편"에서는 본문에서 나오는 대부분의 내용을 다룰 수 있는 종합적인 사례를 정리하여 독자들의 이해를 높였다. 또한 부록 편에서 M&A와 관련되는 중요한 용어와 함께 2005. 3. 29일부터 시행된 "주식 등의 대량보유상황보고서(5%룰)"(경영참가목적용, 단순투자목적용)를 수록하였으며, 2006년 6월부터 시행한 비상장법인의 우회공개에 대한 제도변경(기준강화)에 대한 내용을 수록함으로써 명실상부한 M&A실전참고서적으로 손색이 없게 하였다.

앞으로도 계속해서 독자들에게 사랑받는 M&A경영전략필독서가 되어 질 수 있도록 노력하고자 하며, 본서를 통하여 블루오션 경영으로 나아가는데 좋은 밑거름이 되기를 기대한다.

개정판을 내면서

블루오션M&A전략을 펴 낸지 1년 남짓한 기간 동안 독자들의 많은 사랑으로 금번에 개정판까지 발행하게 되어 보람과 기쁨으로 생각하며 독자들에게 다시 한번 감사의 말씀을 전하고자 한다.

금번 개정판에서는 본서의 전반적인 내용 중 일부 미흡한 부분과 시간이 경과함으로 정보로서의 가치가 떨어지는 내용을 일부 수정 보완하였다. 특히 제1부의 기업가치혁신과 M&A에 대한 이해 편과 제5부의 가치혁신을 위한 A&D와 우회공개의 전략, 제9부와 제10부의 적대적M&A에 대한 실천전략과 방어 전략을 중점적으로 수정 보완하였으며 그 주요 내용은 다음과 같다.

첫째, 2006년 6월 26일부터 시행된 비상장법인의 우회공개에 대한 제도변경(주로 우회공개에 대한 기준강화)의 내용과 우회공개제도 변경이후 공개추이를 제5부에서 별도로 수록하여 비상장법인의 경영자와 실무자에게 도움이 되도록 하였고, 이와 관련되는 상세자료를 부록에 첨부하였다.

둘째, 적대적M&A에 대한 실천전략과 이에 대한 방어 전략을 제9부와 제10부에서 각각 수정 보완하여 실전M&A에 대한 이해를 높였으며 미국, 영국, 프랑스, 일본 등 선진국에서 시행하는 M&A에 대한 공격과 방어 전략을 비교분석하였다. 2003년 3월 SK글로벌의 회계부정사건으로 SK(주)의 주가가 폭락한 틈을 타 소버린이 SK(주)의 지분을 15%가까이 매입하면서 적대적M&A의 의혹사건이 제기되었고, 칼 아이칸이 국민의 기업 KT&G의 주식을 매집하여 경영권을 위협하고 있는 현실에서 관련자에게 많은 정보와 전략을 제공할 수 있을 것으로 믿는다.

끝으로 개정판을 내면서 여러모로 수고한 직원에게 감사의 뜻을 전하고 이 모든 영광을 하나님께 바치고자 한다.

2006년 9월 개정판을 내면서
사무실에서 저자 박상호

차 례

제1부 기업가치혁신과 M&A에 대한 이해

제1장 M&A의 의미와 환경 ······ 27

1. M&A의 의미 ······ 27
   1) 일반적인 의미/27　　2) 넓은 의미/28
2. 우리나라 M&A 환경 ······ 28
   1) 기업문화의 변화/28　　2) 법제도 중심의 M&A 발전과정/30

제2장 기업가치혁신을 위한 M&A의 전략 ······ 33

1. 가치혁신 경영전략 ······ 33
   1) 가치혁신 M&A/33　　2) 기술과 인재 확보/36
   3) 내재가치 활용/38　　4) 전략적 제휴/39
2. 가치혁신 영업전략 ······ 44
   1) 블루오션전략/44　　2) 딥포켓 전략/49
   3) 파워플레이 전략/51　　4) 스트롱홀드 전략/52
3. 가치혁신의 재무전략 ······ 54
   1) 자금조달의 기회획득/54　　2) 자본이득의 실현/55
   3) 절세효과/61

제3장 M&A를 위한 주식취득 전략 ······ 65

1. 구주인수 ······ 65
   1) 대주주 주식인수/65　　2) 시장매수/68
   3) 공개매수/68

2. 신주인수 ··· 69

1) 제3자의 신주인수/69 2) 전환사채의 인수/70
3) 신주인수권부사채의 인수/70

제4장 M&A의 형태 ··· 72

1. 거래의사에 의한 형태 ··· 72

1) 우호적M&A/72 2) 적대적M&A/73
3) 중립적M&A/73

2. 결합방식에 의한 형태 ··· 74

1) 수평적M&A/74 2) 수직적M&A/78
3) 혼합적M&A/80 4) 구조개편적M&A/83

3. 교섭방법에 의한 형태 ··· 84

1) 개별교섭/84 2) 공개매수/85

4. 결합주체에 의한 형태 ··· 85

1) 국내기업간 M&A/85 2) 국내기업의 외국기업에 대한 M&A/86
3) 외국기업의 국내기업에 대한 M&A/86

5. 결제수단에 의한 형태 ··· 87

1) 현금/87 2) 주식교환/88
3) 차입매수/88 4) 복합매수/88

제2부
M&A시장 관계자와 자금조달

제1장 M&A시장의 이해관계자 ··· 91

1. 직접적 참여그룹 ··· 92

1) 기업인수자/92 2) 대상기업/93
3) 자문기관/94 4) M&A 중개회사/95
5) 자금공급자/95

2. 간접적 참여그룹 ··· 96

1) 외부투자자/96 2) 외부이해관계자/97

제2장 M&A 중개기관 98

1. 중개기관의 필요성 98
2. 당사자간에 의한 M&A일 경우의 장·단점 99
   1) 장점/99 2) 단점/100
3. 중개기관에 의한 M&A일 경우의 장·단점 101
   1) 장점/101 2) 단점/102
4. 중개기관의 주요역할 102
5. M&A 수수료 104
   1) M&A 수수료 결정/104 2) M&A 수수료 내용/105

제3장 자금조달 전략 106

1. 기업인수 소요자금 106
   1) 직접인수비용/106 2) 간접인수비용/107
2. 자금조달의 방법 107
   1) 인수기업 자체에 의한 자금조달/107
   2) 인수대상 기업을 통한 자금조달/116

제3부
M&A 진행과정의 모든 것

제1장 사전준비단계 124

1. 기본 전략수립 124
   1) TFT 구성/124 2) M&A의 기본계획 수립/125
2. 기본적 시장조사 125
3. 대리인 선정 125
4. 대리인의 계약 126
5. 후보대상기업의 기본검토 127

차례

제2장 거래협상단계 ······ 129

1. 인수의향서 제시 ······ 130
2. 교섭 및 협상 ······ 130
3. 성공적 M&A를 위한 대상기업선정 ······ 130
   1) 성공적인 M&A를 위한 고려요인/132 2) M&A 실패요인/133
4. 양해각서체결 ······ 134
5. 정밀실사 ······ 135
   1) 인력운영부문/136 2) 노동조합관계/136
   3) 기술・R&D 부문/139 4) 원자재조달 및 관리부문/140
   5) 생산부문/140 6) 제품부문/140
   7) 영업부문/141 8) 재무현황 부문/141
   9) 경영관리 부문/143 10) 자산성 있는 부외자산 부문/144
   11) 우발채무부문/145
6. 기업가치평가 ······ 146
7. 최종조건협상 ······ 146
   1) 인수에 대한 의사결정/147 2) 거래대상과 가격조정/147
   3) 기타조건협상/148

제3장 계약체결 및 사후관리 단계 ······ 149

1. 본 계약체결과 거래대금 지급 ······ 149
2. 세무신고 ······ 151
   1) 인수자의 세무신고/152 2) 양도자의 세무신고/152
3. POST M&A ······ 152

제4부
전략적합병 이렇게 한다

제1장 합병의 유형 ······ 161

1. 합병해당회사의 소멸여부에 따른 구분 ······ 161
   1) 흡수합병/161 2) 신설합병/162
2. 절차간소화 정도에 따른 구분 ······ 162
   1) 일반합병/163 2) 소규모합병/163
   3) 간이합병/164
3. 역합병과 삼각합병 ······ 165
   1) 역합병/165 2) 삼각합병/167

제2장 합병의 법적 제한 ······ 170

1. 상법의 제한 ······ 170
2. 독점규제 및 공정거래에 관한 법률의 제한 ······ 171
3. 증권거래법 및 감독규정의 제한 ······ 173
4. 회사정리법의 제한 ······ 177
5. 금융산업의 구조개선에 관한 법률의 제한 ······ 177

제3장 유형별 합병의 절차 ······ 179

1. 비공개법인간 합병 ······ 179
2. 공개법인과 비공개법인간 합병 ······ 185
3. 벤처기업의 합병 ······ 194
4. 소규모 합병 ······ 196
5. 간이합병 ······ 199

제5부
가치혁신을 위한 A&D와 우회공개의 전략

제1장 A&D와 우회공개의 정의 ………… 205

1. A&D의 정의 ………… 205
2. 우회공개의 정의 ………… 205

제2장 기업가치혁신을 위한 A&D와 우회공개의 전략 ………… 207

1. A&D의 전략 ………… 207
   1) A&D의 방법/207 2) A&D의 형태와 목적/207
   3) A&D에 따른 주주의 영향/208 4) A&D와 우회공개의 법적 제한/208
   ☞ A&D 사례/209
2. 직접적 우회 공개의 전략 ………… 211
   1) 직접적 우회공개방법/211 2) 우회공개의 목적/211
   3) 우회공개에 따른 주주의 영향/212 4) 직접적 우회공개의 절차/212
3. 간접적 우회공개의 전략 ………… 214
   1) 영업양수도에 의한 우회공개/214 2) 현물출자에 의한 우회공개/216
   3) 주식교환에 의한 우회공개/217 ☞ 우회공개 사례/223

제3장 우회공개 법인의 혜택 ………… 225

1. 자본시장혜택 ………… 225
2. 세제혜택 ………… 226
   1) 개인주주의 경우 과세 비교/226 2) 법인주주의 경우 과세 비교/228
3. 일반적 혜택 ………… 228
   1) 기업의 홍보효과 및 공신력 제고/228
   2) 기업의 원활한 구조조정 추진/228
   3) 경영합리화 도모/228
   4) 스톡옵션 행사이익 비과세/228
   5) 주식이동상황명세서 제출의무 면제/229
   6) 주주총회 소집절차의 간소화/229
   7) 중소기업의 사업손실준비금적립/229
   8) 자사주 처분 손실준비금적립/229

제4장 우회공개의 선택이유와 변경제도 ······ 230

1. 우회공개의 선택이유 ······ 230
2. 우회공개의 변경제도 ······ 231
   1) 개정 이유/231 2) 주요골자/231
   3) 우회공개의 방법별 작성서식/235
3. 제도변경 후 우회공개추이 ······ 235
   1) 코스닥 우회공개추이/236 2)거래소 우회공개추이/236

제6부
구조조정 활성화를 위한 회사분할 전략

제1장 회사분할의 개념과 필요성 ······ 241

1. 회사분할의 개념 ······ 241
2. 회사분할의 필요성 ······ 241

제2장 회사분할의 법적 제한 ······ 243

1. 상법상의 제한 ······ 243
   1) 분할 후 회사의 책임/243 2) 영업양도인의 경업금지/244
2. 증권거래법 및 감독규정의 제한 ······ 244
   1) 상장법인이 비공개법인과 합병 후 분할시 재상장 제한/244
   2) 협회등록법인이 비공개법인과 합병 후 분할시 재등록 제한/246

제3장 회사분할의 법적 유형 ······ 249

1. 단순분할 ······ 249
   1) 소멸분할/249 2) 존속분할/250
2. 분할합병 ······ 250
   1) 존속분할합병과 소멸분할합병/251 2) 흡수분할합병과 신설분할합병/252
3. 분할합병절차 ······ 253
   1) 비공개법인의 분할합병 절차/253 2) 공개법인의 분할합병절차/259

제4장 회사분할의 소유구조 유형과 분할절차 …… 267

1. 물적분할의 의미와 효과 …… 267

1) 의미/267 2) 물적분할의 효과/268

☞ 물적분할사례/268

2. 물적분할 절차 …… 269

1) 비공개 법인의 절차/269 2) 공개법인의 절차/271

3. 인적분할의 의미와 효과 …… 273

1) 인적분할의 의미/273 2) 인적분할의 효과/273

☞ 인적분할사례/274

4. 인적분할 절차 …… 275

1) 비공개법인의 절차/275 2) 공개법인의 절차/278

제7부
영업양수도와 P&A전략

제1장 영업양수도의 의미와 형태 …… 289

1. 영업양수도의 의미 …… 289

☞ 영업양수도 사례 …… 290

2. 영업양수도의 형태 …… 294

1) 경상적인 영업양수도/294 2) 중요한 영업양수도/294

제2장 영업양수도의 법적 제한 …… 297

1. 상법의 제한 …… 297

1) 영업양도인의 경업금지(상법 제41조)/297

2) 상호를 속용하는 양수인의 책임(상법 제42조)/297

2. 증권거래법의 제한 …… 297

1) 영업양수도 신고/297 2) 영업활동정지에 따른 관리종목지정/298

3) 영업활동정지에 따른 상장폐지/298

3. 공정거래법의 제한 …… 298

제3장 영업양수도의 절차 ………… 300

1. 비공개법인의 절차 ………… 300
2. 공개법인의 절차 ………… 303

제4장 P&A ………… 311

1. 개념 ………… 311
2. P&A와 영업양수도와의 차이점 ………… 311
3. P&A의 활용 ………… 312
4. P&A의 장단점 ………… 313
   1) P&A의 장점/313 2) P&A의 단점/313

제8부
M&A 활성화를 위한 주식교환 전략

제1장 주식의 포괄적 교환과 이전 ………… 317

1. 주식의 포괄적교환과 이전의 도입 ………… 317
   1) 도입배경/317 2) 도입효과/317
   3) 제도의 미비점/317 4) 주식교환의 강제성/318
   5) 주식교환과 이전의 혜택/318 6) 주식교환과 이전의 특징/319
2. 주식의 포괄적교환 ………… 319
   1) 의미/319 ☞ 주식교환 사례/320
   2) 주식의 포괄적교환 과정/321 3) 절차간소화에 따른 주식교환/321
3. 주식의 포괄적이전 ………… 323
   1) 의미/323 2) 주식의 포괄적이전 과정/323
4. 주식의 포괄적교환과 이전에 따른 영향 ………… 324
   1) 회사에 대한 영향/324 2) 재무제표에 미치는 영향/324

제2장 주식의 부분적교환과 벤처기업의 주식교환 ………… 328

1. 주식의 부분적교환 ………… 328

1) 의미/328 2) 주식의 부분적교환 과정/328
3) 주식의 포괄적교환과 부분적교환의 차이점/329

2. 벤처기업의 주식교환 ······ 330
1) 의미/330 2) 주식교환범위/330
3) 신주발행에 의한 주식교환/331 4) 벤처기업의 주식교환 혜택/331
5) 주식교환 규정/332

제3장 주식의 교환과 이전의 법적 제한 ······ 333

1. 상법상 제한 ······ 333
1) 완전모회사의 자본증가의 한도액/333
2) 완전모회사의 자본의 한도액/333

2. 공정거래법상 제한 ······ 334

3. 유가증권협회등록규정상 제한 ······ 334

4. 금융지주회사법상 제한 ······ 335

제4장 주식의 포괄적교환절차 ······ 336

1. 비공개법인의 절차 ······ 336

2. 공개법인의 절차 ······ 340

제9부
적대적 M&A의 실천전략

제1장 적대적 M&A에 대한 이해 ······ **350**

1. 적대적 M&A의 의미 ······ 350

2. 적대적 M&A의 배경 ······ 350

3. 적대적 M&A의 대상기업 선정요령 ······ 351
1) 경영전략적 측면/351 2) 투자수익 측면/352

4. 적대적 M&A 대상 경영진 ······ 354

5. 적대적 M&A의 순기능과 역기능 ······ 355
1) 적대적 M&A의 순기능/356 2) 적대적 M&A의 역기능/357

제2장 적대적 M&A의 예비절차 ······ 359

1. 사전준비전략 ······ 359
1) 실무추진팀 구성/359 2) 대리인의 선정/359
3) 정보수집전략/360 4) 정보수집방법/360
5) M&A를 위한 상황분석/363 6) 대상기업결정/364

2. 지분매집비율과 방법 ······ 364
1) 주식매집비율의 결정/365 2) 목표지분매집 방법/365
3) 신고의무자 선정(5%룰)/365

3. 실패가능성 예측과 대응전략 ······ 371
1) 실패가능성 예측/371 2) 실패가능성에 대한 대응전략/371

제3장 적대적 M&A의 본 절차 ······ 374

1. 초기공격실행 ······ 374
1) 수집된 정보활용/374 2) 사전주식매입/375
3) 우호적 통고/375 4) 곰의포옹(Bear hugs)/375
☞ 세니콘의 베어히그 사례/377 5) 기습(Raid)/377

2. 공개매수 ······ 378
1) 정의/378 2) 적용대상/378
3) 공개매수의 종류/378 4) 공개매수 전략/379
5) 공개매수의 성공 포인트/381 6) 공개매수의 장·단점/382
7) 공개매수의 주요절차/382 8) 공개매수의 주요법규 검토/383
☞ 공개매수의 사례/388

3. 시장매집 ······ 389
☞ 시장매집사례/390

4. 기타의 공격전략 ······ 392
1) 위임장 대결/392 2) 소수 주주권 확보/395
3) 우회때리기/396 4) 그린메일/397

제10부
적대적 M&A의 방어전략

제1장 자가진단과 안정적 지분확보에 의한 방어 ······ 401

1. 자가진단을 통한 사전예방 ······ 401
   1) 지분 구조/401 2) 재무상태와 수익구조/402
   3) 주가수준과 거래량/403 4) 기술과 인력 수준/403
   5) 경영자의 자질/404
2. 안정적인 지분확보에 의한 방어 ······ 404
   1) 상법상의 안정적인 지분확보/404 2) 우호적 지분 확보/405
   3) 백지주(White Squires) 활용/405
   4) 회사의 협력업체 활용/406 5) 상호주 보유/406
   6) 기관투자가 활용/407 7) 우리사주제도 활용/407

제2장 경영활동에 의한 방어 ······ 410

1. 재무활동에 의한 방어 ······ 410
   1) 고주가유지/410 2) 자기주식취득/411
   3) 자본구조개편(또는 변경)/412 4) 소유구조변경/413
   5) 극약처방/415 6) 주식의 제3자 배정증자/415
   7) 계약적 장애의 창설/416 8) CB와 BW 발행/416
2. 사업구조조정을 통한 방어 ······ 417
   1) 분할설립/417 2) 타 기업인수/418
   3) 방어적 합병 추진/418 4) 왕관의 보석 매각/418
   ☞ 후지산케이의 사례/419
3. 정관을 이용한 방어전략 ······ 420
   1) 이사회 활동/420 2) 황금낙하산/422
   3) 특별다수결 규정/423 4) 공정가격/425
4. 공개매수에 의한 방어 ······ 425
   1) 역공개매수/425 2) 공개매수에 대한 반대의견 표시/425
   3) 공개매수가격보다 주가 높게 유지/426
   4) 자기공개매수/426

5. 일반적 방어 ······ 427

1) 인수 반대 캠페인/427
2) 법률적인 대응/428
3) 그린메일과 불가침협정/429
4) 백기사 활용/429
5) 임직원 활용/430
6) 종업원의 퇴직금 규정 활용/432
7) 주가 감시체계구축/432
8) IR활동강화/432

제3장 제도개선을 통한 방어 ······ 433

1. 공개매수기간 중 증자 허용 ······ 434

2. 출자총액제한제도 완화 ······ 434

1) 출자총액제한제도의 의미/434
2) 출자총액제한제에 대한 일반적 평가/435
3) 출자총액제한제의 개선/436

3. 황금주 제도 ······ 437

4. 차등의결권제도 ······ 438

5. 제3자 신주인수권부여 확대 ······ 439

6. 외국인투자촉진법 개정 ······ 439

7. 기타의 방어전략 ······ 440

1) 금융계열사 의결권제한제도 완화/440
2) 독약처방/440
3) 냉각기간제도/441
4) 거주요건강화와 이사수 제한/441
5) '일부의결권제한주식'과 '강제전환상황부주식'의 발행/441
6) 의무공개매수제도 재도입/441

제11부
M&A를 위한 기업가치평가

제1장 기업가치평가의 이해 ······ 445

1. 기업가치평가의 의미 ······ 445
2. 기업가치평가의 특성 ······ 446
3. 기업가치평가의 고려요인 ······ 447

제2장 M&A를 위한 기업가치 평가방법 사례 ······ 449

1. 자산가치접근법(Asset Based Approach) ······ 449
   1) 평가방법의 개요/449 2) 평가방법의 사례/449
2. 수익가치접근법(Income Approach) ······ 450
   1) 평가방법의 개요/450 2) 평가방법의 사례/451
   ☞ DCF방법에 의한 기업가치 평가의 사례/452
3. 시장가치접근법(Market Approach) ······ 454
   1) 평가방법의 개요/454 2) 평가방법의 사례/455

제3장 법령에 의한 기업가치 평가 ······ 457

1. 구 유가증권 인수업무 규정에 의한 공모가격산정방법 ······ 457
   1) 기준주가 산정방법/457 2) 본질가치 산정방법/457
   3) 자산가치 산정방법/458 4) 수익가치 산정방법/459
   5) 상대가치 산정방법/459
2. 상속세 및 증여세법상 비상장주식의 보충적 평가방법 ······ 460
   1) 순손익 가치/460 2) 순자산가치/462
   3) 최대주주 등에 대한 할증평가/463

구조조정을 통한 M&A 사례 ······ 467

1. 자회사의 구조조정 ······ 468
   1) 자회사 개요/468 2) 자회사의 구조조정/468
   3) 영업권 양도 전 후 재무현황/469 4) 영업권양수 업체/470

2. 모회사의 구조조정 ··· 471

1) 모회사 개요/471 2) 모회사의 구조조정/471
3) 모회사의 구조조정 효과/476

3. 모회사의 M&A ··· 478

1) M&A 목적/479 2) 주요 M&A 일정/479
3) 제3자배정 유상증자/479 4) M&A이후 주주분포/481

4. 결론 ··· 481

부 록 ··· 483

M&A 용어 ··· 485

주식 등의 대량보유 상황보고서 ··· 515

우회공개의 방법별 작성서식 ··· 548

참고문헌 ··· 569

찾아보기 ··· 571

제1부 기업가치혁신과 M&A에 대한 이해

제1장 M&A의 의미와 환경/27

제2장 기업가치혁신을 위한 M&A의 전략/33

제3장 M&A를 위한 주식취득 전략/65

제4장 M&A의 형태/72

제1장 M&A의 의미와 환경

M&A의 의미

1) 일반적인 의미

기업합병 및 기업인수거래는 영어로 Merger & Acquisition(M&A)이라고 한다.

M&A는 둘 이상의 기업들이 하나로 합쳐져 단일회사가 되는 기업합병(Merger)과 기업이 다른 기업의 자산 또는 주식의 취득을 통해 경영권을 획득하는 기업인수(Acquisition)를 합친 개념으로 이해되고 있다. 그러나 이러한 M&A의 용어는 학문적으로 정립된 용어가 아니라 실무적인 차원에서 형성된 용어이다.

기업의 합병 및 인수(M&A)란 독립된 기업활동을 인적, 물적, 자본적 결합을 통하여 동일한 관리체제하에서 기업활동을 영위하도록 조직하는 기업결합의 한 형태이다. 기업은 이를 통하여 경쟁력 강화, 시장에의 조기 진입 및 마찰회피, 투자비용의 절감, 투자 위험의 경감 등의 목적을 달성할 수 있다.

법률적 의미에서 기업의 합병이란 2개사 이상의 기업이 결합되어 법률적, 실질적으로 하나의 기업이 되는 것을 말하는데, 이에는 2개사 이상의 기존기업이 동시에 해산, 소멸되어 새로운 기업이 설립되는 신설합병과, 기존 기업 중 한 기업이 존속하여 타기업을 흡수하는 흡수합병의 두 가지가 있다.

기업의 인수란 대상기업의 자산취득에 의한 영업양도와 주식의 인수에 의한 주식취득으로 기업경영권을 획득하는 것을 말한다.

'독점규제 및 공정거래에 관한 법률'에서는 '기업결합'이라는 용어를 사용하여 '다른 회사의 주식취득 또는 소유, 임원겸임, 합병, 영업의 양수, 새로운 회사설립에의 참여 등'을 포괄하는 의미로 사용되며, M&A의 경제·경영학적 의미는 자유경쟁적 시장에서 기업이 성장, 생존하기 위한 재무전략의 일환으로서의 의미로 사용되며, 기업체 입장에서는 시장 점유율 제고, 신시장 개척, 경영 다각화를 위한 외적 기업성장의 한 방법이고, 시장 전체로는 이를 통한 경제의 효율성이 유지된다고 볼 수 있다.

2) 넓은 의미

넓은 의미에서의 M&A는 앞에서 설명한 기업의 인수(Acquisition)와 합병(Merger) 뿐만 아니라 실무에서 일반적으로 말하는 인수 후 개발이라 불리는 A&D(Acquisition & Development)와 일반적인 기업공개의 절차를 거치지 않고 공개법인(증권거래소시장의 상장 또는 코스닥 증권시장의 등록법인)으로 전환하는 우회상장 또는 우회등록(이하 "우회공개"라 하며 일명 뒷문등록이라 하여 Back Door Listing이라 부른다)과 회사의 경영에 필요한 사업부문의 자산과 조직 및 인원·영업에 필요한 비밀과 노하우·영업거래처 등을 포괄적으로 인수하여 계속해서 영업의 일관성을 유지하는 형태의 영업의 양수도와 필요한 사업부문의 자산을 인수(purchase of assets)하고 관련 부채를 이전받는(assumption of liabilities) 자산부채이전(P&A), 사업의 분할매각(divestiture), 기업구조재편성(Restructuring), 기업간의 전략적 제휴(Strategic alliance), 자본적 제휴를 통한 합작투자(Joint venture)와 경영권참여, 공동마케팅 등까지 폭넓게 해석할 수 있는데 이는 기업의 지배권(Corporate governance)의 변경뿐만 아니라 기존기업의 경영활동에 영향을 미칠 수 있는 포괄적 경영행위로 볼 수 있다.

② 우리나라 M&A 환경

1) 기업문화의 변화

(1) 전통적 기업문화

우리나라의 전통적 기업문화를 획일적으로 단정하기는 어려울 것이나 대체적으로 보면 가부장 중심의 가족주의, 혈연과 지연을 중심으로 한 연고주의, 체면과 명분을 중시하는 유교적 문화주의, 학력을 중시하는 학벌지향주의, 수직적 상하관계의 연공서열주의, 충성심과 근면성을 담보로 하면 된다는 의식주의의 기업문화가 뿌리를 내려 왔다고 볼 수 있으며 이러한 기업의 문화적 환경은 서구 중심의 기업문화와 비교할 때 장·단점을 함께 지니고 있다고 볼 수 있다.

또한 기업의 지배구조를 보면 창업자와 그의 가족들이 중심이 되는 오너형 기업문화가 대세를 이루어 왔다고 할 수 있는데 이는 기업에 대해 자본 투자활동이 보편화된 선진 국가와 달리 회사의 초기 자본구성이 외부 투자가에 의한 자본 조달 없이 자기자금 또는 차입자금에 의존하는 단순한 자본조달의 형태 때문인 것으로 풀이 될 수 있다.

아울러 자신이 경영하던 기업을 타인에게 양도하거나 합병하는 등의 M&A에 대한 기업문화가 성숙되어 있지 못하여 M&A행위 그 자체를 받아들이는데 매우 인색하였을 뿐만 아니라 자신의 기업이 어려움에 처해 당장 부도라는 최악의 위험에 노출될지라도 경영에 실패하였다는 외부의 따가운 시선 때문에 들어내 놓고 M&A를 논의하기에는 기업문화적으로 여러 한계상황에 부딪힐 수밖에 없었다.

이 때문에 M&A를 통해 기업을 회생시킬 수 있는 기회마저 놓쳐 많은 사회적 비용을 유발 시키게 됨은 물론 기업의 성장과 구조조정에 걸림돌이 되는 기업문화를 가지고 있었다고 할 수 있다.

(2) 변화된 기업문화

이와같은 전통적 기업문화가 1990년대 들어오면서 세계 경제의 국제화와 개방화로 기업들의 경영환경은 급속한 변화를 맞게 되었으며, 설상가상으로 국가적 외환 부족 위기가 발생하여 1997년 11월 21일 국제통화기금(IMF)에 구제금융을 공식요청하게 되는 상황을 겪으며 수많은 기업들은 부도라는 최악의 도미노 현상에 시달리게 되었다.

이러한 환경변화는 대마불사(大馬不死)라는 의식구조를 무색하게 만들었으며 기업이 살아남기 위해서는 오로지 내실경영을 위주로 한 기업의 성장과 확장뿐이라는 교훈을 심어주게 되었다.

또한 많은 기업들은 부도라는 최악의 도미노 현상을 극복하기위해 기업의 인수와 합병, 영업양수도, 기업분할, 전략적 제휴, 기업재구축 등을 위한 M&A에 사활을 걸었으며, M&A의 경영전략을 기업의 성장과 발전을 위한 선택이 아닌 필수로 인식하는 변화의 계기를 맞게 되었음은 물론 기업의 가치혁신을 위한 엔진으로 활용하게 되었다.

이와 때를 같이 하여 정부도 M&A를 활성화하기 위한 여러가지의 법제도를 정비하고 규정을 제정하여 M&A가 기업경영에서 핵심전략으로 자리 메김 할 수 있도록 하는 틀을 마련하게 되었다.

2) 법제도 중심의 M&A 발전과정

과 정	주 요 내 용
1단계 (60～80년대초)	· 증권거래법 제정(62.1.15) · 공정거래법 제정(80.12.31) · 상장법인경영권보호강화와 주식매수청구권신설[증권거래법](82.3.29) · 부실기업에 대한 산업합리화와 부실기업의 정리차원에서 대부분 정부주도하에 M&A 시도 · 금융지원을 동반한 M&A로 재벌기업 탄생계기
2단계 (80년대중반～90년대중반)	· 지주회사설립금지, 상호출자금지, 출자총액제한[순자산의 40%]등 대규모기업집단 규제 도입[공정거래법](86.12.31) · 상호출자금지대상에 금융보험회사포함[공정거래법](90.1.13) · 금융기관의 합병 및 전환지원에 관한 법률 발표(90.10월) · 증권사에 M&A업무 허가(91.5.1) · 외국인 주식투자 첫허용[투자한도: 종목별 10%, 1인당3%](92.1월) · 채무보증제한 자기자본의 200%제도 도입[공정거래법](92.12.8) · 출자총액한도하향조정[순자산의 40%→25%]및 소유분산우량회사에 대한 적용배제[공정거래법](94.12.22) · 채무보증한도 하향조정[자기자본의 200%→100%][공정거래법](96.12.30) · 25%이상 취득시 50%+1주 이상 공개매수청약 의무화[증권거래법](97.1.13) · 급속한 경제성장과 88년 서울올림픽을 전후한 경기호황으로 급격한 원화절상이 진행되어 수출주도업체와 부가가치 낮은 기업들의 해외직접투자와 함께 M&A를 통한 구조조정 가속화 · 세계경제의 개방화 국제화로 해외시장 확충을 위한 M&A 가속화 유도 · M&A와 관련된 증권거래법 제200조의 대량주식취득제한조항폐지(97.4.1)로 10%이상 주식취득할 수 있는 제도 마련
3단계 (90년대후반～90년대말)	· 1997.11월 IMF외환위기 이후 기업의 소유구조 변화환경이 조성되었고, 회계의 투명성제기와 재무구조안정성의 요구증폭, 기업의 급격한 부도 등으로 기업 구조조정의 필요성이 크게 증대되어 M&A의 활성화 계기 · 외국인주식비중 단계적 확대[투자한도: 종목별26%, 1인당7%](97.11월) · 외국인 주식 비중 확대[투자한도:종목별50%, 1인당 50%](97.12월)

	· 출자총액제한폐지[공정거래법](98.2.24) · 공개매수기간 중 주식발행금지(98.3월) · 지주회사설립제한적허용[공정거래법](99.2.5) · 출자총액제도재도입:순자산의 25% [공정거래법](99.12.28) · M&A 관련 법제도 대폭 정비하여 M&A시장 무제한 개방 ① 5%이상 주식취득시 신고를 의무화하는 5% Rule 제도도입(98.1월) ② 부실기업의 구조조정을 위해 25%이상 지분취득시 의무적으로 50% +1주의 의무공개매수제도폐지(98.2월) ③ 외국인의 적대적M&A 전면허용(98.3월) ④ 외국인의 상장기업 주식취득 규제(10%)완전폐지(98.5월) ⑤ 외국인 투자의 자유화조치(99.5월)
4단계 (2000년~2004년)	· 지주회사요건일부완화[공정거래법](2001.1.16) · 적대적M&A 활성화를 위한 공개매수기간 중 주식발행금지제도 도입(2001.3월) · 증권투자회사법의 사모M&A펀드제도 도입(2001. 6월) · 금융계열사 의결권 제한적 허용(2002.1월) · 외국인투자지원센터 등의 설치(2003.12월) · 코스닥증권시장 활성화에 따른 제반규정마련 · 기술력과 시장성은 있으나 자금사정으로 경영이 어려운 벤처기업을 위한 M&A활성화제도마련[벤처기업 육성에 관한 특별조치법] ① 벤처기업의 주식교환제도 도입(2004.4월) ② 벤처기업의 합병절차 간소화(2004.4월) ③ 벤처기업의 신주발행에 의한 주식교환 등(2004.4월) ④ 주식교환특례제도(2004.4월) ⑤ 다른주식회사의 영업양수 특례(2004.4월) · 간접투자자산운용업법의 사모투자펀드(PEF)도입(2004. 12월)
현재 (2005년~)	· 세계경제의 급속한 변화와 기업의 경쟁력 향상을 위한 M&A 활성화 지속추진 · 대기업을 비롯한 외국인의 무제한 지분확대로 과다한 배당압력과 적대적 M&A에 노출되고 적대적M&A에 대한 방어수단이 미흡하여 법제도 정비의 필요성이 점차증대되고 있는 상태 · 현재 적대적M&A에 대한 방어수단으로 거론되는 주요내용 ① 외국인의 이사선임시 국내거주요건 강화 ② 외국인의 이사수 제한 ③ 금융산업, 준기간산업 등에 대한 적대적 M&A금지 ④ 외국자본의 직접투자자본과 투기자본을 구분하고 투기자본에 대한 적대적 M&A금지 ⑤ 차등의결권제도 도입

	⑥ 적대적 M&A의도 숨긴채 지분매집시 일정기간 의결권제한[냉각기간제도] ⑦ 공개매수시 증자 허용 ⑧ 제3자 신주인수권 부여 사유 확대 ⑨ 출자총액제한제도 완화 ⑩ 금융계열사의결권제한제도 완화 ⑪ 황금주제도 ⑫ 외국인투자촉진법제도 개선 · 악의적 적대적 M&A에 대한 방어책은 필요하나 경영권방어책을 지나치게 강조하면 다음과 같은 문제점이 노출된다. ① 국내증시의 주가 하락 위험이 있으며, 국제금융자본의 유입이 어렵고, 투자의욕을 저하시켜 투자유치에 어려움이 따를 수 있으므로 장단점의 비교와 신중한 접근이 필요하다. ② 기업의 구조조정이 늦어지거나 방만한 경영으로 부실이 우려될 수 있다. · 주식 등의 대량보유(5% Rule) 보고제도개선[증권거래법](2005.3.29) →상세내용 부록 참조 · 기업결합신고제도 개편[공정거래법](2005.4.1) . 코스닥시장상장규정중개정규정안마련(2006. 6. 26)하여 부실기업의 우회적인 시장진입으로 인한 시장건전성 훼손을 방지하고 코스닥기업의 건전한 M&A 풍토를 조성하기 위하여 우회상장관리제도를 개선하고자 하였다.

제2장 기업가치혁신을 위한 M&A의 전략

① 가치혁신 경영전략

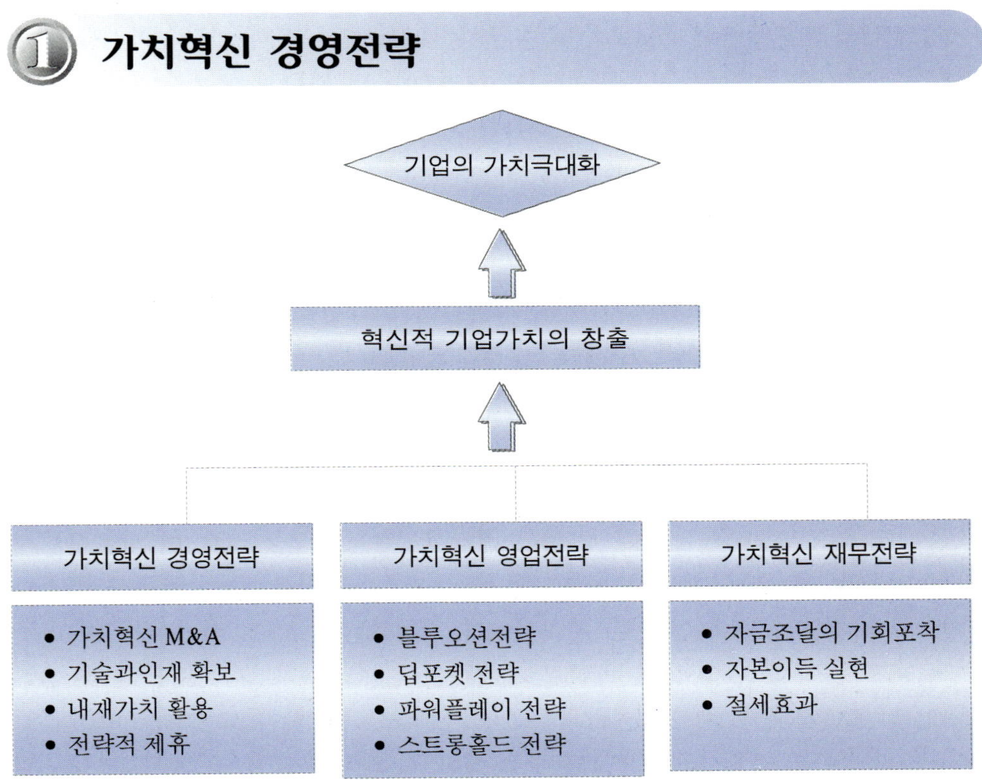

1) 가치혁신 M&A

(1) 전통적 기업가치 혁신

기업의 가장 중요한 경영목표는 기업가치극대화에 있을 것이다. 기업의 가치를 증대시키기 위해 기업들이 활용한 전통적 방법은 동일한 제품에 대한 판매단가를 올리거나, 생산을 대폭 늘려 매출을 증대시키는 방법을 사용하여 왔으나 경쟁이 치열한 기존의 시장상황으로 볼 때 현실적으로 그리 쉬운 대안이 되지 못한다.

또한 단기적 처방으로 투자를 줄이거나 비용을 절감하여 현금흐름을 개선하여 수익을 늘리고자 할 것이나 이 또한 장기적으로 볼 때 계속기업(going concern)으로서 위기를 불러 올 수 있으며 경쟁자로부터 심한 도전을 받을 수 있다.

따라서 대부분의 기업들은 내부의 구조조정과 혁신을 통해 그 방법을 찾아왔다. 이를 위해 끊임없는 R&D와 품질향상, 신제품의 생산을 통한 시장확대, 원가절감, 생산시설의 확충, 새로운 조직의 구성, 경제적 기업규모의 확대를 통해 기업의 내적성장(Internal growth)을 도모하여 왔으며 이러한 성장을 통해서 기업을 확장(Internal expansion)하고 기업가치극대화를 이루고자 노력해 왔다고 할 수 있다.

(2) 새로운 기업가치혁신

앞에서 설명한 바와 같은 전통적 기업가치극대화 전략에서 벗어나 새로운 기업경영 환경하에서 기업이 지속적으로 성장하고 혁신적으로 거듭나기 위해서는 남들과 다른 아주 특별한 전략이 필요하며 이러한 전략이 이루어 질 때 기업의 가치혁신(Value Innovation)을 이룰 수 있다.

따라서 기존의 전통적 방식에 의한 경영전략을 탈피하기위한 대안으로 M&A를 선택할 필요가 있다. M&A는 기업의 내적성장(Internal growth)의 한계상황에 도달한 새로운 모델의 경영전략이며 인적, 물적, 자본의 결합과 기업의 인수와 합병, 자산 또는 영업의 양수도, 전략적제휴, 자산양수도 등을 통한 기업의 외적성장(external growth)을 통해 기업을 확장(external expansion)시키는 전략이다.

기업을 경영함에 있어 초기 창업부터 기업의 성장과 확장 단계에 이르기까지에는 지속적으로 많은 자본의 투자가 따라야 하며 다년간의 시간의 투입이 필요함과 동시에 많은 시행착오와 험난한 과정을 겪으며 성장 발전한다고 볼 수 있다. 아울러 적재적소에 알맞은 양질의 인력이 뒷받침 되어야 함은 물론 풍부한 경험과 뼈를 깎는 노력이 요구된다. 뿐만 아니라 치열한 시장의 경쟁에서 살아남기 위해서는 남과 다른 경쟁우위의 확보와 시장의 진입과 확장을 위한 강력한 마케팅과 브랜드 파워가 절실히 요구된다. 이와 같이 기업경영을 위한 모든 과정과 절차를 거쳐야만 하나의 정상적인 기업으로 성장하는 단계에 이른다고 볼 수 있다.

또한 글로벌화된 세계화의 경영환경과 빠르게 변하는 초스피드의 기업경영환경을 극복하고 기업경영과 둘러싼 여러가지의 한계 상황을 해쳐 나가기 위해서 어떤 경영전략으로 임하는 것이 가장 효율적인 대안이 될 수 있을까라는 질문에 전세계의 많은 기업들은 M&A를 그 대안으로 선택하였으며 이를 통해 기업가치혁신을 이루고 있음을 주목 할 필요가 있다.

새로운 시장개척을 위한 신기술이 필요하다면 신기술 개발을 위한 R&D에만 집중하기보다 그러한 기술력을 가진 기존의 회사를 인수하거나 기존의 기술에 참신한 아이디어를 접목해 새로운 시장을 창출한다면 좀더 빠르고 확실한 기업가치혁신의 M&A가 될 것이다.

생사의 갈림길에 서있던 IBM을 기사회생시킨 루이스 거스너 전 회장이 구조조정의 첫 단계로 착수한 것은 바로 연구개발(R&D) 예산 대폭 삭감이었다. 당시 IBM은 컴퓨터업계 선두주자 자리를 지키겠다는 강박관념에 사로잡혀 신기술 개발 드라이브 전략에 너무 치우쳐 있었다. 그러다 보니 가치혁신 같은 전략이 자리를 잡을 수가 없게 되었다.

최첨단기술 개발을 통한 시장우위 점령도 중요하지만 대규모 예산을 투입해 첨단기술을 개발만 해놓고 시장과 접목을 시키지 못한다면 기업의 중요한 자산인 인력과 재정적 측면에서 커다란 낭비가 발생되어 때에 따라서는 기업의 운명을 결정지을 수도 있다.

대규모의 R&D 예산 투입 없이 기존 기술에 새로운 컨셉을 응용해 시장이 놀랄 만한 신상품을 개발할 수도 있다. 예를 들면 기존의 A와 B라는 기술에 참신한 아이디어를 접목해 세상이 놀랄 만한 C라는 상품을 개발하는 것이 가치혁신 전략이다. 그 대표적인 예가 80년대 세계시장을 휩쓴 소니의 '워크맨' 상품이다. '워크맨'은 사실 첨단기술 혁신 제품이 아니다.

그냥 들고 다니기 편한 트랜지스터 라디오에 음질이 좋은 하이파이 붐박스를 결합한 것일 뿐이다. 오늘날 세계 일류기업으로 성장한 소니의 경우 이미 그때 가치혁신 전략을 실시 한 것이다.

'워크맨'의 성공은 그 후 소니가 출시하는 모든 제품에 신뢰감을 심어줬고 다른 일본기업 제품에 대한 전체 이미지 개선으로 발전하는 계기가 되었다. 소니는 일본이 높아진 국가 이미지로 미국 및 유럽 선진국들과 동등한 기술로 경쟁하는 선진국으로 진입하는 데 큰 역할을 했다.

가치혁신을 위한 M&A는 어떤 원칙으로 해야 할 것인가, 일반적인 단순한 인수와 합병보다 가치혁신을 위해 시너지효과가 창출될 수 있는 M&A전략이 수립되어야 할 것이다.

경쟁이 떨어지거나 주력사업이 아닌 영업부문의 교환이나 주식교환을 통한 전략적제휴 형태의 M&A를 한다면 시너지효과의 상승과 자금부담의 최소화를 이룰 수 있으며 산업간 경쟁을 피하고 주력사업에 전념하거나 새로운 시장으로의 진입을 위한 경영전략으로 활용 할 수 있다. 또한 가치혁신을 위한 M&A를 위해 대체산업을 검토하고, 시장의 수요와 흐름을 살펴보고 그에 맞는 새로운 시장을 창출할 수 있는 업종을 찾아 M&A에 임한다면 차별화되는 새로운 형태의 M&A가 될 것으로 본다.

또한 현재의 좋은 상황과 위치를 고려하여 과대평가 하여 높은 대금을 지불하거나, 현재의 단점의 모습만 보고 M&A를 하기보다는 새로운 가치 창출을 할 수 있는 기업의 내적 잠재력을 보고 M&A에 임한다면 좋은 결과를 얻을 수 있을 것으로 예상한다.

예컨대, 무선통신이나 네트워크에 강한 전자업종의 회사를 인수하여 유비쿼터스(Ubiquitous)[1]와 같은 시스템으로 가정이나 사무실의 모든 시스템을 제어 하게 하거나 산불이나 지하철의 화재, 지진 등이 발생할 경우 자동으로 시스템이 작동되고 관련자에게 전달되어 사고를 예방하게 된다면 새로운 개념의 시장을 창출하는 좋은 사례가 될 수 있고, 일반적인 다이야 몬드를 제조하는 기업을 인수하여 사람의 감정에 따라 색상이나 불빛이 변할 수 있게 한다면 전혀 새로운 시장을 창출할 수 있음은 물론 M&A를 통해 그 가치를 극대화 할 수 있을 것이다. 또한 제약회사를 인수한 후 사람이 느끼지 못하는 초소형 물체가 혈류를 타고 체내의 모든 이상유무를 체크 하여 무병장수의 길을 열게 된다면 세계인을 흥분시키게 되는 전혀 다른 새로운 시장(Blue ocean market)의 창출은 물론 그 제품의 가격은 부르는게 값이 될 것이며 기업의 가치는 무한대로 상승할 것으로 본다.

2) 기술과 인재 확보

오늘날의 세계 시장은 물고 물리는 치열한 경쟁에 무한대로 노출되어 있다고 볼 수 있다. 이러한 세계 시장에서 확고한 지위를 확보하고 경쟁에서 살아남기

1) 유비쿼터스(Ubiquitous)란 라틴어로 '편재하다(보편적으로 존재하다)'라는 의미이다. 모든 곳에 존재하는 네트워크라는 것은 지금처럼 책상 위 PC의 네트워크화 뿐만 아니라 휴대전화, TV, 게임기, 휴대용 단말기, 카 네비게이터, 센서 등 PC가 아닌 모든 비 PC 기기가 네트워크화되어 언제, 어디서나, 누구나 대용량의 통신망을 사용할 수 있고, 저요금으로 커뮤니케이션 할 수 있는 것을 가리킨다.

위해서는 오직 남과 다른 차별화된 기술만이 유일한 대안이 될 것이다.

첨단기술의 개발과 필요한 인재의 확보는 그리 쉬운 일이 아니며 많은 시간과 자금이 투입되어야 하는 것이다. 또한 개발한 제품이 시장에서 성공적으로 진입되리라는 보장도 없다.

소비자의 높은 구매 수준과 소비성향은 기술개발 경쟁을 촉진하고 제품의 라이프사이클을 한층 더 앞당기고 있는 것이다.

이러한 경영환경에서 최대한 신속하게 첨단기술과 기술인재를 동시에 확보하기위한 경영전략으로 M&A를 활용하고 있으며 그 대표적인 사례를 다음에서 찾아볼 수 있다.

첫째, 시스코시스템즈의 사례를 들 수 있다.

세계적인 기업인 미국의 시스코시스템즈는 1984년에 단 5명으로 창업(스텐포드대학 동문의 레오날드보사크와 샌디러너 부부중심)하여 오늘날 세계최고의 기업으로 성장하게 되었으며 그 원동력은 M&A전략을 통해 이루어냈다고 볼 수 있다.

디지털시대에 M&A의 교과서 역할을 하고 있는 시스코는 M&A 전략을 통해 기업가치를 상승시키고, 높은 주가로 우수한 Start up 기업을 지속적으로 인수하는 선순환 사이클을 보이고 있다.

시스코의 기업인수는 단순히 규모를 늘리려는 일반적인 의미의 인수·합병과는 달리 R&D와 M&A를 결합한 A&D(Acquisition&Development : 인수·개발)라는 새로운 컨셉을 지니고 있다. A&D란 자사에 부족한 기술·제품·엔지니어·인재 등을 한꺼번에 얻기 위해 젊고 작지만 독창적이고 고도의 기술을 가진 기업을 인수하는 방법으로서, M&A처럼 이미 완성된 회사를 인수하는 것이 아니라 제품 개발을 위해 필요한 개발팀을 인수하는 방법을 활용한다.

시스코는 어떤 제품을 생산할 것인가에 대한 사항을 개발 부문이 정하는 것이 아니라 마케팅팀의 주도로 각 사업 부문이 결정하고 고객의 요구대로 만들 수 없으면 개발팀을 직접 인수한다. 이처럼 기초연구와 같은 기술 재고를 미리 쌓아두지 않고 필요한 기술을 즉시 조달하는 매우 합리적인 방식을 취하므로 A&D는 R&D의 Just-in-Time으로 불리고 있다

현재 시스코는 매출의 12% 정도를 R&D에 투자하고 있으며, 전체 제품 중 자사의 개발로 따라가지 못하는 30%를 A&D 등으로 외부에서 조달하고 있다. 1993년 Crescendo Communications의 인수로 시작된 시스코의 A&D는 총 100건 이상이며, 특히 e-business가 본격화된 1999년 이후에 급증세를 보이고 있다.

시스코는 기업인수의 목적을 오로지 이익에 맞추고 있는 까닭에 이익 창출에

필요한 인재나 기술을 얻은 후에 이 인재들이 회사를 그만 둔다면 A&D 본래의 의미를 상실하게 된다. 따라서 인수의 성공 여부는 우수한 인재를 계속해서 확보하고 유지 해 나가는데 있다고 판단하고 인수 후 사내의 모든 노력이 인재의 유지에 집중된다. 인수 과정에서 조직원들에게 충격을 주지 않고 인재를 놓치는 일이 없도록 적합성과 실효성이 존중되며 인수에 관한 정보는 최대한 공개된다. 인수 뒤에는 비전과 기업 문화를 시스코식으로 조정하도록 요구하지만, 대우나 업무 평가 면에서는 전혀 차별이 없다.

현재까지 인수된 회사의 CEO는 절반 가까이 그리고 부장급은 거의 대부분이 시스코에 그대로 머무르고 있다. 시스코의 부사장인 Charles H. Giancarlo와 CTO인 Judy Estrin을 이에 대한 대표적인 사례로 꼽을 수 있다. 시스코는 Judy Estrin이 CEO로 있던 Precept Software사를 1998년 3월에 인수하여 그녀에게 CTO의 직책을 맡겼다. 이것이 기업을 사들이는 M&A와 인재의 능력을 사들이는 A&D의 결정적인 차이인 것이다.

둘째, 주성엔지이어링의 사례이다.

반도체 화학증착(CVD) 장비업체인 코스닥등록법인 주성엔지니어링은 유기금속화학증착(MOCVD)장비 동종 업체인 아펙스를 인수, 합병키로 함에 따라 약 40여명의 전문 인력을 확보했다.

이 회사 사장은 인수, 합병의 가장 큰 목적은 동종업체간 과도한 시장경쟁을 자제하고 신규 인력 확보를 통해 기술시너지 효과를 높이기 위한 것이라고 설명했다.

이와 함께 화합물반도체업체인 나리지*온(구 광전자반도체)이 광반도체업체인 한국 고덴시를, 반도체 세정장비업체인 한양트레이딩·한양하이테크·ISTC 등 3사가 합병한 후 에이치아이티라는 신설법인으로 새 출발하여 기술시너지효과를 높이면서 기술인재를 확보하였다.

3) 내재가치 활용

인수대상기업이 현재까지 축적 시켜온 잠재된 내재가치를 활용하여 기업의 가치를 높이고자 하는 M&A전략이다.

기업의 내재가치는 유형자산 뿐만 아니라 인적자원, 영업의 네트워크, 보유기술력, 기업의 이미지, 브랜드파워, 기업의 신용도등 기업의 활동과 관련되는 모든 유·무형의 자산을 말한다. M&A는 이러한 기업의 내재가치를 한꺼번에 확보하는 경영전략이며 기업의 내재가치를 활용하여 시너지효과(Synergy effect)를 최대한 유발시키고 기업가치를 극대화 시키고자 하는 경영전략으로 활용되고 있다.

다음은 브랜드가치 활용을 위한 M&A사례이다.

브랜드의 자산 가치는 매수기업의 여건에 따라 달라진다. 따라서 브랜드를 필요로 하는 상대와 거래하는 것이 가장 좋은 전략이다. 질레트의 로케트 건전지 브랜드 인수와 한국존슨의 살충제 브랜드 에프킬라 인수가 좋은 전략의 예이다.

알칼리 건전지 부문의 세계 최대 메이커인 듀라셀이 96년 10월 포장용 필름 및 건전지 전문업체인 서통의 건전지 고유상표인 '썬파워'와 유통망을 900억원에 인수했다.

듀라셀은 썬파워의 상표권을 7년간 사용하는 조건으로 600억원을 지불했다. 그 이후 사용문제는 다시 협상하기로 했다. 또 질레트가 로케트전기의 상표권과 영업권을 각각 338억원, 215억원을 지불하고 7년간 사용하기로 했다.

이에 따라 질레트는 자회사인 듀라셀과 로케트, 썬파워 등 3개 브랜드를 적절히 활용, 1900억원에 이르는 건전지 시장의 절반정도를 장악하게 됐다.

살충제 '레이드'를 생산해온 한국존슨이 98년 4월 삼성제약의 '에프킬라'등 살충제 사업부문을 인수하면서 387억원을 지불했다. 당시 삼성제약의 고정자산이 90억원임을 감안하면 에프킬라브랜드에 대해 297억원을 사용한 셈이다.

한국존슨은 삼성제약의 살충제부문을 인수함으로써 국내 살충제 시장의 55% 가량을 점유하게 됐다.

4) 전략적 제휴

넓은 의미에서의 M&A의 영역에 포함되는 전략적 제휴(strategic alliance)는 무한경쟁시대에서 살아남기 위한 기업경영의 필수전략이라고 볼 수 있다.

(1) 전략적 제휴의 동기

첫째, 시장의 글로벌화
둘째, 소비자의 욕구와 기호의 범세계적 균질화
셋째, 연구개발, 신제품 개발, 제조설비 등 고정비용의 급격한 상승
넷째, 급격한 기술변화와 제품 수명주기의 단축
다섯째, 국가간 및 기업간 기술격차의 해소

여섯째, 선진국에서의 보호주의자들의 압력 강화

일곱째, 경제적 규제 완화(economic deregulation)

여덟째, 공기업의 민영화에 따른 새로운 사업기회 출현

아홉째, 정보통신 기술의 발달

(2) 전략적 제휴 형태

첫째, 제휴합작벤처(alliance joint venture)의 형태로서 법률적으로는 모기업으로부터 독립된 하나의 사업체로 제휴선들의 자본투자로 이루어진 대표적인 자본제휴의 형태이다. 이 경우 협력관계는 어느 한 업무 분야에만 국한되거나 또는 연구개발 · 생산 · 마케팅 · 유통 등 광범위한 범주에 걸쳐 형성된다.

둘째, 업무제휴(functional alliances)의 형태로서 어느 하나 또는 둘 이상의 업무분야(연구개발 · 생산 · 마케팅 · 유통 등)에 걸쳐 협력관계를 맺는 것이다. 업무제휴에는 자본참여가 이루어지지 않는 것이 보편적이다.

셋째, 컨소시엄(Consortium)의 형태로서 비교적 대규모로 투자되거나 장기간에 걸쳐 진행되는 사업에 전략적 제휴에 의한 공동사업으로 진행된다.

넷째, 지분참여제휴(the equity-stake alliance)의 형태로서 파트너들이 서로의 강점을 최대한 살리기 위해 다양한 업무제휴가 수반되는 것으로 업무의 프로젝트에 따라 지분참여를 통한 전략적제휴를 하는 것이 보통이다.

지금까지 살펴본바와 같이 전략적 제휴의 형태는 매우 다양하며 여러 방법으로 광범위하게 여러 분야에서 이루어지고 있다고 볼 수 있으며 다음에서 그 사례를 살펴볼 수 있다.

첫째, 삼성전자와 소니의 특허공유사례이다.

세계의 대표적인 첨단 가전업체인 한국의 삼성전자와 일본 소니 양사가 보유한 특허를 공유하는 전략적 제휴를 맺었다.

공동으로 사용하는 특허는 반도체, 디지털가전, 네트워크기술 등을 중심으로 2 만여 개에 달한다.

이로써 삼성과 소니는 생산, 제품, 마케팅, 연구 · 개발(R&D), 특허 등 전방위로 제휴를 맺어 세계 디지털산업 최강의 강자연합을 구축하게 됐다.

삼성전자와 소니는 2004. 12. 14일 양사 특허를 공동으로 사용하는 내용의 포괄적 상호 특허사용(크로스 라이센스) 계약을 맺었다.

이번 특허공유 계약은 반도체와 디스플레이 분야에서 양국 업체간의 특허분쟁이 격화되고 있는 가운데 나온 것이어서 향후 세계 전자산업에 미칠 파장이 주목된다.

이번 계약으로 양사는 부품, 장비를 포함해 반도체, 디지털가전, 네트워크기술 등 광범위한 사업 영역에서 산업 표준기술과 기초기술 등에 대해 별도의 라이센스 계약없이 상대회사의 해당 특허를 사용할 수 있게 된다.

공유 대상 특허는 소니 1만3000여 개, 삼성전자 1만1000여 개 등 총 2만4000여 개에 달한다.

이번 특허공유 계약은 세계 전자산업의 디지털 컨버전스화와 네트워크화가 가속되고 있는 추세에 대응해 디지털 기술을 공유함으로써 불필요한 소모를 최소화하고 세계시장의 표준을 주도하자는 의지로 풀이된다.

특히 양사는 이미 2001년 이후 다방면에서 제휴관계를 맺어왔으며 이번 계약을 통해 전방위 제휴를 완성함으로써 세계 전자산업에서 최강의 제휴 관계를 형성했다. 양사 제휴는 R&D, 제품, 마케팅, 생산, 자본 등 경영 전부문에서 이뤄지고 있다.

2001년 8월 메모리스틱 제휴를 통해 삼성전자가 소니의 메모리스틱을 차세대 메모리카드로 채택하고 소니 제품에 삼성 로고를 부착해 판매하고 있다.

디지털홈, 리눅스, 차세대 DVD 등 세계시장에서 아직 표준기술이 정립되지 않은 분야에서는 삼성과 소니가 공동보조를 취하기로 합의돼 있다.

양사가 주도하는 DLNA컨소시엄(디지털홈), CELF포럼(리눅스), Coral컨소시엄(디지털저작권), 블루데이디스크협회(차세대 DVD레코더) 등이 대표적이다. 삼성과 소니가 꼭꼭 숨겨온 기술의 보물창고를 연 것은 디지털화·네트워크화로 진행되는 디지털 전자산업에 효과적으로 대응해 상호 윈-윈하자는 취지이다.

삼성전자 소니 특허공유 기대효과

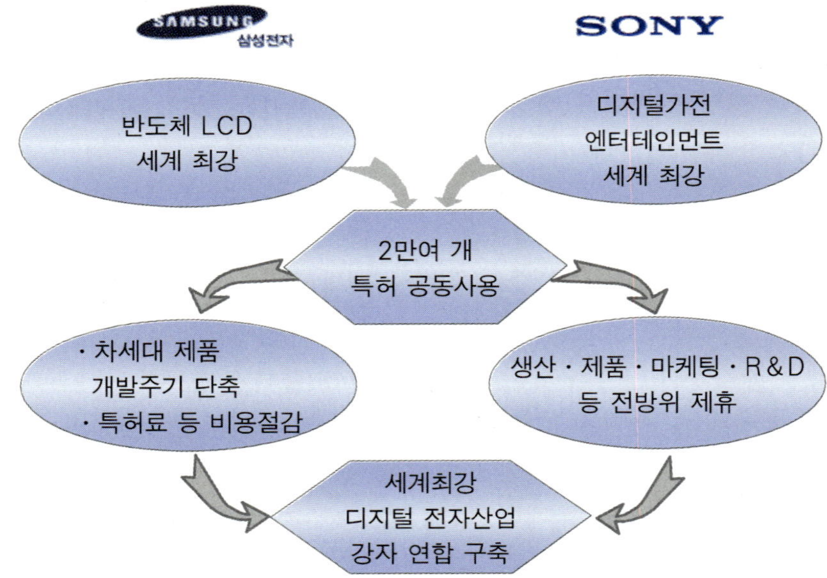

삼성전자 – 소니 제휴 현황

메모리스틱(2001년 8월) ▮소니의 차세대 메모리카드 채택 ▮삼성 플래시메모리, 소니 공급
리눅스(2003년 7월) ▮CE 리눅수 포럼 공동 구성 ▮리눅스 기반 디지털가전 · 휴대폰 개발
LCD(2003년 10월) ▮7세대 LCD 합작설립 ▮LCD 생산품 공동 사용
블루레이 디스크(2004년 4월) ▮차세대 DVD레코더 기술표준 공유
DLNA(2004년 6월) ▮디지털홈 표준기술 공유 ▮미디어콘텐츠 공유
CORAL(2004년 10월) ▮디지털 저작권 호환 사용 위한 Coral 컨소시엄 구성
특허(2004년 11월) ▮반도체 디지털 가전 등 2만여 개 특허 공동사용

두 회사간 이 같은 '이벤트'가 가능했던 것은 삼성전자의 급성장 때문이다.

삼성은 90년대 후반부터 급격한 기술 축적을 보였다. 실제 디지털 제품이 본격 부각되는 99년 이후 올해까지 미국시장에 출원한 특허건수를 보면 삼성과 소니 는 연평균 1400건 안팎으로 비슷한 추이를 보이고 있다.

삼성은 브랜드 가치에서도 소니를 급속히 따라잡고 있다.

소니 측은 "이번 공유가 가능한 것은 삼성의 특허 축적 수준이 소니에 버금갈 만큼 방대해졌기 때문"이라고 강조했다.

양사가 얻을 이득은 쉽게 예측하기 어려울 정도로 방대하다.

우선 특허 1만여 개를 추가로 확

보한 데 따른 효과이다. 삼성전자는 AV를 중심으로 한 디지털가전, 소니는 반도체와 LCD 등의 기초기술에서 상대적인 열세다.

이 같은 기술적 열세를 한꺼번에 해결한 것이다.

분야별로는 소니는 삼성의 반도체 기술이 도움이 될 전망이다.

삼성이 메모리 반도체에서 축적해놓은 다양한 기본특허는 소니의 제품 다양화와 성능 업그레이드에 절실하다는 것이 이 분야 엔지니어들의 평가다.

반면 삼성은 소니의 캠코더 기술을 확보했다. 소니가 세계에서 가장 먼저 개발 한 캠코더에 대해서는 소스 코드가 모두 공개된 지금도 브랜드 로열티가 매우 높다.

또 TV, DVD, VCR 등에서도 소니 기술은 세계 최고 수준이다.

삼성전자 관계자는 "신제품 개발에 필요한 기간이 대폭 단축되는 것은 물론 다양한 특허를 빌려쓰는 데 필요한 로열티도 크게 감축될 것" 이라고 예상했다. (매일경제, 2004. 12. 15, 요약정리)

둘째, GM과 다임러크라이슬러의 하이브리드카 공동 개발사례이다.

세계 최대 자동차제조업체인 GM(제너럴모터스)과 독일의 다임러크라이슬러가 하이브리드카(휘발유. 전기를 연료로 사용) 시스템을 공동 개발하기로 했다고 블룸버그가 04. 12. 13일 보도했다.

경쟁업체인 양사가 하이브리드카를 공동개발키로한 것은 이 분야 선도업체인 도요타와 혼다를 따라잡기 위한 전략이다.

GM과 다임러크라이슬러는 지금까지 수소자동차와 휘발유·디젤 엔진 연료 효율성을 강화한 자동차 제조에 힘을 기울여 왔지만 각국의 공해 방지 환경법 정비와 고유가 등의 압력에 밀려 하이브리드카 생산을 결정한 것으로 해석된다.

여기에다 미국정부가 도요타의 프리우스와 혼다의 시빅 등 하이브리드카를 구입한 소비자들에게 2000달러의 세금 감면 혜택을 부여하고 있는 점도 하이브리드카 개발을 부추기는 요인이 되었다.

또 캘리포니아주는 이산화탄소 등 공기 오염을 제한하는 환경법을 제정하는 등 하이브리드카 개발을 돕고 있다.

고공행진을 벌이고 있는 고유가도 하이브리드카 생산을 결정할 수 밖에 없는 요인으로 작용하고 있다. (매일경제, 2004. 12. 14, 요약정리)

② 가치혁신 영업전략

1) 블루오션전략

급변하는 초스피드 경영환경과 글로벌화된 지구촌의 치열한 시장경쟁에서 살아남고 경쟁에서 우위를 차지하기 위한 전략은 무엇일까. 아마도 남과 다른 확실히 차별화된 상품과 전략으로 임해야 가능할 것으로 본다. 따라서 동일한 종류의 상품과 동일한 전략으로 이미 정해진 기존의 시장을 공략하기보다 차별화된 상품으로 이미 알려져 있지 않은 새로운 신규시장을 창출하여 시장을 확장하는 블루오션전략(Blue Ocean Strategy)이 요구된다. 그러므로 M&A를 통해 불확실성을 최대한 제거하고 신속하게 시장에 진출하는 전략을 병행함으로 기업 가치를 혁신할 수 있는 방안이 될 것이다.

레드오션전략(Red Ocean Strategy)은 이미 잘 알려져 있는 시장, 즉 현재 존재하는 모든 산업을 말하며 기존 시장에서 어떻게 경쟁자를 앞지를 수 있는가에 대한 시장경쟁전략이다.

'레드오션'의 회사들은 존재하는 시장 수요의 점유율을 높이기 위해 경쟁사보다 우위에 서려고 노력한다. 그러므로 시장에 경쟁사들이 많아질수록 수익과 성장에 대한 전망은 어두워진다. 결국 제품들은 일용품으로 전락하고 무자비한 경쟁에 의해 시장은 핏물로 가득 찬 '레드오션'(Red Ocean)이 되어버리고 만다. 그래서 '레드오션'이라는 단어를 사용했다.

반면에 블루오션전략(Blue Ocean Strategy)은 알려져 있지 않은 시장, 즉 현재 존재하지 않아서 경쟁에 의해 더렵혀지지 않은 모든 산업의 시장을 말한다. '블루오션'에서 시장 수요는 경쟁에 의해 얻어지는 것이 아니라 창조에 의해서 얻어진다는 것이다. 이곳에는 높은 수익과 빠른 성장을 가능케 하는 엄청난 기회가 존재한다. 그리고 게임의 법칙이 아직 정해지지 않았기 때문에 경쟁은 무의미하다.

따라서 '블루오션'(Blue Ocean)은 아직 시도된 적이 없는 광범위하고 깊은 잠재력을 가진 시장을 비유하는 표현이다. 다시 말해 '블루오션'은 높은 수익과 무한한 성장이 존재하는 파워풀한 시장이다.

블루오션전략은 경쟁을 피하기 위해 이미 설정된 시장경계를 어떻게 벗어날 수 있는가에 대한 "시장창조전략"이다. 문제의 핵심은 어떻게 새로운 대량의 추가 시장수요를 창출해 내느냐 하는 것이며, 블루오션으로 나아갈 수 있는 성장잠재력을 가진 사업을 찾아내고, 또는 그러한 회사와의 전략적M&A를 통하여 기업 가치혁신을 이루어 내느냐에 있을 것이다.

블루오션전략으로 기업 가치를 혁신한 대표적인 기업들의 사례에서 그 해답을 찾아볼 수 있을 것이다.

우선 삼성이 이룩한 애니콜의 신화창조와 가치혁신에 대해 살펴본다.

삼성은 초기의 휴대폰 시장에서 참담한 실패를 기록했다. 그 이후 전혀 다른 새로운 제품의 개발에 착수해 산과 계곡이 많은 "한국지형에 강한" 애니콜을 개발했으며 결과는 대 성공 이었다. 휴대전화기의 본격적인 수출을 시작한 98년 이후 불과 5년만에 모토로라를 추월하고 이제는 세계시장 1위업체인 노키아를 넘보고 있다.

삼성전자가 어떻게 이런 성공 신화를 만들 수 있었을까. 해답은 가치혁신(VI : Value Innovation)에 있었다.

삼성전자가 휴대폰 수출에 나섰을 당시 세계시장에서는 노키아, 모토로라, 소니, 에릭슨 등 굴지의 다국적 기업들이 중·저가 시장에서 혈투를 벌이고 있었다.

삼성은 초기부터 이들과 경쟁하지 않고 다른 길을 걸었다. 삼성은 새로운 시장을 찾기 위해 우선 휴대폰이 무엇을 하는 제품인지부터 고민했다. 그 결과 휴대폰을 단순한 통화수단이 아니라 '사람과 사람, 혹은 사람과 정보기기 간 커뮤니케이션을 해주는 도구'로 정의할 수 있었다.

제품에 대한 컨셉트가 달라지면서 경쟁사와 전혀 다른 전략 수립이 가능했다.

당시 외국 휴대폰 업체들은 경쟁사에 비해 얼마나 통화 품질을 높이고 원가를 줄이느냐에 온 힘을 쏟고 있었다.

반면 삼성은 유선전화뿐만 아니라 편지, 햄(아마추어 무선통신), 팩시밀리, TV, 시계, 전자수첩, PDA(개인휴대단말기) 등 모든 정보・커뮤니케이션 기기를 휴대폰의 비교 대상으로 삼았다.

일례로 편지는 속도와 편리성은 떨어지지만 사랑의 감정을 전한다는 측면에서 휴대폰보다 훨씬 어필하는 수단이라고 할 수 있다.

당시 기능성 제품으로 인식됐던 휴대폰을 감성적 제품으로 전환할 수 있었던 것도 이런 고민 덕분에 가능했다.

삼성은 또 디지털 기기의 컨버전스(융・복합화)가 가속화 하면서 항상 몸에 지니고 다니는 휴대폰이 융합의 중심에 설 것이라고 확신했다. 가치혁신 이론을 현장에 도입해 성공한 대표적 사례가 '이건희폰'으로 불리는 조약돌 모양의 휴대폰(모델명: SGH T-100)이다.

단일 모델로 1천만대가 팔리는 기록적 성공을 거둔 이 제품은 기획 단계부터 철저하게 가치혁신론을 활용했다. 당시 이 휴대폰 개발팀은 시장의 흐름을 고려한 결과 휴대폰의 고화질 컬러 액정화면이 언젠가는 대세가 될 것으로 판단했다.

개발팀은 따라서 최고 화질을 구현하는 초박막 액정표시장치(TFT-LCD)를 휴대폰에 달기로 결정했다. 그러나 휴대폰에 맞는 작은 사이즈 제품이 없었다. 또 TFT-LCD는 전력소모량이 많아 휴대폰에는 적합하지 않은 것으로 인식됐다.

그러나 '소비자가 원하면 기술적 문제 등은 무조건 해결한다'는 가치혁신적 명제를 붙잡고 개발팀은 끝까지 매달렸다. 전력소비량을 줄이기 위해 필요할 때만 전원이 켜지도록 하는 소프트웨어를 개발, 휴대폰에 장착하기도 했다. 이런 노력으로 마침내 TFT-LCD를 휴대폰에 부착하는데 성공했다.

당시 업계의 화두는 휴대폰 소형화 경쟁이었다. 경쟁 논리에 빠져 있던 굴지의 다국적 기업들은 모두 작고 가벼운 휴대폰을 만드는 것이 성공의 지름길이라고 생각했다.

그러나 삼성은 가치혁신적 사고를 통해 이런 통념을 깼다. 휴대폰이 작아지면서 화면도 줄어들어 버튼을 누르는데 불편함을 겪는 소비자가 많다는 사실을 주목했다.

이에 따라 삼성은 이 모델에 '와이드&슬림(wide & slim)'이라는 개념을 처음 적용했다.

화면은 넓히고(와이드) 버튼은 사용하기 쉽게 키우되, 얇게(슬림) 디자인해 휴대하기 편하도록 만든 것이다.

개발팀은 가치혁신의 핵심 도구인 전략캔버스를 통해 소비자들이 가치 있다고 여기는 것이 무엇인지를 파악하고, 개발 및 상품화 등의 의사결정 과정에서 핵심 수단으로 활용했다.

개발팀장이었던 신종균 전무는 "다른 경쟁자들이 기술적 문제 등을 극복하고 이런 모델을 개발하는데 적어도 6개월 이상은 걸릴 것이라고 자신했다"고 말했다.

실제로 경쟁사들은 10개월쯤 지나서야 TFT-LCD를 휴대폰에 부착하기 시작했다. 안테나가 휴대폰 안에 내장된 이른바 인테나(intenna)형 카메라폰(SPH-E3200)의 출시도 히트 제품이 되었다.

이 제품 개발팀은 가치혁신 방법론에 따라 제거해야 할 요소(외부 안테나), 줄여야 할 요소(크기와 무게), 향상시켜야 할 요소(사용시간 멜로디 등), 창조해야 할 요소(인테나, 카메라 내장 등) 등을 찾아내 적용했다.

경쟁사들이 어떻게 하느냐보다는 소비자들이 무얼 원하는지에 더 집중한 가치혁신이 비싸도 잘 팔리는 초대형 히트 상품을 만들어낸 비결이라는 얘기다. (한국경제, 2004. 4. 26, 요약정리)

두번째, 2005년 인기리에 방영되었던 KBS의 "불멸의 영웅 이순신"의 가치혁신 전략에 대해 살펴본다.

1592년 임진왜란 당시의 얘기다.

육전의 명장 원균장군과 신립장군은 그동안 해온 과거의 방식대로 똑같은 무기로 싸웠으며 그 결과 일본의 조총이라는 신무기 앞에 맥없이 지고 말았다. 그들은 과거와 똑같은 육지에서(누구나 알고 있는 이미 정해진 시장) 활과 창, 칼이라는 똑 같은 재래식 무기(동일한 상품)로 피나는 경쟁을 하는 전략을 선택한 것으로 이른바 레드오션전략(Red Ocean Strategy)을 선택한 것이다.

반면 이순신장군은 평소에 철저한 준비와 사전조사로 과거와 똑같은 방식으로 전쟁(경쟁)을 치를 경우 승산이 없다는 판단아래 새로운 전략을 찾았다. 즉 블루오션전략(Blue Ocean Strategy)을 선택한 것이다. 이순신장군은 육전에서는 조총이라는 신무기로 무장한 일본군을 대적할 수 없다는 판단아래 전혀 다른 발상을 하였고 그 결과 육지(누구나 알고 있는 이미 정해진 시장)에서 전쟁(경쟁)을 한다는 고정 관념을 깨고 바다라는 새로운 곳(지금까지 알려지지 않은 전혀 다른 새로운 시장)에서 수군이라는 새로운 카드를 선택하고 거북선이라는 신무기를 앞세워 우수한 화포(새로운 컨셉의 새로운 상품)로 경쟁이 없는 넓은 푸른 바다(Blue Ocean)로 적을 유인하여 승부를 건 전술을 선택했다. 그 결과 23전23승이라는 세계사적 업적을 세우게 되며 임진왜란을 막을 내리게 하였다.

이순신 장군이 훌륭한 것은 냉정한 판세분석과 고급정보를 바탕으로 블루오션으로 과감히 방향을 바꾼 것이며 거북선이라는 신무기를 앞세워 화포로 승부를 건 전략전술을 채택한 것이다.

결론적으로 레드오션에서 블루오션으로 넘어가려는 용기, 다시말해 기업가치혁신과 기업확장을 위한 새로운 형태의 M&A가 필요하다. 그리고 미래에 있을 수도 있는 리스크를 감당할 지혜가 필요하다. 단순히 돈키호테식으로 전진하는 것은 성공할 가능성이 낮다.

세번째, 경쟁이 치열한 골프시장에 뛰어든 캘러웨이의 가치혁신 사례이다.

당시 골프가 널리 보급되면서 많은 기업들은 비거리향상을 위한 연구개발에 몰두했으나 후발주자인 캘러웨이는 남들이 하지 않는 블루영역을 찾아 나섰다. 그 결과 초보골퍼들이 골프를 그만두려는 이유를 조사했다. 이유는 작은 골프공을 맞추기가 힘들다는 사실로 골프를 그만두고 비교적 쉬운 테니스 같은 운동을 시작 하고 있다는 것이다. 많은 골프채 만드는 기업들이 있었지만 초보자를 위한 이슈에 비중을 두지 않았다. 그렇지만 캘러웨이는 비고객과 초보자들에게 경쟁의 초점을 맞추었다. 그들은 비거리보다 우선 작은 공을 쉽게 맞추는 것에 역점을 두고 골프채를 연구 보완했다.

그 결과 헤드가 큰 골프채를 개발했다. 다른 기업들은 이러한 기발한 아이디어에 고개를 흔들었다. 고객이 외면할 것이라고 무시했다. 그리고 경쟁자들은 계속 비거리 향상에 역점을 두고 연구를 계속했다. 스윙이 빠르지 않은 초보 골퍼들에게 해드가 큰 샤프트를 선택하도록 유도한 신상품은 큰 시장을 형성했고 뒤늦게 사태의 심각성을 감지한 경쟁회사들이 이 시장에 뛰어들었으나 새로운 시장에서 캘러웨이는 멀찌감치 선두를 달리고 있었다. 레드오션전략을 버리고 과감히 블루오션전략으로 전환한 결과였다.

네번째, 단 거리를 전문으로 운항하는 사우스웨스트항공사의 가치혁신 사례이다.

이 회사는 국제항공 서비스기업들과 경쟁하지만 이웃도시를 빈번히 운행하는 자가운전자와 고속버스 이용자들도 주목하였다. 이웃 도시 간을 운행하는 승용차와 고속버스에 비해 빠르고 편리하며 비교적 저렴한 가격으로 단거리노선만을 운행하는 항공서비스를 제공하여 기존의 경쟁공간을 항공서비스에서 운송서비스로 확대했다.

다섯번째, 델컴퓨터의 기업가치혁신 사례이다.

델 컴퓨터(Dell Computers)는 고객의 '구매 체험'을 배달 체험까지 확장하여 타 컴퓨터 제조업체보다 빠르게 고객이 주문한 PC를 고객에게 배달하여 고속 성장하였다.

여섯번째, 커피전문점 스타벅스의 가치혁신 사례이다.

스타벅스(Starbucks)는 성숙된 시장에서 경쟁을 피하기 위해서 '감성에 호소하는 새로운 커피' 소매점 즉 커피 바(bar)를 만들었으며 그 이후 전세계 주요 국가에 스타벅스브랜드의 가맹점을 개설하였다.

일곱번째, M&A의 귀재 세계적인 시스코시스템즈의 가치혁신 사례이다.

시스코(Cisco)사는 급증하는 고속의 데이터 교환 수요에 비해 저속급의 호환성 없는 컴퓨터 네트워크가 수요를 따라가지 못하는 사실에 주목하였다. 고속급 데이터 교환이 가능하도록 라우터, 교환기 등 네트워크 장치들을 혁신적으로 디자인하였다.

마지막으로, 우리의 입맞을 끌어 당기게 하는 딤채 김치냉장고의 기업가치혁신 사례이다.

냉장고는 누구나 갖고 있는 가정의 필수품이 된지 오래이다. 이러한 냉장고에 새로운 개념을 추가한 것이 김치만을 전문으로 보관한다는 컨셉으로 출시한 딤채 냉장고이다. 아무리 값싸고 품질 좋은 제품의 냉장고를 만들었다 해도 똑 같은 개념의 냉장고를 만들어 출시했다면 포화상태에 있는 냉장고의 시장을 추가로 확대하기에는 상당한 어려움이 따랐을 것으로 본다. 그러나 전혀 새로운 개념의 냉장고, 즉 김치만을 전문으로 저장하는 '김치 냉장고'를 선보임으로서 시장에 신선한 감동을 안겨 주었으며 이미 포화가 된 냉장고 시장에서 새로운 수요를 창출할 수 있었던 원동력이 된 것이다. 이와 같이 엄청난 기술력이나 전혀 새로운 제품이 아니라도 기존의 제품에 새로운 아이디어를 접목한다면 전혀 다른 차원의 가치혁신을 창출할 수 있음은 물론 단번에 시장의 확충과 기업가치를 획기적으로 올릴 수 있다는 사례를 보여준 것이다.

2) 딥포켓 전략

딥포켓(Deep Pocket) 전략은 시장1위 굳히기 전략이다. 시장점유율의 선발주자로서 동원 가능한 모든 강점을 이용해 후발주자를 제압하는 경우다. 선발주자는 소비자 선호도, 유통채널 선점, 가격경쟁력, 특허권 등 후발주자에 비해 유리한 경쟁 요소를 많이 갖고 있다. 이를 이용해 후발주자 추격을 뿌리치는 경우가 딥포켓 전략이다.

또한 시장1위 굳히기를 위해 동종업종간의 수평적 M&A를 통해 영업망을 확충하여 시장의 지배력을 확보(Market power)하거나 생산 및 판매를 일원화 하고 영업조직을 단일화하여 중복되는 조직을 재편성 하거나 기존회사의 브랜드와 영업망파워 등을 그대로 활용하여 기업의 가치를 혁신 시켜 나가는 M&A 전략이다.

우선 한국야쿠르트의 "아줌마 부대로"로 시장1위 굳히기에 성공한 Deep Pocket 사례를 들 수 있다.

발효유(요구르트)시장에서 한국야쿠르트가 부동의 1위를 차지하고 있는 이유도 선도기업으로서 유통채널을 선점해 후발업체 추격을 방지 한다는 전략이 주효한 결과다. 한국야쿠르트는 71년 요구르트 판매를 시작하면서 전국에 걸친 방문 판매원 조직을 형성해 왔다.

남양유업, 매일유업, 서울우유, 빙그레 등 경쟁업체들이 잇따라 발효유 시장에 뛰어들면서 한국야쿠르트에 도전장을 던졌지만 발효유 시장에서 한국야쿠르트 시장 점유율은 40%가 넘는다. 경쟁사 점유율이 10%대를 조금 넘긴 수준인 상황에서 한국야쿠르트 발효유 시장 점유율이 어느 정도인지 짐작할만하다.

한국야쿠르트는 '야쿠르트 아줌마'로 불리는 한국야쿠르트 방문판매 조직이 후발 경쟁사 유통채널을 압도하고 있다며 회사의 유통전략도 일반적 유통판매가 아닌 방문판매에 집중해 후발업체들과 차별화를 시도하고 있다고 설명한다. 또 방문판매원 교육강화, 인센티브 제도도입 등을 통해 방문판매 조직을 강화하고 있다.

실제 한국야쿠르트는 발효유 유통의 99% 이상을 방문판매로 소화하고 있다. 경쟁업체들도 한국야쿠르트의 방문판매 전략을 피하는 방향으로 전략을 수정하고 있을 정도다.

두 번째, 대한항공의 "마일리지서비스"로 시장1위 굳히기에 성공한 Deep Pocket 사례를 들 수 있다.

대한항공 마일리지 프로그램 스카이패스도 선발기업의 이점을 최대 한 이용해 후발업체 추격을 뿌리치고 있는 경영전략으로 꼽힌다. 86년 도입된 대한항공 스카이패스는 현재 누적 회원 수만 700만명이 넘어 아시아나, 외국항공사들이 시장침투 확대에 방패막이 구실을 하고 있다.

대한항공 관계자는 항공시장은 기존 마일리지 프로그램을 이용하려는 고객들이 많아 '고객충성도'가 큰 시장이라 밝혔다. 대한항공은 스카이패스를 도입해 후발 항공사들과 외국항공사들에 대해 '고객충성도'라는 비가격 경쟁력을 확보하고 있다며 선발업체로서 강점을 잘 활용하고 있는 사례라고 설명한다.

마지막으로, 프라이스라인사의 "역경매시장"으로 시장1위 굳히기에 성공한 Deep Pocket사례를 들 수 있다.

역경매 특허를 갖고 있는 프라이스라인사가 역경매와 관련된 모든 특허권을 독점해 후발업체 진출을 미연에 방지한 것도 특허권을 독점, 수성에 성공한 경우다. 특히 MS사가 시장의 우월적 지위를 이용해 역경매 사업에 진출했지만 프라이스라인사는 특허 포트폴리오 전략으로 MS의 역경매 시장 진출을 막을 수 있었다. 선발업체로서 특허권을 선점해 후발업체 도전을 물리친 성공적인 사례로 꼽힌다.

3) 파워플레이 전략

파워플레이(Power Play)란 아이스하키에서 상대팀 선수가 퇴장 당해 수적인 우위에 있을 때 집중 공격에 나서는 게임 전략을 말한다. 기업 경쟁에서도 예외는 아니다. 상대방 약점은 곧 나의 강점이다. 내가 갖고 있는 것을 상대방이 갖고 있지 못한다면 그것을 집중 부각하고 공략해 경쟁자를 따돌려야 한다. 그러므로 M&A를 통해 적기에 상대방과 차별화된 경영전략을 수립하고 경쟁자를 따돌릴 수 있는 전략이 필요하다.

우선 삼성증권의 Power Play사례를 들 수 있다.

엄연한 생존 논리가 기업 경쟁 세계에 그대로 적용되기 때문이다. 삼성증권이 대우증권, 현대증권 등 선도업체를 제치고 2000년 주식 약정액 순위 1위에 오른 것은 대표적인 파워플레이 사례다. 98년 이전까지만 해도 국내 증권 시장은 대우증권, 현대증권, LG투자증권, 대신증권 등이 주도하고 있었다. 삼성증권은 92년 국제증권을 인수해 증권업계에 뛰어든 후발주자에 불과했다.

특히 98년에는 현대증권이 '바이코리아' 판매를 계기로 시장점유율을 11%이상까지 올리며 선두자리를 굳혔다. 99년 말까지만해도 현대증권이 주식약정액의 시장점유율 12%를 기록해 1위를 차지했었다. 2위와 3위 자리는 각각 시장점유율 11.6%, 11.4%를 기록한 대우증권, LG투자증권 순이었다.

삼성증권은 시장점유율 9.9%로 4위에 불과했다. 99년 대우사태가 터지면서 대우증권은 부동의 1위 자리를 현대에 내줬고 금융시장 불안정이 더해지면서 '믿을 수 있는 회사'에 돈을 맡기자는 움직임이 활발히 일어났다.

여기에 현대그룹 '왕자의 난', 현대증권 이익치회장 구속사태가 이어지면서 현대증권의 위상이 흔들리기 시작했다. 이를 적절히 주식약정액 증가로 이어간 삼성증권은 2000년 회계연도에 약 9.8%의 점유율로 증권시장 1위 자리로 올라앉았다.

대우, 현대증권 등 선두업체들이 각각 모기업 부도와 유동성 위기를 겪고 있다는 점을 이용해 '안전한 회사'라는 기업이미지를 충분히 활용해 선두자리를 차지한 경우다.

다음으로, 롯데칠성의 Power Play사례를 들 수 있다.

롯데칠성은 '2%부족할때'의 상품으로 막강한 유통망과 마케팅 파워를 내세워 남양유업의 '니어워터'가 선점해 놓은 '미과즙음료' 시장을 빼앗은 경우이다.

사실 남양유업은 99년초 '니어워터'를 시장에 최초로 선보이며 국내 음료시장에 '미과즙음료' 시장을 개척했다.

4개월 뒤인 99년 5월 해태제과와 롯데칠성은 부랴부랴 'N2O'와 '2%부족할 때'를 시장에 내놨다. 콜라를 제외한 거의 모든 음료시장에서 1위를 차지하고 있는 롯데칠성으로서는 남양유업에 일격을 당한 미과즙음료 시장 탈환이 중요했다. 음료업계 1인자로서의 자존심이 걸린 문제였기 때문이다.

롯데칠성은 '롯데'라는 든든한 모기업의 브랜드 파워를 갖고 있었고 음료 유통에서 남양유업, 해태제과 등 경쟁업체를 압도할 수 있는 유통채널을 확보하고 있었다. 경쟁업체와는 비교가 안되는 자금력과 마케팅 능력도 보유하고 있었다.

'2%부족할 때'는 다른 경쟁 제품들과 기능, 속성상 차이는 없지만 롯데칠성이라는 음료업계 선두업체가 유통채널 장악과 마케팅 전략을 활용해 경쟁업체를 따돌린 대표적 사례라 할 수 있다.

보리 음료 시장을 선점한 일화, 식혜시장을 개척한 비락식혜도 따지고 보면 식음료 시장에서 가장 중요한 유통망을 제대로 확보하지 못해 경쟁업체와 경쟁제품에 시장을 내 준 사례다.

4) 스트롱홀드 전략

스트롱홀드란 '요새'를 의미하는 것으로 스트롱홀드(Strongholds)전략은 요새를 지키기 위해 '진보하지 않으면 퇴보한다'는 평범한 진리를 교훈 삼아 후발업체를 M&A하여 규모의 경제를 이루거나, 공격적으로 마케팅을 강화 하거나, 전략적 제휴강화를 추진해 난공불락의 요새를 구축하는 기업혁신전략이다.

먼저, SK텔레콤의 신세기통신 인수로 이동통신시장에서 선두굳히기를 한 사례를 들 수 있다.

SK텔레콤이 스트롱홀드 구축전략의 대표적 사례다. SK텔레콤은 15년간 이동통신망 운용경험과 노하우를 축적한 국내 최대 이동통신 업체다.

SK텔레콤은 신세기통신을 인수해 무선통신 시장 최강자 자리를 더욱 공고히 했다. SK텔레콤은 신세기통신 인수를 통해 SK텔레콤의 국내무선통신 시장

점유율을 과반수 이상으로 끌어 올림으로써 2위 업체와 차이를 크게 넓힐 수 있었다.

2001년 1월 말 기준 가입자수는 SK텔레콤 1098만5000명, 신세기통신 348만2000명으로 시장점유율 54.1%를 유지하고 있다.

NTT도코모와 IMT-2000 공동개발 협력 관계 체결, 핀란드노키아사와 공동기술개발 제휴관계를 체결한 것도 따지고 보면 국내 무선통신시장 1위로서의 자리를 더욱 확실히 하기 위한 SK텔레콤의 수성전략이다.

세계 메이저급 통신사업자들과 협력관계를 구축해 브랜드 인지도를 높이고 2위 그룹과 격차를 더욱 넓힌다는 계산이다. 또 삼성전자, LG전자, 현대전자 등 3개 대기업 장비제조업체와 국내 49개 중소 벤처기업들과 IMT-2000상용시스템 개발제휴관계로 통신시장 '철옹성'을 구축했다.

당시 SK텔레콤이 북한 이동통신사업에 진출하기로 결정한 것도 국내뿐 아니라 동북아통신사업 주도권을 잡겠다는 경영전략으로 풀이된다.

두 번째, 국민은행과 주택은행의 인수합병을 통하여 국내 선두은행으로 자리매김을 한 사례이다.

국민은행과 주택은행은 합병을 통해 자산규모(은행계정+신탁계정) 162조 5000억원으로 세계 63위 수준의 대형은행을 탄생시켰다. 자기자본 규모도 6조 6400억원에 이른다. 두 은행 합병을 통해 자산규모로만 본다면 당시 2위였던 한빛은행과는 자산규모 87조원에 가까운 격차를 갖게 된 셈이다.

합병 당시 국민은행과 주택은행이 각각 1450만명, 1500만명에 달하는 고객을 보유하고 있어 중복 고객을 제외 하더라도 2000만명 이상의 고객을 확보하게 되었다. 최소 국민 2인당 1명이 두 은행이 합병하는 은행에 계좌를 갖게 돼 2위권이 추격하기 어려운 수준까지 격차를 벌이게 됐다.

당시 국민은행장(김상훈)은 외국계은행이 국내 금융시장을 급속도로 잠식해오고 있는 상황에서 현실에 안주할 때 자칫 선도은행 지위를 상실 할 수밖에 없을 것이라는 위기감에 따른 최선의 선택이라고 두 은행간 합병을 설명했다.

마지막으로, 롯데칠성의 제일제당 음료사업부 인수사례이다.

롯데칠성이 제일제당 음료사업부를 인수하기로 결정한 것도 음료시장 가운데 약세에 있던 스포츠음료 시장에서도 1위 자리를 확고히 하기 위한 전략으로 풀이된다.

제일제당은 구조조정을 위해 음료사업부문을 매각하고 핵심사업에 주력하였으며, 롯데칠성은 연간 800억원 규모 음료시장을 차지하고 있는 제일제당 음료사업부를 인수해 시장 점유율을 더욱 높인다는 계획이다. 롯데칠성 관계자는 코카콜라 판매가 직영으로 전환되고 네슬레, 나비스코 등 외국업체들이 국내 식음료시장 진출을 타진하고 있어 경쟁력 강화 방안을 강구하던 가운데 제일제당 음료사업부 인수를 결정하게 됐다고 설명한다.

③ 가치혁신의 재무전략

1) 자금조달의 기회획득

기업의 성장성은 부진하지만 보유하고 있는 부동산의 현재가치가 장부 가치에 비해 저평가되어 있거나, 담보력에 비해 금융차입이 낮거나, 기업의 신용도가 높아 추가로 금융차입이 가능할 경우와, 저평가된 황금알(Crown jewels)을 많이 보유하고 있어 이를 매각하거나 활용할 경우 추가로 상당한 자금조달이 가능한 경우에 자금조달능력을 확대하여 기업을 확장하기 위한 수단으로 전략적 M&A를 시도한다.

통상적으로 인수기업의 부채비율이 높거나 자금조달능력에 한계에 왔을 때 새로운 자금조달능력의 기회를 획득할 수 있어 기업의 금융조달비용을 낮추거나 신규사업진출에 기회를 가질 수 있다.

이와 같은 M&A전략을 활용하여 대기업으로 성장한 과거의 거평그룹에서 그 사례를 살펴볼 수 있다.

IMF외환위기 이전 거평은 적극적인 M&A를 통해 불과 5년 만에 30대 그룹에 진입할 만큼 급성장한 그룹이었다. 즉, 거평은 한 마디로 M&A를 통한 고도의 자산형성 기법과 자금조달 노하우로 인해 성장한 그룹이라고 볼 수 있다.

거평그룹이 급성장하게 된 배경은 철저히 황금알(crown jewels)을 분석해 기업가치에 비해 저평가된 기업을 찾아서 인수하였기 때문이다. 인수 후 거평은 인수기업들의 황금알인 중요자산을 매각하고 그 자금으로 성장의 발판을 삼았던 것이다. 거평그룹이 이러한 목적에서 인수한 대표적 기업이 대동화학과 대한중석이다.

대동화학은 91년 8월 인수 당시 4백50여억 원의 부채를 안고 있었으며 만년 적자인 상태로 자본 잠식된 법정관리기업인데다 보유부동산은 자연녹지지역이어서 거들떠보는 사람이 없었다. 거평은 이러한 대동화학을 5억6천만원에 인수하였다. 이후 100% 증자와 부대비용을 포함해도 총 인수비용은 32억원에 지나지 않았다. 그러나 거평은 대동화학의 부동산 중에 자연녹지가 아닌 일반주거지역도 포함되어 있다는 점을 놓치지 않았고 일단 증자를 통해 자본잠식에서 벗어난 뒤 본격적인 보유부동산 매각에 나섰다. 보유 부동산 중 일부 매각한 대금이 부채 전체를 청산할 정도가 돼 그룹 성장의 토대가 되었다.

사실상 거평은 94년 2월 공기업 민영화의 대상이 된 대한중석을 예상보다 훨씬 높은 가격으로 인수하면서 세상에 널리 알려지기 시작했다.

자신보다 몇 배나 큰 대한중석을 공개입찰을 통해 661억원에 인수했지만 내부자산은 그보다 훨씬 높았다. 보유부동산만 해도 그 당시 시가로 2천억원이 넘는 규모였고 여기에다 포항제철 주식 등과 같은 유가증권, 문화재 등 소위 황금알(crown jewels)이라고 불리는 중요자산을 많이 보유한 상태였다.

거평은 대한중석을 인수한 후 몇몇 중요자산을 처분한 돈으로 94년 7월에 라이프쇼핑을 287억 원에 인수하였고, 95년 10월에 정우석탄화학과 포스코켐을 1,151억 원에 추가로 인수하였으며, 지급보증을 통해 반도체회사인 한국시그네틱스를 74억 원에 인수하였다. 또한 96년 6월에 강남상호저축은행(당시는 신용금고)을 260억 원에 인수하였고, 96년 9월에 충남산업개발을 450억 원에 인수하였고, 96년 11월에 새한종합금융을 1,450억 원에 인수 하는 등 짧은 시간에 많은 기업들에 대한 M&A를 하였다.

결국 거평은 대한중석을 인수하여 현금 동원력과 담보력을 가지게 되었으며 이러한 자금력으로 타 기업을 인수함으로써 소규모 건설회사에서 다각화된 그룹 차원의 기업이 되는 원동력이 되었다.

2) 자본이득의 실현

기업의 성장잠재력과 인력구성 등은 좋으나 경영자의 능력부족과 조직의 비효율적 경영으로 기업이 저평가 된 경우 이러한 기업을 인수하여 구조조정과 함께, 능력 있는 경영진을 투입하여 조직을 활성화시켜 경영을 합리화 한다면 기업의 성장과 발전에 획기적인 계기를 마련할 수 있을 뿐만 아니라 다시 매각함으로써 많은 자본이득(Capital gain)을 실현할 수 있을 것이다.

이와 같이 당초의 인수목적이 회사의 경영에 있기보다 일정기간 후 다시 재매각하여 자본이득을 실현하고자 하는 목적에서 M&A를 시도하는 경우이다.

대표적인 사례가 론스타(Lone Star), 뉴브리지캐피탈, 소버린, 골드만삭스, 모건스탠리, 맥쿼리, 칼라일 등이다. 이들 회사는 대부분 IMF외환위기 이후 우리나라에 들어와 자본이득을 실현하고자 M&A를 시도하는 경우로 볼 수 있으며, 다음은 그 구체적인 사례들이다.

첫째, 론스타의 사례이다.

론스타는 그동안 투자자금을 회수하기 위해 상장폐지, 유상감자, 자산매각 등의 방법을 써왔다.

론스타는 지난 2003년 4월 법정관리 상태에 있던 극동건설의 신주(1476억원)와 회사채(1230억원)를 인수했다. 하지만 3개월 뒤인 같은 해 7월 회사채 인수대금을 극동건설이 보유한 돈으로 상환했다. 극동건설을 인수하는 데 1476억원만 들인 셈이다.

곧바로 3개월 뒤인 10월엔 상장을 폐지한 뒤 12월엔 유상감자를 실시, 650억원을 받아 투자원금을 826억원으로 줄였다.

지난해 초에는 전년(2003년)도 영업이익(162억원)보다 많은 230억원을 배당받아 투자한 돈 가운데 596억원만 회사에 남겨두었다.

한해 영업이익보다 많은 배당금을 받을 수 있었던 것은 채무면제 외에 회사자산(서울 충무로 극동빌딩)을 팔아 당기순이익(967억원)을 높였기 때문이다. 회사 자산인 빌딩을 팔아 더 많은 돈을 거두어 간 셈이다.

지분을 97%로 늘린 데다 주식상장마저 폐지해 이 모든 일을 누구의 간섭도 받지 않고 처리할 수 있었다.

더욱이 자본잉여금 2100억원(2003년 12월말 현재)을 전액 무상증자를 하면 최대 2000억원 어치의 주식도 확보할 수 있다. 2년여만에 투자금을 빼고도 수천억원의 이익을 챙길 수 있는 셈이다.

또한 1999년 650억원에 매입한 동양증권 여의도사옥과, 2001년 660억원에 매입한 SKC여의도사옥을 2003년에 호주계 투자펀드인 맥쿼리에 각각 850억원과 800억원에 팔아 2건 부동산에서 무려 340억원의 매매차익을 거두었으며, 2001년 6월에 6600억원대에 사들인 스타타워(아이타워)도 싱가포르 투자청에 9900억원대에 매각하여 3년 6개월만에 약 3300억원의 이익을 거두게 되었다.

이밖에도 2003년8월27일 외환은행의 지분 51%와 경영권을 1조 3,800억 원(1주당 4,245원)에 인수했다. 당시 인수조건에 따라 2005년 10월 이후부터 외환은행을 양도할 수 있게 되어 론스타 측의 양도절차에 따라 2006년 3월 23일 국민은행을 우선매수협상대상자로 선정하여 현재 M&A가 진행되고 있으며, 금감위에 국민은행을 외환은행의 최대주주자격승인요청을 하였고 공정거래위원회에 국민은행과 외환은행의 결합심사에 대한 승인요청을 해 둔 상태이다.

론스타의 외환은행에 대한 양도예상금액은 무려 4조 5천억원으로 발표되었다. 예상대로 양도가 이루어진다면 론스타는 3년여 만에 무려 3조 6천억원(콜옵션포함) 이상의 천문학적 이익을 얻는 셈이다. 자본을 투자하여 이익을 얻는 것은 누가 탓할 일이 아니지만 인수과정에서 발생한 여러 가지의 문제가 명확하게 밝혀져 국가의 부가 부당하게 국외로 흘러가는 일이 발생하지 않았으면 하는 생각이고 또한 양도차익에 대한 과세가 적법하게 이루어져 자본이득실현을 위한 M&A가 우리나라에서 올바르게 정착하고 인정받는 건전한 투자활동으로 발전하기를 바라며, 앞으로 M&A시장에 한바탕 이슈가 될 것으로 보여 진다.

〈외환은행 매각에 대한 론스타의 수익〉

2003년 인수가격(지분51%)	1조 3,800억원(주당4245원)
매각가격	4조 5,619억원(주당1만4000원으로 가정)
지분 매각 차익(A)	3조 1,786억원
콜옵션 매각 차익(B)	4,927억원
총 매각 차익(A+B)	3조 6,713억원

※콜옵션이란 최대주주인 론스타가 외환은행 지분을 매각할 때 수출입은행의 지분 13.9%와 코메르츠의 지분 6.5%를 함께 팔면서 일정 차익을 갖도록 맺은 계약

둘째, 뉴브리지캐피탈의 사례이다.

뉴브리지캐피탈은 지난 99년말 제일은행의 지분 48.56%를 인수하면서 외국자본으로서는 처음으로 국내은행의 경영권을 확보한 사례가 되었다.

99년 정부가 제일은행을 뉴브리지캐피탈에 매각하고 받은 가격은 5000억원. 하지만 계약조건에 풋백옵션을 달아놓아 추가로 부실자산을 매입해 준 것이 7조 9476억원, 사후손실보전 차원에서 지급된 금액도 1조 237억원에 달하는 것으로 알려졌다.

이를 포함해 97년 이후 제일은행에 투입된 공적자금이 총 17조원이 넘을 정도다. 게다가 지금도 손실책임을 놓고 소송중인 것들이 있어 사후손실보존비용이 더 늘어날 것으로 예상되고 있다.

이 때문에 제일은행은 성공적인 외자유치가 아니라 실패한 협상의 대표적인 사례로 꼽혀왔다. 17조원의 자금을 지원받으면 누군들 은행을 정상화시키지 못하겠느냐는 애기다. 이렇게 인수한 제일은행을 2005. 1. 10일에 영국계 스탠다드 차타드은행(SCB)에 100% 매각했다.

매각대금은 주당 1만 6511원, 총 3조 4000억원으로 SCB는 전액 원화로 지급할

예정이며 약 20억달러 규모의 신주발행과 자체자금 등을 통해 인수대금을 조달할 계획인 것으로 알려졌다.

제일은행의 지분은 뉴브리지가 48.56%를, 예금보험공사가 48.49%, 재정경제부가 2.95%를 보유하고 있으며 지난 2000년 정부가 제일은행을 뉴브리지에 매각할 당시 맺은 계약에 따라 예보와 재경부가 보유한 지분도 같은 값에 팔아야 된다.

이는 정부가 지난 99년 제일은행을 뉴브리지캐피탈에 매각하면서 뉴브리지에 유리한 드래그얼롱(drag along) 조항을 삽입했기 때문이다. '드래그 얼롱'[2)]이란 1대 주주가 자신의 일정 지분 이상을 팔 때 원매자가 원할 경우 2·3대 주주도 무조건 동일한 조건으로 팔아야 하는 것으로 매각 당사자인 정부로서는 지분처분에 제약을 받는 요인이 된다.

공적자금관리위원회의 국회 재경위 업무보고와 예금보험공사에 따르면 정부는 제일은행 매각 당시 뉴브리지가 보유지분(48.56%) 중 30%이상 매각할 때 원매자인 제3자가 예보지분(48.49%)까지 매입할 경우 뉴브리지가 판 것과 동일한 조건으로 우리측(예보)도 원매자에게 강제로 넘겨줘야 한다는 조항을 넣었던 것으로 확인됐다.

이에 따라 제일은행은 지난 2000년에 이어 5년만에 다시 새로운 주인을 맞게 됐으며 뉴브리지캐피탈은 불과 5년 만에 자신이 소유한 지분을 팔아 무려 1조 1500억원의 차익을 보게 되는 것이다. 하지만 뉴브리지는 조세회피지역(tax haven)에 법인을 등록해 이중과세방지협정에 따라 세금을 한 푼도 안낼 가능성이 있다고 한다.

셋째, 골드만삭스의 사례이다.

1997년 11월 IMF 외환위기 이후 국내금융기관은 자신들이 보유하던 진로채권 1조 4천 657억 원 어치를 단돈 1천 261억원에 한국자산관리공사에 넘겼으며 그 후 한국자산관리공사는 2천 742억원에 골드만삭스 등에 되팔았다.

골드만삭스는 2005. 3. 30일 진로매각을 위한 입찰을 실시하였으며 입찰에 참가한 기업은 CJ, 롯데칠성, 대상, 동원, 두산, 하이트, 대한전선과 외국계자본인 JP모건, 시티벤처캐피탈, 서버러스 등이 참가하였다.

그 결과 2005년 4월 1일 하이트가 우선협상자로 선정되어 관련 M&A절차를 거쳐 2005년 6월 3일 진로를 최종 인수하게 되었다. 인수금액은 무려 3조 4,100억 원으로 되었다. 따라서 골드만삭스를 비롯한 JP모건, 도이체방크, 모건스탠리 등의

---

2) 드래그얼롱(drag along)에 방어할 수 있는 것이 태그얼롱(tag along)이다.
태그얼롱은 1대주주(뉴브리지캐피탈)가 계열사 등 특수관계인에게 지분매각시 괜찮은 조건이라고 판단될 때 1대주주 이하의 2·3대 주주(한국측)의 지분을 동일한 비율대로 팔아달라는 것이다.

외국계 투자회사들은 무려 1조원 이상의 투자수익을 올리게 된 것이다.

물론 채권매입 초기부터 지금까지 계속 보유한 것을 가정한 것이고 중간에 손 바뀜이 일어났을 경우 투자차익을 단정하기는 어려우나 엄청난 차익을 올리게 되는 것만은 확실하다.

그밖에도 지난 2000년 한미은행을 3,000여억 원에 인수한 후 씨티그룹에 매각하여 3년 4개월 만에 투자원금의 2배가 넘는 7,000여억 원의 투자수익을 올리게 된 칼라일의 사례이다.

이와 같이 자본을 투자해 수익을 올리는 것은 마땅한 일로 평가되어야 할 것이다. 그러나 외국인 투자자의 본사가 조세회피지역(tax haven)에 있다는 사유로 우리나라에서 벌어들이고 있는 막대한 주식양도차익, 배당수익, 이자소득 등에 대해서 과세가 되지 않고 있다는 것은 심각한 문제점으로 지적되어야 할 것이다. 더군다나 IMF 외환위기 이후 부도가 난 많은 기업과 금융기관 등에 약 160조원이상의 국가공적자금이 투입된 사실을 감안하면 이중으로 혜택을 보게 되는 것이다.

소득이 있는 곳에 과세는 당연히 따라야 한다. 이와 같이 국부가 무한정 빠져나간다고 하면, 많은 사회적 문제점이 발생될 뿐만 아니라 해외투자자본에 대한 불신이 팽배해져 결국 모두에게 해가 되는 결과를 낳게 될 것이다.

다행하게도 뒤늦은 감은 있지만 조세회피지역(tax haven)에 본사를 두고 국내에서 수익을 올린 론스타와 카라일펀드 등에 대해 과세를 위해 조사를 하고 있다. 론스타는 스타타워 매각차익에 대해 약 700~800억원 정도의 세금추징을, 칼라일은 한미은행의 지분양도 차익 7,000억원에 대해 약 200~400억원의 세금을 추징할 것으로 발표되었으며, 제일은행 지분매각으로 1조 1,500억원대의 시세차익을 얻은 뉴브리지캐피털에 대해서도 소득세 신고·납부가 이뤄지지 않으면 과세당국의 세무조사와 세금추징이 실시될 것으로 전망된다.

또한 조세피난처를 경유한 내·외국인 자본의 조세회피 행위를 막기 위해 국내 세법 보완과 조세조약개정 작업을 2005년 정기국회 때 추진하겠다고 밝혔다. 이와 같이 정부가 조세조약 개정을 추진하기로 한 것은 70~80년대에 체결된 조세조약들이 조세회피행위에 대한 규제를 강화하고 있는 최근의 세계적 추세를 제대로 반영하지 못하고 있는데 따른 것이다.

조세회피를 위해 조세피난처에 명목회사(Paper Company)를 설립하고 이를 통해 국내에 투자해 얻은 투자소득에 대해선 실질투자자를 기준으로 과세 여부를 결정 할 수 있도록 규정을 명문화할 방침이다.

조세피난처의 명목회사를 통해 국내에서 주식양도차익, 이자, 배당, 사용료 등 투자소득을 얻었다면 정부는 명목회사에 자금을 댄 실질투자자들이 속한 국가와의 조세조약 내용을 기준으로 과세 여부를 결정할 수 있도록 법에 명문화 하겠다는 얘기다.

아울러 정부는 국내에서 외국자본이 막대한 수익을 올리고도 조세조약(이중과세방지협약)을 이용해 조세를 회피하는 행위를 막기 위해 조세조약 개정을 적극 추진키로 했다.

정부는 우선 뉴브리지캐피털 등 국내에 진출한 외국자본들이 조세피난처로 주로 이용하고 있는 말레이시아 '라부안'을 조세조약 적용 대상에서 제외하는 방안을 말레이시아 정부와 협의할 계획이다.

정부는 또 이자나 사용료 등 투자소득에 대해 투자자의 거주지 국가에서만 과세할 수 있도록 한 조약에 대해서는 실질투자자가 해당국가 거주자인 경우에 대해서만 조약 혜택을 받을 수 있도록 할 방침이다.

▶ 정부의 조세회피행위 방지책

① 국내세법보완
- 조세피난처 이용한 투자이익도 과세
- 실질투자자 추적해 조세조약 적용 명문화

② 조세조약 개정추진
- 조세조약상 비과세, 제한세율[3])혜택 등 배제
- 조세피난처 이용시 조세조약 적용제외
- 투자소득은 실질투자자가 해당국 거주할때만 혜택
- 주식양도차익은 소득발생국에서도 과세

한편 조세회피지역(tax haven)에 본사를 두고 있으며 우리나라의 증권시장에서 투자활동을 하고 있는 주요 외국인 투자자의 현황은 다음과 같다.

지역	주요 외국인 투자자
룩셈부르크	템플턴아시아그로스펀드, 피델리티펀드, 제니스 스몰러 컴퍼니
라부안	아리삭, 에이아이에프투엔티 LTD, 트레이더인베스트먼트
버뮤다	골라엘엔지, 로이드조지인베스트먼트, 피터쿤딜어소시에이츠

3) 제한세율 : 조세조약상 소득이 발생한 국가에서 상대방 국가의 거주자에 대해 과세할수 있는 최고한도세율로 일반적으로 조세조약에서는 이자, 배당, 사용료소득에 적용한다.

버진아일랜드	소버린에셋매니지먼트, 하몬글로벌, 룽파이, 페이먼트파트너
케이먼군도	간다라마스터펀드, 더쓰리킹덤스코리아펀드, 모멘타, 조호펀드, 프로스펙트파크
바하마	템플턴글로벌어드바이저

3) 절세효과

새로운 사업의 진출과 신규투자를 계획하고 있다면 법인세 등의 세금을 절감하여 신규 투자재원으로 자금을 확보하거나 이익금에 대한 자금을 사내에 유보하여 다른 용도로 자금을 활용한다면 좋은 재무전략이 될 것이다.

따라서 흑자 기업이 사실상 휴업 중에 있거나 경영악화로 영업양도 또는 자산과 부채의 양도에 의한 구조조정을 마무리한 후 사실상의 영업을 중단하고 있는 법인(이하 'shell company' 라 한다) 또는 정상적인 경영활동에 있으나 이월결손금이 많은 기업(이하 '적자기업'이라 한다)을 인수하여 합병하거나, shell company 또는 적자기업을 인수한 후 업종을 전환하거나 업종을 추가하여 흑자경영을 이루어 낸다면 법인세 등의 많은 세금을 절감할 수 있는 효과를 얻을 수 있을 것이다.

아울러 대주주입장에서는 M&A를 통해 보유주식을 매각함으로써 상속세, 증여세 등의 조세부담을 줄일 수 있는 효과를 얻을 것이다.

한편 합병대상의 적자기업이 모회사 등으로부터 지고 있는 차입금 등의 부채가 있을 경우의 채무면제이익이나 자산수증이익 같은 경우에 이월결손금의 공제에서 제외되므로, 출자전환으로 처리 하여 이월결손금의 공제를 받을 수 있는 방안을 연구해야 인수합병을 통한 세금절감효과를 극대화 할 수 있을 것이다.

실제로 이월결손금이 많은 shell company 또는 적자기업을 인수하여 법인세 등의 절세효과를 창출하기위한 전략으로 M&A를 활용하는 사례를 종종 볼 수 있다.

(1) 인수 후 합병을 통한 절세효과

shell company 또는 적자기업을 인수한 후 합병을 통하여 절세의 효과를 얻은 대표적인 사례는 우량은행이 이월결손금이 있는 부실은행을 인수하여 합병할 경우에 많이 발생했으며, 그 다음으로 우량 신용카드회사가 이월결손금이 있는 부실 신용카드회사를 인수하여 합병한 경우, 우량 상호저축은행이 이월결손금이 있는 부실상호저축은행을 인수하여 합병한 경우, 우량 신용협동조합이 이월결손금이 있는 부실 신용협동조합을 인수하여 합병한 경우 등에서 찾아 볼수 있다. 이 경우 세금을 절감할 수 있는 금액만큼 추가적으로 M&A가치를 높일 수 있는 전략이 되기도 한다.

실제로 국민카드는 99년 장은신용카드와 흡수합병하면서 승계 받은 이월결손금 2,028억원 중 99년분에 해당하는 89억원의 환급과 2000년도와 2001년도에 추가적인 환급을 추진한 사례를 들 수 있다.

국민카드의 법인세 환급은 개정된 법인세법상 '합병법인의 이월결손금 공제'의 첫 번째 사례라는 점에서 주목되었다. 국세청은 98년 말 기업구조조정을 지원하는 차원에서 일정 요건을 충족하는 합병의 경우에는 피합병법인의 이월결손금을 승계 받아 공제할 수 있도록 했다.

국민카드는 98년 12월 30일 장은신용카드를 흡수합병했으며 개정 세법의 최초 적용대상이 된 것이다. 금융계 관계자는 모회사가 법인세 공제를 받기 위해 자회사를 합병하는 경우는 자주 있어 왔지만 동종 업체의 합병을 통한 법인세 공제는 처음 있는 일이라고 평가했다. (머니투데이, 2001. 8. 24, 요약)

또한 조흥은행의 경우 지난 97년부터 3년 연속적자를 기록하여 2001년말 현재 누적 결손금이 2조9천5백84억원에 달해 신한은행이 조흥은행을 존속법인으로 합병할경우 법인세법에 따라 2004년까지 최소 2~3천억원의 세 감면 혜택을 보게 된다는 것이며, (한국경제, 2002. 11. 7, 요약정리) 하나은행의 경우 합병전 서울은행으로부터 승계한 이월결손금의 이연 법인세 효과로 3006억원이 당기순이익에 가산되었다고 밝혔다. (스탁데일리, 김영수기자 요약, kys@stockdaily.co.kr)

(2) 인수 후 업종전환이나 업종추가를 통한 절세효과

법인세법의 까다로운 규정으로 shell company 또는 적자기업을 인수한 후 합병을 통하지 않고 인수기업을 통하여 업종을 전환하거나 업종을 추가하여 흑자가 발생할 경우에는 어려움 없이 이월결손금을 공제 받을 수 있으며 실무에서 많이 활용 하고 있다. 이러한 활용의 사례들을 보면 다음과 같다.

첫째, 경영부진으로 휴업을 하고 일정기간 경과 후 다시 업종을 전환하여 사업을 계속할 경우라도 동일한 법인으로서 사업을 계속하는 경우 이므로 5년 이내의 이월결손금 공제가 가능하다.

둘째, 대규모 흑자가 발생하는 건설 시행사가 이월결손금이 있는 shell company

또는 적자기업을 인수한 후 업종을 전환하거나 업종을 추가하여 흑자발생부분에 대한 절세의 효과를 얻는 경우이다.

이월결손금에 대한 법인세법의 규정

(1) 법인세법 제45조와 동시행령 제81조에서는 합병 시 이월결손금의 승계에 대해 다음과 같이 적용요건을 규정하고 있다.

① 합병 등기일 현재 1년 이상 계속하여 사업을 영위하던 내국법인간의 합병일 것

② 피 합병법인의 주주 등이 합병법인으로부터 합병대가를 받은 경우에는 동 합병대가의 총 합계액 중 주식 등의 가액이 100분의 95이상일 것.

③ 합병법인이 합병등기일이 속하는 사업연도의 종료일까지 피 합병법인으로부터 승계 받은 사업을 계속 영위할 것

④ 피 합병법인의 주주 등이 합병법인으로부터 받은 주식이 합병법인의 합병등기일 현재 발행주식총수 또는 출자총액의 100분의 10이상일 것

⑤ 합병법인이 법인세법 제113조 제3항의 규정에 의하여 구분경리할 것

(2) 이월결손금의 범위(법인세법 시행령 제18조)

① 「이월결손금」이란 내국법인의 각 사업연도에 속하거나 속하게 될 손금의 총액이 그 사업연도에 속하거나 속하게 될 익금의 총액을 초과하는 경우에, 그 초과하는 금액으로서 그 후의 사업연도의 소득금액계산 상 손금에 산입하지 아니하거나 법인세법 제13조 제1호의 규정에 의하여 과세표준계산 상 공제되지 아니한 금액을 말함.

② 법인세 면제사업과 과세사업을 겸영하는 법인이 각각의 소득을 계산하기 위하여 구분경리를 하여야 하는 경우 어느 한쪽의 결손금이 다른 한쪽의 이익보다 큰 때에는 서로 상계하고 남은 금액을 결손금으로 함.

(3) 합병 시 이월결손금의 공제(법인세법 시행령 제18조)

① 합병등기일 현재 결손금이 많은 법인을 합병법인으로 할 경우에 5년 이내에 발생한 결손금은 먼저 발생한 사업 년도의 결손금부터 순차적으로 공제할 수 있다.

② 자산수증이익과 채무면제이익을 이월결손금의 보전에 충당한 경우(5년의 기간 제한없음) 그 충당된 이월결손금은 손금에 산입된 것으로 보아 공제금액에서 제외한다. 다만 재평가적립금, 주식발행초과금, 감

자차익 및 합병차익으로 충당된 이월결손금은 손금에 산입된 것으로 보지 아니한다.

③ 법인세 과세표준을 추계결정 또는 추계경정하는 때에는 이월결손금을 공제할 수 없음.

④ 비영리법인의 과세표준 계산시 이월결손금공제는 수익사업에서 발생된 이월결손금만 공제함.

⑤ 이월결손금의 공제를 통하여 조세부담을 감소시킬 목적으로 하는 합병 즉, 이월결손금이 많은 법인을 합병법인으로 하여 합병 등기 한 후 2년 이내에 합병법인의 상호를 피 합병법인의 상호로 등기한 경우에는 이월결손금의 공제를 배제한다고 규정하고 있다. (법인세법 제45조 3항, 동시행령 제81조 4항).

제3장 M&A를 위한 주식취득 전략

주식인수(Stock acquisitions)거래는 매도자와 매수자간의 계약에 의해 이루어지는 사유재산의 거래행위이며 주식인수를 통해 대상기업의 경영권을 완전히 넘겨받을 수 있게 되는데 이를 기업인수(Corporate acquisitions)라고 한다.

이러한 주식인수의 방법은 다음과 같다.

구 분	방 법
구주인수	· 대주주의 주식인수 · 시장 매수 · 공개 매수
신주인수	· 제3자의 신주인수 · 전환사채(CB) 인수 · 신주인수권부사채(BW) 인수

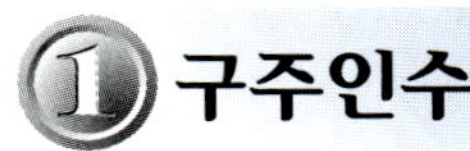

1 구주인수

1) 대주주 주식인수

대상기업의 기업지배권을 인수하기 위한 가장 확실하고 빠른 방법으로 대주주와 대주주의 특별관계자 등이 보유하고 있는 주식을 인수하는 방법이다.

이는 우리나라에서 가장 많이 활용하고 있는 우호적M&A의 거래형태이다.

대주주의 주식을 인수하기 위해서는 단순한 주식의 가치뿐만 아니라 대상기업의 기업지배권을 인수하기 위한 상당한 프리미엄 즉, 경영권 프리미엄의 가치를 별도지급 하는 것이 일반적이다.

다음은 거래소 상장 회사와 코스닥등록회사에 대한 최대주주의 변경에 대한 사유를 내용별로 분석해보고 그 시사점을 살펴본 것이다.

(1) 증권거래소 상장회사의 최대주주변경 현황

① 최대주주변경

년도	상장 기업수	변경 기업수	변경 기업 비율	변경 건수	변경 건수 비율
2002	683	144	21.1%	191	27.9%
2003	684	123	17.9%	172	25.1%
2004	683	102	14.9%	134	19.6%
2005	702	83	11.8%	114	16.2%

거래소 상장회사의 년도 별 전체 상장기업수 대비 최대주주변경을 보면 최대주주의 변경기업수가 2002년도에 비해 해가 갈수록 감소추세에 있어 거래소상장회사는 IMF의 외환위기를 겪어오며 대부분 구조조정이 완료되어 최대주주의 변경이 줄어들고 있음을 볼 수 있으며, 신규상장이 줄어드는 반면 꾸준한 퇴출요건 강화 등으로 상장기업수가 계속 감소되었다가 2005년부터 다소 증가되고 있음을 시사한다.

② 변경사유별 내용

변경사유	2002년		2003년		2004년	
	건수	비중(%)	건수	비중(%)	건수	비중(%)
장외매매	63	33.0	70	40.7	41	30.6
구조조정(출자전환, 제3자배정증자 등)	90	47.0	34	19.8	34	25.4
장내매매	10	5.0	25	14.5	32	23.9
전환사채전환	9	5.0	2	1.2	4	3.0
상속·증여	4	2.0	6	3.5	8	6.0
기타	15	8.0	35	20.3	15	11.1
전 체	191	100	172	100	134	100

반면에 최대주주의 변경에 대한 사유별 내용을 보면 2002년도는 전체 191건 중 출자전환, 제3자 배정에 의한 유상증자 등 구조조정과 관련된 것이 전체의 90건(47.0%)으로 그 비중이 가장 높게 나타난 반면, 2003년과 2004년에는 최대주주 소유의 주식에 대한 장외매매거래를 통한 최대주주변경이 70건(40.7%)과 41건(30.6%)으로 가장 높게 나타나 우호적 M&A에 의한 기업지배권의 변경이 이루어

졌음을 시사하는 것이다.

이는 2002년의 구조조정에 의한 최대주주변경 사유를 앞질러 우호적 M&A가 활성화 되고 있음을 보여주고 있다.

(2) 코스닥등록회사의 최대주주변경 현황

① 최대주주변경

년도	등록 기업수	변경 기업수	변경 기업 비율	변경 건수	변경 건수 비율
2001	721	99	13.7%	136	18.5%
2003	874	144	16.5%	207	23.7%
2004	887	168	18.9%	255	28.7%

그 다음으로 코스닥등록 회사의 년도 별 전체등록 기업 수 대비 최대주주변경 기업수를 보면 2001년도에 721개사 중 99개사(변경비율 13.7%), 2003년도에 874개사 중 144개사(변경비율 16.5%), 2004년도에 887개사 중 168개사(변경비율 18.9%)로 변경되어 해가 갈수록 꾸준히 최대주주의 변경기업수가 증가되고 있음을 나타내고 있다.

이러한 현상은 상장회사에 비해 M&A가 활발히 진행되고 있다는 것으로 풀이되며, 시가총액이 작을수록 최대주주의 변경이 빈번하였다.

또한 최대주주변경횟수가 많은 기업일수록 최대주주의 지분율이 낮은 것으로 분석되었으며, 10%미만의 지분보유기업이 많아 경영권 방어에 취약성을 갖고 있는 것으로 나타났다.

② 변경사유별 내용

변경사유	2001년		2003년		2004년	
	건수	비중(%)	건수	비중(%)	건수	비중(%)
장외매매	95	69.9	120	58.0	94	36.9
장내매매	0	0	0	0	65	25.5
유상증자참여	13	9.6	40	19.3	44	17.2
CB, BW 전환권 행사	4	2.9	17	8.2	12	4.7
상속, 증여	6	4.4	0	0	0	0
기타	18	13.2	30	14.5	40	15.7
전　체	136	100	207	100	255	100

위의 표에서 설명한 바와 같이 코스닥등록기업의 최대주주변경사유의 주된 내용은 최대주주 소유의 주식에 대한 장외매매 즉, 우호적 M&A에 의한 주식의 양수도 계약이 가장 많이 이루어 졌음을 알 수 있다.

이러한 현상의 시사점은 다음과 같다.

첫째, 코스닥증권시장의 퇴출요건강화로 인한 M&A요인 증가

둘째, 시장의 침체와 코스닥 등록요건 강화로 인해 기존 코스닥 등록법인의 인수를 통한 우회등록 증가

셋째, 향후 경기회복 기대감에 따른 적극적인 매수의도 증가

지금까지 살펴본 바와 같이 대주주의 주식인수를 통한 우호적 M&A는 앞으로도 당분간 그 추세가 지속적으로 증가될 것으로 보여 진다.

2) 시장매수

대상기업의 기업지배권 인수를 위한 주식거래를 공개매수나 대주주와의 거래에 의존하지 않고 증권거래소 또는 코스닥 증권시장 내에서 직접매수(Open market purchase)하는 방법으로 적대적 M&A방법에서 주로 사용하는 것이 일반적이다. 그러나 다음의 경우 우호적 M&A에서도 대주주와 사전협의를 통해 시장매수를 활용하기도 한다.

첫째, 대주주의 주식소유비율이 낮아 대주주의 주식인수만으로 안정적인 지분확보가 어려울 때

둘째, 자본금의 과다발행으로 회사의 가치에 비해 주식가치가 저평가되어 있을 경우

셋째, 주식의 유통물량이 많아 주식의 탄력성이 떨어질 경우

시장매수의 경우 유의해야 할 사항은 '증권거래법 제200조의 2 제 1항'에서 규정하는 주식의 대량보유 등의 보고에 해당하는 이른바 5%룰과 증권거래법 시행령 제10조의3 제4항에서 규정하는 공동보유자에 대한 검토사항이며 구체적 사항은 '적대적 M&A의 실천전략'편을 참고하기 바란다.

3) 공개매수

공개매수(미국에서는 tender offer, 영국에서는 take over bid라고 하며 일반적으로 TOB라고 한다)에 의한 기업지배권의 인수는 적대적 M&A에 의한 형태이며,

공개매수란 불특정 다수인에 대하여 주식 등의 매수의 청약을 하거나 매도의 청약을 권유하고 유가증권시장 및 코스닥시장 밖에서 당해 주식 등을 매수하는 것을 말한다. (증권거래법 제21조 제3항)

우리나라에서는 1976년 증권거래법 개정을 통하여 유가증권 공개매수 제도가 도입되었는데 이는 당시 정부의 기업공개 확대정책에 따른 주식의 분산과 확대로 안정적인 경영권의 유지 문제가 대두될 것으로 예상하여 이에 대한 법적 뒷받침마련과 자본시장의 국제화 추진으로 자본 자유화가 실현되면 외화에 의한 공개매수로 국내기업의 지배권을 침탈당할 염려를 방지하기 위해 도입되었다.

신주인수

1) 제3자의 신주인수

제3자에 대한 신주인수권이란 주주 이외에 제3자가 신주를 인수할 수 있는 권한을 갖는 것이다.

주주라도 자기가 가지는 신주인수권 이외에 추가로 신주를 인수할 수 있는 권리를 갖는다면 그것은 제3자의 신주인수권이라고 보아야 한다.

대상기업의 대주주와 사전협의를 통해 우호적인 방법으로 제3자 배정에 의한 신주인수권의 인수로 기업지배권을 인수하는 방법이다.

현 금융감독위원회 감독규정에 의해 상장 또는 코스닥등록법인은 제3자 배정의 경우 유상증자발행가액을 시가의 90%이상으로 하도록 제한하고 있다.

신주인수권의 부여 근거

구주의 신주인수권은 법률에 의하여 주어지는 권리로서 이를 배제하고 제3자에게 신주인수권을 부여하는 것은 법률, 정관에 근거규정이 필요하다.

① 법률에 의한 신주인수권의 부여

증권거래법상 우리사주조합원은 100분의 20을 초과하지 않는 범위 내에서 신주를 우선 배정 받을 권리가 있다. 신주발행형으로 주식매수선택권을 부여 받은 자도 배타적으로 신주인수권을 갖는다.

② 정관에 의한 부여

제3자에게 신주인수권을 부여하는 것은 구주주의 신주인수권의 제한을 의미하며 정관의 규정에 의하여 또는 주주총회의 특별결의에 의하여 제3자에게 신주인수권을 부여할 수 있다.

정관에 제3자에게 신주인수권을 부여하는 근거규정을 둘 때 부여대상, 주식의 종류와 수 등을 확정하여 기존주주들에게 예측가능성을 제공해야 한다.

③ 상법 제418조 제2항(신주인수권의 내용)

회사는 정관에 정하는 바에 따라 주주 외의 자에게 신주를 배정할 수 있다. 다만, 이 경우에는 신기술의 도입, 재무구조의 개선 등 회사의 경영상 목적을 달성하기 위하여 필요한 경우에 한한다.

2) 전환사채의 인수

전환사채(CB: Convertible Bond)란 전환사채권자에게 전환기간 내에 주어진 조건(전환조건)으로 당해 사채발행회사의 주식으로 전환할 수 있는 권리 즉, 전환권이 부여된 사채이다.

전환사채의 발행은 정관에 특별한 규정이 없는 경우에는 주주명부에 기재된 주주가 전환사채의 배정을 받을 권리를 가진다.

그러나 회사의 자금사정이 긴박하여 경영에 위협을 느낄 때나, 대주주의 보유지분이 낮아 대주주의 지분인수만으로는 안정적인 지분확보가 어려울 경우 대상기업의 대주주와 사전협의에 의하여 주주 이외의 자에게 전환사채를 발행하여 기업의 지배권을 양도하는 우호적 M&A방법으로 활용한다.

전환사채의 발행은 정관에 특별한 규정이 없는 경우에는 이사회의 결정에 의하며, 정관에서 주주총회가 전환사채의 발행에 관한 사항을 결정하기로 한 경우에는 주주총회에서 발행을 결정한다.

3) 신주인수권부사채의 인수

신주인수권부사채(BW: Bond with Warrant)란 사채권자에게 발행 후 일정한 기간(행사기간)내에 정해진 가격(행사가격)으로 발행회사의 신주발행을 청구할 수 있는 권리(신주인수권)가 부여된 사채를 의미한다.

신주인수권부사채는 원칙적으로 주주에게 발행해야 하나, 예외적으로 정관 또는 주주총회의 특별결의가 있으면 주주 이외의 제3자에게도 발행할 수 있다.

따라서 대상기업의 대주주와 사전협의에 의하여 주주 이외의 제3자에게 발행하여 우호적M&A방법으로 활용할 수 있으며 분리형[4] 신주인수권부 사채의 경우 신주인수권(Warrant)을 별도로 인수한 후 주식으로 전환하여 지분확보에 사용하기도 한다.

실제로 아라리온은 최대주주가 지분 20.44%를 확보한 ㈜글로벌다윈(대표 한신권)으로 바뀌었다고 2004. 8. 17일 공시했다.

신주인수권부사채(BW)의 보유자였던 글로벌다윈은 아라리온의 경영 참여를 위해 BW의 행사를 통해 회사를 인수한 것으로 알려졌다.

또한 시큐어소프트도 2004. 08. 14일 엑서스테크놀로지와 BW양수도를 통한 M&A 사실을 공시했다.

---

4) **분리형 신주인수권부사채** : 신주인수권은 사채권과 별도의 신주인수증권으로 표시되어 채권에서 따로 분리하여 양도가 가능하게 독자적으로 유통된다.
분리형의 신주인수권은 그 가치가 주식의 시가와 행사자격의 차이가 되므로 주식보다도 투기성이 강하며 우리나라는 99년 1월 30일부터 허용하고 있다.
비분리형 신주인수권부사채 : 신주인수권을 사채권에 사채의 권리와 병행하여 표시하기 때문에 신주인수권은 사채권에서 따로 분리하여 양도할 수 없다고 되어 있다.

제4장

M&A의 형태

M&A의 형태요약

구 분	형 태
거래의사에 의한 형태	· 우호적 M&A(Friendly M&A) · 적대적 M&A(Hostile M&A) · 중립적 M&A(Unopposed M&A)
결합방식에 의한 형태	· 수평적 M&A(Horizontal M&A) · 수직적 M&A(Vertical M&A) · 혼합적 M&A(Conglomerate M&A) · 구조개편적 M&A(Restructure M&A)
교섭방법에 의한 형태	· 개별교섭 · 공개매수(take over bid: TOB)
결합 주체에 의한 형태	· 국내기업간 M&A(in→in) · 국내기업의 외국기업에 대한 M&A(in→out) · 외국기업의 국내기업에 대한 M&A(out→in)
결제수단에 의한 형태	· 현금 · 주식교환 · 차입매수(Leverage buy out: LBO) · 복합매수

1 거래의사에 의한 형태

1) 우호적M&A

국내에서 이루어지는 대부분의 M&A는 우호적 방식을 취하고 있으며 우호적 M&A(Friendly M&A)는 피인수대상회사의 대주주 또는 경영진에게 M&A에 대한 의사를 타진하여 우호적인 관계에서 M&A에 대한 제반절차와 업무를 추진하는 것을 말한다.

이러한 우호적 M&A의 주된 목적은 인수기업의 사업다각화, 규모의 경제성추구, 생산원자재의 원활한 확보, R&D인력의 확보, 시장확충, 기업구조재편 등 경영전략상 필요에 따라 진행된다.

또한 인수합병 후 M&A에 대한 시너지효과를 최대한 높이고 우호적 분위기에서 기업의 성장을 높여 기업의 가치를 극대화하기 위해서 행해진다.

이 경우 당사자측간에 직접교섭과 협상이 진행되기도 하며, M&A를 전문으로 하는 대리인(M&A Boutique)에 의해 교섭과 협상을 진행하기도 한다.

2) 적대적M&A

이에 반해 적대적 M&A(Hostile M&A, Unfriendly M&A)는 피 인수기업의 경영진 또는 대주주가 기업인수에 의향이 없거나 거절하는 경우에 피 인수대상기업의 대주주와 경영진의 뜻과는 달리 인수측의 일방적인 의사와 계획에 의해 주식을 매입하여 피 인수대상기업의 경영권을 획득하는 M&A를 말한다.

이러한 적대적 M&A에 대한 자세한 설명은 '적대적 M&A의 실천전략'편을 참조하기 바란다.

3) 중립적M&A

우호적 M&A와 적대적 M&A와는 달리 중립적 M&A(Neutral M&A, Unopposed M&A)는 피 인수회사의 경영자 또는 대주주가 인수측의 기업인수의향에 관한 찬반의견이나 아무런 조언을 하지 않으며 방관자적 자세를 취하는 경우이다.

다시 말하면 인수측의 일방적인 인수의향과 대응에 방어도 공격도 취하지 않으므로 인수측의 시장매수, 공개매수, 위임장쟁탈, CB 또는 BW의 전환 등을 통한 M&A가 언제든지 가능한 상태로 경영에 임한다고 볼 수 있다.

이러한 이유의 근본적 배경은 대주주 또는 경영자가 기업경영에 흥미를 잃었다든지, 회사에 손실을 끼쳐 경영자로써의 입지가 약해져 임직원으로부터 신뢰를 잃었다든지 자금력 등이 부족하여 더 이상 기업경영을 계속하기가 힘든 상태에 있을 경우 적대적 M&A 세력을 역으로 이용해 경영권을 슬그머니 넘기려는 경향으로 볼 수 있으며 전략적으로 활용하기도 한다.

결합방식에 의한 형태

1) 수평적M&A

수평적 M&A(Horizontal M&A)는 동일한 산업 군에서 동일한 제품 또는 용역을 생산하거나 서로 경쟁관계에 있는 기업 간에 이루어지는 M&A 형태이다.

이러한 수평적 M&A가 이루어지는 주된 목적은 시장 점유율을 확대하거나 영업력강화를 통한 생산 및 판매를 일원화하기 위한 전략으로 활용한다.

또한 동종 업종 간에 이루어지므로 생산설비의 효율적 활용, 제품생산의 적정화, 중복시설의 통폐합, 영업처의 단일화, 중복조직과 인원의 재편성 등을 통한 구조조정 및 경영합리화를 위한 전략으로 활용하고 있다.

이와 같은 형태의 M&A는 매우 빈번하게 일어나고 있다. 예컨대 현대자동차의 기아자동차 인수와 SK텔레콤의 신세기이동통신의 인수, 한솔제지의 동창제지인수, 프랑스 르노의 삼성자동차인수를 들 수 있다. 또한 유통시장의 재편을 불러오고 있는 신세계의 월마트인수와 이랜드의 까르푸인수, 롯데의 우리홈쇼핑인수 등을 대표적인 사례로 들 수 있다.

지금은 중소기업인 국일제지에 인수되기는 했지만 과거 M&A로 빠르게 기업의 성장과 확장을 이루어 갔던 당시의 신호제지는 동양펄프 · 삼성특수제지 · 동신제지 · 신강제지 · 일성제지 등을 잇달아 인수하여 생산 · 유통 · 판매 등의 분야로 규모를 대형화 하여 수익을 증대하고 시장점유율을 높여 기업의 가치를 극대화한 전략을 구사하였다.

또한 2005년 기준 제지업계에서 10위권 밖에 있는 국일제지가 같은 업계 2위 업체인 신호제지를 인수하며 사람들을 놀라게 한 사실이 있다. 박엽지와 기능지를 생산하는 국일제지는 매출390억원(2005년 기준)에 불과한 중소기업이었으며, 인쇄용지를 주로 생산하는 신호제지는 매출 5,800억원(2005년 기준)에 달하는 대기업이었다. 국일제지가 신호제지를 인수한 것은 '새우가 고래를 삼킨 격'이 되었다. 이를 통해 국일제지는 제지업계에 당당하게 이름을 올리는 개가를 이루게 되었으며 IT산업 등으로 종이수요가 줄어드는 상황과 중국과 동남아시아의 저가 공세에서 탈피할 수 있는 변화를 이뤄내 새로운 블루오션시장으로 진입할 수 있는 토대를 구축한 사례로 평가 받으며, 국민은행과 주택은행의 인수합병, 신한은행과 조흥은행의 인수합병 등 금융권 업종에서도 여러 차례 수평적M&A

가 발생한 바 있다.

그 밖에도 세계철강업의 1위 업체인 미탈스틸이 동 업계 세계2위업체인 아르셀로를 인수한 것이다. 이 모두가 지구촌의 무한경쟁에서 살아남고자 하는 경영전략이며 블루오션시장으로 나아가고자하는 몸부림 일 것이다.

그밖에 수평적 M&A를 실시한 회사들의 사례이며 그 목적을 함께 정리하였다.

〈수평적 M&A 사례〉

일자	합병회사	피합병회사	합병의 방법	목적
05.02.16	㈜엠케이버팔로	㈜명필름, ㈜강제규필름	흡수합병	· 사업을 다각화, 기업가치 극대화
05.01.04	㈜녹십자홀딩스	녹십자의료공업㈜ ㈜녹십자비씨	흡수합병	· 경영효율성 향상을 통한 수익가치 극대화
04.10.04	㈜녹십자상아	㈜녹십자피비엠	흡수합병	· 의약품 제조 및 판매업간의 합병을 통한 규모의 경제실현 · 시너지 효과의 극대화 및 경쟁력 강화
04.09.08	㈜한빛아이앤비	㈜한빛유선방송	흡수합병	· 종합유선방송 일원화 정책에 부응, 관리상 비용절감
04.09.02	승일제관㈜	대동물산㈜	흡수합병	· 수익성 및 효율성을 제고하여 경영의 합리화 · 주주가치 증대
04.08.25	㈜선양테크	㈜선양디지털이미지	흡수합병	· 반도체 제조용 기계 제조업과 휴대폰 단말기용 카메라 모듈업의 합병을 통한 규모의 경제실현 · 사업다각화를 통한 성장과 경영합리화를 도모
04.08.19	㈜진두네트워크	㈜메가라운드	흡수합병	· 전자제품업간의 합병을 통한 규모의 경제실현 · 경영합리화 도모 · 다양한 수익구조의 기반 창출
04.08.13	㈜엑세스텔레콤	㈜인텔링스	흡수합병	· 교통안전단말기업간의 합병을 통한 규모의 경제실현 · 영업능력의 확대, 안정성 및 성장성의 증대

04.07.28	㈜아이에이치큐	㈜싸이더스에이치큐	흡수합병	· 영화기타영상물업간의 합병을 통한 규모의 경제실현 · 기업가치 극대화 및 엔터테인먼트 사업 진출 본격화
04.07.23	㈜ 명진아트	㈜ 미디어플래닛	흡수합병	· 음반 자켓전문제작업과 게임소프트웨어개발업의 합병을 통한 규모의 경제실현 · 수익구조의 기반 창출 및 경쟁력 강화를 통한 주주가치의 극대화 추구
04.07.16	㈜ 씨엔아이	㈜ 피델릭스	흡수합병	· 무선통신업간의 합병을 통한 규모의 경제실현 · 시너지효과 · 사업의 전문화 및 기업가치의 극대화 추구
04.06.02	동부증권㈜	㈜겟모어증권중개	흡수합병	· 증권업간의 합병을 통한 규모의 경제실현 · 온라인 사업 강화, 회사발전
04.06.02	㈜ KTT텔레콤	셀레콤㈜	흡수합병	· 수익구조의 기반 창출 · 주주가치의 극대화 추구
04.05.06	㈜브레인 컨설팅	㈜아이필 넷	흡수합병	· 소트웨어개발간의 합병을 통한 규모의 경제실현 · 다양한 수익구조의 기반 창출 · 주주가치의 극대화 추구
04.05.04	고려산업개발 ㈜	두산건설 ㈜	흡수합병	· 영업경쟁력 및 경영효율성 제고를 통한 양사 주주가치의 극대화
04.05.03	에프앤에프	에이엠하우스	흡수합병	· 패션업간의 합병을 통한 규모의 경제실현 · 브랜드의 안정적 성장 및 수익력 극대화 도모
04.04.07	한국합섬㈜	이화화섬㈜	흡수합병	· 경영효율성을 극대화하여 경쟁력 있는 우량회사로 발전
04.03.20	지엔텍	공영엔지니어링	흡수합병	· 영업능력의 확대, 기술력 증대 · 안정성 및 성장성의 증대
04.02.19	KG 케미칼㈜	㈜ 액티마그	흡수합병	· 복합비료제조와 화학제품제조의 합병을 통한 규모의 경제실현 · 사업 및 영업력 확대, 사업의 효율성 제고

04.01.13	SK가스㈜	은광가스산업㈜	흡수합병	· LPG유통시장의 경쟁력 강화 및 경영효율성 개선
04.01.02	크린크리에티브㈜	㈜씨큐브디지탈	흡수합병	· 반도체 LCD소재업과 디스플레이모바일에 특화된 패키징업의 합병을 통한 규모의 경제실현 · 기술의 결합을 통한 사업의 시너지 효과
03.12.03	에스티에스반도체통신㈜	디게이트반도체㈜	흡수합병	· 경영합리화, 주주가치의 극대화 추구
03.11.20	㈜오브제	㈜오즈세컨	흡수합병	· 패션업간의 합병을 통한 규모의 경제실현 · 패션정보 및 마케팅, 연구개발능력의 극대화
03.09.03	웅진코웨이㈜	㈜두원테크	흡수합병	· 정수기제조, 판매업과 밥솥전문업의 합병을 통한 규모의 경제실현 · 기업경쟁력 강화와 경영합리화 도모
03.08.30	플레너스 엔터테인먼트㈜	㈜넷마블	흡수합병	· 기업가치 극대화
03.08.29	㈜인테크	㈜자이링크	흡수합병	· 신사업영역의 확장 및 IT부문의 효율화
03.07.02	㈜에이스침대	㈜아트레	흡수합병	· 효율적인 생산기술능력의 배가와 기술개발을 통한 품질향상 달성
03.07.01	㈜한섬	㈜타임아이엔씨	흡수합병	· 패션업간의 합병을 통한 규모의 경제실현 · 외형신장 및 수익성을 제고, 안정적 성장
03.07.01	㈜와이비엠 서울음반	㈜국제음반	흡수합병	· 관리비용 절감 등 경영효율성 증대로 이익극대화 및 가격경쟁력 강화
03.06.13	㈜룸앤데코	양진석디자인㈜	흡수합병	· 인테리어업간의 합병을 통한 규모의 경제실현 · 사업영역 및 수익기반 확대
03.06.11	상아제약㈜	㈜녹십자바이오텍 ㈜녹십자라이프사이언스	흡수합병	· 영업위험을 분산시키고 경영효율성 증대를 통한 시너지효과를 극대화

03.05.03	에스케이텔레콤㈜	에스케이아이엠티㈜	흡수합병	· 이동통신사업에 있어서의 중복투자 해소 및 제비용 절감 등을 통하여 시너지 효과를 극대화 함

2) 수직적M&A

수직적 M&A(Vertical M&A)는 동일한 사업 군에서 한 기업의 생산과정이나 판매 과정상에 서로 연관되어 있는 회사 간에 이루어지는 M&A 형태이다.

이러한 수직적 M&A의 주된 목적은 개발, 생산, 판매를 수직계열화하여 원활한 업무추진과 경영합리화를 위한 전략으로 활용하고 있다.

예컨대 자동차회사가 자동차를 생산하기 위해 필요한 핵심부품을 원활하게 공급 받기 위한 전략으로 수직적 관계에 있는 자동차 부품회사를 인수하는 경우와, 펄프를 주원료로 사용하여 신문용지를 생산·판매하는 회사(예, 신 무림제지와 한국제지)가 화학펄프를 전문으로 생산하는 회사(예, 상장 회사인 동해펄프를 공개매수를 통해 인수)를 인수 한 경우, 조선용 엔진 생산회사가 선박엔진용 부품, 소재회사를 인수하고 선박제조를 하는 조선회사를 인수한(예, STX) 경우를 들 수 있다.

STX그룹은 지난 2000년 말 쌍용그룹 해체 당시 쌍용그룹에서 떨어져 나와 홀로서기를 시도했지만 미래는 불투명했다.

외환위기 여파로 휘청거리던 당시 회사 주가는 고작 683원. 이런 가운데 쌍용중공업을 인수하며 회사를 새롭게 바꿔 보겠다고 나선 사람이 강덕수 회장이다. 평사원으로 쌍용중공업에 입사한 후 2000년 말 전무까지 올라갔던 강 회장은 쌍용중공업 지분을 사들여 새로운 대주주가 됐다.

강 회장은 이듬해인 2001년 5월 사명을 (주)STX(2004년 4월 사명을 STX엔진으로 변경)로 바꾸고 새 출발을 선언한다.

강 회장은 여러 사업 가운데 선박용 엔진 제조를 제외한 나머지 분야를 과감히 정리했다. 조선·해운 업체로 도약을 염두에 둔 포석이었다. 그러면서 생각한 것이 관련 분야로 사업영역을 넓혀 시너지효과를 내기 위한 '수직 계열화'였다. 강 회장은 STX에 이어 선박 엔진용 소재·부품 전문 업체인 STX엔파코를 설립 했다.

이후 집중적인 기술 투자로 부품 국산화에 성공, 원가경쟁력을 확보했다. 2001년 10월엔 법정관리중이던 대동조선을 인수해 사명을 STX조선으로 바꿨다. 그 이후 범양상선을 전격 인수해 STX팬오션으로 이름을 바꿔 달았다.

STX그룹은 이로써 선박 엔진용 소재·부품(STX엔파코) → 선박엔진제조(STX엔진) → 선박제조(STX조선) → 해양 운수(STX팬오션)로 이어지는 수직 계열화를 완성했다. 그 결과 불과3~4년 만에 100% 성장을 이루어 냈으며 수직 계열화 구상은 성공적이었다.

그 밖에 수직적M&A를 한 회사들의 사례이며 회사별 수직적M&A를 실시한 목적을 함께 정리하였다.

〈수직적 M&A 사례〉

일자	합병회사	피합병회사	합병의 방법	목적
05.01.03	동양메이저㈜	㈜세운레미콘	흡수합병	· 시멘트제조업간의 합병을 통한 수직계열화 실현 · 영업효율의 극대화로 대외 경쟁력을 제고하기 위함
04.12.21	아남반도체㈜	동부전자㈜	흡수합병	· 국내외 경영환경 변화에 적극 대처하고 경영효율성 증대 및 시너지 효과의 극대화
04.11.11	㈜이앤이시스템	㈜에이에프테크놀러지	흡수합병	· 빙축열시스템업과 공기조화장치제조업의 합병을 통한 수직계열화 실현 · 영업상의 시너지 효과 · 원자재구매시 규모의 경제 효과
04.11.02	㈜금강고려화학	㈜이케이씨씨	흡수합병	· 경영효율성 향상에 의한 수익가치 극대화
04.10.20	㈜세넥스테크놀로지	㈜테스타나	흡수합병	· 컴퓨터 입출력장치업과 반도체후공정업의 합병을 통한 수직계열화 실현 · 매출 및 수익구조 개선효과, 기업가치의 극대화
04.09.23	아시아나항공㈜	아시아나지원시설㈜	흡수합병	· 전략적 사업성장을 통한 경영합리화
04.04.22	현대모비스㈜	진영산업㈜	흡수합병	· 국내자동차산업의 국제경쟁력을 제고하고 국가경제발전에 기여
04.01.27	㈜젠네트웍스	㈜이셀피아	흡수합병	· 소프트웨어자문개발업과 경매업체의 합병을 통한 수직계열화 실현 · 온라인 사업에 진출하여 판매망 확충
03.12.17	㈜씨큐리콥	노스텍㈜	흡수합병	· 보안전문업체와 유무선 통신솔루션

				장비생산업체의 합병을 통한 수직계열화 실현 · 안정적이고 보다 높은 수익성을 확보
03.12.03	㈜ 앤콤정보시스템	코닉시스템㈜	흡수합병	· 네트워크장비 국내 총판업과 반도체장비업의 합병을 통한 수직계열화 실현 · 다양한 수익구조의 기반 창출 및 주주가치의 극대화
03.06.25	퍼스텍 ㈜	㈜ 후성테크	흡수합병	· 방산제품 및 컴퓨터주변기기업과 화학신소재 유기불화물업의 합병을 통한 수직계열화 실현 · 영업위험을 분산시키고 경영효율성 · 증대를 통한 시너지효과를 극대화
03.06.13	㈜가드텍	㈜애드컴인포메이션	흡수합병	· 애드컴의 핵심 기술인 음성인식 및 측정 기술과 · 무선기술을 활용하여 가드텍의 통합 보안 시스템을 독보적이며 경쟁력 있는 SYSTEM으로 만듬
03.03.04	㈜LGCI	㈜LGEI	흡수합병	· 국내외 경영 환경 변화에 적극 대처하고 경영효율성 증대 및 시너지효과의 극대화

3) 혼합적M&A

수평적 M&A 또는 수직적 M&A와는 달리 혼합적 M&A(Conglomerate M&A)는 전혀 다른 업종의 회사를 M&A하는 경우이다.

이러한 혼합적 M&A는 사업다각화의 경영전략 차원에서 이루어진다.

예컨대 제조업을 하는 기업이 금융업을 인수한다면 자금운용에서 이점을 얻을 수 있을 뿐만 아니라 사업분산효과(diversification effect)를 통한 재무시너지효과(financial synergy effect)를 이룰 수 있는 것이다.

혼합적M&A에 대한 사례는 한솔제지에서 찾을 수 있다.

한솔제지는 1993년 9월 삼성그룹으로부터 분리되면서 공격적인 경영에 나서 불과 4년여 만에 20여개의 계열사를 보유한 국내 굴지의 그룹으로 탈바꿈하였다.

한솔제지가 이렇게 급성장을 하게 된 이유는 제지업 중심에서 벗어나 제지,

금융, 정보통신의 3개 사업을 주력업종으로 결정하고 M&A를 적극 활용하였기 때문이다. 당시 제지, 금융, 정보통신 등의 분야에 대해 자체 개발을 통해 성장하려는 내적성장(Internal growth) 전략으로 선점기업과 경쟁하는 것이 매우 힘든 상황에서 M&A를 활용한 외적성장(external growth) 전략을 이용한 것은 매우 효과적인 방법이었다.

우선 제지부문을 살펴보면 한솔제지의 구매, 임산, 화학, 유통 등의 사업부를 독립법인으로 나누어 회사수를 늘린 다음 1994년 4월 동창제지(현 한솔판지)를 사들였다. 그리고 같은 해 8월 법정관리에 있던 동인보드를 인수해 한솔제지에서 분리한 임산부문과 합치고, 1995년 4월 상장회사인 영우화학을 인수해 상장시키기에 이르렀다.

금융부문에 있어서는 1994년 3월 현 한솔상호저축은행인 대아상호저축은행을 인수했다. 대아상호저축은행은 1994년 12월에 동해종금(한솔종금)을 적대적 M&A를 통해 인수하고, 극동건설에서 동서창업투자(한솔창업투자)를 인수하였다. 이로써 한솔그룹은 금융부문에 있어서 소매금융, 도매금융, 벤처캐피털 등으로 기반을 다졌다.

그 후 1995년에 들어서면서 주로 정보통신관련업체를 인수했다. 정보통신산업은 그 특성상 높은 기술력을 바탕으로 성장해야 하는데, 자체 연구개발을 통해 선점기업과 경쟁하기에는 무리였다. 그러므로 어느 정도의 기술력과 브랜드 네임, 시장점유율을 가진 기업을 대상으로 M&A를 활용하였다. 이에 따라 1995년 8월에는 한국마벨과 한화통신을 인수해 한솔전자에 합병시켰고, 10월에는 옥소리, 11월에는 광림전자를 잇따라 인수해 PCS 사업분야에 뛰어들었다. 그 뒤 영우통상을 인수해 유통부문을 강화했고, PCS솔루션을 인수해 정보통신부문을 강화하였다.

그 다음으로 CJ에서 사례를 찾을수 있다.

CJ는 한솔제지와 마찬가지로 1993년 6월 삼성그룹에서 완전분리되어 독자경영을 걷게 되었으며 그 이후 현재까지 새로운 기업의 인수와 합병, 기업의 분할, 주식의포괄적교환과 이전, 중요한 영업의 양수도등의 M&A 전략을 통하여 짧은 기간안에 2005년 현재 CJ기업집단에 소속된 기업만도 무려 47개업체에 이르는 국내 대기업의 반열에 오르게 되었다.

그중 모회사인 CJ와 한일약품공업㈜, CJ CGV㈜등 3개사는 거래소증권시장에 상장 되어 있고 ㈜CJ홈쇼핑(2003년에 인수한 구 삼구쇼핑), CJ푸드시스템㈜, CJ엔터테이먼트㈜, CJ인터넷㈜등의 4개사는 코스닥증권시장에 등록되어있다. 그밖에도 40개의 비상장사를 보유하고 있기도 하다.

CJ는 2000년 이후 총 24건(7사 인수, 7사 매각, 매경 06. 4. 6일 인용)의 M&A를 성사시킨 것으로 되어있다. CJ그룹은 이처럼 다방면에 걸친M&A를 통해 주력사업을 식품, 엔터테이먼트와 미디어, 생명공학, 신 유통 등 4개 부문으로 재편한 대표적인 사례로 들 수 있다.

이처럼 한솔과 CJ는 약속이나 한듯이 기업의 성장과 사업다각화를 위한 전략의 일환으로 M&A를 선택하였으며 이를 통하여 기업의 급속한 성장(growth)과 확장(expansion)을 이룩한 성공적인 기업으로 꼽힌다. 이른바 블루오션M&A전략(Blue ocean M&A Strategy)을 활용하여 기업의 변화와 기업가치극대화를 꾀한 것이다.

그밖에 혼합적 M&A를 한 회사들의 사례이며 회사별 혼합적 M&A를 실시한 목적을 함께 정리하였다.

〈혼합적 M&A 사례〉

일자	합병회사	피합병회사	합병의 방법	목적
05.03.04	이스텔시스템즈㈜	㈜동원EnC	흡수합병	· 광통신및유무선통신전문제조업과 종합엔지니어링업의 합병을 통한 사업다각화 실현 · 사업영역확대 및 경영효율성 증대
05.02.17	㈜위자드소프트	㈜레텍커뮤니케이션스	흡수합병	· 유통게임업과 광통신장비전문업의 합병을 통한 사업다각화 실현 · 기업가치와 주주이익을 극대화
05.02.16	삼일인포마인㈜	모빌링크텔레콤㈜	흡수합병	· 사업 영역 확대 및 성장성과 계속성의 구축
05.01.05	대성산업㈜	㈜오산에너지	흡수합병	· 토목 · 건축자재업과 증기 및 전기업의 합병을 통한 사업다각화 실현 · 경영효율성 향상을 통한 수익가치 극대화
04.12.23	㈜제일	제일정보기술㈜	흡수합병	· 반도체제조용 기계 제조업과 소프트웨어개발업의 합병을 통한 사업다각화 실현 · 신규 사업 영역 확대 및 성장성과 계속성의 구축

04.08.07	㈜ 이림테크	㈜ 예림인터내셔날	흡수합병	· 전자제품제조업과 건축내장업의 합병을 통한 사업다각화 실현 · 성장성과 안정된 수익성을 확보
04.03.29	㈜ 상림	상경개발㈜	흡수합병	· 원피가공업과 부동산임대업의 합병을 통한 사업다각화 실현 · 경영합리화 도모, 재무구조개선

4) 구조개편적M&A

위에서 설명한 세 가지 M&A와는 달리 구조개편적M&A(Restructure M&A)는 기업의 영업활동, 재무구조, 주주구성, 경영진구성 등을 변경하고자 하는 목적으로 이루어지는 M&A를 말한다.

예컨대 기업분할매각 또는 분할합병, 영업양도, 자산양도 등을 통한 기업의 구조조정 차원에서 행해지는 경우로서 노키아의 성공사례를 들 수 있다.

휴대전화 하나에만 전념키 위해 8개 계열사를 처분한 핀란드의 대표적 정보산업(IT) 업체인 노키아(Nokia)는 공격적 구조조정에 의하여 성공한 사례이다.

노키아는 91년 경제 불황이 오기 전까지 고무, 케이블, 텔레비전, 컴퓨터, 알루미늄, 펄프 및 종이, 발전, 부동산, 통신을 취급하는 9개 계열사를 거느리고 있었다. 91년 불황이 닥치자 노키아는 통신 분야만 제외하고는 모든 계열사를 매각했다. 케이블은 네덜란드의 NKF 그룹에, 텔레비전은 홍콩의 세미텍사에, 펄프·종이 분야는 미국의 제임스리버에, 컴퓨터 분야는 영국의 ICL 그룹에 매각했다.

그 후 노키아는 오직 한 가지 분야인 휴대전화 개발에만 매달렸다. 다소 모험적이었지만 경영진은 무선통신시대가 다가올 것이라는 신념을 가졌기 때문이다. 모든 계열사를 처분하고 오직 휴대전화만 집중 개발하여 오늘날 전세계 휴대전화기 시장의 1위를 차지하게 되었다.

두 번째, 서통의 브랜드와 영업권 매각사례이다.

서통이 브랜드와 판매망을 미국 최대 전지업체인 듀라셀에게 팔아넘기고 이 자금으로 의료기 사업에 진출한 것은 M&A기법을 이용해 사업부를 재구축한 전형적인 사례다.

서통은 기존의 건전지 사업이 외국업체에 개방되는 것을 비롯 경쟁심화로 수익성이 떨어질 것으로 예상하고 이부문을 과감히 정리하기로 하고, 회사의 유통망인 서통상사를 3백억원에 듀라셀사에게 매각키로 계약을 체결했다. 이와함께 고유브랜드인 '선파워'에 대한 상표사용권을 미국 듀라셀사에 7년간 임대해주기로 하고 6백억원의 사용료를 받기로 했다.

브랜드 사용권은 계약기간이 끝나는 시점에서 완전 매각할 예정인 것으로 알려지고 있다. 서통이 계약으로 받기로 한 자금은 모두 9백억원으로 일시에 유입됐다.

서통은 유입된 자금으로 향후 성장성이 있을 것으로 예상되는 의료기기 제조사업을 본격 추진할 수 있게 됐다. 또한 향후 전지업계를 주도할 리튬이온 2차건전지 양산체제를 구축할 수 있는 여건을 마련했다.

서통이 제조 해 왔던 기존의 1차건전지 생산활동을 계속해 듀라셀에 납품하는 조건도 계약에 포함됐다. 서통은 국내 1차건전지 시장을 듀라셀에 넘겨주는 대신 전세계에 넓은 유통망을 구축하고 있는 듀라셀의 판매조직을 이용할 경우 수출을 증대할 수 있을 것으로 예상했다.

국내 영업권을 넘겨주고 대신 간접적으로 세계무대에 진출할 수 있는 여건을 마련함으로써 실리를 얻겠다는 속셈이었다. 서통의 상표권 이전 및 유통부분의 분할 매각은 영업권을 다른 기업에 넘겨주는 일종의 M&A 사례에 해당된다.

M&A기법을 통해 회사의 사업구조를 재구축(Restructuring)한 셈이다. 서통으로부터 국내 유통망을 인도받은 미국의 듀라셀사 입장에서도 M&A기법을 이용하기 마찬가지다. 듀라셀은 서통의 유통망을 인수함으로써 국내 건전지 시장에 곧바로 지출할 수 있게 됐다.

유통망 구축에 따른 시간 및 경비를 일시에 해결한 것이다.

따라서 양사는 각기 얻고자 하는 목표물은 조금씩 달랐지만 M&A기법을 이용해 경영활동을 극대화해 보겠다는 의도는 동일했던 셈이다.

교섭방법에 의한 형태

1) 개별교섭

개별교섭에 의한 M&A는 인수기업과 인수기업측의 대주주와 경영진간에 개별적인 M&A 교섭에 의해 우호적으로 진행되는 M&A 형태로써 대부분의 M&A가 이와 같은 방식을 활용한다.

2) 공개매수

공개매수(TOB: take over bid, tender offer)란 의무공개매수제도를 대체한 제도로서, 인수기업이 인수대상기업의 불특정다수의 주주들을 대상으로 주식을 거래소시장 또는 코스닥 시장의 밖(장외시장)에서 6개월간 10인 이상의 자로부터 대량매수하고자 할 때는 그 매수 등을 한 후에 본인과 그 특별관계자가 보유하는 주식등의 합계가 주식총수의 5% 이상이 되는 경우에는 반드시 공개매수를 통해야 한다는 것이다(증권거래법 제21조 제1항).

2004년 12월 31일 공개매수제도 및 주식의 대량보유공시제도의 개선을 통하여 공정한 경영권 경쟁 환경을 조성하기 위하여 공개매수 제한기간(6개월)을 철폐했다. 이러한 공개매수는 우호적 M&A와 적대적 M&A에 모두 활용되고 있다.

상세한 설명은 "공개매수"편을 참고하기 바란다.

 결합주체에 의한 형태

글로벌 경영의 환경 속에서 M&A는 자국 내 기업 간에는 물론 국경을 초월하여 국제간 기업 간에 자유로이 이루어지고 있으며 그 건수와 규모가 매년 크게 성장하고 있는 추세이다.

1) 국내기업간 M&A

국내기업 간 M&A(IN→IN)는 국내기업 간에 이루어지는 M&A를 말하며 인수·합병이나 주식교환, 영업권의 양수도, 전략적 제휴 등의 포괄적인 M&A를 의미한다.

이러한 국내기업 간에 이루어지는 M&A의 목적은 두 기업 간 합병을 통해 사업의 규모와 범위의 경제성을 추구하는 등 다양한 경영전략을 성취하기 위한 것으로 풀이된다.

예컨대 연구중심의 기업과 마케팅 능력을 가진 기업 간 합병이 이루어질 경우 그에 따른 시너지효과가 매우 크게 일어날 수 있다. 또한, 수평적M&A를 통해 시장의 지배력을 강화하거나 수직적M&A를 통해 원료의 안정적 수급을 통한 원가절감 또는 생산성 향상을 위한 전략으로 활용한다.

2) 국내기업의 외국기업에 대한 M&A

국내기업의 외국기업에 대한 M&A(IN→OUT)는 국내기업 간에 이루어지는 M&A와는 달리 국내기업이 해외의 직접투자(FDI)를 통하여 현지의 외국기업을 직접인수하거나 현지에 설립된 단독투자법인 또는 합작투자법인(joint venture)과 외국법인간의 인수합병을 하는 형태이다.

이러한 M&A는 국내 대기업을 중심으로 빈번하게 발생되어 왔으며 2005년 4월에 두산그룹에 인수된 두산인프라코어㈜(구 대우종합기계)에서 그 실례를 볼 수 있다. 두산인프라코어㈜는 10년 내인 2015년까지 회사 매출을 50조원으로 늘리고 영업이익 5조원을 달성해 회사 규모를 지금보다 16배 이상 성장시켜 세계 인프라서포트 사업(ISB) 부문에서 '글로벌 톱 5'로 도약하겠다고 비전을 발표하였으며 이러한 경영목표 달성을 위해 내세운 경영전략은 해외법인의 M&A를 통한 성장이다.

회사는 이를 위해 "이름만 들어도 알만한 중국의 기업을 포함해 2006년부터 중국, 인도, 러시아, 베트남 등에서 회사 신설 또는 현지기업의 인수·합병(M&A)을 통해 신사업을 추진하는 전략을 펼쳐나가는데 중점을 둘 계획"이라고 밝혔으며. (한국일보, 2005. 6. 1, 요약) 국내 이동통신시장에서 1위를 고수하고 있는 SK텔레콤은 중국시장개척을 위해 중국의 이동통신시장에서 3위(2006년 6월 현재)를 차지하고 있는 차이나유니콤에 대한 지분을 10%인수하고 중국시장진출을 위한 준비를 가속하고 있다. 한편 국내기업의 외국기업에 대한 M&A는 선진국형 M&A와 개도국형 M&A로 구분하여 볼 수 있다.

구 분	M&A 목적	대상국가
선진국형 M&A	· 축적된 선진기술과 경영노하우의 습득 · 해외현지시장에 대한 영업력 강화 · 현지 자본조달의 활성화 · 연구기술인력의 확보	미국, 유럽 등 선진국 위주
개도국형 M&A	· 저렴하고 풍부한 노동력 확보 · 현지의 시장확충과 무역장벽회피 · BRICs(브라질, 러시아, 인도, 중국) 국가를 위주로 하는 풍부한 자원개발과 원자재 확보	동남아시아, BRICs등 후발개도국

3) 외국기업의 국내기업에 대한 M&A

외국기업의 국내기업에 대한 M&A(OUT→IN)는 크게 외국인의 직접투자(FDI)

와 간접투자에 의한 M&A로 구분하여 볼 수 있다.

외국인의 직접투자에 의한 국내기업에 대한 M&A는 외국기업이 국내기업을 인수하거나 국내에 직접 투자하여 국내기업과 합작투자법인을 설립하는 형태로써 국내와 외국기업 간에 win-win이 됨은 물론 선진화된 경영기법과 기술을 습득할 수 있는 기회를 제공한다.

뿐만 아니라 발전된 우리나라 IT 업종의 벤처기업에 대한 원활한 자금조달창구로 활용할 수 있으며, 해외시장진출의 교두보로 삼을 수 있으므로 외국인의 직접투자(FDI)에 의한 M&A는 장기적 투자형태 이므로 적극 장려하는 환경이 요구된다.

반면에 외국인의 간접투자에 의한 M&A는 투기자본의 Hot Money 성격이 강한 단기적이고 자본이득(Capital gain)을 위주로 하는 M&A형태가 주류를 이루고 있다고 볼 수 있다.

외국기업의 국내직접투자는 제조업, 서비스업, 부품소재산업, 전기, 가스, 수도, 건설업의 순으로 투자되고 있으며, 지역별로는 미국이 가장 많은 투자를 하고 있으며, EU와 일본, 중국의 순으로 우리나라에 대한 투자를 많이 하고 있는 것으로 조사되었다.

또한 투자형태별 외국인 직접투자는 그린필드형(Greenfield)투자[5]가 가장 높으며, 그다음으로 M&A형 투자가 뒤를 잇고 있다.

Greenfield형 투자가 증가하게 된 요인은 반도체 · LCD · 자동차부품 등의 주력산업 및 부품 · 소재산업 중심의 투자에 따른 것이다.

M&A를 위한 외국인직접투자의 대표적인 사례는 중국상해기차의 쌍용자동차투자, 시노켐의 인천정유투자, GE Capital의 현대캐피탈투자 등의 구조조정형 M&A투자를 들 수 있으며, 씨티그룹과 한미은행의 M&A, e-Bay의 옥션 M&A등 전략적 형태의 M&A투자를 들 수 있다.

5 결제수단에 의한 형태

1) 현금

현금지급에 의한 기업인수는 기업의 인수(주식 및 경영권인수)의 대가로 현금

5) Greenfield형투자: 새로운 법인을 직접 투자 방식으로 설립하여 진입하는 진출방식.

을 지급하는 것으로 가장 보편적인 방식이다.

이는 기업의 인수를 가장 빠르고 확실하게 종결할 수 있으며 절차도 간편하게 진행할 수 있으나 초기의 막대한 인수자금이 부담이 되는 단점이 있다.

2) 주식교환

주식교환에 의한 기업인수방법은 기업인수대가로서 인수회사가 보유하고 있는 유가증권이나 새로 발행하는 신주, 전환사채, 신주인수권부사채 등의 유가증권을 교부하고 기업을 인수하는 방식이다.

3) 차입매수

차입매수(LBO: leverage buy out) 방식이란 인수회사가 인수대상기업의 자산이나 주식 또는 인수대상기업의 신용을 담보로 인수자금을 조달하거나, 인수대상기업을 담보로 정크본드(Junk Bond)를 발행하여 인수자금을 조달하는 매수 방식이다.

차입매수로 조달한 자금은 경영권을 인수한 후 인수대상기업의 자산이나 주식을 매각하여 차입금을 상환하거나 인수대상기업의 이익금으로 차입금을 상환하는 방식을 사용한다. 이 경우 인수대상기업의 경영진 또는 대주주의 우호적 협조하에서 이루어지는 것이 일반적이다. 이 방법은 적정자본구조에 비하여 부채를 적게 쓰고 있는 기업이나 현금흐름으로 부채를 감당할 수 있는 기업을 인수대상으로 하는 경우 주로 활용되며 1980년대 미국에서 대규모 M&A를 하는 경우에 활용 되었다.

4) 복합매수

복합매수방식이란 기업인수의 자금지급을 현금과 주식교환, 차입매수방식을 혼합하여 사용하는 방식으로 이밖에도 Bridge financing, 기존의 회사부채를 인수하는 방식, 기타의 현물지급 등을 결제수단으로 활용할 수 있다.

제2부
M&A시장 관계자와 자금조달

제1장 M&A시장의 이해관계자/91

제2장 M&A 중개기관/98

제3장 자금조달 전략/106

제1장
M&A시장의 이해관계자

기업을 인수하거나 기업과 기업 간의 합병, 기업분할, 자산과 부채이전, 영업양수도, 주식교환 등과 같은 다양한 형태의 M&A업무를 추진하기 위해서는 각 분야별 전문가의 자문이 반드시 필요하다고 본다.

또한 대상기업의 M&A와 관련한 수행역할에 따라 접근방식과 전략이 제각기 다르게 나타날 수 있으며 인수측과 양도측간의 이해관계에 따라 적지 않은 갈등을 노출하기도 한다.

〈그림 1-1〉

M&A는 앞에서와 같은 그림에서 보듯이 다양한 이해관계자에 의해 움직이고 있으며 그 이해관계자를 직접적 참여그룹과 간접적 참여그룹으로 구분할 수 있다.

① 직접적 참여그룹

직접적 참여그룹은 M&A가 진행되고 있는 동안 각자가 맡은 역할을 수행하며 경우에 따라서는 대상기업의 주가에 많은 영향을 미치기도 한다.

또한 회사의 경영전반에 예기치 못한 영향을 끼칠 수 있기 때문에 이에 해당하는 그룹은 신중한 접근과 대상회사의 보호에 각별한 주의를 기울여야 한다.

1) 기업인수자

(1) 일반회사

일반적인 M&A에 있어서 대부분의 경우 대상기업의 인수자측(Acquirer)은 일반회사 이거나 개인이 주체가 되며, 경우에 따라서는 지주회사(holdings company)[1]가 될 수 있다. 여기서 인수측이 일반회사나 지주회사가 될 경우에는 인수자측의 경영목적과 M&A 전략에 따라 인수여부가 결정되며, 개인이 인수할 경우에는 새로운 사업의 기회포착을 위해서 또는 전문적인 개인 역량과의 결합을 통한 시너지 창출을 위해 인수하는 경우가 많으며, 인수자금이 부족할 경우 믿을 수 있는 가까운 사람이 연합하여 공동으로 출자하는 형태를 갖기로 한다.

(2) 경영진과 종업원

일반회사 또는 일반인에 의한 M&A와는 달리 M&A 대상기업의 경영진 또는 종업원에 의해 인수될 수도 있다.

이 경우 여러 가지 요인으로 해석될 수 있겠으나 회사가 어려움에 처해 법정관리가 되었거나, 구조조정이 필요하거나, 대주주가 회사의 운영과 무관한 용도로 자금을 사용하거나, 도덕적으로 결함이 있거나 하여 임직원으로부터 신뢰를 잃어 더 이상 회사의 경영에 임하기 어려운 경우가 발생할 때 경영진이 외부로

1) 지주회사 : ① 완전모회사가 자체의 사업을 영위하면서 다른 완전자회사의 지배를 통한 지주회사가 되는 형태를 사업형지주회사라 하고
② 완전모회사는 자체의 사업을 영위하지 않고 완전자회사들을 지배하는 형태를 순수형지주회사라고 한다.

부터 자금을 차입(경영진차입매수, MBO : Management Buy-out)하거나 직접 조달하여 자신의 기업을 인수하거나, 경영진과 마찬가지로 종업원이 외부로부터 자금을 차입(종업원 차입매수, EBO : Employe Buy-Out)하거나 직접조달하여 인수한 후 종업원지주제도(ESOP : Employee Stock Ownership Plan)로 운영하는 경우이다.

(3) M&A 펀드

기업인수를 위해 다양한 M&A펀드를 활용하는 경우를 의미한다. 국내의 대표적인 M&A 펀드에는 사모주식투자펀드(PEF), 사모M&A펀드, 구조조정펀드(CRC펀드)가 있으며 이밖에도 외국인이 국제자금을 활용하여 운용하는 M&A펀드는 그 규모와 종류가 매우 다양하다. 그 대표적인 운용회사는 두바이 소재의 자산운용사인 소버린자산운용, 노르웨이해운사인 골라 LNG, 사이퍼러스소재 투자회사인 게버렌트레이딩, 미국계펀드인 템플텐자산운용, 영국계펀드인 헤르메스, 미국의 투자자문사인 바우포스트와 골드만삭스, 모건스탠리 등을 들 수 있다.

2) 대상기업

(1) 경영진

대상기업(target firm)의 경영진은 M&A에서 양면성을 갖는다. 경영진은 자사에 대해 MBO를 통해 인수하는 인수자가 될 수도 있는데 반해, 자사에 대한 공개매수가 들어올 경우 주주를 위한 '수탁의 의무(fiduciary duty)'와 '사업적 판단(business judgement)'에 따라 공개매수의 수용 여부를 결정해야 하며, 수용하기로 결정한 경우에는 공개매수자에 협조자가 되고 방어하기로 한 경우에는 방어행위의 주체가 된다.

(2) 주주

대상기업의 주주(shareholders)는 M&A의 진행결과와 직접적인 당사자가 된다. 그러나 대상기업의 대주주만이 대부분의 의사결정권을 갖고 있기 때문에 대주주는 M&A의 결과에 따라 재산상 많은 영향을 미치지만 소액주주는 그렇지 않는 경우가 많다. 따라서 소액주주는 M&A 과정에서 발생하는 주주총회에 참석하여 주주로써의 기본적 권리를 주장할 수 있다.

(3) 채권자

대상기업의 채권자(debt holders)들은 M&A에 참가하지는 않으나 M&A에 커다란 이해관계가 걸려 있다. 왜냐하면 대상기업에 대해 LBO가 이루어질 경우에는 대상기업의 부채비율이 큰 폭으로 상승하게 되어 부채의 상환능력이 떨어지거나, 대상기업의 파산 가능성이 발생할 수 있기 때문이다.

그래서 일반적으로 외국에서는 금융기관이 기업들에게 대출을 할 경우 다양한 종류의 '재무적제한조항(financial covenants)'을 삽입한다. 재무적제한조항이란 금융기관이 대출할 때 대상기업이 일정한 재무비율을 유지할 것을 조건으로 대출하고, 만약 제한조항을 위반할 경우에는 대출금을 회수한다는 내용의 조항이다. 예를 들면 재무적제한조항으로 대상기업의 부채비율이 300%를 넘지 못한다는 조건을 삽입하는 경우에, 대출 이후 대상기업의 부채비율이 300%를 초과하면 대출금을 모두 상환하는 것이다.

(4) 종업원

종업원(employee)은 대상기업이 M&A될 경우에 대량해고(layoff)의 문제로 가장 큰 타격을 입을 수 있는 이해관계자임에도 불구하고 M&A과정에는 거의 참여하지 않는다.

그러나 종업원지주제(ESOP)에 의해 인수 측 당사자가 되기도 하고 예기치 못한 적대적 M&A의 방어자가 되기도 한다.

3) 자문기관

M&A의 진행과정상에서 중요한 역할을 하는 그룹이 자문기관(Advisor group)이다. 이러한 자문기관에는 M&A와 관련되는 계약서작성과 제반 법률적 자문을 제공하는 법률회사와 회계업무 · 세무업무 · 기업의 정밀실사와 기업의 가치평가 업무를 자문하는 회계법인이 있으며, 여러가지의 자산과 부채에 대한 전문적 평가 업무를 담당하는 감정기관이 있다.

예컨대 토지와 건물의 고정자산 감정평가를 들 수 있으며 브랜드 파워와 특허의 가치 등 재무제표에 반영되어 있지 않은 무형자산의 가치에 대한 평가 등을 들 수 있다.

또한 적대적 M&A를 위해 공개매수를 할 경우 관련 업무를 대행하는 증권회사 등을 들 수 있다.

4) M&A 중개회사

M&A 중개회사(M&A Boutique)는 대상기업의 M&A업무 진행에 있어서 매우 중요한 역할을 하는 전문중개자(brokerage) 또는 M&A부띠크(boutique)라고 불려진다.

대상기업의 대주주인 양도자 측 또는 인수자 측의 전문 대리인(Agent)으로 주로 활동하면서 M&A 업무의 시작에서부터 종결까지 전체적인 업무를 협의하고 조정하는 역할을 담당한다. 또한 M&A Boutique는 M&A Agent 역할 이외에 경우에 따라서 우호적 M&A 또는 적대적 M&A 차원에서 직접인수자가 되기도 한다. 이 경우 직접경영을 목적으로 하는 투자와 일정기간 경과 후 재매각 하여 자본이득(Capital gain)획득을 목표로 하는 인수로 구분할 수 있다.

M&A 전문회사는 대상기업을 인수하고자 할 때 단독으로도 하지만 대부분의 경우에는 공동으로 동일한 목적 하에서 인수하는 것이 일반적이다.

한편 M&A중개회사와 양도자 측간에 충분한 협의가 이루어지거나 양도자 측의 경영상 여러 가지의 이유, 예컨대 자금사정이 어렵거나, 경상손실이 발생하거나 시가총액부족으로 관리종목에 지정되는 사유가 발생하거나, 투자유의나 퇴출요건 등의 발생가능성이 있을 경우 M&A중개회사에서 일정한 금액을 양도자 측에 선 지불하거나 은행에 예치한 후 양도자 측 회사의 경영권을 전적으로 위임받은 뒤 M&A전략수립과 계속기업으로서의 조건에 충족할 수 있도록 하는 제반업무를 독립적으로 수행하는 자문을 담당하기도 한다.

5) 자금공급자

M&A업무에 있어서 가장 중요한 것 중 하나가 자금조달 일 것이다. 아무리 좋은 전략과 인수목적이 있다 해도 필요한 자금의 조달이 되지 않는다면 공염불에 불과하다.

보통의 경우에는 인수자 측 자신이 대부분 필요한 자금을 조달 하지만 경우에 따라서는 전문자금공급자인 금융기관으로부터 조달하는 경우가 있다.

이러한 자금공급자(money suppliers)그룹은 은행을 비롯한 금융기관, 창업투자회사, 연기금, 공제조합, M&A 펀드 등이 있으며 이러한 각각의 자금은 그 운용성격이 다르며 M&A 자금공급자로서의 역할도 다르다.

간접적 참여그룹

1) 외부투자자

(1) 재정거래업자

외부투자자(Outside investors) 중 재정거래업자(arbitrageurs: 압스, arbs)는 M&A와 관련된 재정거래를 전문적으로 하는 사람들을 일컫는다. 재정거래(arbitrage)란 일종의 무위험거래(risk free transaction)를 의미한다. 주식시장은 언제나 「고위험 · 고수익(high risk, high return)」이란 용어로 표현되는 투자시장인데, 일시적인 주식시장의 불균형 등 다양한 이유로 재정거래가 일어날 수 있다.

재정거래의 예를 들어보자. "A기업이 B기업을 1 대 0.5의 비율로 흡수합병하기로 결정된 경우에는 양사의 주식가격도 1대 0.5의 균형가격이 되어야 한다. 그런데 일시적으로 A기업과 B기업의 주가가 균형가격을 벗어나는 경우 이를 이용해 재정거래를 할 수 있다. 만일 주식시장에서 일시적으로 A기업의 주가가 2만원이고 B기업의 주가는 9,000원이라고 가정하자. 그러면 재정거래업자는 18만원으로 B기업의 주식을 20주를 매입함과 동시에 A기업의 주식 10주를 대주(貸株, short selling)하면 20만원을 얻게 되므로 차액으로 2만원을 번다. 그리고 양사가 합병되고 나면 재정거래업자는 매입해놓은 B기업의 주식 20주가 A기업의 주식 10주로 전환 발행되므로 이 전환된 10주로 대주한 A기업의 주식 10주를 갚으면 되는 것이다. 이처럼 주식에 대해 매입과 매도를 동시에 하면 재정거래를 하고 난 이후에는 A기업과 B기업의 주가가 어떻게 변동하든 간에, 재정거래업자의 수익에는 전혀 영향을 미치지 않는다. 그래서 무위험거래라고 부른다."

재정거래업자들은 M&A의 대상기업을 미리 선정한 후에 투자하는 것이 아니라 반드시 M&A와 관련해 명백하고 객관적인 정보, 예를 들어 공개매수나 합병 발표 등이 있을 때 비로소 M&A에 개입해 주식투자를 한다. 이 점이 재정거래업자와 기업사냥꾼 또는 그린메일러와 구별되는 것이다. 기업사냥꾼이나 그린메일러는 사전에 M&A와 관련한 투자종목을 선택하고 M&A정보와 상관없이 독자적으로 대상기업의 주식을 매입해 오히려 M&A를 유발시키는 투자자인 셈이다.

그런데 이상과 같은 재정거래가 일어날 수 있는 일시적인 주식시장의 불균형은 재정거래업자들이 재빨리 대상주식을 매수 · 매도함으로써 주가가 곧 주식의 교환비율로 전환되기 때문에 균형상태로 회복된다. 재정거래는 시간을 중시하는 투자이기 때문에 재정거래업자들은 초를 다투면서 정보를 입수하고 투자한다. 그러므로 현실적으로 일반 투자자들은 정보를 수집하고 분석하는 데 재정거래업자보다 속도가 뒤지기 때문에 재정거래의 혜택을 보기란 매우 힘들다.

그런데 이론이나 실무 측면에서 재정거래업자의 공과에 대해 많은 논란이 있어왔다. 재정거래자는 단순히 자본차익을 목적으로 하는 투기꾼(speculators)이라는 오명을 입어 경제에 도움이 되지 않는 필요악으로 인식되는 경우가 많다. 그러나 시장의 불균형이 오래 지속되는 것은 바람직하지 않으므로 재정거래업자들이 개입함으로써 주가가 균형을 찾는 순기능도 있는 것이 사실이다.

(2) 일반투자자

일반 투자자들은 M&A가 진행되는 동안 대상기업의 주식에 투자해 자본차익을 목적으로 하는 투자자다. 일반 투자자들이 재정거래업자와 다른 점은 M&A와 관련해 객관적이고 명백한 정보가 아니라 M&A가 발생하기 전에 주식시장에서 나도는 루머 등을 기초로 주식투자를 하는 것이다. 이러한 투자는 가장 전형적인 '고위험 · 고수익'이 나타나는 투자로서, 성공할 경우 엄청난 수익을 얻지만 실패할 경우에는 반대로 큰 손실을 입게 된다. 그런데 문제는 일반 투자자들이 재정거래업자보다 정보 수집과 분석력에서 떨어지므로 성공 확률보다 실패 확률이 훨씬 더 높다는 데 있다. 이러한 투자는 거의 투기(speculation) 성격을 띠므로 이런 형태의 투자자는 투기자(speculators)라 불러도 무방할 것이다. 하지만 현실적으로 투기자와 재정거래업자를 구별하기란 매우 어렵다. 왜냐하면 일반 투자자들도 M&A와 관련된 객관적인 정보 등을 기초로 투자를 하면 재정거래업자가 되기 때문이다.

일반 투자자들은 소액의 투자자가 많으므로 재정거래업자처럼 항상 주식시장을 감시하면서 전문적인 정보를 입수하기란 쉽지 않다. 하지만 국내 주식시장에서는 M&A와 관련된 시장의 불균형이 장기간 지속되고 있다. 따라서 국내의 일반 투자자들도 조금만 노력한다면 재정거래업자가 될 수 있다.

2) 외부이해관계자

M&A 업무진행과 관련하여 그 밖의 이해관계자를 보면 각종규정과 법에 의해 그 절차를 이행하거나 신고해야 하는 금융감독원 등의 정부기관과 증권거래세, 양도소득세 등의 제반 세무업무의 보고와 관련되는 세무서등의 외부이해관계자(Outside stakeholders) 그룹이 있다.

제2장

M&A 중개기관

중개기관의 필요성

"기업도 상품이다."

기업을 매매 하는 것은 부동산을 매매할 때나 일반적인 상품을 매매할 때와 같은 단순한 거래가 아니라 아주 특별한 절차와 관련법에 따라 진행 된다.

기업은 아주 특별한 거래대상의 상품이다. 기업을 사고 판다는 것은 기업자체를 사고파는 행위가 아니라 기업지배권(Corporate governance)을 갖고 있는 대주주의 주식인수를 통해 대상회사의 경영권을 확보해가는 거래를 말한다.

기업은 하나의 독립된 기업자체만으로 운영되고 존속되는 것이 아니라 기업을 둘러싼 수많은 요소에 의해 계속기업(going concern)으로 존속되고 성장 발전되어진다.

이러한 기업환경과 관련되어 있는 요소들은 기업의 조직을 움직이는 인적구성, 판매활동과 관련되는 매출거래처, 생산활동과 관련되는 원자재 공급업체, 금융거래기관 및 기업의 외적인 여러 환경 요소들에 의해 기업의 경영활동이 이루어진다.

기업을 사고 판다는 것은 여러 측면에서 검토하고 분석하여야 하며 객관적인 절차와 실사 및 평가에 의해 이루어져야 할 것이다.

따라서 효율적인 업무추진을 위해 M&A 중개기관의 필요성이 크게 부각되고 있는 실정이다.

실제 M&A 과정에서 M&A 중개기관이 없이 업무를 진행한다는 것은 매우 어려운 것이 현실이다.

이런 의미에서 M&A 중개기관의 전문적육성과 전문인력양성을 위한 정부의 정책적 뒷받침과 관련 교육단체에 대한 지원책이 필요하다고 본다.

현재 대기업을 위주로 하여 M&A 교육을 대폭 강화하고 있는 것은 급변하는 경영환경에서 뒤늦은 감은 있지만 무척 다행스러운 일이라고 보며, 기업의 성장과 확장을 위한 경영전략에서 M&A가 차지하는 중요성을 단적으로 표현하는 결과로 볼 수 있다.

2005. 3월 현재 진로를 비롯해 대우건설, 대한통운, 나산 등 굵직한 기업들이 매각을 앞두고 있어 이들 기업의 M&A 결과에 따라 재계 판도가 재편될 전망이어서 M&A의 중요성과 전략이 시간이 지날수록 부각되고 있다.

이러한 중요성을 감안하여 기업체는 M&A 전문가를 영입하여 M&A전담팀을 구성하고 있으며 최근 들어 자체 M&A 교육을 대폭 강화하고 있는 실정이다.

실제로 물류와 레저 사업을 강화하는 금호아시아나그룹은 05년 5월부터 기획담당 임원과 실무자 60여 명을 대상으로 4박 5일간 M&A관련 합숙교육을 하는 등 M&A 교육에 공을 들이고 있다.

금호아시아나 관계자는 "최근 M&A가 사업 확장의 한 방편으로 각광받고 있는 데다 SK 사태와 같은 적대적 M&A 이슈가 불거지면서 이 같은 교육과정을 마련했다"고 말했다.

효성그룹도 M&A 관련 교육과정을 05년 상반기 중 개설할 예정이며, 전 계열사 임원 100여 명을 대상으로 M&A 관련 합숙훈련을 할 계획이다.

이 밖에 LG, SK 등은 2~3년 전부터 M&A 관련 강의를 이미 개설해 운영중이다. (중앙일보, 05. 3. 30, 요약정리)

 당사자간에 의한 M&A일 경우의 장 · 단점

당사자간에 의한 M&A는 대부분 서로를 잘 알고 있는 경우이거나 해당 회사 또는 업종에 대한 사업 등의 분야에서 전문적인 식견을 갖고 있을 경우에 주로 진행되는 방식이다. 이 경우 M&A 업무를 M&A 중개기관의 자문에 의하지 않고 당사자간에 직접적으로 진행하기도 하는데 이 경우의 장단점에 대해 알아보고자 한다.

1) 장점

첫째, 당사자간 평소부터 알고 있는 관계일 경우 비교적 정확한 정보에 의해 우호적인 분위기에서 보다 신속한 협의에 의해 M&A 업무를 진행할 수 있어 시간을 절약 할 수 있으며, 당사자의 경영진 또는 대주주에 대해 많은 정보를 갖고 있으므로 충분한 신뢰를 할 수 있다.

둘째, 당사자간 직접 M&A업무를 진행함으로 협의과정 등에서 발생할 수 있는 비밀 준수가 용이하여 최종적인 M&A업무가 종결될 때까지 루머나 업무진행에 대한 잡음 등을 방지할 수 있으며, 공개법인일 경우 주식시장에 미치는 영향을 없애거나 최소화 할 수 있다.

셋째, 대상회사 또는 대상회사의 해당업종 분야에 대해 보다 많은 정보와 상세한 내용을 알 수 있어 대상회사 사업의 장단점 및 기업가치평가 등 M&A에 대한 올바른 의사결정을 내릴 수 있어 거래가격의 합리성과 거품을 제거할 수 있다.

넷째, 당사자간의 직접거래에 따른 M&A 중개수수료를 절감할 수 있어 초기 인수비용을 줄일 수 있다.

2) 단점

첫째, 당사자간 또는 해당회사의 업종에 대한 충분한 정보를 갖고 있지 않을 경우에 정보의 부족으로 M&A 대상기업의 선정에 어려움이 있으며, 인수대상기업을 선정하는데 한계가 있을 수 있고, 자신이 선정한 회사가 최선의 선택인지 의문을 가질 수 있다.

둘째, 당사자간의 대립이나 갈등이 발생할 경우 중재자가 없어 이해 관계에 대한 조정이 어려우며 경우에 따라서는 심각한 의견대립이 표출되거나 감정으로 비화되어 M&A가 결렬될 가능성이 매우 높으며, M&A 업무가 성공적으로 성사되지 못할 경우에 그에 따른 적지 않은 후유증을 남길 수도 있다.

셋째, 서로를 잘 알고 있는 상태의 경우라도 상대에 대한 객관적 판단이 어렵고 지나치게 신뢰만을 내세울 경우 회사내에서 일어나고 있는 임직원간의 갈등이나 문제점 등을 파악하지 못하는 실수를 범할 수 있고, 뿐만 아니라 기업의 가치평가나 실사 등을 소홀히 할 수 있어 때에 따라서는 인수비용이 과다하게 발생되거나 잘못된 부분이 있다 해도 그냥 지나치는 경우가 있어 큰 낭패를 볼 수 있다. 우리 속담에 "중이 제 머리 못 깎는다"는 말이 있듯이 서로를 잘 알고 있는 상태에서 일하기가 더더욱 어려움이 따를 수 있으며 M&A 중개수수료 절감을 하고자 당사자간 직접 거래할 경우 "싼게 비지떡"이 될 수 있다.

넷째, 전문성부족으로 M&A와 관련되는 여러 과정을 소홀히 하여 절차가 누락되거나, 계약서 작성 등에 오류가 발생할 여지가 많으며, 거래가 투명하지 못하여 거래에 대한 오해나 신뢰를 받지 못하는 경우가 있다.

또한 거래가 종료 된 이후에 양도자 또는 양수자의 보증사항이나 의무사항의 이행이 제대로 되지 않아 당사자간에 마찰이 발생할 경우 M&A에 대한 사후관리가 어렵다.

③ 중개기관에 의한 M&A일 경우의 장 · 단점

일반적으로 M&A 업무는 당사자간 직접 하지 않고 M&A 전문 중개기관의 자문에 의해 간접적으로 진행하는 경우가 많은데, 이는 M&A 업무진행 과정에서의 부족한 전문성을 해결하고 여러 가지의 문제가 발생할 경우 신속한 대응책의 수립과 문제를 용이하게 해결하고자 하는 것으로 이 경우의 장단점에 대해 알아보고자 한다.

1) 장점

첫째, M&A 전문 중개기관 등에서 확보하고 있는 다양한 정보와 자료를 활용할 수 있으므로 대상기업을 선정하는데 시간을 단축할 수 있으며, 보다 객관적으로 조사하고 분석한 자료를 활용함으로 당사자의 M&A 전략이나 요구에 부응할 수 있다.

둘째, 비교적 객관적인 방법과 절차에 따라 기업가치를 평가할 수 있어 인수가격에 대한 공정성과 적정한 평가를 할 수 있다.

셋째, 당사자간 대립이나 갈등이 발생할 경우 이해의 조정이 용이하고, 협상을 위한 다양한 기법을 활용할 수 있으며, 원만한 조정과 중재로 M&A에 대한 거래의 성공률을 높일 수 있다.

넷째, 당사자간 직접적인 대화일 경우 여러 가지의 상황과 명분, 체면 등으로 본인이 생각하고 있는 마음의 깊은 속내를 얘기하기 어려우나, 대리인에게는 비교적 상세한 설명을 할 수 있으며, 본인의 심리적인 상태와 여러 현안 문제들을 구체적으로 논의 할 수 있어 상대에 대한 반응과 탐색이 용이하다.

다섯째, 상대방에 대한 교섭과 협상을 포함한 M&A 업무에 대한 일체를 위임할 수 있어 전문성 부족을 해결하고, 효율적으로 업무를 진행할 수 있으며,

M&A 업무가 종결된 이후라도 거래에 대한 사후관리와 증인으로서의 역할이 되기도 한다.

2) 단점

첫째, 중개기관의 수수료 부담이 있어 초기 인수비용이 증가할 수 있으나 M&A 중개기관의 중요성이나 사업적 파트너라는 차원에서 보면 그렇지 않다는 것을 알 수 있다.

둘째, 당사자간 직접적인 업무를 진행하지 않기 때문에 절차가 번거롭다고 생각할 수 있으나, 업무의 전문성과 적지 않은 진행시간으로 미루어 볼 때 M&A 전문 중개기관과의 상담은 필수적이라 하겠다.

셋째, 당사자간 직접적인 업무를 진행하는 것 보다 M&A의 진행과정에 대한 비밀유지가 상대적으로 힘들 수 있다. 따라서 이와 같은 비밀유지를 위해 서로간에 비밀유지 계약을 한다. 그러나 M&A의 진행과정에 대한 비밀유지가 힘든 이유는 당사자의 관계자 또는 회사내부에서 발생하는 경우가 더 빈번하다.

④ 중개기관의 주요역할

M&A를 위한 업무진행과정에서 M&A전문중개기관의 역할은 매우 중요한 위치를 담당하고 있으며 M&A성공과 실패의 열쇠를 갖고 있다고 해도 과언이 아니다. 민간기업 뿐만 아니라 공공기관에서 소유하고 있는 회사를 양도하는 과정에서도 M&A에 대한 업무처리미숙으로 상호신뢰가 지켜지지 않거나 공개되어서는 안 될 M&A관련 정보가 사전에 유출되는 등 비밀 준수가 이행되지 않아 성사가 이루어 지지 못하는 경우가 있는가 하면, M&A와 관련되는 전 과정의 업무미숙으로 시간이 지연되거나 과다한 추가 비용이 발생하는 경우도 많다.

우리나라에서 M&A 중개업무를 취급하는 업체는 M&A 전문중개회사(M&A Boutique)가 가장 많으며 M&A 시장이 넓어지고 거래건수가 증가하면서 회계법인, 법무법인, 창업투자회사, 구조조정회사, 증권회사, 은행, 기타 경영자문회사 등에서 M&A 업무를 취급하는 경향이 증가하고 있으며, 중개기관별 M&A 업무에 대한 주요 역할은 다음과 같다.

중개기관	주요역할
M&A Boutique	· M&A 전략수립과 전략적 파트너로서의 역할 · 대상기업의 선정과 자료수집 및 검토분석 · 대상기업과의 교섭 및 거래조건협상 · M&A 업무 일체에 대한 자문과 M&A와 관련되는 이해관계자와의 업무조정 · Post M&A 자문
회계법인	· M&A 관련회계 및 세무업무자문 · 정밀실사와 기업의 가치평가
법무법인	· M&A관련 계약서작성자문 · M&A관련 법률서비스
창업투자회사	· 직접투자법인에 대한 M&A자문 · 공개법인과의 합병 등을 통한 투자자금 회수
증권회사	· 자체 보유한 매도 · 매수정보제공 · 증권거래법상 공개매수 대리인 업무수행
구조조정회사	· 구조조정대상회사에 대한M&A업무 · 인수회사의 재매각 업무
은행	· 자금조달업무지원 · 자체 보유한 매도 · 매수정보에 의한 M&A · 거래처기업체에 대한 M&A 서비스제공 · Project financing

〈국내 M&A전문 중개회사〉

회사	대표자	설립일	홈페이지
기업M&A㈜	박상호	1994.12.19	http://www.globalstock.co.kr
한국M&A㈜	권재륜	1995. 1. 5	http://www.kmna.co.kr
프론티어M&A	성보경	1993.11	http://www.merger.co.kr
유나이티드M&A	백선종	1999	http://www.uma.co.kr
산경M&A캐피탈	김성진	1995.12.23	http://www.sk consulting.co.kr
인터퍼시픽	이준일	2000. 1. 5	http://www.ipic.co.kr
KTIC M&A	박동원	1997	http://www.ktic.co.kr
기술신보M&A정보망	박봉수	2003	http://mna.kibo.co.kr
태평양컨설팅그룹	이창헌	2002. 6	http://www.mna114.com

이밖에 국내기업에 대한 M&A컨설팅업을 겸하고 있는 외국업체는 씨티그룹, 골드만삭스, JP모간, 리만브라더스, UBS, 라자드, CSFB, 모건스탠리 등이 있다.

〈해외 M&A 중개회사〉

(단위 : 십억 달러)

순위	업 체	홈페이지
1	Citigroup	http://www.citigroup.com/
2	Goldman Sachs	http://www.gs.com/
3	JP Morgan	http://www.jpmorgan.com/
4	Lehman Brothers	http://www.lehman.com/
5	Merrill Lynch	http://www.ml.com/
6	UBS	http://www.ubs.com/
7	Morgan Stanley	http://www.morganstanley.com/
8	Deutsche Bank	http://www.db.com/
9	BNP Paribas	http://www.bnpparibas.com/
10	Roths child	http://www.rothschild.com

※자료 : 딜로직(Dealogic)

M&A 수수료

1) M&A 수수료 결정

M&A 업무 수수료는 당사자와의 협의와 계약에 의해 정해지며 M&A 수수료의 결정요인은 다음과 같이 정리해 볼 수 있다.

첫째, 주식의 거래대금과 경영권 프리미엄의 정도에 따라 결정한다.

둘째, 실제거래대금이 적을 경우 자산의 규모와 매출의 규모에 따라 결정될 수 있다. 예컨대 양도가액 없이 회사의 주식과 경영권을 양도하는 경우도 있다. 이 경우 여러 요인이 있겠으나 대부분 자산과 부채가 거의 같거나 부채가 자산보다 많을 때 흔히 볼 수 있는 거래 유형이다.

셋째, 업무진행의 정도와 소요기간 협상내용과 거래의 복잡성 정도에 따라 결정된다.

넷째, 자산규모와 매출규모는 작지만 미래의 평가가치가 높을 경우 그 가격으로 거래될 수 있다. 이 경우 현재의 가치 보다 미래의 높은 가치로 평가하여 거래를 성공시킬 경우 그에 대한 능력을 인정받아 충분한 수수료를 받을 수 있을 것이다.

다섯째, M&A 중개기관의 기업규모에 따라 수수료가 차등 적용될 수 있다.

여섯째, 기업도 상품이다. 따라서 좋은 상품을 찾아 인수 측 고객에게 인수의 목적과 경영전략에 적합한 거래를 성공시킨다면 수수료는 예상 이상으로 결정될 것이다.

일곱째, 양도자의 의도와 인수 측의 의도 및 전략을 정확히 파악하는 정도에 따라 다르게 결정될 것이다.

여덟째, M&A 대리인(agent)과 당사자와의 연관성 또는 친분관계에 따라 다르게 결정된다. 이와 같이 M&A수수료는 일률적으로 정하기가 어렵기 때문에 그때 그때 상황에 맞게 M&A 대리인(agent)과 당사자간의 충분한 협상의 결과에 따라 결정되어야 할 것이다.

2) M&A 수수료 내용

수수료의 성격		수수료의 지급
M&A	정보제공료 (finder's fee)	매도대상기업 또는 매수대상기업에 대한 정보제공보수
	착수계약금 (up front fee)	기업의 인수나 매도를 구체적으로 추진하기로 계약을 체결하고 착수금 명목으로 지급 받는 수수료
	계약유지금 (retainer fee)	수시자문비용과 거래가 오랜 기간이 소요될 때 성공 여부와 관계없이 지급되는 수수료
	성공수수료 (success fee)	M&A가 성사된 경우 계약내용에 따라 중개기관이 지급 받는 수수료
	부대비용 (side fee)	업무추진기간 동안 발생되는 중개수수료에 포함되지 않는 의뢰인이 부담하는 잡다한 비용(여비, 자료수집비용, 자문비용 등)
자문	포괄자문 수수료	정해진 계약기간 동안 일정한 분야에 대해 계속적인 서비스를 제공하는 대가로 지급 받는 수수료
	단순자문 수수료	정해진 계약기간 동안 특정부문(주식평가, 기업평가, 법률자문, 세무자문, 방어전략 등)에 대해 서비스를 제공하는 대가로 지급 받는 수수료

제3장 자금조달 전략

기업인수 소요자금

기업인수를 위해 가장 먼저 선결해야 할 과제가 자금의 조달일 것이다.

M&A는 적지 않은 시간과 노력이 필요하다. M&A를 진행하기 위해서는 실사 등의 여러 절차와 검토를 거치게 되는데 대부분의 업무와 거래조건의 협상을 마무리하고도 자금의 조달이 해결되지 않아 거래가 종결되지 못하는 경우가 많다.

이 경우 M&A 대상회사에 예기치 못한 여러 가지 부작용과 후유증을 가져올 수 있다. 또한 거래당사자와의 불필요한 분쟁이 발생할 수도 있으며 신뢰에 오점을 남기는 일이 발생하기 때문에 인수자 측은 우선적으로 자금조달능력을 고려한 M&A 전략을 수립해야 할 것이다.

기업인수시 소요되는 자금은 직접인수비용과 간접인수비용으로 나누어 검토해 볼 수 있다.

1) 직접인수비용

첫째, 대상회사의 기업지배권을 가진 대주주가 소유한 주식의 인수비용 및 대상회사에 대한 경영권 프리미엄의 가치

둘째, 전환사채(CB), 신주인수권부사채(BW)의 인수와 BW의 Warrant 인수비용

셋째, 영업권의 인수 또는 자산 및 부채 이전의 인수비용

넷째, M&A 전문중개회사(M&A Boutique)와 법률회사, 회계법인 등의 대리인(agent)에 지급되는 M&A 자문 수수료

다섯째, M&A를 위해 한시적으로 별도의 사무실을 운영하였을 경우 그에 대한 제반 사무운영비용과 테스크포스팀(Task force team)을 운영하는 제반 인건비

2) 간접인수비용

첫째, 주식 및 경영권인수 시 직접인수대금에서 공제한 대상회사에 대한 대주주 등의 회사차입금에 대한 승계되는 부채

둘째, 기업인수 후 회사의 운영자금(Working capital)이 부족할 경우 유상증자 등 회사에 투입해야 하는 추가적 운영자금

셋째, 부실기업이거나 구조조정 중에 있는 회사일 경우 평가 후 부채가 자산보다 많은 것이 일반적이다. 이런 경우에 직접적 인수비용은 발생하지 않을 수 있으나, 대상기업의 경영권 인수 후 대폭적인 무상감자를 실시한 후, 유상증자를 하거나 재무구조조정상 필연적으로 추가인수자금이 발생할 수 있다.

넷째, 인수기업이 경영상 여러 가지 문제로 소송 중에 있을 경우 이를 해결하기 위한 자금부담

자금조달의 방법

1) 인수기업 자체에 의한 자금조달

첫째, 인수기업의 대주주와 그의 특수관계자 등의 개인투자자금에 의한 자금의 조달

둘째, 기업의 내부유보자금을 활용한 자금조달

셋째, 유상증자를 통한 자금을 조달

넷째, 인수기업의 신용을 이용한 금융기관의 차입금을 활용한 자금조달

다섯째, 기관투자가를 통한 Project financing에 의한 자금조달

여섯째, 인수자의 모회사나 관계회사의 지급보증을 통한 자금조달

일곱째, 사업부 매각 등의 구조조정(Restructuring)을 통한 소요자금의 조달

여덟째, 주식교환 방식에 의한 인수자금의 조달

아홉째, 경영진에 의한 인수자금을 조달하는 방법(MBO: Management Buy- Out)과 종업원에 의한 인수자금을 조달하는 방법(EBO: Employee Buy-Out)

마지막으로, 회사채(Bond), 전환사채(CB), 신주인수권부사채(BW) 발행을 통한 자금조달 등이 있다.

▶ 회사채 발행에 의한 자금조달

① 회사채의 개념

회사채(Bond)란 주식회사가 일반대중으로부터 비교적 거액의 장기자금을 일시에 조달할 목적을 가진 채무증서 형식으로 발행한 유가증권을 말한다.

통상 주식회사의 자금조달 방법에는 금융기관 차입, 해외차관 등과 같은 간접금융에 의한 방법과 유상증자, 회사채(Bond)발행 등과 같은 직접금융에 의한 방법 및 경우에 따라서는 사채(私債)와 같이 비제도 금융에 의한 방법도 있다. 이러한 방법들은 각기 특수성과 장단점이 있어 일률적으로 어느 한가지 방법만이 좋다고 할 수 없으며 자금 조달비용, 소요자금의 다소, 사용목적, 자금조달의 난이도, 자금사용기간, 재무구조 등 당해 기업의 복합적인 여건을 고려하여 자금조달 방법을 선택하여야 할 것이다.

사채(Bond)란 여기서는 주로 회사채를 의미하며 다음과 같은 경우엔 특히 사채발행을 통한 자금조달이 가장 효과적인 방법이라 할 수 있다.

- 설비투자증설 등 비교적 안정된 자금을 일시에 조달할 필요가 있는 경우
- 거액의 운영자금이 필요한 경우
- 구사채의 상환이 필요한 경우
- 유상증자에 의한 배당 압력을 피하거나 주가관리가 필요한 경우 등에 자금이 소요될 경우

② 회사채발행의 장ㆍ단점

장 점	단 점
ㆍ배당압력과 경영지배권의 위험 없이 장기자금을 일시에 조달 가능하다. ㆍ상환기일과 이율이 확정되어 있어 일정기간 안정된 자금의 사용과 자금계획수립이 용이하다. ㆍ사채에 대한 이자지급액은 세무회계상 손비로 인정된다. ㆍ상환 기일에 차환 발행이 가능하여 일시적 자금부담을 장기간 없앨 수 있다. ㆍ일단 발행이 되고 나면 업무적 번거로움이 전혀 없으며 행정기관으로부터	ㆍ회사수익이 감소되어도 일정한 이자지급은 계속된다. ㆍ재무구조가 악화될 우려가 있으며 불경기하에서는 손실의 확대효과(부채의존도가 높음으로 발생하는 부의 레버리지 효과)가 있다. ㆍ보증사채의 경우 지급보증을 받아야 하므로 이에 대한 보증료 부담이 있다.

관리를 받지 않아 부수적인 부담이 없다. · 정확한 금리지표(시장수익율)가 존재하여 객관적인 코스트로 발행 가능하다. · 사채는 고정 부채이므로 고정부채로서 단기 악성부채를 상환할 수 있다. · 이자율보다 기업의 총자본이익률이 높을 경우 부채에 의한 이익의 확대효과(부채에 의한 정(正)의 레버리지 효과)가 나타난다.	

〈 사채와 주식의 차이점 〉

구 분	회 사 채	주 식
자금조달방법	타인자본	자기자본
증권소유자의 지위	채권자	주주
존속기간	기한부증권	영구증권
원리금상환	의무가 있다	의무가 없다
경영참여	없다	있다
권리	우선적으로 원리금지급	잔여 재산 분배청구권
배당	없다	있다

▶ 전환사채(CB) 발행에 의한 자금조달

① 전환사채의 개념

㉮ 전환사채(CB: Convertible Bond)란 전환사채권자에게 전환기간 내에 주어진 조건(전환조건)으로 사채발행회사의 주식으로 전환할 수 있는 권리 즉, 전환권이 부여된 사채이다.

㉯ 전환사채는 법률적으로는 사채이나 경제적으로는 잠재적 주식인 이중적 성격을 지니고 있어 사채와 주식의 중간적 형태의 유가증권이다.

㉰ 사채와 주식간의 선택(Option)은 전환사채권자의 고유한 권한이다.

② 전환사채의 경제적 기능

㉮ 발행사 입장

• 편리한 자금조달 수단

사채와 주식의 양면성을 가지고 있으므로 상품성이 높아 사채와 주식의 양면에 걸친 투자자를 대상으로 모집할 수 있다.

• 금융비용 절감
전환사채의 발행이율은 채권의 가치에 향후 주식가격 상승에 따른 주식으로의 전환옵션가치가 첨부되므로 보증사채나 무보증사채보다 유리한 조건(발행이율)으로 발행할 수 있으므로 자금 조달비용이 절감된다.
발행회사의 배당률이나 전화사채 발행이율의 수준에 따라 다르나 일반적으로 발행회사에서는 전환을 촉진시키는 것이 자금조달 비용절감 효과가 있다.

• 재무구조개선 효과
전환권의 행사로 인하여 타인자본이 자기자본으로 변경되므로 재무구조개선에 이바지하며, 전환가액이 액면가를 상회하는 경우 발생하는 초과금은 자본준비금으로 적립되어 자기자본의 충실을 기할 수 있다.

• 대주주의 자금부담이 없는 유상증자
발행사는 정관의 정함 혹은 주주총회의 특별결의에 의해 전환사채의 전액을 주주이외의 제3자에게 발행할 수 있으므로 전환청구에 의한 신주발행시 대주주 납입부담이 없는 유상증자 효과를 누리게 된다.
전환청구에 의한 신주발행 시 주식이 보통주식일 경우 대주주가 참여치 못하므로 대주주의 지분율이 감소하는 단점이 있기도 하다. (정관의 정함에 의한 전환사채 발행주식을 무 의결권 우선주로 할 경우 해결할 수 있음)

• 상법상의 사채발행한도에서 제외
기업은 상법 제470조에 의해 순자산액의 4배내에서 회사채를 발행할 수 있으나 전환사채의 경우 증권거래법 제191조의5(사채발행의 특례)에 따라 주권상장법인 또는 협회등록법인이 발행하는 전환사채 중 전환권 행사가 가능한 분에 해당하는 금액은 상법 제470조의 규정에 의한 사채발행한도의 제한을 받지 아니한다.

㉯ 투자자 입장

• 안전한 투자수단
사채의 안정성과 주식투자의 이익을 선택적으로 취할 수 있는 신축적인 자산운용 수단이며, 전환청구 기간 내에 전환권을 행사하지 아니한 경우에는 발행시 약속된 사채이자(만기보장이자) 및 원금을 보장받을 수 있는 안전한 투자수단이 된다.

• 높은 수익가치

전환사채권자는 발행회사의 경영상태와 주식시세에 따라 주가침체나 경영이 부진할 때는 사채권자로서 확정부 이자를 취하고 실적이 호전되거나 주가상승시에는 주식으로 전환하여 고율의 자본이득을 선택할 수 있다.

• 투자자의 보호

전환에 의해 부여되는 주식의 실질적 가치가 감소할 가능성이 있는 시가를 하회하는 발행가액의 유상증자, 기타 주식배당, 준비금의 자본전입 등을 하는 경우 전환가액의 조정으로 전환권의 희석화를 방지하고 있다.

㉰ 주주 입장

대주주의 현 지분율을 유지하려는 성향은 강하나 취약한 자금능력으로 말미암아 시가유상증자가 어려운 경우에도 기업은 정관의 정함 혹은 주주총회 특별결의에 의해 전환사채의 전액을 주주이외의 자에게 배정하여 대주주 자금부담이 없는 우회적 시가유상증자의 효과를 거둘 수 있지만 한편으로는 주식시장 물량 공급확대로 주가하락의 좋지 않은 영향을 미칠 가능성도 배제할 수 없다.

▶ 신주인수권부사채(BW) 발행에 의한 자금조달

신주인수권부사채(Bond with Warrant: BW)란 사채권자에게 발행 후 일정한 기간(행사기간)내에 정해진 가격(행사가격)으로 발행회사의 신주발행을 청구할 수 있는 권리(신주인수권)가 부여된 사채를 의미한다.

발행회사는 자금조달 코스트가 낮은 자금을 이용할 수 있으며 사채발행과 신주발행을 통하여 사채액면 총액의 2배까지 자금조달이 가능하다.

신주인수권부사채가 발행된 후 사채권자가 신주인수권을 행사하여 신주가 발행되면 자본의 구성이 변동된다.

신주인수권부사채는 무엇보다도 투자자에게는 투자의 안정성과 투기성이라는 양면의 매력을 부여하고 발행 회사에는 자금조달을 다양화 할 수 있다는 점에서 여타 사채와 비교하여 다른 경제적 기능을 찾아볼 수 있다.

㉮ 발행회사의 입장

장 점	단 점
· 신주인수권이라는 추가적 기회를 첨가하여 사체시장 악화시에도 인수 및 매출이 용이하다. · 보통사채에 비하여 표면이자율을 인하하여 자금조달코스트가 낮다. · 사채의 발행자금과 신주인수권의 행사에 따른 추가자금의 유입으로 자금이 2중으로 유입된다. · 대주주의 추가자금 부담 없이 유상증자를 대체할 수 있는 방법으로 이용할 수 있다. · 상법상의 사채발행한도에서 제외한다. · 현시장이 어렵더라도 미래활황장세가 예견되는 경우 신주인수권 행사에 따른 자본금 증가 및 주식발행초과금의 증가에 의해 재무구조가 개선된다.	· 신주인수권의 행사 후에도 사채권이 존속된다. · 주가의 변동으로 행사시기가 일정치 않으므로 자본구조가 불확실하다. · 대주주의 지분율이 하락 될 우려가 있다. · 증자등기 등 업무가 번거롭다. · 신주인수권의 행사가 투자자의 임의대로 이루어지기 때문에 발행회사가 자금조달을 계속 수행함에 있어서 어느 정도 장애요인이 될 수 있으며 또한 주로 주가가 높을 때 행사되므로 자금사정이 어려운 시기에 적절히 대처해 나가기 어렵다.

㉯ 투자자의 입장

장 점	단 점
· 투자의 안정성과 수익성 · 주가상승시 신주인수권의 행사로 주식투자에 의한 매매차익(Capital Gain)을 얻을 수 있다. · 신주인수권 행사 후에도 사채는 존속하기 때문에 확정이자 및 원금을 확보할 수 있을 뿐만 아니라 회사의 청산 또는 정리 절차가 개시되더라도 보통주주에 우선하여 투자자금을 회수할 수 있게 된다. · 기관투자가도 매입이 가능하다.	· 신주인수권의 행사는 주가상승이 전제되어야 하므로 약세시장에서는 메리트가 없다. · 신주인수권행사 후에는 이율의 사채만 존속한다. (전환사채의 경우에는 전환권의 행사로 사채는 소멸된다.)

• 안정성

신주인수권부사채를 보유한 투자자는 증권시장이 불황이어서 신주인수권을 행사하지 못하는 경우에도 보증사채보다 다소 저리이기는 하나 발행시 약속된 사채이자 및 원금을 보장 받을 수 있어 안전한 투자수단이 된다.

그리고 최근 발행된 신주인수권부사채의 발행조건을 보면 대개 만기시까지 신주인수권을 행사하지 못할 경우는 원금에 일정율의 프리미엄을 더해 상환되기 때문에 최소한 정기예금 금리이상의 수익률을 보장 받게 된다.

• 수익성

신주인수권부사채는 행사기간 중 언제라도 미리 정해진 행사가격에 따라 신주의 발행을 청구할 수 있기 때문에 인플레에 대한 대응력(Inflation Hedge) 및 증시 활황 시 높은 매매차익(Capital Gain)을 기대할 수 있다.

신주인수권부사채는 사채의 안정성과 주식의 수익성(Capital Gain)의 양면을 동시에 갖추고 있어 경제가 불황일 때는 주가는 하락하지만 신주인수권부사채의 가격은 표면금리라는 제어장치가 있어 하락이 일정수준에서 멈추게 되어 최저수익은 보장하여 주며(분리형에 있어 신주인수권만을 소지한 경우에는 예외) 경제가 호황일 때는 주가상승으로 상당한 매매차익을 얻을 수 있어 호·불황 어떤 경우에도 양호한 금융상품으로 볼 수 있다.

• 투자자의 보호

전환사채의 경우에서와 같이 신주인수권에 의해 부여되는 주식의 실질적가치가 감소할 가능성이 있는 행사가격을 하회하는 발행가액의 유상증자, 기타주식배당, 준비금의 자본전입 등을 하는 경우 행사가격의 조정으로 신주인수권의 희석화를 방지하고 있다.

〈 신주인수권부사채와 전환사채의 비교표 〉

구 분	신주인수권부사채	전환사채
주식을 취득하는 권리의 내용	사채발행회사의 신주를 인수하는 권리	
신주취득의 한도	사채금액의 범위 내에서 발행	사채금액과 같은 금액
주식납입금	회사가 임으로 정하는 금액 현금납입(발행회사가 인정하면 대용증권으로도 납입도 가능)	사채금액과 대체
권리 행사 후	사채권은 존속(대용증권을 납입한 경우는 사채권 소멸)	사채권 소멸

권리행사에 의한 발행회사의 자본 구성변화	자본금 및 자본준비금(자본계정) 증가, 대용납입 인 경우 사채(부채계정)감소, 자본계정증가	사채(부채계정)감소, 자본 계정증가
발행이율	보통사채와 전환사채의 중간수준	보통사채보다 현저히 낮음
권리의 행사가격	행사가격: 상장법인 재무관리 규정 제12조 참조	전환가격: 상장법인재무 관리규정 제12조

㉰ 주주의 입장

대주주의 현 지분율을 유지하려는 성향은 강하나 자금능력으로 말미암아 시가 유상증자가 어려운 경우에도 기업은 정관의 정함 혹은 주주총회의 특별결의에 의해 신주인수권부사채의 전액을 주주 이외의 자에게 배정하여 대주주 자금부담이 없는 우회적 시가유상증자의 효과를 거둘 수 있다.

발행회사의 자금조달을 유리한 조건으로 용이하게 하여 기업성장에 기여함으로써 회사의 주주는 간접적인 이득을 얻을 수 있으나 신주인수권이 행사되어 발행주식수가 증가되면 영업실적이 향상되더라도 기존의 주주에 대한 배당이 증가하지 못할 수 있으며, 또한 공급증가로 인해 주가상승이 억제될 수 있는 단점도 있다.

사채에 의한 자금조달 비교

구 분	전환사채	신주인수권부사채	시가유상증자	사 채
자본특징	· 전환전까지는 사채, 전환후는 주식의 성격 · 전환전까지는 부채로 남아있어 일정기간 재무구조의 악화 · 일시 타인자본 · 일정 이자율의 이자지급 · 주가가 충분히 상승하지 못할 경우 전환이 이루어지지 않을 수 있음	· 사채는 만기까지 존속함으로 재무구조 개선 효과는 별로 없음 · 신주인수권의 행사 후는 사채 발행과 시가유상증자의 양면적 자금조달 · 타인자본과 영구 자기자본 공존 · 일정율의 이자 지급과 배당금 지급	· 증자납입 즉시 자기자본이 증가되므로 재무구조 개선 효과가 큼 · 자본금 증가로 주당 순이익 감소 · 영구자기자본 · 배당금 지급	· 만기 시까지 부채로 존속하므로 재무구조 악화 · 타인자본 · 일정율의 이자지급

		· 주가상승 미약시 신주인수권 행사가 이루어지지 않을 수 있음		
납입자본금 증가효과	· 시가유상증자보다 작다	· 전환사채와 같다	· 전환사채나 신주인수권부 사채보다 크다	없음
자금조달 비용	· 보통의 사채나 신주인수권부 사채 보다 일반적으로 자금조달비용이 저렴	· 전환사채보다 그 비용이 높으며 신주인수권 행사시 자금조달 비용이 거의 없음.	· 자금조달비용은 거의 없으나 시가 발행가액이 전환가액보다 훨씬 낮아 발행주식수를 증가시키므로 전환사채보다 배당부담이 훨씬 크다	· 고율의 표면금리, 보증료 부담으로 자금조달 비용이 많다.
배당부담	· 시가유상증자보다 작다	· 전환사채와 같다	· 전환사채나 신주인수권부 사채보다 크다.	없음
대주주추가 자금부담액	없음	없음	· (대주주지분율 × 시가발행가액)만큼 추가부담	없음
세금관계	· 전환이전까지 지급되는 사채이자는 손비로 인정	· 사채이자는 손비로 인정 · 배당금은 법인세법상 손비로 인정 않음	· 지급배당금은 법인세상 손비로 인정 않음	· 사채이자는 손비로 인정
신주발행 가액	· 전환가격은 기준주가의 100% 이상	· 행사가격은 기준가의 100% 이상	· 발행가액은 기준주가를 할인하여 결정	없음

2) 인수대상 기업을 통한 자금조달

인수대상기업을 통한 자금조달방법은 M&A를 진행하는 과정에서 양도자와의 원만한 사전합의에 의해 가능하다. 양도자와의 사전 합의가 이루어지지 않을 경우 인수자 측은 인수대상기업을 통한 자금조달이 원칙적으로 불가능하며 이 경우 인수자 측은 우선 자기자금으로 인수대금을 지급하고 대상회사의 경영권을 인수한 후 추가적인 자금조달 방안을 검토해야 할 것이다.

(1) 신규로 자금을 조달하는 방법

첫째, 차입매수로 자금을 조달

① 차입매수의 정의

차입매수(leveraged buy out: LBO)란 일반적으로 일련의 투자가가 다른 기업을 인수할 때 대상기업의 전체 주식이나 전체 자산 매입에 소요되는 자금의 대부분을 외부로부터 타인자본(부채)으로 차입해 인수하는 것이다.

차입매수는 인수대상기업의 자산이나 미래의 현금흐름을 담보로 하여 자금을 조달하며 인수대상회사의 최고경영진 또는 대주주가 우호적으로 협조하는 경우가 대부분이다.

② 차입매수 절차

가. 패각회사의 설립

차입매수 투자가는 차입매수를 위해 우선 대상기업을 인수해 합병할 기업을 설립한다. 이 신규 설립회사는 단순히 차입매수를 위해 서류상 일시적으로 설립되어 전혀 영업을 하지 않는 패각회사(shell corporation, paper company)로서 대상기업을 인수해 합병하는 합병기업이 되거나 역합병의 소멸기업이 된다. 이때 차입매수를 하는 투자자는 주로 대상기업의 최고경영자나 차입매수 전문가가 주도해 구성된다.

1차 금융으로 자본금을 조달하고 나서 금융기관으로부터 인수대금 가운데 약 50~60%의 타인자본(부채)을 조달하는데 이를 2차 금융이라 한다. 2차 금융은 주로 상업은행에 의해 이루어지는데, 2차 금융의 자금제공자는 차입매수 대상기업의 기계, 공장, 재고자산 또는 매출채권 등의 유형자산과 장래의 현금흐름을 담보로 대출해 준다. 자본금과 선순위채권을 조달하고 나서 인수대금에서 모자라는 자금은 후순위채권을 발행해 조달하는데, 이를 중간층 금융이라 한다. 차입매수는 매우 단기간에 이루어지는데 반해 인수금액이 매우 막대하기 때문에 위의 세 가지 금융방법으로 단기간에 모두 조달할 수 없는 경우가 있다. 이때 상업은행이 일시적으로 시간적인 차이를 메워주기 위해 대출해주는데 이를 브릿지 론(bridge loan)이라 한다. 브릿지 론은 차입매수 후 곧바로 정크본드 등의 발행을 통해 자금을 상환할 것을 전제로 일시적으로 대출한다.

나. 주식인수 및 상장폐지

이상과 같이 인수를 위한 패각회사 설립과 인수대금 자금조달이 끝나면 대상기업을 인수하게 된다. 대상기업을 인수하는 방법에는 두 가지가 있다. 자산을 매입하는 방법과 주식을 모두 인수해 합병하는 방법이 있다.

자산을 매입하는 형식을 취할 경우 자산을 인수한 패각회사는 비상장기업으로서, 차입매수 투자가가 조달한 타인자본을 상환하기 위해 불필요한 사업부문이나 재고자산을 팔고 패각회사를 경영한다. 한편 자산을 매각한 대상기업은 자산으로서 오로지 매각대금으로 받은 현금만 보유하고 있으므로 청산절차를 밟고 주주에게 청산배당금을 지불한다. 주식을 인수하는 방법은 패각회사가 대상기업의 주식을 100% 공개매수해 모두 인수하고 대상기업을 흡수합병해 상장폐지한다.

다. 합병기업의 경영

차입매수 후 합병을 하고 나면 경영진은 엄청난 규모의 부채 상환의 재원이 되는 수익과 현금 흐름을 증대시키기 위해 마케팅 전략을 변화시키거나 일반관리비를 삭감하는 등 노력을 경주하게 된다.

라. 재상장

투자가 그룹이 상장폐지 후 경영을 통해 소기의 목적을 달성하고 부채상환이 이루어지고 나면, 기업을 공개해 재상장(secondary initial public offering: SIPO)을 추진하게 된다. 이러한 재상을 역차입매수(reverse LBO)라고도 한다.

역차입매수의 목적은 주로 기존의 차입매수 투자가에게 주식에 대한 유동성을 제공해 애초에 목표한 투자차익을 회수하기 위한 것이다. 미국의 한 조사에 따르면 역차입매수를 통해 차입매수에 참여한 차입매수 투자가는 평균 1,965.5%의 수익을 올렸으며, 연리로 환산하면 268.4%에 달하는 것으로 밝혀졌다.

* LBO를 통한 기업인수시 장・단점

장 점	단 점
・인수자금 최소화로 M&A 실패 시 위험최소화 ・작은 자금으로 큰 규모 기업인수가능 ・인수가 성공적일 경우 부채에 의한 레버리지효과(leverage effect)로 수익극대화 가능 ・LBO에 의한 성공적인 인수로 M&A자금조달 시장활성화에 기여 ・차입금에 대한 이자의 세금공제효과(Tax shield)로 현금유출을 줄일 수 있다	・자금조달비용상승 ・인수대상 기업의 부채비율상승과 재무구조악화 ・영업 등 경영실적 저조 시 위험존재 ・차입인수로 인한 종업원 불안심리가중 ・주식가치 저하우려

둘째, 기업의 채무상환 능력은 낮으나 높은 이자의 지급을 약속하며 자금을 조달하는 정크본드채권을 발행하거나 대상기업을 담보로 하여 후순위채권인 정크본드(Junk bond)를 발행하여 자금을 조달한다.

셋째, 브릿지파이낸싱(bridge financing)를 활용한다.

이 방법은 인수대금의 지급과 자금조달 일정과 시차가 발생할 경우 단기적으로 자금을 차입하는 방법이다.

브릿지파이낸싱은 투자하는 은행의 입장에서는 짧은 기간 동안 자금을 대여해주고 높은 수수료와 이자를 받을 수 있다는 점에서 장점을 가지고 있다. 그러나 인수자가 목표한 자금조달을 하지 못한 경우에는 상환이 늦어지거나 상환이 불가능해지는 위험에 처할 수 있다.

넷째, 머천드뱅킹(merchant banking) 금융을 활용한다.

이 방법은 투자은행이 별도로 자금을 모집하여 이를 LBO 또는 기업구조조정 등의 M&A에 투자하는 것을 말한다. 머천드뱅킹에 투자하는 경우에는 높은 자문수수료 수입과 거래 성공 시 큰 자본수익을 기대할 수 있기 때문에 많은 투자가와 투자은행이 참가하게 된다. 따라서 이러한 머천드뱅킹을 통해서도 기업의 인수자금을 조달할 수 있다.

(2) 기존부채를 인수하는 방법

첫째, 리스・임차・팩토링・지급보증 등 기존의 금융기관 부채를 인수한다.

둘째, 회사채・전환사채・신주인수권부사채 등을 인수한다.

셋째, 대상회사 대주주의 회사 차입금을 인수한다.

(3) M&A 펀드를 활용하는 방법

현재 M&A 및 구조조정 등을 활성화하기 위해 사모주식투자펀드(PEF)[2], 사모 M&A펀드[3], CRC펀드[4] 등이 있다. 이러한 펀드와의 연대를 통하여 목적하는 M&A자금을 조달할 수 있다.

그밖에 바이아웃펀드(buy out fund)[5], 벌처펀드(Vulture Fund)[6], 연기금과 공제조합, 엔젤(Angel)을 포함한 일반투자자와 공동으로 연합하여 M&A에 따른 자금을 조달할 수 있다. 또한 외국계 회사들이 운용하는 다양한 종류의 M&A Fund를 활용할 수 있으며, 2003년 3월 소버린자산운용(Sovereign Asset Management)의 자회사인 크레스트증권(Crest Securities)이 2천억원도 안 되는 자금으로 자산규모가 15조원에 가까운 SK㈜의 지분 14.99%를 집중매집한 사건과 세계적인 기업 사냥꾼으로 불리는 '칼 아이칸'이 KT&G의 주식을 장내에서 매집하여 회사의 경영권을 위협하는 상황 하에서 기업들은 자신들의 우호적인 주주모시기에 열을 올리고 있으며, 이러한 때 외부의 세력으로부터 경영권을 위협받는 기업을 위한 백기사펀드가 등장했다.

우리금융지주 계열사인 우리자산운용은 KT&G처럼 경영권 위협이 가능한 기업 중 15~20여개 기업에 투자하는 백기사펀드를 내놓았다. 따라서 이러한 펀드의 활용가치를 판단할 필요가 있다.

---

2) 사모주식투자펀드(PEF: private equity fund)는 토종자본의 육성과 함께 M&A시장의 활성화를 추진하기위해 도입한제도이다.
PEF는 보험사, 연기금, 금융기관, 각종재단 등으로부터 비교적 대규모자금을 조달하여 기업을 인수.합병한 후 가치를 극대화 한 다음 재매각하여 투자자금을 회수하는 펀드이다.

3) 사모M&A펀드는 투자대상기업에 제약이 없다는 점에서 사모주식 투자펀드와 유사하나 법률적 형태가 간접투자자산운용법상 주식회사의 형태란 점에서 차이가 있음

4) 기업구조조정전문회사(CRC)는 법률적 측면에서는 사모주식 투자펀드와 유사하나 투자대상기업이 산업발전법상 부실기업으로 제한되어 있고 자신의 지분뿐만 아니라 전체 투자자산에 대해 연대책임을 지는 형식으로 대규모 자금조달에 한계가 있음.

5) 바이아웃펀드(buy out fund)는 일명 LBO(leveraged buy out)라 불리우며 차입 및 채권발행을 통해 조달한 자금으로 기업을 인수합병하여 피인수기업의 이익, 자산매각, 재상장등으로 차입금을 상환하는 펀드이다.

6) 벌처 펀드(Vulture fund)는 M&A의 특수한 유형으로서, 파산기업을 전문적으로 인수하는 기금을 말한다. 일반적으로 기업이 파산선고를 맞게 되면 증권시장에서는 주권뿐만 아니라 채무증권의 가격이 큰 폭으로 하락하게 되는데, 벌처 펀드는 파산기업의 채무증권 등을 값싸게 매입해 주요 채권자가 되고 난 후에 파산기업을 회생시켜 자본차익을 남기는 것을 목적으로 한다. 따라서 위험은 매우 높으나 성공할 경우에는 막대한 차익을 올릴 수 있다.

우리자산운용 관계자는"기본적으로 M&A 대상이 될 수 있는 기업은 자기자본이익률(ROE)이 높고, 주가순자산비율(PBR)과 대주주지분율이 낮은 것이 공통점"이라며"이러한 기업은 투자가치가 높기 때문에'백기사'구실을 하면서 동시에 추가 수익을 얻을 수 있다"고 설명했다.

〈M&A펀드 비교표〉

구 분	PEF펀드 (사모주식투자펀드)	사모M&A펀드	CRC펀드 (구조조정펀드)
법적근거	간접투자자산운용업법	증권투자회사법	산업발전법
감독기관	금융감독원	좌동	산업자원부
시행	2004.12.6	2001.6	1999.2
투자대상기업	제약없음	제약없음	화의, 법정관리기업 등 부실기업
투자방식	M&A, 주식, SOC투자, 부실채권(출자전환)	M&A, 주식	주식, 부실채권(출자전환)
레버리지활용	출자액의 10%에 한해 차입 가능	채권발행 및 차입 불가능	자본금 10배까지 채권발행가능, 차입 불가능
투자규모	중견기업, 대규모	중소 소규모	중소 소규모, 중견 대기업
투자기간	3~5년	1~3년	1~3년
투자자	보험사, 연기금, 각종 재단 등 장기투자자	단기투자자	단기투자자
자금조달방식	사모	사모(증권투자회사)	사모(구조조정조합)
법률적형태	유한책임투자조합 (LP: limited partnership)	증권투자회사 (간접투자자산운용업법상 주식회사)	상법상 주식회사, 민법상 조합
경영권인수	가능	가능	가능

제3부
M&A 진행과정의 모든 것

제1장 사전준비단계/124

제2장 거래협상단계/129

제3장 계약체결 및 사후관리 단계/149

기업의 성장(Growth)과 확장(Expansion)을 위한 가장 핵심적인 경영전략으로 어떤 경영전략을 선택할 것인가라는 질문을 한다면 아마도 대부분의 경영자는 주저없이 M&A를 선택 할 것으로 보며 이러한 의사결정을 내린 최고 경영자에게 당신은 어떠한 평가를 내리겠는가?

대부분의 경영자는 동의내지 공감을 표시할 것으로 확신하며 그 결정이 잘못되었다고 부인하는 경영자는 그리 많지 않을 것으로 본다. 따라서 기업을 운영하는 경영자는 M&A의 경영전략에 대해 항상 열린 마음의 유연한 사고로 경영에 임하는 자세가 필요 할 것이다. 기업의 경영전략에서 M&A는 언제나 가장 높은 위치를 차지하고 있으며 모든 경영자가 인식하고 공감하는 전략임에 틀림없다.

M&A는 추진하고자 하는 당사자의 여건과 기업이 처한 환경에 따라 제각기 다르다. 이를테면 대기업의 경우와 중소기업의 경우, 공개기업과 비공개기업의 경우, 자금력과 조직력이 충분한 경우와 그러하지 못할 경우, 국내기업의 경우와 외국기업의 경우, 국내기업이 외국기업을 인수하고자 할 경우와 외국기업이 국내기업을 인수하고자 할 경우, M&A를 추진하고자 하는 의지와 결단력, 인수전략과 목표 등에 따라 많은 차이를 보일 것이며, 당사자의 의지와 무관하게 외부의 환경에 의해서 무산되는 경우와 성사되는 경우도 있을 수 있다.

기업도 상품이며 거래의 대상이되 아주 특별한 상품의 거래 대상이다. 거래는 당사자의 교섭과 협상에 따라 결정된다. 따라서 M&A의 진행과정을 획일적 틀에서 설명할 수는 없지만 일반적으로 일정한 과정의 검토와 절차에 따라 수행된다고 볼 수 있다.

우호적인 기업인수를 위한 과정은 사전준비단계와 거래협상단계, 본 계약체결 및 사후관리단계를 거쳐 최종적인 M&A의 업무를 마감하는 것이 일반적이라고 할 수 있다.

본문에서는 인수자측 입장에서 우호적 M&A를 위해 처음부터 종결까지 검토하여야 할 주요사항과 모든 실무적인 절차를 다루어 현장에서 바로 활용할 수 있도록 하는데 초점을 두고 설명하였으며, 관련사항에 대한 적절한 사례도 함께 덧붙였다. 물론 양도자측 입장에서도 인수자측의 입장에서 검토한다면 어떻게 양도 전략에 임해야 할 것인지의 해답이 나올 것으로 생각하며 양도의 가치도 최적의 조건으로 끌어 올릴 수 있을 것으로 확신한다.

제1장
사전준비단계

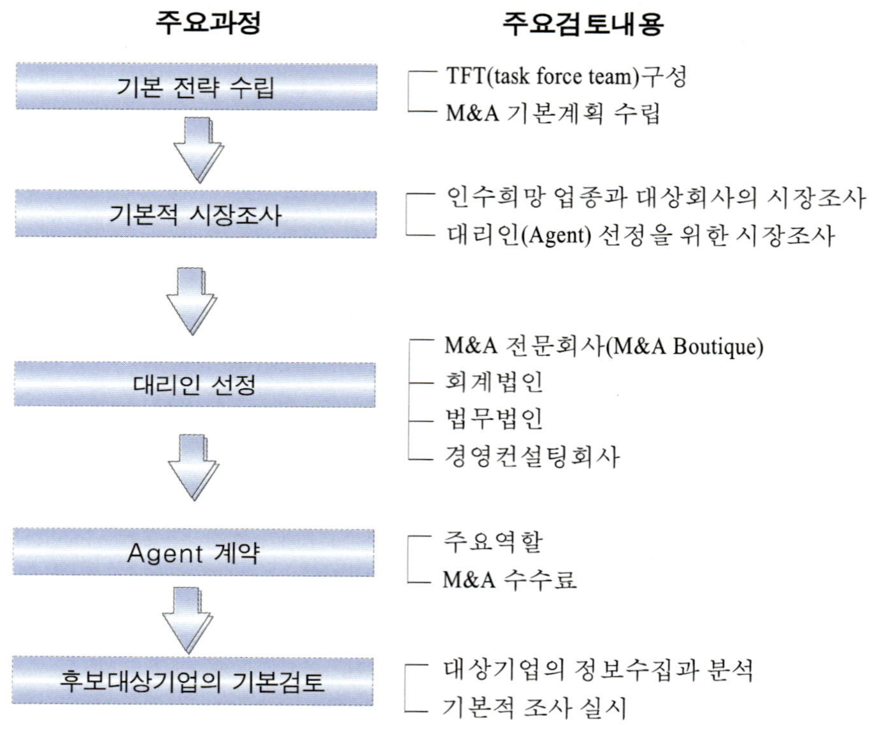

① 기본 전략수립

1) TFT 구성

M&A를 추진하기 위해 우선 검토해 할 사항은 업무진행을 담당할 전담부서(TFT: task force team)를 구성할 필요가 있다.

TFT의 조직구성이 어렵거나 전문성이 부족할 경우에는 M&A 전문중개회사(M&A Boutique)와 협의 진행하는 것이 효율적일 것이라고 본다.

2) M&A의 기본계획 수립

TFT 또는 M&A Boutique에서 대상기업의 인수를 위한 M&A의 기본적인 계획을 수립할 필요가 있으며 그 주요한 검토사항은 다음과 같다.

첫째, 모든 업종의 기업을 상대로 검토하기란 사실상 불가능하기 때문에 인수를 희망하는 대상의 업종과 시너지 효과에 대한 사항을 고려하여 검토한다.

둘째, 거래소상장기업, 코스닥등록기업, 벤처기업, 일반 비공개기업, 대기업, 중소기업 등 인수희망 기업의 형태와 규모를 결정한다.

셋째, 인수 측의 자금능력, 운영조직과 인력구성, 기술력, 영업력 등을 고려한 자신의 능력에 적합한 계획을 수립한다.

넷째, 인수의 목적과 경영전략에 적합한 계획을 수립한다.

② 기본적 시장조사

M&A의 기본적인 계획이 수립되면 인수 희망업종과 적합한 후보대상회사를 선정하기 위한 기본적인 시장조사를 실시하여야 할 것이다.

초기 시장조사의 방법은 가급적 M&A 기본계획에서 수립한 인수 희망업종과 그와 관련되는 후보대상회사로 범위를 좁혀 실시하는 것이 많은 시간을 단축하고 효율성을 높이게 할 것이다.

또한 자체적으로 M&A 업무수행이 어렵거나 외부의 M&A 전문 중개회사를 활용하고자 할 경우 기본적 시장조사 단계에서 함께 조사하는 것이 바람직하며, M&A 전문중개회사의 선정에서 가장 중요한 것은 업무능력과 믿고 맡길 수 있는 신뢰가 전제되어야 한다.

③ 대리인 선정

M&A를 추진하기 위한 가장 중요한 과정 중 하나가 모든 업무의 시작에서부터

종결일(closing date)까지 믿음을 바탕으로 함께 일할 수 있는 대리인(Agent)을 선정하는 것이다.

대리인의 선정은 아무리 강조하여도 부족함이 없을 것이다.

대리인 선정의 결과에 따라 M&A업무가 성공적으로 종료될 수도 있고 그 반대로 결론지어질 수도 있다. 또한 모든 M&A업무의 종결일 이후 사후관리 차원에서 까지 여러 가지 중요한 일들을 담당할 수 있으므로 신중한 접근과 선정이 이루어져야 한다고 본다.

대리인의 역할에 따라 빠른 시간 내에 인수측이 희망하는 업종과 대상회사를 선정할 수 있음은 물론, 인수를 위한 투자자금을 최소화 하거나 지급방법에 있어 유연성을 발휘할 수 있다.

M&A는 어느 한 사람의 힘과 능력만으로 진행되지 않는다.

당사자는 물론 여러 관계자의 이해와 협조 하에서 최종적인 결론에 이를 수 있다. 이러한 여러 상황을 검토하고 협상하여 조정하는 역할을 대리인이 주로 담당하고 있으므로 직업의 윤리성과 높은 도덕성은 물론 업무경험과 능력을 함께 갖추어야 한다고 본다.

이러한 업무를 전담하는 곳은 M&A 전문중개회사 (M&A Boutique)와 회계법인, 법무법인, 경영컨설팅회사 등이 있다.

④ 대리인의 계약

M&A 진행업무를 위한 대리인(Agent)이 선정되면 이어서 M&A 자문계약을 체결한다. M&A 자문계약의 주요 내용은 대리인의 주요역할과 업무진행에 따른 지급수수료의 결정이다. M&A 수수료의 지급은 인수측 입장에서 보았을 때 기업인수의 취득원가로 보아야 할 것이며, 대리인의 입장에서는 회사의 영업매출이 될 것이다.

그러기에 M&A 자문계약을 체결 시 대리인의 역할에 따른 적정한 M&A 수수료가 결정되어야 한다.

기업의 거래는 정확히 책정된 가격이 없다. 다만 당사자와의 원만히 협의한 조건에 따라 지급하는 가치가 있을 뿐이다.

가치는 조정될 수 있으며 거래의 목적과 전략에 따라 많은 차이가 발생할 수 있다.

이러한 목적과 전략을 협의하고 조정하는 역할을 대리인이 수행하며 대리인의 역할에 따라 초기의 인수비용을 대폭 절감할 수도 있으며, 대금의 지급조건이나 기타의 거래옵션도 대폭 달라질 여지가 있으므로 대리인에게 지급하는 수수료를 낮춰 책정하기보다 수수료를 충분히 보상하고 높이되, 충분한 결과를 얻도록 하는 전략을 취한다면 서로에게 윈윈 될 것으로 본다.

대리인에게 지급하는 M&A 수수료는 단순한 성격의 수수료라기보다 M&A 과정에서 포괄적으로 협의하고 전략을 함께 수립하여 새로운 프로젝트를 완성시켜나가는 사업의 파트너적 성격에 대한 보상의 측면으로 해석하는 것이 좋다.

이러한 의미에서 대리인의 수수료를 결정한다면 결코 아쉬움은 없을 것이며 최상의 결과를 얻을 수 있을 것이다.

⑤ 후보대상기업의 기본검토

M&A 진행을 위한 사전준비단계의 마지막 과정으로 인수측 당사자와 대리인은 인수측의 인수목적과 경영전략에 적합한 후보대상기업을 선정하기 위한 정보의 수집과 분석이다.

후보대상기업의 선정을 위해 필요한 정보를 체계적으로 수집하여 분석하기 위한 주요 체크 포인트는 다음과 같다.

첫째, 정보수집을 위해 외부전문기관을 활용하였는가.

둘째, 정보수집을 체계적 계획에 의해 실시되었는가.

셋째, 회사의 거래처, 금융기관, 경쟁업체 등을 통한 정보수집을 하였는가.

넷째, 공개되지 않은 정보의 수집은 어느 정도 실시되었는가.

마지막으로, 회사의 경영상 주요 변동사항에 대한 검토를 한다. 예컨대 본사와 지점등의 사업장의 변동이 빈번 했는가, 주요업종의 변경이 빈번 했는가, 임원의 변경 정도와 변경사유, 노조와의 갈등이나 마찰이 어느 정도 였는가, 관계회사의 투자활동의 건전성과 경영권의 변동이나 주요자산에 대한 매각이 있었는가 등을 중점적으로 검토하고 이러한 사실이 필요 이상으로 빈번 했거나 투명하지 못했다면 그러한 기업은 대상기업에서 제외 하는 것이 좋다.

이와 같이 기본적으로 수집된 정보를 바탕으로 후보대상기업 중 하나의 기업을 선정해야 할 것으로 본다.

물론 이러한 절차를 생략하고 인수 측과 사전에 충분한 교류가 있었던 회사를 선정할 수도 있으며, 대리인의 제안에 의해 직접 대상기업을 선정할 수도 있다.

대리인의 제안에 의해 직접 대상기업을 선정할 경우에는 대리인 측에서 사전에 보유하고 있는 많은 정보와 자료에 의해 충분히 검토된 기업을 인수측에 제안하는 것이 일반적이다. 이 경우 많은 시간과 비용을 절감할 수 있는 효과가 있으며 가장 적절한 타이밍에 M&A를 추진할 수 있다.

〈후보대상기업의 기본적 조사표〉

주요검토대상	주요체크포인트
본점 및 지점의 법인등기부등본	· 설립일자, 주소변경 · 이사 및 감사변경, 이사 및 감사의 임기 · 발행할 주식과 발행한 주식총수, 일주의 액면금액 · 주요사업목적 · 전환사채, 신주인수권부사채의 발행내용 · 주식매입선택권 부여내용
사업자등록증	· 각 사업장 별, 사업개시일자, 업종
주요연혁	· 상호변경, 대표자변경,
주요업종	
회사의 기구 조직도	
임원 및 직원현황	
노동조합의 존재와 활동사항	· 노동조합의 성격과 노사분규사실, 노사의 주요현안문제
회사정관	· 현재정관, 과거3년간 정관 변경내용
최근일 현재의 재무제표	· 대차대조표, 손익계산서, 현금흐름표
감사보고서	· 감사보고서 내용과 감사의견사항
자금상황	· 현재의 현금흐름과 향후 일정기간 동안의 현금흐름 분석
계열기업 관련 사항	· 계열기업현황, 소유지분 · 계열사의 주요사업, 투자금액 · 투자동기, 계열사의 재무현황 · 거래내역, 보증관계
M&A관계사항	· 회사의 인수 또는 합병사실 · 영업의 양수도, 기업분할사실 · 주요자산의 인수 또는 매각사실
자본금변동사항	· 자본금 유무상증자 또는 감자 · CB 또는 BW의 발행과 전환대상의 주식수와 가격

제2장

거래협상단계

주요과정	주요검토내용
인수의향서 제시	기본적 인수의향제시 자료협조요청 비밀유지준수 계약
교섭 및 협상	M&A 거래의사확인 기본적 거래조건 협상
성공적 M&A를 위한 대상기업 선정	성공적 M&A를 위한 고려 요인 M&A 실패 요인
MOU 체결	거래대상 확정 잠정거래금액과 지급방법 실사범위, 실사기간, 실사방법, 실사장소 독점적 지위보장 비밀유지
Due Diligence	인력운영부문 노동조합관계 기술 및 R&D부문 원자재조달 및 관리부문 생산부문 제품부문 영업부문 재무현황부문 경영관리부문 자산성 있는 부외자산부문 우발채무부문
기업가치평가	주식가치 평가목적 기업가치 결정요인 공개기업과 비공개기업의 가치평가
최종 조건 협상	인수에 대한 의사결정 거래대상(주식인수)의 종류와 수 및 가격조정 기타 조건협상

 인수의향서 제시

사전준비단계에서 후보대상기업에 대한 기본적인 탐색과 제반사항 들을 검토한 다음 인수의향이 있을 경우 인수측은 후보대상기업의 대주주 또는 경영자에게 인수의향서(LOI: Letter of Intent)를 제시한다.

인수의향서에는 상세한 내용을 표현하기보다 기본적인 인수의향을 밝히고 후보대상기업을 검토하기 위한 기본적인 자료를 요청하고자 하는 것이며 동시에 비밀유지를 약속하는 것이 일반적이다.

경우에 따라서는 인수의향서를 제시하지 않고 비밀유지계약서(CA: Confidentiality Agreement)에 동일한 내용을 담고 자료요청을 하기도 한다.

 교섭 및 협상

인수측 또는 인수측 대리인이 여러 과정과 검토를 거쳐 후보 대상기업을 탐색한 후 후보 대상기업측의 대주주 또는 경영진과 직접 교섭하고 협상하는 과정으로 경우에 따라서는 양도측의 대리인과 협상하기도 한다.

모든 상거래는 당사자간의 협상(negotiation)에 의해 결정됨은 두말할 필요가 없을 것이다. 하물며 기업이란 특별한 상품의 거래를 위해 협상의 능력은 그 무엇보다도 중요하며 교섭과 협상의 능력에 따라 거래의 조건과 그 성사여부가 결정되기 때문이다.

교섭과 협상은 구체적인 딜(Deal)을 성사시키기 위한 첫 관문이며 시험대이다. 또한 딜을 원만하게 마무리하고 최상의 조건을 만들어가는 전략이다.

첫 단추를 잘 끼우면 그 다음 단추는 순서에 맞춰 자동으로 끼울 수 있다.

따라서 첫 관문의 시험대를 무난히 통과하기 위해서는 사전에 대상회사에 대한 충분한 준비와 최대한의 자료를 수집하여 협상에 임하는 자세가 필요하며 상대방 주장에 대한 유연한 사고와 부드러운 협상의 자세가 필요하다. 또한 가능하다면 상대방에 대한 정보와 성향 등을 미리 파악하여 협상에 임하는 자세가 필요하며 그 주요한 사항은 다음과 같다.

첫째, 딜을 하기 위한 동기와 목적

둘째, 대주주의 최근 심리적 환경과 가족 및 주변의 환경변화

셋째, 임직원과의 관계와 갈등유무
넷째, 거래처를 포함한 외부의 환경요인
다섯째, 대주주에 대한 경영능력과 평판
여섯째, 대주주의 개인적 자금사정과 계획사항

우리속담에 '지피지기(知彼知己)면 백전백승(百戰百勝)'이라고 했다. 상대를 알고 자신의 능력을 알면 백번싸워 백번이긴다는 의미이다. 상대방에 대한 여러 상황과 M&A와 관련되는 많은 정보를 얻을수록 그에 따른 치밀한 전략을 세울 수 있다. 아무런 준비없이 그저 대화에 나선다면 첫 관문의 시험대에서 주저앉고 말 것이다. 뿐만 아니라 상대로부터 심한 모멸감이나 무시당할 수 있는 무능한 사람으로 인식될 수 있다.

얼마 하지 않는 전자제품 하나를 구매하고자 할 때에도 가격과 기능, 품질, 디자인, 사후서비스, 브랜드 파워 등 다양한 측면에서 검토하고 구매를 위한 시장조사를 할 것이다.

기업이란 특별한 상품을 구매하기 위해서는 그 검토의 대상과 전략이 무엇보다 치밀하고 합리적이어야 할 것이다.

이와 같이 충분한 정보와 협상 전략을 갖고 협상의 테이블에 앉을 때 원만한 대화를 이끌 수 있으며 성공적인 인수협상이 될 것이다.

당사자와의 협상 자리에서 확인할 내용은 다음과 같다.

첫째, M&A 거래에 대한 분명한 의사표시 확인
둘째, 거래의 대상에 대한 확인, 예컨대 주식의 종류와 수 및 경영권의 양도 등
셋째, 당사자가 생각하고 있는 대략의 가격과 조건에 대한 탐색

 성공적 M&A를 위한 대상기업선정

앞에서 설명한 바와 같이 후보대상기업에 대한 수집된 정보와 자료를 바탕으로 인수측에서 계획하고 있는 M&A의 목적과 경영전략에 적합한 인수대상회사를 선정하는 과정이다. 여기서 가장 중요한 것은 성공적인 M&A를 위한 고려요인과 실패요인을 가능한 범위내에서 최대한 체크하여 인수측의 전략과 일치되는 요소와 불일치되는 요소를 찾아내어 일치되는 요소가 불일치되는 요소보다 많다면 대상기업으로 선정하여도 좋다고 본다. 이를 위한 체크포인트는 다음과 같다.

1) 성공적인 M&A를 위한 고려요인

주요 고려요인	구체적 실천대안
인수목표와 전략을 명확히 한다.	초기인수비용을 최소화 하고, 현재는 기업의 규모가 작지만 클 수 있는 가능성을 지닌 회사, 큰 그림을 그릴 수 있는 회사를 선택한다. 또한 경영전략적, 영업적, 재무적 목적 등 인수의 필요성과 타당성에 대한 충분한 검토를 한다.
여유자금을 확보하거나 충분한 자금을 확보 한다.	초기 인수비용, 인수 후 추가 운전자금부담의 가능성, 인수제비용, 인수대상기업의 부채규모 등을 고려하여 자금계획을 수립하고, 초기부터 자금이 부족할 경우에 무리수를 두거나 회사 발전에 걸림돌이 될 수 있다.
가능하다면 후보대상기업을 2개 이상의 복수기업으로 선정하여 검토한다.	M&A 협상과정에서 실패 등을 고려하여 가능하다면 후보대상기업을 2개 이상의 복수기업으로 선정하여 실패가능성을 줄인다.
시너지창출에 충실한다.	1+1=3의 시너지가 될 수 있는 딜을 한다. 이를 위한 전략은 부실기업간의 M&A는 부실기업이 될 뿐이다. 우량기업과 부실기업간의 M&A는 부실기업으로 전락할 가능성이 높다. 전략적기업과 전략적기업간의 M&A가 1+1=3이 될 수 있는 M&A가 된다.
핵심인재 유지를 위한 계획에 충실한다.	아무리 좋은 회사를 인수 하였다 할지라도 핵심인재가 빠지면 껍데기에 불과하고 그 딜은 실패로 돌아간다. 따라서 초기에 핵심인재의 유출을 방지하기 위한 여러 가지의 대책을 수립하는 자세가 필요하다.
인수대상 기업의 적극적 탐색 및 가치평가에 충실한다.	무리한 인수, 다급한 인수, 절차를 생략한 인수는 결국 인수대금을 높이고 프리미엄의 가치에 거품이 있기 마련이며, 그에 대한 후유증이 발생할 수밖에 없다. 따라서 가치평가에 충실하는 자세가 요구된다.
전문가와 협의하고 최고의 전문 파트너를 선정한다.	"싼게 비지떡이다"를 최고의 전문가와 협의 하여야 최고의 작품이 나온다.

플러스섬(Plus-Sum)게임이 되어야 한다.	인수측에서 M&A 대상기업을 통한 기업의 가치를 높이고, 양도측에서는 현재 가치보다 높은 가치로 양도하게 되어 플러스섬(Plus-Sum)게임이 되어야 한다.
M&A는 타이밍의 예술이다. 적정한 타이밍이 중요하다.	기업의 가치(Value)는 시간의 흐름에 따라 변한다. 양도·양수자의 마음은 갈대와 같이 상황에 따라 수시로 흔들리고 변한다. 마음이 있을 때 딜을 한다. 마음이 떠나면 공짜로 줘도 싫다. 딜은 Trend이다. Trend effect에 편승하고 Trend 변화에 순응한다.
인수측이 탐내는 상품(기업)을 만든다.	인수측의 Needs에 맞는 기업을 만드는데 노력을 다하고 평소에 M&A의 움직임에 관심을 갖는다. 인수측이 탐을 내는 기업을 만드는 것이 기업의 가치를 극대화 하는 지름길이다.
임직원의 태도변화에 주목한다.	M&A에 대한 사실을 어떻게 수용하고 받아들이는가를 관찰한다. 부정하고 두려워하는가. 수용하고 안심하는가. 호감을 느끼고 기뻐 하는가.
관련 법률적 검토를 한다.	M&A와 관련하여 상법, 증권거래법, 공정거래법 등 법적제한 사항에 해당하는 검토를 한다. 예컨대, 하이트맥주가 소주시장 1위 업체인 진로를 인수하였을 경우 발생할 수 있는 시장독과점 문제로 법적제한에 해당하는 경우라면 사전에 인수를 포기하거나 인수 주체 등의 전략을 변경해야 할 것이다.

2) M&A 실패요인

주요 고려요인	구체적 실천대안
인수대상기업의 사업성이 부족할 경우	인수대상기업의 사업성을 검토하여 사업성이 없는 경우는 인수를 포기하여야 하는데 초기 인수비용이 적다는 이유로 또는 다른 인수목적으로 서둘러 결정하는 경우
시너지 창출효과 미흡과 시너지효과를 과	인수대상기업의 시너지창출효과가 미흡하

대 평가할 경우	거나 시너지효과를 과대 평가할 경우 인수비용이 과다하게 소요되거나 시너지효과가 떨어진다. 따라서 비관련기업을 인수(Unrelated Acquisition)하기보다 시너지효과를 고려한 관련기업의 인수(Related Acquisition)에 초점을 둔다.
부정확한 정보소통에 의한 의사결정을 하는 경우	당사자 또는 대리인과의 정확한 의사소통에 의하지 아니하고 부정확한 의사소통과 정보에 의한 의사결정을 하는 경우
지나친 착시현상일 경우	인수대상기업에 대한 지나친 낙관이나 기대, 자신이 경영하면 틀림없이 잘 할 수 있다는 착시현상이 강할 때 실패할 수 있다.
과도한 인수가격을 지불하는 경우	적정한 기업가치의 평가미흡으로 과도한 인수비용을 지불할 경우 초기의 인수부담으로 경영에 어려움이 따를 수 있다. 따라서 근거없는 프리미엄을 낮추고 과도한 인수비용의 지불을 삼가한다.
조급한 인수를 진행하는 경우	적정한 인수 타이밍이 중요하다. 조급한 인수나 쫓기는 듯이 서두르지 말고 적법한 절차와 충분한 실사와 검토, 당사자와의 협의를 통해 적정한 인수 타이밍이 왔을 때 종결한다.

④ 양해각서체결

지금까지 M&A의 여러 과정을 거쳐 최종적인 대상기업을 선정하였다.

M&A의 대상기업을 선정하였다면 대상기업에 대한 정밀실사를 하기 위해 인수자 측과 양도자 측간에 양해각서(MOU: Memorandum of Understanding)를 체결한다.

양해각서 체결은 아주 큰 의미가 있다. 비록 M&A의 본 계약은 되지 않았지만 당사자간 그 동안의 여러 과정과 협상을 통해 M&A에 상당한 의견의 접근이 이루어 졌음을 뜻하고 서로 믿고 업무를 진행할 수 있는 파트너쉽(Partnership)이 형성되었음을 암시한다.

양해각서는 원칙적으로 법적 구속력이 없는 당사자간의 신사적 협정이다.

따라서 이에 담긴 뜻과 내용에 따라 신의와 성실로 이행 하겠다는 표현으로 해석할 수 있다.

이러한 양해각서의 내용에 담게 될 주요내용은 다음과 같다.

첫째, M&A 거래에 대한 대상, 예컨대 대주주 소유의 주식과 대상기업의 경영권

둘째, 잠정 거래가격 또는 최종 거래가격의 산정 방식과 대금지불 방법

셋째, 기업의 실사범위와 실사기간, 실사방법, 실사장소,

넷째, MOU 기한까지 제3자와 M&A 업무를 진행하지 않겠다는 독점적 지위 보장

다섯째, 실사내용과 거래협상에 대한 모든 비밀유지

여섯째, 당사자가 특별히 정하는 기타사항

이밖에 당사자간 거래에 대한 신뢰가 부족하거나 실사를 진행한 이후 특별한 사유 없이 본 계약 등의 추가적인 업무진행을 성실히 이행하지 않을 경우를 대비해 잠정거래금액의 일정율의 금액 또는 당사자간에 정하는 일정금액을 M&A의 이행보증금으로 지급하기도 하며, 별도 정하는 내용에 대해 법적 책임을 부담하게 하는 MOU 계약을 체결할 수 있다.

⑤ 정밀실사

양해각서(MOU)를 체결한 다음 인수대상기업에 대한 본격적인 정밀실사(Due Diligence)를 실행한다.

정밀실사를 하기에 앞서 인수 측은 실사를 위한 준비자료를 대주주와 대상기업에 먼저 서면으로 요청을 한다. 서면으로 요청된 자료를 참고하여 그 동안 인수 측에서 수집하고 검토한 정보를 최대한 활용하여 실사에 임해야 할 것이다.

정밀실사는 인수측에서 직접 실시하는 경우도 있는 반면, 회계법인 등의 전문가에 의뢰하여 진행하는 경우가 많다.

외부전문가에 의뢰하여 실사를 진행하고자 할 경우 유의해야 할 사항은 인수의 목적과 경영전략, 인수측이 특별히 요청하고 관심을 갖는 부분을 실사팀에게 사전에 충분히 설명할 시간을 갖는 과정이 필요하다.

그렇지 않으면 인수측의 인수목적이나 경영전략 의도와 일치하지 않는 실사가 될 수 있으며 실사의 결과에 대한 만족도가 떨어지거나 실사자료의 활용도가 저하될 수 있다.

정밀실사는 M&A 거래를 위해 가장 핵심적이고 중요한 의사결정의 수단이 되며 대상기업의 올바른 가치평가를 위한 마지막 과정이다.

실사의 결과에 따라 딜이 성사 될 수 있고 그렇지 않을 수도 있다. 또한 딜 가격에 많은 영향을 미치게 된다.

이러한 정밀실사의 주요한 검토대상은 인력운영부문, 노동조합관계, 기술 및 R&D 부문, 원자재조달 및 관리부문, 생산부문, 제품부문, 영업부문, 재무현황부문, 경영관리부문, 자산성 있는 부외자산부문, 우발채무부문 등으로 나누어 볼 수 있으며 그 구체적인 내용을 차례로 살펴보고자 한다. 아울러 주요검토대상에 대한 각각의 상세한 설명은 생략하기로 한다.

1) 인력운영부문

주요 검토 대상	주요 체크 포인트
정규종업원 및 비정규 종업원 현황	·성명, 직책, 연령, 학력, 입사일 ·담당업무, 거주지, 출퇴근방법 ·동업계 근무 경력, 주요약력 ·담당업무, 보수
임원에 대한 사항	·상근임원과 보수 ·비상근 임원의 내용 및 대주주 또는 경영자와의 관계
급여, 상여금, 퇴직금 지급제도	
급여・상여금의 지급규정과 조정방법	
인사규정	·인사규정, 취업규칙, 등급, 고과제도
복리후생제도는 어떤 것이 있는가	
근무태도와 상벌관계	
인력조달의 용이성과 숙련정도	·노동력, 인건비수준 ·연구기술자의 수준과 연구실적
회사의 기구조직과 인력배치의 적합성정도	
별도의 인센티브지급 관계	회사와 계약한 사실과 그 내용

2) 노동조합관계

인수대상기업에 대한 본격적인 정밀실사(Due Diligence)를 진행 할 때 중요한 사항으로 검토하여야 할 분야가 대상회사의 노동조합에 대한 사항이다. 노동조합은 M&A에 있어서 매우 중요한 위치를 차지하고 있다. 인수목적과 전략에 부합되는 모든 M&A조건이 갖춰졌다고 할지라도 노조문제로 최종적인 계약이 무산되는 사례가 빈번히 발생하고 있기 때문이다.

M&A과정에서 통상적으로 볼 때 정상적으로 원만하게 운영되는 기업일 경우에는 현재의 노조 운영방식을 그대로 받아드리는 경향이 많지만 그렇지 않고 경영상의 어려움으로 구조조정이 필요하거나, 향후 회사의 성장발전을 위해 인수후 상당한 신규투자 등이 이루어 져야 할 경우에는 인수측의 리스크나 자금부담을 고려하여 대부분의 경우 현재의 노조와 협의하여 그 조건이 선행되어질 때 최종 계약에 임하는 경우가 많으며 일반적인 방법은 다음과 같다.

그 첫째는, 인수측에서 현재의 노조에 강한 방법을 택하는 경우를 들 수 있다.

어려운 회사의 사정을 고려하여 인수조건에 노동조합과 좀더 확실한 의견의 일치를 보고 최종 인수에 임하는 경우이다.

예컨대 노조를 해체 할 것을 요구하거나, 산업별노조를 기업별노조로 전환하게 요구하거나, 노조의 가입방식의 규약을 전환하게 한다든지, 상근노조원의 수를 하향 조정 요구하는 등의 경우이다. 이 경우 노조문제가 인수측의 안대로 해결이 된다면 회사와 인수측, 양도측, 노조원과 임직원등의 모두가 윈윈되는 좋은 조건이 될 수 있으나, 그렇지 못할 경우에는 이의 해결을 위해 많은 시간이 소요되거나 노사간 또는 노노간 또는 사측이나 기타 주주 등의 이해관계자의 대립으로 예상외의 어려움을 당 할 수도 있으며 공개법인일 경우에는 증시에도 영향을 미칠 수 있으므로 신중한 접근이 요구된다.

또한 인수시점에서 노조측에게 무리한 요구를 할 경우 인수목표에 차질을 빚거나 인수전략에 발목을 잡히는 일이 발생할 수도 있다. 인수측에서 노조의 문제를 과다하게 초점을 맞추거나 부각시키게 되면 마치 양도측인 대주주와의 거래가 노조와의 거래로 비쳐질 수 있는 우를 범할 수도 있기 때문이다.

다시말해 인수를 위한 실사와 협상과정에서 노조문제를 과다한 비중으로 다룰 경우에 노조측의 집행부에서 노조의 동의가 없이는 M&A를 할 수 없겠다는 인식을 심어주게 되므로 노조에서 반대 급부로 새로운 것들을 요구하거나 무리한 노조측의 주장으로 대주주의 입지가 약화되거나 대주주의 의지와 무관하게 노조의 의지에 맞춰 M&A를 진행하게 되는 어처구니 없는 일이 발생할 수도 있다.

그 다음으로, 인수측에서 노조와의 우호적인 분위기에서 협의 조정하는 전략으로 임하는 경우를 들 수 있다.

현재 회사가 처한 사정을 충분히 알고 있는 노조측으로서도 인수측의 합리적인 요구를 무산시키거나 무조건 반대하지는 못할 것으로 본다. 따라서 인수초기에 회사를 점령하듯 하는 인상을 주거나 노조를 너무 자극하고 긴장시키기 보다, 노조와의 충분한 대화와 협의를 통해 인수측이 요구하는 수준까지 이끌어 낼 수 있는 협상과 자세가 필요할 것으로 본다.

이를 위해 노조의 성격을 충분히 파악하고 노조가 그동안 회사 또는 대주주에 대해 유지해온 활동내역 등을 면밀히 파악하여 시시때때로 명분없는 주장을 펼쳤는지 회사를 위해 최선을 다했는지를 검토할 필요가 있으며, 이에 따라 협상의 전략을 수립해야 할 것이다. 또한 인수 후 회사의 비전과 회사의 목표를 달성 시켜 나가는데 있어 어느 정도의 협조를 이끌어 낼 것인지의 목표설정을 하고 협상에 임해야 하겠다. 아울러 인수측에서 노조를 설득시키고 이해를 이끌어 내기 위해서 인수목적을 밝히고 회사에 대한 기본적인 목표 설정과 비전을 제시하여 노조원으로부터 적극적인 지원을 유도하는 것도 협상의 좋은 전략이라고 본다.

이러한 노력으로 인수측이 경영활동을 원활히 펼칠 수 있는 분위기를 조성하여 일정기간동안 노사협상을 중단하고 회사의 일정목표를 달성할 때까지 모든 협상권을 회사의 경영자측에 위임하겠다는 약속과 협정의 체결이 필요할 것으로 본다. 아울러 노동조합의 주요검토사항은 다음과 같다.

주요 검토 대상	주요 체크 포인트
일반적사항	· 노조의명칭, 상급자단체, 설립일자 · 조합장과 조합장의 성향
조합원가입	· 조합의 가입형태(union shop[7], open shop[8], closed shop[9]등) · 가입조합원과 가입한 조합원의 대상 · 상근노조원과 상근노조원의 급여지급관계
단체협약사항	· 단체협상시기, 협상내용 · 최근3년간의 단체협상 주요내용
노조의 경영참여	· 경영참여사실의 유무 · 경영참여 사유, 경영참여가 있을 경우 협의내용
최근의 노사현안 사항	· 노사현안 사항의 발생사유와 해결책 · 주요현안 내용
M&A관련사항	· M&A에 대한 사실의 인지정도, M&A에대한 정서 · M&A를 위해 대주주와의 별도의 이면합의를 하거나 계약 등의 사실여부 · M&A에 대해 거부 하거나 노조의 방해와 선동 등의 우려여부
기타사항	· 노조의 수입사업(자판기, 폐자재판매, 노조원의 대출) · 상조회, 별도의 사우회, 근로복지기금등의 운영여부

7) union shop - 사용자가 종업원을 고용할 때는 자유이나, 일단 채용이 되면 반드시 노동조합에 가입해야 하며 조합으로부터 제명·탈퇴한 자는 회사가 해고해야만 한다는 것을 정한 노동협약상의 조항.
즉, 근로자가 노동조합원의 자격을 취득하지 않거나 자격을 상실하였을 때 사용자로 하여금 당

3) 기술 · R&D 부문

주요 검토 대상	주요 체크 포인트
회사의 특허 보유 또는 출원관계	· 특허, 상품, 실용신안 · 국내외 출원관계
특허의 침해가능성	
보유특허와 현재사업의 연관성	
매출액 대비 R&D 투자 비율	
연구개발 보유인력과 보안유지정책	
기술제휴 계약관계	
타사(인)에 이전된 기술계약사항	· 수입기술료, 기술이전내용 · 기술이전절차, 이전기간
타사(인)로부터 도입된 기술계약사항	· 지급기술료, 도입기술내용 · 도입방법과 절차, 도입기간, 효과
법적, 제도적에 따른 기술진입장벽	
R&D의 업무체계시스템	
진행중인 연구개발 프로젝트와 신규 item 개발추진현황	
기술에 대한 모방가능성	· 기술의 독창성 · 타사가 모방할 경우의 소요기간 · 모방가능성
경쟁사와의 기술경쟁력	
타사와 공동개발실적	· 개발내용, 판매적용

해 노동자와의 고용관계를 종식하도록 함으로써 간접적으로 노동조합의 유지·확대를 기하려는 제도이다. 이 제도는 일본에서 많이 채용되었다.

8) open shop - 기업의 종업원이 그 회사에 결성되어 있는 노동조합에 대한 가입 여부를 자유의사로 결정할 수 있는 제도.
클로즈드 숍(closed shop)의 반대개념이다. 종업원 자격과 조합원 자격과는 서로 관계가 없기 때문에 조합원·비조합원을 불문하고 똑같이 고용의 기회가 부여된다. 따라서 사용자측에서 비조합원인 노동자만을 고용하여 노동조합을 배제하는 데 악용하기도 하였다.
한국에서는 공무원을 제외한 모든 근로자에게 오픈숍을 적용하고 있으며(노동조합법 8조), 이를 이유로 해고 등 근로자에게 불이익을 주는 사용자의 행위를 '부당노동행위'로 규제하고 있다. (노동조합법 39조).

9) closed shop - 어떤 직종·경영에서 근로자를 고용할 때, 노동조합원임을 고용조건으로 내세우는 제도로서 항운업 등에서 아주 제한적으로 활용되고 있다.
노사간에 협정이 있으면, 고용자는 조합에 가입한 사람 이외는 고용할 수 없게 되고, 조합을 탈퇴하거나 제명된 사람은 해고해야 한다. 이는 직업별 조합이 노동시장을 완전히 지배하기 위하여 채택한 제도이다. 그러나 기계화의 진행에 따라 직종의 변화가 심해지고 다량의 미숙련근로자가 유입(流入)하는 현상이 생겼기 때문에, 숙련공의 직업별 조합이 만든 클로즈드숍 제도는 유지하기가 어렵다.

4) 원자재조달 및 관리부문

주요 검토 대상	주요 체크 포인트
원자재 조달	· 거래처, 거래자재, 거래기간 · 월평균 구매금액, 품질상태 · 거래처의 신용관계, 결제방법 · 국내 및 수입자재 의존도
재고자산의 관리	· 제품 · 상품 · 원자재 등 각 과목별 장부재고와 실제재고 분석 · 사용가능재고, 장기재고, 불용재고 분석 · 재고 보관처, 담보로 제공된 원자재 유무
주요원자재의 가격변동추이	· 수입자재의존도가 높을 경우 외환리스크 정도

5) 생산부문

주요 검토 대상	주요 체크 포인트
공장의 규모	· 대지, 건물면적,
생산규모(CAPA)와 생산공정	
공장의 가동률	
Outsourcing 생산관계	· 거래처별 생산규모, 거래기간 · 회사와의 관계 또는 대주주 경영자와의 관계
특별한 제조공법과 그 특허권 정도	
근무시간 제도	
생산시설의 상태	· 생산성 · 설비의 노후화 정도 · 생산설비현황

6) 제품부문

주요 검토 대상	주요 체크 포인트
주요생산제품	· 제품내용 · 제품수요처와 구체적 용도
제품의 성장성	
제품의 Lifecycle	
주요제품의 가격변동추이	

7) 영업부문

주요 검토 대상	주요 체크 포인트
국내외 매출거래처 사항	· 업체명, 대표자, 연락처 · 거래처별 매출품목 · 연평균 매출액, 결제방법 · 거래기간, order 수주방법 · 거래처별 평균이익률
영업의 주요계약사항	
거래처별 order 수주잔량	
관납비중과 관납영업상황	
주요경쟁관계	· 경쟁회사, 시장점유율 · 인지도와 회사의 평판 · 경쟁회사와의 강점과 약점 · 최근의 경쟁강세(또는 약세) 이유
새로운 경쟁회사의 진입가능성	
제품의 유통과정	· 판매조직 · 대금회수방법
마케팅의 인센티브 도입관계	
최근 3년간 제품별 매출추이	
최근3년간 제품별 판매이익률 추이	

8) 재무현황 부문

주요 검토 대상	주요 체크 포인트
대차대조표	· 최근 3년간의 자산 · 부채의 증감현황 비교 분석
손익계산서	
현금흐름분석	
이익잉여금(또는 결손금)처분계산서 내용	
감사보고서	· 감사보고서 내용과 감사의견
세무조정계산서	· 이월결손금확인과 공제가능액
자산계정에 대한 계정과목별 분석 ① 예금 및 적금, 금융상품	· 금융기관별 예 · 적금 및 금융상품의 상세 내용과 담보제공관계 · 금융기관별 거래상황확인서

② 유가증권	· 장단기 유가증권취득과 평가관계 · 매도가능여부, 보유실물
③ 매출채권	· 장단기매출채권의 유형, 회수가능 · 대손설정, 받을어음의 확인
④ 대여금	· 대여금의 회수가능, 약정관계 · 대손설정 등
⑤ 재고자산	· 취득가액, 재고자산평가
⑥ 토지, 건물	· 부동산 등기부등본의 소유권리 확인과 담보제공사항 · 각 사업장별 보유토지, 건물명세서 · 재평가관계(재평가금액, 차액, 세금납부관계) · 장부가와 감정가 또는 현재시가와의 비교
⑦ 기계설비 등 유형고정자산	· 유형고정자산명세서, 감가상각충당금 설정관계 · 현재 사용 유무관계 · 생산성, 활용가치, 관리상태
⑧ 기타의 자산계정	· 대주주 또는 임직원등에 대한 대여금
부채계정에 대한 계정과목별 분석 ① 금융기관 차입금	· 금융기관별 차입금(차입처, 종류, 금액, 이자, 기간, 상환방법, 제공담보) · CB와 BW의 발행관계 및 발행조건
② 매입채무	· 매입처별 매입분석
③ 지급어음	· 어음발행, 매수, 일자, 미결제내역
④ 퇴직금	· 임직원에 대한 퇴직금 추계액과 퇴직금 예치금
⑤ 기타의 부채계정	
최근 3년간 부실채권 발생내역	· 발생사유, 금액, 사후관리내용

9) 경영관리 부문

주요 검토 대상	주요 체크 포인트
일정주기별 경영성과 추정시스템	
보험가입사항	· 주요자산별 보험가입 · 우발채무성 보험가입 · 보험증서확인
재무예측시스템	· 자금흐름, 이익흐름, 투자예측
예산제도시스템	
주주총회의사록 관리	
기업규모형태	· 대기업, 중소기업
표준화된 업무제도(standard procedure manual)	
지출에 대한 결제권한	
Risk관리와 환경변화 대응전략	
우리사주제도	
회사의 이미지 관리	· 경쟁회사, 종업원, 소비자 · 자재납품회사, 지역사회
인수 또는 합병 사항, 영업권양수도 사항, 주요자산 매각사항	
정부기관 등으로부터 제재사항	
주식관련사항	· 주식분포상황 · 대주주와 특수관계인의 보유지분 · 대주주와의 우호적 지분분포 · 자사주 등 의결권이 제한된 주식 · 우리사주주식 · 우호적 지분에 대한 보장내용
지적재산권관리	· 보유도메인과 등록관리 · 저작권, 컴퓨터프로그램 · 데이터베이스 · 도메인 등에 대한 회사의 관리시스템
향후3년 이내 주요투자계획	· 투자금액, 투자내용, 투자예상효과 · 자금조달계획
향후3년 이내 주요자산 매각 계획	· 유형고정자산, 영업권 등

10) 자산성 있는 부외자산 부문

주요 검토 대상	주요 체크 포인트
· 과소평가된 유형고정자산 · 저가로 평가된 투자자산 · 불용자산으로 처리한 재고자산 · 계상되지 아니한 특허권과 개발이 완료된 보유기술 · 브랜드 가치 자산 · 내부경영관리 시스템으로 개발한 거액의 소프트웨어 · 이월공제 가능한 결손금액	

특히 브랜드가치에 대한 평가와 정밀실사는 매우 중요한 위치를 차지하고 있다. 물론 브랜드가치를 정확히 계량적으로 평가한다는 것은 그리 쉬운 일이 아니다. 그러나 브랜드가 회사의 영업에 미치는 영향이나 평판정도, 소비자의 인식정도와 만족도, 로열티의 수입정도, 친밀감과 매수기업의 여건에 따라 합리적인 평가가 불가피 할 것이다. 경우에 따라서는 브랜드의 가치 평가를 위해 전문가에 의해 별도 평가를 하거나 이해관계자들의 상황에 적합한 다양한 변수를 고려한 평가도구가 개발될 필요성도 있다.

브랜드는 세무・회계적으로 '상표권'이라는 무형고정자산으로 분류되어 회사의 대차대조표에서 상표권등의 등록과 관련된 실비 비용만으로 계산되어있어 대부분 과소평가 되어 있거나 무형자산의 감가상각 등으로 자산으로 계산되어 있지 않은 경우가 있다. 그러나 브랜드는 회사의 무형자산으로서 브랜드의 인지도에 따라 그 가치는 매우 크게 평가 될 수 있어 M&A의 경우 자산성 있는 부외자산 부문으로 평가를 충분히 받을 수 있다.

M&A가 질행될 때 상호나 상표 등에 사용금지가처분 또는 가압류 등이 없는지 꼭 확인해야한다. 특히 유사 상호나 상표인지를 확인해야 한다.

상호등기 시 정당한 이유없이 2년간 상호를 사용하지 않으면 폐지된 것으로 상법에 규정되어 있다는 점도 명심해야 한다.

대차대조표에 기재되지 않은 무형의 자산가치는 세법상으로는 영업권의 개념에 포함시키고 있다. 무형자산은 대개 피합병법인의 상호, 상표, 거래관계, 영업상의 비결 등으로 사업상의 가치가 있어 유상으로 취득한 것이다. 무형자산 중

영업권, 의장권, 실용신안권 또는 상표권의 내용연수는 5년으로 하고 있다. 따라서 영업권에 대한 지급대가는 5년간 감가상각이 가능하다.

11) 우발채무부문

주요 검토 대상	주요 체크 포인트
타사(인)에 제공한 각종보증관계	· 보증처, 금액, 기간, 보증내용
타사(인)로부터 제공 받은 각종 보증관계	
Claim 발생여부	
미납세금과 추정가능세금 여부	
당좌수표와 약속어음 발행사항	· 견질로 제공된 수표와 어음내용 · 미 확인된 수표와 어음 존재 여부 · 미결제 금액 · 폐기된 수표와 어음의 은행반납확인 · 분실, 도난 등에 대한 수표의 내용과 제권판결 등 내부조치 사항
받을어음 중 만기가 미 도래한 할인어음	
퇴직금 추가지급 계약관계	
손해배상 청구에 대한 소송 진행	
비상근 임직원과 급여지급사항	
대주주 또는 경영진 개인이 보증한 부채 중 회사에 영향을 미칠 수 있는 부채	
주요판매계약이나 구매계약 등에 포함된 계약사항 중 회사에 손실을 초래할 수 있는 내용 유무	

지금까지 정밀실사의 주요내용을 살펴본 바와 같이 흔히 실사에 대한 개념을 회사의 재무제표에 나타나 있는 수치 위주로 생각할 수 있으나 M&A를 위한 실사에서 재무현황의 실사는 아주 작은 일부분에 그칠 뿐이다.

재무현황 이외 수치 또는 계량화로 나타나 있지 않은 부분들의 실사와 검토가 매우 중요한 의미를 갖고 있으므로 이런 부분을 중점적으로 검토해야 할 줄 안다.

특히나 창업한지 몇 년 되지 않은 기술력을 위주로 하는 벤처기업들은 현재의 상태보다 회사의 비전과 관계되어 있는 기술력, 제품의 시장반응, 인적구성, 성장성 등 회사의 비전을 검증하는 것과 함께 리스크부분을 집중 검증하는 실사가 필요할 것이다.

⑥ 기업가치평가

기업가치평가(Valuation)는 그 방법과 기준이 매우 다양하여 어느 방법이 최선의 기업가치 평가방법이라고 단정하기 어려우며 객관성을 증명하기가 힘든 것이 현실이다.

가격은 정할 수 있으나 가치는 정할 수 없기 때문이다.

따라서 당사자의 M&A목적과 경영전략에 따라 합리적인 평가기준을 설정하여 진행하는 것이 바람직 할 것이다.

M&A를 위한 일반적인 기업가치평가는 “기업가치평가”편을 참고한다.

⑦ 최종조건협상

최종조건협상의 과정은 희망 거래가격을 포함한 모든 거래조건에 대한 이견부분을 중점적으로 협의해가는 과정이다.

이 과정을 마무리하면 실질적인 M&A 업무는 사실상 종결되는 것으로 해석할 수 있다.

최종조건협상에 임하기 전까지 당사자는 우호적인 분위기에서 실질적이고 중요한 현안에 대해 많은 대화와 협상이 이루어졌다고 본다.

또한 MOU체결 이후 정밀실사 등을 진행하는 과정에서 대상기업과 대주주에 대해서 자세한 검토가 이루어 졌다고 볼 수 있다.

그 결과 인수 측 입장에서 인수가능여부에 대한 판단과 인수할 경우 그 가치를 얼마로 할 것이며 기타조건을 어떻게 정할 것인지에 대한 확실한 의사결정(Decision Making)을 할 수 있었을 것으로 생각한다.

1) 인수에 대한 의사결정

〈 인수에 대한 의사결정 구조 〉

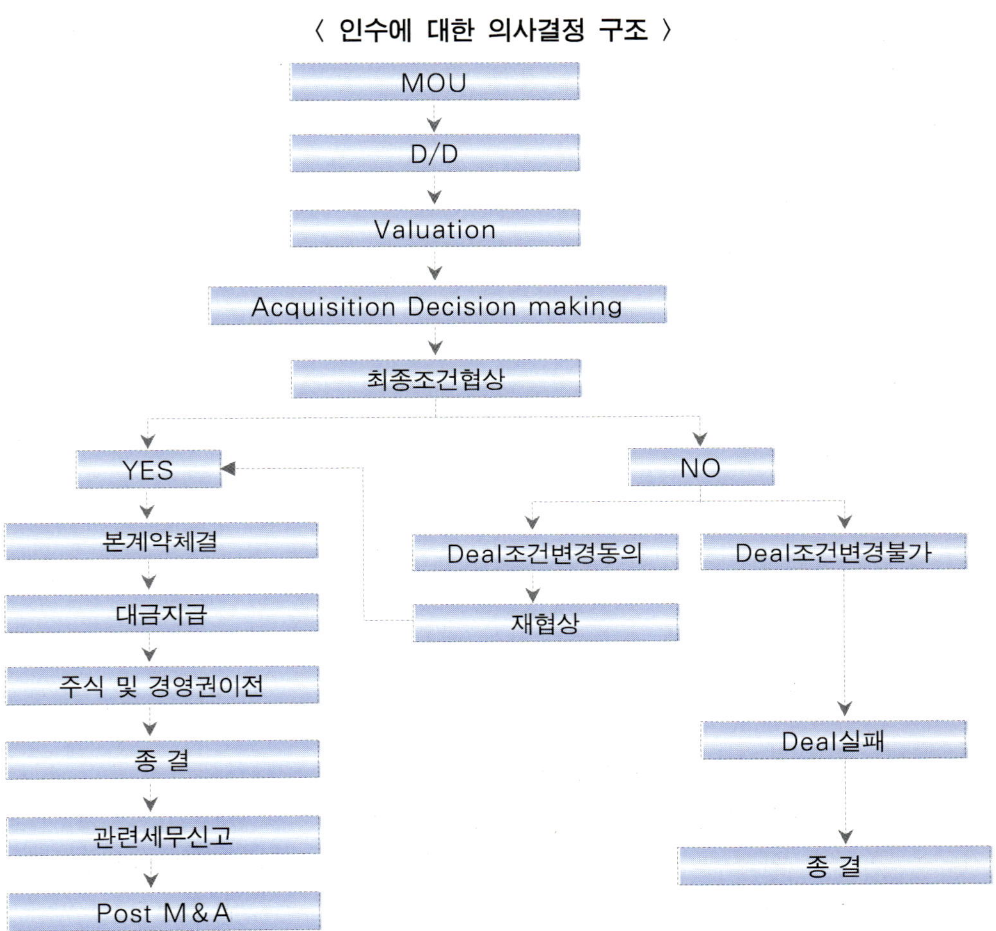

최종적 조건 협상에서의 인수에 대한 의사결정구조를 살펴보면 당사자간 최종조건협상에 동의가 될 경우 당초에 정한 바에 따라 본 계약에 임할 수 있게 되며 그렇지 못할 경우에는 딜조건 변경을 하여 재협상에 임하거나 그렇지 못하면 바로 종결하게 된다.

2) 거래대상과 가격조정

(1) 거래대상 확정

대상회사가 발행한 주식 중 거래의 당사자인 대주주 및 대주주의 특수관계인 등이 소유한 주식의 종류와 수를 확인하여 확정하며 대상기업의 경영권을 포함한다.

(2) 거래가격조정

정밀실사와 기업가치평가 결과 인수희망가격이 MOU체결 당시의 잠정거래가격과 차이가 발생하지 않거나 일정한 범위 내 일 경우는 바로 본 계약에 임할 수 있다.

그러나 대부분의 경우에는 상당한 차이가 발생한다고 본다. 이러한 경우의 가격조정은 다음과 같은 방법을 사용한다.

첫째, MOU체결 당시 정한 기준에 따른다.

예컨대 잠정거래가격에서 ± 몇 퍼센트(%)이내 차이가 발생할 경우에는 가격을 조정하지 않거나, ± 몇 퍼센트(%) 초과하여 차이가 발생할 경우에는 그 초과하여 발생하는 퍼센트율에 따라 차등하여 거래가격에서 공제하거나 또는 잠정거래가격과 실사가격과의 발생차액에서 대상기업의 총 발행 주식을 분모로 하고 거래대상 주식수를 분자로 하여 산출되는 금액을 거래대금에서 공제하기도 한다.

둘째, MOU 체결 당시 정한 기준이 없을 경우 당사자간 합리적인 기준을 설정하여 조정한다.

3) 기타조건협상

대상기업의 인수에 대한 의사결정이 확정되고 거래대상의 주식의 종류와 주식수 및 이에 대한 거래 가격이 조정 되었다면 본 계약에 앞서 기타의 제반 조건들을 협상할 차례이다. 물론 협상을 개별적으로 분리하여 하지는 않는다. M&A의 모든 의사결정과 거래조건 협상은 포괄적이고 동시에 진행된다.

기타 거래조건에 포함되어야 할 주요사항은 다음과 같다.

첫째, 거래가격에 대한 대금지급방법

둘째, 주식의 인도 및 명의개서

셋째, 양도인 및 회사의 보증사항

넷째, 경영권 이전절차

다섯째, 양도인의 의무사항

여섯째, 양수인의 의무사항

일곱째, 기타 중요한 협의사항

제3장 계약체결 및 사후관리 단계

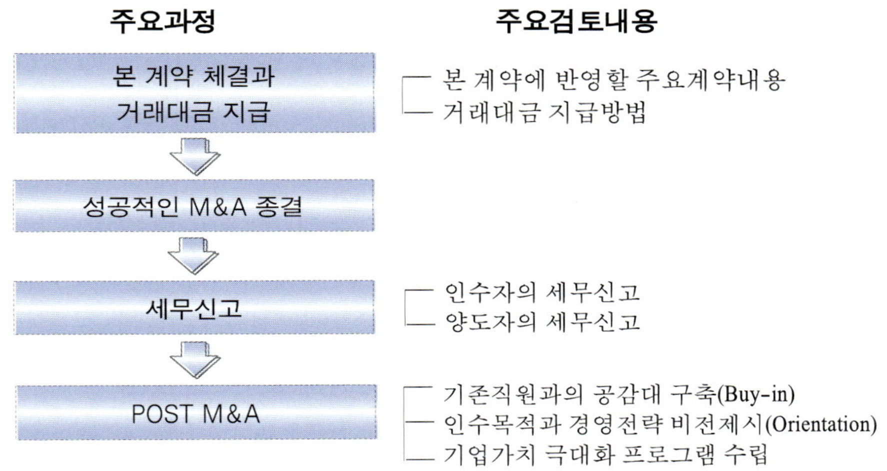

① 본 계약체결과 거래대금 지급

인수대상기업이 발행한 대주주 등이 소유한 주식인수를 통한 대상기업의 경영권 획득에 대한 M&A의 최종적 조건협상이 마무리 되었다면 지체 없이 본 계약을 위한 계약서를 작성하는 일이다.

계약서 작성 시 중점적으로 검토하여야 할 내용은 당사자간 서면에 의한 합의 사항과 메모 또는 구두형식으로 합의한 사항들이 빠짐없이 계약서에 반영될 수 있도록 하여야 한다.

〈 본 계약서에 반영할 주요내용 〉

구 분	주요내용
거래당사자	· 양도자와 양수자의 인적 사항
계약의 목적	· 대상기업이 발행한 주식 중 대주주 등이 소유한 주식의 인수 · 대상기업의 경영권양수도
거래대상목적물	· 주식의 종류와 주식의 수
거래대금의 결정과 지급방법	· 거래대금의 결정 · 대금 지급일정 · 현금지급, 주식교환, 차입매수, 채무이전 등 대금지급방법 결정
주권의인도 및 명의개서	· 거래대금 전액 수령 후 주식양도 · 주식의 보호예수 관련사항 · 주식명의개서 · 비공개법인 등 주권이 발행되어 있지 않을 경우 주주명부 확인서와 주식 미 발행 확인서로 대체
양도인 및 회사의 보증	· 계약과 관련하여 양도인과 대상기업의 회사가 보증해야 할 주요내용 - 법인설립의 적법성 - 필요한 법률적 행정상의 인허가 · 신고 등의 행위 - 재무제표 내용 - 회사가 보유한 부동산등의 유형자산과 임차권 등에 대한 소유권 과 처분권 - 세무신고 이행과 세금납부이행 - 소송의 진행이나 법적분쟁 가능성유무 - 회사의 모든 데이터베이스, 도메인, 상호, 기업비밀 등의 지적재산권 관리 · 양도인의 양도주식에 대한 보증내용 - 주식의 적법한 처분권을 가진 소유자 - 주식의 의결권 행사에 대한 제한유무 - 주식에 대한 담보권 설정 유무와 주식의 소유자로서 법률적 또는 사실상의 제한 유무
경영권 이전	· 잔금수령 일에 경영권이전을 위한 주주총회 개최와 인수측이 요청한 이사 및 감사선임 · 잔금수령 일까지 기존 이사 및 감사의 사임서 제출
양도인의 의무 → 양수인의 사전 동의가 필요한	· 자본금의 증감 또는 자본금에 영향을 미칠 수 있는 행위 · 인수 · 합병 · 타 회사 영업의 양수

사항	· 사채의 발행 · 이사와 회사간의 거래 · 정상적인 상거래를 제외한 거래 · 회사의 규칙과 취업규칙변경 · 회사의 경영에 중대한 영향을 미치는 행위
양수인의 의무	· 양도인이 금융기관에 제공한 담보 또는 보증사항해지 · 직원의 고용안정 · 회사와 직원간 계약한 내용의 이행(스탁옵션 등)
계약해제요인	· 거래대금 지급위반 · 경영권 이전 불이행
계약해제의 효과	· 거래대금반환 · 인도 받은 주식과 자금의 반환 · 귀책당사자에 일정한 위약금부과 · 본 계약 체결일로부터 해제일 까지 양수인의 회사 경영참여와 관련하여 양도인은 양수인이 행한 정상적인 경영활동에 따른 경영상의 잘못을 이유로 양수인에 대하여 손해배상청구권을 포함한 기타의 청구권을 행사할 수 없다. 다만 양수인이 정상적인 경영활동과 무관한 행위 등의 중과실 등으로 회사에 손해를 발생시킬 경우 그에 대한 손해를 양수인이 부담한다. 또한 양수인은 자신의 회사에 대한 경영상의 기여를 이유로 양도인 또는 회사에 대하여 부당이득반환청구권을 포함한 기타의 청구권을 행사할 수 없다.
특약사항	· 일정한 기간 동안의 회사 영업권 보호조치 · 임직원의 스카우트행위 금지 · 기타 당사자가 별도 합의한 주요내용

② 세무신고

M&A 본 계약에 따라 거래대금을 지급하며 거래당사자는 주식양수도와 관련되는 세무신고를 하여야 한다.

1) 인수자의 세무신고

구 분	주 요 내 용
증여세	· 주식취득에 대한 자금출처 해명 불가시 증여세 부과 * 상속세 및 증여세법 시행령 제34조(재산취득자금 등의 증여추정) * 상속세 및 증여세법 제45조(재산취득자금 등의 증여추정)
과점주주의 취득세납세의무	· 법인의 주식 또는 지분을 취득함으로써 과점주주가 된 때에는 취득세 납부 →비상장 법인과 코스닥 등록법인해당, 상장법인은 적용 않는다. * 지방세법 제22조 제2호(과점주주의 제2차 납세의무) * 지방세법시행령 제78조(과점주주의 취득 등) ①②③ : 취득세 납세의무유형 5가지
과점주주의 제2차 납세의무	· 과점주주의 제2차 납세의무부담(상장회사제외) * 국세기본법 제39조(출자자의 제2차 납세의무) 제1항 * 지방세법 제22조(과점주주의 제2차 납세의무)

2) 양도자의 세무신고

구 분	주 요 내 용
양도소득세	· 회사의 경영권이 이전되는 M&A 거래에 대한 비상장 주식 양도시 부과 (상장법인과 코스닥등록법인 비과세) * 소득세법 제94조(양도소득의 범위) 제1항 제3호
증권거래세	· 장내거래시에 상장법인 0.15%(농어촌특별세 0.15% 별도) 코스닥등록법인 0.3% · 비상장법인은 양도가액의 0.5% * 증권거래세법 제10조(신고와 납부)

③ POST M&A

지금까지 살펴본 바와 같이 M&A에 대한 본 계약을 체결하고 거래당사자의 각자에 해당하는 세무신고를 마무리함으로써 M&A의 모든 과정은 종결되었다. 그러나 대상기업의 경영은 M&A 이후(Post M&A)부터 첫걸음이 시작된다.

따라서 M&A이후 인수자 측이 검토하여야 할 사항은 다음과 같다.

첫째, 인수목적과 경영전략에 대한 확실한 비전과 방향(orientation)을 제시하여 임직원에게 안정감을 준다.

비전은 변화에 대응할 수 있는 용기를 심어주고 변화를 두려워하지 않고 변화되는 상황을 이용할 수 있는 기회를 제공할 수 있다.

또한 M&A에 대한 궁금증을 해소하고 안정된 분위기에서 일할 수 있는 계기가 될 수 있다.

둘째, 초기의 가시적 성과를 만들기 위해 최선을 다할 필요가 있다.

M&A에 대한 초기의 가시적 성과에 따라 회사의 분위기나 믿음에 많은 영향을 미치기 때문이다.

셋째, 솔직하고 원활한 커뮤니케이션이 중요하다.

이를 위해 친근한 분위기의 조성과 의사소통의 라인구축, 공통의 비전에 대한 이해를 충분히 숙지하고 있는지에 대한 점검, 효과적인 보고체계의 수립이 요구된다.

넷째, M&A이후 법인에 대한 리스크를 파악하고 이에 대한 대응의 우선순위를 정하여 대안을 수립하여 실행하는 것이 필요하다.

다섯째, 기업의 가치극대화를 위한 구체적인 대안을 수립한다.

이러한 실천전략으로 지속적인 기업의 홍보, 재무구조 개선과 추가자금 확보노력, 부실자산정리, 수익성 위주의 사업재편, 양질의 인적자원 확보, 조직재편성의 구조조정을 효과적으로 수행한다.

마지막으로 기존직원과 인수측이 함께할 기업통합의 공감대구축(Buy-in)과 기업문화의 차이극복을 위한 노력이 필요하며 이러한 3가지 전략을 살펴보고자 한다.

▪ 기존문화를 그대로 유지하는 것이다.

기업경영에서 특정한 기업의 문화가 성공했다고 해서 다른 기업에서도 성공하리라는 보장은 없다. 특히 서로 다른 산업간의 인수합병이 이루어질 경우 두 기업간의 문화를 그대로 유지하는 것이 훨씬 더 바람직할 수 있다.

▪ 새로운 기업문화를 이식하는 방법이다.

새로운 기업문화를 이식하거나 강요하려면 그 이유가 분명해야 하고 또한 새로운 문화가 기존의 기업문화보다 여러 면에서 구체적인 장점이 있다라는 사실을 보여줄 필요가 있으며 새로운 기업문화를 이식할 구체적인 실행방법이 만들어져야 한다.

이 경우 중요한 것은 새로운 기업문화가 받아들여질 때까지 기업문화에 혼돈이 있어서는 안 된다는 것이다.

▪ 복합문화를 창출한다.

기업문화차이를 위한 극복전략으로 복합문화(compound culture)를 창출하는 것이다.

복합문화란 양사의 장점 문화만을 모아 새로운 가치체계와 행동원칙을 수립하는 것을 말한다.

복합문화의 창출은 기존 두 문화의 솔직하고 철저한 분석 및 미래의 요구를 바탕으로 출발해야 한다. 기존 문화의 분석을 통해 신속하게 처리될 수 있는 부분이 무엇이고, 마찰을 일으킬 수 있는 부분이 어디이고, 양사간의 공통점이 많아 긍정적으로 추진할 수 있는 부분이 무엇인지를 알 수 있다. 공통된 부분의 좋은 문화를 활용한다면 합병 후 성장에 강력한 원동력이 될 수 있다.

또한 과거에 유사한 경험이 얼마나 있었는가 하는 것도 성공가능성을 파악할 수 있는 중요한 지표가 된다.

복합문화를 창출하고자 할 때 유의해야 할 점은 한쪽기업의 문화가 다른 기업의 문화를 압박하는 현상이 없도록 각별한 주의가 요구된다.

복합문화 창출의 성공적인 사례는 독일의 다임러 벤츠와 미국의 크라이슬러가 1998년 5월초 합병하였을 때의 일이다.

양사의 합병 목적상 완전히 통합된 새로운 개체를 탄생시키는 것은 필수 불가결하였다. 서로 역사가 다르고 접근 방법 및 주요 시장, 보상시스템 및 가치체계가 다름에도 불구하고 의도한 시너지를 달성하기 위해서는 완전히 통합된 회사를 만들어야만 했다. 그리고 사실 다임러가 합병에 참여한 가장 큰 목적 중 하나는 크라이슬러의 간소하고 효율적인 경영방식을 도입하기 위함이었다.

다임러 크라이슬러는 문화통합과 관련하여 조금씩 진보를 보이기 시작하였는데, 그 일이 가능했던 것은 사전에 충분한 준비가 있었기 때문이다.

다임러 벤츠는 국경을 초월한 합병이나 조인트 벤처 중 실패 사례를 집중적으로 연구하였다. 연구결과에 의하면 합병에 실패한 약 70%가 3년 안에 실패에 도달한다고 한다. 실패 사례 50여 개를 모아 집중 분석한 결과 실패의 주원인으로 문화적 갈등이 지목되었다. 다임러 크라이슬러는 합병후기업통합(PMI: Post Merger Integration) 프로세스에서 오류를 범할 수 있는 100가지의 잠재적 위협 리스트를 도출 후, 여기서 약 14~15개의 가장 핵심적인 과제를 선정하여 PMI 프로젝트팀을 구성하였다.

문화적 문제를 해결하기 위해 다임러 크라이슬러가 선택한 현실적인 접근방법은 신선하기까지 하다. 이 회사는 막연히 문화적 갈등이 해소되기를 기다리지 않고 공개적으로 문화 차이가 있음을 인정하고, 강조하기까지 하였다. 그리고 합병과정에서 모든 사람이 다 만족할 수는 없다 라는 사실을 공개적으로 인정하였다. 복합문화를 창출하는 과정에서도 양사간 균등하게 장점을 취하기보다는 지속될 수 있는 진정한 의미의 복합문화를 창출하려고 노력하였다.

둘째, HP의 아폴로컴퓨터사 인수사례를 들 수 있다.

1989년 HP가 워크스테이션 시장에 본격 진입하기 위해 아폴로컴퓨터(Apollo Computer)를 인수할 때의 사례는 기업 인수 합병시 조직 문화적 통합이 얼마나 중요한지를 보여주는 대표적인 사례로 자주 인용된다.

① 인수의 배경

1980년대 중반 HP는 보다 높은 성장과 수익성 확보를 위해 컴퓨터 워크스테이션 시장에 진출하였다. 사업 초기 HP는 자체 적으로 개발한 기술과 제품을 중심으로 시장에 진출하였으나, 기존 워크스테이션 시장의 강자인 선마이크로시스템과 아폴 로가 확고한 기술적 우위와 시장 점유율을 확보하고 있어서 HP로서는 좀처럼 시장 점유율을 높이지 못하였다.

1988년 HP는 이와 같은 상황이 지속될 경우 향후 워크스테이션 사업 부문의 생존 자체가 어려울 것으로 판단하고 워크스테이션 시장에서 선두 기업으로의 위상 확보라는 전략을 수립하였다.

이러한 전략을 달성하기 위해서 회사 내부의 R&D역량확충, 네트워크 사업에 대한 투자 확대, 그리고 레이져 프린트에서 캐논과 전략적 제휴를 통해 축적한 성공 경험을 바탕으로 워크스테이션 사업에서도 다른 기업과의 전략적 제휴를 모색하는 방안 등이 포함되어 있었다.

HP가 시장 선두 기업으로의 발전을 위한 방안을 실천에 옮길 즈음, 아폴로는 심각한 수익성 문제에 봉착해 있었다. 특히 현금 유동성의 문제는 고객들에게 제품의 신뢰를 떨어뜨리는 결과를 초래하였다. 아폴로는 이러한 위기 상황을 극복하기 위한 유일한 대안으로서 자사를 인수할 회사를 찾고 있었다.

② 철저한 사전 준비 활동

HP의 아폴로 인수는 HP 설립 25년 만에 처음으로 다른 기업을 인수한 것으로서, 기업 인수에 따른 성공 부담을 많이 가지고 있었기 때문에 약 1년 6개월에 걸쳐 치밀한 검토를 하는 등 사전 준비가 매우 많았다. 이때 중점적으로 분석된 내용은 재무적, 전략적 적합성에 대한 검토였다. 예를 들어 인수에 따른 HP의 시장 위상뿐만 아니라 단기적인 기업 경쟁력 및 이미지, 간접비 절감 및 세금 효과, HP 기존 제품에 대한 매출 증대 효과 등 재무적・전략적 시너지 효과에 대해 면밀한 검토를 하였다.

특히 HP 경영진은 인수를 결정하기 전 아폴로가 인수할만한 기업인지에 대한 이슈에 가장 많은 관심을 두고 있었다. 즉, 아폴로가 확고한 시장 위치를 확보하고 있는지, 시스템간의 적합성을 확보할 수 있는지, 그리고 새롭게 부상하는 네트워크 시장에서 강점을 보유하고 있는지에 대해 주로 관심을 가졌다.

이외에 다양한 분야의 실무팀을 구성하여 아폴로의 강점과 약점을 파악하였다. 결국 이러한 검토 끝에 HP는 아폴로사를 인수하기로 1989년 5월 최종 결정하였다.

③ 인력 활용 및 조직 운영 방식의 차이를 간과

HP가 아폴로를 인수하면서 나름대로 치밀한 검토를 하였지만 중요한 요인 하나를 간과하였다. 그것은 바로 인적·조직의 문화적 적합성에 관한 것이었다. HP와 아폴로의 인적·조직의 문화적 적합성은 특히 인력 활용 및 조직 운영 방식에서 그 차이가 컸다.

예를 들어 HP는 90억 달러의 매출과 9만명 이상의 종업원을 보유한 다각화 기업이었으며, 네트워크 사업 부문은 컴퓨터 사업 조직의 일부문이었다. 특히 대기업으로서 공식적 계획과 평가 등을 통해 일상적인 관리가 이루어졌으며, 이를 지원하기 위해 대규모의 스탭 부서가 구성되어 있었다.

또한 대졸 신입 사원을 정기적인 성과 평가와 경력 관리를 통해 조직 내부에서 육성, 관리자로 개발하는 데에 역점을 두었으며, HP에 입사하는 구성원들 역시 조직 내에서의 경력 관리를 가장 중요한 HP의 자산으로 간주하였다. 반면 아폴로는 6억 달러의 매출과 4천명의 종업원을 보유하고 단일 사업을 운영하는 기업으로서 마케팅·판매·생산 등 각 기능이 밀접하게 연결, 운영하는 것을 중요시하였다. 인력 활용 면에서는 신입 사원보다 숙련자 중심으로 고용하였으며, 이들에게는 높은 수준의 급여와 성과 인센티브를 제시하는 등 보다 성과 지향적인 인사 정책을 활용하였다.

④ 인수 합병시 기업 문화적 통합은 성공의 열쇠

이와 같은 인력 활용 및 조직 운영 방식의 차이는 인수 합병 기업을 완전히 하나의 회사로 통합하는데 매우 큰 장애요인이었다. 특히 인력 활용 및 조직 운영 방식의 차이는 문화적 갈등 요인으로 부각되었다. 즉 HP는 "HP way"로서 대표되는 종업원 육성 중심의 기업 문화가 확고히 자리잡고 있었으나, 아폴로는 기업가적인 기업 문화를 중시하는 분위기였다. 이러한 문화적 차이는 하나의 기업으로서 운영을 원활하게 하지 못하는 주요 원인이 되었다.

이와 같은 현상이 발생하게 된 요인은 크게 3가지로 집약된다. 그 첫째 요인은 HP가 통합을 통해 양 기업의 시너지를 어떻게 확보할 것인지에 대해 명확한 방향을 갖고 있지 못했다는 점이다. 즉, 새로 인수한 아폴로를 HP 워크스테이션 사업부 내의 독립 사업으로 운영할 것인지, 아니면 양자를 완전 통합하여 운영할 것인지를 결정하지 못한 채, 어정쩡한 입장이었다.

둘째 요인은 인수와 관련된 여러 프로젝트팀이 구성되어 있었으나, 각각의 프로젝트팀은 마케팅, 기획, IT 등 해당 부문에 서 나타날 수 있는 이슈를 중심으로만 관심을 가졌지, 전사적인 통합 이슈를 제기하고 이를 해결하는 데에는 실패했다는 것이다. 셋째 요인은 지나치게 정량적인 자료에만 의존하여 기업 인수 효과를 평가했다는 점이다. 정량적인 자료는 기업의 재무적・전략적 적합성을 평가하는 데에는 유용하나, 인적・조직의 문화적 적합성과 같은 기업 운영의 소프트한 이슈를 평가하는 데에는 한계를 가질 수밖에 없다. (LG경제, 2001. 1. 11, 요약정리)

셋째, LG-IBM의 문화통합 사례이다.

작년 경제적 어려움 속에서 많은 기업들이 생산성 제고에 대한 고민과 그 진정한 해결책을 찾기 위해 고심했었다. LG-IBM은 어떻게 이 문제를 풀어갔나?

처음 LG-IBM은 두가지 문제를 안고 있었다. 그것은 조직적인 문제와 내부 관리 문제였다. LG-IBM의 주력제품은 데스크톱 PC들이다. 이 제품은 라이프사이클이 워낙 짧아 조직적으로 대처하지 못하면 악성재고 등으로 큰 어려움을 겪을 소지가 있었다.

처음 이러한 문제를 접하고는 과감히 개선해야겠다는 생각을 했다. 두 기업이 하나가 된 만큼 상호간의 문제가 시간이 지남에 따라 계속 드러나게 되면서 의견은 분분한데 이를 실행에 옮기는 것이 쉽지 않아 보였다.

우선 처음 LG-IBM에 와서 한 것은 각 팀 단위로 사장과 직원간의 회식자리를 만들어 각 팀원들의 의견을 듣고 이를 반영하고, 수렴하는 작업을 했다. 또한 기존의 마케팅, 영업, 관리지원 등 별도로 짜여진 조직을 제품 라인업에 맞게 제품 사업부로 귀속시켜 광고, 판매, 이익, 구매, 비용 등을 독립채산제 처럼 운영할 수 있도록 개편했다. 즉 각 사업부가 직접 영업에 매진해 생기는 이윤을 갖고 광고도 하고, 비용도 알아서 쓰도록 했다.

또한 LG라는 문화, IBM이라는 고유의 문화가 함께 통합되면서 겪을 수 있는 문화적 차이, 업무 프로세스의 차이 등을 융화하도록 하는데 초점을 맞추었다.

그 결과 상호간의 협조도 잘 이루어지고 있고 상호간의 시너지 효과를 기대

해도 좋을 만큼 정상궤도를 달리고 있다. (기업문화, 2004. 7. 30, 요약정리)

넷째, Cisco의 사례이다.

M&A의 마지막 성공원칙은 신속한 사후통합이다. 실제로 통합이 결정되고 나면 전사적인 관점에서 가치창출이 가능한 방향으로 조직구조와 관리시스템을 개편하여야 한다. 자원을 효율적으로 배분하고 통합으로 인한 시너지 효과를 극대화하기 위한 조직, 문화, 정보시스템 등의 인프라를 설계, 구축해야 하는 것이다. 통합과정이 길어질수록 많은 문제점이 발생할 수 있으므로 신속하고 효율적으로 추진하는 것이 매우 중요하다.

시스코는 일단 인수가 성사되면 신속하고 효율적인 통합작업을 실시하였다. 시스코는 계속되는 기업 인수・합병과정에서 일관성 있는 통합절차를 신속하게 마침으로써 통합과정이 지연됨으로써 발생할 수 있는 문제점들을 최소화 할 수 있었다. 이렇게 철저한 준비와 신속한 통합작업으로 시스코는 3개월에서 6개월 정도 걸리는 인수과정이 공식적으로 완결되는 시점에서 곧바로 인수회사의 제품에 시스코의 상표를 부착하여 출시할 수 있었다. 실제로 인수계약이 체결되자마자 시스코의 정보기술부서는 대상기업의 기술을 통합하는 작업에 착수한다. 6명으로 구성된 기술통합팀은 정형화된 통합작업절차에 따라 일을 신속하게 처리한다. 따라서 통합과정에서 제기될 수 있는 문제들을 최소화하면서 전자우편, 판매자동화, 웹사이트, 기타의 제품주문시스템 등을 효과적으로 통합할 수 있는 것이다. 시스코는 이러한 작업을 통해 100일 이내에 인수한 회사의 고객들이 이제는 시스코의 고객이 되었다는 사실을 인식할 수 있도록 하고 있다. 시스코는 또한 통합작업에서 문화적인 측면의 통합도 강조하고 있다. 영업사원에서부터 엔지니어에 이르기까지 모든 직원들은 하나로 통합된 시스코의 일부라는 인식을 가질 수 있도록 노력하고 있다.

이처럼 시스코는 M&A의 사후통합 과정에서 통합된 기업문화로 구성원들을 급속도로 융화시키는 전략을 구사하고 있다. (기업문화, 2004. 7. 30, 요약정리)

제4부
전략적합병 이렇게 한다

제1장 합병의 유형/161

제2장 합병의 법적 제한/170

제3장 유형별 합병의 절차/179

회사와 회사간의 합병(Mergers)은 2개 이상의 회사가 청산절차를 거치지 않고 해당 회사의 계약에 의해 하나의 회사로 합쳐지는 것을 말하며 피 합병 회사의 자산과 부채를 포함한 회사의 모든 권리와 의무가 합병법인(존속회사 또는 신설회사)으로 포괄적으로 승계되고 이전되어 기업지배권(corporate governance) 즉, 회사경영권의 변화가 일어나는 것을 말한다.

제1장 합병의 유형

1 합병해당회사의 소멸여부에 따른 구분

합병은 합병해당회사의 존속과 소멸여부에 따라 크게 흡수합병과 신설합병으로 구분한다.

1) 흡수합병

〈 흡수합병 〉

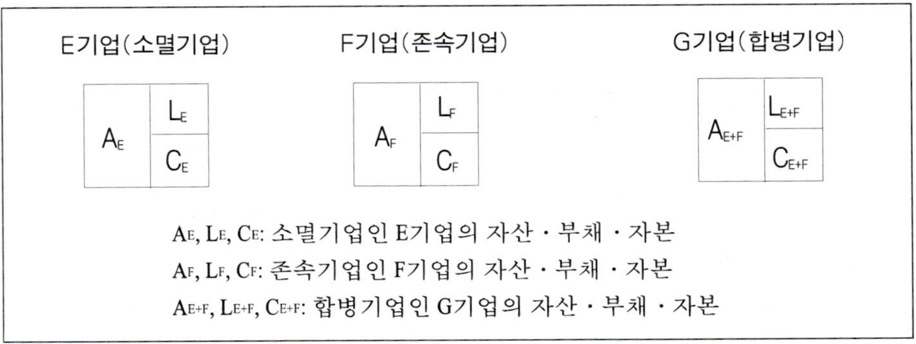

흡수합병은 합병에 해당하는 2개 이상의 회사 중 존속하는 흡수합병 법인이 소멸하는 피흡수합병 법인의 자산과 부채를 포함한 모든 권리와 의무를 포괄적으로 승계하는 합병을 말하며 이때, 존속회사를 흡수합병회사라 하고 소멸회사를 피흡수합병회사라 한다. 이 경우 피흡수합병 회사의 주주는 흡수합병회사의 주식과 합병교부금을 교부 받게 된다.

2) 신설합병

〈 신설합병 〉

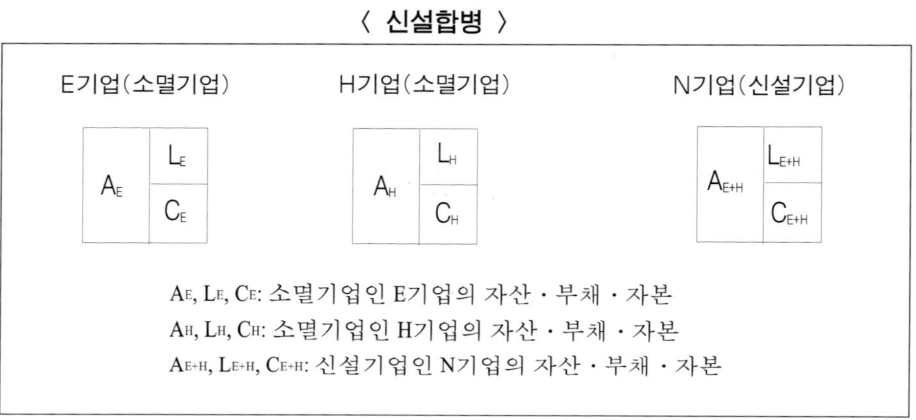

신설합병은 합병에 해당하는 2개 이상의 회사가 신설회사를 별도 설립하여 2개 이상의 합병해당회사의 자산과 부채를 포함한 모든 권리와 의무를 포함한 기업지배권을 신설회사로 포괄적으로 이전하고 합병해당회사는 별도의 청산절차를 거치지 않고 소멸하는 합병형태를 말하며, 이때 신설회사를 합병회사라 하고 소멸되는 회사를 피 합병회사라 부르며 소멸되는 합병 해당회사의 주주는 신설회사의 주식과 합병교부금을 교부 받게 된다.

 절차간소화 정도에 따른 구분

기업합병에 있어 상법상 절차의 간소화 정도에 따라 일반합병, 소규모합병, 간이합병으로 구분한다.

그러나 신설합병에서는 소규모합병 또는 간이합병이 인정되지 않는다.

1) 일반합병

상법 제522조(합병계약서와 그 승인결의)에 따라 회사는 합병을 할 수 있으며 회사가 합병을 할 경우 합병계약서를 작성하여 반드시 주주총회의 특별결의를 거쳐야 하며 합병에 반대하는 주주에 대해서는 주식매수청구권(상법 제522조의 3 ①항 ②항)을 인정 하여야 한다.

- 주주총회의 특별결의는 출석한 주주의 의결권의 3분의 2 이상의 수와 발행주식총수의 3분의 1 이상의 수로써 하여야 한다. (상법 제434조)

2) 소규모합병

상법 제527조의 3에서 정하는 소규모합병(small scale merger)의 규정은 아래의 각항과 같다.

① 합병후 존속하는 회사가 합병으로 인하여 발생하는 신주의 총수가 그 회사의 발행주식총수의 100분의 5를 초과하지 아니하는 때에는 그 존속하는 회사의 주주총회의 승인은 이를 이사회의 승인으로 갈음할 수 있다. 다만, 합병으로 인하여 소멸하는 회사의 주주에게 지급할 금액을 정한 경우에 그 금액이 존속하는 회사의 최종 대차대조표상으로 현존하는 순자산액의 100분의 2를 초과하는 때에는 그러하지 아니하다.

② 제1항의 경우에 존속하는 회사의 합병계약서에는 주주총회의 승인을 얻지 아니하고 합병을 한다는 뜻을 기재하여야 한다.

③ 제1항의 경우에 존속하는 회사는 합병계약서를 작성한 날부터 2주내에 소멸하는 회사의 상호 및 본점의 소재지, 합병을 할 날, 주주총회의 승인을 얻지 아니하고 합병을 한다는 뜻을 공고하거나 주주에게 통지하여야 한다.

④ 합병후 존속하는 회사의 발행주식총수의 100분의 20 이상에 해당하는 주식을 소유한 주주가 제3항의 규정에 의한 공고 또는 통지를 한 날부터 2주내에 회사에 대하여 서면으로 제1항의 합병에 반대하는 의사를 통지한 때에는 제1항 본문의 규정에 의한 합병을 할 수 없다.

⑤ 소규모합병의 경우에는 제522조의 3의 규정(합병반대주주의 주식매수청구권)은 이를 적용하지 아니한다.

또한 소규모합병의 이점은 주주총회 승인이 생략되므로 절차가 간단하고 존속회사 주주에게 주식매수청구권이 인정되지 않으므로 자금부담 없이 합병이 가능하다. 따라서 특수관계에 있는 법인간 또는 계열사 내에서 부실기업의 구조조정을 위한 수단으로 주로 이용된다.

그러나 소규모 합병은 대주주의 지분율이 낮은 공개법인이 동일한 기업집단 내의 대주주의 지분율이 높은 비공개법인을 계속적으로 소규모 합병방식에 의하여 흡수합병함으로써 주주총회 및 주식매수청구권에 대한 부담 없이 대주주의 지배권을 강화(지분율 상승)하는 수단으로 악용될 수 있다.

3) 간이합병

상법 제527조의 2 에서 정하는 간이합병(short form merger)의 규정은 다음의 내용과 같다.

① 흡수합병시 소멸회사에 대해서만 인정되며 합병할 회사의 일방이 합병 후 존속하는 경우에 합병으로 인하여 소멸회사 총주주의 동의가 있거나 존속회사가 소멸회사 주식의 90% 이상을 소유한 경우에 인정된다.

② 소멸회사는 주주총회의 승인을 거치지 않고 이사회 승인만으로 합병이 가능하며 소멸회사 총주주의 동의가 있는 경우 반대주주가 존재하지 않으므로 주식매수청구권이 발생할 가능성은 없으나, 존속회사가 소멸회사 주식의 100%를 소유하지 못하거나 총주주의 동의가 없는 경우에는 반대주주가 존재할 수 있으므로 이 경우 주식매수청구권이 인정된다.

③ 합병으로 인하여 소멸하는 회사는 합병계약서를 작성한 날부터 2주내에 주주총회의 승인을 얻지 아니하고 합병을 한다는 뜻을 공고하거나 주주에게 통지하여야 한다. 다만 총주주의 동의가 있는 때에는 그러하지 아니하다.

역합병과 삼각합병

1) 역합병

보통의 정상적인 합병(forward merger)은 인수기업이 존속기업이 되고 피인수 대상기업이 소멸기업으로 합병되는 경우가 대부분이나 역합병은 인수기업이 소멸하고 피인수 대상기업이 존속기업으로 남는 형태의 합병을 말하며 Reverse merger 또는 Reverse Take Over(RTO)라고 한다.

〈 역합병의 절차 〉

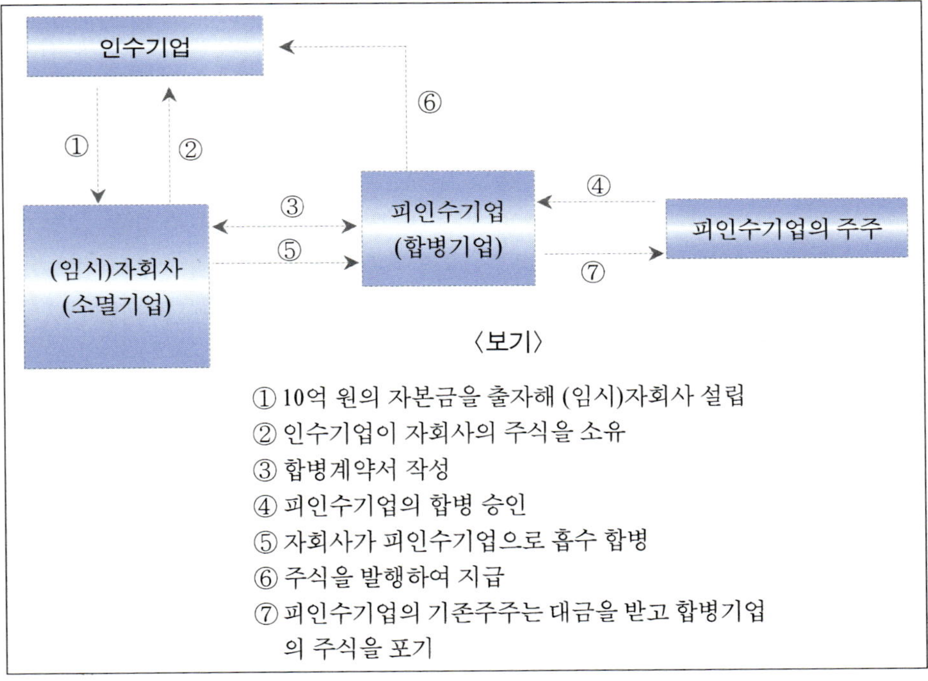

위의 그림에서 설명하는바와 같이 역합병의 절차는 우선 인수기업이 사전에 피인수기업과 M&A에 대한 기본적 의사결정을 마친 후 현금 10억원을 출자(가정)해 임시로 자회사를 설립하고 자회사의 주식을 소유한다. 그리고 자회사는 피인수기업과 합병계약서를 작성하고, 피인수기업은 이사회와 주주총회에서 합병에 관한 승인을 받는다. 그리고 자회사는 피인수기업으로 흡수되면서 소멸하고, 그 대가로 인수기업은 피인수기업의 주식을 발급 받는다. 그리고 피인수기업의 기존 주주는 합병으로 들어오는 10억 원의 대금을 지급받고 합병기업의 주식을 포기한다. 이 절차에서 피인수기업이 오히려 존속기업으로 남으면서 기업 지배권의 변동만 있게 된다.

1996년 3월 당시 비상장기업이었던 우리자동차판매㈜는 상장기업인 ㈜한독과 흡수합병 했는데, 소규모의 ㈜한독이 합병기업으로 존속하고 대규모의 우리자동차판매㈜는 피합병기업으로 소멸했다. 이것이 역합병이었다는 점은 그 후에 ㈜한독이 상호를 다시 우리자판㈜로 변경한 것을 보더라도 알 수 있다.

우리자동차판매㈜의 경우를 본다면 합병 전 우리자동차판매㈜는 주식을 상장하고자 했으나 당시 주식시장의 수급구조와 상장제도 등 여러 환경을 고려했을 때 사실상 상장이 불가능했다. 한편 ㈜한독은 2부 상장종목으로 몇 년 동안 지속되는 적자로 인해 3년 연속 자본전액잠식 상태에 있었으며, 그로 말미암아 관리종목으로의 편입 가능성이 대두되고 있었다. 또한 회사의 현금흐름이 매우 불안한 위기상황에 처해 부도 가능성마저 있었다. 이러한 상황에서 양사의 이해관계가 어우러져 역합병을 선택하게 되었다. 그 결과 합병 후 ㈜한독은 자본잠식에서 벗어났을 뿐만 아니라 재무구조도 대폭 호전되어 합병 전인 1995년 12월 기준으로 94억여 원의 적자에서 1996년 12월에는 208억 원의 흑자를 시현했다.

지금은 우회등록을 위한 역합병이 빈번히 일어나고 있는 실정이다.

미국의 경우 상장조건이 까다롭지 않아 상장을 목적으로 하는 역합병보다 세금절감효과를 얻을 목적으로 역합병을 하는 경우가 많다.

또한 역합병은 외국기업이 미국의 나스닥 증권시장(NASDAQ, National Association of securities Dealers Automated Quotation)이나 장외시장이라고 하는 NASD OTCBB(NASD Over the Counter Bulletin Board)에 상장하기 위한 가장 탁월하고 빠른 방법으로 활용되기도 한다.

이러한 방법은 이미 NASDAQ 또는 NASD OTCBB에 상장되어 있는 Shell Company를 인수해 상장하는 방법이다.

미국의 NASD OTCBB 증권시장에서 역합병을 통해 상장한 외국기업의 사례는 다음과 같다.

Nestle S.A Deutsche Bank AG Heineken N.V L'oreal NOKIA Sega Enterprises Volkswagen Puma Sport

또는 NASD OTCBB시장에서 NASDAQ 또는 NYSE로 상장된 외국의 주요기업은 다음과 같다.

NOKIA "NOK" Marriott International "MAR" Bank of the Northwest "BKNW" Generex Biotechnology Corp. "GNBT" Hanmi Financial Corp. "HAFC" eB2B Commerce Inc. "eb2b" Sprit Corp. "FON"

한편 우리나라의 중소기업과 벤처기업도 미국의 NASD OTCBB시장에 역합병의 방법으로 상장하기 위해 여러 개의 기업이 검토하고 있는 것으로 확인되고 있으며 그 구체적인 업종은 의료기제조, 디지털영상장비, 반도체소재, 애니메이션제작 등 10개사로 추정되고 있다.

2) 삼각합병

삼각합병(triangular merger)은 모회사의 자회사가 제3의 회사와 합병하는 형태로 이를 통해 모회사가 실제로 제3의 회사에 대한 경영권을 획득하고 지배하는 합병이다.

이러한 삼각합병은 전진형 삼각합병과 후진형 삼각합병으로 구분할 수 있다.

(1) 전진형 삼각합병

전진형 삼각합병(forward triangular merger)은 모회사가 합병을 위해서 자회사를 설립한 후 모회사는 자회사의 주식을 소유하고 있으면서 이러한 자회사에 제3

의 회사(피합병회사)를 흡수 합병시키는 것이다. 이에 따라 모회사는 자회사(존속회사)를 통해서 간접적으로 제3의 회사의 자산과 영업을 획득하게 되고, 제3의 회사의 주주들은 자회사의 주식을 교부 받음으로써 모회사의 주주로는 되지 않는다. 이러한 전통적인 삼각합병과는 달리 미국에서는 자회사가 소유하던 모회사의 주식을 교부 받음으로써 모회사와 제3의 회사간의 합병과 동일한 결과가 되는 경우도 많다.

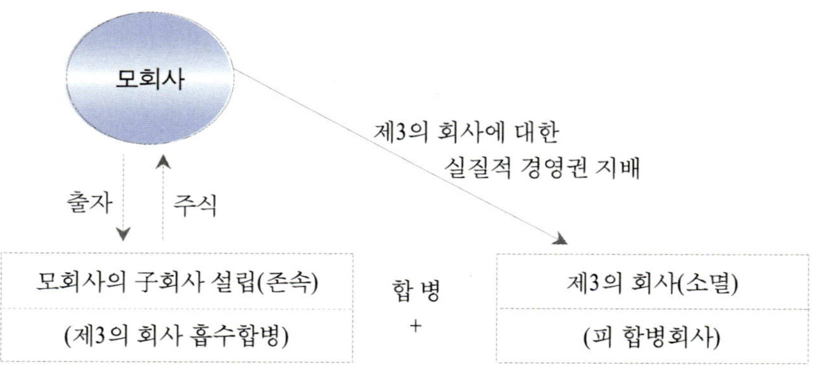

(2) 후진형 삼각합병

후진형 삼각합병(reverse triangular merger)은 모회사가 제3의 회사와의 합병을 목적으로 자회사를 설립하고, 그 자회사가 제3의 회사에 합병되어 소멸하고 제3의 회사가 합병 후에 존속하는 형태를 말한다.

이때 모회사가 소유한 자회사의 주식은 자회사와 제3의 회사의 합병에 의해서 제3의 회사의 주식으로 전환되어 결과적으로 제3의 회사는 모회사의 자회사로 된다.

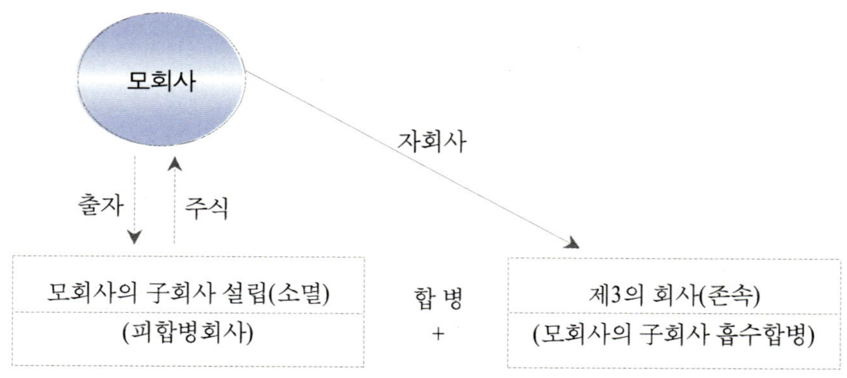

지금까지 살펴본 삼각합병의 가장 큰 이점은 합병법인이 위험을 회피하는 데 있다. 모회사와 제3의 회사간의 직접적인 합병에 의하면 모회사가 제3의 회사의 채무를 승계 하지만, 삼각합병에 의하면 자회사와 제3의 회사가 합병하여도 모회사는 자회사의 자산에 대한 출자한도 내에서만 위험을 부담한다. 또한, 모회사가 합병절차를 거치는 것보다는 자회사를 통해 합병을 추진하는 것이 실질적으로나 형식상으로 단순하다는 장점이 있다.

예를 들어 모회사의 이사회나 주주총회의 결의를 거치는 것보다는 자회사의 이사회와 주주총회의 결의가 용이하게 이루어진다. 이것은 자회사의 이사들이 대부분 모회사의 이사를 겸직하고 있거나, 모회사의 이사들에 의해서 선임되었으므로 전진형삼각합병에서와 마찬가지로, 후진형삼각합병에서도 자회사 주주총회의 합병승인 결의시 모회사의 주주가 아닌 모회사 자신이 주주이므로 의결권 행사에 있어서도 모회사 주주들의 승인을 요하지 않게 된다.

모회사로서는 전진형삼각합병에 의해서 제3의 회사의 모든 주주들이 제3의 회사의 권리・의무를 승계한 자회사의 주주가 되고, 또한 모회사의 주주총회의 결의를 요하지 않는다는 장점도 있다.

그리고 전진형삼각합병과는 달리 후진형삼각합병에서는 제3의 회사의 법인격이 소멸하지 않고 존재하므로 제3의 회사의 존속을 전제로 하는 일정한 권리가 소멸하지 않고 그대로 유지된다는 이점도 있다.

제2장 합병의 법적 제한

합병은 원칙적으로 기업의 경영전략에 따라 자유롭게 이루어지나 회사의 특성, 정책적인 목적, 자본시장의 건전한 질서 유지를 위해 상법, 독점규제 및 공정거래에 관한 법률(이하 "공정거래법"이라 함), 증권거래법 및 감독규정, 회사정리법 및 기타법률에 따라 일정부분의 합병이 제한될 수 있다.

1 상법의 제한

① 물적회사와 인적회사간 합병

합병을 하는 회사의 일방 또는 쌍방이 주식회사 또는 유한회사인 때에는 합병 후 존속하는 회사 또는 합병으로 인하여 설립되는 회사는 주식회사 또는 유한회사 이어야 한다. (상법 제174조 제2항)

② 해산후 회사의 합병

해산후의 회사는 존립중의 회사를 존속하는 회사로 하는 경우에 한하여 합병을 할 수 있다. (상법 제174조 제3항)

③ 유한회사와 주식회사의 합병

- 유한회사가 주식회사와 합병하는 경우에 합병후 존속하는 회사 또는 합병으로 인하여 설립되는 회사가 주식회사인 때에는 법원의 인가를 얻지 아니하면 합병의 효력이 없다. (상법 제600조 제1항)
- 합병을 하는 회사의 일방이 사채의 상환을 완료하지 아니한 주식회사인 때에는 합병후 존속하는 회사 또는 합병으로 인하여 설립되는 회사는 유한회사로 하지 못한다. (상법 제600조 제2항)

 독점규제 및 공정거래에 관한 법률의 제한

공정거래법 제12조(기업결합신고)와 동시행령 제18조(기업결합의신고 등)에 의해 기업결합 시 사전 또는 사후신고를 이행하여야 하며 그 규정은 다음과 같다.

① 기업결합의 사후신고제도

특수관계인을 포함하여 자산총액 또는 매출총액이 1천억원 이상인 회사가 합병당사회사에 포함된 경우 합병등기일로부터 30일 내에 기업결합신고를 하여야 한다. (공정거래법 제12조 제1항)

② 기업결합의 사전신고제도

특수관계인을 포함하여 자산총액 또는 매출총액이 2조원 이상인 회사가 합병당사회사에 포함된 경우 합병계약 체결일로부터 30일 내에 기업결합신고를 하여야 하며 신고 후 30일이 경과하지 아니한 때에는 합병등기를 하여서는 아니된다. (공정거래법 제12조 제7항)

* 2005. 3. 29 공정거래위원회의 보도자료로 발표한 그밖에 기업결합 신고제도 개편 내용은 다음과 같다.

◈ 취지

공정거래위원회는 신고기업의 절차적 부담을 대폭 완화하되, 독과점 폐해 우려가 있는 기업결합에 대해서는 실체적 심사를 할 수 있도록 기업결합 신고제도를 합리적으로 개선하여 2005. 4. 1.부터 시행하기로 하였음

◈ 주요내용

▸ 계열사간 임원겸임 및 소규모 기업결합에 대한 신고의무 면제

- 계열사간의 임원겸임에 대해 신고의무를 면제
  - * '04년 기준 기업결합 전체건수 중 계열사간 임원겸임 비중 : 18.4%(138/749건)
- 당사회사 일방의 자산총액 및 매출액이 30억원 미만인 회사의 기업결합 신고의무를 면제

▸ 인터넷 신고제 도입 근거 마련

• 기업결합 신고방법을 위원회 홈페이지를 통한 인터넷 신고 및 심사 결과 통보가 가능하도록 시스템을 구축·운용('06. 4. 1.부터 시행)
• 다만, 그 적용대상은 영업비밀 보호 등을 감안하여 간이신고대상으로 하되, 추후 일반신고대상으로 확대·검토
* 적용대상 : 약 300 ~ 350건(전체 신고건수의 50% 수준)
* 간이신고대상 기업결합 : 계열사간 기업결합, 대규모회사외의 자가 자산총액 및 매출액이 100억원 이하인 회사와의 결합, 임원총수의 1/3미만을 겸임하는 경우

▸대규모회사의 주식취득에 의한 기업결합 시 사전신고로 전환
• 장외에서 주식 소유자와 계약·합의에 의한 주식취득의 경우 : 계약 또는 합의일로부터 30일 이내에 신고
* 증권거래법에 따른 공개 매수, 신주 유상취득, 전환사채 및 신주인수권부사채에 의한 주식취득은 현행대로 완료 후 신고제(주권교부일 또는 주식대금 납입일)를 유지

▸추가 지분취득으로 최대주주가 되는 경우 재신고 의무 부과
• 주식취득 기업결합 신고 후 당해회사의 주식을 추가로 취득하여 최다출자자가 되는 경우에 재신고의무를 부과
※ 최초 신고시 지배관계가 기 형성된 경우 제외

▸기업결합 신고시 경쟁제한효과 분석 관련자료 첨부
• 기업결합사유서에 기업결합의 사유, 당해 기업결합으로 인한 경쟁제한 및 효율성 증대효과, 등을 구체화
※ 적용대상은 일반신고대상에 한정

◈ 기대효과

▸기업의 신고부담 대폭 감소
• 계열사간 임원겸임, 소규모 기업결합에 대한 신고의무 면제로 기업결합 신고건수가 전년 대비 약 40% 수준 감소될 것으로 예상
- 인터넷을 활용한 전자신고제가 도입됨으로써 기업의 절차적 신고부담도 크게 완화
* '04년 대비 예상 감소건수 : 약 40%(300/749건)

▸기업결합에 대한 실체적 심사 강화
• 주식취득 사전신고제, 최대주주 전환시 재신고의무 부과 등으로 실체적 기업결합 심사역량을 제고함으로써 소비자 후생증대에 크게 기여

증권거래법 및 감독규정의 제한

증권거래소의 상장 법인과 코스닥증권시장의 협회 등록법인(이하 "공개법인"이라 한다)은 대주주뿐만 아니라 기관투자가를 포함한 불특정다수의 많은 소액주주가 있으며 자본시장에서 직접금융을 통하여 외부자금을 조달하는 등 다수의 이해관계자가 존재한다.

따라서 공개법인은 비공개 부실기업을 합병함으로써 재무구조가 악화되거나 부적격 비공개기업의 우회등록 수단으로 악용하는 것을 방지하고 대주주의 부당한 자본이익획득 수단으로 악용되는 것을 방지하기 위하여 공개법인과 비공개법인과의 합병시 증권거래법과 감독규정에서는 다음과 같은 엄격한 합병제한 규정을 두어 건전한 자본시장의 기능을 향상시키고 이해관계자 및 불특정 주주의 권리에 해가 되지 않도록 하고 있다.

제한사항	상장법인	협회등록법인	관련법규
공개법인과 합병하고자하는 비공개법인의 사전 기업등록	공개법인과 합병하고자 하는 비공개법인은 합병을 위한 주주총회일로부터 2개월전에 금융감독위원회에 유가증권발행인으로 등록을 하여야 합병이 가능하다.	좌 동	증권거래법 제3조 제3호, 증권거래법 제190조
합병신고서 제출	금감위와 증권거래소에 제출하며 신고서의 기재사항은 유가증권의 발행 및 공시 등에 관한 규정 제79조 참조	금감위와 증권거래협회에 제출하며 신고서의 기재사항은 유가증권의 발행 및 공시 등에 관한 규정 제79조 참조	증권거래법 제190조의 2
공개법인이 비공개법인과 합병하는 경우 합병비율에 대한 외부기관의 평가 의무화	공개법인과 비공개법인과 합병하는 경우 불공정한 합병비율의 산정으로 인한 소액주주의 피해를 방지하기위하여 외부평가기관(회계법인, 증권회사, 신용평가회사)에 의한 합병비	좌 동	증권거래법시행령 제84조의 7

	율 산정을 의무화 하고 있다. *비공개법인간 합병시 합병가액산정은 주로 세무상 평가방법이나 순자산가치평가방법을 활용한다.		
공개법인과 합병시 비공개법인의 공개요건충족	비공개법인이 상장법인보다 자산총계, 자본금, 매출액 중 두 가지 이상이 큰 경우 비공개법인은 주요 상장요건을 충족해야 합병이 가능함. (증권거래법시행령 제84조의 7 제2항 제4호, 유가증권상장규정 제49조의 4)	비공개법인이 협회등록법인과 합병을 하기 위해서는 비공개 법인이 일정한 협회등록요건을 충족해야 합병이 가능함. (유가증권협회등록규정 제15조)	증권거래법시행령 제84조의 7 제2항, 제3항
비공개법인의 최대주주 등이 교부받은 합병 회사의 신주 매각에 대한 제한	비공개법인이 상장법인과 합병하는 경우 비공개법인 최대주주 및 특수관계인이 교부받는 상장법인주식에 대하여 합병기일로부터 6개월간 매각이 제한된다.	비공개법인이 협회등록법인과 합병하는 경우 비공개법인 주주가 교부받는 협회등록법인 주식에 대하여 합병 후 다음과 같이 일정기간 지분매각이 제한된다. · 최대주주 및 특수관계자일 경우[10] · 기관투자가일 경우[11] · 벤처금융일 경우[12] · 유가증권협회등록규정 제5조 제1항 제7호 나목단서에 해당하는 주식 등의 보유자일 경우[13]	상장법인: 유가증권상장규정 제9조 제2항 코스닥법인: 유가증권협회등록규정 제18조의 2

10) 최대주주 및 특수관계자일 경우 합병기일로부터 2년간 매각금지. 단, 합병기일로부터 1년이 경과한 경우에는 매1개월마다 최초보유주식의 5%씩 매각 가능하다.

11) 기관투자가 일 경우 합병기일 현재 자본금기준 10%에 해당하는 부분에 대해서만 매각이 제한되고 합병신고서 제출일로부터 투자기간이 1년이내인 주식 등(모집 또는 매출에 의하여 취득한

합병 후 단기분할에 의한 재상장 또는 재등록시 제한 규정	상장법인이 비공개법인과 합병한 후 합병기일로부터 3년 내 분할하여 재상장하는 경우 분할신설법인의 주된 영업부분에 합병당시 비공개법인의 영업부분이 포함될 경우 분할신설법인은 매출액, 재무내용, 자본상태 등 일정한 재상장 요건을 충족해야 재상장이 가능함.	협회등록법인이 비공개법인과 합병한 후 합병기일로부터 3년 내 분할하여 재등록하는 경우 자본금, 부채비율 등 일정한 재등록 요건을 충족해야 재등록이 가능함.	상장법인 : 유가증권상장규정 제15조의 2 제6항 코스닥법인 : 유가증권협회등록규정 제13조 제4항
합병신고서 허위기재에 대한 벌칙	허위기재로 인한 배상책임, 금감위의 보고와 조사, 금감위의 행정조치, 형사적 책임(징역 또는 벌금)	좌 동	증권거래법 제14조~제16조, 제19조~제20조, 제209조 제9호, 제210조 제1호

본문에서 말하는 증권거래법상의 최대주주와 특수관계인은 다음과 같다.

- 최대주주의 정의(증권거래법 시행령 제2조의 4 제3항 제1호)
  발행인의 주주로서 본인 및 그 특수관계인이 소유하는 주식의 수가 가장 많은 경우 당해 본인(이하 "최대주주"라 한다)과 발행주식 총수의 100분의 5이상을 소유한 주주
- 특수관계인의 정의(증권거래법 시행령 제10조의 3 제2항)
  "특수관계인"이라 함은 다음 각호의 1에 해당하는 자를 말한다.
  1. 본인이 개인인 경우에는 다음 각목의 1에 해당하는 자
     가. 배우자(사실상의 혼인관계에 있는 자를 포함한다. 이하 같다)

주식 등은 제외)은 합병기일로부터 1월간 매각금지 된다.

12) 벤처금융일 경우 합병기일 현재 자본금기준 10%에 해당하는 부분에 대해서만 매각이 제한되고 합병신고서 제출일로부터 투자기간이 2년 미만일 경우 합병기일로부터 1월간 매각금지 된다.

13) 유가증권협회등록규정 제5조 제1항 제7호 나목단서에 해당하는 주식 등의 보유자(유상증자로 인하여 증가한 주식 등과 전환사채 및 신주인수권의 권리행사로 인하여 증가될 주식 등)는 합병기일로부터 1년간(유상증자 한도를 초과하는 부분에 대하여 각각의 증자의 참여비율에 따라 산출된 주식 등의 합계를 말한다. 다만, 100주 미만의 주식 등은 제외한다.) 매각이 금지된다.

나. 6촌이내의 부계혈족 및 4촌이내의 부계혈족의 처
다. 3촌이내의 부계혈족의 남편 및 자녀
라. 3촌이내의 모계혈족과 그 배우자 및 자녀
마. 배우자의 2촌이내의 부계혈족 및 그 배우자
바. 입양자의 생가의 직계존속
사. 출양자 및 그 배우자와 출양자 양가의 직계비속
아. 혼인외의 출생자의 생모
자. 본인의 금전 기타 재산에 의하여 생계를 유지하는 자 및 생계를 함께 하는 자
차. 본인이 단독으로 또는 그와 가목 내지 자목의 관계에 있는 자와 합하여 100분의 30이상을 출자하거나 기타 임원의 임면등 법인 기타 단체의 주요 경영사항에 대하여 사실상 영향력을 행사하고 있는 경우 당해 법인 기타 단체와 그 임원
카. 본인이 단독으로 또는 그와 가목 내지 차목의 관계에 있는 자와 합하여 100분의 30이상을 출자하거나 기타 임원의 임면등 법인 기타 단체의 주요 경영사항에 대하여 사실상 영향력을 행사하고 있는 경우 당해 법인 기타 단체와 그 임원

2. 본인이 법인 기타 단체인 경우에는 다음 각목의 1에 해당하는 자
가. 임원
나. 계열회사 및 그 임원
다. 단독으로 또는 제1호 각목의 관계에 있는 자와 합하여 본인에게 100분의 30이상을 출자하거나 기타 임원의 임면등 본인의 주요 경영사항에 대하여 사실상 영향력을 행사하고 있는 개인 및 그와 제1호 각목의 관계에 있는 자와 단체(계열회사를 제외한다. 이하 이 호에서 같다) 및 그 임원
라. 본인이 단독으로 또는 그와 가목 내지 다목의 관계에 있는 자와 합하여 100분의 30이상을 출자하거나 기타 임원의 임면등 단체의 주요 경영사항에 대하여 사실상 영향력을 행사하고 있는 경우 당해 단체 및 그 임원

회사정리법의 제한

회사정리법 제233조에 의해 회사정리절차의 대상회사가 정리계획에 따라 다른 회사와 합병하는 경우 다른회사의 주주총회의 합병계약서의 승인결의가 있어야 하고 관계인 집회에서 가결되고 법원의 인가를 받아야 한다.

회사정리법 제233조(정리계획인가의 요건)

① 법원은 다음의 요건을 구비하고 있는 경우에 한하여 정리계획인가의 결정을 할 수 있다.

1. 정리절차 또는 계획이 법률의 규정에 합치되어 있을 것
2. 계획이 공정, 형평하고 수행가능할 것
3. 결의를 성실, 공정한 방법으로 하였을 것
4. 합병 또는 분할합병을 내용으로 한 계획에 관하여는 다른 회사의 주주총회의 합병계약서 또는 분할합병계약서의 승인의 결의가 있었을 것
5. 행정청의 허가, 인가, 면허 기타의 처분을 요하는 사항을 정한 계획에 관하여는 법원은 그 사항에 관하여 당해 행정청의 의견에 중요한 점에서 위반하고 있지 아니하다는 의견을 들어야 한다.

② 정리절차가 법률의 규정에 위반하는 경우에도 그 위반의 정도, 회사의 현황 기타 모든 사정을 고려하여 계획을 인가하지 아니하는 것이 부적당하다고 인정하는 때에는 법원은 계획인가의 결정을 할 수 있다.

⑤ 금융산업의 구조개선에 관한 법률의 제한

① 금융산업의 구조개선에 관한 법률 제4조(인가)에 의해 금융기관이 이 법에 의해 합병 또는 전환을 하고자 할 때에는 미리 금융감독위원회의 인가를 받아야 한다.

② 금융감독위원회는 인가를 함에 있어서는 다음 각호의 기준에 적합한 지의 여부를 심사하여야 한다.

- 합병 또는 전환이 그 목적에 타당하고, 금융거래의 위축이나 기존 거래자에 대한 불이익을 초래할 우려가 없는 등 금융의 효율화와 건전한 신용질서를 저해하지 아니할 것
- 합병 또는 전환이 금융기관 상호간의 경쟁을 실질적으로 제한하지 아니할 것
- 합병 또는 전환후에 행하고자 하는 업무의 범위가 적정하고, 조직 및 인력이 업무를 수행할 체제와 능력을 갖추고 있을 것
- 상법 · 증권거래법 기타 관계법령에 따른 절차의 이행에 하자가 없을 것
- 기타 제1호 내지 제4호의 기준에 준하는 것으로서 금융감독위원회가 정하는 기준을 충족할 것

③ 금융감독위원회는 금융기관간의 합병을 인가하고자 하는 경우에는 금융기관 상호간의 경쟁을 실질적으로 제한하지 아니하는 지의 여부에 대하여 미리 공정거래위원회와 협의하여야 한다.

④ 금융감독위원회는 금융산업의 건전한 발전을 위하여 필요하다고 인정하는 때에는 인가에 조건을 붙일 수 있다.

제3장
유형별 합병의 절차

앞의 설명에서 보았듯이 합병은 흡수합병과 신설합병으로 크게 구분되는데 우리나라에서 주로 발생하는 흡수합병에 대해 그 주요절차를 설명하고자 하며, 합병의 유형에 따라 비공개법인간의 합병, 공개법인과 비공개법인간의 합병, 벤처기업의 합병, 소규모합병, 간이합병으로 나누어 설명하고자 한다.

비공개법인간 합병

증권거래소 시장의 상장법인과 코스닥증권시장의 협회등록법인(이하 "공개법인"이라 한다)과의 합병이 아닌 비공개법인간의 합병은 상법이 정한 절차에 따라 합병승인을 위한 이사회 결의, 합병계약서 체결, 합병주주총회 소집공고 및 통지, 합병반대자의 서면통지 접수, 합병승인 주주총회개최, 주주 및 채권자 보호절차이행, 합병기일 및 합병등기 절차 등을 거쳐 자유롭게 추진된다. 이를 위해 사전 준비를 철저히 할 필요가 있으며 그 주요 내용은 법률, 회계, 조세문제와 합병비율 결정을 위한 평가, 합병일정 및 절차의 확정, 합병계약서 등의 관련 서류 작성 등을 들 수 있다.

절 차	일정	설 명	관련규정
합병을 위한 이사회결의 및 합병계약서 체결	D－32	회사의 합병을 하기 위해서는 법으로 규정된 합병계약서를 작성하여 이사회 승인을 득해야 하며 해당회사의 대표이사들이 합병계약서를 체결해야 한다. * 합병계약서에 기재하여야 할 사항 · 존속회사가 합병으로 수권주식수가 증가될	상법 제523조

		경우 그 증가할 주식의 종류와 수 · 존속회사의 증가할 자본과 준비금 총액 · 존속회사가 합병당시에 발행하는 신주의 종류와 수 및 소멸회사 주주에 대한 신주배정에 관한 사항 · 존속회사가 소멸회사 주주에게 지급할 금액(합병 교부금)을 정한 경우 그 규정 · 합병승인을 할 주주 총회일 · 합병을 할 날 (합병기일) · 존속회사가 합병으로 정관을 변경하기로 한 경우 그 규정 · 각 회사가 합병으로 인하여 이익배당 또는 중간배당에 의하여 금전으로 이익배당을 할 때에는 그 한도액 · 존속회사에 취임할 이사와 감사 또는 감사위원회 위원을 정한 경우 그 성명 및 주민등록번호	
주주총회 소집 이사회 결의	D－32	합병주주총회 소집을 위한 이사회 결의는 기간을 단축하기 위하여 일반적으로 합병이사회결의와 동시에 이루어진다.	상법 제362조
주주명부폐쇄 및 기준일 공고	D－31	합병주주총회에서 의결권 행사를 위한 주주를 확정하기 위하여 주주명부를 폐쇄하거나 기준일을 정하고 주주명부 폐쇄일 또는 기준일의 2주 전에 정관에서 정한 신문에 공고하여야 한다. 이 경우 주주수가 소수 이거나 전체 주주에 대한 통제가 가능한 경우 전체 주주로부터 기간 단축동의서를 받아 공고절차를 생략함으로 합병기간을 단축할 수 있다.	상법 제354조
주주명부확정 기준일	D－16	기준일자의 주주명부에 등재된 주주가 합병주주총회에서 합병승인에 대한 의결권을 행사할 주주로 확정된다.	상법 제354조
합병주주총회 소집공고 및 통지	D－15	주주명부확정기간은 주주수가 적고 개별적으로 통제가 가능한 비공개법인의 경우에는 특별한 시간이 소요되지 않으나 공개법인 또는 다수의 주주수를 가진 비공개법인의 경우에는 명의개서 대리인제도를 도입하고 있을 수 있어 이 경우에는 약 10일~15일이 소요될	상법 제363조

		수 있다. 주주명부가 확정되면 회사는 합병주주총회일 2주 전까지 합병승인을 위한 주주총회 소집통지를 하여야 하며 소집통지에는 합병의 목적 및 요령, 주식매수청구권 내용 및 행사방법 등을 명시하여야 한다. 한편, 벤처기업육성에 관한 특별조치법상 주식회사인 벤처기업이 주식회사인 다른 벤처기업과 합병을 할 경우에는 합병주주총회일 7일 전까지 합병승인을 위한 주주총회 소집통지를 하면 된다. (벤처기업육성에 관한 특별조치법 제15조의 3 제2항)	
합병계약서, 합병대차대조표 비치 공시	D－15	합병주주총회일 2주 전부터 합병계약서, 소멸회사의 주주에게 발행하는 주식(합병신주)의 배정에 관한 내용을 기재한 서류, 합병당사회사의 대차대조표와 손익계산서를 합병일 이후 6개월간 본점에 비치하여 언제든지 주주 및 채권자가 열람 및 등사할 수 있도록 하여야 한다. 한편, 벤처기업육성에 관한 특별조치법상 주식회사인 벤처기업이 주식회사인 다른 벤처기업과 합병을 할 경우에는 합병계약서 등을 합병주주총회일 7일 전부터 합병을 한 날 이후 1개월까지 비치하여야 한다. (벤처기업육성에 관한 특별조치법 제15조의3 제3항)	상법 제522조의2
합병반대의사 서면통지 접수마감	D－1	합병주주총회일 전일까지 주식매수청구권 행사를 위한 합병승인 반대주주의 반대의사에 대한 서면접수를 마감한다.	상법 제522조의3
합병승인 주주총회 개최	D	합병을 위해서 합병계약서에 대한 주주총회 특별결의를 득해야 하며 합병으로 인하여 주주에게 손해를 미치게 되는 경우에는 주주총회의 승인을 추가로 득해야 한다. 주주총회 특별결의 요건은 출석주주 의결권의 2/3 이상의 승인을 득해야 하며 그 비율이 발행주식총수의 1/3 이상이어야 한다. 한편, 합병결의시 주식매수청구권의 과도한 행사로 인한 막대한 자금유출을 방지하기 위	상법 제522조

		하여 주주총회 결의시 주식매수청구권 규모가 전체 발행주식총수의 일정비율을 초과할 경우 합병결의가 무효화될 수 있다는 내용의 조건부 합병 결의도 가능하다. 이 경우 과도한 주식매수청구권의 행사로 합병 취소가 불가피할 때 새롭게 합병 취소에 대한 주주총회 결의를 득하지 않아도 되므로 실무적으로 유용하게 활용할 수 있는 방안이다.	
반대주주 주식매수청구 시작	D	주주총회 결의일로부터 20일 동안 반대주주의 주식매수청구권 행사가 가능하다.	상법 제522조의3
채권자 이의제출 공고 및 최고	D+1	상법은 합병으로 인한 채권자를 보호하기 위하여 주주총회에서 합병을 결의한 경우 그 결의가 있는 날로부터 2주 내에 회사채권자(금융, 상거래 등 모든 채권자 포함)에 대하여 합병에 이의가 있으면 1개월 이상의 일정한 기간 내에 이의를 제출할 것을 공고하고, 알고 있는 채권자에 대해서는 각 채권자별로 최고하도록 규정하고 있다. 한편, 벤처기업육성에 관한 특별조치법상 주식회사인 벤처기업이 주식회사인 다른 벤처기업과 합병을 할 경우에는 채권자 이의제출에 대하여 합병결의일로부터 1주일내 공고하고 이의제출기간을 10일 이상 부여하도록 규정하고 있다.	상법 제527조의5
주식의 병합 및 구주권 제출 공고(피합병법인만 적용)	D+1	합병시 합병법인과 피합병법인의 1주당 합병가액이 서로 상이하여 합병비율이 1:1이 아닌 경우 단주처리문제가 발생하는 등 절차가 복잡해지므로 피합병회사는 주식병합 또는 분할을 통하여 합병비율을 1:1로 조정하는 경우가 있다. 위와 같이 주식을 병합 또는 분할하는 경우 피합병회사는 1개월 이상의 기간을 정하여 그 기간 내에 피합병회사 주권을 피합병회사에 제출할 것을 공고하고 주주명부에 기재된 주주와 질권자에 대해서는 개별적으로 통지하여야 한다. 한편, 합병비율이 1:1이 아니어서 합병에 적당	상법 제440조

		하지 않은 단주가 발생되면 상법에서 규정하고 있는 단주처리방법에 의하여 처리하여야 하며, 주식의 병합은 단주를 발생시키게 되어 대주주의 소액주주 축출수단으로 악용될 소지가 있으므로 상법은 감자, 합병, 분할 또는 분할합병의 경우 이외에는 주식병합을 허용하지 않고 있다.	
주식매수청구권 행사 종료	D+20	주주총회 결의일로부터 20일이 경과하면 반대주주의 주식매수청구권 행사기간이 종료된다.	상법 제522조의3
채권자 이의제출 기간 만료	D+32	채권자가 이의신청기간 내에 이의를 제출하지 아니한 때에는 합병을 승인한 것으로 간주하고 이의를 제출한 채권자가 있는 때에는 회사는 그 채권자에 대하여 변제, 담보 제공, 재산신탁 등의 별도의 보호절차를 취해야 한다.	상법 제527조의5
구주권 제출기간 만료	D+32	주식의 병합 또는 분할은 주권제출기간이 만료한 때에 그 효력이 발생하나 채권자 보호절차가 종료되지 아니한 경우 그 종료시에 효력이 발생한다.	상법 제440조
합병기일	D+33	합병기일은 피합병회사의 자산과 부채 등 모든 권리와 의무가 합병회사로 승계되고 합병회사 주식이 피합병회사 주주에게 배정되어 합병 당사회사가 실질적으로 하나의 회사가 되는 날을 의미한다. 합병시에는 합병보고총회에서 피합병회사의 자산 및 부채 승계여부, 신주발행여부를 보고해야 하므로 합병기일은 구주권 제출기간과 채권자 이의제출기간의 종료일로부터 합병보고총회일 사이에 도래하도록 일정을 설계하여야 한다.	
합병보고총회갈음이사회결의	D+34	합병기일 이후 합병회사는 주주총회를 소집하여 합병에 관한 사항을 보고하여야 한다. 통상 기간 단축을 위하여 합병기일 이전에 합병보고주주총회의 소집절차를 미리 밟는 것이 관행이며 합병보고총회에서 합병회사 대표이사는 합병에 관한 사항을 보고하여야 하나 보고사항에 대하여 주주들의 승인을 득할 필요는 없다. 합병으로 합병신주를 배정받게 되는 피합병	상법 제526조

		회사의 주주도 합병보고총회에서 합병회사의 주주와 동일한 권리를 부여받기 때문에 합병회사는 합병보고총회 소집시 합병신주를 배정받는 피합병회사의 주주에 대해서도 소집통지를 하여야 한다. 상법은 합병기간의 단축과 절차의 원활화를 위하여 합병보고총회를 합병보고총회갈음 이사회의 결의에 의한 공고로써 대체할 수 있도록 규정하고 있다. 따라서 실무에서는 특별한 목적사항 없이 합병결과 보고만이 목적인 경우 이사회결의에 의한 공고로써 합병보고총회를 대체하는 것이 보통이다.	
이사회 결의 공고	D+35	합병보고총회를 대체하는 이사회결의가 이루어진 경우 합병회사는 일반적으로 이사회 결의일 당일 또는 익일에 합병 결과를 신문 등에 공고한다.	상법 제526조 제3항
합병등기(소멸등기, 변경등기)	D+36	합병계약서에 기재된 합병기일에 합병당사회사는 실질적으로 합병이 되어 하나의 회사로 되지만 합병에 대한 모든 법률적 효력은 합병등기가 이루어진 이후 이 발생한다. 따라서 합병보고총회 개최 또는 합병보고총회를 갈음하는 이사회결의 공고를 통하여 합병절차가 모두 완료되면 합병보고총회일 또는 합병보고총회갈음 이사회결의 공고일로부터 본점소재지에서는 2주간 내, 지점소재지에서는 3주간 내에 합병회사는 변경등기를, 피합병회사는 소멸등기를 각각 완료해야 한다. * 합병등기시 유의해야 할 사항 실질적인 합병일인 합병기일과 법률적 효력이 발생하는 합병등기일 사이의 기간이 길게 되면 그 사이에 발생하는 거래에 대한 귀속의 주체가 불분명해진다는 점이다. 예를 들면 합병기일 이후에는 실질적으로 피합병회사가 존재하지 않으므로 피합병회사의 모든 거래가 합병회사의 거래로 기록되어야 하고 회계처리, 조세부담도 합병회사로 귀속되어야 하나 법률상으로 피합병회사는 소멸 등기시까지 존속한 것으로 인정되므로 피합병법인의 형식적인 거래의 주체는	상법 제528조

		피합병회사가 된다. 따라서 합병기일부터 합병등기일 사이의 거래에 대한 회계처리 및 조세부담 주체를 산정하기 어려울 수 있으므로 실무에서는 합병기일과 합병등기일 사이의 기간을 최단기간으로 설계하고 그 사이에 거래를 발생시키지 않음으로써 문제를 해결하고 있다. 그러나 불가피하게 합병기일과 합병등기일 사이에 피합병회사의 거래가 발생하는 경우에는, '기업인수 · 합병 등에 관한 회계처리준칙'에서는 합병의 효력발생일을 합병기일(매수일)로 규정하고 있으므로 회계처리는 합병회사 입장에서 이루어져야 하나, 세법에서는 합병기일에 대하여 규정하고 있지 않으므로 조세부담의 측면에서는 실질과세의 원칙에 따라 합병회사에 귀속된 거래는 합병회사가 부담하고 피합병회사에 귀속된 거래는 피합병회사가 부담해야 할 것이다. 그러나 합병관련 통칙 4－0…9「합병등기일 전 실제 합병한 경우의 손익의 귀속」에 의할 경우 "합병등기일 전에 사실상 합병한 경우 합병의 날로부터 합병등기의 날까지 생기는 손익은 법인세법 제4조의 규정에 의하여 실질상 귀속되는 법인에게 과세한다. (2001. 11. 1. 개정)"고 규정하고 있으므로 법인세법에서는 합병기일과 합병등기일 사이에 발생된 피합병법인의 거래는 합병회사의 거래로 간주하여 처리하여야 할 것이다.	
주식매수청구 대금 지급	D+60 내	합병의 반대주주에 대한 주식매수청구를 받은 날부터 2개월 이내에 주식을 매수한다.	상법 제374조의 2

 공개법인과 비공개법인간 합병

공개법인과 비공개법인간의 합병절차는 공개법인에 대한 다수의 주주들과 이해관계자를 보호하기 위하여 증권거래법과 유가증권발행 및 공시규정 등에서 정하는 외부평가기관과의 평가계약 체결을 통한 공정한 합병비율평가, 합병신고서 제출절차, 공시 및 신고절차, 최대주주 등의 소유주식 상황보고, 주권의 상장·등록절차 등이 비공개법인간의 합병절차에서 추가되는 사항이다. 이러한 합병의 원활한 진행을 위해 사전에 합병관련 법률·회계·조세문제의 검토와, 합병비율의 결정, 합병일정 및 절차의 결정, 합병계약서, 합병신고서 등 관련서류의 작성과 금감위, 거래소 또는 협회 담당자와 사전협의 등의 충분한 검토와 준비가 필수적이라고 할 수 있다.

절 차	일 정	설 명	관련규정
비공개법인의 금감위 기업등록	D－2개월전	공개법인과 합병하고자 하는 비공개법인은 합병을 위한 주주총회일로부터 2개월전에 금융감독위원회에 유가증권발행인으로 등록을 하여야 합병이 가능하다.	증권거래법 제190조
외부평가기관과 평가계약 체결	D－48	금융감독위원회와 증권거래소 또는 협회에 신고	발행·공시 규정 제83조
합병이사회결의 및 합병계약체결	D－41	회사의 합병을 하기 위해서는 법으로 규정된 합병계약서를 작성하여 이사회 승인을 득해야 하며 해당회사의 대표이사들이 합병계약서를 체결해야 한다.	
이사회결의 공시·신고	D－41	공개법인이 합병에 대한 이사회 결의를 한 경우에는 그 결의 내용을 지체 없이 금감위, 거래소 또는 협회에 신고하여야 한다. ·상장법인 시기 : 이사회 결의일 당일 장소 : 금감위, 거래소 규정 : 발행·공시규정 제69조 제1항 제17호 상장법인공시규정 제4조 제1항 제12호 ·협회등록법인 시기 : 이사회 결의일 당일 장소 : 금감위, 협회 규정 : 발행·공시규정 제69조 제1항 제17호 협회중개시장공시규정 제6조 제1항 제2호 아목	
공개법인주식 일시적인 매매거래정지	D－41	공개법인의 주가 및 거래량에 중요한 영향을 미칠 수 있는 결의사항은 주주의 보호와 주가에 대한 충격을 완화하기 위하여 당해	

<table>
<tr>
<td></td>
<td></td>
<td>이사회 결의에 대한 공시가 있을 경우 일시적으로 매매거래를 정지하고 있다.
<table>
<tr><th>공시시간</th><th>매매거래 정지기간</th></tr>
<tr><td>매매거래 정지기준</td><td>합병이사회 결의에 대한 신고·공시 시점</td></tr>
<tr><td>매매거래 정지시간 90분 이전(13:30 이전)</td><td>공시시점으로부터 1시간 동안</td></tr>
<tr><td>매매거래 정지시간 90분 이후(13:00~15:00)</td><td>공시시점으로부터 매매거래 정지시간까지</td></tr>
<tr><td>매매거래 정지시간 이후 (15:00 이후)</td><td>매매거래 정지없음</td></tr>
<tr><td>규 정</td><td>상장법인공시규정 제20조의 2, 동세칙 제9조, 협회등록법인공시규정 제27조 제1항 제2호, 동세칙 제10조 제1항 제2호</td></tr>
</table>
</td>
<td>상장공시
제20조의2
협회공시
규정 제27조</td>
</tr>
<tr>
<td>합병신고서 제출</td>
<td>D－41</td>
<td>주주명부폐쇄 및 기준일 공고 전일까지</td>
<td>증권거래법
제190조의2
발행·공시
규정 제78조</td>
</tr>
<tr>
<td>주주총회 소집 이사회결의</td>
<td>D－41</td>
<td>합병 주주총회 소집을 위한 이사회 결의</td>
<td>상법 제362조</td>
</tr>
<tr>
<td>주주명부폐쇄 및 기준일 공고</td>
<td>D－40</td>
<td>주주명부확정기준일 2주 전 공고</td>
<td>상법 제354조</td>
</tr>
<tr>
<td>주주명부확정 기준일</td>
<td>D－25</td>
<td>기준일자의 주주명부에 등재된 주주가 합병주주총회에서 합병승인에 대한 의결권을 행사할 주주로 확정된다.</td>
<td>상법 제354조</td>
</tr>
<tr>
<td>주주총회 소집통지 및 공고 비치</td>
<td>D－15</td>
<td>증권거래법 제191조의 10, 증권거래법시행령 제84조의 17 및 유가증권의 발행 및 공시 등에 관한 규정 제73조의 규정에 의하여 공개법인의 주주총회 소집 통지 또는 공고는 정보통신망에 게재하고 정한 장소에 비치하여 일반인이 열람할 수 있도록 함으로써 통지 또는 공고에 갈음할 수 있다.
·정보통신망에 게재하여야 할 내용</td>
<td>증권거래법
제191조의10</td>
</tr>
</table>

		-사외이사 등의 이사회 출석률, 이사회 의안에 대한 찬반여부 등 활동내역과 보수에 관한 사항 -최대주주 등과의 거래내역 중 단일 거래규모가 일정규모(최근 사업연도말 현재 자산 또는 매출총액의 1%) 이상인 거래 및 당해 사업연도 중 특정인과 당해 거래를 포함한 거래총액이 일정규모(최근 사업연도말 현재 자산 또는 매출총액의 5%) 이상인 거래 -사업개요(업계 및 회사현황) 및 주주총회의 목적사항별 참고서류 · 비치장소 -주권상장법인 또는 협회등록법인의 본점 및 지점 -명의개서 대행회사 -금감위, 거래소 또는 협회	
합병주주총회 소집공고 및 통지	D－15	공개법인의 합병 결의 주주총회 소집과 관련하여 주주명부 폐쇄 및 기준일 공고, 주주명부 폐쇄기준일, 주주명부 폐쇄기간, 주주총회 소집통지 발송의 주요 절차는 다음과 같다. · 주주명부 폐쇄 및 기준일 공고 일정: D - 15 내용: 기준일 2주 전 공고 · 주주명부 폐쇄기준일 일정: D · 주주명부 폐쇄기간 일정: D + 1 ~ D + 11 내용: 주주확정을 위하여 약10일~15일간 폐쇄 · 주주총회 소집통지 발송일 일정: D + 10 내용: 주주총회일 2주 전 통지 · 주주총회일 일정: D + 25 합병결의를 위한 주주총회 소집 통지 및 공고시 합병당사회사는 투자자보호를 위하여 다음의 내용을 통지 및 공고하여야 한다.	유가증권의 발행 및 공시 등에 관한 규정 제85조

		· 합병의 목적, 방법, 요령 · 합병비율 및 그 산출근거 · 합병비율에 대한 외부평가기관의 평가 의견 요약 · 주식매수청구권의 내용과 그 행사방법 · 합병신고서를 금감위에 제출한 사실 및 시기 · 기타 투자자보호를 위하여 필요한 사항 등	
합병계약서, 합병대차대조표 비치 공시	D－15	합병계약서와 합병대차대조표의 비치, 공시는 주주총회 2주 전부터 합병을 한 날 이후 6개월간	상법 제522조의 2
합병반대의사 서면통지 접수 마감	D－1	합병반대의사의 서면통지 접수 마감은 소집 통지일로부터 주주총회 전일까지	상법 제522조의 3
합병승인 주주총회 개최	D	합병을 위해서 합병계약서에 대한 주주총회의 특별결의를 득해야 하며 주주총회 특별결의 요건은 출석주주 의결권의 2/3 이상의 승인을 득해야 하며 그 비율이 발행주식 총수의 1/3 이상 이어야 한다.	상법 제522조
반대주주 주식매수청구 시작	D	주주총회 결의일로부터 20일 동안 반대주주의 주식매수청구권 행사가 가능하다.	상법 제522조의3
합병주주총회 결과 보고	D	금감위, 거래소 또는 협회에 신고	발행 · 공시 규정 제69조
채권자 이의제출 공고 및 최고	D+1	상법은 합병으로 인한 채권자를 보호하기 위하여 주주총회에서 합병을 결의한 경우 그 결의가 있는 날로부터 2주 내에 회사의 채권자(금융, 상거래 등 모든 채권자 포함)에 대하여 합병에 이의가 있으면 1개월 이상의 일정한 기간 내에 이의를 제출할 것을 공고하고, 알고 있는 채권자에 대해서는 각 채권자별로 최고하도록 규정하고 있다.	상법 제527조의5
주식병합 및 구주권 제출 공고	D+1	합병시 합병법인과 피합병법인의 1주당 합병가액이 서로 상이하여 합병비율이 1:1이 아닌 경우 단주처리문제가 발생하는 등 절차가 복잡해지므로 피합병회사는 주식병합 또는 분할을 통하여 합병비율을 1:1로 조정하는 경우가 있다. 위와 같이 주식을 병합 또는 분할하는 경우 피합병회사는 1개월 이상의 기간을 정하여	상법 제440조

		그 기간 내에 피합병회사 주권을 피합병회사에 제출할 것을 공고하고 주주명부에 기재된 주주와 질권자에 대해서는 개별적으로 통지하여야 한다.	
주식매수청구권 행사기간 만료	D+20	주주총회일로부터 20일 이내	상법 제522조의3
주식매수청구 서류 제출	D+20	유가증권상장규정 제20조 제1항에 의거 상장법인은 주식매수청구가 있을 때에는 매수를 청구한 주주, 주식의 종류, 주식의 수, 매수가격의 결정이 있을 때에는 그 매수가격 및 결정방법에 관한 사항을 문서로 금감위와 거래소에 제출하도록 규정하고 있다.	유가증권상장규정 제20조 제1항
		협회등록법인의 경우에는 상장법인과 같은 주식매수청구 서류 제출에 대한 명백한 규정은 없으나 반대주주의 주식매수청구에 관한 사항이 투자자의 의사결정에 중대한 영향을 미칠 것으로 판단되면 금감위와 증권업 협회에 관련 서류를 제출한다.	유가증권의 발행 및 공시 등에 관한 규정 제69조 제1항 제20호 및 협회중개시장공시규정 제6조 제1항 제8호
채권자 이의제출 기간 만료	D+32	채권자가 이의신청기간 내에 이의를 제출하지 아니한 때에는 합병을 승인한 것으로 간주하고 이의를 제출한 채권자가 있는 때에는 회사는 그 채권자에 대하여 변제, 담보 제공, 재산신탁 등의 별도의 보호절차를 취해야 한다.	상법 제527조의5
구주권 제출기간 만료	D+32	주식의 병합 또는 분할은 주권제출기간이 만료한 때에 그 효력이 발생하나 채권자 보호절차가 종료되지 아니한 경우 그 종료시에 효력이 발생한다.	상법 제440조
합병기일	D+33	실질적인 합병일	
합병보고총회갈음 이사회결의	D+34	합병기일 이후 합병회사는 주주총회를 소집하여 합병에 관한 사항을 보고하여야 한다. 통상 기간 단축을 위하여 합병기일 이전에 합병보고주주총회의 소집절차를 미리 밟는 것이 관행이며 합병보고총회에서 합병회사 대표이사는 합병에 관한 사항을 보고하여야 하나 보고사항에 대하여 주주들의 승인을 득할 필요는 없다.	상법 제526조

		합병으로 합병신주를 배정받게 되는 피합병회사의 주주도 합병보고총회에서 합병회사의 주주와 동일한 권리를 부여받기 때문에 합병회사는 합병보고총회 소집시 합병신주를 배정받는 피합병회사의 주주에 대해서도 소집통지를 하여야 한다. 상법은 합병기간의 단축과 절차의 원활화를 위하여 합병보고총회를 합병보고총회 갈음 이사회의 결의에 의한 공고로써 대체할 수 있도록 규정하고 있다. 따라서 실무에서는 특별한 목적사항 없이 합병결과 보고만이 목적인 경우 이사회결의에 의한 공고로써 합병보고총회를 대체하는 것이 보통이다.	
이사회 결의 공고	D+35	합병보고총회를 대체하는 이사회결의가 이루어진 경우 합병회사는 일반적으로 이사회 결의일 당일 또는 익일에 합병 결과를 신문 등에 공고한다.	상법 제526조 제3항
합병등기(해산등기, 변경등기)	D+36	합병보고총회일 또는 합병갈음 이사회 결의일로부터 본점: 2주내, 지점: 3주 내	상법 제528조
합병종료보고서 제출	D+36	합병등기가 완료되면 상장법인은 금감위와 거래소에, 협회등록법인은 금감위와 협회에 합병종료보고서를 지체없이 제출하여야 한다.	발행・공시 규정 제86조
최대주주 등의 소유주식 변동상황 보고	변동 즉시	상장법인 최대주주 등의 소유주식 수에 변동이 있는 경우에는 소유주식 수의 변동 즉시 소유주식 변동상황을 거래소에 보고하여야 한다.	유가증권상장 규정 제26조
임원, 주요주주 주식소유 상황보고	10일 이내	공개법인의 임원 또는 주요주주는 임원 또는 주요주주가 된 날로부터 10일 이내에 주식소유 변동상황을 증권선물위원회와 거래소 또는 협회에 신고한다.	증권거래법 제188조 제6항
임원, 주요주주 주식소유 변동상황 보고	변동 일의 다음 달10일 까지	공개법인의 임원 또는 주요주주는 임원 또는 주요주주가 된 날로부터 소유주식에 변동이 있는 경우에는 변동일이 속하는 다음달 10일까지 주식소유 변동상황을 증권선물위원회와 거래소 또는 협회에 신고하여야 한다.	증권거래법 제188조 제6항

합병신주 상장 또는 등록	D+45~50	공개법인이 비공개법인과의 합병으로 인하여 합병신주를 발행할 경우 공개법인의 자본금증가에 의한 주식의 수량이 증가하므로 신주상장(등록)신청을 하여야 한다. 신주상장(등록)의 방법으로는 신주권을 교부한 후 합병신주를 상장(등록)하는 방법인 신주교부상장(등록)과 신주권을 교부하지 않고 예탁자계좌부기재확인서에 의하여 상장(등록)하는 권리상장(등록)방법이 있다. 상기의 방법 중에서 신주교부상장(등록)방법은 합병신주교부에 시간이 소요되므로 실무에서는 신주상장(등록)일을 단축하기 위하여 합병신주교부절차 없이 예탁자계좌부기재확인에 의하여 상장(등록)을 하는 권리상장(등록)방법을 주로 사용한다. 공개법인의 신주상장 절차는 예탁자계좌부기재확인서를 제외한 아래의 제출서류를 준비하여 합병등기일의 1주일 전까지 신주상장신청을 하고 예탁자계좌부기재확인서는 합병기일로부터 약 10일~15일이면 확정되므로 예탁자계좌부기재확인서가 확정되는 대로 거래소에 제출한다. 신주의 상장은 예탁자계좌부기재확인서 제출일로부터 2거래일 후 이루어진다. 한편, 협회등록법인의 경우에는 합병등기일로부터 1개월 이내에 신주등록신청을 하도록 규정하고 있으나 실무에서는 예탁자계좌부기재확인서를 제외한 아래의 제출서류를 준비하여 합병등기 후 최대한 빨리 신주등록신청을 하고 예탁자계좌부기재확인서는 합병기일로부터 약 10일~15일이면 확정되므로 예탁자계좌부기재확인서가 확정되는 대로 코스닥위원회에 제출한다. 신주등록은 예탁자계좌부기재확인서의 제출 후 5거래일에 이루어 진다. · 상장법인 신청시기: 효력발생일 1주전까지 거래소에	상장규정 제9조 제1항, 협회등록규정 제14조

		신주 상장신청서와 첨부서류를 제출 제출서류: –비공개법인 최대주주 등이 소유하는 주식의 계속보유 확약서 –주권비상장법인의 최대주주 등이 소유하는 주식 등의 보호예수증명서 –신주의 발행일정표(신주상장신청서 제출 이후 일정변경 등 주요사항의 변경이 있는 경우 즉시 이를 거래소에 신고): 신주상장신청서 제출시 제출 –법인등기부등본: 변경등기 후 지체없이 –주권의 견양, 예탁자계좌부기재확인서 또는 명의개서대행회사가 발행한 주권 불발행확인서: 상장일 전일까지주 제출 –그밖에 거래소가 상장심사상 필요하다고 인정하는 서류: 지체없이 제출 →이사회 의사록 및 주주총회 의사록 사본 →신주상장수수료 납부영수증 ◎신주상장(등록)일: 예탁자계좌부기재확인서 제출 후 2거래일 규정: –유가증권상장규정 제9조 제1항 내지 제2항, 제50조 제1항 –유가증권상장규정 시행세칙 제5조의3 ◎협회등록법인 신청시기 : 사유발생일로부터 1월 이내에 변경(추가)등록신청서와 첨부서류를 협회에 제출 제출서류 : · 이사회의사록 또는 주주총회 의사록 사본 2부 · 법인등기부등본 2부 · 발행된 주권의 권종별 견양 각 2매 또는 예탁자계좌부기재확인서로(변경(추가)등록신청서 제출일로부터 20일 이내에 제출) · 계속보유의무자의 계속보유확약서 각 2부	

		·합병을 증빙하는 서류 각 2부 ·변경(추가)등록수수료 납부영수증 ◎신주상장(등록)일: 예탁자계좌부기재확인서 제출 후 5거래일 규정: ·유가증권협회등록규정 제14조 ·유가증권협회등록규정시행세칙 제13조	
주식매수청구대금지급	D+50 내	매수청구기간 종료일로부터 1개월 이내 지급	증권거래법 제191조

③ 벤처기업의 합병

정부는 벤처기업의 구조조정 및 기업의 인수합병(M&A)을 활성화하기 위하여 주식회사인 벤처기업이 주식회사인 다른 벤처기업과 합병을 할 경우 합병절차를 대폭 간소화하였으며, 뿐만 아니라 벤처기업이 아닌 다른 주식회사와 합병을 할 경우에도 이와 같은 인수합병에 대한 절차를 간소화 하였다. 다만 주식회사인 벤처기업이 벤처기업이 아닌 다른 주식회사와 합병을 할 경우 합병상대방회사인 벤처기업이 아닌 다른 주식회사는 상법의 규정에 따라 합병의 절차를 진행한다.

구 분	벤처기업간 합병	
	내 용	규 정
채권자 이의제출공고 및 최고	합병결의일로부터 1주 내 공고, 이의제출기간 10일 이상	벤처기업육성법 제15조의 3 제1항
합병주주총회 소집통지기간	주주총회일 7일 전	벤처기업육성법 제15조의 3 제2항
합병계약서 공시 기간	합병승인을 위한 주주총회일 7일전부터 합병을 한 날 이후 1월이 경과하는 날까지	벤처기업육성법 제15조의 3 제3항
벤처기업의 합병	합병에 반대하는 주주는 주주총회 전에 회사에 서면으로 합병의 반대의사를 통지하고 자기의 주식에 대한 주식매수청구권을 행사하여야 한다.	벤처기업육성법 제15조의3 제4항

합병반대주주의 주식매수	합병에 반대하는 주주의 주식매수청구를 받은 경우에는 합병에 관한 주주총회의 결의일로부터 2월이내에 그 주식을 매수하여야 한다.	벤처기업육성법 제15조의3 제5항
주식매수가액 결정	주식매수청구권에 대한 가액은 상법 제374조의2 제3항내지 제5항에 따른다.	벤처기업육성법 제15조의3 제6항

벤처기업육성에 관한 특별조치법 제15조의 3(합병절차의 간소화 등)

① 주식회사인 벤처기업이 다른 주식회사와 합병결의를 한 때에는 채권자에 대하여 상법 제527조의5제1항의 규정에 불구하고 그 합병결의가 있은 날부터 1주내에 합병에 이의가 있으면 10일 이상의 기간내에 이를 제출할 것을 공고하고 알고 있는 채권자에 대하여는 공고사항을 최고하여야 한다.

② 주식회사인 벤처기업이 합병결의를 위한 주주총회 소집을 통지함에 있어서는 상법 제363조제1항의 규정에 불구하고 그 통지일을 주주총회 회일 7일전으로 할 수 있다.

③ 주식회사인 벤처기업이 다른 주식회사와 합병하기 위하여 합병계약서 등을 공시함에 있어서는 상법 제522조의2제1항의 규정에 불구하고 그 공시기간을 합병승인을 위한 주주총회 회일 7일전부터 합병을 한 날 이후 1월이 경과하는 날까지로 할 수 있다.

④ 주식회사인 벤처기업의 합병에 관하여 이사회의 결의가 있는 때에 그 결의에 반대하는 벤처기업의 주주는 상법 제522조의3의 규정에 불구하고 주주총회전에 벤처기업에 대하여 서면으로 합병에 반대하는 의사를 통지하고 자기가 소유하고 있는 주식의 종류와 수를 기재하여 주식의 매수를 청구하여야 한다.

⑤ 벤처기업이 제4항의 규정에 따른 청구를 받은 경우에는 상법 제374조의2제2항 및 제530조제2항의 규정에 불구하고 합병에 관한 주주총회의 결의일부터 2월 이내에 그 주식을 매수하여야 한다.

⑥ 제5항의 규정에 따른 주식의 매수가액의 결정에 관하여는 상법 제374조의2제3항 내지 제5항의 규정을 준용한다. 이 경우 동법 제374조의2 제4항 중 "제1항의 청구를 받은 날"은 '합병에 관한 주주총회의 결의일'로 본다.

 소규모 합병

법인의 흡수합병시 존속회사가 일정한 소규모의 회사를 흡수합병하는 경우 주주총회의 승인과 반대주주의 주식매수청구권을 생략하고 합병주주총회를 갈음하는 이사회 결의만으로 합병이 가능하도록 한 제도이다.

상법에서 소규모합병제도를 인정한 이유는 규모가 큰 회사가 소규모의 회사를 흡수합병하는 경우 규모가 큰 회사의 입장에서는 소규모합병자체가 일상적인 경영활동에 불과하기 때문에 주주총회와 같은 복잡한 절차와 반대주주의 주식매수청구권으로 인한 자금부담 없이 신속하고 자유롭게 흡수합병에 대한 의사결정을 할 수 있도록 하기 위하여 이 제도를 도입하였다고 할 수 있다.

소규모합병의 경우 소멸법인이 공개법인이 아니라면 합병신고서 서식 중 주식매수청구권 및 합병당사회사에 관한 사항이 생략된 "간단한 합병신고서 양식"에 의하여 합병신고서를 제출할 수 있고 정관 등 합병당사회사에 관한 자료의 제출이 생략된다.

그러나 최근 사업연도말 현재 소멸법인의 부채총계가 자산총계보다 크거나 소멸법인 자산총계가 존속법인 자산총계의 5% 이상인 경우에는 '간단한 합병신고서 양식' 사용이 제한된다.

소규모합병은 흡수합병시 존속법인에게만 적용되므로 소규모합병시 소멸법인은 존속법인과 관련없이 주주총회개최 및 주식매수청구권 인정 등 일반적인 합병절차를 거쳐야 한다.

소규모합병의 경우에도 존속법인이 공개법인인 경우 존속법인의 신고·공시절차 및 신주상장·등록절차가 요구되므로 앞에서 설명한 공개법인과 비공개법인간의 합병절차를 참조한다.

이러한 소규모합병시에도 행정관련 법률, 회계, 조세문제의 검토와, 합병비율의 결정, 합병일정 및 절차의 결정, 합병계약서와 합병신고서 등 관련서류의 작성, 금감위, 거래소 또는 협회 담당자와 사전협의 등의 준비절차와 검토가 필요하다.

절 차	일정	내 용	관련규정
비공개법인의 기업등록	D－2월 전	공개법인과 합병을 하고자하는 비공개법인은 합병주주총회갈음 이사회 결의 2개월 전까지 금감위에 기업등록을 마쳐야 한다.	증권거래법 제190조
외부평가기관과 평가계약체결	D－48	금감위, 협회 또는 거래소에 신고	발행・공시 규정 제83조
합병 이사회 결의	D－41	회사의 합병을 하기 위해서는 법으로 규정된 합병계약서를 작성하여 이사회 승인을 득해야 하며 해당회사의 대표이사들이 합병계약서를 체결해야 한다.	
합병 이사회 결의 공시・신고	D－41	금감위, 협회 또는 거래소에 신고	증권거래법 제186조 발행・공시 규정 제69조
일시적인 매매거래 정지	D－41	공개법인의 주가 및 거래량에 중요한 영향을 미칠 수 있는 결의사항은 주주의 보호와 주가에 대한 충격을 완화하기 위하여 당해 이사회 결의에 대한 공시가 있을 경우 일시적으로 매매거래를 정지하고 있다.	상장공시 제20조의 2 협회공시규정 제27조
합병신고서 제출	D－41	주주명부폐쇄 및 기준일 공고 전일까지	발행・공시 규정 제78조
주주명부폐쇄 및 기준일 공고	D－40	소규모합병을 반대할 수 있는 주주확정을 위한 기준일 2주 전 공고	상법 제354조
합병계약 체결	D－28	합병계약 공고 또는 통지 2주 이내	상법 제527조 제3항
주주명부확정 기준일	D－25	소규모합병을 반대할 수 있는 주주확정일	상법 제354조
합병계약서, 합병 B/S 비치 공시	D－15	합병주주총회갈음 이사회 결의 2주 전부터 합병을 한 날 이후 6개월간	상법 제522조의 2
합병계약 공고 또는 통지	D－15	합병계약서 체결일로부터 2주 이내 존속회사는 합병주주총회 없이 합병한다는 뜻 기재	상법 제527조의 3

반대주주 반대의사 통지 완료	D－1	합병계약공고 또는 통지일로부터 2주 내 서면통보 20% 이상 주주 반대시 소규모 합병 불가	상법 제527조의 3
주주총회 갈음 이사회 승인	D	소규모 합병시 이사회 승인이 주주총회 대체	상법 제527조의 3
기타 주요경영사항에 대한 공시	D	주주총회갈음 이사회결의 공시 및 결과보고	발행・공시규정 제69조
채권자 이의제출 공고 및 최고	D+1	합병주주총회갈음 이사회 결의일로부터 2주 내 공고, 공고기간 1개월 이상	상법 제527조의 5
채권자 이의제출 만료	D+32	공고일로부터 1개월 이상	상법 제527조의 5
합병기일	D+33	실질적인 합병일	
합병보고총회갈음 이사회 결의	D+34	합병보고주주총회 대체	상법 제526조
이사회 결의 공고	D+35		상법 제526조 제3항
합병등기	D+36	합병보고주주총회일 또는 합병보고총회 갈음 이사회결의 공고일로부터 본점: 2주 내, 지점: 3주 내	상법 제528조
합병종료보고서 제출	D+36	합병등기 후 지체 없이 합병종료보고서 제출	발행・공시규정 제86조
최대주주 등의 소유주식 변동상황 보고	변동 즉시	상장법인 최대주주 등의 소유주식수 변동시 거래소에 보고	유가증권상장규정 제26조
임원, 주요주주 주식소유 상황보고	10일 이내	임원, 주요주주가 된 날부터 10일 이내에 증권선물위원회와 증권거래소 또는 협회에 보고한다.	증권거래법 제188조 제6항
임원, 주요주주 주식소유 변동 상황 보고	다음달 10일까지	임원, 주요주주의 주식소유 변동시 변동일의 다음달 10일까지 증권선물위원회와 증권거래소 또는 협회에 보고한다.	증권거래법 제188조 제6항
합병신주 상장 또는 등록		공개법인이 비공개법인과의 합병으로 인하여 합병신주를 발행할 경우 공개법인의 자본금증가에 의한 주식의 수량이 증가하므로 신주상장(등록)신청을 하여야 한다.	상장규정 제9조 제1항 협회등록규정 제14조

 간이합병

간이합병은 흡수합병시 피합병회사(소멸회사)가 합병승인 주주총회를 거치지 않고 합병주주총회를 갈음하는 이사회 결의만으로 합병이 이루어지는 합병의 형태를 말한다.

또한 소멸회사의 발행주식총수의 90% 이상을 이미 합병회사(존속회사)가 소유하고 있는 경우에만 가능하다. 그러므로 상장회사와 코스닥 등록회사는 지분율 분산요건 규정에 따라 간이요건을 충족하기가 사실상 불가능하다.

따라서 간이합병 요건을 충족할 수 있는 회사는 대부분이 비공개법인이며 통상 특수관계에 있는 법인간 또는 계열사 내에서 구조조정의 목적으로 대규모회사 또는 우량회사가 부실 비공개법인을 흡수합병 할 경우에 이용된다.

※ 상장법인의 지분율 분산 관련규정: 유가증권상장규정 제42조, 제37조
코스닥등록법인의 지분율 분산 관련규정: 협회등록규정 제22조 제1항, 제28조 제1항

간이합병은 소멸회사 총주주의 동의가 있을 경우에는 반대주주가 없으므로 주식매수청구권은 발생하지 아니하며, 존속회사가 소멸회사 발행주식총수를 소유하지 못하거나 총주주의 동의를 얻지 못한 경우에는 반대주주가 발생할 수 있으므로 주식매수청구권이 인정된다. 또한 앞에서 설명한 소규모합병과 같은 사전준비와 검토가 필요할 것으로 본다.

절 차	일정	내 용	관련규정
금감위 기업 등록	D－62전	합병주주총회 갈음 이사회 결의 2개월 전	증권거래법 제190조
외부평가기관과 평가계약 체결	D－40	금감위, 협회 또는 거래소에 신고	발행・공시 규정 제83조
합병 이사회 결의	D－32	회사의 합병을 하기 위해서는 법으로 규정된 합병계약서를 작성하여 이사회 승인을 득해야 하며 해당회사의 대표이사들이 합병계약서를 체결해야 한다.	

주주명부폐쇄 및 기준일 공고	D－31	간이합병을 반대할 수 있는 주주확정을 위한 기준일 2주 전 공고	상법 제354조
합병계약 체결	D－28	합병계약 공고 또는 통지 2주 이내	상법 제527조의 2 제2항
주주명부확정 기준일	D－16	간이합병을 반대할 수 있는 주주확정일	상법 제354조
합병계약서, 합병 B/S 비치 공시	D－15	주주총회갈음 이사회 결의일 2주전~합병을 한 날 이후 6개월간	상법 제522조의 2
합병계약 공고 또는 통지	D－15	합병계약 체결일로부터 2주 이내 소멸회사가 주주총회 없이 합병한다는 뜻 통지	상법 제527조의 2
반대주주 반대의사 통지 완료	D－1	합병계약 통지일로부터 2주 내 서면 통지	상법 제522조의 3 제1항
주주총회 갈음 이사회 승인	D	간이합병시 이사회 승인이 합병 주주총회 대체	상법 제527조의 2
주식매수청구권 행사 시작	D	주주총회 결의일로부터 20일 동안 반대주주의 주식매수청구권 행사가 가능하다.	상법 제522조의 3 제1항
채권자 이의제출 공고 및 최고	D+1	상법은 합병으로 인한 채권자를 보호하기 위하여 주주총회에서 합병을 결의한 경우 그 결의가 있는 날로부터 2주 내에 회사의 채권자(금융, 상거래 등 모든 채권자 포함)에 대하여 합병에 이의가 있으면 1개월 이상의 일정한 기간 내에 이의를 제출할 것을 공고하고, 알고 있는 채권자에 대해서는 각 채권자별로 최고하도록 규정하고 있다.	상법 제527조의 5
구주권 제출공고	D+1	합병시 합병법인과 피합병법인의 1주당 합병가액이 서로 상이하여 합병비율이 1:1이 아닌 경우 단주처리문제가 발생하는 등 절차가 복잡해지므로 피합병회사는 주식병합 또는 분할을 통하여 합병비율을 1:1로 조정하는 경우가 있다. 위와 같이 주식을 병합 또는 분할하는 경우 피합병회사는 1개월 이상의 기간을 정하여 그 기간 내에 피합병회사 주권을 피합병회사에 제출할 것을 공고하고 주주명부에 기재된 주주와 질권자에 대해서는 개별적으로 통지하여야 한다.	상법 제440조

주식매수청구권 행사기간 만료	D+20	합병 공고 또는 통지일로부터 2주가 경과한 날로부터 20일 내 서면 청구	상법 제522조의 3 제2항
합병기일	D+33	실질적인 합병일	
보고주주총회갈음 이사회 결의	D+34	합병보고주주총회 대체	상법 제526조
이사회 결의 공고	D+35	합병보고총회를 대체하는 이사회결의가 이루어진 경우 합병회사는 일반적으로 이사회 결의일 당일 또는 익일에 합병 결과를 신문 등에 공고한다.	상법 제526조 제3항
합병등기 (소멸등기)	D+36	합병보고총회일 또는 합병보고총회갈음 이사회 결의 공고일로부터 본점은 2주내, 지점은 3주내 등기를 하여야 한다.	상법 제528조

※ 위의 일정은 간이합병 시 소멸회사에게만 적용되는 일정임.

※ 발행ㆍ공시규정 : 유가증권의 발행 및 공시 등에 관한 규정

제5부

가치혁신을 위한 A&D와 우회공개의 전략

제1장 A&D와 우회공개의 정의/205

제2장 기업가치혁신을 위한 A&D와 우회공개의 전략/207

제3장 우회공개 법인의 혜택/225

제4장 우회공개의 선택이유와 변경제도/230

제1장
A&D와 우회공개의 정의

 A&D의 정의

실무에서 일반적으로 말하는 인수후개발이라 불리는 A&D는 Acquisition & Development의 약어로서 M&A와 R&D의 복합된 의미로 해석할 수 있다.

A&D는 증권거래소시장의 상장 또는 코스닥증권시장의 등록 (이하 '공개법인' 이라 한다) 법인이 비공개법인을 인수하여 합병한 후 수익을 개선하여 기업의 가치를 높이거나, 공개법인이 비공개법인의 우량한 사업부문을 인수하여 공개법인의 적자사업부문을 정리한 후 새로운 사업으로의 업종전환을 통해 기업의 구조조정을 꾀하고 경쟁력을 높여 기업의 가치를 극대화 시키는 경우이거나, 또는 공개법인간의 M&A를 통하여 시장지배력의 확대 효과를 통해 기업가치를 극대화하고자 하는 것으로 정의할 수 있다.

 우회공개의 정의

우회공개는 A&D와 상반되는 개념으로 비공개법인이 공개법인을 인수하여 합병하거나 영업양수도, 현물출자, 주식교환 등을 통해 일반적인 기업공개의 절차를 거치지 않고 공개법인으로 전환되는 것을 우회상장 또는 우회등록(이하 "우회공개"라 한다)이라 하며 일명 뒷문등록이라 하여 Back Door Listing 이라 부른다.

이러한 우회공개는 기업공개를 위한 복잡한 일반적인 절차를 거치지 않고 비교적 간단한 방법으로 공개를 할 수 있기 때문에 기업의 가치혁신을 위한 전략으로 많이 활용하고 있으며 우회공개가 이루어질 경우 많은 이점을 함께 누릴 수 있다. 아울러 우리나라의 까다로운 기업공개 여건으로 미루어 볼 때 앞으로도 꾸준히 우회공개가 늘어날 것으로 예상된다.

이러한 A&D와 우회공개의 차이점은 다음과 같다.

A&D	우회공개
M&A를 통하여 인수측 회사의 구조조정과 기업가치극대화 주된 목적이 있기 때문에 인수합병의 형태가 공개법인과 비공개법인간의 인수합병과 함께 공개법인간 또는 비공개법인간의 인수합병도 포함된다.	반드시 비공개법인이 공개법인을 인수하여 합병하거나 영업양수도, 현물출자, 주식교환 등에 의한 합병을 통해 비공개법인의 공개법인전환에 있다.

제2장
기업가치혁신을 위한 A&D와 우회공개의 전략

A&D의 전략

1) A&D의 방법

A&D는 우회공개와 마찬가지로 우호적인 M&A의 한 형태로서 기본적인 방법은 비공개법인간 합병, 비공개법인과 공개법인간 합병, 공개법인간 합병의 방법과 동일하다. 다만 그 목적이 단순한 인수합병이 아니라 인수측회사의 사업구조조정과 재무구조조정을 이루고 기업의 가치를 극대화 시키고자 함에 있다.

2) A&D의 형태와 목적

A&D는 공개법인과 비공개법인간 또는 공개법인간 또는 비공개법인간의 인수합병을 통하여 사업구조조정을 한 후 기업의 가치를 극대화 시키고자 하는 것이며 그 형태는 다음과 같다.

형 태	주요목적
· 공개법인이 비공개법인을 인수하여 합병하는 형태 (→ 공개법인 + 비공개법인)	· 자금력은 있으나 수익 사업부재 또는 매출부진을 극복하기 위해 부가가치 높은 비공개법인의 인수합병을 통한 구조조정과 기업가치극대화를 통해 주식의 가치를 상승시키고자 한다. · 비공개 법인과 합병을 통해 주식지분을 높여 안정적인 지분을 확보하고자 할 경우
· 공개법인이 또 다른 공개법인을 인수하여 합병하는 형태 (→ 공개법인 + 공개법인)	· 수평적 M&A 또는 수직적 M&A를 통한 시장지배력 강화 · 관련사업간의 시너지 효과증대

	· 새로운 사업으로의 사업다각화
· 비공개법인이 또 다른 비공개법인을 인수하여 합병하는 형태 (→비공개법인+비공개법인)	· 공개와 무관하게 오로지 구조조정을 통한 기업가치 증대 · 수평적 M&A 또는 수직적 M&A를 통한 시장 지배력 강화

또한 A&D는 온라인기업과 온라인기업, 온라인기업과 오프라인기업, 오프라인기업과 오프라인기업, 오프라인기업과 벤처기업, 온라인기업과 벤처기업으로 그 영역과 대상을 다양화 하고 있는 추세이다.

3) A&D에 따른 주주의 영향

A&D가 되어 기업의 구조조정이 완료되고 이를 통한 기업의 가치가 극대화 될 경우 주주의 입장에서 보았을 때 우선 기업의 주식가치가 상승될 것으로 보여 주주의 재산가치가 상승될 것이며, 대주주일 경우 경영권 프리미엄을 포함한 가격에 소유지분을 양도할 수 있어 창업이득 회수와 투자자금을 회수할 수 있을 것으로 본다.

한편 대주주일 경우 M&A 과정에서 지분의 변동으로 소유지분이 축소되거나 증가될 수 있어 경영권에 영향을 미칠 수 있다.

4) A&D와 우회공개의 법적 제한

공개법인이 또 다른 공개법인을 인수하여 합병하는 형태나, 비공개법인이 또 다른 비공개법인을 인수하여 합병하는 형태가 아닌 공개법인이 비공개법인을 인수하여 합병하는 형태의 A&D와 비공개법인이 공개법인을 인수하여 합병을 통해 공개법인으로 전환하는 형태의 우회등록(Back door listing)은 엄격한 심사와 법적 제한이 따른다.

이는 법적 공개 요건을 충족하지 못한 비공개법인의 무분별한 공개법인으로 전환하는 것을 방지하고 자본시장의 건전성을 확립함과 동시에 불특정다수의 주주와 투자자들을 보호하기 위한 것이다.

비공개법인이 공개법인과 합병시 요구되는 법적제한사항 중 감자후 증자참여시 비공개법인 주주가 배정받은 협회등록법인 주식에 대한 매각의 제한은 협회등록법인이 감자와 병행 또는 감자 후 1년 내에 제3자배정유상증자를 하는 경우 동 증자참여자 중 협회등록법인의 최대주주 및 특수관계인은 배정받은 주식을 당해 주식의 변경등록일로부터 1년간 계속 보유해야 하며(유가증권협회등록규정 제18조의3) 그 밖의 법적 제한사항은 합병편에서 설명한 증권거래법 및 감독규정의 제한 내용과 동일하다.

참고로 합병절차는 공개법인과 비공개법인간의 합병절차편을 참고하기 바란다.

사례

A&D 사례

다음은 A&D를 실시한 회사의 사례이며 대부분은 코스닥에 등록된 회사가 비공개 법인과의 인수합병을 통해 사업성있는 회사로의 업종을 전환하거나 사업구조를 다각화 하여 기업의 가치를 혁신하기 위한 전략에서 실시되었음을 볼수있으며 아래의 사례에서 나타난 A&D의 주요 목적을 살펴보면 다음과 같다.

첫째, 수익성이 떨어지는 기존사업의 업종 전환을 위해 비공개 법인의 수익성있는 회사와의 인수합병한 경우이다. 예컨대 뉴보텍은 전통 제조업종에서 IT와 생명연장을 위한 바이오 사업으로의 전환을 시도하여 기업의 가치혁신을 꾀하고 있다.

둘째, 유사업종간의 인수합병을 통해 시장을 확충하고 중복되는 인적자원를 줄임으로써 경영합리화를 통한 사업의 시너지효과를 극대화하고 있다.

셋째, 비공개법인간의 인수합병을 통해 연구개발의 강점과 영업의 강점을 살린 인적자원의 결합과 이를 통한 시장의 확대를 추구하고 있다.

일자	인수기업	피인수기업	목적
05.03.04	뉴보텍(코)	메타볼렙(비)	· 기존 프라스틱 및 호스제조업체에서 바이오와 IT 사업으로 사업전환시도 · 생명연장을 위한 세포노화방지와 대사과정에 관한 기술을 축적한 메타볼렙의 CB투자를 통한 경영참여로 사업다각화와 신규 수익모델 창출 · 주식가격 2,000원(액면 500원) 선에서 최고 8,500원(05.2.18)으로 수직상승하다 하락

04.12.06	서울이동통신(코)	바이오메디칼홀딩스(비)	· 면역세포치료부문, 제대혈은행부문, 혈액부문등의 바이오메디칼홀딩스 사업부문을 30억원에 인수 · 업종전환을 통한 기업가치 극대화
04.09.16	앤콤정보시스템(코)	코닉시스템(비)	· 수익성하락, 회사비전 제시 어려움의 극복을 위해 LCD 및 반도체사업을 하는 코닉시스템을 인수하였으며 코닉시스템은 낮은 기업인지도 탈피와 자금조달한계극복을 위해 M&A 시도 · 합병후 직원에게 우리사주배정, 직원주인의식고취, 대규모해외수주, 신용도증가로 자금조달 원활, 사업다각화, 여러가지 긍정적 측면의 효과발생
01.05.18	한통 하이텔(코)	위즈커뮤니케이션(비)	무선컨텐츠시장 진출 교두보
01.05.02	인피트론(코)	일산썬텍(비)	초음파센서 원천기술력 확보
01.04.30	써니상사(코)	YNK(비)	신발주력업체 써니상사가 YNK를 인수하여 게임유통업체로 업종전환하고 신발업종은 분사
01.03.12	STG 시큐리티(비)	세이프인터넷(비)	보안전문인력 확보
01.03.11	메가웹(비)	한중네트(비) 청오이스테이션(비)	PC방 컨텐츠 유통 → 아시아지역 PC방 Network
01.02.08	닉소텔레콤(상)	게임아이(비)	게임엔터테인먼트기업으로 변화, 게임아이(거래소 상장)
00.12.08 01.03.12 01.03.19	로커스홀딩스(코)	싸이더스(비) 시네마서비스(비) 예전미디어(비)	종합엔터테인먼트 지주회사 변신
00.10.19 99.11.02 00.09.11 01.03.19	싸이버텍홀딩스(코)	아이머닉스(비) 이글루시큐리티(비) 싸이버슈퍼(비) 델퀴스(비)	인터넷금융 전자상거래 보안컨설팅 지역 전산상거래 거점 확보 전자상거래 보안
00.09.	타임앤컴퍼티(비) 프리즘커뮤니케이션(비)	서울국제전화(비)	기업구조조정을 통한 인수기업가치 창출

00.05.29	바른손(코)	미래랩(비)	· 전자상거래 및 미디어 분야의 지주회사로 변신 · 와와컴, 중앙정보기술, 유비즈시스템 등을 현금 또는 주식교환방식으로 인수

*상 : 거래소상장회사, 코 : 코스닥등록회사, 비 : 비공개회사

 직접적 우회 공개의 전략

1) 직접적 우회공개방법

직접적우회공개는 비공개법인이 공개법인과 합병의 과정을 거쳐 공개법인으로 전환하는 것으로 우호적M&A의 한 형태이다.

따라서 앞에서 설명된 비공개법인과 공개법인간의 합병과 동일한 과정을 거친다.

직접적우회공개를 위한 M&A는 반드시 비공개법인과 공개법인간에 이루어진다는 점과 그 목적이 비공개법인의 우회공개에 있다는 점에서 일반적 M&A와 차이가 있다.

직접적우회공개는 비공개법인과 공개법인이 합병한 후 비공개법인은 소멸하고 공개법인이 합병후 존속하는 흡수합병의 형태를 택한다.

다만 주식의 지분은 우회공개를 하고자 하는 비공개법인 또는 비공개법인의 대주주가 1대주주가 되어 합병 후 공개법인의 경영권을 갖는 것이 일반적이다.

2) 우회공개의 목적

우회공개는 비공개기업이 공개기업과의 합병을 통해 공개기업으로 전환되는 것으로 그 목적은 다음과 같다.

첫째, R&D를 통해 높은 기술력을 갖추었거나 성장성이 높은 비공개기업이 시간을 단축하여 조기에 우회공개를 하고자 하는 경우

둘째, 우회공개를 통해 기업의 이미지를 상승시키고 자본시장에서 금융조달을 원활히 하고 법적 혜택을 얻고자 하는 경우

셋째, 자금력은 있으나 매출이 부족한 공개기업을 인수하여 자신이 소유한 우

량한 비공개기업과의 합병을 통해 조기에 경영을 정상화시켜 기업의 가치를 극대화 하고자 할 경우

넷째, 기업공개의 심사과정에서 보류 또는 기각판정을 받을 수 있는 위험요소를 사전에 제거하고 보다 확실하게 기업공개를 하고자 하는 경우

3) 우회공개에 따른 주주의 영향

우회공개가 성사될 경우 주주의 입장은 투자한 주식이 공개되므로 주식의 환금성이 보장되고 투자자금을 회수할 수 있는 길이 열리게 되는 것이며, 주식을 매각하거나 상속 또는 증여할 경우 조세혜택을 얻을 수 있다.

또한 대주주일 경우 M&A과정에서 경영권을 포함한 프리미엄의 가격으로 소유지분을 양도할 수 있어 창업이득과 투자자금을 회수할 수 있는 반면 M&A과정에서 지분의 변동으로 소유지분이 축소되거나 증가 될 수 있어 경영권에 영향을 미칠 수 있다.

4) 직접적 우회공개의 절차

주요절차		주요업무내용
1단계	기본전략수립	· Task force team(TFT) 구성 · 우회공개 기본전략 수립
2단계	주식지분인수	· 주식인수 · CB 또는 BW인수 후 주식전환 · 제3자 배정 신주인수 · 시장매수 · 공개매수 · 주식교환
3단계	경영권 확보	· 주주총회개최를 위한 이사회결의 · 주주총회에서 이사 및 감사선임
4단계	기업구조조정	· 재무구조조정 · 사업구조조정
5단계	합 병	· 우회공개완료에 따른 시너지창출과 법적 혜택 · 주주의 투자자금회수와 주식의 환금성 확보
6단계	Post M&A	· 기업가치극대화를 위한 프로그램수립 · 기업문화 통합을 위한 프로그램수립

① 기본전략수립(1단계)

우회공개의 M&A를 실시하기 위해 우선적으로 검토해야 할 사항은 업무를 효과적으로 수행할 전담부서(Task force team: TFT)를 구성하여 우회공개와 관련되는 기본적인 전략의 수립이 요구되며, TFT의 구성이 힘들 경우에 M&A전문중개회사(M&A Boutique)의 협조를 받을 수 있다.

② 주식 지분 인수(2단계)

비공개법인 또는 비공개법인의 대주주가 인수합병 대상회사인 공개법인의 주식인수를 위해 정밀실사와 기업가치평가, 주식인수를 위한 조건 등의 최종협상을 거치게 되며 주식인수의 방법은 공개법인의 대주주등이 소유한 구주인수, 전환사채(CB) 또는 신주인수권부사채(BW)의 인수 후 주식전환, 제3자배정신주인수, 시장매수, 공개매수, 주식교환 등이 있다.

③ 경영권 확보(3단계)

인수대상 공개회사의 경영권 획득을 위한 주식의 인수가 완료될 경우 그 즉시 정기주주총회 또는 임시주주총회 개최를 위한 이사회결의가 필요하며 주주총회에서 이사 및 감사선임으로 경영권확보를 완료한다.

④ 기업구조조정(4단계)

기업구조조정의 과정은 반드시 필요로 하는 것은 아니다.

그러나 비공개법인의 인수측이 인수대상회사인 공개법인의 재무구조조정이나 사업구조조정이 필요한 경우 합병을 실시하기 전에 기업구조조정을 거치는 경우가 있다.

예컨대 공개법인의 재무구조가 악화되어 있거나 자산의 부실화가 심할 경우 사전에 정밀실사를 거쳐 적정한 기업가치를 평가할 필요가 있으며 자본의 무상감자를 실시하여 유상증자를 하거나 합병가치 산정을 위한 재무구조개선을 실시한다.

⑤ 합병(5단계)

비공개법인이 공개법인과의 합병을 통해 비공개 법인이 공개법인으로 전환되는 절차가 마무리 되며, 공개법인으로서의 시너지창출과 법적인 혜택을 동시에 얻을 수 있다.

또한 비공개법인의 주주에 대한 투자자금의 회수와 주식에 대한 환금성을 확보할 수 있게 된다.

⑥ Post M&A(6단계)

합병후 기업의 경쟁력 확보와 기업의 가치극대화를 위한 프로그램이 필요하며 또한 이질적인기업문화의 통합을 위한 노력이 요구된다.

간접적 우회공개의 전략

비공개법인이 공개법인과의 합병에 의한 직접적 우회공개방법은 엄격한 심사와 법적제한으로 많은 시간이 소요되고 그 성공가능성을 예측하기 힘든 것이 사실이다.

따라서 합병에 의한 직접적 우회공개의 방법을 택하지 않고 영업양수도, 현물출자, 주식교환에 의한 우회공개 방법을 택함으로써 짧은 시간 내에 비교적 쉬운절차를 통해 공개법인의 효과를 창출하는 것으로 간접적 우회공개라고 한다.

1) 영업양수도에 의한 우회공개

영업양수도에 의한 우회공개의 방법은 비공개법인 또는 비공개법인의 대주주가 공개법인의 유상증자에 참여하여 공개법인의 주식을 인수한 다음 비공개법인의 영업을 공개법인에 양도한 후 공개법인으로부터 영업양도대금을 받음으로서 두 회사간의 영업이 하나로 합쳐지게 되어 실질적인 우회공개의 효과를 얻는 방법이다. 그 후 비공개법인은 청산하고 비공개법인의 주주는 비공개법인으로부터 청산배당을 수취하는 방법이다.

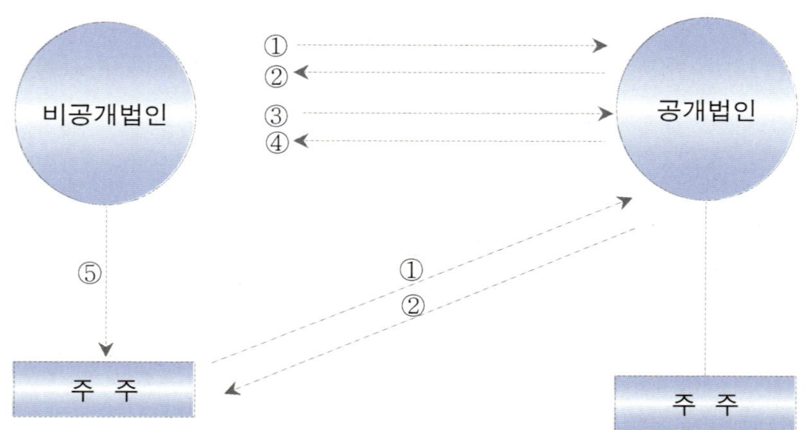

〈보기〉
① 유상증자 참여
② 공개법인의 주식인수
③ 비공개법인의 영업양도
④ 영업양도 대금회수
⑤ 비공개법인의 청산과 비공개법인의 주주는 청산배당금수취

영업양수도에 의한 우회공개를 위해 먼저 검토하여야 할 사항은 다음과 같다.

① 공개법인의 증자

공개법인이 비공개법인의 영업을 양수하기 위해 자금이 소요되며 이러한 자금조달을 위해 대부분의 경우 공개법인의 증자를 먼저 실시하고 그 증자에 비공개법인 또는 비공개법인의 대주주 등이 참여한다.

이러한 공개법인의 증자에 참여한 비공개법인 또는 비공개법인의 주주 등에 대한 자금의 회수전략을 살펴보면

첫째, 비공개법인일 경우 비공개법인이 공개법인으로부터 받은 영업양도대금으로 증자대금을 회수하며

둘째, 비공개법인의 주주일 경우 비공개법인으로부터 받은 청산배당을 통하여 증자대금을 회수하게 된다.

청산배당시 청산배당금액이 당초 비공개법인의 주식을 취득하기 위하여 투자한 금액을 초과하는 경우에 의제배당에 대한 과세문제가 발생하므로 비공개법인의 주주는 관련세금부담을 함께 검토할 필요가 있다.

② 법적절차검토

공개법인이 비공개법인의 영업양수를 할 때 다음에 해당할 경우에는 증권거래법시행령 제84조의 8 규정에 따라 영업양수도를 위한 주주총회의 특별결의, 반대주주의 주식매수 청구권행사, 금융감독위원회 및 증권거래소 또는 협회에 영업양수도신고서 제출 등의 절차를 거쳐야 한다.

- 영업양수부분이 최근 사업연도 자산총액의 10% 이상
- 영업양수부분의 매출액이 최근 사업연도 매출액의 10% 이상
- 영업양수에 따라 인수할 부채액이 최근사업연도 부채총액의 10% 이상
- 영업전부의 양수

③ 법적 제한 사항검토

구 분	내 용	규 정
영업양수·도 신고서 제출	공개법인이 비공개법인의 중요한 영업의 전부 또는 중요한 영업의 일부를 양수할 경우 금감위, 거래소 또는 협회에 신고서를 제출해야한다.	증권거래법시행령 제84조의 8
감자 후 증자참여시 비공개법인 주주가 배정받은 협회등록법인 주식에 대한 매각 제한	협회등록법인이 감자와 병행 또는 감자 후 1년 내에 제3자배정유상증자를 하는 경우 동 증자참여자 중 협회등록법인의 최대주주 및 특수관계인은 배정받은 주식을 당해 주식의 교부일로부터 1년간 계속 보유해야 함	유가증권협회등록규정 제18조의 3
주주총회 특별결의	영업양수·도계약서 승인을 위한 주주총회의 특별결의	상법 제374조
주식매수청구권	반대주주에 대한 주식매수청구권 인정	상법 제374조의 2

2) 현물출자에 의한 우회공개

현물출자에 의한 우회공개의 방법은 비공개법인의 모든 영업부문 또는 중요한 영업부문을 공개법인에 현물출자(양도)하고 공개법인이 발행한 신주를 인수한다. 이러한 과정을 통하여 실질적으로 두 회사간 합병의 효과가 발생한다. 비공개법인은 현물출자의 대가로 받은 공개법인의 주식을 증권시장에서 매각하여 비공개법인의 주주들에게 현금으로 배당하거나 직접 공개법인의 주식을 비공개법인의 주주에게 청산배당하고 비공개법인은 청산하는 경우의 방식이다. 이러한 장점은 영업양수도에 비해 현금의 유출이 불필요하고 그만큼 시간도 절약할 수 있어 많이 활용 되어진다.

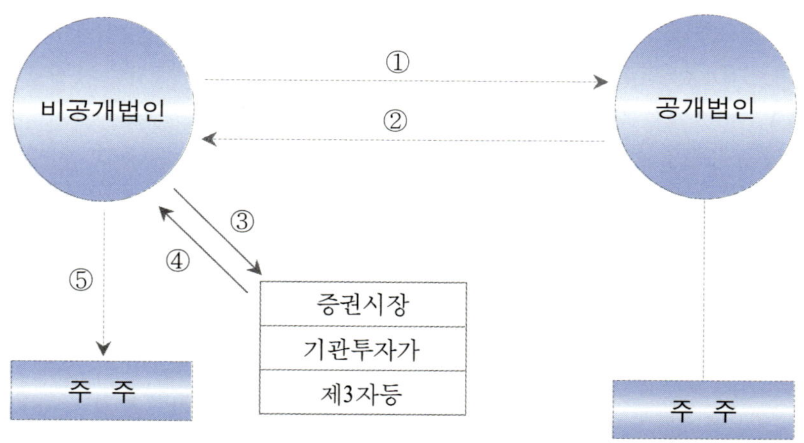

〈보기〉
① 비공개법인의 영업을 공개법인에 현물출자(양도)
② 현물출자 대가로 공개법인의 신주인수
③ 공개법인으로부터 받은 신주 매각
④ 주식매각대금회수
⑤ 현금배당 또는 공개법인 주식배당 후 청산

현물출자에 의한 우회공개의 방법이 영업양수·도를 통한 우회공개와의 차이점은 다음과 같다.

- 비공개법인의 영업부분 출자(현물출자)에 대한 대가를 영업양수·도 방법에서는 현금으로 수령하나 현물출자방법에서는 공개법인의 주식으로 수령한다는 점
- 영업양수·도를 실시하는 경우에는 등기가 불필요하고 검사인의 선임 및 법원의 심사를 거칠 필요가 없으나 현물출자를 실시하는 경우에는 등기시 특별히 검사인의 선임을 법원에 청구하거나 공인된 감정인의 감정을 반드시 받는 등 법원의 현물출자 심사절차를 받는다는 점(상법 제299조의 검사인의 조사, 보고와 상법 제422조의 현물출자의 검사)
- 현물출자받는 비공개법인의 영업부분이 증권거래법시행령 제84조의 8에 따른 중요한 영업부분에 해당될 경우에는 중요한영업양수·도와 동일하게 주주총회특별결의, 반대주주에 대한 주식매수청구권 인정, 금감위 및 거래소 협회에 영업양수·도신고서 제출 등의 절차를 거쳐야 한다는 점

그 외의 기타 법적 제한 사항은 영업양수·도에 의한 우회공개와 동일하다.

3) 주식교환에 의한 우회공개

주식교환에 의한 우회공개 제도는 모회사가 자회사의 주식을 100% 소유하는 주식의포괄적교환제도(이하 "포괄적주식교환"이라 한다)와 모회사가 자회사 주식의 일부를 소유하는 주식의부분적 교환제도(이하 "부분적주식교환"이라 한다)로 구분 할 수 있으며 구체적 설명은 주식교환에서 참고한다.

(1) 주식의포괄적교환에 의한 우회공개

포괄적주식교환에 의한 우회공개의 방법은 비공개법인의 주식은 소멸되고 비공개법인의 주주는 공개법인의 주주로 전환되어 공개법인의 주주로써 효과를

얻게 되는 우회공개방식이며, 공개법인에 대한 유상증자 대가를 현금이 아닌 비공개법인의 구주로 납입하는 것이 인정된다.

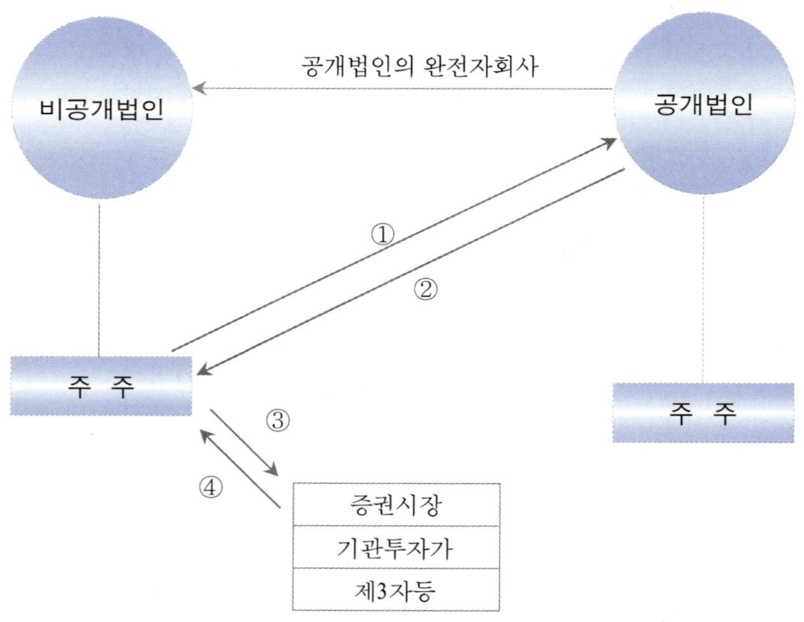

〈보기〉
① 비공개법인 구주이전(제출) 100%
② 공개법인의 신주인수
③ 공개법인 주식매각
④ 투자자금회수

결과적으로 비공개법인의 모든 주주(100%)는 공개법인의 주주가 되고 비공개법인은 공개법인의 완전 자회사가 되는 형태를 갖는 주식의 포괄적교환에 의한 우회공개가 되는 것이다.

(2) 주식의부분적교환에 의한 우회공개

부분적주식교환에 의한 우회공개는 비공개법인의 주주가 공개법인의 주식을 인수하기 위하여 비공개법인의 구주를 공개법인에 매각하는 대신 공개법인의 신규증자에 참여하는 절차를 거쳐 비공개법인의 우회공개 효과를 얻는 방식이다.

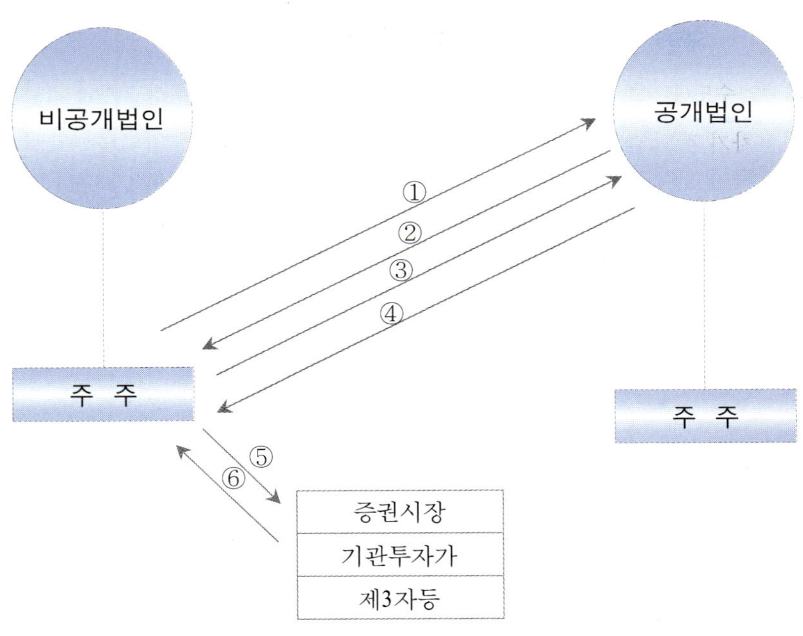

〈보기〉
① 구주유상매각
② 구주매각대금회수
③ 유상증자참여
④ 유상증자주식인수
⑤ 공개법인주식매각
⑥ 투자자금회수

부분적주식교환에 의한 우회공개에서 검토 되어야 할 사항은 조세특례제한법 및 상법상 혜택을 받지 않는 대신 주주총회 승인, 반대주주의 주식매수청구권 인정 등 특별한 법적절차도 필요하지 않다.

또한 감독규정에서도 신고서 제출, 교환의 대가로 교부받는 공개법인 주식에 대한 매각제한, 교환비율의 적정성 등의 특별한 규제를 가하지 않고, 다만 공시요구 의무만을 부여하고 있다.

따라서 주식의부분적교환 과정에서 비공개법인의 가치를 과대평가함으로써 공개법인 소액주주들의 피해를 야기하는 경우가 빈번하며 심지어는 편법증여 또는 대기업의 계열사지원의 수단으로 이용되고 있다.

또한, 주식의부분적교환과정에서 시세를 조정하여 증권시장을 왜곡시키는 사례가 빈번히 종종 발생되고 있다.

〈 간접적 우회공개의 비교 〉

구분	영업양수도에 의한 우회공개	현물출자에 의한 우회공개	주식교환에 의한 우회공개
장점	· 절차가 간단하다 · 감독기관의 감독이 엄격하지 않다. · 영업양수도 가격의 평가 규정이 없어 비교적 자유롭게 가격을 정할 수 있다.	· 비공개법인 주주는 현금배당 또는 공개법인의 주식배당으로 주식의 환금성확보 · 공개법인이 비공개법인의 영업양수대가로 공개법인의 주식으로 지급하기 때문에 현금지급부담이 없고 그만큼 시간을 절약할 수 있다.	· 영업양수도에 의한 우회공개와 합병방식을 통한 우회공개에 비해 훨씬 규제가 약하고 감독기관의 감독이 엄격하지 않다. · 채권자 보호절차 불필요 · 금융감독원에 주식교환신고서를 제출하거나 주식교환비율에 대하여 외부평가 규제를 받지 않는다. · 절차가 비교적 간단하다. · 지주회사 설립 또는 지주회사전환을 원활히 하기 위하여 모회사의 주금이 완전자회사(비공개법인) 구주식으로 납입되어도 검사인의 선임 또는 법원의 심사를 면제하고 조특법 제38조의2에 의한 주식교환시 발생되는 주식양도 차익에 대한 과세를 이연(상법 제360조의2 및 제360조의 15)
단점	· 인수할 비공개법인의 자산금액, 부채총액, 매출총액이 공개법인의 10% 이상일 경우 주총특별결의, 주식매수청구권, 영업양수도 신고서 제출 등의 절차를 거친다.	· 비공개법인의 영업양도에 대한 대가 회수를 현금이 아닌 공개법인주식으로 회수 · 등기가 필요하고 등기시 검사인의 선임을 법원에 청구하거나 공인된 감정인의 감정필요 · 법원의 현물출자에 대한 심사 필요	· 상법 제360조의2 및 제360조의15에 의한 혜택은 주식의 부분적 교환시 적용되지 않는다. 다만, 벤처기업육성에 관한특별조치법 제15조의 4에 의한 벤처기업의 주식의 부분적 교환일 경우 주식양도차익에 대한 과세이연 및

			신주와 구주간 직접교환이 가능
공통점	· 주주총회의 특별결의 · 주식매수청구권 필요 · 청산배당금이 당초 비공개법인의 주식취득원가보다 초과할 경우 의제배당부과 · 비공개법인이 받은 상장회사의 주식은 매각제한이 없으나 협회등록법인이 감자와 병행 또는 감자 후 1년 내에 제3자 배정 유상증자를 하는 경우 동 증자 참여자 중 협회등록법인의 최대주주 및 특수관계인은 배정받은 주식을 당해 주식의 교부일로부터 1년간 계속 보유해야 함. (유가증권협회등록규정 제18조의3)	· 좌 동 · 좌 동 · 좌 동 · 좌 동	· 좌 동 · 좌 동 · 좌 동 · 비공개법인주주가 주식의포괄적교환으로 협회등록법인으로부터 받은 주식에 대한 매각제한규정(유가증권협회등록규정 제18조의2, 합병 또는 주식교환시의 매각제한)은 다음과 같다. · 최대주주 등: 합병기일 또는 주식교환일로부터 2년간. 다만, 합병기일 또는 주식교환일로부터 1년이 경과한 경우에는 매 1월마다 최초보유주식등의 100분의 5에 상당하는 부분까지 매각할 수 있다. · 벤처금융: 합병신고서 제출일 또는 주식교환일을 기준으로 투자기간이 2년미만인 경우 합병기일 또는 주식교환일로부터 1월간 · 기관투자자: 합병신고서 제출일 또는 주식교환일을 기준으로 투자기간이 1년이내인 주식등(모집 또는 매출에는 제외)에 대하여 합

			병기일 또는 주식교환일로부터 1월간 · 유상증자로인하여 증가한 주식등과 전환권 및 신주인수권의 행사로 인하여 증가될 주식등<유가증권협회등록규정 제5조 제1항 제7호 나목 단서규정> 보유자: 합병기일로부터 1년간(유상증자 한도를 초과하는 부분에 대하여 각각의 증자의 참여비율에 따라 산출된 주식등의 합계를 말한다. 다만, 100주미만의 주식 등은 제외한다.)

※ 벤처기업육성에 관한 특별조치법 제15조의4(신주발행에 의한 주식교환 등)

① 주식회사인 벤처기업은 전략적제휴를 위하여 정관이 정하는 바에 따라 신주를 발행하여 다른 주식회사의 주요주주 또는 주식회사인 다른 벤처기업의 주식과 교환할 수 있다. 이 경우 다른 주식회사의 주요주주 또는 주식회사인 다른 벤처기업은 벤처기업이 주식교환을 위하여 발행하는 신주의 배정을 받음으로써 당해 벤처기업의 주주가 된다.

② 제1항의 규정에 따른 주식교환을 하고자 하는 벤처기업은 다음 각호의 사항이 포함된 주식교환계약서를 작성하여 주주총회의 승인을 얻어야 한다. 이 경우 주주총회의 승인결의에 관하여는 상법 제434조(정관변경의 특별결의)를 준용한다.

1. 전략적 제휴의 내용
2. 교환할 신주의 가액·총액·평가·종류·수량 및 배정에 관한 사항
3. 주식교환을 할 날
4. 다른 주식회사의 주요주주의 주식을 교환할 경우 주주의 성명, 주민등록번호, 교환할 주식의 종류 및 수량

③ 제1항의 규정에 따른 주식교환을 통하여 다른 주식회사의 주요주주 또

는 주식회사인 다른 벤처기업이 보유한 주식을 벤처기업에 현물로 출자하는 경우 대통령령이 정하는 공인평가기관이 그 주식의 가격을 평가한 때에는 상법 제422조 제1항(현물출자의 검사)의 규정에 따라 검사인이 조사를 한 것으로 보거나 공인된 감정인이 감정한 것으로 본다. 이 경우 상법 제422조 제2항 및 제3항의 규정은 이를 적용하지 아니한다.

사례

우회공개 사례

다음은 우회공개(Back door listing)를 실시한 회사의 사례이며 우회공개는 비공개법인이 공개법인과의 인수합병을 통해 공개법인으로 전환하기 위한 것으로 아래의 사례에서 나타난 우회공개의 주요 목적을 살펴보면 다음과 같다.

첫째, 비공개 법인의 취약한 자본구조를 해결하여 투자자금을 확보하고 이를 통하여 연구개발 및 사업확장의 발판을 마련하고자 실시하였다.

둘째, 온라인 게임 개발회사와 게임유통 회사와 같은 동일 업종간의 인수합병을 통해 시장을 확충하고 중복되는 인적자원를 줄임으로써 경영합리화를 통한 사업의 시너지효과 극대화 하였다.

셋째, 우수한 기술력을 지닌 비공개법인과 풍부한 자금력을 지닌 공개법인간의 인수합병을 통해 연구개발의 강점과 영업의 강점을 살려 경쟁력 있는 회사로의 변신과 기업의 가치를 극대화하고자 실시하였다.

일자	인수기업 (비공개법인)	피인수기업 (공개법인)	목 적
01.05.28	세양통신(비)	서울전자통신 (코)	해외마케팅 채널, 공장활용→세계시장 진출
05.03.23	솔트론(비)	세안아이티 (코)	· 반도체 및 LCD 검사장비 사업으로 변신 · 2년연속 적자에 따른 상장 폐지 탈피
05.01.31	인크루트(비)	뉴소프트기술 (코)	· 사업다각화와 전략적 경영을 통한 수익구조 안정화 · 인터넷 정보제공과 시스템 통합 사업추진
04.11.	인터정보(비)	하이컴텍(코)	소프트웨어 개발업체로 변신

04.11.	지스텍(비)	KDN스마텍(코)	· BW인수를 통한 경영권 양수도 · 온라인 게임개발 및 공급기술 서비스업체로 사업변신
04.09.01	코마스(비)	이노티지(코)	금융솔루션과 기업용 솔루션의 시너지효과 창출
04.08.05	디지털웨이(비)	예스컴(코)	· 디지털웨이는 예스컴의 풍부한 현금을 활용한 부족자금을 해결하고 · 예스컴은 부족한 기술력과 영업력을 보완하여 시너지효과 창출
04.05.21	㈜피델릭스(비)	㈜씨엔아이(코)	신사업의 전문화 및 기업가치의 극대화, 자본조달효율성
02.01.	세넥스테크놀로지(비)	아이앤티텔레콤(코)	· 세넥스의 홍채인식 사업부문과 아이앤티의 네트웍장비 사업부문과의 M&A · 세넥스는 우회등록을 계기로 투자자금을 확보하고 영국의 홍채인식전문업체 이리디언에 대한 경쟁력 확보 · 아이앤티의 영업망과 세넥스의 보안기술을 통합하여 네트웍기반 종합보안회사로 발전하는 시너지효과 창출
01.05.17	사이버펄스네트워크(비)	동신에스엔티(코)	벤처인큐베이팅→홀딩컴퍼니 변신
01.05.10	타이거풀스인터내셔널(비)	피코소프트(코)	SI사업 아웃소싱

*코 : 코스닥등록회사, 비 : 비공개회사

제3장
우회공개 법인의 혜택

비공개법인이 공개법인을 인수하여 합병하거나 주식교환방식을 통해 합병하여 공개법인으로 전환될 경우 증권거래법에서 정한 자본조달과 양도소득세 등 세법에서 정한 세제혜택, 기업의 공신력제고와 홍보, 기타 자기주식취득 등 공개법인으로서의 여러가지 혜택을 얻을 수 있다.

① 자본시장혜택

효 익	내 용	규 정
이익소각	공개법인은 정관에 이익소각을 규정한 경우 배당가능이익 범위 내에서 이사회 결의로 주식소각 가능	증권거래법 제189조
자기주식 취득	비공개법인은 상법 제340조의 4에 의한 불가피한 경우를 제외하고는 자기주식을 취득할 수 없으나, 공개법인은 배당가능이익 범위 내에서 자기주식 취득이 가능하여 경영권방어나 주가관리 등에 용이하다.	증권거래법 제189조의 2
일반공모 증자	공개법인은 정관 규정에 따라 이사회 결의를 통해 주주의 신주인수권을 배제하고 불특정 다수인을 상대로 하여 용이하게 신주를 모집하여 자본을 조달할 수 있다.	증권거래법 제189조의 3
의결권 없는 주식의 발행 한도 특례	상법상 의결권없는 주식은 발행주식총수의 1/4까지 발행할 수 있으나(상법 제370조 제2항), 상장법인 또는 협회등록법인이 외국에서 주식을 발행하거나 외국에서 발행한 해외전환사채, 해외신주인수권부사채, 기타 주식과 관련된 증권 또는 증서의 권리행사로 발행하는 의결권 없는 주식을 발행한도의 계산에 산입되지 않는다. 다만, 증권거래법상 의결권없는 주식과 상법 제370조 제2항의 규정에 의한 의결권없는 주식을 합한 의결권없는 주식의 총수는 발행주식총수의 2분의 1을 초과하지 못한다.	증권거래법 제191조의 2

주식배당 한도확대	비공개법인은 이익배당총액의 1/2까지 주식배당이 가능(상법 제462조의 2)하나, 공개법인은 시가가 액면가액 이상일 경우 이익배당총액까지 주식배당 가능	증권거래법 제191조의 3
신종사채 발행가능	공개법인은 전환사채 및 신주인수권부사채 외에 이익참가부사채, 교환사채의 발행이 가능 하다. 특히, 거래법시행령(제84조의 13)의 규정에 따라 상장법인 협회등록법인은 취득하여 보유하고 있는 자사주를 기초로 교환사채를 발행할 수 있으므로 일반사채에 비하여 유리한 조건(일반사채에 비하여 발행금리가 낮음)으로 자금조달이 가능하다.	증권거래법 제191조의 4
사채발행 한도	비공개법인은 순자산의 4배까지 사채를 발행할 수 있으나(상법 제470조), 공개법인은 전환사채와 신주인수권부사채에 대해 주식전환 또는 신주인수권 행사가 가능한 부분은 상법상 사채발행한도의 제한을 받지 않음.	증권거래법 제191조의 5
주식의 액면 미달 발행	비공개법인은 주주총회 특별결의와 법원의 인가에 의하여 액면미달발행이 가능하나(상법 제417조), 공개법인은 주주총회 특별결의에 의해서만 액면미달발행이 가능	증권거래법 제191조의 15

세제혜택

1) 개인주주의 경우 과세 비교

세 목	비공개법인 주주	상장기업 주주	협회등록기업 주주	규 정
양도소득세 (소득세의 10%인 주민세는 별도)	· 모든 주주가 과세됨. · 중소기업발행 주식일 경우 소액주주, 대주주 및 보유기간 관계없이 10% · 대기업발행 주식일 경우 소액주주(보유기간 무관) 및 대주주로서 1년이상	· 대주주 : 중소기업 발행주식(보유기간무관)의 경우 10%, 대기업 발행주식의 경우 1년이상 보유시 20%, 1년미만 보유시 30%, 장내 · 외 거래 모두 과세 · 소액주주 : 중소기업 발행주식 장외매각시 10%, 대기업발행주식 장외매각시 20%, 장내매각시 비과세이며 장외 거래만 과세		소득세법 제94조 및 동시행령 제157조 제5항 및 제6항

	보유한 경우 20%이고, 대주주로서 1년미만 보유시 30%			
증권거래세(농특세)	세율 0.5%	세율 0.3%(농특세 0.15% 포함)	세율 0.3%	증권거래세법 제8조 및 동시행령 제5조
배당소득세	원천징수(16.5%) 종합과세(9.9%~39.6%)	소액주주 : 원천징수 분리과세 대주주 : 비공개 기업주주와 동일		소득세법 제14조 제3항, 제4항, 제129조 제1항
상속·증여세 과세표준	상속세 및 증여세법에 의한 평가	· 평가기준일(상속개시일 또는 증여일)전 후 2개월간 최종시세 평균액으로 평가	· 코스닥 상장주식의 상속 또는 증여시 동 주식의 평가액은 과거3월간 주가의 평균액으로 함. · 단, 평가기준일(상속→상속개시일, 증여→증여일) 전후 6월(증여의 경우 3월)이내에 투자유의종목으로 지정된 사실이 없고, 평가기준일이 속한 월과 그 직전월중 대용증권으로 1회 이상 지정된 사실이 있어야 함.	상속세 및 증여세법 제63조 및 동시행령 제53조
과점주주 취득세	대주주 및 특수관계자가 51% 이상 주식소유시 (세율 2.2%)	적용안됨.	비공개법인과 동일	지방세법 제105조 제6항

주 : 대주주의 범위: 지분비율 3% 이상 또는 시가총액 100억원 이상(소득세법시행령 제157조)

2) 법인주주의 경우 과세 비교

세 목	비공개법인 주주	상장법인 주주	등록법인 주주	규 정
법인세	배당금 수입, 매각차익에 대한 법인세 세율 16.5%~29.7%(주민세 10% 포함)			법인세법 제55조
증권거래세 (농특세)	세율 0.5%	세율 0.3%(농특 세 0.15% 포함)	세율 0.3%	증권거래세법 제8조
과점주주 취득세	대주주 및 특수관계 자가 51% 이상 주식 소유시(세율 2.2%)	적용안됨.	비공개법인과 동일	지방세법 제22 조 및 제105조 제6항

일반적 혜택

1) 기업의 홍보효과 및 공신력 제고

공개법인은 국·내외 투자자를 비롯한 많은 사람들의 관심의 대상이 되며, 기업의 재무내용이나 경영상황이 신문, TV, 증권 관계기관의 각종 자료 등을 통하여 국내외에 전달됨으로써 기업의 인지도를 제고하는 효과를 얻을 수 있다.

따라서 공개기업은 홍보효과를 통해 대외적인 신인도 제고는 물론 기업의 해외진출 및 해외합작투자를 모색할 경우에 공개기업으로서의 지명도를 최대한 활용할 수 있다.

2) 기업의 원활한 구조조정 추진

상장법인은 유가증권시장상장규정에서 정하고 있는 다양한 방법으로 구조조정을 추진할 수 있다.

즉, 기업분할제도, 지주회사제도 등 기업의 구조조정과 관련된 상장제도를 적극적으로 활용하여 기업의 목적에 맞는 방법으로 구조조정을 추진할 수 있다.

3) 경영합리화 도모

기업의 재무내용 공시를 통해 동업종 타사와의 비교가 용이하고, 주가를 통해 경영실적이 객관적으로 평가받게 되어 경영합리화를 도모하게 된다.

4) 스톡옵션 행사이익 비과세

종업원이 부여받은 스톡옵션(주식매입선택권)을 행사해 얻는 이익은 근로소득

으로 보지 않는다.(조세특례제한법 제15조)

5) 주식이동상황명세서 제출의무 면제

소액주주가 소유한 주식(상장 전에 주식을 취득한 경우에는 당해 주식의 액면금액의 합계액이 5백만원 이하인 주주의 주식과 중소기업의 주식으로서 코스닥시장을 통하여 양도되는 주식에 한함)의 이동에 대하여는 주식이동상황명세서 제출의무가 면제된다. (법인세법 제119조)

6) 주주총회 소집절차의 간소화

상법상 주주총회의 소집통지는 각 주주에게 서면으로 하게 되어 있으나, 상장법인은 의결권있는 발행주식총수의 1%이하를 소유하는 주주에 대하여는 주주총회일 2주전에 2개 이상의 일간신문에 각각 2회 이상 공고함으로써 주주총회의 소집통지를 갈음할 수 있다. (증권거래법 제191조의 10)

7) 중소기업의 사업손실준비금적립

상장법인이 사업손실을 보전할 목적으로 사업손실준비금을 손금으로 계상한 때에는 상장일이 속하는 년도를 포함하여 3년간 소득금액의 30% 범위안에서 적립할 수 있다.

협회등록법인이 거래소에 상장한 경우에도 손금산입 할 수 있는 과세연도는 합산하여 3년 이내로 한다. (조세특례제한법 제8조의 2)

8) 자사주 처분 손실준비금적립

상장법인이 주가안정을 위하여 자사주를 취득한 경우 동주식의 처분에 따른 손실을 보전할 목적으로 준비금(자사주처분손실준비금)을 손금으로 계상한 때에는 당해 과세연도에 취득한 자기주식 취득가액의 30% 범위내에서 소득금액 계산시 이를 손금에 산입할 수 있다.

자기주식 취득 후 6월 이내에 처분하는 경우 당해 자기주식에 상당하는 준비금은 처분연도에 익금으로 산입한다. 익금에 산입하지 아니한 준비금은 자기주식처분손실이 발생하는 경우 당해 손실과 상계하여야 하며, 상계 후 잔액은 손금산입연도 종료일로부터 5년째 되는 과세연도 소득금액 계산시 이를 익금에 산입한다. (조세특례제한법 제104조의 3)

제4장 우회공개의 선택이유와 변경제도

우회공개의 선택이유

우회공개는 증권거래소 시장에 상장되어 있는 법인 또는 코스닥증권시장에 등록되어있는 법인의 입장에서는 비상장법인을 인수하거나 합병하여 새로운 업종으로의 전환 또는 부가가치 있는 산업으로의 구조조정기회로 활용하는 이른바 인수후개발이라 불리는 A&D의 전략을 구사할 수 있고, 비상장법인의 입장에서는 상장법인 또는 코스닥법인을 인수하거나 합병하여 어려운 상장절차를 거치지 않고 비교적 쉬운 방법으로 증권시장에 상장할 수 있는 이른바 우회공개라 불리는 Back-Door Listing을 구사함으로서 상장법인이나 비상장법인의 모두에게 win-win되는 경영전략의 하나라고 할 수 있다.

비상장법인이 무리한 자금을 동원해서라도 상장법인과의 인수합병을 통해 증권시장에 진입하고자 하는 주된 이유는 기업의 소요 자금조달을 용이하게 하거나 비상장법인에 투자한 주주들에게 투자자금을 회수할 수 있는 기회를 부여하고자 함이다.

실제로 코스닥시장의 등록이 갈수록 힘들어진 탓에 많은 비상장법인들은 자금조달을 하지 못함으로 경영난에 시달리게 되었고, 이러한 법인에 투자한 투자자들은 투자자금을 회수하지 못해 어려움이 가중되는 현상을 맞았다. 또한 비상장법인의 많은 경영자들은 투자를 한 주주들로부터 상당한 투자회수의 압박을 받고 있는 상황이며, 이러한 이유로 정상적인 경영에 임하기가 어려울 정도로 많은 스트레스를 받기도 한다. 이와 같은 문제를 해결하기 위해 비상장법인의 대주주와 경영진은 코스닥등록회사와의 무리한 인수와 합병이란 카드를 선택하지 않을 수 없었다.

뿐만 아니라 비상장법인에 투자한 주주들 중 일반개인투자가들도 있지만 비교적 규모가 큰 자금을 투자한 측은 대부분 기관투자가나 창업투자회사들이다.

이들의 투자자금은 일정한 기한 경과 후 투자한 원금과 투자이익이 함께 회수될 수 있는 자본시장의 시스템을 가동되게 함으로써 회수한 자금으로 제3의 기업에 다시 투자할 수 있는 선순환형 투자시장을 활성화 시킬 수 있는 이점이 있다. 이러한 측면에서도 우회공개의 활성화가 지속적으로 유지되어야 하는 이유로 설명할 수 있다.

② 우회공개의 변경제도

우회공개는 비상장법인이 상장법인과의 인수합병을 통해 상장할 수 있다는 희망을 주고, 일반 투자가들에게는 비상장법인에 대해서도 선별적으로 투자할 수 있는 투자의 시장을 제공한다는 측면에서 분명 좋은 제도라고 할 수 있다. 또한 상장법인 입장에서도 업종전환이나 구조조정 등을 앞당겨 회사의 경영을 개선할 수 있는 좋은 제도라고 본다.

그러함에도 불구하고 일부의 비상장법인 또는 상장법인에서 이를 악용하거나 합병 시 해당 회사들의 합병비율이나 합병가치를 터무니없이 높이거나, 현실성이 떨어지는 시장성을 과대 포장하여 사업계획을 수립하거나, 매출 부풀리기식의 방법으로 일반 소액주주들에게 피해를 끼친 경향이 있었다.

이러한 시점에 정부에서는 비상장법인의 우회공개제도를 개정하였으며 그 주요 내용을 발췌하여 정리 하였다.

〈 코스닥시장상장규정중개정규정안 〉

1) 개정 이유

부실기업의 우회적인 시장진입으로 인한 시장건전성 훼손을 방지하고 코스닥기업의 건전한 M&A 풍토를 조성하기 위하여 우회상장 관리 제도를 개선하고자 함

2) 주요골자

(1) 우회상장기업 관리방안 마련

상장기업이 비상장기업과 우회상장시 상장기업에 대한 시장조치 대상과 기준을 마련하여 우회상장으로 인한 폐해를 최소화하여 코스닥시장의 건전성을 제고하고 투자자를 보호하기 위함

① 합병을 통한 우회상장기업 관리방안

- 비상장기업의 기업규모가 상장기업보다 크거나 합병으로 인해 상장기업의 경영권이 변동되는 경우로서 비상장기업이 일정 기준(경상이익이 있고, 자본잠식이 없을 것, 감사의견적정, 유・무상증자 제한1년, 지분변동 제한6월, 소송・부도가 없을 것 등)을 미충족시 (시장조치 대상)
- 상장기업에 대해 상장폐지 조치(시장조치 대상)

② 포괄적 주식교환을 통한 우회상장기업 관리방안

- 비상장기업과의 주식교환을 통해 상장기업의 경영권이 변동되는 경우로서 비상장기업이 일정 기준 (경상이익이 있고, 자본잠식이 없을 것, 감사의견적정, 유・무상증자 제한1년, 지분변동 제한6월, 소송・부도가 없을 것 등)을 미충족시(시장조치대상)
- 상장기업에 대해 상장폐지 조치(시장조치 내용)

③ 주식스왑, 영업양수와 신주발행 등을 통한 우회상장기업 관리방안

- 비상장기업과의 주식스왑 및 영업양수와 신주발행 등*을 통해 상장기업의 경영권이 변동되는 경우**로서 비상장기업이 일정 기준***을 미충족시(시장조치 대상)

* 先영업양수(주식인수)후 6월 이내 後신주발행시 또는 先신주발행후 6월 이내 後영업양수(주식인수)시

** 주식스왑의 경우는, 스왑의 결과 코스닥기업이 비공개기업의 지분을 30%이상 소유하면서 최다출자자가 되는 경우에 한함

*** (주식스왑) 경상이익(有), 자본잠식(無), 감사의견(적정), 소송・부도(無) 등(영업양수) 경상이익(有), 부채초과(無), 감사의견(적정)

- 상장기업에 대해 상장폐지 조치(시장조치 내용)

※ 우회상장기업(경영권변동과 요건충족기업)에 대한 공표
- 우회상장기업에 대해서 당해기업이 '우회상장 종목'임을 2년간 공표함으로써, 투자자의 주의환기 도모

〔참고 1 : 우회상장 관리대상 및 기준〕

〈 우회상장 관리대상 〉

현 행	개선안
[합병] - 비상장기업의 규모가 더 큰 경우	[합병] - 비상장기업의 규모가 더 큰 경우 - 경영권이 변동된 경우
[포괄적 주식교환, 주식스왑, 영업양수] 없음	[포괄적 주식교환, 주식스왑, 영업양수] - 경영권이 변동된 경우

〈우회상장 관리기준〉

기준	합병	주식교환	주식스왑	영업양수
경상이익 有*	적용	적용	적용	적용
자본잠식 無*	적용	적용	적용	부채초과 無
적정 감사의견(최근연도)	적용	적용	적용	적용**
유・무상증자 제한(1년)	적용	적용	-	-
지분변동제한(최대주주 등 및 5% 이상 주주, 6월간)	적용	적용	-	-
소송 등 중요한 분쟁 無	적용	적용	적용	-
부도사유 해소(6월전)	적용	적용	적용	-
타법인과 합병, 분할(합병), 영업양수・도시 결산확정 (3월미만시 차기)	적용	적용	적용	-

* 재무요건은 최근사업연도(말) 기준으로 하되 영업양수는 양수대상 영업부문을 대상으로 함

** 양수대상 영업부문의 부문별 재무제표가 기재된 영업양도 회사의 최근사업연도 재무제표에 대한 감사보고서상 감사의견을 말함

〔참고 2 : 우회상장 유형별 시장조치 내용〕

<table>
<tr><th colspan="3">우회상장 유형</th><th>현 행</th><th>개선안</th></tr>
<tr><td rowspan="3">합병 및 포괄적 주식교환</td><td colspan="2">경영권 불변</td><td>매각제한 (1년)</td><td>현행 유지</td></tr>
<tr><td rowspan="2">경영권 변동</td><td>요건 충족</td><td>매각제한 (2년)</td><td>매각제한(2년) & 우회상장 표시(2년)</td></tr>
<tr><td>요건 미충족</td><td>매각제한 (3년)</td><td>상장 폐지</td></tr>
<tr><td rowspan="3">주식스왑 및 영업양수도</td><td colspan="2">경영권 불변</td><td>매각제한 (1년)</td><td>현행 유지</td></tr>
<tr><td rowspan="2">경영권 변동</td><td>요건 충족</td><td>매각제한 (2년)</td><td>매각제한(2년) & 우회상장 표시(2년)</td></tr>
<tr><td>요건 미충족</td><td>매각제한 (2년)</td><td>상장 폐지</td></tr>
</table>

* 위에서 설명한 우회상장의 판단기준이 되는 경영권 변동의 개념 설정은 다음과 같다.

① 합병(주식교환, 영업양수등)으로 인하여 당해 비공개법인의 최대주주등이 코스닥상장법인의 최대주주가 되는 경우

② 합병(주식교환, 영업·자산양수)신고서 제출일 이전 1년 이내*에 당해 비공개법인의 최대주주등이 코스닥상장법인의 최대주주가 되는 경우

* 영업양수등의 경우 3자배정증자의 발행일이 신고서 제출 이후에 도래하는 경우에는 당해 발행일까지의 최대주주 변경을 포함

③ 비공개법인의 5%이상주주 및 최대주주등이 합병(주식교환, 영업양수 등) 결과 소유하게 되는 코스닥상장법인 주식의 합계가 코스닥상장법인의 기존 최대주주 등이 소유한 주식수보다 큰 경우, 다만 비공개법인의 5%이상주주 및 최대주주등이 신고서 제출전 1년 이전에 코스닥상장법인의 최대주주가 된 경우는 제외

(2) 기타 제도개선

- 감사보고서 적용기준 개선

지정감사제도 도입에 따른 소급감사 차단으로 그 존치 필요성이 소멸된 감사보고서의 정기주총 보고 요건 삭제

- 퇴출절차의 합리적 정비

퇴출결정후 이의신청 기회를 부여하는 방식에서 퇴출결정 전 의견진술 기회를 부여하는 방식으로 퇴출절차 개선

3) 우회공개의 방법별 작성서식

합병을 통한 비공개법인의 우회상장기업관리방안, 포괄적주식교환을 통한 비공개법인의 우회상장기업관리방안, 주식스왑, 영업양수, 제3자배정 유상증자 등 신주발행 등을 통한 비공개법인의 우회상장기업관리방안의 상세내용은 부록편의 우회공개제도에 관한 개정상장서식 25-28을 참조바람

〔상장서식 25〕 **비공개법인과의 합병 관련 확인서**

〔상장서식 26〕 **비공개법인과의 포괄적 주식교환 관련 확인서**

〔상장서식 27〕 **비공개법인으로부터의 영업양수와 제 3자 배정 증자 등 관련 확인서**

〔상장서식 28〕 **비공개법인이 발행한 주식양수와 제 3자 배정 증자 등 관련 확인서**

제도변경 후 우회공개추이

우회공개에 대한 제도강화로 앞으로 우회공개가 상당히 힘들어 질 전망이다. 또한 코스닥증권시장의 우회공개 뿐만 아니라 거래소증권시장의 우회공개에 대한 규정도 코스닥증권시장과 유사한 수준의 제도로 개선안을 도입한다고 하니 비상장법인의 우회공개는 갈수록 어렵게 된다고 본다.

그동안 코스닥증권시장의 우회공개가 아래의 그래프에서 보듯이 04년 37건, 05년 67건으로 대폭 증가하였다가 06년 7월말 까지는 39건에 이르렀는데, 2006년 6월 26일부터 시행된 '코스닥시장 상장규정 중 개정규정안'에서 부실기업의 우회적인 시장진입으로 인한 시장건전성 훼손을 방지하고 코스닥기업의 건전한 M&A 풍토를 조성하여 우회상장으로 인한 투자자들의 폐해를 최소화하고자 우회상장 관리제도를 개선한 06년 6월 이후 8월 현재까지 비사장법인의 코스닥증권시장을 통한 우회공개는 배용준씨가 대주주인 키이스트 단 한건

에 불과하였다.

반면에 거래소증권시장의 우회상장추이를 보면 2004년에는 단1건에 불과하였고, 2005년에는 3건에 불과했던 것이 이 제도가 시행된 이후 가파르게 증가되어 2006년 8월 현재 8건으로 대폭 증가하였음을 보여주고 있다. 이는 코스닥등록 법인과의 우회공개가 힘들어져 거래소 증권시장법인을 통한 우회공개로 선회했기 때문으로 풀이된다.

1) 코스닥 우회공개추이

코스닥 우회상장

〔2006년 7월 현재〕

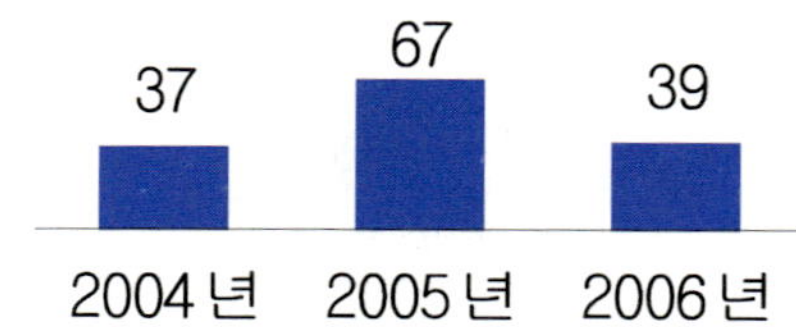

* 우회사장규정이 강화된 6월 이후 급감하여 배용준씨가 대주주인 키이스트 단 한건에 불과함.

2) 거래소 우회공개추이

거래소 우회상장

〔2006년도 8월 현재〕

〈 2006년 8월 현재 거래소 통한 우회상장 회사 〉

상장회사	우회상장회사	상장일자	내용
제로원인터렉티브 (구, 남선홈웨어)	(주)아지트, 뮤투엔터테인먼트(주)	2005년 12월29일	아지트와 뮤투엔터테인먼트가 남선홈웨어와 합병을 통해 우회상장
스타코넷	이엔쓰리	2006년 2월6일	이엔쓰리가 스타코넷을 인수하여 합병
더존 비즈온 (구, 대동)	더존SNS	2006년 3월17일	대동이 더존SNS와 포괄적 주식교환
비에이치케이 (구, 신성디엔케이)	바이오하트코리아	2006년 5월11일	신성디엔케이가 바이오하트코리아 합병
상림	아이비스포츠	2006년 7월18일	상림이 아이비스포츠를 흡수합병
큐엔텍코리아	용산공업	2006년 8월1일	용산공업이 큐엔텍코리아를 인수하여 합병
텔레윈	한국우사회	2006년 8월4일	텔레윈이 한국우사회를 대상으로 제3자 배정 유상증자
케이피앤엘 (구, 고려포리머)	골드플러스	2006년 8월22일	케이피앤엘이 골드플러스 지분100%를 인수하고 골드플러스는 케이피앤엘의 유상증자시 제3자 배정으로 참여하여 1대주주확보

우회공개제도를 개정하여 회사와 투자자 모두에게 win-win 되는 제도로 정착되어지길 바란다. 그러나 현실적으로 비상장법인이 일반적인 절차에 따라 증권시장에 상장하기는 매우 어려운 과정이 따르거나, 상장을 할 수 있는 모든 준비가 완료된 회사일지라도 상장까지는 상당한 시간이 소요되어진다. 이러한 점을 감안하여 볼 때 일부문제가 있다고 해서 마구잡이식으로 제도를 강화하고 땜질식으로 뜯어고친다면 정책의 신뢰부족으로 가뜩이나 어려운 중소 비상장법인들은 사면초가에 바지고 말 것이다. 빈대 한 마리 잡기 위해 초가삼간을 다 태울 수는 없는 일이다. 오히려 어려운 회사의 구조조정이나 업종전환, 자본의 원활한 조달을 위해서도 그렇고 비상장법인에 투자한 많은 기관투자가나 일반투자가들을 위해 우회공개나 상장을 원활히 할 수 있는 길을 열어주되, 문제가 되는 기업에 대해서만 사전 심사하여 공개를 불허하거나 여건이 완비된 후 공개를 할 수 있도록 지원하는 정책이 바람직하지 않을까 생각한다.

제6부
구조조정 활성화를 위한 회사분할 전략

제1장 회사분할의 개념과 필요성/241

제2장 회사분할의 법적 제한/243

제3장 회사분할의 법적 유형/249

제4장 회사분할의 소유구조 유형과 분할절차/267

제1장 회사분할의 개념과 필요성

회사분할의 개념

회사분할(sell-offs)이란 회사의 영업을 둘 이상으로 분할하여 분할된 사업부문의 자산과 부채를 포괄적으로 이전하여 1개 이상의 회사를 설립함으로써 1개 회사가 2개 이상의 회사로 나누어 설립되거나 분할된 사업부문을 기존의 다른 회사와 합병 시키는 것을 말한다.

이때 자산과 부채를 포괄적으로 이전하는 회사를 '분할회사'라 하고 자산과 부채를 포괄적으로 이전 받는 회사를 '분할신설회사'라 한다.

회사분할의 필요성

1997년 IMF 외환위기 이후 기업들은 기업의 외적인 규모의 성장보다는 기업의 경쟁력을 강화하고 부가가치를 극대화하는 내실위주의 경영전략을 수립하게 되었다. 이러한 경영전략 달성을 위해 기업재구축(Corporate Restructuring)을 위한 회사분할의 필요성이 크게 증대되었으나, 그 동안 우리나라에서는 회사분할에 대한 규정이 없어 편법으로 자회사를 설립해 회사의 영업을 양도하는 방식을 사용하거나 현물출자방식을 통해 우회적으로 회사분할을 해왔다.

이러한 기업재구축에 대한 필요성이 부각되면서 1998년 12월 28일 상법에서 회사의 분할제도를 신설하게 되었다. (상법 제530조의 2 제1항)

이와 같은 회사의 분할은 기업의 경영전략상 매우 중요한 위치를 차지하며 다음과 같은 측면에서 회사분할의 필요성이 지속적으로 증대되고 있다.

첫째, 기업의 규모가 대형화되면서 영업부문별 효율적 경영을 꾀하고자 회사의 영업을 부문별 또는 지역별로 분할하여 적절한 경영규모로 조정할 필요성이 있다.

둘째, 기업구조재편성과 기업의 구조조정차원에서 기업을 분할하여 다른 기업과의 합병을 하거나 매각을 통한 자금확보의 필요성

셋째, 부가가치가 떨어지는 사업부문을 분할하여 별도법인으로 재편성후 자족적인 기업으로 변화시키기 위한 필요성

넷째, 신규사업 진출시 초기의 위험부담을 분할된 자회사를 통해 위험을 분산시키고자 할 때

다섯째, 이익을 분산하여 절세효과를 얻고자 할 때

여섯째, 공동자회사를 설립하고자 하거나, 지주회사를 설립하고자 할 때

일곱째, 인사운영관리 차원에서 조직의 재편성이 필요할 때

제2장
회사분할의 법적 제한

상법상의 제한

회사분할 및 분할합병후의 회사의 책임(상법 제530조의 9)의 규정에 따라 분할 또는 분할합병전의 회사 채무에 관한 책임과 영업양도인의 경업금지(상법 제41조)에 관한 규정을 두고 있으며 구체적 내용은 아래와 같다.

1) 분할 후 회사의 책임

상법 제530조의9 (분할 및 분할합병후의 회사의 책임)

① 분할 또는 분할합병으로 인하여 설립되는 회사 또는 존속하는 회사는 분할 또는 분할합병전의 회사채무에 관하여 연대하여 변제할 책임이 있다.

② 제1항의 규정에 불구하고 분할되는 회사가 상법 제530조의3 제2항의 규정에 의한 결의로 분할에 의하여 회사를 설립하는 경우에는 설립되는 회사가 분할되는 회사의 채무 중에서 출자한 재산에 관한 채무만을 부담할 것을 정할 수 있다. 이 경우 분할되는 회사가 분할 후에 존속하는 때에는 분할로 인하여 설립되는 회사가 부담하지 아니하는 채무만을 부담한다.

③ 분할합병의 경우에 분할되는 회사는 상법 제530조의3 제2항의 규정에 의한 결의로 분할합병에 따른 출자를 받는 존립중의 회사가 분할되는 회사의 채무 중에서 출자한 재산에 관한 채무만을 부담할 것을 정할 수 있다. 이 경우에는 제2항 후단의 규정을 준용한다.

2) 영업양도인의 경업금지

상법 제41조 (영업양도인의 경업금지)

① 영업을 양도한 경우에 다른 약정이 없으면 양도인은 10년간 동일한 특별시·광역시·시·군과 인접 특별시·광역시·군에서 동종영업을 하지 못한다.

② 양도인이 동종영업을 하지 아니할 것을 약정한 때에는 동일한 특별시·광역시·시·군과 인접 특별시·광역시·시·군에 한하여 20년을 초과하지 아니한 범위내에서 그 효력이 있다.

증권거래법 및 감독규정의 제한

1) 상장법인이 비공개법인과 합병 후 분할시 재상장 제한

상장법인이 비공개법인과 합병 후 다시 비공개법인의 사업부분을 분할하여 재상장함으로써 비공개법인이 상장심사 절차를 거치지 아니하고 자본시장에 우회상장되는 것을 방지하기 위하여 다음의 경우에 한하여 재상장이 가능하도록 했다.

첫째, 상장법인이 비공개법인과 합병을 한 후 합병기일로부터 3년 이내에 분할(분할기일 기준)한 후 재상장하면서

둘째, 분할신설법인의 주된 영업부문에 합병당시 비공개 법인의 영업부문에 속하는 경우에는 일반재상장요건에 다음의 일반요건과 추가요건을 갖출 경우 분할신설법인의 재상장이 가능하다.

다만, 상장법인이 비공개법인과 합병할 당시 합병신고서 제출일이 속하는 사업연도의 직전사업연도의 재무제표를 기준으로 비공개법인의 자산총계, 자본금 및 매출액 중 두 가지 이상이 상장법인보다 더 커서 비공개법인이 일정한 상장요건을 충족하여 합병이 이루어진 경우(증권거래법시행령 제84조의 7 제2항 제4호)에는 제외된다.

(1) 재상장의 일반 요건

요 건	내 용
주된 영업의 계속연수	재상장신청일 현재 분할 또는 분할합병으로 인하여 이전된 주된 영업부문이 3년 이상 계속하여 영위할 것
자본금 및 자기자본	자본금 50억원 이상, 자기자본 100억원 이상일 것
주식분산	물적분할에 의한 분할의 경우 유가증권상장규정 제15조 제1항 제4호의 주식분산 요건 충족할 것
사외이사 요건	유가증권상장규정 제48조의 5의 규정에서 정하는 사외이사를 선임하고 그 요건을 충족할 것
감사위원회 설치	유가증권상장규정 제48조의 6의 규정에서 정하는 감사위원회를 설치하고 그 요건을 충족할 것
기타 요건	① 부도발생사실이 있었던 경우 재상장신청일부터 1년 이전에 그 사유가 해소되었을 것 ② 회사경영에 중대한 영향을 미칠 수 있는 소송 등 분쟁사건이 없을 것 ③ 명의개서 대행기관이 선임될 것 ④ 당해 주권이 통일규격 유가증권일 것 ⑤ 주식의 양도제한이 없을 것
규 정	유가증권상장규정 제15조의 2 제6항

(2) 재상장의 추가 요건

요 건	내 용
결산재무제표	분할기일이 속한 사업연도의 재무제표가 확정될 것
매출액	분할기일이 속한 사업연도의 매출액이 200억원 이상일 것
부채비율	분할기일이 속한 사업연도말 현재 부채비율이 동업종 평균의 1.5배 미만일 것
경영성과	① 분할기일이 속한 사업연도에 영업이익, 경상이익 및 당기순이익이 있고, 동 영업이익, 경상이익 및 당기순이익 중 적은 금액이 당해 사업연도말 현재 자기자본의 100분의 5 이상일 것 ② 분할기일이 속한 사업연도에 영업이익, 경상이익 및 당기순이익이 있고, 동 영업이익, 경상이익 및 당기순이익 중 적은 금액이 25억원 이상일 것
자본상태	분할기일이 속한 사업연도말 현재 자본잠식이 없을 것
감사의견	분할기일이 속한 사업연도의 감사의견이 적정일 것
규 정	유가증권상장규정 제15조의 2 제6항

2) 협회등록법인이 비공개법인과 합병 후 분할시 재등록 제한

협회등록법인이 인적분할 또는 인적분할합병을 실시한 후 분할 또는 분할합병으로 인하여 설립된 법인을 재등록할 경우 분할신설법인은 유가증권협회등록규정 제13조 제2항의 요건을 충족할 경우 설립등기일로부터 1개월 이내에 재등록을 신청하여 등록이 이루어지게 된다.

그러나 유가증권협회등록규정 제13조 제2항에서 규정하고 있는 재등록 요건은 유가증권협회등록규정 제5조에서 규정하고 있는 신규등록요건보다 요건이 완화되기 때문에 신규등록요건을 충족하지 못한 비공개법인의 경우 협회등록법인과 합병을 한 후 단기적으로 비공개법인의 영업을 분할 또는 분할합병을 실시하여 신설법인을 재등록함으로써 복잡한 심사절차를 거치지 않고 협회등록을 할 수 있다.

따라서 유가증권협회등록규정은 위와 같이 비공개법인이 협회등록법인과 합병을 한 후 합병기일로부터 3년 내에 인적분할 또는 인적분할합병으로 재등록 신청할 경우 재등록을 신청하는 법인은 일반적인 재등록요건에 다음과 같은 추가적인 요건을 충족하여야 재등록이 가능하도록 규정하고 있다.

(1) 재등록의 일반요건

요 건	내 용
자본금	재등록신청일 현재 자본금이 10억원 이상일 것
감사의견 요건	분할기일이 속한 사업연도말 감사의견 적정일 것
부채비율 요건	설립등기일 현재 부채비율이 100% 이하이거나 동일업종 협회등록법인 평균부채비율의 1.5배 미만일 것. 다만, 동일업종의 협회등록법인의 수가 3사 이하인 경우에는 전체 협회등록법인 평균부채비율의 1.5배미만이어야 하며(금융업 등 영위법인 제외), 금융업 등 영위법인은 적기시정조치상태에 있지 아니하여야 함.
기타 요건	① 명의개서 대행계약 체결할 것 ② 통일규격 유가증권 발행할 것 ③ 회사경영에 중대한 영향을 미칠 수 있는 소송 등의 분쟁사건이 없고, 부도가 발생한 사실이 있었던 경우에는 재등록신청일로부터 6월 전에 그 사유가 해소되었을 것 ④ 주식의 양도제한 규정이 없을 것 ⑤ 액면가액이 100, 200, 500, 1,000, 2,500, 5,000원일 것 ⑥ 최근사업연도말 자산총액이 1천억원 이상인 법인의 경우에는 증권

	거래법 제191조의 12의 규정의 상근감사를 둘 것 ⑦ 증권거래법 제191조의 16에서 정하는 사외이사요건을 충족할 것
질적요건 충족	대상법인이 다음에 해당되지 않을 것 ① 재등록신청서 및 첨부서류의 내용 중 허위의 기재 또는 표시가 있거나 중요한 사항이 기재 또는 표시되지 아니한 경우 ② 유동비율, 당좌비율, 차입금의존도 또는 금융비용부담률 등이 동업계 평균비율보다 불량한 기업으로서 차입금의 구성비율, 자금운용계획 등을 감안할 때 재무적 안정성이 현저히 낮다고 판단되는 경우 ③ 벤처금융의 임・직원이 누구의 명의로 하든지 자기의 계산으로 당해 등록예정벤처기업의 주식 등에 투자한 사실이 있거나 등록주선인의 협회등록업무관련 임・직원이 누구의 명의로 하든지 자기의 계산으로 등록예정법인의 주식 등에 투자한 사실이 있는 경우(모집 또는 매출에 의한 취득, 상속유증 등 불가피한 사유로 취득한 경우, 당해 주식 등을 처분한 후 2년 이상 결과하는 경우 제외) ④ 외부감사인이 작성하는 감사보고서 등 회사경영과 관련된 주요자료가 주주에게 적법하게 공시되지 않거나 재무상태, 경영실적, 특수관계인에 관한 중요사항 등을 적시에 공시할 수 있는 관리조직이 구비되지 않은 경우 ⑤ 관련법령의 위반으로 정상적인 영업활동이 어려운 경우, 관계회사의 부도발생 또는 부도발생 가능성으로 당해 법인의 재무상황에 중대한 위해요인이 있는 경우, 업종의 특성 등 기타 투자자보호를 위하여 협회등록이 현저하게 부적합한 사유가 있는 경우
규 정	유가증권협회등록규정 제13조 제1항 및 제4항

(2) 재등록의 추가요건

요 건	내 용
결산재무제표 확정	분할기일이 속하는 사업연도의 결산재무제표가 확정되었을 것, 다만, 분할기일로부터 사업연도말까지의 기간이 3월 미만인 경우 다음 사업연도의 결산재무제표가 확정될 것
경상이익	분할기일이 속한 사업연도에 경상이익이 있을 것
자본상태	분할기일이 속한 사업연도말 현재 자본잠식이 없을 것(재등록신청일이 속한 사업연도 중 유상증자금액 및 자산재평가에 의하여 자본에 전입할 금액 포함)
최대주주 등의 소유주식비율	① 대상주주: 재등록 신청일로부터 1년 전의 날 현재 최대주주 등 및 5% 이상 보유주주

변동제한	② 변동제한 기간: 재등록 신청일 전 1년 이내 ③ 예 외: 가. 모집의 경우 나. 우리사주조합에 가입한 종업원이 취득한 경우 다. 유상증자시 주주가 주식대금을 납입하지 아니한 경우(다른 주주가 그 실권주식을 취득하지 아니한 경우에 한함) 라. 상속, 유증 및 합병 등에 의한 경우 마. 외국인투자촉진법의 규정에 따라 외국투자가가 그 소유주식의 양도 등을 한 경우(국내 최대주주 등이 변경되지 아니한 경우에 한함) 바. 재등록 신청일부터 3년 이전에 발행된 전환사채권 및 신주인수권부사채권의 행사에 의한 경우 사. 벤처금융 또는 기관투자자가 제3자 배정 유상증자를 통하여 주식을 취득하는 경우 아. 최대주주의 특수관계인 또는 5% 이상 주주가 발행주식총수의 0.1% 미만[1,000주(액면가 5,000원 기준) 한도]의 주식을 양도 또는 양수한 경우 자. 기타 법령상 의무의 이행 등으로 불가피하다고 협회가 인정하는 경우
규 정	유가증권협회등록규정 제13조 제1항 및 제4항

여기서 특히 유의할 점은, 거래소 법인에게 적용되는 유가증권상장규정은 비공개법인이 상장법인과 합병을 한 후 3년 내에 분할할 경우 분할신설법인의 사업부문에 피합병된 비공개법인의 주된 사업부분이 포함된 경우에만 추가적인 요건을 충족하도록 규정하고 있으나, 유가증권협회등록규정에서는 분할신설법인의 사업부문에 피합병된 비공개법인의 주된 사업부분이 포함되는지 여부와 관계없이 분할 또는 분할합병의 기일로부터 3년 내 비공개법인과 합병한 모든 협회등록법인에게 분할기일 또는 분할합병기일이 속한 사업연도의 결산재무제표를 제출하게 하는 등 더 엄격한 요건이 적용된다는 점이다. 다만, 상법상 소규모 합병을 한 후 3년 내 분할, 재등록하는 협회등록법인의 경우에는 위의 요건 중 최대주주 등의 소유주식비율 변동제한요건, 경상이익요건, 결산재무제표 확정요건이 적용되지 않는다.

제3장
회사분할의 법적 유형

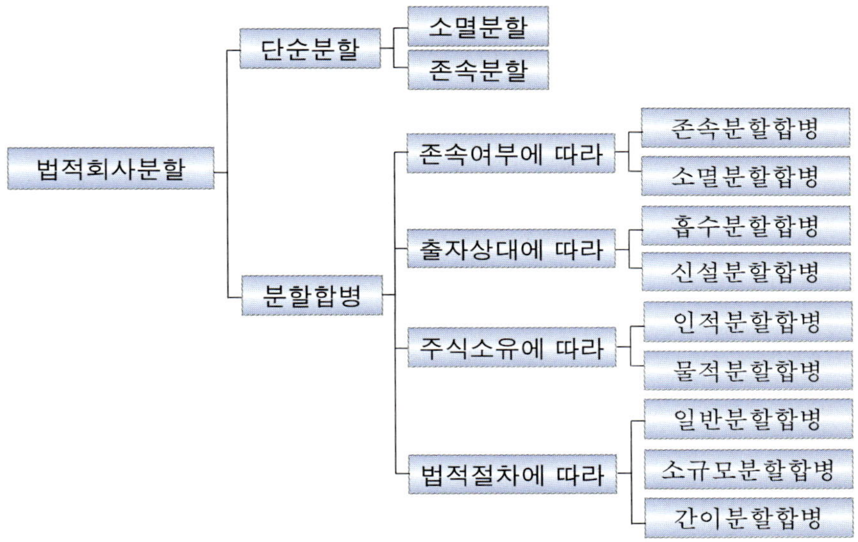

단순분할

회사는 분할에 의하여 1개 또는 수개의 회사를 설립할 수 있다고 규정하고 있으며(상법 제530조의2 제1항) 단순분할은 소멸분할과 존속분할로 구분할 수 있다.

1) 소멸분할

회사가 분할을 목적으로 2개 이상의 신설회사에 재산을 이전하고 청산절차 없이 소멸하는 분할방식으로 반드시 2개 이상의 회사가 신설된다.

신설되는 회사의 자본은 분할회사로부터 분리한 영업재산만으로 구성할 수 있거나, 제3자로부터 출자를 받아 자본을 구성할 수 있다.

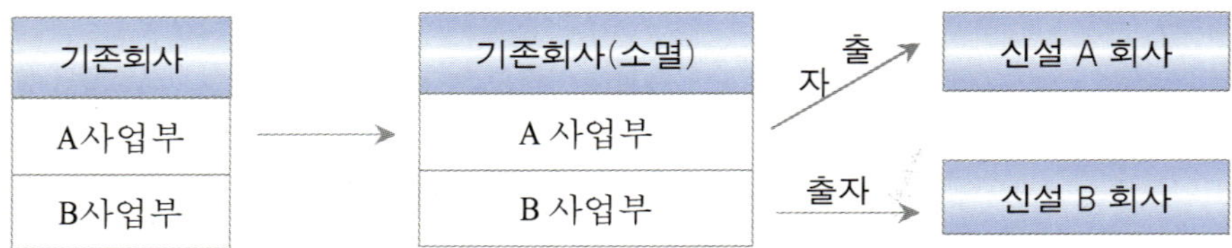

2) 존속분할

분할회사가 사업일부분을 신설회사에 출자(이전)하고 분할회사 자신은 소멸하지 않고 그대로 존속하는 분할방식이다.

분할회사로부터 분리된 영업재산만으로 회사의 자본을 구성할 수 있거나 제3자로부터 출자를 받아 자본을 구성할 수 있다.

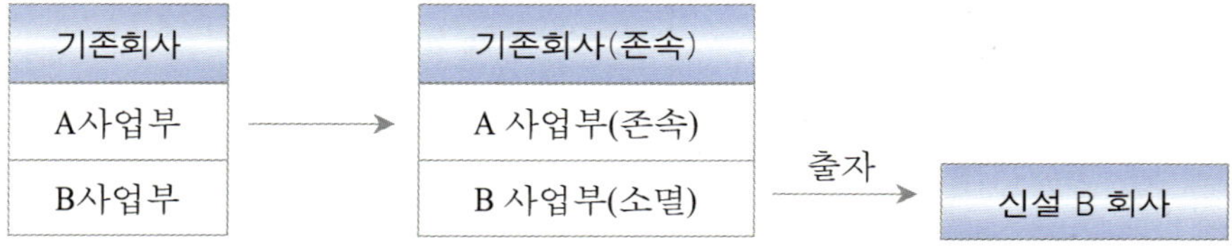

② 분할합병

상법 제530조의 2에서 회사는 자신의 사업부 또는 영업을 몇 개로 분할하여 일부 또는 전부의 사업부문을 기존의 다른 회사와 합병할 수 있다고 하였으며 규정은 아래의 각항과 같다.

- 회사는 분할에 의하여 1개 또는 수개의 존립중의 회사와 합병(이하 "분할합병"이라 한다) 할 수 있고 (상법 제530조의 2 제2항)
- 회사는 분할에 의하여 1개 또는 수개의 회사를 설립함과 동시에 분할합병 할 수 있다. (동조 제3항)
- 해산후의 회사는 존립중의 회사를 존속하는 회사로 하거나 새로 회사를 설립하는 경우에 한하여 분할 또는 분할 합병할 수 있다. (동조 제4항)

1) 존속분할합병과 소멸분할합병

분할합병은 분할의 대상이 되는 기존회사(분할회사)의 존속과 소멸여부에 따라 존속분할합병과 소멸분할합병으로 구분된다.

(1) 존속분할합병

존속분할합병은 분할회사가 자신의 A사업부와 B사업부 가운데 A사업부를 다른 회사에 출자해 합병하고 기존의 분할회사는 계속 존속하는 방식의 분할을 말한다.

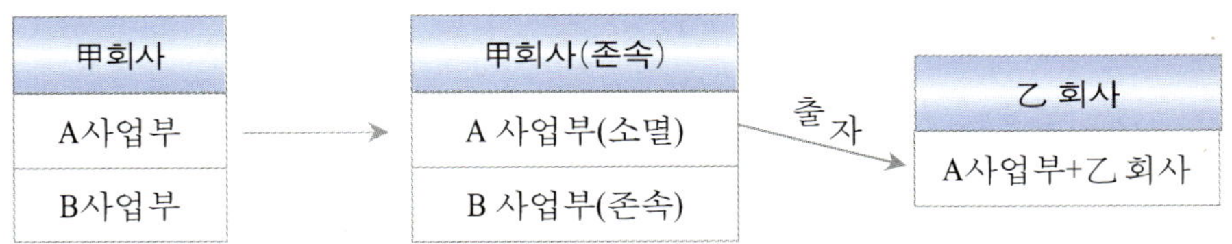

이 경우도 소멸분할합병과 마찬가지로 乙회사는 존속하는 甲회사의 주주에게 합병 乙회사의 신주를 발행하여 교부하여야 한다.

(2) 소멸분할합병

소멸분할합병은 분할회사가 자신의 영업을 A사업부와 B사업부의 2개 이상으로 분할하여 다른 기존의 2개 이상의 회사에 출자하여 합병하고 분할회사 자신은 소멸하는 방식이다.

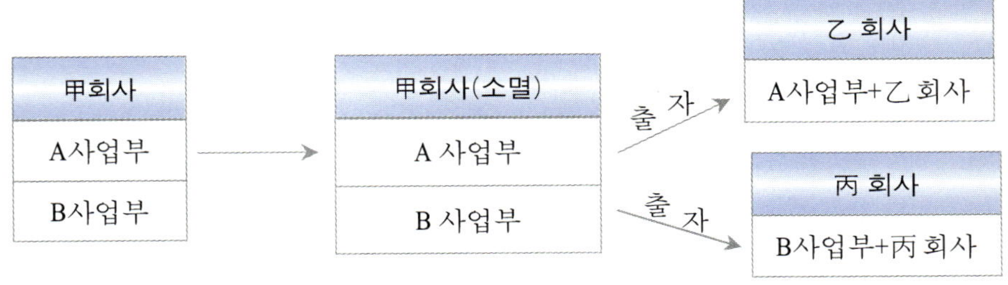

이 경우도 乙과 丙회사는 소멸되는 甲회사의 주주에게 합병乙과 합병丙회사의 신주를 발행하여 교부하여야 한다.

2) 흡수분할합병과 신설분할합병

분할사업부문의 출자 상대에 따라 흡수분할합병과 신설분할합병으로 구분된다.

(1) 흡수분할합병

흡수분할합병은 분할회사의 영업 가운데 일부를 분할하면서 합병상대인 다른 회사에 피흡수되는 방식의 분할합병을 말한다.

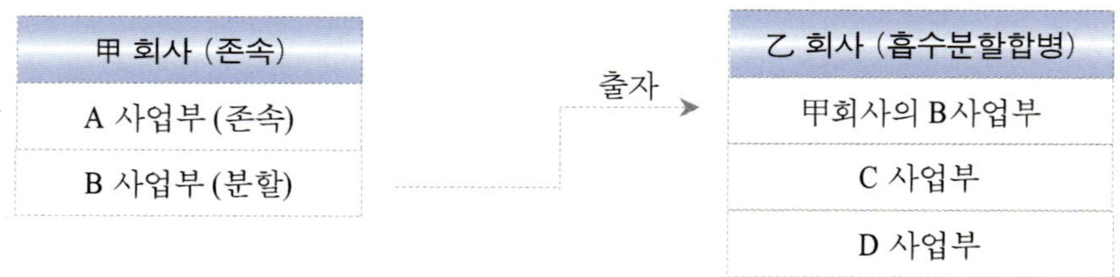

이 결과 甲회사의 B사업부를 분할하여 乙회사에 출자해 흡수되는 합병 형태이며 甲회사는 A사업부만을 운영하며 乙회사는 기존의 C사업부와 D사업부에 甲회사의 B사업부가 더해지는 형태이다.

(2) 신설분할합병

신설분할합병은 분할회사가 자신의 영업을 A사업부와 B사업부의 2개 이상으로 분할하여 다른 기존 회사의 영업과 합병하면서 합병회사를 새로이 신설하는 방법이다.

이 경우 합병상대회사인 다른 기존회사가 존속하는 경우와 소멸하는 경우로 나눌 수 있다.

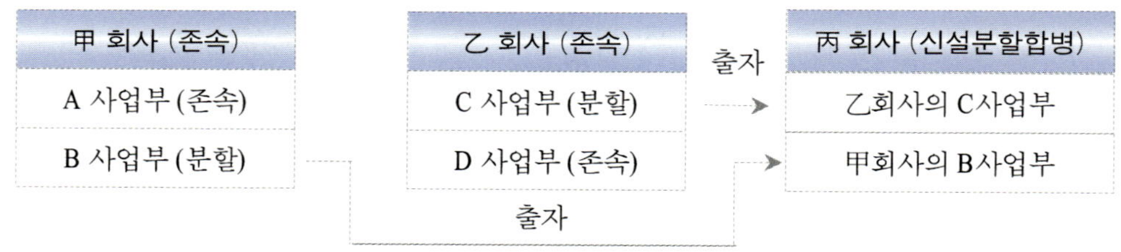

이 결과 A사업부를 운영하는 甲회사와 D사업부를 운영하는 乙회사, B사업부와 C사업부를 신설합병한 丙회사의 3개회사로 다시 재편된다.

다른 한편으로는 신설된 丙회사에 乙회사의 C사업부와 D사업부를 전부 출자하고 乙회사는 소멸하는 방식을 취할 수도 있다.

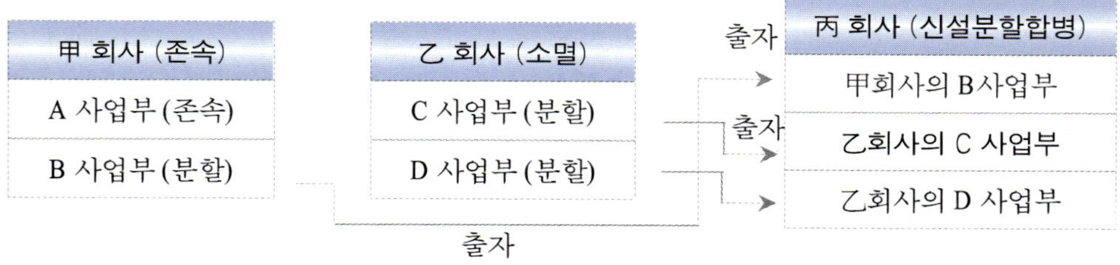

〈 단순분할과 분할합병의 비교 〉

구분	단순분할	분할합병
분할당사 회사	분할회사가 단독적으로 설립	분할회사가 분할한 후 다른 회사와 합병하는 경우로 둘 이상의 회사가 계약에 의함
창립총회	필요 없다	필요
주주총회 승인서류	분할계획서	분할합병계약서
채권자 보호	· 분할회사의 분할 전 채무에 대해서 원칙적으로 분할당사회사가 연대책임을 지므로 채권자 보호절차가 불필요하다. · 주총 특별 결의에 의해 연대책임을 지지 않는 경우에만 채권자 보호절차가 필요하다.	분할당사회사의 연대책임부담 여부와 관계없이 항상 채권자 보호절차를 거친다.
주식매수청구권	불인정	인정
소규모 또는 간이분할합병	불인정	인정
법률상효력발생	분할등기	분할합병등기

③ 분할합병절차

1) 비공개법인의 분할합병 절차

비공개법인의 분할합병절차는 기본적으로 합병편에서 설명한 비공개법인간의 합병절차와 동일하다. 다만 분할합병이라는 사항만 다를 뿐이다. 따라서 합병계약서와 합병승인, 합병기일, 합병등기 등의 모든 절차에 분할합병을 위한 내용이 포함되어지는 것이다. 이와 같은 분할합병을 위해 앞에서 설명한바와 같이 분할합병관련 법률, 회계, 조세문제검토, 분할합병비율 결정, 분할합병 일정 및 절차 확정, 분할합병 계약서 등 관련서류 작성을 위한 사전준비와 검토가 따라야 할 것으로 본다.

절 차	일 정	주요설명	관련규정
분할합병계약서 체결과 합병 이사회결의	D－32	· 분할합병을 하기 위해서는 반드시 법적 사항이 기재된 분할합병계약서를 작성하여 이사회 승인을 얻어야 한다. 또한, 분할합병승인 주주총회소집을 위한 이사회결의는 기간 단축을 위하여 분할합병계약체결을 위한 이사회 결의시 함께 이루어지는 것이 보통이다. · 존속흡수분할합병의 경우 분할합병계약서에 기재할 사항 : 분할되는 회사의 일부가 다른 회사와 합병하여 그 다른 회사(이하 "분할합병의 상대방 회사"라 한다)가 존속하는 경우에는 분할합병계약서에 다음의 사항을 기재하여야 한다. (상법 제530조의6 제1항) －분할합병의 상대방 회사가 분할합병으로 인하여 발행할 주식의 총수를 증가하는 경우에는 증가할 주식의 총수, 종류 및 종류별 주식의 수 －분할합병의 상대방 회사가 분할합병을 함에 있어서 발행하는 신주의 총수, 종류 및 종류별 주식의 수 －분할되는 회사의 주주에 대한 분할합병의 상대방 회사의 주식의 배정에 관한 사항 및 배정에 따른 주식의 병합 또는 분할을 하는 경우에는 그에 관한 사항 －분할되는 회사의 주주에 대하여 분할합병의 상대방 회사가 지급할 금액을 정한 때에는 그 규정 －분할합병의 상대방 회사의 증가할 자본의 총액과 준비금에 관한 사항 －분할되는 회사가 분할합병의 상대방 회사에 이전할 재산과 그 가액 －분할합병을 할 날	상법 제530조의6 제1항

		-분할합병의 상대방 회사의 이사와 감사를 정한 때에는 그 성명과 주민등록번호 -분할합병의 상대방 회사의 정관변경을 가져오게 하는 그 밖의 사항	
주주총회소집 이사회결의	D-32	주주총회소집을 위한 이사회 결의	상법 제362조
주주명부폐쇄 및기준일공고	D-31	분할합병 주주총회에서 의결권 행사를 위한 주주를 확정하기 위하여 주주명부를 폐쇄하거나 기준일을 정하고 주주명부 폐쇄일 또는 기준일의 2주 전에 정관에서 정한 신문에 공고하여야 한다. 이 경우 주주수가 소수 이거나 전체 주주에 대한 통제가 가능한 경우 전체 주주로부터 기간단축동의서를 받아 공고절차를 생략함으로 합병기간을 단축할 수 있다.	상법 제354조
주주명부확정 기준일	D-16	기준일자의 주주명부에 기재된 주주가 주주총회에서 분할합병승인에 대한 의결권을 행사할 주주로 확정된다.	상법 제354조
주주총회소집 공고 및 통지	D-15	주주명부 확정 기간은 주주가 소수이거나 주주에 대한 개별적인 관리가 가능한 비공개법인의 경우에는 그다지 많은 시간이 필요하지 않으나 상장·협회등록법인 또는 주주수가 많아 명의개서대리인 제도를 도입하고 있는 비공개법인의 경우에는 약10일~15일이 소요된다. 주주명부가 확정되면 회사는 주주총회일 2주 전까지 분할합병계약서 승인을 위한 주주총회 소집통지를 하여야 하며 소집통지에는 분할합병의 목적 및 요령, 주식매수청구권 내용 및 행사방법 등을 명시하여야 한다.	상법 제530조의3 제4항
분할합병계약서 및 대차대조표 비치공시	D-15	분할회사와 분할합병의 상대방회사는 아래의 서류를 주주총회일의 2주전부터 분할합병을 한 날 이후 6개월 동안 본점에 비치하여야 하고 영업시간 내에는 항시 주주 및 채권자가 열람하거나 및 복사할 수 있도록 하여야 한다. [분할합병의 주체 / 비치 및 공시 서류] 분할회사: ·분할합병계약서 ·분할되는 부분의 대차대조표	상법 제530조의7

			· 분할합병 상대방회사의 대차대조표 · 분할회사의 주주에게 발행할 주식의 배정에 관하여 그 이유를 기재한 서면	
		분할합병의 상대방회사	· 분할합병계약서 · 분할되는 부분의 대차대조표 · 분할회사의 주주에게 발행할 주식의 배정에 관하여 그 이유를 기재한 서면	
분할합병 반대의사 서면 통지 접수마감	D－1	단순분할의 경우 주식매수청구권이 인정되지 않지만 분할합병의 경우 그 내용이 합병과 동일하므로 주식매수청구권이 인정된다.		상법 제530조의 11
분할합병승인 주주총회	D	분할합병을 위해서는 반드시 분할합병계약서에 대하여 주주총회 특별결의를 득해야 하며 분할합병으로 인하여 어느 종류의 주주에게 손해를 미치게 되는 경우에는 손해를 입는 종류의 주주에 주주총회의 승인을 추가로 득하여야 한다. 주주총회 특별결의 요건은 출석주주 의결권의 2/3 이상의 승인을 득하여야 하며 그 비율이 발행주식총수의 1/3이상이어야 한다.		상법 제530조의3
반대주주 주식매수청구	D	주주총회 결의일로부터 20일 동안 반대주주의 주식매수청구권 행사가 가능하다.		상법 제530조의11
채권자이의제출공고및최고	D+1	상법은 분할합병으로 인한 채권자 보호를 위하여 회사가 분할합병을 결의한 때에는 그 결의가 있는 날로부터 2주간 내에 회사채권자(금융, 상거래 등 모든 채권자 포함)에 대하여 분할합병에 이의가 있으면 1개월 이상의 일정한 기간 내에 이의를 제출할 것을 공고하고 알고 있는 채권자에 대해서는 각별로 최고하도록 규정하고 있다. * 분할에 대한 채권자보호절차는 다음과 같다. · 인적분할: 연대책임시 불필요, 연대책임을 지지 않을 경우 필요 · 물적분할: 연대책임시 불필요, 연대책임을 지지 않을 경우 필요 · 분할합병: 연대책임여부, 분할방법과 관계없이 항상 필요함 · 합 병: 항상 필요함		상법 제530조의11

구주권제출 공고	D+1	인적분할합병의 경우 분할합병 상대방회사와 분할회사의 1주당 합병가액이 서로 상이하여 합병비율이 1:1이 아닌 경우 단주처리 문제 등 절차가 복잡하므로 번거로움을 피하기 위하여 주식병합 또는 분할이 이루어질 수 있다. 주식을 병합 또는 분할하는 경우 분할회사는 1개월 이상의 기간을 정하고 그 기간내에 주권을 분할회사에 제출할 것을 공고하고 주주명부에 기재된 주주와 질권자에 대해서는 개별적으로 통지하여야 한다. 주식병합은 통상 단주를 발생시키게 되어 소액주주의 축출수단으로 악용될 소지가 있으므로 상법은 자본감소의 경우 및 합병, 분할 또는 분할합병의 경우에 한하여 제한적으로 허용하고 있다. · 구분: 주식의 병합 및 구주권 제출공고 · 인적분할: 필요 · 물적분할: 불필요 · 분할합병: 인적분할합병시만 필요 · 합 병: 필요	상법 제530조의11
주식매수청구권행사 기간 만료	D+20	주주총회일로부터 20일이내	상법 제530조의11
채권자이의제출기간만료	D+32	공고일로부터 1개월 이상	상법 제530조의11
구주권제출기간만료	D+32	채권자가 이의신청기간 내에 이의를 제출하지 아니 하는 경우에는 분할합병을 승인한 것으로 간주하고 이의를 제출한 채권자가 있는 때에는 회사는 그 채권자에 대하여 변제, 담보 제공, 재산신탁 등의 별도의 보호절차를 취해야 한다. 한편 인적분할합병시 분할회사의 경우 주식의 병합 또는 분할은 주권제출기간이 만료한 때에 그 효력이 발생하나 채권자 보호절차가 종료되지 아니한 경우 그 종료시에 효력이 발생한다.	상법 제530조의11
분할합병기일	D+33	분할합병기일은 분할회사의 분할사업부문의 자산과 부채가 분할합병의 상대방회사로 이전되고 분할합병 상대방회사의 주식이 분할회사 주주 또는 분할회사에 배정되어 분할합병이 실질적으	

		로 이루어지는 날을 의미한다. 분할합병기일은 분할합병 보고총회에서 분할사업부문의 자산 및 부채 승계내용, 신주발행내용을 보고해야 하므로 구주권 제출기간과 채권자 이의제출기간의 종료일로부터 분할합병 보고총회일 사이가 되도록 일정을 설계하여야 한다.	
분할합병의 보고 총회개최 또는 분할합병의 보고총회 갈음 이사회결의	D+34	상법은 분할합병기간의 단축과 절차의 원활화를 위하여 분할합병 보고총회를 이사회의 결의에 의한 공고로써 갈음할 수 있도록 규정하고 있다. 따라서 실무에서는 특별한 목적사항 없이 분할합병 경과보고만이 목적인 경우 이사회의 결의에 의한 공고로써 분할합병 보고총회를 대체하는 것이 일반적이다. 또한 분할합병보고총회에 대한 기간의 단축을 위하여 통상적으로 분할합병기일 이전에 소집절차를 밟는 것이 관행이며 분할합병 보고총회에서 분할합병의 상대방회사 대표이사는 분할합병에 관한 사항을 보고하여야 하나 보고사항에 대하여 보고총회의 승인을 득할 필요는 없다. * 분할합병 보고총회시 유의해야 할 사항 · 분할회사는 별도의 분할합병 보고총회가 불필요하지만 분할합병의 상대방회사는 합병시의 존속회사와 동일한 지위를 갖게 되므로 분할합병기일 이후 분할합병보고총회를 소집하여 분할합병에 관한 사항을 보고하여야 한다. · 분할합병의 경우 분할합병신주를 배정받게 되는 분할회사 또는 분할회사의 주주도 분할합병 상대방회사는 분할합병보고총회소집시 분할합병신주를 배정받는 분할회사 또는 분할회사의 주주에 대해서도 소집통지를 하여야 한다.	상법 제530조의11
분할합병보고총회를 대체하는 이사회 결의	D+35	분할합병 보고총회를 대체하는 이사회 결의가 이루어진 경우 분할합병의 상대방회사는 통상 이사회 결의 당일 또는 이사회 결의의 다음날에 공고게재 신문에 분할합병 경과를 공고한다.	상법 제530조의11
분할합병등기	D+36	분할 합병(존속흡수인적분할합병, 존속흡수물적분할합병)시 분할회사와 분할합병의 상대방회사는 분할합병으로 자본금이 변경되므로 분할합병보고총회갈음 이사회결의 공고일로부터 본	상법 제530조의11

		점소재지의 경우 2주간 내, 지점소재지에서는 3주간내에 각각 등기를 완료해야 한다. * 분할합병등기시 유의사항 분할합병은 분할회사의 독립된 사업부분이 분할합병의 상대방회사 또는 분할합병으로 설립되는 회사에 현물출자방식으로 이전되므로 상법 제299조의 검사인의 조사, 보고절차가 적용되는지 여부에 대하여 상법과 등기선례 등에 면제한다는 규정이 없으므로 적용된다는 의견이 있으나 실무에서는 등기신청서에 검사인이나 공증인의 조사보고서와 감정인의 감정서를 첨부하지 않고 있다.	
기업결합신고	D+66 이내	분할합병등기일로부터 30일이내 기업결합신고	공정거래법 제12조

2) 공개법인의 분할합병절차

분할합병의 대상에 공개법인이 포함될 경우 분할합병의 상대방회사 또는 분할합병으로 설립된 회사는 공개법인이 되어야 업무진행에 어려움이 없을 것이다. 그렇지 않고 분할합병의 상대방회사 또는 분할합병으로 설립된 회사가 비공개법인이라면 공개법인의 일부 사업부분이 상장 또는 등록 폐지되는 결과가 발생하며 상장 또는 등록주식의 일부분이 환금성을 상실하여 전체 주주가 피해를 볼 수 있으므로 전체 주주 보호절차를 별도로 준비하지 않는 한 분할합병의 주주총회 승인이 이루어지기 어렵고 감독기관에서 신고서를 수리하지 않거나 신고서의 수리에 어려움이 따를 가능성이 높다.

이와 같이 분할합병에 대한 업무의 원활한 진행을 위해 분할합병관련 법률, 회계, 조세문제검토, 분할합병비율 결정, 분할합병 일정 및 절차 확정, 분할합병계약서 등 관련서류 작성과 금융감독위원회와 증권거래소 또는 협회 담당자와 사전협의를 통해 준비를 철저히 할 필요가 있다.

<table>
<tr><th>절 차</th><th>일정</th><th>주 요 설 명</th><th>관련규정</th></tr>
<tr><td>비공개법인의 기업등록</td><td>D－2월전</td><td>등록 후 2개월 경과 후 분할합병주주총회 가능</td><td>증권거래법 제190조</td></tr>
<tr><td>외부평가기관과 평가계약체결</td><td>D－48</td><td>평가기관선정시 금감위, 거래소 또는 협회에 신고</td><td>발행・공시규정 제83조</td></tr>
<tr><td>분할합병계약체결 및 이사회결의</td><td>D－41</td><td>이사회 승인 후 당사회사 대표이사가 분할합병계약체결</td><td>상법 제530조의 3</td></tr>
<tr><td>이사회결의 신고・공시</td><td>D－41</td><td>공개법인이 분할합병에 대한 이사회 결의를 한 경우에는 그 결의내용을 지체없이 금감위, 거래소 또는 협회에 신고하여야 한다.
<table>
<tr><th>구분</th><th>상장법인</th><th>협회등록법인</th></tr>
<tr><td>시기</td><td>이사회 결의일 당일</td><td>좌동</td></tr>
<tr><td>장소</td><td>금감위, 거래소</td><td>금감위, 협회</td></tr>
<tr><td>규정</td><td>유가증권의 발행 및 공시 등에 관한 규정 제69조 제1항 제17호
상장법인공시규정 제4조 제1항 제12호</td><td>유가증권의 발행 및 공시 등에 관한 규정 제69조 제1항 제17호
협회중개시장공시규정 제6조 제1항 제2호 아목</td></tr>
</table>
* 발행・공시규정: 유가증권의 발행 및 공시 등에 관한 규정</td><td></td></tr>
<tr><td>공개법인주권의 일시적인 매매거래 정지</td><td>D－41</td><td>공개법인의 주가 및 거래량에 중요한 영향을 미칠 수 있는 사항이 결의된 경우 주가에 대한 충격을 완화하기 위하여 당해 이사회 결의에 대한 공시가 있을 경우 일시적으로 매매거래를 정지하고 있다.
<table>
<tr><th>공시시간</th><th>매매거래정지기간</th></tr>
<tr><td>매매거래 정지 기준</td><td>분할합병에 대한 신고・공시 시점</td></tr>
<tr><td>매매거래 정지시간 90분 이전(13:30 이전)</td><td>공시시점으로부터 1시간 동안</td></tr>
<tr><td>매매거래 정지시간 90분 이후 (13:30~15:00)</td><td>공시시점으로부터 매매거래 정지시간까지</td></tr>
</table></td><td>상장법인공시규정 제20조의 2, 동세칙 제9조
협회등록법인 공시규정 제27조 제1항 제2호, 동세칙 제10조 제1항 제2호</td></tr>
</table>

		매매거래 정지시간 이후(15:00 이후) / 매매거래 정지 없음.	
분할합병신고서 제출	D－41	주주명부폐쇄 및 기준일 공고 전일까지	발행·공시규정 제93조
주주총회소집 이사회 결의	D－41	주주총회소집은 이사회 결의사항	상법 제362조
주주명부폐쇄 및 기준일 공고	D－40	주주명부확정기준일 2주 전 공고	상법 제354조
주주명부확정 기준일	D－25	기준일자의 주주명부에 등재된 주주가 분할합병주주총회에서 합병승인에 대한 의결권을 행사할 주주로 확정된다.	상법 제354조
주주총회소집공고및통지	D－15	분할합병결의를 위한 주주총회소집을 위한 공고및 통지시 분할합병당사회사는 투자자보호를 위하여 다음의 내용을 공고 및 통지 하여야 한다. · 분할합병의 목적, 방법, 요령 · 분할합병비율 및 그 산출근거 · 분할합병비율에 대한 외부평가기관의 평가 의견 요약 · 주식매수청구권의 내용과 그 행사방법 · 분할합병신고서를 금감위에 제출한 사실 및 시기 · 기타 투자자보호를 위하여 필요한 사항 등	유가증권의 발행 및 공시 등에 관한 규정 제94조 제3항
주주총회소집통지 및 공고비치	D－15	공개법인이 주주총회소집 통지 또는 공고를 하는 경우에 다음의 사항을 통지 또는 공고하여야 하는데, 증권거래법 제191조의 10, 증권거래법시행령 제84조의 17 및 유가증권의 발행 및 공시 등에 관한 규정 제73조의 규정에 의하여 정보통신망에 게재하고 비치하여 일반인이 열람할 수 있도록 함으로써 통지 또는 공고에 갈음할 수 있다. · 정보통신망에 게재하여야 할 내용 · 사외이사 등의 이사회 출석률, 이사회 의안에 대한 찬반여부 등 활동내역과 보수에 관한 사항 · 최대주주 등과의 거래내역 중 단일 거래규모가 일정규모(최근 사업연도말 현재 자산 또는 매출총액의 1%) 이상인 거래 및 당해	증권거래법 제191조의 10

		사업연도 중 특정인과 당해 거래를 포함한 거래총액이 일정규모(최근 사업연도말 현재 자산 또는 매출총액의 5%) 이상인 거래 · 사업개요(업계 및 회사현황) 및 주주총회의 목적사항별 참고서류 · 분할합병의 참고서류 · 분할합병의 목적 및 경위 · 분할합병계약서의 주요내용의 요지 · 분할합병당사회사의 최근 사업연도의 대차대조표 및 손익계산서 · 비치장소 · 주권상장법인 또는 협회등록법인의 본점 및 지점 · 명의개서 대행회사 · 금감위, 거래소 또는 협회 * 참고서류는 유가증권의 발행 및 공시 등에 관한 규정 제137조 제3항 제13호 참조	
분할합병계약서, B/S 비치 공시	D－15	주주총회 2주 전부터 분할합병을 한 날이후 6월간	상법 제530조의7
반대의사 서면통지 접수마감	D－1	분할합병 반대의사 서면통지 접수마감은 소집통지일로부터 주주총회 전일까지	상법 제530조의 11
분할합병승인 주주총회 개최	D	주주총회 특별결의	상법 제530조의 3
반대주주 주식매수청구시작	D	주주총회일로부터 20일 이내 청구	상법 제530조의 11
분할합병주주총회 결과 보고	D	금융감독위원회와 증권거래소 또는 협회에 신고	발행 · 공시 규정 제69조
채권자 이의 제출 공고 및 최고	D+1	주주총회일로부터 2주 이내 공고, 공고기간 1개월 이상	상법 제530조의 11
주식 병합 및 구주권 제출 공고	D+1	주주총회일로부터 2주 이내 공고, 공고기간 1개월 이상	상법 제530조의 11
주식매수청구권 행사기간 만료	D+20	주주총회일로부터 20일 이내	상법 제530조의 11

주식매수청구서류 제출	D+20	상장법인은 주식매수청구가 있을 때에는 매수를 청구한 주주, 주식의 종류, 주식의 수, 매수가격의 결정이 있을 때에는 그 매수가격 및 결정방법에 관한 사항을 문서로 금감위와 거래소에 제출하도록 규정하고 있다. 협회등록법인의 경우에는 상장법인과 같은 주식매수청구 서류 제출에 대한 명백한 규정은 없으나 유가증권의 발행 및 공시 등에 관한 규정 제69조 제1항 제20호 및 협회중개시장공시규정 제6조 제1항 제8호에 의거 반대주주의 주식매수청구에 관한 사항이 투자자의 의사결정에 중대한 영향을 미칠 것으로 판단되면 금감위와 협회에 관련 서류를 제출하여야 할 것이다.	상장규정 제20조 제1항
신주상장 등록신청	D+29 (분할합병등기 1주일 전까지)	공개법인이 비공개법인과의 흡수분할합병으로 인하여 합병신주를 발행할 경우 공개법인 주식의 수량이 증가하므로 신주상장(등록)신청을 하여야 한다. 신주상장(등록)의 방법으로는 신주권을 교부한 후 합병신주를 상장(등록)하는 방법인 신주교부상장(등록)과 신주권을 교부하지 않고 예탁자계좌부기재확인서에 의하여 상장(등록)하는 권리상장(등록)방법이 있다. 위의 방법 중에서 신주교부상장(등록) 방법은 합병신주교부에 시간이 소요되므로 실무에서는 신주상장(등록)일을 단축하기 위하여 합병신주교부절차 없이 예탁자계좌부기재확인에 의하여 상장(등록)을 하는 권리상장(등록)방법을 주로 사용한다. 공개법인의 신주상장의 절차는 예탁자계좌부기재확인서를 제외한 제출서류를 준비하여 분할합병등기일의 1주일 전까지 신주상장신청을 하고 예탁자계좌부기재확인서가 확정되는 대로 거래소에 제출한다. 신주의 상장은 예탁자계좌부기재확인서의 제출일로부터 2거래일 후 이루어진다. 한편, 협회등록법인의 경우에는 분할합병등기일로부터 1개월 이내에 신주등록신청을 하	

도록 규정하고 있으나 실무에서는 예탁자계좌부기재확인서를 제외한 제출서류를 준비하여 분할합병등기 후 최대한 빨리 신주등록신청을 하고 예탁자계좌부기재확인서는 분할합병기일로부터 약 10일~15일이면 확정되므로 예탁자계좌부기재확인서가 확정되는 대로 코스닥위원회에 제출한다.

신주등록은 예탁자계좌부기재확인서의 제출 후 5거래일에 이루어진다.

구분	상장법인	협회 등록법인
신청 시기	· 효력발생일 1주 전까지 거래소에 신주상장신청서와 첨부서류를 제출	· 사유발생일로부터 1월 이내에 변경(추가)등록신청서와 첨부서류를 협회에 제출
제출 서류	· 비공개법인 최대주주 등이 소유하는 주식의 계속보유 확약서 · 주권비상장법인의 최대주주 등이 소유하는 주식 등의 보호예수증명서 · 신주의 발행일정표(신주상장신청서 제출 이후 일정변경 등 주요사항의 변경이 있는 경우 즉시 이를 거래소에 신고) : 신주상장신청서 제출시 · 법인등기부등본 : 변경등기 후 지체없이 · 주권의 견양, 예	· 이사회의사록 또는 주주총회의사록 사본 2부 · 법인등기부등본 2부 · 발행된 주권의 권종별 견양 각 2매 또는 예탁자계좌부기재확인서로(변경(추가)등록신청서 제출일로부터 20일 이내에 제출) · 계속보유의무자의 계속보유확약서 각 2부 · 분할합병을 증빙하는 서류 각 2부 · 변경(추가)등록수수료 납부영수증

			탁자계좌부기재확인서 또는 명의개서대행회사가 발행한 주권불발행확인서: 상장 전일까지 · 그밖에 거래소가 상장심사상 필요하다고 인정하는 서류: 지체없이 → 이사회 의사록 및 주주총회의사록 사본 → 신주상장수수료 납부영수증		
		신주상장(등록)일	· 예탁자계좌부기재확인서 제출 후 2거래일	· 예탁자계좌부기재확인서 제출 후 5거래일	
		규정	· 유가증권상장규정 제9조 제1항 내지 제2항, 제50조 제1항 · 유가증권상장규정시행세칙 제5조의3	· 유가증권협회등록규정 제14조 · 유가증권협회등록규정시행세칙 제13조	
채권자이의제출 기간 만료	D+32	공고일로부터 1개월 이상			상법 제530조의 11
구주권 제출 기간 만료	D+32				
분할합병기일	D+33	분할합병기일은 분할회사의 분할사업부문의 자산과 부채가 분할합병의 상대방회사로 이전되고 분할합병 상대방회사의 주식이 분할회사 주주 또는 분할회사에 배정되어 분할합병이 실질적으로 이루어지는 날을 의미한다.			
보고총회 갈음 이사회 결의	D+34	분할합병보고 총회 대체			상법 제530조의 11

보고총회갈음 이사회 결의공고	D+35	분할합병 보고총회를 대체하는 이사회 결의가 이루어진 경우 분할합병의 상대방회사는 통상 이사회 결의 당일 또는 이사회 결의의 다음날에 공고게재 신문에 분할합병 경과를 공고한다.	상법 제530조의11
분할합병등기	D+36	분할합병보고총회 갈음 이사회결의 공고일로부터 본점: 2주 내, 지점: 3주 내	
분할합병종료 보고서제출	D+36	분할합병등기가 완료되면 상장법인은 금감위와 거래소에 협회등록법인은 금감위와 협회에 즉시 분할합병종료보고서를 제출하여야 한다.	발행 · 공시 규정 제94조
최대주주등의 소유주식변동 상황 보고	소유주식 변동 즉시	상장법인 최대주주 등의 소유주식수에 변동이 있는 경우에는 소유주식수의 변동즉시 소유주식변동상황을 거래소에 보고해야 한다.	유가증권상장 규정 제26조
임원 · 주요주주 주식소유 상황보고	10일 이내	임원 · 주요주주의 주식소유상황보고는 임원 주요 주주가 된 날부터 10일 이내에 임원 · 주요주주 주식소유상황보고를 한다.	증권거래법 제188조 제6항
임원 · 주요주주 주식소유 변동상황보고	다음달 10일까지	임원 · 주요주주의 주식소유 변동 상황보고는 변동일의 다음달 10일까지 증선위, 거래소 또는 협회에 보고한다.	증권거래법 제188조 제6항
주식매수청구 대금 지급	D+50 내	매수청구기간 종료일로부터 1개월 이내 지급	증권거래법 제191조
기업결합신고	D+66 내	분할합병 등기일로부터 30일이내	공정거래법 제12조

제4장
회사분할의 소유구조 유형과 분할절차

회사분할은 하나의 회사의 재산을 2개 이상으로 분할하면서 새로운 회사를 신설하거나 기존의 다른 회사와 분할합병하는 형태를 말한다.

이 경우 신설회사 또는 합병상대회사의 신주를 교부하는 방식에 따라 물적분할과 인적분할로 구분한다.

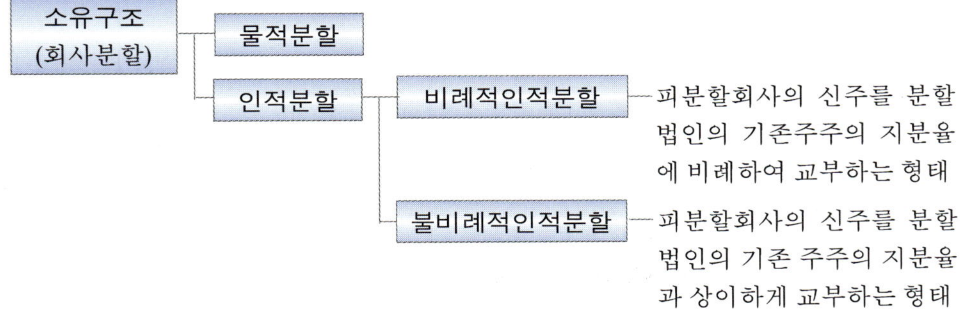

물적분할의 의미와 효과

1) 의미

- 상법 제530조의 12(물적분할)에서 규정하는 물적분할은 분할회사가 존속하면서 분할신설법인 또는 합병상대회사(이하 '피분할회사'라 한다)가 발행하는 신주를 분할회사가 100% 소유하는 형태의 분할로 분할회사의 기존 주주들은 신설회사 또는 합병 상대회사의 신주를 소유하지 않는 형태의 분할이다.
- 분할회사는 신설회사 또는 합병상대회사에 대한 지분가치를 가지게 되어 분할회사의 기업가치가 상승하는 효과가 있어 분할회사의 기존주주들은 분할전의 분할회사에 대한 주식지분가치를 그대로 유지하게 된다.

- 물적분할은 분할된회사를 자회사 형태로 소유하게 되어 자회사에 대한 기업지배권을 가지게 된다.

2) 물적분할의 효과

- 분할회사의 자회사 형태로 운영되기 때문에 독립경영에 저해가 되고 효율적인경영에 어려움이 따를 수 있다.
- 물적분할은 기업집단을 형성하거나 지주회사를 만드는 전략으로 활용될 수 있다.
- 물적분할은 코스닥시장에 등록을 원할 경우 일반기업과 동일한 절차를 수행해야 한다.

다음은 국내기업의 물적분할 사례를 정리한 것으로 존속회사와 신설회사의 분할방법과 분할목적을 정리하였다.

사례

물적분할사례

일자	존속회사	신설회사	분할방법	목적
2004.4.6	㈜서광건설산업	㈜서광알앤씨	물적분할	경영합리화 추구
2004.4.2	나라엠앤디㈜	나라플라테크㈜(가칭)	물적분할	사업부문별 경쟁력을 강화하고 전문화된 사업영역에 기업의 역량을 집중하여 경영효율성을 기하고자 함.
04.12.30	㈜명진아트	㈜투데이아트	물적분할	사업부문의 동반부실을 방지하고 수익사업에 회사의 핵심역량을 집중
04.12.06	㈜이니시스	㈜온켓	물적분할	경쟁력 확보 및 주주가치 증대
04.09.14	㈜모토조이	㈜엠제이텔레메틱스	물적분할	사업의 집중력 제고와 성정잠재력 확보, 주주가치 극대화
03.12.08	선창산업㈜	선창 ITS ㈜	물적분할	사업부문별 경쟁력을 강화하고 경영효율화와 경영위험의 분산을 기하고자 함
03.11.15	㈜ 인테크	㈜ 인테크 가구	물적분할	사업부문별 경쟁력을 강화하고 전문화된 사업영역에 기업의 역

				량을 집중하여 효율화를 기하고 자 함.
03.11.13	㈜이지클럽	㈜넥시즈(가칭)	물적분할	각 사업부문의 책임경영 및 부문별 역량 집중을 통한 경쟁력 확보
03.10.15	동화홀딩스㈜(가칭)	동화기업㈜(가칭) 동화케미칼㈜(가칭)	물적분할	핵심사업 중심으로 선택과 집중전략을 추구하고 사업고도화를 실현하는데 있음.
03.08.01	대아건설㈜	㈜온양관광호텔	물적분할	사업부문별 경쟁력을 강화하고 전문화된 사업영역에 기업의 역량을 집중하여 효율화를 기하고자 함
03.03.31	영창악기제조㈜	영창테크㈜(가칭)	물적분할	전자악기의 전문성을 강화하여 책임경영체제을 도입
99.7	한화종합화학(한화석유화학)	한화종합화학	물적분할	시장경쟁심화극복, 비수익부문정리, 분할을통한 선택과 집중

물적분할 절차

1) 비공개 법인의 절차

비공개법인의 물적분할 절차를 위한 사전준비를 위해 분할대상의 자산 및 부채확정, 이전되는 자산평가, 분할관련 법률, 회계, 조세문제 검토, 분할일정 및 절차확정, 분할계획서 등 관련서류작성, 분할회사의 정관변경사항확정, 분할신설회사의 정관, 임원 등의 확정이 필요하다. 기타 물적분할을 위한 유의사항은 뒷편의 물적분할과 인적분할의 비교표를 참고한다.

절 차	일정	설 명	관련규정
분할 이사회 결의	D－32	대표이사가 분할계획서를 작성한 후 이사회 승인결의	
주주총회 소집 이사회 결의	D－32	주주총회소집은 이사회 결의사항	상법 제362조
주주명부 폐쇄 및 기준일 공고	D－31	명부확정기준일 2주 전 공고	상법 제354조

주주명부확정 기준일	D－16	기준일자의 주주명부에 등재된 주주가 분할 주주총회에서 물적분할승인에 대한 의결권을 행사할 주주로 확정된다.	상법 제354조
주주총회 소집 공고 및 통지	D－15	주주수가 적은 비공개법인의 경우 주주명부 확정에 많은 시간이 소요되지 않아 일반적으로 주주명부 확정기준일 다음날에 주주총회 소집공고 및 통지가 가능하나, 주주수가 많거나 명의개서 대리인 제도를 도입하고 있는 비공개법인의 경우 주주명부 확정기간이 약10일에서 약 10일에서 15일 정도 소요된다.	상법 제530조 3 제4항
분할 대차대조표 등 공시	D－15	주주총회 2주 전부터 분할등기를 한 날 이후 6개월간	상법 제530조의 7
분할승인 주주총회 개최	D	주주총회 특별결의	상법 제530조의 3
채권자 이의제출 공고 및 최고	D+1	물적분할의 경우 자본감소 절차가 없으므로 구주권 제출절차가 불필요하다. 반면 채권자 보호절차는 인적분할과 마찬가지로 분할회사와 분할신설회사가 분할전 채무에 대하여 연대책임을 부담하는 경우에는 채권자 보호절차가 불필요하나 연대책임을 부담하지 않는 경우에는 반드시 채권자 보호절차가 필요하다. 상법은 물적분할로 인한 채권자를 보호하기 위하여 주주총회에서 물적분할을 결의한 경우 그 결의가 있는 날로부터 2주 내에 회사채권자(금융, 상거래 등 모든 채권자 포함)에 대하여 물적분할에 이의가 있으면 1개월 이상의 일정한 기간 내에 이의를 제출할 것을 공고하고, 알고 있는 채권자에 대해서는 각 채권자별로 최고하도록 규정하고 있다.	상법 제527조의 5
채권자 이의제출 만료	D+32	공고일로부터 1개월 이상	상법 제527조의 5
분할기일	D+33	실질적인 분할일	
분할보고 총회 갈음 이사회 결의	D+34	분할보고주주총회 대체	상법 제530조의 11
분할보고 총회 갈음 이사회 결의 공고	D+35	공고게재 신문에 공고	상법 제530조의 11
분할신설법인의 설립등기	D+36 이내	분할보고총회 갈음 이사회 결의공고일로부터 본점: 2주 내, 지점: 3주내	비송사건 절차법 제216조의2

기업결합 신고	D+66 이내	특수관계자(공정거래법시행령 제11조)를 포함하여 자산총액 또는 매출총액이 1천억원 이상인 회사가 분할을 실시하여 다른 회사 발행주식총수의 20%(상장법인 또는 협회등록법인의 경우 15% 이상)을 소유하게 되는 경우에는 분할신설법인의 설립 등기일로부터 30일 내에 기업결합신고를 하여야 한다.	공정거래법 제12조

2) 공개법인의 절차

공개법인의 물적분할을 위한 사전준비를 위해 비공개법인의 물적분할절차와 마찬가지로 분할대상 자산 및 부채확정, 이전되는 자산평가, 분할관련 법률, 회계, 조세문제 검토, 분할신설법인 재상장요건 검토, 분할일정 및 절차확정, 분할계획서 및 분할신고서 등 관련서류작성, 분할법인의 정관변경사항확정, 분할신설법인의 정관, 임원 등의 확정이 필요하고 더불어 금융감독원과 거래소 또는 협회 담당자와의 사전협의가 필요하다.

절 차	일정	설 명	관련규정
분할 이사회 결의	D－41	대표이사가 분할계획서를 작성한 후 이사회 승인결의	상법 제530조의 3
분할 이사회 결의 공시	D－41	금감위, 거래소 또는 협회 신고	발행・공시 규정 제69조
일시적인 매매거래 정지	D－41	주요내용 공시관련 매매거래 정지	상장법인공시 규정 제20조의 2, 협회등록법인 공시규정 제27조
분할신고서 제출	D－41	주주명부폐쇄 및 기준일 공고 전일까지	발행・공시 규정 제93조
주주총회소집 이사회 결의	D－41	주주총회소집은 이사회 결의 사항	상법 제362조
주주명부폐쇄 및 기준일 공고	D－40	명부확정기준일 2주 전 공고	상법 제354조
주주명부확정 기준일	D－25	기준일자의 주주명부에 등재된 주주가 분할 주주총회에서 물적분할승인에 대한 의결권을 행사할 주주로 확정된다.	상법 제354조
주주총회 소집 공고 및 통지	D－15	분할계획서 요령기재 및 분할신고서 요약	발행・공시 규정 제94조

주주총회 소집 통지 및 공고비치	D－15	정보통신망에 게재하고 금감위에 비치	증권거래법 제191조의 10
분할 대차대조표 등 공시	D－15	주주총회 2주 전부터 분할등기를 한날 이후 6월간	상법 제530조의 7
분할승인 주주총회 개최	D	주주총회 특별결의	상법 제530조의 3
분할주주총회 결과 보고	D	금감위, 거래소 또는 협회	발행・공시 규정 제69조
채권자 이의제출 공고 및 최고	D+1	물적분할의 경우 자본감소 절차가 없으므로 구주권 제출절차가 불필요하다. 반면 채권자 보호절차는 인적분할과 마찬가지로 분할회사와 분할신설회사가 분할전 채무에 대하여 연대책임을 부담하는 경우에는 채권자 보호절차가 불필요하나 연대책임을 부담하지 않는 경우에는 반드시 채권자 보호절차가 필요하다. 상법은 물적분할로 인한 채권자를 보호하기 위하여 주주총회에서 물적분할을 결의한 경우 그 결의가 있는 날로부터 2주 내에 회사채권자(금융, 상거래 등 모든 채권자 포함)에 대하여 물적분할에 이의가 있으면 1개월 이상의 일정한 기간 내에 이의를 제출할 것을 공고하고, 알고 있는 채권자에 대해서는 각 채권자별로 최고하도록 규정하고 있다.	상법 제527조의 5
채권자 이의제출 기간 만료	D+32	공고일로부터 1개월 이상	상법 제527조의 5
분할기일	D+33	실질적인 분할일	
분할보고총회 갈음 이사회 결의	D+34	분할보고주주총회 대체	상법 제530조의 11
분할보고총회 갈음 이사회 결의 공고	D+35	공고게재신문에 공고	상법 제530조의 11
분할신설법인의 설립등기	D+36 이내	보고총회 갈음 이사회 결의공고일로부터 본점: 2주 내, 지점: 3주 내	비송사건절차법 제216조의 2
분할종료보고서 제출	D+36 이내	분할 등기 후 지체 없이 종료보고서 제출	발행・공시 규정 제94조
기업결합 신고	D+66 이내	분할신설법인의 설립등기일로부터 30일 이내에 기업결합 신고를 한다.	공정거래법 제12

인적분할의 의미와 효과

1) 인적분할의 의미

- 인적분할은 신설회사 또는 분할상대 회사가 발행한 신주를 분할회사의 기존 주주들이 100%의 주식을 소유하는 형태의 분할방식이다.
- 초기의 피 분할회사에 대한 주주는 기존의 분할회사 주주와 동일하지만 향후 주식거래를 통해 피 분할 회사의 주주 구성이 변하게 되므로 분할회사와 경제적으로 독립형태를 가지게 되고 경쟁관계에 놓일 수 있다.

2) 인적분할의 효과

- 신설회사 또는 분할상대회사의 일반요건을 충족시킬 때 즉시 코스닥시장에 등록 할 수 있다.
- 비효율적인 사업부문을 신설법인화 함으로써 역시너지(reverse synergy) 효과를 제거하고 모기업의 기업가치를 재평가 받을 수 있는 기회를 제공할 수 있다.
- 기업을 분할설립하게 되면 모기업(분할회사)과 신설기업(피분할회사)의 자본구조와 영업활동은 서로 달라지고, 또 분할설립된 신설기업은 모기업의 위험으로부터 독립관계를 가지게 되어 효율적 경영을 할 수 있다. 그러므로 기업의 여러 영업부문 중에서 상대적으로 위험이 매우 높은 영업부문이 있으면 이를 분할설립함으로써 모기업의 위험을 축소시킬 수 있을 것이다.
- 비효율적인 사업부문에 대해 분할설립시킴으로써 시장에서 불안정한 요인을 제거하여 안정적인 경영능력을 확보하게 되는 효과를 얻게 될 수 있다.

다음은 국내기업의 인적분할사례를 정리한 것으로 존속회사와 신설회사의 분할방법과 분할의 목적을 정리하였다.

사례

인적분할사례

일자	존속회사	신설회사	분할방법	목적
04.04.01	주식회사 STX	STX엔진 주식회사(가칭)	인적분할	엔진사업부문과 투자사업부문을 분리
04.01.03	동국산업㈜	동국내화㈜	인적분할	업종전문화 및 핵심역량강화를 추구하여 사업고도화를 실현
04.01.02	㈜세신	㈜세신버팔로	인적분할	수공구 사업부문의 집중 육성, 각 사업부별 자생력 강화
03.12.16	㈜로커스	㈜ 로커스테크놀로지스(가칭)	인적분할	기업지배구조의 투명성을 확립하고 주주가치를 극대화
03.12.03	㈜스타코	㈜스타콤(가칭)	인적분할	기업가치 극대화
03.11.12	㈜원익	㈜원익쿼츠 (가칭)	인적분할	전문성을 강화하고 경영효율성을 제고
03.07.12	㈜농심	㈜농심홀딩스 (가칭)	인적분할	각 사업부문이 독립적으로 고유사업에 전념토록 하고, 책임경영체제를 확립.
03.06.19	㈜더존디지털웨어	㈜더존이앤씨 (가칭)	인적분할	매출 및 수익성을 제고 시키고, 전문적인 ERP사업과 자금유치를 통하여 독자적인 경영기반을 확보
01.12.	아이텍스필	아이텟필	인적분할	경쟁력 향상, 전문화
01.12.	코오롱상사	코오롱인터, 코오롱 CI	인적분할	투자자산의 효율적 관리
01.08.	미창	피엠케이	인적분할	외자유치와 양피사업 경쟁력 확충, 사업영역 전문화
01.04.	LG화학 (LGCI)	LG화학, LG생활건강	인적분할	핵심사업선택과 집중, 다양한 사업부에 따른 기업가치저평가 탈피, 기업지배구조 투명성

 인적분할 절차

1) 비공개법인의 절차

비공개 법인의 인적분할 절차를 위한 사전준비를 위해 분할대상의 자산 및 부채 확정, 인적분할관련 법률, 회계, 조세문제 검토, 분할일정 및 절차확정, 분할계획서 등 관련서류 작성, 분할회사의 정관변경사항 확정, 분할신설회사의 정관, 임원 등의 확정이 필요하다. 기타 인적분할을 위한 유의사항은 뒷편의 물적분할과 인적분할의 비교표를 참고한다.

절 차	일정	설 명	관련규정
분할 이사회 결의	D－32	분할계획서는 분할을 위한 중요한 서류로서 분할회사가 작성하여 이사회 및 주주총회의 승인을 거쳐 그 효력이 발생하게 된다. 분할계획서에는 분할 후 회사가 존속하는 분할회사와 분할에 의하여 회사를 설립하는 분할신설회사로 구분하여 분할과 관련된 절차, 자산 및 부채의 이전, 신규회사 설립, 분할 대가 등의 내용이 기재된다. 기업분할은 분할계획서에 기재된 내용에 따라 이행되어야 하며 절차나 내용이 분할계획서와 상이하게 진행될 경우 분할무효의 원인이 될 수 있다. 이러한 분할계획서의 내용을 정리 하면 다음과 같다. ① 분할후 회사가 존속하는 분할회사의 경우에는 분할계획서에 다음의 사항을 기재하여야 한다. · 감소할 자본과 준비금의 액 · 자본감소의 방법 · 분할로 인하여 이전할 재산과 그 가액 · 분할후의 발행주식의 총수 · 회사가 발행할 주식의 총수를 감소하는 경우에는 그 감소할 주식의 총수, 종류 및 종류별 주식의 수 · 정관변경을 가져오게 하는 그 밖의 사항 ② 분할에 의하여 회사를 설립하는 분할신설회사의 경우에는 분할계획서에 다음의 사항을 기재하여야 한다.	상법 제530조의 5 제1항, 제2항

		· 설립되는 회사의 상호, 목적, 본점의 소재지 및 공고의 방법 · 설립되는 회사가 발행할 주식의 총수 및 1주의 금액 · 설립되는 회사가 분할 당시에 발행하는 주식의 총수, 종류 및 종류별 주식의 수 · 분할되는 회사의 주주에 대한 설립되는 회사의 주식의 배정에 관한 사항 및 배정에 따른 주식의 병합 또는 분할을 하는 경우에는 그에 관한 사항 · 분할되는 회사의 주주에게 지급할 금액을 정한 때에는 그 규정 · 설립되는 회사의 자본과 준비금에 관한 사항 · 설립되는 회사에 이전될 재산과 그 가액 · 설립되는 회사의 이사와 감사를 정한 경우에는 그 성명과 주민등록번호 · 설립되는 회사의 정관에 기재할 그 밖의 사항	
주주총회소집 이사회 결의	D－32	회사조직의 중요한 변경사항인 기업분할은 이사회의 결의를 거쳐야 하며, 주주총회소집을 위한 이사회 결의는 절차 및 기간의 단축을 위하여 분할승인에 대한 이사회 결의시 함께 이루어진다.	상법 제362조
주주명부폐쇄 및 기준일 공고	D－31	주주총회에서 의결권을 행사할 주주를 확정하기 위하여 주주명부를 폐쇄하거나 기준일을 정하고 주주명부 폐쇄일 또는 기준일의 2주 전에 공고하여야 한다. 다만 주주수가 많지 않은 비공개법인일 경우 전체 주주로부터 기간단축동의서를 징구함으로써 공고절차를 생략할 수 있다.	상법 제354조
주주명부확정 기준일	D－16	기준일자의 주주명부에 기재된 주주가 분할승인 주주총회에서 분할계획서 승인에 대한 의결권을 행사할 주주로 확정된다.	상법 제354조
주주총회소집 공고 및 통지	D－15	주주명부확정기간은 주주수가 적고 개별적으로 통제가 가능한 비공개법인의 경우에는 특별한 시간이 필요하지 않으나 상장, 협회등록법인 및 주주수가 많아 명의개서 대리인 제도를 도입하고 있는 비공개법인의 경우에는 약 10일~15일이 소요된다. 주주명부가 확정되면 회사는 주주총회일 2주 전까지 분할계획서 승인을 위한 주주총회소집 공고 및 통지를 하여야 하며 공고와 통지에는 분할에 관한 의안과 요령을 반드시 기재하여야 한다.	상법 제530조의 3 제4항
분할 대차	D－15	분할주주총회일 2주 전부터 분할계획서, 분할되는 부	상법 제530

대조표 등 공시		분의 대차대조표, 분할되는 회사의 주주에게 발행할 주식의 배정에 관한 내용을 기재한 서류를 분할등기일 이후 6개월간 본점에 비치하여 항시 주주 및 채권자가 열람 하거나 복사할 수 있도록 하여야 한다.	조의 7
분할승인 주주총회 개최	D	분할은 회사의 조직 및 영업에 중대한 영향을 미칠 수 있는 사항으로 주주총회의 특별결의를 거쳐야 한다. 주주총회 특별결의 요건은 출석한 주주의 의결권의 2/3 이상의 승인을 득하여야 하며 그 비율이 발행주식총수의 1/3 이상이어야 한다.	상법 제530조의 3
채권자 이의제출 공고 및 최고	D +1	인적분할시 분할 전 채무에 대하여 분할회사와 분할신설회사가 연대책임을 지는 경우에는 분할로 인하여 채권자의 지위가 변하지 않으므로 채권자 보호절차가 불필요하나 분할 전 채무에 대하여 분할회사와 분할신설회사가 연대책임을 지지 않기로 한 경우에는 채권자의 지위와 담보된 자산의 내역이 달라지므로 채권자 보호절차를 거쳐야 한다.	상법 제530조의 11
주식 병합 및 구주권 제출 공고	D+1	구주권 제출 공고는 주주총회 결의일로부터 2주 이내에 하여야 하며 1개월 이상의 기간을 정하여 그 뜻과 그 기간 내에 주권을 회사에 제출할 것을 공고하고, 주주명부에 기재된 주주와 질권자에 대하여는 각별로 통지를 하여야 한다.	상법 제530조의 11
채권자 이의제출기간 만료	D+32	채권자가 이의신청기간 내에 이의를 제출하지 아니한 때에는 기업분할을 승인한 것으로 간주하고 이의를 제출한 채권자가 있는 때에는 회사는 그 채권자에 대하여 변제, 담보 제공, 재산신탁 등의 별도의 보호절차를 취해야 한다.	상법 제530조의 11
구주권 제출기간 만료	D+32	자본감소를 수반하는 인적분할은 주권제출기간이 만료한 때에 그 효력이 발생하나 채권자 보호절차가 종료되지 아니한 경우에는 그 종료시에 효력이 발생한다.	상법 제530조의 11
분할기일	D+33	분할기일은 분할회사가 이전하는 적극·소극재산, 모든 권리·의무와 사실관계 일체가 분할신설회사로 귀속되는 날을 의미하며 분할신설법인의 주식이 분할회사 또는 분할회사의 주주에게 배정되는 날을 의미한다. 분할기일은 분할보고총회에서 분할회사의 자산과 부채 이전 여부, 분할신설회사의 신주발행 여부 등을 보고해야 하므로 구주권 제출기간 만료일 및 채	

		권자 이의제출기간의 종료일로부터 분할보고총회일 사이에 도래 하도록 설계하여야 한다.	
검사인의 조사, 보고 절차	D+33	인적분할은 분할회사의 독립된 사업부분이 이전되어 새로운 회사를 설립하는 형태이므로 분할신설회사의 입장에서는 상법 제290조 제2호에 의한 현물출자방식에 의하여 회사가 설립되게 된다. 현물출자로 회사가 설립될 경우 현물출자자산 평가의 적정성과 자본충실의 원칙을 유지하기 위하여 상법 제299조는 검사인을 선임하여 현물출자의 이행을 조사하여 법원에 보고하도록 규정하고 있다.	상법 제299조
분할보고총회 갈음 이사회 결의	D+34	분할보고주주총회 대체	상법 제530조의 11
분할보고총회 갈음 이사회 결의 공고	D+35	공고게재 신문에 공고	상법 제530조의 11
분할등기	D+36	분할의 효력은 채권자 보호절차 및 구주권 제출기간이 만료된 분할기일에 발생하지만 법률적인 효력은 분할회사의 자본변경등기, 분할신설회사의 설립등기가 완료되어야 발생한다. 분할등기는 본점소재지에서는 보고총회일 또는 보고총회 갈음 이사회결의 공고일로부터 2주간 내, 지점소재지에서는 3주간 내에 완료해야 한다.	상법 제530조의 11
신주권 교부 및 단주대금 지급	D+36	회수한 구주권에 대해 실효절차를 취하고 분할회사의 주주에게 분할신설법인의 신주권을 교부하며 단주에 대해서는 그 단주대금을 지급한다. 비공개법인의 주식 등 예탁원에 예탁이 불가능한 주식은 주주에게 신주권을 실물로 직접 교부하며, 단주대금도 경매 또는 법원의 허가를 얻어 경매 이외의 방법으로 단주를 매각하여 현금으로 직접 지급한다.	상법 제530조의 11 비송사건절차법 제216조의 2

2) 공개법인의 절차

공개법인의 인적분할을 위한 사전준비를 위해 분할대상 자산 및 부채 확정, 분할관련 법률, 회계, 조세문제 검토, 분할신설법인 재상장요건 검토, 분할일정 및 절차확정, 분할계획서 및 분할신고서 등 관련서류 작성, 분할법인의 정관변경사항 확정, 분할신설법인의 정관, 임원 등의 확정이 필요하고 더불어 금융감독원과 거래소 또는 협회 담당자와의 사전협의가 필요하다.

<table>
<tr><th>절 차</th><th>일정</th><th>설 명</th><th>관련규정</th></tr>
<tr><td>분할 이사회 결의</td><td>D－41</td><td>대표이사가 분할계획서를 작성하여 이사회의 승인을 득해야 함.</td><td>상법 제530조의 3</td></tr>
<tr><td>분할 이사회 결의 공시</td><td>D－41</td><td>공개법인이 분할에 대한 이사회 결의를 한 경우에는 그 결의내용을 지체 없이 금감위, 거래소 또는 협회에 신고하여야 한다.
① 상장법인
· 시기: 이사회 결의일 당일
· 장소: 금감위, 거래소
· 규정: 발행 · 공시규정 제69조 제1항 제17호
상장법인공시규정 제4조 제1항 제12호
② 협회등록법인
· 시기: 이사회 결의일 당일
· 장소: 금감위, 협회
· 규정: 발행 · 공시규정 제69조 제1항 제17호
협회중개시장공시규정 제6조 제1항 제2호 아목</td><td>유가증권의 발행 및 공시 등에 관한 규정 제69조</td></tr>
<tr><td>일시적인 매매거래 정지</td><td>D－41</td><td>상장법인 또는 협회등록법인의 주가 및 거래량에 중요한 영향을 미칠 수 있는 사항이 결의된 경우 주가에 대한 충격을 완화하기 위하여 당해 이사회 결의에 대한 공시 후 일정기간 매매거래를 정지하고 있다.
<table>
<tr><th>공시시간</th><th>매매거래정지기간</th></tr>
<tr><td>매매거래 정지 기준</td><td>분할이사회 결의에 대한 신고 · 공시시점</td></tr>
<tr><td>매매거래 정지시간 90분 이전(13:30 이전)</td><td>공시시점으로부터 1시간 동안</td></tr>
<tr><td>매매거래 정지시간 90분이후 (13:30~15:00)</td><td>공시시점으로부터 매매거래 정지시간까지</td></tr>
<tr><td>매매거래 정지시간 이후(15:00 이후)</td><td>매매거래 정지 없음.</td></tr>
</table></td><td>상장법인공시규정 제20조의2, 동 세칙 제9조, 협회등록법인공시규정 제27조 제1항 제2호, 동 세칙 제10조 제1항 제2호</td></tr>
<tr><td>분할신고서 제출</td><td>D－41</td><td>기업분할은 주주총회 특별결의에 의하여 대주주의 이해관계에 따라 결정되는 것이 일반적이므로 공정성이 확보되지 않을 경우 소액주주가 피해를 볼 수 있다.</td><td>발행 · 공시규정 제93조</td></tr>
</table>

분할신고서는 위와 같은 불공정한 분할로 인한 소액주주를 보호하기 위하여 규정된 특수공시 서류로서 분할에 대한 목적, 방법, 요령 등 분할에 관한 사항과 회사의 개황, 사업의 내용, 재무에 관한 사항 등 분할 당사 회사에 관한 내용이 기재되어 있다.

신고서 제출의무자	· 분할법인(주권상장법인 또는 협회등록법인)
신고서 제출시기	· 분할이사회 결의 또는 명부폐쇄 또는 기준일 공고 전일 중 빠른 날
제출장소	· 상장법인: 금감위, 거래소 · 협회등록법인: 금감위, 협회
신고서 기재사항	· 유가증권의 발행 및 공시 등에 관한 규정 제93조 · 분할신고서 서식 참고
분할신고서 첨부서류	· 분할계획서 · 분할되는 부분의 대차대조표 · 분할되는 회사의 주주에게 발행할 주식의 배정에 관하여 그 이유를 기재한 서면 · 정관, 법인등기부등본 · 최근 3사업연도 감사보고서, 신고서 제출시점이 6월이 경과되어 반기재무제표가 확정된 경우 감사인의 반기검토보고서, 분기검토 의무법인은 분기검토보고서 · 기타 참고서류

분할신고서가 부실 또는 허위로 작성되어 투자자들이 피해를 볼 경우에 신고서 작성인의 책임을 엄격히 하기 위하여 '증권거래법 제190조의 2 제3항'에서는 '증권거래법 제14조~제16조'를 준용하여 민사적 책임을 규정하고 있고 '증권거래법 제209조 제9호 및 제210조 제1호'를 통하여 형사적 책임에 대한 규정을 명시하고 있다. 또한, '증권거래법 제19조~제20조'를 준용하여 공익 및 투자자의 보호를 위하여 금감위에 조사 및 처분권한을 부여하고 있다.

민사적 책임 (증권거래법 제14조~제16조)	· 분할신고서의 허위기재 또는 허위표시가 있거나 중요한 사항이 기재 또는 표시되지 아니함으로써 투자자가 손해를 입은 때에는 다음의 자는 그 손해에 대하여 책임을 져야 한다. 다만, 배상의 책임을 질 자가 상당한 주의를 하였음에도 이를 알 수 없었음을 증명하

			거나 그 유가증권의 취득자가 취득시에 그 사실을 안 때에는 그러하지 아니하다. · 분할신고서상의 신고자와 신고당시의 당해 법인의 이사 · 신고서 기재사항 또는 첨부서류가 진실 또는 정확하다고 증명한 공인회계사, 감정인, 신용평가회사 등. 다만, 청구권자가 당해 사실을 안 날로부터 1년 또는 분할신고서 효력발생일로부터 3년 내에 청구권을 행사하지 아니한 때에는 소멸	
		금감위의 조사 및 처분권한 (증권거래법 제19조~제20조)	· 분할신고서를 제출하지 아니하거나 분할신고서의 기재사항에 허위의 기재 또는 중요한 사항의 누락이 있는 등 투자자의 판단자료로서 미흡하다고 판단할 경우 감독기관은 정정을 요구할 수 있으며 필요한 때에는 거래를 정지 또는 금지시킬 수 있으며, 법 위반의 경우 검찰고발 등의 조치를 할 수 있다.	
		형사적 책임 (증권거래법 제209조 제9호 및 제210조 제1호)	· 분할신고서에 대한 규정을 위반한 자는 2년 이하의 징역 또는 1천만원 이하의 벌금에 처하고 금감위의 처분을 위반한 자는 1년 이하의 징역 또는 5백만원 이하의 벌금에 처한다.	
주주총회소집 이사회 결의	D－41	주주총회소집은 이사회 결의사항		상법 제362조
주주명부폐쇄 및 기준일 공고	D－40	명부확정기준일 2주 전 공고		상법 제354조
주주명부확정 기준일	D－25	기준일자의 주주명부에 등재된 주주가 분할 주주총회에서 인적분할승인에 대한 의결권을 행사할 주주로 확정된다		상법 제354조
주주총회소집 공고 및 통지	D－15	기업의 규모에 따라 주주명부가 확정되는 기간에 약간 차이가 있으나 공개법인의 경우 약 10일~15일이면 주주명부가 확정된다. 주주명부가 확정되면 회사는 주주총회일 2주 전에 분할계획서 승인을 위한 주주총회소집 공고 및 통		발행・공시규정 제93조

<table>
<tr>
<td></td>
<td></td>
<td>
지를 하여야 하고 공고와 통지시에는 분할에 관한 의안과 요령을 반드시 기재하여야 한다.
공개법인의 분할 결의를 위한 주주총회소집을 위한 기준일 공고, 주주명부 폐쇄기간, 주주총회 소집 통지 절차는 다음과 같다.
<table>
<tr><th>절 차</th><th>일 정</th><th>내 용</th></tr>
<tr><td>주주명부 폐쇄 및 기준일 공고</td><td>D－15</td><td>기준일 2주 전 공고</td></tr>
<tr><td>주주명부 확정 기준일</td><td>D</td><td></td></tr>
<tr><td>주주명부 폐쇄기간</td><td>D+1~ D+11</td><td>주주확정을 위하여 약 10일~15일간 폐쇄</td></tr>
<tr><td>주주총회소집 통지 발송일</td><td>D+10</td><td>주주총회일 2주 전 통지</td></tr>
<tr><td>주주총회일</td><td>D+25</td><td></td></tr>
</table>
</td>
<td></td>
</tr>
<tr>
<td>주주총회소집 통지 및 공고 비치</td>
<td>D－15</td>
<td>
공개법인이 주주총회 소집통지 또는 공고를 하는 경우에 다음의 사항을 통지 또는 공고하여야 하는데, 증권거래법 제191조의 10, 증권거래법시행령 제84조의 17 및 유가증권의 발행 및 공시 등에 관한 규정 제73조의 규정에 의하여 정보통신망에 게재하고 비치하여 일반인이 열람할 수 있도록 함으로써 통지 또는 공고에 갈음할 수 있다.
<table>
<tr><td>정보통신망에 게재하여야 할 내용</td><td>· 사외이사 등의 이사회 출석률, 이사회 의안에 대한 찬반여부 등 활동내역과 보수에 관한 사항
· 최대주주 등과의 거래내역 중 단일 거래규모가 일정규모(최근 사업연도말 현재 자산 또는 매출총액의 1%) 이상인 거래 및 당해 사업연도 중 특정인과 당해 거래를 포함한 거래총액이 일정규모(최근 사업연도말 현재 자산 또는 매출총액의 5%) 이상인 거래
· 사업개요(업계 및 회사현황) 및 주주총회의 목적사항별 참고서류</td></tr>
<tr><td>참고서류</td><td>· 분할 또는 분할합병의 목적 및 경위
· 분할 또는 분할합병 계획서 또는</td></tr>
</table>
</td>
<td>증권거래법 제191조의 10</td>
</tr>
</table>

			계약서의 주요내용의 요지 · 분할되는 회사 및 분할되는 부분의 최근 사업연도의 대차대조표 및 손익계산서	
		비치장소	· 주권상장법인 또는 협회등록법인의 본점 및 지점 · 명의개서 대행회사 · 금감위, 거래소 또는 협회	
분할 대차대조표 등 공시	D－15	주주총회 2주 전부터 분할등기를 한 날 이후 6월간		상법 제530조의 7
분할승인 주주총회 개최	D	주주총회 특별결의		상법 제530조의 3
분할주주총회 결과 보고	D	금감위, 거래소 또는 협회		발행·공시규정 제69조
채권자 이의제출 공고 및 최고	D+1	인적분할의 경우 통상적으로 자본감소 절차가 발생하므로 구주권 제출절차가 필요하다. 반면 채권자 보호절차는 물적분할과 마찬가지로 분할회사와 분할신설회사가 분할전 채무에 대하여 연대책임을 부담하는 경우에는 채권자 보호절차가 불필요하나 연대책임을 부담하지 않는 경우에는 반드시 채권자 보호절차가 필요하다. 상법은 인적분할로 인한 채권자를 보호하기 위하여 주주총회에서 인적분할을 결의한 경우 그 결의가 있는 날로부터 2주 내에 회사채권자(금융, 상거래 등 모든 채권자 포함)에 대하여 인적분할에 이의가 있으면 1개월 이상의 일정한 기간 내에 이의를 제출할 것을 공고하고, 알고 있는 채권자에 대해서는 각 채권자별로 최고하도록 규정하고 있다.		상법 제530조의 11
주식 병합 및 구주권 제출 공고	D+1	주주총회일로부터 2주 이내 공고 공고기간 1개월 이상		상법 제530조의 11
매매거래 정지	D+31	구주권제출기간 만료일 전일~변경상장·등록 전일		
분할기일	D+33	실질적인 분할일		
분할보고총	D+34	분할보고주주총회 대체		상법 제530

회 갈음이사회 결의			조의 11, 비송사건절차법 제216조의 2
이사회 결의 공고분할보고총회 갈음	D+35	공고게재신문에 공고	
분할등기	D+36	분할보고총회 갈음 이사회 결의 공고일로부터 본점: 2주 내, 지점: 3주 내	
분할종료보고서 제출	D+36	분할등기가 완료되면 분할회사는 분할종료보고서와 첨부서류를 금감위에 전자공시 하여야 한다.	발행 · 공시규정 제94조

〈 물적분할과 인적분할의 비교 〉

구 분	물적분할	인적분할
분할신설회사의 주주	분할회사	분할회사의 주주
자산 이전 방법	공정가액으로 자산평가절차필요	장부가액기준으로 자산평가 절차 불필요
자본의감소 과정	분할법인의 자산과 부채가 이전 대가로 분할신설회사의 주식을 교부받게 되므로 자본의 감소절차가 불필요	통상자본의 감소 과정을 거쳐 분할법인의 자산과 부채가 분할신설법인에게 이전
구주권 제출절차	불필요	필요
매매거래정지	정지기간 없음	공개법인의 경우 구주권 제출로 인해 일정기간(구주권제출기간 만료전일에서 변경 상장 또는 등록일 전일) 정지
배당가능이익	감자차손익이 발생되지 않아 배당가능이익에 영향이 없다.	감자차손으로 인하여 배당가능이익이 변동하여 분할기일이 포함된 회계연도의 배당가능이익이 영향을 받는다.
기업결합신고절차	물적분할은 분할회사가 분할신설회사의 주식 100%를 보유하게 되므로 분할회사가 계열회사 등 특수관계자를 포함하여 자산총계 또는 매출총액이 1,000억원 이상일 경우 기업결합신고절차가 필요	인적분할은 분할회사 주주 가운데 계열회사 등 특수관계자를 포함하여 자산총계 또는 매출총액이 1,000억원 이상인 회사가 있으면 분할로 인하여 교부 받게 되는 분할신설법인에 대한 지분율이 비공개법인의 경우 20% 이

		상, 공개법인의 경우 15% 이상일 경우 기업결합신고 필요.
주식분산요건	물적분할은 분할회사가 분할신설회사 지분의 100%를 소유하므로 분할신설회사의 재상장을 위하여 추가적인 지분분산절차가 필요하고 협회등록법인의 경우 물적분할로 인하여 설립되는 분할신설법인에 대해서는 재등록규정이 적용되지 않고 신규등록규정이 적용된다.	인적분할의 경우 분할신설회사는 재상장이나 재등록을 위한 주식분산요건을 자연스럽게 충족하게 되어 지분분산요건이 불필요하다.
분할회사의 존속여부	분할회사의 존속여부는 존속분할만 가능	분할회사의 존속여부는 존속 또는 소멸분할이 가능
법인설립등기절차	소멸분할과 감자절차가 적용되지 않으므로 분할회사의 경우 등기절차가 불필요하고 분할신설회사만 법인설립등기절차가 필요하다.	분할회사가 존속하는 경우 자본변경(감자)등기를 하고, 소멸하는 경우 소멸등기를 하고 분할신설회사는 법인설립등기를 하여야 한다.
검사인의 조사・보고	불필요	비례적인적분할시 면제
채권자 보호절차	・분할회사와 분할신설회사가 분할전 채무에 대하여 연대책임을 부담할 경우 채권자 보호절차 불필요 ・분할회사와 분할신설회사가 분할전 채무에 대하여 연대책임을 부담하지 않을 경우 채권자 보호절차 필요	좌 동

제7부

영업양수도와 P&A전략

제1장 영업양수도의 의미와 형태/289

제2장 영업양수도의 법적 제한/297

제3장 영업양수도의 절차/300

제4장 P&A/311

제1장
영업양수도의 의미와 형태

영업양수도의 의미

영업양수도는 회사의 경영에 필요한 사업부문의 자산, 부채, 인원, 조직과 영업에 필요한 비밀과 노하우, 영업거래처의 유·무형 자산일체를 포괄적 또는 부분적으로 양수도 되어 계속해서 영업상의 일관성을 유지하면서 경영주체만 변경되는 것으로 해석할 수 있다.

이 경우 해당사업부문의 영업권을 포괄적 또는 부분적으로 양도하는 회사를 '영업양도자'라 하고 양수하는 회사를 '영업양수자'라 한다.

다음은 영업양수도를 실시한 회사의 사례로서 회사별 영업양수도를 실시한 주요내용과 목적을 정리한 것이다.

- 안정적 매출과 수익증대 기반 확보 및 기업가치 증대
- 경영효율성 확보 및 시너지효과 극대화
- 새로운 사업 진출기반으로 사업다각화
- 경기변동에 취약한 영업부문 및 영업상의 위험을 감소시키기 위해
- 기존 제품의 설비확장으로 생산성 효율증대와 원자재구매력 강화
- 서비스강화를 통한 기업의 홍보와 브랜드마케팅 강화
- 주력사업에 역량을 집중하고자 비주력사업의 양도
- 시장지배력 강화 및 마케팅 능력 제고로 수익력 극대화
- 비주력 사업부문의 양도로 재무구조를 개선하고 금융부채를 상환

사례

영업양수도 사례

일자	영업 양수회사	영업 양도회사	내용 및 범위	목적
02.12.12	㈜아이빌 소프트	㈜ 세닥에듀 케이션	중·고등학생 대상의 off-line 학원으로 동사업과 관련된 권리의무 일체와 이를 영위하기 위하여 필요한 재산 및 고용관계 일체	중·고등학생 대상의 off-line 학원을 인수함으로써 고정적인 매출 기반의 확보와 당사의 on-line 교육기반과의 시너지 효과를 통해 시장의 확대와 매출 및 이익 극대화를 추구하고자 합니다.
03.03.31	가칭 '㈜ NCF'	㈜ 대현	㈜대현이 운영하고 있는 NICE CLAUP 사업부문의 자산, 부채, 소속인원 및 동 사업부문과 관련된 계약서상의 지위, 권리 및 기타 영업에 필요한 유·무형자산 일체	사업부문 구조조정을 통한 대내외적인 경쟁력 강화 및 재무구조를 개선시키고자 함.
03.04.26	㈜ 이건 마루	㈜ 이건창호 시스템	㈜이건창호시스템이 영위하고 있는 이건마루 상표권	경영효율성을 높이고 창호사업부문의 사업역량에 집중하기 위함이다.
03.05.31	㈜필맥스	서통	필름사업부문의 자산, 부채, 관련인원 및 동 사업부문과 관련된 지위, 권리, 기타 영업에 필요한 유·무형 자산 일체	재무구조 개선 및 차입금 상환
03.07.31	에스지위 카스	SK글로벌㈜	의류, 직물사업부문의 양수대상사업 영위에 필요한 자산, 부채, 영업권 및 동 사업에 부수되는 일체의 권리	매출증대와 수익성제고에 기여하고자 함.
03.08.26	화진케이	㈜화진	화장품제조설비 및 원/부	화장품제조부문

	디케이	화장품	자재	양수로 매출 확대 및 수익성 제고
03.09.30	한솔제지	한솔파텍㈜	특수지 사업을 위해 필요한 자산 및 설비 일체	제지사업의 포트폴리오 강화측면에서 Synergy Effect를 통한 시장지배력 및 마케팅능력 제고로 수익력 극대화
03.10.01	한신코퍼레이션	에듀토피아중앙교육㈜	과학사업부문에 속하는 일체의 자산 및 부채 등 사업부문과 관련한 영업일체	과학사업부문의 상품브랜드를 이용한 매출액과 이익의 증가와 전국 지사조직을 활용한 신규채널사업으로의 확장
03.10.01	디와이홀딩스	동양에레베이터 ㈜	승강기 사업부분의 자산, 부채, 관련인원 및 동 사업부문과 관련된 지위, 권리, 기타 영업에 필요한 유·무형 자산 일체	동양에레베이터㈜, 동양중공업㈜, ㈜원실업이 영위하는 승강기 사업부분과 외국계회사 hyssen-Krupp Elevator와 지분참여를 통한 전략적 제휴
03.10.08	지니웍스	㈜광진일렉트로닉스	게임유통 부문의 사업과 관련된 권리의무 일체와 이를 영위하기 위하여 필요한 자산, 부채 및 고용관계 일체	상품력을 높이고 투자 이익을 극대화하는 시너지를 창출하고자
03.10.31	써니전자	코리아텍전자㈜	자산, 부채 및 기타 경영활동에 필요한 유·무형 자산 및 고용관계 일체	시너지효과를 통하여 매출 및 이익의 극대화추구
03.12.26	예스셈교육	㈜에듀서브	정관상의 사업목적에 기재된 사업일체를 포함하여 ㈜에듀서브가 영위하고 있는 모든 사업의 권리와 의무	신규사업 양수 등 사업다각화를 통하여, 경기변동에 따른 영업위험을 분산시키고, 매출증대 및 수익성을

				제고하기 위함.
03.12.30	동방 라이텍	㈜동방 에스앤씨	일체의 사업용 자산과 부채 및 영업권 등 동 사업에 관한 모든 권리와 의무 전부	영업위험을 분산시키고, 회사의 성장동력을 마련하여 매출 증대 및 수익성 제고로 주주가치를 극대화 하고자 함.
03.12.31	영진닷컴	에듀토피아 중앙교육㈜	유아학원사업,초등학원사업,중고등학원사업 영어학원사업에 속하는 일체의 자산(영업권포함) 및 Network사업부문과 관련된 영업일체.	IT출판을 주력사업으로 하는 종합출판미디어사에서 전국적인 네트워크를 가진 학원프랜차이즈 사업을 추가함으로써 종합출판, 교육서비스기업으로의 확장
03.12.31	케이티하이텔	한미르	포탈사업	포탈사업
04.02.09	로토토	㈜네띠앙	포털사업(컨텐츠,인터넷광고,마이웹,웹호스팅등) 뮤직네띠앙 사업 및 기타 부대사업과 ㈜네띠앙의 정관상의 사업목적에 기재된 사업일체를 포함하여 ㈜네띠앙이 영위하고 있는 모든사업의 권리와 의무	서비스강화, 복권판매수입, 비용절감, 서비스 연계
04.02.10	삼우통신 공업㈜	디지틀스포츠투데이㈜	포털사업(컨텐츠,인터넷광고,홈페이지제작등) 및 기타 부대사업과 디지틀스포츠투데이㈜의 정관상의 사업목적에 기재된 사업일체를 포함하여 디지틀스포츠투데이㈜가 영위하고 있는 모든사업의 권리와의무	영업상의 위험을 분산시키며 매출과 수익성의 증대를 제고
04.04.19	바이오	㈜태평양	㈜태평양 생화학 사업부	기존제품의 설비

	랜드		문(안산공장)에 속하는 시설, 부지, 영업권, 거래선 및 판매량 등의 사실관계, 재고품등의 자산일체	확장 및 제품의 다각화를 통한 매출증대
04.04.26	국제통신㈜	썬하이브리드㈜	썬하이브리드 ㈜의 PDP 부품 등의 제조사업부문 관련 자산 및 부채, PDP 부품제조 사업부문, 이륜차용 전장부품	사업다각화를 통한 기업가치의 증대
04.06.05	㈜ 인컴아이엔씨	한국컴퓨터통신㈜	DBMS사업과 관련한 자산부채 및 영업일체	효율적인 통합서비스 제공 및 시너지 효과를 통한 매출 및 수익 증대
04.06.08	㈜환경비젼이십일	㈜한국인텍스	자산 및 부채전부	경기변동이 미치는 경영상의 위험을 감소시키기 위함
04.06.15	제이씨현시스템㈜	한국크리에이티브기술㈜	영업전부	새로운 사업진출 기반 마련과 영상처리장치 시장 진입을 통해 매출 및 수익성 증대를 제고하기 위함
04.06.25	㈜ 엘아이앤지	㈜ 인컴아이엔씨	DBMS사업과 관련 한 자산 부채 및 영업일체	주력사업인 XML, MOBILE SOLUTION 개발및 SI사업에 역량을 집중하고자 함
04.07.05	㈜브이오엔	삼원화성㈜	철도 궤도 방진 시스템 개발 및 생산/유통 사업과 석유화학소재 수입유통 사업에 대한 자산 및 부채 전부와 일체의 사업권	사업다각화를 통한 안정적 수익기반 확보 및 기업가치 증대
04.09.20	㈜이지클럽	㈜지에이디투디	영업의 전부 및 자산과 부채 중 일부	매출증대 및 경영효율성 확보 등 시너지효과를 통한 수익증대
04.12.13	㈜엠앤피앤	㈜대륜엔플러스	㈜대륜엔플러스의 표면처리사업부	안정적 수익증대 기반확보 및 기업가치 증가

영업양수도의 형태

1) 경상적인 영업양수도

(1) 경상적인 영업양수도의 정의

회사의 경영활동에서 빈번히 발생하는 경상적인 영업의양수도는 법률상 특별한 제한없이 개인이든 법인이든 거래주체와 무관하게 비교적 자유롭게 양수도를 할 수 있다. 이는 회사의 통상적인 영업활동에 악영향을 줄 수 있는 부분을 없애고 자유로운 시장경제 원리에 따라 경영활동이 이루어져야 하기 때문이다.

(2) 경상적인 영업양수도의 특징

경상적인 영업양수도는 경영상 필요에 따라 빈번히 발생하는 경영활동이기 때문에 법률적 제한이 되는 특별한 규정이 없으며 영업양수도를 위한 주주총회의 특별결의나 영업양수도에 반대하는 주주의 주식매수청구권이 인정되지 않는다.

2) 중요한 영업양수도

중요한 영업양수도는 그 거래의 행위가 해당주주의 이해관계에 중요한 영향을 미치게 되므로 상법 제434조(정관변경의 특별결의)에서 정하는 주주총회의 특별결의와 증권거래법 제190조의 2(합병 등) 제1항의 규정에 따라 금융감독위원회와 증권거래소에 영업양수도에 관한 사항을 신고하여야 한다라고 규정하고 있다.

(1) 상법상 중요한 영업양수도

상법 제374조(영업양도, 양수, 임대 등)에서 규정하고 있는 중요한 영업의양수도는 다음과 같다.

- 영업의 전부 또는 중요한 일부의 양도
- 영업전부의 임대 또는 경영위임, 타인과 영업의 손익전부를 같이하는 계약 기타 이에 준할 계약의 체결, 변경 또는 해약

- 다른 회사의 영업전부의 양수
- 회사의 영업에 중대한 영향을 미치는 다른 회사의 영업 일부의 양수

(2) 증권거래법상 중요한 영업양수도

증권거래법 시행령 제84조의 8(영업양수・양도 등의 요건・절차 등)에서 규정하고 있는 중요한 영업 또는 자산의 양수・양도라 함은 다음과 같다.

- 양수・양도하고자 하는 영업부문의 자산액이 최근 사업연도 말 현재 자산총액의 100분의 10이상인 양수 또는 양도
- 양수・양도하고자 하는 영업부문의 매출액이 최근 사업연도 말 현재 매출액의 100분의 10이상인 양수 또는 양도
- 영업의 양수로 인하여 인수할 부채액이 최근 사업연도 말 현재 부채총액의 100분의 10이상인 양수
- 영업전부의 양수
- 양수・양도하고자 하는 자산액이 최근 사업연도 말 현재 자산총액의 100분의 10 이상인 양수・양도.

다만, 일상적인 영업활동으로서 상품・제품・원재료를 매매하는 행위 등 금융감독위원회가 정하는 자산의 양수・양도를 제외한다.

(3) 벤처기업육성에 관한 특별조치법상 영업양수도

벤처기업육성에 관한 특별조치법 제15조의 8(다른 주식회사의 영업양수의 특례)에서 규정하고 있는 벤처기업이 영업의 전부 또는 일부를 다른 주식회사에 양도하는 경우의 특례는 다음과 같다.

벤처기업육성에 관한 특별조치법 제15조의 8(다른 주식회사의 영업양수의 특례)

① 주식회사인 벤처기업이 영업의 전부 또는 일부를 다른 주식회사(증권거래법에 의한 주권상장법인과 한국증권업협회에 등록된 법인을 제외한다. 이하 이 조에서 같다)에 양도하는 경우 그 양도가액이 다른 주식회사의 최종 대차대조표상으로 현존하는 순자산액의 100분의 10을 초과하지 아니하는 때에는 다른 주식회사의 주주총회의 승인은 정관이 정하는 바에 따라 이를 이사회의 승인으로 갈음할 수 있다.

② 제1항의 규정에 따른 경우에는 영업양도・양수계약서에 다른 주식회사에 관하여는 주주총회의 승인을 얻지 아니하고 벤처기업의 영업의 전부

또는 일부를 양수할 수 있다는 뜻을 기재하여야 한다.

③ 제1항의 규정에 따라 벤처기업의 영업의 전부 또는 일부를 양수하고자 하는 다른 주식회사는 영업양도·양수계약서를 작성한 날부터 2주 이내에 영업양도·양수계약서의 주요내용 및 주주총회의 승인을 얻지 아니하고 영업을 양수한다는 뜻을 공고하거나 주주에게 통지하여야 한다.

④ 다른 주식회사의 발행주식총수의 100분의 20 이상에 해당하는 주식을 소유한 주주가 제3항의 규정에 따른 공고나 통지가 있은 날부터 2주 이내에 서면으로 제1항의 규정에 따른 영업양수를 반대하는 의사를 통지한 때에는 이 조에 의한 영업양수를 할 수 없다.

⑤ 제1항의 규정에 따른 영업양수의 경우에는 상법 제374조의 2의 규정은 이를 적용하지 아니한다.

제2장 영업양수도의 법적 제한

 상법의 제한

1) 영업양도인의 경업금지(상법 제41조)

① 영업을 양도한 경우에 다른 약정이 없으면 양도인은 10년간 동일한 특별시·광역시·시·군과 인접 특별시·광역시·군에서 동종영업을 하지 못한다.

② 양도인이 동종영업을 하지 아니할 것을 약정한 때에는 동일한 특별시·광역시·시·군과 인접 특별시·광역시·시·군에 한하여 20년을 초과하지 아니한 범위내에서 그 효력이 있다.

2) 상호를 속용하는 양수인의 책임(상법 제42조)

① 영업양수인이 양도인의 상호를 계속 사용하는 경우에는 양도인의 영업으로 인한 제3자의 채권에 대하여 양수인도 변제할 책임이 있다.

② 전항의 규정은 양수인이 영업양도를 받은 후 지체없이 양도인의 채무에 대한 책임이 없음을 등기한 때에는 적용하지 아니한다. 양도인과 양수인이 지체없이 제3자에 대하여 그 뜻을 통지한 경우에 그 통지를 받은 제3자에 대하여도 같다.

 증권거래법의 제한

1) 영업양수도 신고

증권거래법 제190조의2(합병 등)의 규정에 따라 주권상장법인 또는 코스닥상장법인이 다른 법인과 중요한 영업 또는 자산의 양수도를 하고자 하는 경우(증권거래법 제190조의 2 제2항 제1호) 금융감독위원회와 거래소에 신고하여야 한다.

2) 영업활동정지에 따른 관리종목지정

① 유가증권상장규정 제42조의 2(주권의 관리종목지정기준 등) 제1항 제3호(영업활동의 정지)의 규정에서 주권상장법인(지주회사는 제외한다)의 주된 영업활동이 정지되었거나 조업의 전부가 중단된 경우(주된 영업활동에 필요한 면허취소의 경우도 포함) 또는 이에 준하는 상태에 있는 사실이 확인된 때

② 유가증권협회등록규정 제28조(관리종목) 제1항 제1호의 규정에서 주된 영업이 정지되거나 양도결정이 있은 때. 이 경우 주된 영업의 정지 및 양도결정에 관한 구체적인 사항은 세칙으로 정한다.

3) 영업활동정지에 따른 상장폐지

① 유가증권상장규정 제37조(주권의 상장폐지기준) 제1항 제4호(영업활동정지)의 규정에서 주권상장법인(지주회사는 제외한다)이 주된 영업활동을 정지하였거나 조업의 전부를 중단한 경우(주된 영업활동에 필요한 면허취소의 경우를 포함한다) 또는 이에 준하는 상태에 있는 사실이 확인된 날의 익일부터 기산하여 6월 이내에 이를 해소하지 못하는 경우

② 유가증권협회등록규정 제38조(상장의 폐지)의 제1항 제3호에서 관리종목으로 지정된 날부터 3월 이상 주된 영업의 정지상태가 계속되거나 영업의 전부가 양도되는 경우

③ 공정거래법의 제한

독점규제 및 공정거래에 관한 법률(이하 "공정거래법"이라 한다) 제12조(기업결합의 신고)의 규정에 따라 기업집중 또는 기업의 경쟁제한을 방지하기 위하여 중요한 영업양수도에 대해 신고제도를 도입하고 있으며 그 주요한 내용은 다음과 같다.

① 자산총액 또는 매출액의 규모가 1천억원 이상인 회사가 영업양수도를 실

시하는 경우 기업결합일부터 30일이내에 공정거래위원회에 신고하여야 한다. (사후신고제도 : 제12조 제1항)

② 기업결합신고대상회사의 특수관계인이 자산총액 또는 매출액의 규모가 2조원 이상인 회사가 영업양수도를 실시하는 경우 영업양수도 계약 체결일로부터 30일 이내에 공정거래위원회에 신고하여야 하며 신고 후 30일이 경과할 때까지 영업양수도 계약의 이행행위를 하여서는 안 된다. (사전신고제도 : 제12조 제7항)

제3장

영업양수도의 절차

영업의 양수도는 정상적인 경영활동에서 번번히 발생하는 경상적인 영업양수도와 영업의 전부 또는 중요한 일부의 양도와 같은 중요한 영업양수도로 구분할 수 있다.

경상적인 영업양수도는 아무런 법적제한이나 특별한 규정이 없이 회사경영진의 의사결정 또는 이사회 결의만으로 가능하므로 그 절차는 생략하고, 중요한 영업의 양수도에 대한 비공개법인과 공개법인의 절차를 살펴보고자 한다.

① 비공개법인의 절차

비공개법인에 대한 중요한 영업 양수도의 업무진행을 위해 영업양수·도 대상 사업부문의 자산 및 부채의 확정과 대상 사업부문의 자산을 평가하고, 영업양수·도와 관련한 법률, 회계, 조세문제를 검토하며, 영업양수·도와 관련한 일정 및 절차를 확정한다. 또한 영업양수·도의 계약서 등 관련서류를 작성하여 영업양수도를 위한 사전 절차를 준비할 필요가 있다.

관련규정	절 차	일정	설 명
	영업양수·도 계약 체결 및 이사회 결의	D－32	영업양수·도 계약서는 영업양수·도에 대한 모든 사항을 규정하는 가장 중요한 서류로서 이사회 승인과 주주총회 승인을 거쳐 그 효력이 발생한다. 영업양수·도 계약서는 법률상 특별한 형식과 내용을 규정하고 있지는 않으나 기본적으로 다음의 사항이 포함되어야 한다.

			·영업양수·도의 목적 ·영업양수·도 하고자 하는 영업의 내용 및 범위 ·영업양수·도 하고자 하는 영업부문의 자산액, 매출액, 영업양수로 인하여 인수할 부채액 ·영업양수·도 가액 및 그 산출근거 ·영업양수·도 당사회사의 출자, 채무보증 기타 거래내역 ·영업양수·도 일정 및 방법 ·기타 주주 등 이해관계자에게 중요한 영향을 미치는 사항
상법 제362조	영업양수·도 및 주주총회 소집에 대한 이사회 결의	D－32	회사조직 또는 영업의 중요한 변경사항은 이사회 결의를 거쳐야 하며, 주주총회 소집을 위한 이사회 결의는 절차 및 기간 단축을 위하여 영업양수·도에 대한 이사회 결의시 함께 이루어진다.
상법 제354조	주주명부 폐쇄 및 기준일 공고	D－31	주주총회에서 의결권을 행사할 주주를 확정하기 위하여 주주명부를 폐쇄하거나 기준일을 정하고 주주명부 폐쇄일 또는 기준일의 2주 전에 공고하여야 한다. 비공개법인의 경우 주주수가 적을경우 전체 주주로부터 기간단축동의서를 징구함으로써 공고를 생략할 수 있다.
상법 제354조	주주명부확정 기준일	D－16	기준일자의 주주명부에 기재된 주주가 주주총회에서 영업양수·도 승인에 대한 의결권을 행사할 주주로 확정된다.
상법 제363조, 제374조 제2항	주주총회 소집공고 및 통지 발송	D－15	주주명부확정기간은 주주수가 적고 주주에 대한 개별적 관리가 가능한 비공개법인의 경우에는 많은 시간이 필요하지 않으나 상장, 협회등록법인 및 주주수가 많아 명의개서대리인 제도를 도입하고 있는 비공개법인의 경우에는 약10일~15일이 소요된다. 상법 제363조에 의거 주주명부가 확정되면 회사는 주주총회일 2주 전에

			영업양수 · 도 승인을 위한 주주총회 소집공고 및 통지를 하여야 하며 상법 제374조 제2항에 의거 공고와 통지에는 반대주주의 주식매수청구권에 대한 내용과 행사방법을 명기하여야 한다.
상법 제374조의 2	반대의사 서면통지 접수마감	D－1	영업양수 · 도 승인을 위한 주주총회 전까지 주식매수청구권 행사를 위한 영업양수 · 도에 대한 반대주주의 반대의사를 서면으로 접수해야 한다.
상법 제374조	영업양수 · 도 승인 주주총회 개최	D	영업양수 · 도는 회사의 조직 및 영업에 중대한 영향을 미칠 수 있는 사항인 바, 주주총회의 특별결의를 거쳐야 한다. 특별결의 요건은 출석한 주주의 의결권의 2/3 이상의 승인을 득해야 하며 그 비율이 발행주식총수의 1/3 이상이어야 한다.
상법 제374조의 2	주식매수청구권 행사시작	D	주주총회 결의일로부터 20일간
	영업양수 · 도 기준일	D+1	영업양수 · 도는 별도의 채권자 보호절차 및 구주권 제출절차가 불필요하므로 주주총회에서 승인이 이루어지면 바로 영업양수 · 도 기준일 설정이 가능하다.
상법 제374조의 2	주식매수청구권 행사완료	D+20	주주총회일로부터 20일 이내
상법 제374조의 2	주식매수청구 행사 및 주식매수청구대금 지급	D+61	주주총회 결의일로부터 20일이 경과하면 반대주주의 주식매수청구권 행사기간이 만료되고 주식매수청구권 청구일로부터 2개월 이내에 주식매수청구대금을 지급하여야 한다.

공개법인의 절차

공개법인에 대한 중요한 영업 양수도의 업무진행을 위해 영업양수・도 대상 사업부문의 자산 및 부채의 확정과 대상 사업부문의 자산을 평가하고, 영업양수・도와 관련한 법률, 회계, 조세문제를 검토하며, 영업양수도와 관련한 일정 및 절차를 확정한다. 또한 영업양수・도의 계약서 등 관련서류를 작성하여 영업양수도를 위한 사전 절차를 준비할 필요가 있다.

관련규정	절 차	일정	설 명
	영업양수・도 계약 체결 및 의사회 결의	D－41	이사회 승인 후 당사회사 대표이사가 영업양수・도 계약 체결
유가증권의 발행 및 공시 등에 관한 규정 제69조	공개법인 이사회 결의내용 신고・공시	D－41	공개법인이 영업양수・도에 대한 이사회 결의를 한 경우에는 그 결의내용을 지체없이 금감위, 거래소 또는 협회에 신고・공시하여야 한다. ◎ 상장법인 ・시기: 이사회 결의일 당일 ・장소: 금감위, 거래소 ・규정: 발행・공시규정 제69조 제1항 제17호 상장법인공시규정 제4조 제1항 제12호 ◎ 협회등록법인 ・시기: 이사회 결의일 당일 ・장소: 금감위, 협회 ・규정: 발행・공시규정 제69조 제1항 제17호 협회중개시장공시규정 제6조 제1항 제2호 아목
발행・공시규정 제87조	영업양수・도 신고서 제출	D－41	영업양수・도는 주주총회의 특별결의에 의해 결정되는것이 일반적이어서 공정성이 확보되지 않을 경우 소액주주가 피해를 볼 수 있다. 영업양수・도신고서는 위와 같은 불공정한 영업양수・도로 인한 소액주주의 피해를 예방하기 위하여 규정된 특수공시서류로서 영업양수・도에 대한 절차 및 내용, 주주의 권리행사방법, 영업양수・도

			당사회사에 대한 내용이 공시되어 있다.	
			신고서 제출 의무자	· 영업양수 · 도의 당사자인 공개법인(당사자가 모두 신고서를 제출해야 하는 경우 연명으로 작성)
			신고서 제출시기	· 영업양수 · 도 계약 체결일, 이사회 결의일 중 빠른 날에 지체 없이 제출
			제출장소	· 상장법인: 금감위, 거래소 · 협회등록법인: 금감위, 협회
			신고서 기재사항	· 영업양수(양도의 개요) – 영업양수 · 도의 목적 – 양수 또는 양도하고자 하는 영업의 내용 및 범위 – 양수 또는 양도하고자 하는 영업부문의 자산액, 매출액 또는 영업양수로 인하여 인수할 부채액 – 영업양수 · 도의 가액 및 그 산출근거 – 영업양수 · 도의 일정 및 방법 – 영업양수 · 도 당사회사의 출자 · 채무보증 기타 거래내역 – 주식매수청구권의 내용 및 행사에 관한 사항 – 기타 투자자 보호에 필요한 사항 · 영업양수 · 도 당사회사에 관한 사항 – 회사의 개황 – 사업의 내용 – 재무에 관한 사항 – 감사인의 감사의견 – 지배구조 및 관계회사 등의 현황 – 주식에 관한 사항 – 임원 및 직원 등에 관한 사항 – 기타 필요한 사항

			첨부서류	· 정관 및 법인등기부등본 · 최근 3사업연도 재무제표에 대한 감사인의 감사보고서 · 영업양수 · 도신고서 제출일이 속하는 사업연도의 개시일부터 6개월이 경과하여 반기재무제표가 확정된 경우, 반기재무제표에 대한 감사인의 반기검토보고서 · 영업양수 · 도 신고서 제출일이 속하는 사업연도의 개시일부터 3월 또는 9월이 경과하여 분기재무제표가 확정된 경우, 분기재무제표에 대한 감사인의 분기검토 보고서
			영업양수 · 도 신고서가 부실 또는 허위로 작성되어 투자자들이 피해를 볼 경우에 신고서 작성인의 책임을 엄격히 하기 위하여 '증권거래법 제190조의 2 제3항'에서는 '증권거래법 제14조~제16조'를 준용하여 민사적 책임에 대한 규정을 명시하고 있고 '증권거래법 제209조 제9호 및 제210조 제1호'를 통하여 형사적 책임에 대한 규정을 명시하고 있다. 또한, '증권거래법 제19조~제20조'를 준용하여 공익 및 투자자의 보호를 위하여 금감위의 조사 및 처분권한을 부여하고 있다.	
			민사적 책임(증권거래법제14조~제16조)영업양수 · 도	영업양수 · 도신고서의 허위기재 또는 허위표시가 있거나 중요한 사항이 기재 또는 표시되지 아니함으로써 투자자가 손해를 입은 때에는 다음의 자는 그 손해에 대하여 책임을 져야 한다. 다만, 배상의 책임을 질 자가 상당한 주의를 하였음에도 이를 알 수 없었음을 증명하거나 그 유가증권의 취득자가 취득시에 그 사실을 안 때에는 그러하지 아니하다.

				·영업양수·도 신고서상의 신고자와 신고당시의 당해 법인의 이사 ·신고서 기재사항 또는 첨부서류가 진실 또는 정확하다고 증명한 공인회계사, 감정인, 신용평가회사 등. 다만, 청구권자가 당해 사실을 안 날로부터 1년 또는 신고서 효력발생일로부터 3년 내에 청구권을 행사하지 아니한 때에는 소멸된다.
			금감위의 조사 및 처분권한(증권거래법 제19조~제20조)	영업양수·도신고서가 부실하게 작성되었거나 형식적 요건이 불비되어 투자자의 판단자료로서 미흡하다고 판단할 경우에는 감독기관은 신고서의 보완을 요구할 수 있으며 영업양수·도 신고서 제출자가 이를 신속히 보완하지 아니하는 때에는 그 신고서의 수리를 거부하거나 이를 반려할 수 있다.
			형사적 책임(증권거래법 제209조 제9호 및 제210조제1호)	영업양수·도 신고서에 대한 규정을 위반한 자는 2년 이하의 징역 또는 1천만원 이하의 벌금에 처하고 금감위의 처분을 위반한 자는 1년 이하의 징역 또는 5백만원 이하의 벌금에 처한다.
상법 제362조	주주총회 소집 이사회 결의	D－41	주주총회 소집은 이사회 결의사항	
상장공시 제20조의 2, 협회공시규정 제27조	일시적인 매매거래 정지	D－41	상장법인 또는 협회등록법인의 주가 및 거래량에 중요한 영향을 미칠 수 있는 사항이 결의 된 경우 주가에 대한 충격을 완화하기 위하여 당해 이사회 결의에 대한 공시가 있을 경우 일시적으로 매매거래를 정지하고 있다. 공시시간 / 매매거래정지기간 매매거래 정지 / 영업양수·도에 대한	

<table>
<tr><td></td><td></td><td></td><td>
<table>
<tr><td>기준</td><td>신고・공시 시점</td></tr>
<tr><td>매매거래 정지시간 90분 이전 (13:30 이전)</td><td>공시시점으로부터 1시간 동안</td></tr>
<tr><td>매매거래 정지시간 90분 이후 (13:30~15:00)</td><td>공시시점으로부터 매매거래 정지시간까지</td></tr>
<tr><td>매매거래 정지시간 이후 (15:00 이후)</td><td>매매거래 정지시간이 없음.</td></tr>
<tr><td>규 정</td><td>상장법인공시규정 제20조의2, 동세칙 제9조, 협회등록법인공시규정 제27조 제1항 제2호, 동세칙 제10조 제1항 제2호</td></tr>
</table>
</td></tr>
<tr><td>상법 제354조</td><td>주주명부 폐쇄 및 기준일 공고</td><td>D－40</td><td>명부확정기준일 2주전 공고</td></tr>
<tr><td>상법 제354조</td><td>주주명부확정 기준일</td><td>D－25</td><td></td></tr>
<tr><td>발행・공시규정 제90조</td><td>주주총회 소집공고 및 통지 발송</td><td>D－15</td><td>
공개법인의 영업양수・도 결의를 위한 주주총회 소집을 위한 기준일 공고, 주주명부 폐쇄기간, 주주총회 소집통지 절차를 정리하면 다음과 같다.
<table>
<tr><th>절 차</th><th>일정</th><th>내 용</th></tr>
<tr><td>주주명부 폐쇄 및 기준일 공고</td><td>D－15</td><td>기준일 2주전 공고</td></tr>
<tr><td>주주명부확정 기준일</td><td>D</td><td></td></tr>
<tr><td>주주명부 폐쇄기간</td><td>D+1~D+11</td><td>주주확정을 위하여 약 10일~15일간 폐쇄</td></tr>
<tr><td>주주총회 소집 통지 발송일</td><td>D+10</td><td>2주전 통지</td></tr>
<tr><td>주주총회일</td><td>D+25</td><td></td></tr>
</table>
영업양수・도 결의를 위한 주주총회 소집을 위한 통지 및 공고시 영업양수・도 당사회사는 투자자보호를 위하여 다음의 내용을 통지 및 공고하여야 한다.
</td></tr>
</table>

			· 영업양수 · 도의 목적 · 영업양수 · 도하고자 하는 영업의 내용 및 범위 · 영업양수 · 도하고자 하는 부문의 자산액, 매출액 또는 영업양수로 인하여 인수할 부채액 · 영업양수 · 도 가액 및 산출근거 · 영업양수 · 도의 일정 및 방법 · 영업양수 · 도 당사회사의 출자 · 채무보증 기타 거래 · 주식매수청구권의 내용 및 행사에 관한 사항 · 기타 투자자보호를 위하여 필요한 사항
증권거래법 제191조의 10	주주총회 소집 통지, 공고, 비치공시	D－15	공개법인이 주주총회 소집 통지 또는 공고를 하는 경우에 다음의 사항을 통지 또는 공고하여야 하는데, 증권거래법 제191조의 10, 증권거래법시행령 제84조의 17 및 유가증권의 발행 및 공시 등에 관한 규정 제73조의 규정에 의하여 정보통신망에 게재하고 다음의 비치장소에 비치하여 일반인이 열람할 수 있도록 함으로써 통지 또는 공고에 갈음할 수 있다. ◎ 정보통신망에 게재하여야 할 내용 · 사외이사 등의 이사회 출석률, 이사회 의안에 대한 찬반여부 등 활동내역과 보수에 관한 사항 · 최대주주 등과의 거래내역 중 단일 거래규모가 일정규모(최근 사업연도말 현재 자산 또는 매출총액의 1%) 이상인 거래 및 당해 사업연도 중 특정인과 당해 거래를 포함한 거래총액이 일정규모(최근 사업연도말 현재 자산 또는 매출총액의 5%) 이상인 거래 · 사업개요(업계 및 회사현황) 및 주주총회의 목적사항별 참고서류 ◎ 참고서류 · 영업양수 · 도 상대방의 주소, 성명(상호) 및 대표자

			· 영업양수 · 도의 경위 및 그 계약의 주요내용 · 영업양수 · 도 상대방과의 사이에 가지고 있거나 있었던 이해관계의 요지 ◎ 비치장소 · 주권상장법인 또는 협회등록법인의 본점 및 지점 · 명의개서 대행회사 · 금감위, 거래소 또는 협회
증권거래법 제191조	반대의사 접수마감	D－1	주주총회 소집 통지일~주주총회 전일
상법 제374조	주주총회 개최	D	주주총회 특별결의
상법 제374조의 2	주식매수청구권 행사시작	D	주주총회 결의일로부터 20일간
발행 · 공시규정 제69조	주주총회 결과 보고	D+1	금감위, 거래소 또는 협회
	영업양수 · 도 기준일	D+1	실질적인 영업양수 · 도일
발행 · 공시규정 제91조	영업양수 · 도 종료보고서 제출	D+1	유가증권의 발행 및 공시 등에 관한 규정 제91조에 의거 영업양수 · 도 신고서를 제출한 공개법인이 영업양수 · 도를 종료한 때(영업양수 · 도 제도의 경우에는 법인등기 절차가 없으므로 영업양수 · 도 기준일)에는 지체 없이 영업양수 · 도 종료보고서를 금감위에 제출하여야 한다.
증권거래법 제191조	주식매수청구권 행사완료	D+20	주주총회일로부터 20일 이내
상장규정 제20조 제1항	주식매수청구 서류 제출	D+20	유가증권상장규정 제20조 제1항에 의거 상장법인은 주식매수청구가 있을 때에는 매수를 청구한 주주, 주식의 종류, 주식의 수, 매수가격의 결정이 있을 때에는 그 매수가격 및 결정방법에 관한 사항을 문서로 금감위와 거래소에 제출하도록 규정하고 있다. 그러나 협회등록법인의 경우에는 상장법인과 같은 주식매수청구 서류 제출에 대한 명백한 규정은 없으나 유가증권의 발행 및 공시 등에 관한 규정 제69조 제1항

			제20호 및 협회중개시장공시규정 제6조 제1항 제8호에 의거 반대주주의 주식매수청구에 관한 사항이 투자자의 의사결정에 중대한 영향을 미칠 것으로 판단되면 금감위와 증권업 협회에 관련 서류를 제출하여야 할 것이다.
증권거래법 제191조	주식매수청구권 대금지급	D+51	매수청구권 행사만료일로부터 1개월 이내

제4장 P&A

개념

자산부채이전(P&A)란 자산은 인수(purchase of assets)하고 부채는 이전받는(assumption of liabilities)방식의 거래를 말한다.

P&A는 선택적으로 자산과 부채를 인수 한다는 점에서 영업양수도와 비슷하지만 종업원에 대하여는 고용을 승계할 의무가 없다는 점이 영업양수도와 다르다.

그러나 선택적으로 개별자산과 부채를 인수하는 경우라도 영업의 동일성이 유지가 될 경우에는 종업원에 대한 고용승계 의무가 따르게 된다는 점에 유의할 필요가 있다.

P&A와 영업양수도와의 차이점

P&A	영업양수도
· 선택적으로 개별자산과 부채를 인수하는 형태의 거래방식 · 종업원의 고용승계 의무가 없어 거래가 신속하게 이루어질 수 있다. · 부실자산과 부채의 양도를 통한 기업의 구조조정 수단으로 활용	· 영업을 구성하는 인적조직, 물적설비와 거래처, 영업의 노하우와 비밀 등을 포괄적으로 인수하거나 부분적으로 인수하여 계속해서 영업의 동일성을 유지하는 거래 방식 · 종업원의 고용승계 의무가 있다. · 비주력 사업부문의 매각을 통한 기업의 구조조정과 매각자금을 활용한 재무구조개선 또는 새로운 사업진출을 위한 자금활용

③ P&A의 활용

P&A는 선택적으로 개별자산과 부채를 인수하여 기업을 구조조정하고자 하는 경우에 주로 활용하는 방식으로 우리나라의 경우 1997년 IMF 외환 위기 이후 부실화된 금융기관(대동은행, 동남은행, 동화은행, 경기은행, 충청은행 등)을[14] 퇴출시키고자 P&A방식을 활용하여 구조조정을 마무리한 사례를 들 수 있다.

이러한 구조조정 방식은 우량금융기관이 부실금융기관의 부실채권을 제외한 우량자산과 부채만을 인수하고 인수대상에서 제외한 부실채권은 부실채권 전담은행이나 정부가 인수 후 매각·회수하는 방식을 말한다.

이와 같은 P&A는 금융기관뿐만 아니라 일반법인의 구조조정을 위한 방식으로도 널리 활용되어지고 있다.

〈 자산부채 이전에 의한 구조조정흐름 〉

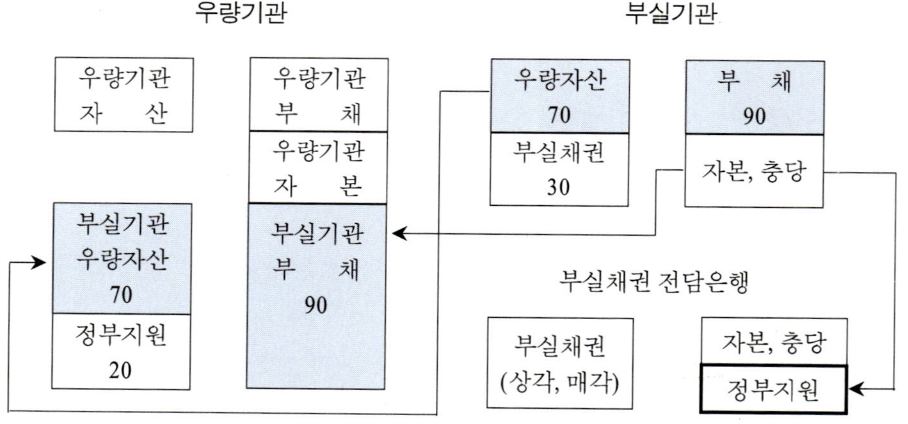

14) 외국의 예를 보면 파탄은행의 퇴출방법은 매우 다양하다. 미국의 경우 금융기관의 존속 여부와 관련하여 ① 존속을 전제로 한 경우에는 직접 자금지원(direct assistance), 자금지원을 수반한 합병(assisted merger)이 있고 ② 폐쇄를 전제로 한 경우에는 예금보험금의 지급(insured deposit pay off), 附保 예금의 이전(insured deposit transfer), 자산·부채 이전(P&A), 가교은행(bridge bank)의 설립 등이 있다.

 P&A의 장단점

1) P&A의 장점

P&A의 장점으로 부실금융기관 정리를 위한 소요시간이 M&A에 비해 짧고, 부실금융기관의 자산과 부채를 모두 정리하는 청산에 비해 시장충격이 크게 줄어들 뿐만 아니라, 부실자산 부분을 떼내어 정리하는 과정을 통해 주주와 경영자에게 부실화에 대한 책임을 물을 수 있다는 점을 들 수 있다. 이외에도 인수 금융기관은 정리대상 금융기관의 직원을 고용해야 할 의무가 없기 때문에 인수자측의 부담이 적다.

2) P&A의 단점

P&A는 장점이 있는 반면 부실금융기관의 자산과 부채를 넘겨받는 우량금융기관의 자산 규모가 커짐에 따라 BIS 자기자본비율 하락을 막기 위한 정부의 지원 규모가 커질 수 있으며, 우량자산과 부실자산 판정 진행절차가 다소 복잡하다는 면이 있다.

또한 일반법인의 경우 매각하는 자산과 부채에 대한 평가소홀로 헐값에 양도할 수 있는 부작용을 낳을 수 있다.

제8부

M&A 활성화를 위한 주식교환 전략

제1장 주식의 포괄적교환과 이전/317

제2장 주식의 부분적교환과 벤처기업의 주식교환/328

제3장 주식의 교환과 이전의 법적제한/333

제4장 주식의 포괄적교환 절차/336

제1장
주식의 포괄적 교환과 이전

 주식의 포괄적 교환과 이전의 도입

1) 도입배경

2000년 10월 도입된 금융지주회사법의 주식교환(금융지주회사법 제20조) 및 주식이전(금융지주회사법 제37조)제도를 2001년 7월 23일 상법 제360조의 2(주식의 포괄적 교환에 의한 완전모회사의 설립)와 상법 제360조의 15(주식의 포괄적 이전에 의한 완전 모회사의 설립)의 신설을 통해 기업의 구조조정을 위한 법적 수단으로 주식의 포괄적 교환(이하 "주식교환"이라 한다)과 주식의 포괄적 이전(이하 "주식이전"이라 한다) 제도를 도입하게 되었다.

2) 도입효과

주식교환과 주식이전을 위한 법 신설의 효과는 그 동안 편법적인 방법으로 행해오던 주식교환과 주식이전의 M&A방식을 합법적인 제도의 뒷받침으로 주식교환이나 주식이전을 통한 M&A가 보다 더 활성화될 것으로 보며, 그 다음으로 기업들의 지주회사 설립을 촉진시키게 하여 기업의 구조조정이 보다 원활하게 이루어질 것으로 본다. 그 이유는 자금의 지출 없이 M&A를 보다 쉽게 할 수 있기 때문이다.

3) 제도의 미비점

첫째, 상법상 주식교환제도는 피 인수기업의 일부 주식교환을 통한 M&A는 규정하지 않고 있다.

즉, 피 인수기업의 발행주식총수전부에 대한 주식교환을 하여 100% 완전자회사가 되는 경우에 한해 허용하고 있다.

둘째, 주식의 포괄적 교환시 주식교환신고서를 제출하거나 주식교환비율에 대한 외부기관의 평가의무(금융지주회사 제외) 등을 규제하는 특별한 규정이 없다.

따라서 현실적으로 공개법인의 대주주가 특수관계에 있는 비공개법인과 포괄적 주식교환을 실행하는 과정에서 비공개법인의 주식교환비율의 가치를 과대평가하여 주식교환을 실행 할 경우 공개법인의 주주가치가 사실상 비공개법인으로 이전되고, 주식교환에 따른 공개법인의 주식물량 증가로 공개법인의 주식 물타기 현상이 발생하여 주식의 가치가 하락할 수 있으며 이에 따라 공개법인의 소액주주가 피해를 볼 수 있다.

물론 주식의 포괄적 교환 시 반대주주에 대한 주식매수청구권이 인정되므로 공개법인의 소액주주는 손해가 예상될 경우 주식매수청구권의 행사를 통하여 손해를 방지할 수 있으나 주식매수청구권 이외에 추가적으로 자본시장의 질서를 유지하고 소액주주를 보호할 수 있는 제도는 상당히 미비하다고 볼 수 있다.

반면에 비공개법인이 우량하여 평가가치가 높거나 주식교환으로 인한 시너지 효과가 높게 나타날 경우 공개법인의 주식가치가 상당부분 상승할 수 있어 공개법인의 소액주주가 이익을 볼 수 있다.

4) 주식교환의 강제성

주식교환의 법적 절차를 거치는 경우 주식교환의 반대 주주들에게도 주식교환에 대한 강제적 효력이 있으며 주식이전도 마찬가지의 강제성을 가진다.

물론 반대 주주들은 주식매수청구권을 행사할 수 있다.

5) 주식교환과 이전의 혜택

상법 제360조의 2와 제360조의 15에서 규정하고 있는 주식교환과 주식이전제도의 취지는 M&A를 활성화 하고 지주회사 설립 또는 전환을 원활하게 하기 위하여 모회사가 자회사의 지분율 100% 소유하는 형태를 가정하고 신설된 규정이므로 완전모회사의 증자시 주금납입이 완전자회사의 구주식(현물)으로 납입됨에도 불구하고 현물출자로 인한 등기시 요구되는 검사인의 선임과 조사·보고절차가 불필요하고 법원의 심사를 받을 필요가 없으며 조세특례제한법 제38조의 2에 의하여 주식교환시 발생되는 주식양도차익에 대하여 과세를 이연해 주는 등 많은 혜택을 부여하고 있다.

6) 주식교환과 이전의 특징

구 분	주 요 내 용
주금납입방법	일반적으로 회사의 증자 또는 설립시 주금납입은 현금으로 하여야 하나 포괄적 주식교환 또는 이전시 자회사 주식으로 납입하는 것이 인정됨.
1인 주주회사	포괄적 주식교환 또는 이전으로 완전모회사가 완전자회사의 지분 100%를 소유하므로 완전자회사는 주주가 1인의 회사로 존속됨.
검사인 조사, 보고 불필요	완전모회사의 증자시 주금납입이 현물(주식)로 이루어지나 현물출자로 인한 등기시 요구되는 검사인의 조사·보고 절차가 불필요함.
채권자보호절차 불필요	완전자회사의 경우 재무구조에 변동이 없고 완전모회사의 경우 자산과 자본은 증가하나 부채는 변동이 없어 채권자가 피해를 보지 않으므로 채권자 보호절차가 불필요함.
주식양도차익에 대한 과세이연	조세특례제한법 제38조의 2에 의한 주식교환시 발생되는 완전자회사 주주의 완전자회사 주식 양도차익에 대하여 주식의 포괄적 교환 또는 이전으로 교부받은 완전모회사 주식을 매각할 때까지 과세를 이연하고 있음.

 주식의 포괄적 교환

1) 의미

상법 제360조의 2(주식의 포괄적 교환에 의한 완전모회사의 설립)에 의한 주식의 포괄적 교환(이하 "주식교환"이라 한다)은 기존회사가 신주를 발행하여 다른 회사의 주주가 가진 구주의 주식전부와(100%)와 교환함으로써 기존회사는 다른 회사의 발행주식의 총수를 소유하는 완전모회사가 되고 다른 회사는 기존 회사의 완전자회사가 되는 형태를 말한다.

다음은 주식교환 사례이며 회사별 주식교환에 의한 M&A를 실시한 주요목적은 다음과 같이 나타났다.

첫째, 사업다각화를 통한 성장도모
둘째, 경영합리화를 통한 기업의 가치 증대
셋째, 다양한 수익기반구조의 창출과 경쟁력확보를 통한 주주가치의 극대화
넷째, 시장경쟁 가속화에 따른 대응

사례

주식교환 사례

일자	완전모회사가 되는 회사	완전자회사가 되는 회사	기존의 완전자회사	목적
05.02.07	㈜디지탈캠프	㈜비에스이	㈜윌포드	사업다각화를 통한 성장과 경영합리화를 도모함은 물론 다양한 수익구조의 기반을 창출하고 경쟁력강화를 통한 주주가치의 극대화
04.12.23	㈜에코솔루션	㈜제오텍		폐기물처리 및 하수처리 분야로 사업을 확대하여 경쟁력을 확보
04.10.26	㈜예스컴	㈜디지탈웨이		사업다각화를 통한 성장과 경영합리화를 도모함은 물론 다양한 수익구조의 기반을 창출하고 경쟁력강화를 통한 주주가치의 극대화
04.09.15	㈜콜린스	㈜디지탈스퀘어		경쟁력을 확보, 차세대 디지털 컨버전스기기시장을 선도
04.08.17	㈜메디오피아테크날리지	매경휴스닥㈜		사업다각화를 통한 글로벌한 이러닝기업으로 성장하고 수익기반을 확충함으로서 주주가치 극대화
04.08.10	㈜텍셀	㈜네트컴		경쟁력을 강화하고 주주가치를 극대화
04.07.20	벨코정보통신㈜	㈜이라테크		사업다각화를 통한 성장과 경영합리화를 도모, 다양한 수익구조의 기반을 창출하고 경쟁력강화를 통한 주주가치의 극대화를 추구
04.06.22	㈜신한금융지주회사	㈜조흥은행	㈜신한은행 신한캐피탈㈜ 신한카드㈜	시너지영업 추진 등 전략실행 및 자원배분의 효율성을 제공

2) 주식의 포괄적 교환 과정

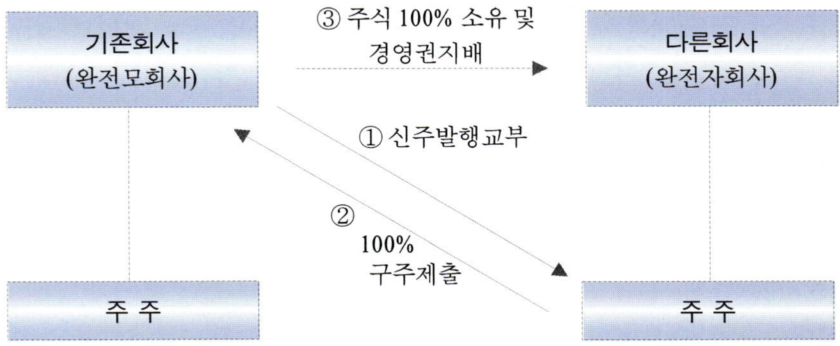

〈보기〉

① 기존회사는 다른 회사의 주주에게 신주를 발행하여 교부한다.

② 다른 회사의 모든 주주(100%)는 소유한 주식을 기존회사에 제출한다.

③ 기존회사는 다른 회사의 1인주주가 됨과 동시에 다른 회사의 경영권을 갖는 완전모회사가 되고 다른 회사는 기존회사의 완전자회사가 되는 결과를 가져오게 된다.
또한 다른 회사의 모든 주주는 기존 회사에 자신들이 소유한 주식을 제출하고 기존회사의 신주를 교부 받음으로써 결과적으로 주식교환이 100% 이루어졌으며 따라서 다른 회사의 주주는 기존회사의 주주로 편입된다.

3) 절차간소화에 따른 주식교환

주식의 포괄적 교환의 경우 기존회사가 신주를 발행하여 다른 회사의 주주가 가진 주식 100%와 교환하는 일반적인 주식의 포괄적 교환과는 별도로 상법 제360조의 9(간이주식교환)와 상법 제360조의 10(소규모주식교환)의 규정에 의해 절차의 간소화 정도에 따라 간이주식교환과 소규모주식교환으로 구분할 수 있다.

(1) **간이주식교환**(상법 제360조의 9)

① 간이주식교환은 완전자회사가 되는 회사의 총주주의 동의가 있거나 그 회사의 발행주식총수의 100분의 90 이상을 완전모회사가 되는 회사가 소유하고 있는 경우에만 인정된다. 이 경우 완전자회사가 되는 회사는 주주총회의 승인을 거치지 않고 이사회의 승인만으로 주식교환이 가능하다.

반면에 완전모회사가 완전자회사의 주식을 100% 소유하지 못하거나 완전자회사 총주주의 동의를 득하지 못한 경우에는 반대주주가 존재할 수 있으므로 주식매수청구권이 인정된다.

② 제1항의 경우에 완전자회사가 되는 회사는 주식교환계약서를 작성한 날로부터 2주내에 주주총회의 승인을 얻지 아니하고 주식교환을 한다는 뜻을 공고하거나 주주에게 통지하여야 한다. 다만, 총주주의 동의가 있는 때에는 그러하지 아니하다.

③ 간이주식교환은 주식의 포괄적 교환시 완전자회사에 대해서만 인정되며 간이합병과 내용이 동일하고 간이주식이전은 인정되지 아니한다.

④ 간이주식교환은 완전모회사에게는 적용되지 않으므로 완전모회사는 주식교환계약서에 대한 승인을 득하기 위해 반드시 주주총회의 특별결의를 거쳐야 하며 반대주주의 주식매수청구권을 인정해야 된다.

(2) **소규모주식교환**(상법 제360조의 10)

① 완전모회사가 되는 회사가 주식교환을 위하여 발행하는 신주의 총수가 그 회사의 발행주식총수의 100분의 5를 초과하지 아니하는 경우와 완전자회사가 되는 회사의 주주에게 지급할 금액이 주주총회의 회일 전 6월 이내의 날에 작성한 최종 대차대조표에 의하여 완전모회사가 되는 회사에 현존하는 순자산액의 100분의 2를 초과하지 아니하는 경우에만 인정된다. 이 경우 주주총회의 승인은 이를 이사회의 승인으로 갈음할 수 있다.

② 주식의 포괄적 교환시 완전모회사에 대해서만 인정되며 소규모합병과 내용이 동일하며 소규모주식이전은 인정되지 않으며 반대주주의 주식매수청구권을 인정하지 않는다.

③ 소규모주식교환은 완전자회사에는 적용되지 않으므로 완전자회사는 주식교환계약서에 대한 승인을 반드시 주주총회의 특별결의를 거쳐야 하며 반대주주의 주식매수청구권을 인정해야 한다.

④ 주식교환계약서에 완전모회사가 되는 회사에 관하여는 주식교환계약서의 작성과 주주총회의 승인의 규정(상법 제360조의 3 제1항)에 의한 주주총회의 승인을 얻지 아니하고 주식교환을 할 수 있는 뜻을 기재하여야 하며, 완전모회사가 되는 회사가 주식교환으로 인하여 정관을 변경하는 경우에는 그 규정의 사항은 이를 기재하지 못한다. (동조 제3항 제1호)

⑤ 완전모회사가 되는 회사는 주식교환계약서를 작성한 날부터 2주내에 완전자회사가 되는 회사의 상호와 본점, 주식교환을 할 날 및 주주총회의 승인을 얻지 아니하고 주식교환을 한다는 뜻을 공고하거나 주주에게 통지하여야 한다.

⑥ 완전모회사가 되는 회사의 발행주식총수의 100분의 20 이상에 해당하는 주식을 가지는 주주가 주식교환에 반대하는 의사를 통지한 때에는 이 조에 의한 주식교환을 할 수 없다.

3 주식의 포괄적 이전

1) 의미

상법 제360조의 15(주식의 포괄적 이전에 의한 완전모회사의 설립)에 의한 주식의 포괄적 이전(이하 "주식이전"이라 한다)은 기존회사가 신규로 설립되는 회사(이하 "완전모회사"라 한다)에 기존 회사의 주주가 가진 구주의 주식(구주) 전부를 신규로 설립되는 완전모회사에 이전하고 그 대가로 기존회사 주주가 완전모회사에서 신주로 발행되는 주식(신주)을 교부 받음으로써 기존회사가 신규로 설립되는 회사의 완전자회사가 되는 형태를 말한다.

주식의 포괄적 이전 형태는 회사의 구조조정 수단과 지주회사[1] 설립을 위한 전략으로 주로 활용되고 있다.

2) 주식의 포괄적 이전 과정

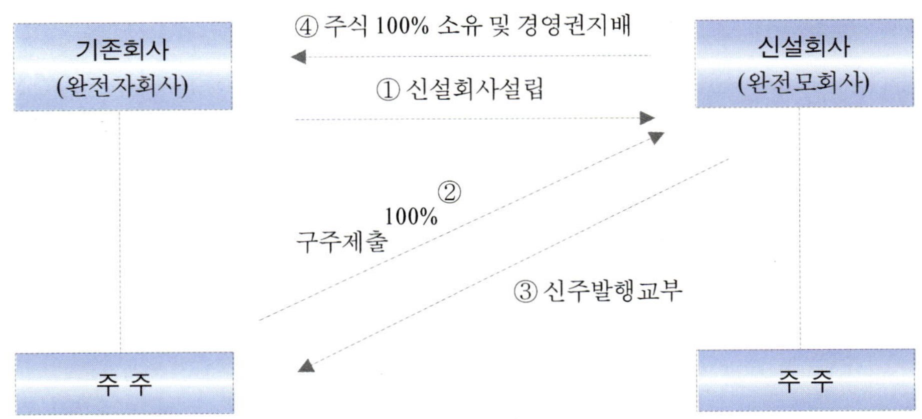

1) ① 완전모회사가 자체의 사업을 영위하면서 다른 완전자회사의 지배를 통한 지주회사가 되는 형태를 사업형지주회사라 하고
② 완전모회사는 자체의 사업을 영위하지 않고 완전자회사들을 지배하는 형태를 순수형지주회사라고 한다.

〈보기〉

① 기존회사는 신규로 신설회사를 설립한다.

② 기존회사의 모든 주주(100%)는 신설회사에 자신들이 소유한 주식을 제출한다.

③ 신설회사는 기존 회사의 모든 주주에게 신설회사가 발행한 신주를 교부함으로써 기존회사의 주주는 신설회사의 주주가 되는 결과를 가져온다.

④ 결과적으로 신설회사가 기존회사의 1인 주주가 됨과 동시에 신설회사가 기존회사의 완전모회사가 되고 기존회사의 경영권을 지배하게 되며 기존회사는 신설회사의 완전 자회사가 되는 것이다.

4 주식의 포괄적 교환과 이전에 따른 영향

1) 회사에 대한 영향

주식의 포괄적 교환과 주식의 포괄적 이전이 회사에 미치는 영향은 법인의 실체는 독립적으로 존속 되어지나 경제적으로는 완전모회사와 완전자회사간의 관계이기 때문에 하나의 동일한 경제적 결합체가 된다.

구 분	완전모회사	완전자회사
법인의 실체	독립법인으로 존속	좌 동
경영관계	완전모회사와 완전자회사의 형태로 운영되기 때문에 완전자회사의 경영성과가 완전모회사에 100% 반영되어 하나의 결합체를 형성한다.	좌동
지분구조	완전자회사의 주주가 완전모회사의 주식을 교부 받아 완전모회사의 구주로 편입되므로 완전모회사는 자본금과 주식수가 증가하게 된다.	완전모회사가 완전자회사의 지분을 100% 소유하게 된다.

2) 재무제표에 미치는 영향

주식의 포괄적 교환과 주식의 포괄적 이전이 재무제표에 미치는 영향은 완전모회사의 측면에서는 완전모회사의 자산에 완전자회사의 발행주식총수가 투자유가증권으로 편입되고 그에 해당하는 자본금 및 자본잉여금의 증가가 이루어진다. 따라서 완전모회사의 경우 자산지분 중 투자유가증권이 증가하고 그에 해당하는 자본이 증가하나 부채는 변함이 없다. 한편, 완전자회사의 측면에서는 자산 및 부채의 변동이 일어나지 않고 다만 주주구성만 변동하게 된다.

〈 주식의 포괄적 교환 이전후의 대차대조표 비교 〉

구 분		완전모회사		완전자회사	
		차변	대변	차변	대변
자산지부	투자유가증권	증가(XXX)	—	—	—
부채지부		—	—	—	—
자본지부	자본금과 자본잉여금	—	증가(XXX)	—	—
합 계		증가(XXX)	증가(XXX)	—	—

〈 주식의 포괄적 교환과 이전의 비교 〉

구 분	주식의 포괄적 교환	주식의 포괄적 이전
회사형태	기존에 설립된 회사간의 주식교환에 의한 완전모회사 및 완전자회사 관계로 회사가 형성된다.(상법 제360조의 2)	기존의 회사가 별도로 신설회사를 설립하여 기존 회사의 주주가 신설회사에 주식을 이전하여 완전모회사 및 완전자회사의 관계가 형성되는 형태이다.(상법 제360조의 15)
기본서류	주식교환계약서를 작성하여 주주총회의 특별승인을 얻어야 한다.(상법 제360조의 3 제1항)	주식이전계획서를 작성하여 주주총회의 특별승인을 얻어야 한다.(상법 제360조의 16 제1항)
주식매수청구권	주식교환에 반대하는 주주의 주식매수청구권을 인정한다.(상법 제360조의 5)	좌 동
간이주식교환	인정한다.(상법 제360조의 9)	인정하는 규정이 없다.
소규모주식교환	인정한다.(상법 제360조의 10)	인정하는 규정이 없다.
주식교환과 이전의 효력발생시기	등기와 무관하게 주식교환 기일에 효력이 발생한다.	주식의 이전은 완전모회사가 그 본점 소재지에서 등기를 함으로써 효력이 발생한다.(상법 제360조의 21)
등 기	완전모회사의 자본증자 등기가 이루어진다.	완전모회사의 설립등기가 이루어진다.(상법 제360조의 21)

〈 주식의 교환과 기타 구조조정과의 비교 〉

지금까지 설명한 주식의 포괄적 교환과 이전, 합병, 기업분할의 주요내용을 요약하여 비교하였다.

구 분	주식의 포괄적 교환 또는 이전	합 병	기업분할
기본서류	· 주식교환계약서 또는 주식이전계획서	· 합병계약서	· 분할계획서
주주의 구성	· 완전자회사 주주는 완전모회사 주주로 전환됨. · 완전모회사가 완전자회사 주식을 100% 소유함.	· 피합병회사 주주는 합병회사 주주로 전환됨.	· 인적분할의 경우 분할회사 주주가 분할신설회사의 주주가 됨. · 물적분할의 경우 분할회사가 분할신설회사의 주주가 됨. · 분할신설회사의 경우 분할회사의 출자만으로 설립된다.
회사의 존속	· 완전모회사 및 완전자회사가 경제적으로 단일체를 형성하지만 법률적으로는 독립적으로 존속함.	· 두개 이상의 회사가 법률적으로 완전하게 합병.	· 분할신설회사가 신설됨.
회사의 소멸	· 완전자회사는 소멸되지 않고 존속함.	· 피합병회사는 소멸함.	
이전 범위	· 완전자회사 주식 100%	· 피합병회사의 모든 자산과 부채	
소규모 및 간이 제도	· 소규모 및 간이주식교환 인정(소규모 및 간이 주식이전 불인정)	· 소규모 및 간이 합병 인정	· 인정되지 않음.
주주총회 승인	· 주주총회 특별결의 필요(소규모 및 간이 주식교환시 생략가능)	· 주주총회 특별결의 필요(소규모 및 간이 합병시 생략가능)	· 특별결의 절차 필요
주색매수청구권	· 인정(소규모 주식교환시 제외)	· 인정(소규모 합병시 제외)	· 불인정
채권자 보호절차	· 불필요	· 필요	· 분할 전 채무에 대하여 분할회사와 분

			할신설회사가 연대책임을 질 경우 불필요하나 연대책임을 지지 않을 경우 필요
구주권 제출절차	· 완전자회사 필요	· 피합병회사 필요	· 인적분할의 경우 분할회사 필요
공개법인의 신고서 및 종료보고서 제출	· 신고서 및 종료보고서 제출 불필요	· 신고서 및 종료보고서 제출	· 신고서 및 종료보고서 제출
등 기	· 완전모회사 - 자본변경등기 · 완전자회사 - 등기 불필요	· 합병회사 - 자본변경등기 · 피합병회사 - 소멸등기	· 분할회사 인적분할의경우자본감소등기 · 분할신설회사 법인설립등기

제2장 주식의 부분적 교환과 벤처기업의 주식교환

1 주식의 부분적 교환

주식교환은 기존회사의 신주가 다른 회사의 구주전부와 교환되는지 또는 다른 회사의 구주일부와 교환되는지 여부에 따라 주식의 포괄적 교환 또는 주식의 부분적 교환으로 구분할 수 있다.

1) 의미

기존 회사 신주가 다른 회사의 구주일부(100% 아닌 일부의 주식)와 교환이 이루어지는 형태로서 기존 회사와 다른 회사는 완전모회사 및 완전자회사의 관계를 형성하지 않는다.

즉, 모회사가 자회사의 주식 100% 미만을 소유하면 주식의 부분적 교환이라고 한다.

2) 주식의 부분적 교환과정

주식의 부분적 교환은 자회사의 주주가 모회사의 주식을 인수받기 위하여 자회사의 구주주가 소유한 구주를 모회사에 매각하고 그 대금으로 모회사의 유상증자에 참여하는 절차를 거친다는 점이다.

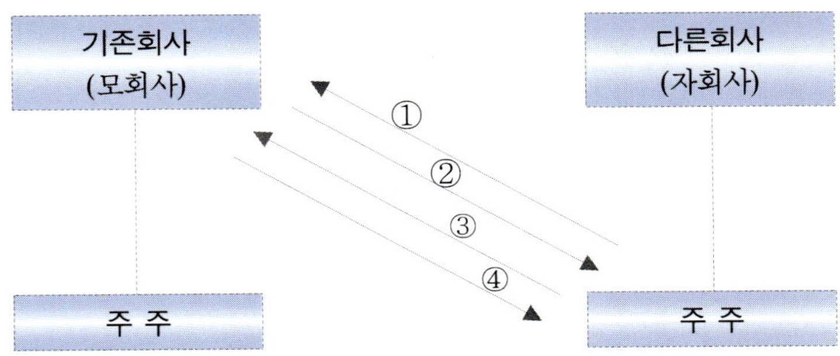

〈보기〉
① 구주 유상매각
② 구주매각대금회수
③ 구주매각대금으로 모회사 유상증자에 참여
④ 모회사 신주인수

따라서 주식의 부분적 교환은 당사회사의 이사회 결의 및 내부 규정에 의하여 주식을 매매하고 증자절차를 진행하면 되므로 주식의 포괄적 교환과 같은 주주총회 특별결의 및 반대주주에 대한 주식매수청구권 인정 등의 절차가 불필요하다.

3) 주식의 포괄적 교환과 부분적 교환의 차이점

구 분	주식의 포괄적 교환(이전)	주식의 부분적 교환
형 태	모회사가 자회사의 지분을 100% 소유하는 형태	모회사가 자회사의 지분을 100% 미만 소유하는 형태
거래구조	모회사의 신주와 자회사의 발행주식총수(구주)와의 직접적인 교환	자회사 주주는 보유주식(구주)을 모회사에게 유상으로 매각하고 매각대금으로 모회사의 증자에 참여하여 모회사 주식을 인수하는 형태로 결과적으로 주식교환의 효과가 발생됨.
주주총회 결의	주주총회 특별결의 필요함.	주주총회 결의 불필요
주식매수청구권	반대주주에 대하여 인정됨.	인정되지 아니함.
주금 납입 방법	모회사 증자시 자회사 구주로 납입	모회사 증자시 자회사 주주가 현금을 납입
검사인의 선임 또는 법원의 심사	불필요함.	현금증자이므로 불필요함.
자회사 주식매각	조세특례제한법 제38조의 2에 의	과세됨.

차익에 대한 과세	한 주식교환시 발생되는 완전자회사 주식양도차익에 대하여 미실현 이익으로 간주하여 신규로 교부받은 완전 모회사 주식매각 시점까지 과세를 이연하고 있음.	
제한규정	· 금융지주회사의 경우 교환비율에 대한 외부평가 의무 · 비공개법인 주주가 협회등록법인을 완전모회사로 하는 주식의 포괄적 교환으로 협회등록법인의 주식을 교부받는 경우 교부받는 협회등록법인 주식에 대하여 일정기간 매각이 제한됨.	특별한 제한규정 없음.

벤처기업의 주식교환

1) 의미

벤처기업육성에 관한 특별조치법(이하 "벤처기업육성법"이라 한다) 제15조 제1항(벤처기업의 주식교환)의 규정에 의해 벤처기업에 대한 주식의 교환은 100%가 아닌 부분적 교환을 허용하고 있다.

이는 벤처기업의 활성화와 벤처기업간의 원활한 M&A 및 기업구조조정을 지원하기 위한 혜택이다.

2) 주식교환범위

주식회사인 벤처기업은 전략적 제휴를 위하여 정관이 정하는 바에 따라 자기주식을 다른 주식회사의 주요주주(당해 법인의 의결권 있는 발행주식총수의 100분의 10이상을 보유한 주주를 말한다.) 또는 주식회사인 다른 벤처기업의 주식과 교환할 수 있다. (벤처기업육성법 제15조의 제1항)

이 경우 교환하는 주식의 수가 발행주식총수의 100분의 50을 초과하지 아니하는 때에는 주주총회의 승인은 정관이 정하는 바에 따라 이를 이사회의 승인으로 갈음할 수 있다. (벤처기업육성법 제15조의 6 제1항)

3) 신주발행에 의한 주식교환

주식회사인 벤처기업은 전략적 제휴를 위하여 정관이 정하는 바에 따라 신주를 발행하여 다른 주식회사의 주요주주 또는 주식회사인 다른 벤처기업의 주식과 교환할 수 있다. 이 경우 다른 주식회사의 주요주주 또는 주식회사인 다른 벤처기업은 벤처기업이 주식교환을 위하여 발행하는 신주의 배정을 받음으로써 당해 벤처기업의 주주가 된다. (벤처기업육성법 제15조의 4 제1항)

따라서 벤처기업간의 신주와 구주간의 직접적인 주식의 부분적 교환은 물론이고 벤처기업이 아닌 다른 주식회사간의 주식교환이 가능해져 벤처기업의 육성과 M&A활성화에 크게 기여할 것으로 보인다.

다만, 벤처기업의 발행주식 총수의 100분의 20이상에 해당하는 주식을 소유한 주주가 주식교환계약서 작성에 따른 공고나 통지가 있은 날로부터 2주 이내에 서면으로 주식교환에 반대하는 의사를 통지한 때에는 주식교환을 할 수 없다. (벤처기업육성법 제15조의 6 제4항)

4) 벤처기업의 주식교환 혜택

구 분	주요내용	규 정
자기주식 취득	· 벤처기업이 벤처기업육성법 제15조 제1항의 규정에 의하여 필요한 주식에 대하여 상법 제341조(자기주식의 취득)의 규정에 불구하고 자기의 계산으로 자기주식을 취득할 수 있다. 이 경우 상법 제462조(이익의 배당) 제1항의 규정에 의한 이익배당이 가능한 한도 이내이어야 한다.	벤처기업육성법 제15조 제2항
현물출자 심사	· 벤처기업이 부분적 주식교환을 실시 할 경우 주식교환비율에 대한 공정성을 기하기 위하여 공인평가기관의 평가를 받도록 규정하고 있으며 부분적 교환제도를 활성화하기 위하여 벤처기업이 공인평가기관으로부터 주식가치를 평가 받아 주식교환비율을 결정하는 경우 법원의 현물출자심사를 면제	상법 제422조
주식양도차익의 과세이연	· 조세특례제한법 제38조의 2의 규정에 의해 주식교환시 발생되는 구주에 대한 주식양도차익에 대한 양도소득세 또는 법인세에 대한 세금을 주식교환으로 교부받는 신주의 매각시점까지 과세를 이연할 수 있다.	조특법 제38조의 2 제1항

※ 상법 제341조(자기주식의 취득)

회사는 다음의 경우 외에는 자기의 계산으로 자기의 주식을 취득하지 못한다.

- 주식을 소각하기 위한 때
- 회사의 합병 또는 다른 회사의 영업전부의 양수로 인한 때
- 회사의 권리를 실행함에 있어 그 목적을 달성하기 위하여 필요한 때
- 단주의 처리를 위하여 필요한 때
- 주주가 주식매수청구권을 행사한 때

※ 상법 제462조(이익의 배당)

회사는 대차대조표상의 순자산액으로부터 다음의 금액을 공제한 액을 한도로 하여 이익배당을 할 수 있다.

- 자본의 액
- 그 결산기까지 적립된 자본준비금과 이익준비금의 합계액
- 그 결산기에 적립하여야 할 이익준비금의 액

5) 주식교환 규정

구 분	주 요 내 용
주식교환계약서 작성 및 주주총회 승인 (벤처기업육성법 제15조 제3항)	벤처기업이 주식교환을 하고자 할 경우 다음의 사항이 포함된 주식교환계약서를 작성하여 주주총회의 승인을 얻어야 한다. · 전략적 제휴의 내용 · 자기주식의 취득방법 · 취득가격 및 취득시기에 관한 사항 · 교환할 주식의 가액총액 · 평가 · 종류 및 수량에 관한 사항 · 주식교환을 할 날 · 다른 주식회사의 주요주주와 주식을 교환할 경우 주주의 성명, 주민등록번호, 교환할 주식의 종류 및 수량
주식의무보유기간 (벤처기업육성법 제15조 제5항)	· 벤처기업이 다른 회사와 주식교환을 한 경우에는 주식취득일로부터 1년이상 주식을 보유해야 하며 벤처기업의 주식을 취득한 다른 회사도 동일하다.
주식매수청구권 (벤처기업육성법 제15조의 2 제1항)	· 주식교환에 반대하는 주주는 주주총회 승인결의 일부터 10일이내에 자기가 보유한 주식의 매수를 서면으로 청구할 수 있다.

제3장
주식의 교환과 이전의 법적 제한

① 상법상 제한

주식의 포괄적 교환 또는 주식의 포괄적 이전 시 부실한 완전자회사를 인수함으로써 완전모회사의 경영이 악화되는 것을 방지하기 위한 상법의 제한 사항이다.

1) 완전모회사의 자본증가의 한도액

※ 제360조의 7(완전모회사의 자본증가의 한도액)

① 완전모회사가 되는 회사의 자본은 주식교환의 날에 완전자회사가 되는 회사에 현존하는 순자산액에서 다음 각호의 금액을 공제한 금액을 초과하여 증가시킬 수 없다.

1. 완전자회사가 되는 회사의 주주에게 지급할 금액
2. 제360조의 6의 규정에 의하여 완전자회사가 되는 회사의 주주에게 이전하는 주식의 회계장부가액의 합계액

② 완전모회사가 되는 회사가 주식교환 이전에 완전자회사가 되는 회사의 주식을 이미 소유하고 있는 경우에는 완전모회사가 되는 회사의 자본은 주식교환의 날에 완전자회사가 되는 회사에 현존하는 순자산액에 그 회사의 발행주식 총수에 대한 주식교환으로 인하여 완전모회사가 되는 회사에 이전하는 주식의 수의 비율을 곱한 금액에서 제1항 각호의 금액을 공제한 금액의 한도를 초과하여 이를 증가시킬 수 없다.

2) 완전모회사의 자본의 한도액

제360조의 18(완전모회사의 자본의 한도액) 설립하는 완전모회사의 자본은 주식이전의 날에 완전자회사가 되는 회사에 현존하는 순자산액에서 그 회사의 주주에게 지급할 금액을 공제한 액을 초과하지 못한다.

공정거래법상 제한

독점규제 및 공정거래법 제12조(기업결합의 신고) 제1항과 제5항의 규정에 의하여 특수관계인을 포함하여 자산총액 또는 매출총액이 1천억원 이상인 회사가 주식의 포괄적 교환 또는 이전에 의하여 의결권 없는 주식을 제외한 비공개법인의 주식의 20% 이상, 공개법인(상장법인 및 협회등록법인)의 주식의 15% 이상을 소유하는 경우 주식교환일 또는 이전일로부터 30일 내에 공정거래위원회에 기업결합신고를 하여야 한다.

③ 유가증권협회등록규정상 제한

(제18조의 2 : 합병 또는 주식교환시의 매각제한)

상법 제360조의 2 제2항에서 규정하는 주식교환(이하 "주식교환"이라 한다)을 하는 경우 비공개법인에 투자하고 있는 최대주주 등, 벤처금융, 기관투자자는 다음 각호의 기간동안 주식 등을 계속 보유하여야 한다. 다만, 벤처금융 및 기관투자자는 주식교환일 현재 자본금을 기준으로 100분의 10에 상당하는 한도까지의 주식 등의 계속 보유기간을 말한다.

① 최대주주 등은 주식교환일로부터 2년간. 다만, 주식교환일로부터 1년이 경과한 경우에는 매 1월마다 최초보유주식 등의 100분의 5에 상당하는 부분까지 매각할 수 있다.

② 벤처금융은 주식교환일을 기준으로 투자기간이 2년미만인 경우 주식교환일로부터 1월간 주식매각이 제한된다.

③ 기관투자자는 주식교환일을 기준으로 투자기간이 1년 이내인 주식 등 (모집 또는 매출에 의하여 취득한 주식 등은 제외)에 대하여 주식교환일로부터 1월간 주식매각이 제한된다.

 금융지주회사법상 제한

금융지주회사법 시행령 제5조(인가의 세부요건) 제5항의 규정에 의한 주식의 포괄적 교환이나 주식이전시 그 교환 또는 이전비율에 대하여 주식교환가격의 평가방법을 법제화하고 있으며 공정성을 기하기 위하여 외부평가기관의 평가를 받도록 의무화하고 있다. 이러한 구체적 사항은 아래와 같다.

주 체	주식교환 가격
공개법인간	· 주식교환가격 : 기준주가 · 기준주가 산정방법: 이사회 결의일 전일을 기산일로 소급하여 1개월 평균 종가, 1주일 평균종가, 최근일종가를 산술평균한 가격과 최근일 종가 중 낮은 가격
공개법인과 비공개법인간	· 공개법인: 기준주가와 자산가치 중에서 높은 가격 · 비공개법인: [본질가치+상대가치] / 2(상대가치를 산정할 수 없는 경우에는 본질가치로 산정)
비공개법인간	· 비공개법인: [본질가치+상대가치] / 2(상대가치를 산정할 수 없는 경우에는 본질가치로 산정)

제4장 주식의 포괄적 교환 절차

주식의 포괄적 이전은 기존회사가 신설회사를 설립하는 복잡한 절차가 일어나고 공개법인이 포함될 경우 공개요건의 적합성 등의 어려움으로 빈번히 발생하지 않으므로 여기서는 주식의 포괄적 교환에 대해 그 절차를 살펴보고자 한다.

비공개법인과 공개법인에 대한 주식의 포괄적 교환을 위해 사전에 법률, 회계, 조세문제의 검토와 주식의 포괄적 교환을 위한 일정 및 절차를 확정하고, 주식교환계약서 등 관련서류 작성의 준비를 할 필요가 있다.

비공개법인의 절차

비공개법인은 공개법인에 비해 주주나 이해에 관계자가 많지 않아 주식의 포괄적 교환을 비교적 자유롭게 실시할 수 있다. 그러나 사전에 주식의 포괄적 교환을 위한 법률, 회계, 조세문제의 검토와 필요한 업무진행 일정 및 절차를 확정하고, 주식교환계약서 등 관련서류 작성의 준비를 할 필요가 있다.

절 차	일정	주요내용	관련규정
주식교환을 위한 이사회 결의	D－32	회사가 주식의 포괄적 교환을 하기 위해서는 반드시 법적 사항이 기재된 주식교환계약서를 작성하여 이사회 결의를 득해야 한다.	
주식교환계약서의 작성과 주주총회의 승인	D－32	주식의 포괄적 교환을 하고자 하는 회사는 주식교환계약서를 작성하여 주주총회의 승인을 얻어야 한다. 이 경우 주주총회의 승인은 출석한 주주의 의결권의 3분의2이상의 수와 발행주식 총수의 3분의 1이상의 수로써 하여야 한다. ·주식교환계약서에는 다음의 사항을 기재하여야	상법 제360조의3

		한다. · 완전모회사가 되는 회사가 주식교환으로 인하여 정관을 변경하는 경우에는 그 규정 · 완전모회사가 되는 회사가 주식교환을 위하여 발행하는 신주의 총수 · 종류와 종류별 주식의 수 및 완전자회사가 되는 회사의 주주에 대한 신주의 배정에 관한 사항 · 완전모회사가 되는 회사의 증가할 자본의 액과 자본준비금에 관한 사항 · 완전자회사가 되는 회사의 주주에게 지급할 금액으로 정한 때에는 그 규정 · 각 회사가 제1항의 결의를 할 주주총회의 기일 · 주식교환을 할 날 · 각 회사가 주식교환을 할 날 까지 이익을 배당하거나 중간배당(상법 제462조의 3)의 규정에 의하여 금전으로 이익배당 할 때에는 그 한도액 · 신주발행에 갈음할 자기주식의 이전(상법 제360조의 6)의 규정에 의하여 회사가 자기의 주식을 이전하는 경우에는 이전할 주식의 총수 · 종류 및 종류별 주식의 수 · 완전모회사가되는회사에 취임할이사와 감사 또는 감사위원회의 위원을 정한 때에는 그 성명 및 주민등록번호	
주주명부 폐쇄 및 기준일 공고	D－31	주식의 포괄적 교환 주주총회에서 의결권을 행사할 주주를 확정하기 위하여 주주명부를 폐쇄하거나 기준일을 정하고 주주명부 폐쇄일 또는 기준일의 2주 전에 공고하여야 한다. 주주수가 소수이거나 전체 주주에 대한 관리가 가능한 비공개법인의 경우 전체 주주로부터 기간단축동의서를 징구하여 공고를 생략함으로써 기간을 단축할 수 있다.	상법 제354조
주주명부확정 기준일	D－16	기준일자의 주주명부에 기재된 주주가 주식의 포괄적 교환 주주총회에서 의결권을 행사할 주주로 확정된다.	상법 제354조
주주총회 소집공고 및 통지 발송	D－15	주주명부확정기간은 주주수가 적고 총주주에 대한 개별적 관리가 가능한 비공개법인의 경우에는 많은 시간이 필요하지 않으나 공개법인 또는 주주수가 많아 명의개서대리인 제도를 도입하고 있는 비공개법인의 경우에는 약 10일~15일이 소요된다. 주주명부가 확정되면 회사는 주주총회일 2주 전에 주	상법 제363조, 제360조의 5

		식교환계약서 승인을 위한 주주총회 소집통지를 하여야 하며 소집통지에는 주식교환계약서의 주요내용, 주식매수청구권 내용 및 행사방법, 당사회사 일방의 정관에 주식의 양도제한이 있고 다른 회사의 정관에 그 규정이 없는 경우 그 뜻을 기재하여야 한다.	
주식교환 계약서 등의 공시	D－15	주식교환 당사회사의 이사는 주주총회일 2주 전부터 주식교환일 이후 6개월이 경과하는 날까지 다음의 서류를 본점에 비치하여 언제든지 주주가 열람 및 등사할 수 있도록 하여야 한다. · 본점에 비치해야 할 서류 · 주식교환계약서 · 완전 자회사의 주주에 대한 주식의 배정에 관하여 그 이유를 기재한 서면 · 주주총회의 회일 6월 이내의 기간에 작성된 주식교환 당사회사의 대차대조표 및 손익계산서 · 주식교환일까지 이익배당하거나 중간배당을 할 때는 그 한도액 · 완전모회사가 신주발행에 갈음하여 자기주식으로 완전 자회사의 주주에게 주식을 이전할 경우 이전할 주식의 총수·종류 및 종류별 주식수 · 완전모회사가 되는 회사에 취임할 이사와 감사 또는 감사위원회의 위원을 정한 때에는 그 성명 및 주민등록번호	상법 제360조의 4
주식교환 반대의사 접수마감	D－1	주식교환 승인을 위한 주주총회 전까지 주식매수청구권 행사를 위한 반대주주의 반대의사 서면접수를 마감한다.	상법 제360조의 5
주식교환 승인 주주총회 개최	D	주식의 포괄적 교환을 위해서는 주식교환계약서에 대하여 주주총회의 특별결의를 득해야 한다. 결의 요건은 출석한 주주의 의결권의 3분의2이상의 수와 발행주식총수의 3분의 1이상의 수로써 하여야 한다.	상법 제360조의 3
구주권 제출공고 및 통지	D+1	주식의 포괄적 교환으로 인하여 완전자회사의 주식은 그 효력이 상실되므로 완전자회사의 주주는 보유하고 있는 완전자회사 주식을 제출하고 완전모회사의 주식을 교부받아야 한다. 위와 같은 완전자회사의 구주권제출절차 및 구주권 실효절차, 완전모회사의 신주권교부절차와 관련하여 공고 및 통지하여야 할 내용은 다음과 같다.	상법 제360조의 8

<table>
<tr>
<td></td>
<td></td>
<td>
<table>
<tr><th>구 분</th><th>내 용</th></tr>
<tr><td>공고 및 통지 시기</td><td>주식교환 주주총회일 익일~주식교환일 1개월 전</td></tr>
<tr><td>구주권 제출 기간</td><td>통상 1개월 이상</td></tr>
<tr><td>공고 및 통지 해야 할 내용</td><td>· 구주권 제출장소(명부주주와 실질주주로 구분)
· 구주권 제출기간 또는 만료일
· 신주권 교부 예정일
· 신주권</td></tr>
<tr><td>교부 예정장소</td><td>· 주식교환 주주총회에서 승인을 한 뜻
· 주식교환일 전날까지 주권을 회사에 제출하여야 한다는 뜻
· 주식교환일에 주권이 무효가 된다는 뜻</td></tr>
</table>
</td>
<td></td>
</tr>
<tr>
<td>주식매수 청구권 행사완료</td>
<td>D+20</td>
<td>반대주주의 주식매수청구권에 대한 주주총회의 승인(상법 제360조의3 제1항) 사항에 관하여 이사회의 결의가 있는 때에 그 결의에 반대하는 주주는 주주총회 전에 회사에 대하여 서면으로 그 결의에 반대하는 의사를 통지한 경우에는 그 총회의 결의일부터 20일 이내에 주식의 종류와 수를 기재한 서면으로 회사에 대하여 자기가 소유하고 있는 주식의 매수를 청구할 수 있다.
또한 간이주식교환 (상법 제360조의9 제2항) 의 공고 또는 통지를 한 날부터 2주내에 회사에 대하여 서면으로 주식교환에 반대하는 의사를 통지한 주주는 그 기간이 경과한 날부터 20일 이내에 주식의 종류와 수를 기재한 서면으로 회사에 대하여 자기가 소유하고 있는 주식의 매수를 청구할 수 있다.
이경우 회사는 주식매수청구를 받은 날부터 2월이내에 그 주식을 매수하여야 한다.</td>
<td>상법 제360조의 5</td>
</tr>
<tr>
<td>주식 교환일 및 구주권 실효</td>
<td>D+32</td>
<td>주식의 포괄적 교환일은 완전모회사의 주식이 완전자회사의 주주에게 배정되어 완전자회사 주주가 완전 모회사의 주주로 전환되는 날을 의미한다. 주식의 포괄적교 환일은 구주권 제출 공고 및 통지 종료일 이후에 도래하도록 일정을 설계하여야 한다.</td>
<td>상법 제360조의 2</td>
</tr>
<tr>
<td>주식교환 등기와</td>
<td>D+33</td>
<td>완전모회사는 주식교환계약서의 규정에 따라 자본과 정관이 변경되므로 주식교환일로부터 본점의 경우 2</td>
<td></td>
</tr>
</table>

주식교환 신주 교부		주 이내, 지점의 경우 3주 이내에 다음 사항에 대한 변경등기를 하여야 한다. 그러나 완전자회사는 등기사항이 발생하지 아니하므로 등기할 필요가 없다. ◎ 등기필요사항 · 발행주식의 총수, 그 종류와 각종 주식의 내용과 수 · 자본의 총액 · 정관변경으로 등기사항에 변경된 경우 그 사항 · 변경연월 또한 등기신청서상의 등기의 목적은 주식교환으로 인한 변경등기로 기재하고 등기사유는 주식교환으로 기재한다. ◎ 첨부서류 · 주식교환계약서 · 완전자회사의 주주총회 의사록, 단 간이주식교환의 경우 주주총회갈음 이사회의사록 · 완전자회사의 등기부등본 · 주식교환으로 인하여 자본을 증가하는 경우에는 그 한도액을 증명하는 서면 · 주권의 실효절차에 의한 구주권 제출 공고를 하였음을 증명하는 서면 · 소규모주식교환의 경우에는 이에 반대의사를 통지한 주주가 있는 때에는 그 주주가 소유하는 주식의 총수를 증명하는 서면 · 소규모주식교환을 하는 경우에 완전자회사가 되는 회사의 주주에게 지급할 금액을 정한 때에는 완전모회사가 되는 회사의 최종의 대차대조표 * 규정 : 비송사건절차법 제214조의 2	

② 공개법인의 절차

공개법인 또는 공개법인이 포함된 합병이나 분할 등은 불특정 다수의 주주와 많은 이해관계자에 대한 보호 및 건전한 자본시장의 육성을 위해 비교적 엄격한 규정과 제한이 따르나, 주식의 포괄적 교환의 경우 주식교환신고서의 제출 또는 주식교환비율에 대한 외부기관의 평가에 대한 규정이 적용되지 않아 비교적 용이하게 주식교환을 통한 M&A와 구조조정을 활용할 수 있다. 또한 공개법인에 대한 주식의 포괄적 교환을 위해 사전에 법률, 회계, 조세문제의 검토와 주식의 포괄적 교환을 위한 일정 및 절차를 확정하고, 주식교환계약서 등 관련 서류 작성의 준비를 할 필요가 있다.

<table>
<tr><th>절 차</th><th>일 정</th><th>주요내용</th><th>관련규정</th></tr>
<tr><td>주식의 포괄적 교환 또는 주식의 포괄적 이전에 대한 이사회 결의 및 신고・공시</td><td>D－41</td><td>상장법인 또는 협회등록법인이 주식의 포괄적 교환 또는 주식의 포괄적 이전에 대한 이사회 결의를 한 경우에는 그 결의내용을 지체 없이 금감위, 거래소 또는 협회에 신고하여야 한다.
<table>
<tr><th>구분</th><th>상장법인</th><th>협회등록법인</th></tr>
<tr><td>시기</td><td>이사회 결의일 당일</td><td>좌 동</td></tr>
<tr><td>장소</td><td>금감위, 거래소</td><td>금감위, 협회</td></tr>
<tr><td>규정</td><td>유가증권의 발행및공시등에 관한규정 제69조 제1항 제14호,
상장법인공시규정 제4조 제1항 제14호</td><td>유가증권의 발행및공시등에 관한규정 제69조 제1항 제14호,
협회중개시장공시규정 제6조 제1항 제7호 자</td></tr>
</table>
※발행・공시규정 : 유가증권의 발행 및 공시 등에 관한 규정</td><td>상법 제360조의3, 유가증권의 발행 및 공시 등에 관한 규정 제69조</td></tr>
<tr><td>주주총회 소집 이사회 결의</td><td>D－41</td><td>주주총회 소집은 이사회 결의사항</td><td>상법 제362조</td></tr>
<tr><td>일시적인 매매거래 정지</td><td>D－41</td><td>상장법인 또는 협회등록법인의 주가 및 거래량에 중요한 영향을 미칠 수 있는 사항이 결의된 경우 주가에 대한 충격을 완화하기 위하여 당해 이사회 결의에 대한 공시가 있을 경우 일시적으로 매매거래를 정지하고 있다.
<table>
<tr><th>공시시간</th><th>매매거래 정지시간</th></tr>
<tr><td>요 건</td><td>・상장법인 지주회사의 직전사업연도말 자산총액의 10%이상인 주식교환 또는 주식이전 결의시
・협회등록법인 규모에 관계없이 주식교환 또는 주식이전 결의시</td></tr>
<tr><td>매매거래 정지기준</td><td>・주식교환(이전)에 대한 이사회 결의 신고・공시시점</td></tr>
</table></td><td>상장공시규정 제20조의2, 협회공시규정 제27조</td></tr>
</table>

<table>
<tr><td></td><td></td><td><table>
<tr><td>매매거래 정지시간 90분 이전(13:30이전)</td><td>· 공시시점으로부터 1시간 동안</td></tr>
<tr><td>매매거래 정지시간 90분 이후(13:30~15:00)</td><td>· 공시시점으로부터 매매거래 정지시간까지</td></tr>
<tr><td>매매거래 정지시간 이후(15:00 이후)</td><td>· 매매거래 정지 없음.</td></tr>
<tr><td>규 정</td><td>· 상장법인공시규정 제20조의2, 동세칙 제9조 제1항 제5호
· 협회중개시장공시규정 제27조 제1항 제2호, 동세칙 제10조 제1항 제5호</td></tr>
</table></td><td></td></tr>
<tr><td>주주명부 폐쇄 및 기준일 공고</td><td>D－40</td><td>명부확정기준일 2주 전 공고</td><td>상법 제354조</td></tr>
<tr><td>주주명부확정 기준일</td><td>D－25</td><td>회사는 의결권을 행사하거나 배당을 받을 자 기타 주주 또는 질권자로서 권리를 행사할 자를 정하기 위하여 일정한 기간을 정하여 주주명부의 기재변경을 정지하거나 일정한 날에 주주명부에 기재된 주주 또는 질권자를 그 권리를 행사할 주주 또는 질권자로 볼 수 있다.
회사가 기준일을 정한 때에는 그 기간 또는 날의 2주간전에 이를 공고하여야 한다. 그러나 정관으로 그 기간 또는 날을 지정한 때에는 그러하지 아니하다.</td><td>상법 제354조</td></tr>
<tr><td>주주총회 소집 공고 및 통지</td><td>D－15</td><td>공개법인의 주식의 포괄적교환 결의를 위한 주주총회 소집을 위한 기준일 공고, 주주명부 폐쇄기간, 주주총회 소집통지 절차를 정리하면 다음과 같다.<table>
<tr><th>절 차</th><th>일정</th><th>내 용</th></tr>
<tr><td>주주명부 폐쇄 및 기준일 공고</td><td>D－15</td><td>기준일 2주 전 공고</td></tr>
<tr><td>주주명부 폐쇄 기준일</td><td>D</td><td></td></tr>
<tr><td>주주명부 폐쇄기간</td><td>D+1 ~D+11</td><td>주주확정을 위하여 약 10일~15일간 폐쇄</td></tr>
<tr><td>주주총회 소집 통지 발송일</td><td>D+10</td><td>주주총회일 2주 전 통지</td></tr>
<tr><td>주주총회일</td><td>D+25</td><td></td></tr>
</table></td><td>상법 제363조, 제360조의 5</td></tr>
</table>

주식교환계약서 등의 공시	D－15	주주총회 2주 전부터 주식교환일 후 6월간	상법 제360조의 4
주주총회 소집통지 및 공고비치	D－15	공개법인이 주주총회 소집통지 또는 공고를 하는 경우에 다음의 사항을 통지 또는 공고하여야 하는데, 증권거래법 제191조의 10, 증권거래법시행령 제84조의 17 및 유가증권의 발행 및 공시 등에 관한 규정 73조의 규정에 의하여 정보통신망에 게재하고 비치하여 일반인이 열람할 수 있도록 함으로써 통지 또는 공고에 갈음할 수 있다. ◎ 정보통신망에 게재하여야 할 내용 · 사외이사 등의 이사회 출석률, 이사회 의안에 대한 찬반여부 등 활동내역과 보수에 관한 사항 · 최대주주 등과의 거래내역 중단일 거래규모가 일정규모(최근 사업연도말 현재 자산 또는 매출총액의 1%) 이상인 거래 및 당해 사업연도 중 특정인과 당해 거래를 포함한 거래총액이 일정규모(최근 사업연도 말 현재 자산 또는 매출총액의 5%) 이상인 거래 · 사업개요(업계 및 회사현황) 및 주주총회의 목적사항별 참고서류 ◎ 참고서류 · 주식교환 또는 주식이전의 목적 및 경위 · 주식교환(주식이전) 계약서(계획서)의 주요내용 · 주식매수청구권의 내용 및 행사방법 · 일방회사의 정관에 주식의 양도에 관하여 이사회의 승인을 요한다는 뜻의 규정이 있고 다른 회사의 정관에 그 규정이 없는 경우 그 뜻 ◎ 비치장소 · 주권상장법인 또는 협회등록법인의 본점 및 지점 · 명의개서 대행회사 · 금감위, 거래소 또는 협회	증권거래법 제191조의 10
주식교환반대의사 접수마감	D－1	소집통지일~주주총회 전일	증권거래법 제191조
주식교환승인 주주총회 개최	D	주주총회 특별결의	상법 제360조의 3

주식교환 주주총회 결과 보고	D+1	상장법인 또는 코스닥상장법인은 주식의 포괄적 교환 또는 주식의 포괄적 이전에 대한 사실 또는 결정(이사회의 결의 또는 대표이사 기타 사실상의 권한이 있는 임원·주요주주 등의 결정을 말한다.)의 내용을 그 사유발생일 익일까지 금감위와 거래소에 신고하여야 한다.	발행·공시 규정 제69조
구주권 제출 공고 및 통지	D+1	주주총회 후~주식교환일 1월 전	상법 제360조의 8
주식매수청구권 행사완료	D+20	반대주주의 주식매수청구권에 대한 주주총회의 승인(상법 제360조의3 제1항)사항에 관하여 이사회의 결의가 있는 때에 그 결의에 반대하는 주주는 주주총회전에 회사에 대하여 서면으로 그 결의에 반대하는 의사를 통지한 경우에는 그 총회의 결의일부터 20일 이내에 주식의 종류와 수를 기재한 서면으로 회사에 대하여 자기가 소유하고 있는 주식의 매수를 청구할 수 있다. 또한 간이주식교환 (상법 제360조의9 제2항) 의 공고 또는 통지를 한 날부터 2주내에 회사에 대하여 서면으로 주식교환에 반대하는 의사를 통지한 주주는 그 기간이 경과한 날부터 20일 이내에 주식의 종류와 수를 기재한 서면으로 회사에 대하여 자기가 소유하고 있는 주식의 매수를 청구할 수 있다. 이 경우 회사는 주식매수청구를 받은 날부터 2월이내에 그 주식을 매수하여야 한다.	상법 제360조의 5
주식매수청구 서류 제출	D+20	유가증권상장규정 제20조 제1항에 의거 상장법인은 주식매수청구가 있을 때에는 매수를 청구한 주주, 주식의 종류, 주식의 수, 매수가격의 결정이 있을 때에는 그 매수가격 및 결정방법에 관한 사항을 문서로 금감위와 거래소에 제출하도록 규정하고 있다. 그러나 협회등록법인의 경우에는 상장법인과 같은 주식매수청구 서류 제출에 대한 명백한 규정은 없으나 유가증권의 발행 및 공시 등에 관한 규정 제69조 제1항 제20호 및 협회중개시장 공시규정 제6조 제1항 제8호에 의거 반대주주의 주식매수청구에 관한 사항이 투자자의 의사결정에 중대한 영향을 미칠 것으로 판단되면 금감위와 증권업 협회에 관련 서류를 제출하여야 할 것이다.	상장규정 제20조 제1항

주식매수청구대금지급	D+51 이내	매수청구행사완료일로부터 1개월 이내	증권거래법 제191조

※ 발행·공시규정 : 유가증권의 발행 및 공시 등에 관한 규정
상장공시규정 : 상장법인공시규정
협회공시규정 : 협회등록법인공시규정
상장규정 : 유가증권상장규정
협회등록규정 : 유가증권협회등록규정

제9부

적대적 M&A의 실천전략

제1장 적대적 M&A에 대한 이해/350

제2장 적대적 M&A의 예비절차/359

제3장 적대적 M&A의 본 절차/374

적대적 M&A의 대상기업이 되는 측에서는 그리 유쾌하지 않는 일이다. 방어를 위해 많은 시간과 비용이 투입 될 수 있으며, 전문 인력의 투입과 정상적인 경영에 차질이 생길 수 있으며, 기업의 신뢰 등에 문제가 발생할 수 있기 때문이다.

어떤 의미에서 적대적 M&A의 대상기업이 된다는 것은 기쁜 소식이 될 수도 있다. 적대적 M&A의 대상기업이 될 수 있다는 것은 공격자(raider)의 측면에서 보았을 때 분명 좋아할 수 있는 면이 있거나 회사 자체가 그만한 가치가 존재하고 있기 때문으로 풀이할 수 있다. 짚신도 짝이 있다고 하듯이 세상의 모든 것은 음양의 법칙이 있고 상대가 있는 것이다. 기업도 상품이며 보통상품과 현저하게 다른 아주 특별한 상품이라고 할 수 있다. 따라서 좋아하는 상품을 갖고 싶어 하는 것은 아주 자연스러운 행동의 표현이라고 본다. 이왕 기업을 경영하려면 모든 사람들이 탐을 내고 싶어 하는 기업(상품)을 만들고, 모든 사람들로부터 사랑을 받을 수 있는 기업(상품)으로 가꾸는 노력이 필요할 것이다.

꽃이란 상품(하나의 기업)을 생각해보자. 사계절에 따라 아름다움과 향기를 갖고 생동감 넘치는 꽃(활력이 넘치고 경영환경에 신속히 대응하는 기업)이 된다면 많은 벌(투자자, 거래처, M&A 공격자 등)들이 수없이 모여들 것이고 그 꽃의 가치는 상한가(기업의 가치극대화)가 될 것이다.

꽃은 꽃이되 향기가 없거나 피어있는 꽃에 벌들이 모여들지 않는 꽃이라면 중병을 앓고 있거나 폐기(청산, 구조조정 등) 해야 할 가치가 없는 꽃일 것이다.

적대적 M&A그 자체가 좋은 것인가 나쁜 것인가라고 한다면 기업이 처한 상황에 따라 달리 해석될 수밖에 없을 것이다.

적대적 M&A를 시도하는 공격자는 잠재력을 충분히 발휘하고 있는 기업에 대해서는 공략하지 않는다. 공략해봐야 힘이 부치거나 인수 후 투자수익을 올릴 수 있는 여지가 별로 없기 때문이다.

적대적 M&A의 대상이 되는 기업은 잠재력에 비해 주가가 싼 기업이거나 구조조정 등을 거치면 투자수익이 큰 기업이다. 이런 기업을 인수해 경영이 제대로 이루어지게 만들면 주가는 올라가고 이 기업을 인수한 공격자는 비교적 단기간에 큰돈을 벌수가 있다.

미국은 1970년대 경영자들의 방만한 경영으로 일본 기업과의 경쟁에서 수세에 몰렸다. 그런데도 무능한 경영자를 쫓아낼 방법이 별로 없었다. 이때 나타난 존재가 바로 적대적 M&A를 시도한 공격자들이었다. 이들 공격자가 몇 개의 실적 나쁜 기업을 인수 하게 되자 미국의 모든 경영자들이 정신을 바짝 차리게 된 계기가 됐다. 경영자들이 살아남기 위해 노력하면서 미국 기업 전체의 효율성이 올라가게 된 사례가 됐다.

적대적M&A는 다양한 측면의 효과가 존재한다. 국가 전체를 놓고 보면 경영자들로 하여금 나태하고 방만해지지 않게 하는 아주 효과적인 수단 중의 하나가 되는 측면이 있다. 이런 의미에서 적대적 M&A의 대상이 된다는 것을 마냥 나쁘게만 받아드릴 것이 아니라 전략적으로 이용하는 지혜도 필요하지 않을까 한다.

제1장 적대적 M&A에 대한 이해

적대적 M&A의 의미

적대적 M&A(Hostile M&A)는 공격자 자신이 계획한 일방적인 기준에 의하여 특정 대상기업을 선정하고 대상기업의 경영권을 획득하기 위하여 여러 가지 강압적 방법을 동원하여 대상기업의 대주주와 경영자의 의사와는 무관하게 대상기업의 경영권을 획득하기 위한 M&A의 한 형태로써 당사자간의 원만한 협상과 적법한 절차에 의해 진행하는 우호적 M&A(Friendly M&A)와 상반되는 형태의 M&A방식이다.

적대적 M&A의 배경

적대적 M&A는 기업자체를 매매의 거래대상인 상품으로 인식해 오고 있는 미국이나 영국 등의 선진 자본주의 기업문화에 그 바탕을 두고 있다.

우리나라의 경우 전통적인 기업문화와 함께 M&A에 대한 낮은 인식과 이해의 부족으로 적대적 M&A 자체를 언급하거나 M&A의 행위 자체를 받아들이기에 어려운 상황이었다고 볼 수 있다. 그러던 가운데 1994년11월 한솔제지가 공개매수에 의해 동해종금의 경영권을 획득 하면서 적대적 M&A의 시발점이 되었고 그 이후 1995년2월에 동부그룹이 공개매수를 통해 한농을 인수하였고, 같은 해 8월에 쌍용그룹이 동일한 방법으로 인천투금을 인수하게 되었다. 이러한 사건을 계기로 적대적 M&A가 크게 부각되었으며 기업의 확장과 구조조정을 위한 전략적 대안으로 부상하면서 이에 대한 인식이 우호적인 입장으로 많이 변해졌다. 또한 공공적 법인이 아닌 일반법인에 대한 주식소유상한제도의 증권거래법 제200조가 1997년 4월 1일자로 폐지되어 10%이상의 주식을 취득할 수 있는 제도적 장치가 마련되었고, 25%이상 지분을 취득할 경우 의무적으로 50%+1주를 공개매수 하도록 하여 경영권 프리미엄과 경영권확보를 안정적으로 유지시켰던 증권거래법상 25%의 주식 의무공개매수규정이 1998년 2월에 폐지되면서 적대적 M&A가 대폭 활성화되는 법적인 토대가 마련되었다.

뿐만 아니라 1998년 5월에 외국기업의 국내기업에 대한 M&A의 전면허용 및 개방을 위한 관련법규가 폐지 또는 완화되어 외국인의 국내기업인수와 합병이 자유화됨에 따라 무제한적으로 적대적 M&A를 할 수 있는 계기가 되었으며, IMF외환위기 이후 자본시장이 추가 개방되고 안정적인 외화보유와 환율안정, 기업의 구조조정 실천을 앞당기고 내실경영을 달성하기 위해 적대적 M&A의 허용 및 전면적 개방 자유화 조치가 그 배경이 되었다고 볼 수 있다.

③ 적대적 M&A의 대상기업 선정요령

적대적 M&A를 시도하는 목표는 일반적으로 경영전략적 측면과 순수한 투자수익(capital gain)측면으로 구분하여 살펴볼 수 있으며 그들이 좋아하는 대상기업의 선정요령은 다음과 같다.

1) 경영전략적 측면

- 조직 및 인적구성, 브랜드가치, 판매망, 기술력 등과 같은 내적가치가 있거나 정부의 허가업무(금융업 등)를 취급하여 진입장벽이 높아 경영권 프리미엄이 높은 기업
- 기업재분할매각(Divestiture)으로 대폭적인 수익이 발생할 수 있는 기업

- 사업재구축(Restructuring)등 경영환경개선으로 성장잠재력이 높은 기업
- 노사관계에 불협화음이 많은 기업, 경영진과 대주주에 대한 불만이 많은 기업, 대주주간 내분 가능성이 있는 기업
- 비전문 경영자에 의해 기업의 효율성이 낮고 보수적 성향에 의해 자산 활용이 안 되고 있는 기업
- 친인척이 임직원으로 있으면서 업무에 비해 경비지출이 지나치게 많은 기업
- 성장업종에 속하나 자금력이 부족하여 경영에 어려움이 있는 기업으로, 이들 업종은 제품 수명주기가 짧음으로 해서 계속적인 신제품을 개발해야 하는 부담을 안고 있으나 신규진출이 힘들고 시장 독점력이 높아서 초기의 시장선점이 중요하기 때문에 해당 시장이 포화되기 전에 신속히 진출하려 하므로 M&A의 가능성이 높다.
- 가치 있는 무형자산을 많이 보유한 기업으로, 오랜 역사와 좋은 평판을 가진 기업의 상표가치(브랜드 파워), 유통망에 대한 가치 등 무형자산이 축적되어 있는 기업
- 무능하고 경영능력이 부족한 부도덕한 악덕기업주가 경영하는 기업 중 경영 개선가능성이 있는 기업
- 법적으로 진입장벽이 높은 업종의 기업

2) 투자수익 측면

- 보유하고 있는 자산에 비해 주식의 가치가 저평가된 기업으로 경영이 부실해 자산의 가치에 비해 자본 수익성이 낮은 기업, 즉 주가가 저평가된 기업이 될 것이다. 이와 같은 저평가된 기업을 인수했을 때 높은 투자수익률을 올릴 수 있으므로 적대적 인수합병을 시도하게 된다.
- 주가수익률 (PER)이 낮은 기업으로, 두개의 기업이 동일한 업종에 속하면서 재무구조가 비슷하고 기업의 위험성과 수익성이 유사하다면 기업의 가치도 비슷해야 하기 때문에 주가수익률 (Price Earnings Ratio : PER)이 비슷하게 나타나야 하지만 현실적으로 유사한 기업이라도 PER의 수치가 다르게 나타난다. 일반적으로 업종별로 대체적인 평균 PER의 수준이 정해지며 그 보다 낮은 기업은 상대적으로 투자가치가 높으므로 M&A의 대상이 될 수 있다.
- 내부유보율이 매우 높은 기업으로, 이러한 기업은 내부 원천자금도 풍부하고 부채비율이 매우 낮은 경우가 대부분이다. 그런데 내부유보율이 높은

기업이 풍부한 내부자금으로 현재의 자기자본 비용만큼 수익성을 내지 못하면 시장에서 주가가 저평가되기 때문에 이 또한 좋은 차입매수의 적대적M&A 대상이 된다.

- 대주주의 지분비율이 낮고 지분분산이 잘되어 있는 기업으로 특정 주주가 매우 높은 지분을 보유하고 있지 않은 기업은 투자의 경제성에 문제가 없다면 좋은 M&A 대상이 된다.
- 동업관계형식으로 운영되어 지분율에 대한 경쟁가능성이 있는 기업, 지분분쟁의 우려가 있는 기업
- 발행주식수가 적은 기업과 뚜렷한 대주주가 없거나 몇몇 대주주의 지분율이 비슷한 기업
- CB, BW 등 지배주주가 보유하고 있지 않은 다양한 종류의 잠재주권을 많이 발행한 기업은 향후 주식으로 전환될 경우 대주주의 소유 지분율이 현저히 낮아질 가능성이 있어 적대적M&A의 공격대상이 된다.
- 현금보유 등의 유동자산이 풍부 하면서 저평가된 기업으로 이러한 기업은 주요 M&A의 대상이 되는데 차입매수 시에 인수기업은 인수한 후에 차입금의 이자와 원금을 상환하는데, 주로 대상기업에서 창출되는 현금흐름이나 불필요한 자산을 매각해 그 자금을 상환한다. 그리고 차입금 원금을 전액상환하고 나면 인수자의 투자가치만 남게 되므로 이를 통해 자본차익을 얻게 된다. 이처럼 자산가치가 우량한 기업과 함께 현금흐름에 비해서 저평가되어 있는 기업은 매력적인 적대적 M&A의 대상이 된다.
- 부동산등의 가치가 낮게 평가되어 자금조달을 추가적으로 할 수 있는 기업이나 국내 및 해외에서 양질의 자금조달이 가능한 기업
- 내실이 양호한 자회사를 많이 보유한 기업(지주회사), 이러한 기업은 인수한 후 자회사를 매각해 자본차익을 실현시킬 수 있다.
- 기업의 가치가 관계회사로 많이 이전되어 이를 차단하거나 대주주 개인회사 등에 지급보증 등을 차단할 경우 회사의 가치상승이 예상되는 기업
- 경영성과에 비해 배당이 적고 내부 유보율이 높아 차입매수(LBO)에 적합한 대상이 될 수 있는 기업
- 주식의 거래량이 풍부하여 주식을 시장 내에서 목표기간 내에 용이하게 매집 할 수 있는 기업
- 오랜 기간 동안 매출이 늘지 않거나 정상적인 경영이 이루어지지 않아 사실상의 휴업에 가까운 회사(일명 Shell company)를 인수하여 유망한 비공개회사와 합병할 경우 단기간에 높은 투자수익을 올릴 수 있는 기업.

• 회사의 공금으로 알짜 부동산을 소유하거나 차명으로 다른 회사의 주식을 갖고 있거나, 해외 등에 은닉재산이 있어 회수할 경우 회사의 자산에 영향을 미칠 수 있는 기업
• 시가총액이 낮은 기업
• CB, BW 등의 출자전환 완료기업 또는 채무면제나 자본의 무상감자 등 구조조정 완료기업

 적대적 M&A 대상 경영진

적대적 M&A의 공격자들은 단순한 투자수익(capital gain)을 얻기 위해서 실행할 수도 있으나 경영전략적측면에서 사업의 성장과 확장을 위해서 실행하는 경우가 점점 늘어나고 있는 추세이다. 이 경우 앞에서 살펴본 바와 같이 대상기업의 선정을 위해 다양한 방법에 의한 검토를 거치며, 대상기업으로 선정된 회사 중 경영진의 부도덕성으로 임직원이나 거래처, 주주, 외부인사 등으로부터 평판이 나빠 회사에 악영향을 끼치고 있을 때 적대적M&A의 공격자 입장에서는 더없이 좋은 명분을 쌓게 되고 공격에 상당한 가속을 붙일 수 있게 된다.

이와 같이 경영진의 문제로 회사의 발전과 임직원과의 화합에 도움이 되지 않고 신뢰를 잃어 더 이상 경영을 수행하기에 어려움이 따를 경우 회사를 위해서도 M&A를 통한 경영진의 교체가 바람직할 것 이다.

다음은 적대적M&A의 공격대상이 되는 경영진의 체크를 위한 세부 검토항목이다.

• 기업주의 사리사욕을 중시하는 경영방식을 가진 경영주
• 본연의 업무보다는 기업주 개인의 업무에 많은 시간을 보내는 경우
• 악덕기업주의 비리 등으로 회사내의 불협화음이 많고 질서가 부족한 경우
• 약속어음의 지급 결제기간에 원칙이 없는 경우
• 주요거래처를 자주 바꾸는 기업
• 경영진의 보직변경이 잦고 능력과 전문성과는 무관하게 보직이 이루어지는 경우
• 공과 사의 구별이 명확하지 않고 회계처리가 복잡하며 이중장부를 사용하는 기업
• 악성루머가 주기적으로 발생하는 기업

- 임직원의 사무실 환경 보다 기업주의 사무실이 기업의 규모나 환경에 비해 지나치게 호화로운 경우
- 능력위주보다 혈연관계, 지연관계, 학연관계 등을 우선시하는 기업
- 말로는 경영혁신과 효율적 경영을 강조하나 실제적 행동은 미치지 못하는 경우
- 비자금조성을 자주하여 회사의 재원을 유출하는 경우와 회사의 자금으로 주식투자 등 회사 경영과 무관하게 자금을 사용하는 경우
- 회사의 직원을 기업주 개인과 관련한 회사에서 일을 하게하고 급여는 회사에서 지급하는 경우
- 불량제품을 생산하여 소비자에게 피해를 주거나, 법을 악용하거나, 환경오염을 발생시키는 등으로 여론의 비판이 되는 기업주
- 재산은닉, 탈세, 부동산 투기 등에 열중하는 기업주
- 주식의 위장 분산과 위장계열사를 소유하고 있는 기업주

⑤ 적대적 M&A의 순기능과 역기능

증권거래법 제200조의 주식소유상한제도와 주식의무공개매수제도가 폐지되고 외국인의 국내기업인수와 합병이 자유화됨에 따라 적대적 M&A에 대한 길이 활짝 열리게 되었다.

적대적 M&A는 많은 순기능과 함께 역기능 또한 적지 않다.

지난 2003년 3월 SK글로벌의 회계부정사건이 발표되고 SK그룹의 지배주주가 내부자거래와 회계부정에 연루되어 SK㈜의 주가가 폭락했다.

이 와중에 소버린자산운용(Sovereign Asset Management)의 자회사인 크레스트증권(Crest Securities)이 2천억원도 안 되는 자금으로 자산규모가 15조원에 가까운 SK㈜의 지분 14.99%를 집중매집하여 단일 최대주주로 부상하면서 적대적 M&A의 의혹 사건이 일어났다.

또한 세계적인 기업 사냥꾼으로 불리는 '칼 아이칸'이 KT&G의 주식을 장내에서 매집하여 회사의 경영을 위협하는 공략을 계속하고 있다. KT&G는 우리나라에서 독점적인 지위 하에서 국민의 희생과 전폭적인 지원으로 성장한 국민의 기업으로 볼 수 있다. KT&G가 지금까지 성장한 역사적 배경이나 우리국민들의 피와 땀은 고려되지 않은 채 자본의 힘으로 어느 날 갑자기 장내에서 주식을

매집하여 회사가 그동안 쌓아둔 과실의 이익을 송두리째 빼앗아 갈 속내를 지니고 있지 않나 하는 의구심이 든다. 그들은 주장하는 명분과는 달리 오로지 자신의 자본이득을 올리는 전략에만 몰두하고 있는 상황이다.

이와 같은 적대적M&A 상황에서 기업가가 갖추어야 할 경영 자세와 적대적 M&A에 공격을 받고 있는 회사에 미치는 순기능과 역기능을 살펴보고 이러한 상황이 주는 시사점을 알아보고자 한다.

1) 적대적 M&A의 순기능

- 적대적 M&A를 수행하는 투자자들이 목표로 정하는 기업은 대개 보유한 자원과 잠재력에 비해 경영성과가 낮은 기업이다. 기업의 경영권을 확보해 비효율적인 부분을 제거한다면 기업 가치를 증대시킬 수 있을 것이다.
- 우리나라 재벌그룹에 속한 대기업들은 재벌총수의 경영권을 유지시키기 위해 계열사간 순환출자와 지급보증 등으로 복잡하게 얽혀있다. 적대적 M&A로 경영권이 이전되면 복잡한 지분관계가 어느 정도 정리되고 기업 지배구조가 개선되어 기업경영이 보다 투명해 질 것이다.
- 적대적 M&A가 촉진되면 기업이나 기관투자자들은 비효율적으로 운영되어 잠재적 가치보다 주가가 낮은 기업을 발굴하는 정보생산 활동을 강화하는 유인을 갖게 된다. 그러므로 증시에 보다 많은 정보가 제공되면 증시의 투명성이 높아지고 문제가 있는 기업이 시장에서 쉽게 드러나 건전한 투자를 유도할 수 있다. 적대적 M&A를 추구하는 기업이나 투자자에 의해서 시장에 의한 경영감시기능이 자동적으로 작동하게 되어 소액주주들을 보호하는 효과가 있다. 또한 적극적인 매수를 통해 적대적 M&A를 시도하게 되면 증시에 자금이 유입되어 침체된 증시를 활성화하며 강건하게 만든다.
- 기업의 인수와 합병을 유도하여 기업의 구조조정을 앞당기고 기업간 경쟁을 유도하여 경쟁력을 제고 할 수 있다. '미꾸라지 사이의 메기' 역할을 하기 때문이다. 잡아먹으려는 메기 때문에 미꾸라지들이 부지런히 움직여 건강한 미꾸라지가 된다는 것이다.
- 시장경제 원리인 자유경쟁에 의거 기업의 투명경영과 기업의 건전성을 높여 양질의 외국자본의 유치가 용이할 수 있다.
- 외국자본 유치를 통해 기업의 경쟁력 확보와 고용창출 및 고도산업기반 확충의 계기를 마련할 수 있다.
- 주주이익 중시 경영의 기반이 조성되고 소수주주의 권한행사가 강화된다.

- 대주주가 편법으로 2세에게 상속하는 관행이 감소하거나 개선될 수 있다.
- 창업주의 전유물로 인식하고 있는 사고의 전환 유도와 기업도 상품이다라고 하는 자세전환으로 좀 더 개방적 입장에서 경영할 수 있는 계기를 마련할 수 있고, 기업의 가치를 극대화 시켜 M&A를 할 수 있는 계기를 마련할 수 있다.
- 시장원리에 따라 지분율의 다수에 따라 경영권을 확보하거나 경영에 참여할 수 있는 계기를 마련할 수 있다.
- 악의적이고 부도덕한 기업주를 퇴출시킬 수 있다.
- 적은지분으로 많은 계열사를 지배하는 순환출자 등의 기업지배구조를 개선할 수 있으며, 경영권 방어를 위한 대응책 마련의 계기가 될 수 있다.
- 주가가 하락하면 적대적 M&A의 표적이 될 수 있으므로 주가를 관리하는 유인책이 될 수 있다.
- 적대적 M&A의 위협만으로도 기업의 가치를 상승시킬 수 있다.
- 소액주주들에게 이익을 줄 수 있다. 대부분의 기업들은 대주주가 100%의 지분을 갖고 회사의 경영을 하지 않는다. 10%미만의 지분만으로도 대기업을 자기의 개인회사처럼 관리하고 경영한다. 나머지의 90%에 이르는 소액주주들은 회사의 경영에 관여하지 않으므로 직접적인 이익이 돌아오지 않는다. 적대적 M&A를 시도하는 공격자는 소액주주들에게 구세주 같은 존재가 될 수 있다. 그들의 주식을 높은 가격에 사 주기도 하고 무능한 경영인을 쫓아내기도 한다. 무엇보다 적대적 M&A의 가능성 그 자체가 경영자와 대주주로 하여금 긴장하게 만들고 열심히 일하게 만든다.

그밖에도 외국자본에 의한 적대적 M&A의 이점은 다음과 같다.

- 국민정서로 인해 국내기업과 내국인이 나서지 못하는 M&A를 시도하여 국내기업의 지배구조개선과 투명경영 등을 유도할 수 있다.
- 자금부족으로 인한 상황을 해결할 수 있다.
- 대주주 또는 경영자에게 기업경영에 필요한 글로벌 마인드를 확대시킬 수 있는 계기를 제공할 수 있다.

2) 적대적 M&A의 역기능

- 적대적 M&A에 대응하기 위한 과도한 자금투입과 그로 인한 기업의 부실화를 초래할 수 있다.
- 국제적 투기자본 등에 국내 우량한 알짜기업이 헐값에 양도되어 국부가

유출될 수 있다.

- 인수측의 경영능력 등의 검증이 어려울 경우 경영권 획득 이후 급격하게 회사의 경영이 악화될 수 있으며 무리한 구조조정 등으로 과도한 감원과 거래처 이탈현상이 발생할 수 있다.
- 인수측이 자기자금에 의존하지 않고 대상기업의 신용 및 담보 등을 활용하여 차입매수(LBO)를 할 경우 회사의 재무구조 악화의 원인이 될 수 있다.
- 증권시장에 혼란을 가중해 개인투자자에게 피해를 줄 수 있다.
- 적대적 M&A를 가장한 국제투기자본이 단기시세차익을 얻어 국부유출이 될 수 있다.

제2장

적대적 M&A의 예비절차

적대적 M&A를 통한 경영권 획득과정은 우호적 M&A에 비해 절차나 과정이 까다로울 수밖에 없으며 경영권획득 과정에서 여러 가지 얘기치 못한 일들이 발생할 수 있다. 따라서 우호적 M&A보다 더욱더 면밀한 계획수립과 치밀한 진행이 요구된다. 또한 물리적 힘에 의해 경영권 획득이 성사되었다고 해도 경영권획득후의 M&A전략(Post M&A)이 매우 중요하다. 이러한 전략의 주요한 절차를 살펴보고자 한다.

 사전준비전략

1) 실무추진팀 구성(Task Force Team)

① 적대적 M&A에 대한 기본적인 실천전략을 수립한다.

② 파트너 선정을 위한 기초자료를 수집한다.

파트너 선정의 가장 중요한 핵심은 업무처리능력과 믿고 진행할 수 있는 신뢰 에 중점을 둔다.

③ 대상기업군을 5개 회사 이하로 압축하여 업무의 효율을 높힌다.

2) 대리인의 선정

적대적 M&A 업무 추진을 위해서 각 분야별 전문가 그룹이 필요하다.

따라서 신뢰를 바탕으로 업무를 진행할 수 있는 최고의 대리인(파트너)의 선정이 필요하며 대리인의 업무능력에 따라 적대적 M&A의 성공여부를 결정짓는 열쇠가 될 수 있다. 또한 대리인에 대한 역할과 자문수수료를 함께 결정해야 할 것으로 본다.

〈 대리인의 주요업무 〉

파트너	주요 수행 업무
M&A전문중개회사	대상기업의 선정, 교섭 및 협상, 업무관계자와의 진행과정협의, 전략적 업무추진, 방어전략에 대한 인수전략수립, Post M&A 전략수립
회계법인	기업의 정밀실사, 가치평가, M&A관련 세무업무, Analyst 역할
법무법인	M&A 관련된 제반 법률검토, 계약서작성검토
전문컨설팅회사	대상기업의 업종분석, 시장분석, 기술력 검토, Financing Engineering, 전문분야 감정평가업무(고정자산 또는 무형자산 등)

3) 정보수집전략

대상기업에 대한 관련 정보의 수집과 검토 분석은 인수목표와 전략에 따라 달라져야 할 것이다.

이를테면 경영전략적 측면, 영업적 측면, 투자 수익적 측면 등에 따라 그 전략과 목표가 다를 것으로 본다.

M&A를 수행하는데 있어 정보의 가치는 아무리 강조해도 지나침이 없을 것이다.

정보는 대상기업과 관련되는 이해관계자, 거래처, 내부집단, 외부집단 등 모두가 그 대상이 될 것이다. 또한 정보를 수집하고 활용하고자 하는 대상자 즉 기업인수자의 입장, 기업양도자의 입장, 기업을 방어하고자 하는 입장, 감시기관의 입장, 거래를 중개하고자 하는 입장, 주주의 입장, 금융조달자의 입장 등 각자의 입장에서 정보를 수집하고 활용하고자 하는 의미와 깊이가 다를 것이다.

정보의 수집은 정보가 있는 장소, 정보를 얻을 수 있는 사람, 정보를 얻고자 하는 절차를 파악하는 것이 무엇보다 중요할 것이다.

또한 수집된 정보는 일자별, 출처별로 자료화하는 것이 중요하며 M&A에 있어서 수집된 정보를 연구하여 활용할 수 있도록 하는 전략이 필요하다.

4) 정보수집방법

기업의 정보는 서류로 작성되어 있는 일반적인 정보가 있으며 서류로 작성되어 있지 않은 경영자만이 주로 알고 있는 특수정보가 있다. 이러한 특수정보를 수집하고 분석하여 대응하는 것이야말로 최고의 M&A 전략이 될 것이다.

(1) 일반정보 수집방법

구 분	정보를 수집 할 수 있는 주요내용
회사 정관	발행주식수와 종류, 수권자본금의 규모, 발행할 주식의 종류, 회사채 발행한도, 지급보증한도, 회사의 주요목적 등
회사 등기부등본	기재된 이사와 실제로 회사에 근무하는 이사와의 차이, 경영진의 신상명세, 기재된 회사의 목적사항과 정관상의 주요사업 목적의 차이 등
주거래은행	경쟁회사 주거래은행과의 자금조달방법, 조건, 규모, 꺾기 등의 부당조건의 비교, 담보제공 상태, 타회사 지급보증에서의 지급보증 회사명, 대주주와의 관계, 피보증회사의 자금 상환능력 등
대주주 1인 및 특수관계인의 관계	소유비율, 혈연관계, 회사의 고용상황, 실제거주지 현황 등
특수관계인의 인적사항	주식소유에 대한 자금조달능력, 증자시 참여능력 등
회사의 신용등급	은행에서의 할인율, 사채시장에서의 할인율, 거래자가 받는 할인율 등
기관투자가와 일반주주의 주식 보유현황	보유주식수 및 보유율, 보유주식의 종류, 의결권 위임형태와 방식, 우리사주 조합원의 소유비율 및 의결권 행사 등
주주총회의 진행방법	참석주주의 성향, 진행형식, 총회꾼 현황, 의결방식 등
노동조합의 상황	노동조합의 활동상황, 대주주와의 관계, 노사문제의 주요 쟁점사항, 노사문제의 타결방식 및 주요 변동사항 등
근로자의 상태	근무의욕의 정도, 근무분위기, 불만의 정도와 이유, 회사의 대처상태, 근로복지의 수준, 동종회사와의 비교, 선발방법, 이직률 및 주요 이직이유, 특별채용 등
주요공급자 현황	불만 정도 및 이유, 거래조건, 회사의 부당행위, 관계개선 방법, 주식 소유현황, 대주주와의 관계, 원하는 개선 요구사항 등
세후 순이익의 처리상태	회사에 유보하는 이유와 방법, 총배당금액과 배당비율, 전년도 유보이익의 처리상태, 동종 타회사와의 비교 등
매출액 변동	주요 변동이유, 경영자의 대응능력, 마켓쉐어, 주요 매출방식 등
재무제표에 관한 사항	은행금리와 이익률의 관계, 현금 보유상황, 처분 가능한 유가증권 · 부동산 · 재고자산 · 비품 · 차량운반구 등의 상태, 대손가능성이 있는 자산, 계상되지 않은 항목, 악성채무 현황 등
영업실적과 주식가격과의 관계	주가변동의 요인과 회사실적의 관계 분석, 경영주의 주가관리에 대한 관심 및 주가 관리방법, 주가가 급락하거나 급등한 이유, 주

	식거래량의 변동사유, 주식거래 회전율, 최저가와 최고가 시기의 경영환경 등
외부 회계사와 법률자문가에 관한 사항	인적사항, 대주주와의 관계, 근무회사, 관련법규의 활용능력, 관련사항에 대한 처리성향 등
외부로부터 받고 있는 특혜에 관한 사항	금융, 참여기회, 대주주의 대외관계, 부동산 등
계열사와의 관계	대주주의 주식 소유비율, 비공개회사인 경우 주주구성 및 소유비율, 거래관계, 부의 이동관계, 인력 파견현황, 자금 대출관계, 보증관계 등
대주주에 관한 사항	사회적 여론, 부의 축재연혁, 혈연 및 학연관계, 정부와의 관계 등
제품에 관한 사항	소비자의 선호 정도, 신제품계획, 시장점유율, 제품의 장단점, 경쟁회사 제품과의 경쟁력상태, 판매이익률, 판매경로, 주요원자재, 공장가동률 등
비용분석	낭비요소, 금융비용의 과다, 감각상각비의 책정, 가지급금에 대한 이자 등
회사의 주요분쟁	분쟁당사자와 진행상태, 분쟁이유, 분쟁발생시의 주가, 진행현황 등
무형자산의 평가에 관한 사항	브랜드, 상표권, 특허권, 지적소유권 등

(2) 특수정보 수집방법

- 서류화로 공개되어 있는 일반정보와는 달리 감추어져 있고 비밀유지가 되어 있어 일반정보를 바탕으로 추적조사와 관계인에게 청취
- 통제 받는 기관에 제출하는 서류와 혜택을 받기 위해 제출하는 서류의 차이점을 체크 하여 조사한다.
- 경영진에 불만을 갖고 있는 임직원과 외부거래처로부터 정보를 수집한다.
- 동종기업을 경영하는 사람에게 자문을 구하는 형식으로 파악한다.
- 실제주주와 차명으로 된 주주를 알기 위해 주식의 공개전과 공개후의 주주명부대조 또는 주주의 배당금지급영수증 등으로 파악한다.
- 비합리적인 경영에 불만을 갖고 퇴직한 임원의 도움으로 정보를 수집할 수 있으며 임원의 인적 사항은 등기부 등본이나 공시자료 등을 통해 파악할 수 있다.
- 알짜 부동산의 소유와 매매에 관한 정보 수집이다.

양수도 된 가격이 장부에 정확히 반영되어 있지 않다면 매매상대자 또는 구청 등에서 등본을 발급한 다음 인적 사항을 확인한 후 정확한 거래가격을 파악할 필요가 있다.

• 동종업종과 비교하여 실적이 나쁠 경우 그에 대한 상황을 파악하고 자료를 수집 분석하여 경영권획득을 위한 전략으로 활용한다.
• 숨겨진 회계자료의 체크, 고금리 자금조달의 원인과 사용처 파악, 회사와 대주주 또는 경영자와의 거래관계 등의 정보수집과 파악이 중요하다.
• 비자금의 입금과 지출에 대한 내용과 그 연결고리를 파악하거나 비리에 대한 증거를 수집하여 발견될 경우 기업재산 반환청구 소송을 제기하여 여론과 임직원 및 이해관계자에게 경영자로서의 자질에 문제가 있음을 지적한다.

5) M&A를 위한 상황분석

• M&A에 대한 여론의 추이와 인수에 대한 정당성이 확보되는가
• 정치 · 경제 · 사회적으로 시대상황에 맞는가
• 지분확보는 용이한가를 점검한다.
  이를 위해서 유통주식수와 거래량의 추이를 살피고, 지분분포, 주식가격의 적정성, 시가총액, 대주주와 경영자의 방어능력과 함께 현 경영진과 대주주에 대한 우호세력의 분포를 최종 점검한다.
• 자금조달이 충분하며 공동으로 투자할 경우 공동투자자에 대한 변함없는 투자의향을 확인한다.
• 경영참여에 목적을 두지 않는 공동투자자에 대한 투자자금의 회수기간과 방법을 어떻게 설정 할 것이며 목표 수익률은 어느정도로 예측할 것인가 예컨대 투자자금에 대한 회수방법을 일정기간 경과 후 일정율의 수익 발생시 장내 또는 장외에서 주식매각을 통해 회수 할 것인지 아니면 Green mail의 방법을 활용하여 투자자금을 회수할 것인지 등을 명확히 설정해야 할 것이다.
• M&A에 대한 위험성분석 즉, 대상기업을 인수할 경우 부담하게 될 위험성 정도와 위험을 감당할 수 있는 능력 정도를 분석하고 이를 극복할 수 있는 방안이 필요하다.

6) 대상기업결정

앞에서 검토한 대상기업군중에 M&A를 위한 목표와 인수전략에 가장 적합한 회사를 최종 선정한다.

대상기업의 선정은 경영전략적 측면과 투자수익측면으로 구분하여 접근할 필요가 있으며 구체적인 선정 방법은 앞에서 설명한 '적대적 M&A의 대상기업 선정 요령'을 참고한다.

② 지분매집비율과 방법

대상기업이 결정되었으면 경영권 획득을 위해 필요한 주식의 수량과 매집방법 및 주식매집 시 누구의 명의로 공시의무를 이행할 것인가를 결정해야 한다.

이때 중요한 사항은 5%이상의 지분취득 시 공시자에 대한 경영능력과 주요경력, 자금조달의 투명성, 신뢰성과 주식지분취득 사유에 따라 주식의 가치가 달라질 수 있으며 이해관계자 또는 반대세력의 대응전략이 변화할 수 있기 때문이다.

주식매집(stock accumulation)전략의 수립 후에 공격자는 시장을 통해 은밀히 주식을 매집하여 결국에 가서는 경영권을 장악하는 방법이다. 이를 위해서 사용되는 세부전략은 주식시장 내에서의 매집(open market purchase)과 장외시장에서의 매집(street sweep)으로 구분된다.

장내시장에서의 주식매집전략은 적대적 M&A를 시도하려는 기업으로서는 가장 먼저 생각해 볼 수 있는 전략이지만 성공가능성을 꼭 장담할 수 있는 것만은 아니다. 그 이유는 주식가격의 상승이나 루머와 같은 변수로 인하여 기존 대주주가 알아차리지 못하게 필요한 주식을 매집하는 것이 쉽지 않기 때문이다. 그러나 일정한 기분을 넘는 지분이 확보되었을 때에는 가장 확실한 공격 전략이 될 수도 있다.

이 방법을 사용할 경우 가장 중요한 것은 대주주가 눈치를 채지 못하도록 얼마나 은밀하게 주식을 매집하여 지분율을 높이는가 하는 것이다. 저가로 주식을 사들이기 위해서는 특히 대상기업의 주식을 사들이고 있다는 것을 철저히 비밀로 하는 것이 중요하다.

이 때 통상적으로 시도되는 것은 주변의 우호적인 투자자 또는 기업들과의 사전협의 하에 공동분산 매수전략이 필요하다. 그 이유는 어느 한 투자자 또는 기업이 계속해서 매집하는 경우에는 5%룰에 의해 전략이 쉽게 노출되기 때문에 가능한 많은 협조적 투자자를 통해 일정한 수준에 이르도록 주식을 매집해야 하기 때문이다.

97년 4월 1일부터 증권거래법 200조의 폐지로 10% 이상의 주식을 자유롭게 취득할 수 있게 됐지만, 지분 5% 취득 시 공시의무(증권거래법 제200조의 2 제1항)를 두고 있어 정보가 누출되기 때문에 주식매집은 성공률이 적은편이다.

다음으로 장외시장에서의 주식매집을 계획할 수가 있다. 이 경우는 차익거래(arbitrage)를 하고자 하는 투자자로부터 웃돈을 주고 사는 방법을 의미하는데, 여기에는 공개매수 등의 법적인 제약과 주식양수도 가격결정에 이견이 있을 수 있다.

1) 주식매집비율의 결정

- 주주총회의 보통결의에 필요한 25%이상의 지분매입(상법 및 정관)
- 주주총회의 특별결의에 필요한 33%이상 지분매입(상법 및 정관)
- 현 최대주주 및 특수관계자 보유지분과 기타 우호지분 보다 많은 지분의 매집

2) 목표지분매집 방법

- 투자자문 일임업을 하는 투자자문사 활용
- Fund컨설팅사를 통한 매집
- 상호 합의한 목적에 따라 Fund 가입자 각자가 시장에서 매집하고 차명으로 매집한 경우 공동보유자 등 신고사항을 검토한다.

3) 신고의무자 선정(5%룰)

(1) 주식의 대상보유 등의 보고

5%이상 지분취득 시 주식의 대량보유 등의 보고(증권거래법 제200조의 2 제1항)에 관한 5% 룰이란 본인 및 특별관계자가 주권상장법인 또는 협회등록법인의 주식 등을 5% 이상 보유하게 될 때 그 보유자는 그 날부터 5일 이내에 그 보유상황을 금융감독위원회와 증권거래소 또는 증권업협회에 보고해야 한다는 규칙이다.

그리고 5% 룰에 따른 최초 신고 이후 신고된 지분율에서 1% 이상 변동이 생긴 경우 역시 변동이 있게 된 날부터 5일 이내에 변동내용을 보고해야 한다.

만일 5% 룰을 위반한 경우 증권거래법 제200조의 3(위반주식등의 의결권 행사제한)에 의해 다음과 같은 제재조치가 가능하다.

첫째, 5%초과 지분에 대해 6개월 간 의결권을 제한하는 것이다. 거래법을 위반했기 때문이다. 이 규정은 법 위반과 동시에 자동 적용된다. 다만 실제 의결권 금지는 법원에서 최종 확정된다.

둘째, 처분명령권이다. 처분명령은 기존 최대주주보다 지분율이 높고 지분경쟁 가능성이 있을 때 가능하다. 다만 처분명령은 금융감독위원회 산하 증권선물위원회와 금감위 의결을 거쳐 최종 결정된다.

셋째, 5%룰 보고의무 미이행, 보고서의 기재사항에 대한 허위기재 또는 기재누락에 대해서는 1년 이하의 징역 또는 5백만원 이하의 벌금에 처해질 수 있다.

〈 5% 룰 요약표 〉

유 형	방 법
신고대상 법인	주권상장법인, 협회등록법인
대량주식 보유보고 사유	5% 이상 최초 보유시
대량주식 변동보고 사유	대량보유신고지분의 ±1% 변동시
보유신고의 범위	특별관계자
보고시기	보고 사유발생일부터 5일 이내
보고기관	금융감독위원회, 증권거래소 · 증권업협회

(2) 공동보유자에 대한 검토

공동보유자에 대한 검토(증권거래법 시행령 제10조의 3 제4항)에 관한 규정에서 공동보유자라 함은 본인과 합의 또는 계약 등에 의하여 다음 각 호의 1에 해당하는 행위를 할 것을 합의한 자를 말한다.

① 주식 등을 공동으로 취득하거나 처분하는 행위

② 주식 등을 공동 또는 단독으로 취득한 후 그 취득한 주식을 상호 양도 또는 양수하는 행위

③ 의결권(의결권의 행사를 지시할 수 있는 권한을 포함한다)을 공동으로 행사하는 행위

사례

5% Rule 위반사례

다음은 KCC가 적대적 M&A를 위해 현대엘리베이터의 지분매입에 대한 5% Rule 보고의무(증권거래법 제200조의 2 제1항에 규정하는 주식의 대량보유 등의 보고) 위반에 대한 사례를 요약 정리 한 것이다.

KCC측은 유리자산운용의 3개펀드를 통해 현대엘리베이터의 지분 7.82%를 사들인 후 2003년 9월 3일 290억원의 돈을 대 '신한포트 사모3호'펀드를 설정했다. 이 펀드를 운영하는 신한BNP파리바투신운용은 2003년 10월 7일부터 현대엘리베이터 주식을 사들이기 시작했다. 이 사모펀드[2]가 공시를 통해 수면위에 드러난 것은 지난 03년 11월 4일. 신한 BNP측 이름으로 12.82%를 전격 공시한 것이다. 2대 주주다. 특히 이 펀드가 사들인 지분이 현대그룹 경영권 향배에 영향을 미칠 수 있는 대규모여서 펀드 주인(KCC)이 최대 관심사로 떠오르기도 했다.

신한BNP측이 12% 이상 취득 후 공시한 이유는 기관투자가 보고 특례조항 때문이다.

증권거래법 제200조의 2에 따르면 개인·외국인 등 모든 투자가는 지분율이 5%가 넘은 후 5거래일 내 보고해야 한다. 그러나 기관(펀드)은 취득 다음날 10일까지 이를 공시하면 된다. 다만 경영권 참가보다 투자목적이 우선한다는 조건에서다. 따라서 당초 취득 목적이 경영권 참여에 있었다면 특례조항은 적용되지 않는다.

정상영 명예회장은 현대그룹의 특수관계인으로 분류돼 5%를 넘는 펀드에 손을 댔다면 이를 바로 공시해야 한다. 지분공시 위반으로 금감원이 의결권 제한과 처분명령을 고려하는 이유다.

신한BNP 사모펀드는 03년 10월10일 지분5%가 넘었다. 따라서 늦어도 5거래일 후인 17일까지 공시를 해야 했다. 그러나 실제 공시는 11월 4일에 했다. 공시위반으로 보고를 보름이상 지체한 셈이다.

KCC측이 03년 11월 7일 7.5%의 지분을 직접 장내에서 매입한 것도 뒤늦게 이 같은 문제점을 파악했기 때문으로 추정된다.

특히 11월 14일 BNP측 펀드 외에 유리자산운용을 통해 만든 3개 펀드의 공시위반도 관심사다. 수익자가 모두 KCC등 특수관계인이기 때문이다.

2) 사모펀드: 소수의 특정투자자로부터 자금을 모아 주식 또는 채권 등에 운용하는 펀드를 말한다. 이와 반대로 가입자를 공개적으로 모아 누구나 가입할 수 있는 펀드를 공모펀드라고 한다.

이미 5%이상 현대엘리베이터 지분을 보유한 한국프랜지공업이 대표 보고자인 관계로 이들 3개 펀드는 1% 이상만 매입해도 5거래일 내에 공시해야한다.(매일경제, 2003.11.15, 자료요약)

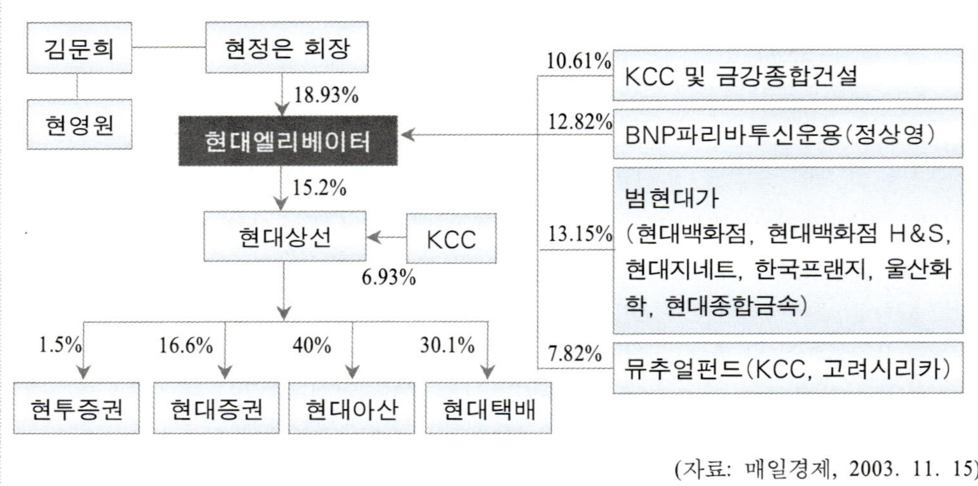

(자료: 매일경제, 2003. 11. 15)

※ 5% 보고제도 관련 개정 증권거래법 시행에 따른 유의사항

개정법률 시행 이전에 5% 보고의무를 이행하였고, 지분변동이 없었다 하더라도 법 시행 당시 『경영권에 영향을 주기 위한 목적』으로 주식 등을 5% 이상 보유하고 있는 자는 2005.3.29일부터 4.2일까지 사이에 반드시 새로운 서식에 의하여 다시 보고하여야 한다.

금융감독원은 증권거래법상 주식의 대량보유보고(즉 5% 보고)제도 관련 개정법률이 2005.3.29일부터 시행됨에 따라 보고의무자의 혼란을 예방하고 법률 위반이 발생되지 않도록 하기 위하여 다음의 사항들에 대한 주의를 당부하였다.

① 종전 보고자중 경영참가목적인 경우 재보고 의무

개정법률은 종전 규정에 의하여 5% 보고를 한 자에 대하여도 『경영권에 영향을 주기 위한 목적』을 갖고 있는 경우에는 시행일로부터 5일 이내에 다시 보유목적과 보유상황을 보고하도록 의무화하고 있다. (증권거래법 부칙 제4조 제2항).

따라서 기존에 보유목적을 『경영권에 영향을 주기 위한 목적』으로 보고한 최대주주, 주요주주, 현 경영진, 경영권 인수시도자 등과 종전 보고 이후 보유목적을 『경영권에 영향을 주기 위한 목적』으로 변경한 자도 재보고 의무대상에 포함된다.

다만, 경영권에 영향을 주기 위한 목적이 아닌 단순투자목적으로 보유하고 있는 자는 재보고 대상에서 제외된다.

② 『경영권에 영향을 주기 위한 목적』 보고의 경우 냉각기간[3] 적용

개정법률은 경영권에 영향을 주기 위한 목적』으로 보고하는 경우 보고일로부터 5일 동안 추가취득 및 의결권행사를 할 수 없도록 하였다.

③ 보유목적 변경시 보고의무화

개정법률은 5% 보고시 『경영권에 영향을 주기 위한 목적』 여부를 명시하도록 하였고, 나아가 지분변동 없이 보유목적만 변경된 경우에도 5일 이내에 보유목적변동보고를 하도록 하였다.

특히 『경영권에 영향을 주기 위한 목적』으로 변경 보고한 경우에도 냉각기간이 적용되어 보고 일부터 5일 동안 추가취득이나 의결권을 행사할 수 없다.

④ 보유목적에 따른 보고서식 차등화

개정법률은 보유목적에 따라 보고내용을 차등화 할 수 있도록 하여 법률의 취지를 충실히 반영할 수 있도록 관련 규정과 보고서식을 개정하였다.

이에 따라 종전에는 「일반투자용」과 「기관투자자용」으로 구분하던 것을 「경영참가목적용 별지 제6호 서식」과 「단순투자목적용 별지 제7호 서식」으로 구분하여 기재 하도록 하였다.

* 5%보고제도의 증권거래법 개정내용→ 부록참조

① 규정 및 서식 개정주요내용

② 주식 등의 대량보유 상황 보고서(별지6의 경영참가목적용과 별지7의 단순투자목적용)

3) 냉각기간(Cooling-off period) : 적대적M&A 시도 등이 있는 경우 일정기간 동안 추가취득과 의결권행사를 금지함으로써 주주총회 직전에 보유목적을 기습적으로 변경한 후 경영권에 영향력을 행사하는 것을 방지하고 기존 경영진과 투자자에게 적대적M&A에 대응하고 그 가능성에 대하여 숙지할 수 있는 기간을 부여하는 제도이다. 따라서, 개정법률 시행에 따라 재보고하는 경우에도 5일 동안 의결권을 행사할 수 없으므로 개정법률 시행일인 2005.3.29일부터 3월말까지 사이에 정기주주총회 등을 개최하는 경우, 주주총회 이전에 재보고를 하게 되면 주주총회에서 의결권을 행사할 수 없게 되므로 주총 이후부터 4.2일까지 사이에 재보고를 하는 등 그 보고시기 선택에 신중을 기하여야 한다.

* 개정 증권거래법 시행에 따른 5% 재보고 접수현황(자료 : 금융감독원, 2005.4.3)

□ 주식 등의 대량보유자가 개정 증권거래법 시행일(3.29) 현재 경영참가 목적을 가지고 있는 경우에는 3.29 ~ 4.2 사이에 보유목적과 보유상황을 일괄 재보고하도록 한 증권거래법 부칙 제4조 제2항 규정에 따라 동 기간 중 접수된 재보고 결과는 다음과 같음

재보고 접수 현황

(2005. 4. 2. 21:00 현재)

구 분		유가증권시장	코스닥시장	계
총 보고 접수 건수		798건	952건	1,750건
상 장 법 인		688사	897사	1,585사
미보고 회사**		51사	58사	109사
재 보고자	내국인	591명	863명	1,454명
	외국인	43명	28명	71명
	계	634명	891명	1,525명

* 상장(코스닥)법인 중 5% 재보고가 1건 이상 접수된 회사

** 미보고회사: 109사(관리종목: 22사, 은행: 5사, 상장펀드:18사, 기타 64사)

□ 주요 외국 투자자의 재보고 여부(2005. 4. 2일 21:00 현재)

외 국 인	대상회사	기제출 보고서		재 보고서 (경영참가)		비고
		보유목적	지분율 (%)	보유목적	수익창출	
소버린 자산운용	SK	수익창출	14.85	경영참가	14.85	보고
	LG	경영참가	7.00	〃	7.0	〃
	LG전자	경영참가	7.20	〃	7.2	〃
골라 LNG	대한해운	투자목적	21.09	–	–	미보고
게버랜 트레이딩	현대상선	단순목적	8.90	–	–	〃
탬플턴 자산운용	현대산업 개발	단순투자	18.53	–	–	〃
헤르메스펜숀즈 매니지먼트 엘티디		단순투자	6.57	경영참가	7.03	보고

바우포스트	현대약품	단순투자	12.20	〃	12.59	〃
	경동제약	단순투자	10.67	〃	10.94	〃
	삼일제약	단순투자	12.74	〃	12.88	〃
	일성신약	단순투자	8.75	〃	8.75	〃
	삼천리	–	–	〃	5.79	〃
	한국포리올	단순투자	8.90	〃	8.90	〃
	삼아약품	단순투자	8.47	〃	9.32	〃
	환인제약	단순투자	10.27	〃	11.11	〃

* 소버린: 두바이소재 자산운용사, 골라LNG : 노르웨이 해운사, 게버렌트레이딩: 사이퍼러스소재 투자회사, 템플텐자산운용 : 미국계 펀드, 헤르메스: 영국계 펀드, 바우포스트 : 미국 투자자문사

실패가능성 예측과 대응전략

1) 실패가능성 예측

적대적 M&A의 경우 대상기업의 경영권 획득과정에서 계획한 결과를 얻지 못하고 종종 실패하는 사례가 발생한다. 이러한 실패 가능성에 대한 사전 예측과 이 경우에 어떻게 대응하여 어려움을 극복할 것인지에 대한 기본적인 전략 수립의 자세가 필요하다.

이러한 실패의 원인은 기업을 인수하고자 하는 자신의 과오에서 찾을 수 있고 다른 하나는 예측 불가능한 주변의 상황변화를 들 수 있다. 아마도 주변의 상황변화 보다는 자신의 미숙한 계획에 따른 실패의 요인이 높다고 보아진다.

동물의 세계를 지배하고 있는 맹수들의 생존방법은 아무리 작은 먹이사냥을 위해서도 어릴 때부터 충분한 연습을 거치고 먹이사냥에 돌입한다. 사소한 일에도 최선의 노력을 다하지 않으면 먹이사냥은 실패하기 때문이다.

그러므로 하나의 먹이사냥을 위해 치밀한 노력을 게을리 하지 않는 동물의 생존세계에서 그 전략을 배우는 지혜가 필요하지 않을까 생각한다.

2) 실패가능성에 대한 대응전략

① 비밀이 유출되어 상황이 예측 밖으로 변화될 때를 대비한다.

적대적인 방법에 의한 기업인수는 이해관계자 집단의 이익에 의해서 이루어

지는 기법이기 때문에 많은 참가자들이 자신의 이익을 위해서 행동한다. 상대방의 비밀을 알아내면 자기가 유리해질 수 있고, 자신의 비밀이 유출되면 자신이 불리해진다. 이와 같이 비밀이 유출되어 한 번의 시도로 기업인수가 안될 경우 바로 인수를 포기하는 것이 아니라 재시도할 수 있다는 여유를 갖고 그에 대한 대응전략을 수립한다.

예컨대 보유한 주식에 대한 관리방법을 바꾸고 주가흐름에 대한 대응전략을 수립하고 구성된 참모진을 재활용하는 방안을 강구하여 장기전에 대비하는 조직 구성을 한다.

② 상대방의 대응으로 상황전개가 어려울 때를 대비한다.

기업인수는 끊임없는 전략 전술의 개발이며 두뇌 싸움이다. 상대방의 강력한 방어책으로 M&A에 대한 상황전개가 어려울 때 상대방의 전략을 예의 주시하여 허점을 찾아 다시 공략할 준비를 한다. 예컨대 경영주의 부도덕성, 기업비리, 경영주의 무능력함 등을 포착하는 것은 해결의 열쇠가 될 수 있다.

③ 주변의 여건 변화에 대한 상황에 대비한다.

주변여건이 수시로 변할 수 있으며 이러한 현상은 자연스러울 수 있다. 이러한 경우를 대비하여 상시적인 체크리스트를 만들어 관리한다. 예컨대 목표기업 경영주의 행동변화 체크리스트, 법률적 변화의 체크리스트, 회사의 재무상황 및 회계적 변화의 체크리스트, 인적사항 변화의 체크리스트, 시장 정보사항 변화의 체크리스트 등을 들 수 있다.

④ 공동그룹의 의견분산이나 해체와 같은 난관이 발생 할 수 있는 때를 대비한다.

공동그룹의 역할과 자금모집 등에 대해 사전에 협정을 맺어두어야 한다. 또한 평소에 유대관계 강화에 노력하고 적대적 M&A를 반드시 성공시킨다는 목표 의식을 갖게 하고 각오와 의지를 새롭게 할 필요가 있다.

만약 실패가능성에 대해 이해가 부족하거나 공동그룹을 의심할 경우 팀에서 배제시킬 필요가 있다. 한두사람 때문에 큰일을 망칠수가 없기 때문이다.

⑤ 반대여론이 형성되어 난관이 발생할 때를 대비한다.

민주사회에서의 여론은 항상 막강한 힘을 발휘하고 때로는 정책의 변화를 가져오기도 한다. 기업인수 공격자는 가능하면 도덕적으로나 자금조달 등에 투명하는 것이 좋다. 그렇지 않으면 공격의 명분이 약해 질수 있으며 반대여론 때문에 다 된 밥에 제를 뿌릴 수 있게 되는 현상이 벌어지기 때문이다.

앞에서 지적한 대로 우리나라 대기업이 적대적 기업 인수합병을 꺼려하는 것도 약점이 있을 수 있기 때문이다.

여론은 정의와 도덕에 근거하여 형성 된다고 볼 때 조작된 여론에 대해서는 여론을 재조정할 수 있으나 도덕과 정의에 근거한 여론에 대해서는 여론에 따르는 것이 당연하다 할 것이다. 이때에는 물러서는 것이 타당하며 기업인수를 포기 하여야 할 것이다. 그러한 상태로 기업인수를 계획 했다면 그는 이미 자격이 없거나 악덕기업주나 무능력한 경영진의 사고와 별다른 차이가 없는 것이다.

적대적으로 기업을 인수하려고 하는 것은 현재의 기업경영을 재조직하고 구조조정하여 더 큰 이익을 창출하는 경쟁력 있는 회사를 만드는 데에서 그 정당성을 찾을 수 있다. 때문에 기업인수를 시도하는 자는 과거의 경력관리를 잘해야 한다. 과거 잘못된 경력에 의해 실패하거나 성공을 해도 비난의 대상이 된다면 그 취지는 정당성을 인정받지 못하게 될 것이다.

기업인수자가 기본적으로 가져야 할 덕목이 있다면 잘못된 경영환경을 개선하고자 하는 자세이며, 적어도 자기로 인하여 경영환경이 잘못되는 일은 없어야 하겠다는 마음가짐일 것이다.

일류가 되는 것은 다른 사람이 성취해놓은 이익을 빼앗는 것이 아니라, 이익을 창출할 수 있는 능력을 갖추고 그 일을 찾아내는 것이다.

제3장
적대적 M&A의 본 절차

① 초기공격실행

1) 수집된 정보활용

대상기업의 수집된 일반정보와 특수정보를 최대한 활용하고, 경영상의 잘못이 있거나 회사에 대한 비리 등이 발견되어 회사의 재산에 손해를 입힌 경우 그에 관한 사항을 체크하고 수집된 정보가 맞으면 다음의 절차를 밟는다.

- 회계 장부를 열람(주식매집 없을 경우 불가능 : 선택적 사항)할 수 있는 주식매입 → 회계장부열람권요청 → 회계장부와 대조실사 → 상황이 일치하면 주식 추가 매집 → 임시주주총회소집요청 → 회사재산반환청구소송제기 → 임시주주총회에서 경영권장악 → 경영권 재탈취 시도에 대한 원천봉쇄 → 기업의 대대적인 구조조정을 단행하여 경영권을 튼튼히 한다.

※ 상법 제 466조(주주의 회계장부열람권)

① 발행주식의 총수의 100분의 3이상에 해당하는 주식을 가진 주주는 이유를 붙인 서면으로 회계의 장부와 서류의 열람 또는 등사를 청구할 수 있다.

② 회사는 제1항의 주주의 청구가 부당함을 증명하지 아니하면 이를 거부하지 못한다.

이 경우 구조조정의 주요내용은 조직재구성, 인력재배치와 능력 있는 신규 임직원 채용, 거래처의 재정리, 회사의 경영목표와 비전제시, 자본의 무상감자 등 재무구조조정실시와 주식의 유상증자 또는 CB, BW등의 발행으로 추가자금확보를 실시한다.

2) 사전주식매입

사전주식매입(Block purchase)은 인수시도자가 대상기업 측으로 하여금 인수제의를 무시하지 못하도록 하는 방법으로 인수시도자가 사전에 대상기업의 주식을 매입해 놓고 통고하는 것으로, 사전주식매입을 위해 상당한 시간을 두고 장기간에 걸쳐 꾸준히 주식을 매수하여 주식을 늘려가는 방법(매수축적 : Protracted Build-up)과 대상기업 측에서 눈치채지 못하도록 일시에 4.9% 정도의 주식을 매입하는 방법(새벽의 기습: Dawn raid)을 사용할 수 있다.

이러한 사전 주식매입의 이점은 다음과 같다.

첫째, 대상기업 측으로부터 프리미엄(Premium)을 받고서 사전 매입주식을 되팔 수도 있다.

둘째, 불가침협약(Standstill Agreement)을 맺어 그 대가를 받을 수 있다.

셋째, 사전에 주식을 상당량 확보함으로써 대상기업에 대한 백기사(White Knight)의 개입여지를 적게 하여 경영진을 도와줄 수 있다.

넷째, 대상기업과 위임장대결을 벌이게 될 경우 인수공격자는 주식을 사전에 확보함으로써 유리한 입장에 서게 되고, 대상기업의 경영진은 유통주식의 감소분만큼 어려운 입장에 처하게 된다.

3) 우호적 통고

인수시도자가 직접 혹은 투자은행(Investment Bank)과 같은 중개기관을 통해서 대상기업에 인수제의를 전달하고 협상할 의향여부를 타진해 보는 방법이다. 이 방법은 인수시도자 측에서 적대적 방법에 의한 공격수단을 별로 갖고 있을 않을 때 사용될 수 있지만, 대상기업의 반응이 부정적일 때에는 시간만 낭비하게 되는 단점이 있다.

4) 곰의 포옹(Bear hugs)[1)]

이는 가만히 있는 사람을 곰이 뒤에서 껴안거나 곰이 앞발로 짓누르는 것처럼 으시시한 분위기를 느끼게 하는 방법이다. 즉 구체적인 주위의 상황 설명과 함께 공식적으로 인수제의를 통고하거나 대상기업의 경영진에게 단도직입적으

1) 곰의 포옹(Bear hugs)은 기존 대주주가 도덕적 비난을 피하기 위해 못 이기는 척 경영권을 넘기려는 목적으로 "베어 허그"를 위장하거나 공격자가 주가조작을 목적으로 "베어 허그"를 하는 경우도 있기 때문에 주의할 필요가 있다.

로 경영권을 넘기라고 종용하는 것을 베어허그(Bear hugs)식이라고 한다.

'베어 허그'는 경영권 확보 의사를 공식화하는 동시에 추가 확보한 지분의 규모를 암시함으로써 대상기업의 경영진을 두려움에 빠뜨려 스스로 경영권을 포기하게 만드는 일종의 심리전술이다. 성공할 경우 돈이 적게 든다는 장점이 있다. 또한 '베어허그'를 통해 경영권 분쟁을 공식화함으로써 경영권 방어를 위한 3자배정 유상증자를 어렵게 만들 수도 있다.

통상 대상기업 측에게 대처할 시간을 주지 않기 위해서 주말의 업무종료 후에 전화 등의 방법을 통해 대표경영자에게 전달하는 경우가 많으며 그 주요 전달 내용은 다음의 예와 같다.

첫째, 전달하는 공격측의 소속과 직위 성명을 밝힌다.

둘째, 공격자측의 일방적인 전략에 따라 대상기업의 경영진에게 합병을 할 경우 서로에게 유리하다는 내용의 통지와 그 업무에 대한 주된 담당을 전달자 본인이 맡았다는 내용을 보낸다.

셋째, 만일 대상회사에서 합병에 응하지 않거나 합병에 대해서 만족할 만한 협상이 이루어지지 못할 때는 현재 주가에다가 상당한 프리미엄을 지불하고 대상회사의 주주들에게 바로 주식을 공개매수(Tender Offer)를 제의할 수 있도록 이사회의 결의를 받아 놓았다는 강력한 내용을 전달한다. 그리고 양사의 합병을 논의하기 위해서 귀측의 사정이 허락하는 대로 가능한 한 빨리 협상을 갖게 되기를 희망한다는 통지도 곁들인다.

마지막으로, 주말을 앞두고 이렇게 갑작스럽게 연락을 드리게 된 점에 대해 죄송스럽다는 표현을 하고(실제는 그렇지 않음), 변호사와 상의한 결과 저희 회사의 의도를 증권거래소측에도 공시하여야 하기 때문에 부득이 결례하게 되었다는 사실을 밝히고. 저희측은 내일 당장 보도자료를 내지는 않겠습니다만, 관례상으로 보아 증권거래소측에서 저희 회사의 이사회 결의사실을 통고 받으면 확실한 보도자료가 발표될 때까지 귀사 주식을 거래중지 시킬 것이라는게 저희 측 변호사의 의견이라는 내용 등을 통지하여 대상회사 경영자의 반응을 살핀다.

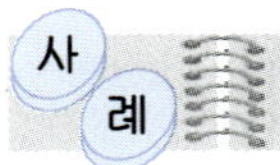

세니콘의 베어허그 사례

04. 10. 25일 증권업계에 따르면 코스닥기업 세니콘의 2대주주인 토건업체 길성산업개발은 지난 20일 우편을 통해 세니콘의 경영진에게 경영권을 양도할 의사가 있는지 묻는 질의서를 보냈다.

길성산업개발은 이 질의서를 통해 세니콘의 경영권을 인수하고자 한다는 공식 입장을 확인했다. 또 세니콘의 주식을 지속적으로 추가 매입하고 있으며 세니콘의 최대주주의 지분율 17.7%에 근접하는 지분을 이미 확보했다고 밝혔다.

길성산업은 지난달말 세니콘의 지분 7.0%를 확보했다고 금감원에 보고하면서 처음 등장했다. 길성산업은 지난 04. 10. 13일(실제 거래일)까지 세니콘의 지분 10.3%를 확보했다.

길성산업은 질의서를 통해 세니콘 측에 내용과 주주명부, 재무제표, 미국 현지법인 영업권 인수계약 자료도 요청했다. 길성산업 관계자는 "세니콘의 중국 공장을 중국 건설시장 진출의 교두보로 활용하겠다는게 길성산업의 구상"이라고 말했다.(뉴시스, 2004.10.25, 일부요약)

결과는 길성산업개발이 인수를 포기하고 적대적 M&A를 착수한지 두달만에 장내에서 지분을 매도했으며 세니콘의 주가는 곤두박칠쳐 투자자들만 손해를 입게 되었다.(이데일리, 2004.12.1, 공시자료 요약)

5) 기습(Raid)

사전에 대상기업 측에 인수제의를 통고하는 것이 대상기업 측으로 하여금 방어전략을 구축할 시간적 여유를 줄 것이라는 염려가 있다면, 아예 처음부터 대상기업의 경영진과 접촉을 피하고 주주들에게 바로 접근하는 전략을 사용할 수가 있다.

마치 TV에서 토요일밤에 특별프로(Saturday Night Special)를 방영하듯이 주말을 앞두고 주주들에게 주식을 높은 가격으로 사주겠다고 통고하는 것이다.

이러한 '기습' 방법은 주주들에게 공개매수제의에 응할 수 있는 시간적 여유를 주말 몇일밖에 주지 않음으로써 대상기업의 경영진이 방어전략을 준비하는 시간을 최소한 짧게 하는 효과가 있다.

 공개매수

1) 정의

증권거래법 제21조의 제3항에서 규정하고 있는 주식공개매수(TOB : take over bid)란 불특정다수인에 대하여 주식 등의 매수(다른 유가증권과의 교환을 포함한다)의 청약을 하거나 매도(다른 유가증권과의 교환을 포함한다)의 청약을 권유하고 유가증권시장 및 코스닥시장 밖에서 당해 주식 등을 매수하는 것을 말한다.

2) 적용대상

주권상장법인(거래소증권시장상장법인) 또는 협회등록법인 (코스닥증권시장등록법인)의 의결권 있는 주식 등(주권, 신주인수권을 표시하는 증서, 전환사채권, 신주인수권부사채권, 교환사채권)을 유가증권시장 및 코스닥 시장 밖(이하 "장외시장"이라 한다)에서 6개월간 10인 이상의 자로부터 매수 등(매수, 교환, 입찰, 유상양수)을 하고자 할 때는 그 매수 등을 한 후에 본인과 그 특별관계자(특수관계인 및 공동보유자를 말한다)가 보유하게 되는 주식 등의 합계가 당해 주식총수의 5%이상이 되는 매수 등은 반드시 공개매수를 하여야 한다 라고 규정하고 있다.(관련법: 증권거래법 제21조 제1항, 동시행령 제10조, 제10조의2, 제10조의3)

3) 공개매수의 종류

(1) 우호적 공개매수(agreed or friendly tender offer)

대상회사의 이사들이 공개매수에 동의하여 자신들의 보유주식을 공개매수자에게 제공할 뿐만 아니라, 주주들에게도 공개매수를 권유하는 경우를 말한다.

대상회사의 이사들은 공개매수의 개시와 동시에 동의하거나 공개매수자와의 사전 협상 후 동의할 수도 있다.

또한 공개매수에 대한 공개적인 반대의사의 표명이후에 동의함으로써 공개매수조건의 개선을 도모할 수도 있다. 경우에 따라서는 대상회사의 이사들 자신이 공개매수자에게 접근하여 공개매수를 권유하는 경우도 있다.

우호적 공개매수의 경우 대상회사의 이사들은 공개매수자에게 공개매수에 필요한 정보를 제공하는 등 공개매수자에게 협조하게 된다.

(2) **중립적 공개매수**(unopposed or neutral tender offer)

대상회사의 이사들이 공개매수자와 협상하거나 반대의사를 표명하지도 않고 또한 주주들에게 공개매수에 응하지 말도록 권유하지도 않는 등 중립을 지키는 경우이다.

따라서 공개매수자는 대상회사의 경영진으로부터 공개매수에 필요한 정보자료의 제공 등의 도움을 받지 아니하며, 대상회사의 경영진은 공개매수의 지연 또는 저지를 목적으로 한 방어적 행위를 하지 아니한다.

(3) **적대적 공개매수**(defended or hostile tender offer)

대상회사의 이사들이 공개매수에 반대하기로 결정함과 동시에, 주주들에게 공개매수에 응하지 말도록 권유할 뿐만 아니라, 공개매수에 대하여 여러 가지 다양한 방어적 행위를 채택하는 경우를 말한다.

방어적 행위를 채택하는 동기로는 회사가 독립회사로 존속하는 것이 회사에 이익이 된다고 믿거나 자신의 지위를 지키기 위한 경우, 기타 공개매수의 조건을 개선하기 위한 경우 등이 있다.

(4) **경쟁적 공개매수**(competitive tender offer)

제2의 또는 제3의 공개매수자가 경쟁적으로 공개매수에 참여하는 경우를 말한다. 경쟁공개매수자의 참여는 자발적인 경우도 있지만, 대상회사의 이사회가 참여를 권유하는 경우도 있다. 후자는 대상회사 이사들의 입장에서 볼 때 공개매수가 불가피한 이상 회사의 제1의 공개매수자보다는 자신들이 선택한 공개매수자의 지배하에 두기를 원하는 경우에 이루어진다.

4) 공개매수 전략

주식공개매수를 통해 기업을 인수하고자 할 경우 치밀한 계획수립과 함께 우선적으로 검토해야 할 사항은 다음과 같다.

첫째, 공개매수를 하고자 하는 주요목적과 공개매수 후의 계획수립

둘째, 공개매수 할 주식 등의 종류와 수를 결정한다.

이 경우 주식을 전량인수(any and all offer)를 할 것인지 부분인수(partial offer)를 할 것인지를 결정해야 하며, 전량인수일 경우 매수가격을 제시하고 언제까지 매수할 것인지를 정한 다음 정해진 매수마감일까지 응모한 주식의 전량을 인수하는 방법이다.

셋째, 공개매수기간과 가격, 대금결제방법과 결제일등에 대한 공개매수조건에 관한 사항이다.

공개매수 시 매수대금지급방법은 현금매수와 주식교환 그리고 2단계가격제시법 등이 있다. 현금매수(Cash Tender Offer)는 현금을 지급하고 주식을 매수하는 것이며 주식교환(Stock Exchange Offer)은 매수회사의 주식이나 기타 다른 주식으로 지급하는 방식이다.

2단계가격제시법(Two-Tier Pricing Offer) 또는 2단계공개매수(Two-Tiered Tender Offer)는 주로 합병할 경우에 많이 사용하는 방법으로 1단계에서 높은 가격으로 현금매수를 해주고 이에 응하지 않은 주주들에게 2단계에서 합병하고자 하는 기업의 주식을 불리한 조건으로 교환해주는 방법이다.

즉, 공개매수의 가격을 차등화 하여 1단계 매수에 응하는 주주에게 높은 가격에 매수해 줌으로써 주주들에게 압박을 가하는 전략이며 M&A를 조기에 성공시킬 수 있는 수단으로 활용된다.

넷째, 매수자금의 출처와 자금의 투명성에 하자가 없어야 한다.

다섯째, 공개매수주식 등에 대한 의결권 제한(증권거래법 제21조의 3) 사항에 대한 사전검토가 필요하며 만약 이 규정에 위반하여 주식 등의 매수를 할 경우 의결권을 행사할 수 없으며 금융감독위원회에서 매수한 주식 등의 처분을 명할 수 있기 때문이다.

여섯째, 주식공개매수에 대한 법적 제한(증권거래법 제23조, 동시행령 제12조의4, 동시행령 제12조의5) 사항에 대한 검토

일곱째, 공개매수자는 공개매수를 할 수 있게 된 날 이후, 원칙적으로 공개매수를 철회할 수 없으므로 공개매수에 대해 신중을 기한다.

다만 공개매수를 철회할 수 있는 경우는 다음과 같다.

> ※ 증권거래법 제24조의2 및 동시행령 제12조의7)
> ① 대항공개매수가 있는 경우
> ② 공개매수자가 다음 각목에 해당하는 경우

가. 사망
나. 해산
다. 파산
라. 발행한 어음 또는 수표의 부도
마. 가목 내지 라목외에 공개매수신고당시 예측할 수 없었던 중대한 재해 등 금융감독위원회가 정하는 사유가 발생한 경우

③ 공개매수대상회사에 다음 각목의 사유가 발생한 경우 공개매수를 철회 할 수 있다는 조건을 공개매수공고시 게재하고 이를 공개매수신고서에 기재한 경우
가. 합병
나. 중요한 영업 또는 자산의 양수・양도
다. 해산
라. 파산
마. 발행한 어음 또는 수표의 부도
바. 주식 등의 상장폐지 또는 협회등록 취소
사. 가목 내지 바목외에 공개매수공고당시 예측할 수 없었던 중대한 재해 등 금융감독위원회가 정하는 사항

5) 공개매수의 성공 포인트

첫째, 공개매수 하고자 하는 시점(timing)을 잘 맞추어야 한다.

경제상황이 어려울 때나 주식시장의 장기침체기 등 일 때에는 위기가 있는 반면 상당히 좋은 조건으로 매수할 수 있는 기회가 있다.

둘째, 일정한 경영프리미엄 등을 포함한 적정한 매수가격을 제시할 경우 충분한 주식매수와 빠른 시간 내에 주식매수가 마무리 될 것으로 본다.

적정한 가격은 매수목적과 우호적지분의 분포, 기존대주주의 개인적 사정, 거래처와의 관계, 임직원과의 관계, 회사의 재무상태와 비전 등을 포괄적으로 고려하여 종합적으로 판단하여야 할 것이다.

셋째, 공개매수에 대한 충분한 검토와 계획수립이 전제되어야 할 것이며 현 경영진과 기존 대주주와의 친밀성과 유기적 관계가 우호적이고, 방어의지가 명확하다면 더더욱 세밀한 주의와 전략수립이 요구된다.

6) 공개매수의 장 · 단점

장 점	단 점
· 단기간에 원하는 주식 등의 수량을 확보할 수 있다. · 일반 소액주주들에게도 경영권프리미엄을 포함한 가격에 매도할 수 있는 기회를 제공할 수 있어 위임장대결(Proxy Fight)에 비해 성공확률을 높일 수 있다. · 공개매수로 인해 매수에 대한 공정성을 확보할 수 있다. · 장내 주식 매수시 해당하는 5%룰의 보고의무를 면할 수 있다. · 사전에 대상기업의 대주주 또는 경영진과 협의를 통해 우호적인 M&A로 해결할 수 있으며 그렇지 못할 경우에는 적대적 M&A가 될 수 있다. · 일정 주식수의 매수를 조건으로 하므로 매수 수량의 미달로 말미암아 공개매수가 실패 한 경우에는 이를 취소할 수 있으므로 손해를 입지 않을 수 있다.	· 대상기업에 대한 적대적 M&A 실행의 공개적 매수로 인해 기존 경영진의 방어 및 대응전략을 수립할 수 있는 기회를 제공한다. · 단기간에 비교적 많은 자금이 소요된다. · 강력한 방어나 경쟁자가 출현할 경우 계획보다 높은 비용이 들거나 실패할 수 있다. · 공개매수에 대한 전략과 목표 등에 대한 보안유지가 쉽지 않다. · 주식의 시장가격이 상승하거나 공개매수 가격과 비슷할 경우 실패할 확률이 높다.

7) 공개매수의 주요절차

공개매수는 장외시장에서 주식 등을 법적규정에 의해 정해진 기간 내에 공개적으로 원하는 주식의 수량을 매수하는 방법으로 적대적 M&A를 위해 많이 활용하고 있다. 이에 대한 주요한 절차는 다음의 표와 같다.

절 차	일 정	설 명	관련규정
공개매수사무취급자 선정	D−10	공개매수대리인계약서 작성	증권거래법시행령 제11조의4 제4항
공개매수신고서 및 설명서작성	D−7		증권거래법시행령 제11조의4 제3항
공개매수 공고	D	전국 일간지 또는 경제지 2 이상에 공고	증권거래법 제21조의 2
공개매수신고서 제출	D	전자공시시스템 공시	증권거래법 제21조의 2

신고서사본 송부	D	발행회사 및 거래소 또는 협회에 송부	증권거래법 제22조
매수대상기업의 의견표시	D	매수대상기업은 광고, 서신 등으로 의견표명 가능 → 선택사항	증권거래법 제25조
공개매수설명서 제출 및 비치	D+1	전자공시시스템 공시 금감위 · 거래소(협회) · 증권회사 본지점에 비치	증권거래법 제24조, 동시행규칙 제8조
공개매수 실시	D+4	공고일로부터 3일 경과 후 실시	증권거래법 제23조
공개매수 완료	D+24	최단 20일, 최장 60일간 가능	
매수통지서 발송	D+26		
주권반환, 매수대금 지급	D+31	매수주식수에 대한 대금을 응모주주에게 지급하고 매수주식수 초과분은 반환	
공개매수 결과 보고	D+31	금감위, 거래소 또는 협회에 제출	증권거래법 제27조의 2
대량보유상황 및 변동보고	D+36	5%이상 매수자는 금감원에 보고의무(전자공시로 대체)	증권거래법 제200조의 2

8) 공개매수의 주요법규 검토

구분	주요내용	관련규정
증권거래법상 공개매수 예외 대상	· 소각을 목적으로 하는 주식 등의 매수 등 · 주식매수청구에 응한 주식의 매수 · 특수관계인으로부터의 주식 등의 매수 등 · 신주인수권 · 전환청구권 또는 교환청구권의 행사에 의한 주식 등의 매수 등 · 법 제52조의2제1항(증권업을 영위하는 증권회사)의 규정에 의하여 유가증권의 매매를 중개하는 방법에 의한 주식의 매수 · 다른 주주의 권익침해가 없는 것으로서 금융감독위원회가 정하는 주식 등의 매수 등 · 상장법인 및 협회등록법인 이외의 주식 등을 매수하는 경우 · 상장법인 및 협회등록법인 주식 등을 증권거래소시장 및 협회중개시장 내에서 매수하는 경우 · 상장법인 및 협회등록법인의 의결권 없는 주식 등을 매수하는 경우	증권거래법 시행령 제11조

공개매수의 공고 및 공개매수신고서의 제출	① 공개매수를 하고자 하는 자는 일반일간신문에 다음 각 호의 사항을 공고(이하 "공개매수공고"라 한다)하여야 한다. · 공개매수를 하고자 하는 자 · 공개매수 할 주식 등의 발행인 · 공개매수의 목적 · 공개매수 할 주식 등의 종류 및 수 · 공개매수기간 · 가격 · 결제일 등 공개매수조건 · 매수자금의 내역 그 밖에 대통령령이 정하는 사항 ② 공개매수공고를 한자(이하 "공개매수자"라 한다)는 다음 각 호의 사항을 기재한 신고서(이하 "공개매수신고서"라 한다)를 당해 공개매수공고를 한 날(이하 "공개매수공고일" 이라 한다)에 금융감독위원회에 제출하여야 한다. 다만, 공개매수 공고 일이 공휴일 그 밖의 금융감독위원회가 정하는 날에 해당되는 때에는 그 다음날에 제출할 수 있다. · 공개매수자 및 그 특별관계자에 관한 사항 · 공개매수 할 주식 등의 발행인 · 공개매수의 목적 · 공개매수 할 주식 등의 종류 및 수 · 공개매수기간 · 가격 · 결제일 등 공개매수조건 · 공개매수공고일 이후에 공개매수에 의하지 아니하고 주식 등의 매수 등을 하는 계약이 있는 경우에는 당해 계약의 내용 · 매수자금의 내역 그 밖에 대통령령이 정하는 사항	증권거래법 제21조의2
공개매수주식 등의 의결권 제한	제21조 제1항(의결권 있는 주식 등의 공개매수), 제21조의 2 제1항(공개매수공고) · 제2항(공개매수자)의 규정에 위반하여 주식 등의 매수 등을 한 경우에는 당해 주식(당해 주식 등과 관련한 권리행사 등으로 취득한 주식을 포함한다)에 대한 의결권을(주식 등을 매수한 날로부터 당해 주식 등을 처분하여 의결권을 행사할 수 없게 되는 날의 전날까지의 기간 동안) 행사할 수 없으며, 금융감독위원회는 당해 주식 등(당해 주식 등과 관련한 권리행사 등으로 취득한 주식을 포함한다)의 처분을 명할 수 있다.	증권거래법 제21조의 3 및 동시행령 제12조
공개매수신고서 사본의 송부	공개매수자는 공개매수신고서를 제출한 때에는 지체없이 그 사본을 공개매수 할 주식 등의 발행인(교환사채권의 경우에는 교환의 대상이 되는 발행인)에게 송부하고, 거래소에 제출하여야 한다.	증권거래법 제22조

공개매수자의 매수의 제한 등	① 공개매수자는 공개매수 공고 일부터 3일(기간산정에 있어서 공휴일 그 밖의 금융감독위원회가 정하는 날을 제외한다)이 경과하지 아니하면 공개매수를 하지 못한다. ② 공개매수자(그 특별관계자를 포함한다)는 아래의 ㉮, ㉯, ㉰를 제외하고는 제1항의 규정에 의하여 공개매수를 할 수 있는 날부터 그 매수기간이 종료하는 날까지 당해 주식 등을 공개매수에 의하지 아니하고는 매수 등을 하지 못한다. ③ 공개매수공고 일부터 과거 6개월간 공개매수를 통하여 당해 주식 등을 매수한 사실이 있는 자(그 특별관계자를 포함한다)는 대항공개매수를 제외하고는 공개매수를 하지 못한다. ④ 공개매수대상 주식 등의 발행인은 제2항의 기간 동안 의결권 있는 주식수의 변동을 초래할 수 있는 행위로서(의결권 있는 주식에 관계되는 유가증권의 발행과 그 발행에 관한 이사회 또는 주주총회의 결의를 말한다. 다만, 공개매수신고서 제출 전에 그 발행에 관한 이사회 또는 주주총회의 결의가 있는 경우에는 그러하지 아니하다)를 할 수 없다. ㉮ 당해 주식 등의 매수 등의 계약을 공개매수신고 전에 체결하고 있는 경우로서 당해 계약체결당시 법 제21조 제1항의 공개매수의 적용대상에 해당하지 아니하고 공개매수신고서에 당해 계약사실 및 내용이 기재되어 있는 경우 ㉯ 공개매수사무취급자가 공개매수자 및 그 특별관계자 외의 자로부터 당해 주식 등의 매수 등의 위탁을 받은 경우 ㉰ 기타 공개매수에 의하지 아니한 주식 등의 매수 등을 허용하여도 다른 주주의 권익침해가 없는 것으로서 금융감독위원회가 정하는 경우	증권거래법 제23조
공개매수의 정정 신고·공고 등	· 공개매수자는 매수조건을 변경하고자 하는 경우에는 공개매수기간이 종료하는 날까지 정정신고서를 제출하여야 한다. 다만, 매수가격의 인하, 매수예정 주식 등의 수의 감소, 매수대금 지급기간의 연장 기타 아래의 ㉮, ㉯, ㉰ 매수조건은 이를 변경할 수 없다. · 공개매수자가 제1항의 규정에 의하여 정정신고서를 제출한 때에는 지체 없이 그 사실과 변경한 내용(공	증권거래법 제23조의2

	개매수공고에 포함된 사항에 한한다)을 공고하여야 한다. ㉮ 공개매수기간의 단축 ㉯ 응모주주에게 줄 대가의 종류의 변경. 다만, 응모주주가 선택할 수 있는 대가의 종류를 추가하는 경우를 제외한다. ㉰ 기타 응모주주에게 불리한 공개매수조건의 변경으로서 금융감독위원회가 정하는 경우	
공개매수설명서의 작성과 사용	공개매수자는 공개매수를 하고자 할 때는 재정경제부령이 정하는 바에 의하여 그 공개매수에 관한 설명서(이하 "공개매수설명서"라 한다)를 작성하여 재정경제부령이 정하는 장소에 비치하고 일반인이 열람할 수 있도록 하여야 한다. * 재정경제부령이 정하는 바 ㉮ 금융감독위원회 ㉯ 증권거래소 또는 협회 ㉰ 공개매수사무취급자의 본점 및 지점	증권거래법 제24조
공개매수의 철회 등	· 공개매수자는 공개매수를 할 수 있게 된 날 이후에는 공개매수를 철회할 수 없다. 다만, 대통령령이 정하는 경우에는 공개매수기간의 말일까지 철회 할 수 있다. · 제1항의 규정에 의하여 공개매수를 철회하고자 하는 경우에는 철회신고서를 금융감독위원회와 거래소에 제출하고 그 내용을 공고하여야 한다. · 공개매수대상 주식 등의 매수의 청약에 대한 승낙 또는 매도의 청약(이하 "응모"라 한다)을 한 자(이하 "응모주주"라 한다)는 공개매수기간 중에는 언제든지 응모를 취소할 수 있다. 이 경우 공개매수자는 응모주주에 대하여 당해 응모의 취소에 따른 손해배상 또는 위약금의 지급을 청구할 수 없다. * 대통령령이 정하는 경우 ㉮ 대항공개매수가 있는 경우 ㉯ 공개매수자가 다음 각목의 가에 해당하는 경우 · 사망 · 해산 · 파산 · 발행한 어음 또는 수표의 부도 · 사망 내지 발행한 어음 또는 수표의 부도 외에 공	증권거래법 제24조의2

	개매수신고당시 예측할 수 없었던 중대한 재해 등 금융감독위원회가 정하는 사유가 발생한 경우 ㉰ 공개매수대상회사에 다음 각목의 가의 사유가 발생한 경우 공개매수를 철회할 수 있다는 조건을 공개매수공고시 게재하고 이를 공개매수신고서에 기재한 경우 · 합병 · 중요한 영업 또는 자산의 양수 · 양도 · 해산 · 발행한 어음 또는 수표의 부도 · 주식 등의 상장폐지 또는 협회등록 취소 · 사망 내지 발행한 어음 또는 수표의 부도외에 공개매수신고당시 예측할 수 없었던 중대한 재해 등 금융감독위원회가 정하는 사항	
공개매수의 조건과 방법	· 공개매수자는 공개매수신고서에 기재한 매수조건 및 방법에 따라 응모한 당해 주식 등의 전부를 공개매수기간이 종료하는 날의 다음날 이후 지체 없이 매수하여야 한다. 다만, 대통령령이 정하는 경우에는 그러하지 아니하다. · 공개매수가격은 균일하여야 한다. * 대통령령이 정하는 경우 ㉮ 응모주식등의 총수가 공개매수예정주식 등의 수에 미달할 경우 응모주식 등의 전부를 매수하지 아니한다는 조건 ㉯ 응모주식등의 총수가 공개매수예정주식등의 수를 초과할 때에는 공개매수예정주식등의 수의 범위 안에서 안분비례하여 매수하고 그 초과부분의 전부 또는 일부를 매수하지 아니한다는 조건	증권거래법 제25조의2

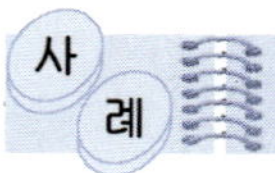

공개매수의 사례

우리나라 최초로 공개매수의 방법이 사용된 예가 1994년 5월 영국 나이키사가 상장 폐지를 목적으로 ㈜삼나스포츠의 주권에 대하여 공개매수한 사례가 있었고, 그 후 1994년 12월 한솔제지가 동해종금의 주식을 공개매수로 취득하여 경영권 취득에 성공한 바가 있는데, 이것이 적대적인 공개매수의 최초사례라고 볼 수 있다. 또한 1995년 1월에는 ㈜원진이 경영권 강화를 위해 경남 에너지㈜의 주식을 대상으로 한 공개매수를 시도하였으나 백기사(White knight, 대웅제약)를 동원한 상대 대주주의 저지 노력으로 무산되었고 큐닉스 컴퓨터가 범한정기를 대상으로 96. 8. 10부터 8. 30일까지 우리나라 최초로 시도된 조건부(발행주식의 40%이상의 매도청약 조건) 공개매수(Conditional Offer)를 한 사례이다.

매수수량도 여타 공개매수가 20% 내외의 작은 지분을 대상으로 한 부분공개매수(Partial Offer)였던데 비하여 50%를 목표로 했고, 구체적인 시너지 효과를 겨냥한 인수 시도였다는 점에서 의의가 큰 사례로 평가되었으나 대주주를 중심으로 한 주요주주가 경영권 방어에 나서 실패하였으며 그 후 범한정기는 에케이텔레콤에 지분과 경영권을 양도하였다. (박종일, doctorp@netian.com, 2001 .1. 10)

그밖에 쌍용그룹이 95 .8. 7일부터 8. 26일까지 공개매수를 통해 인천투금을 인수하였으며, 95년 2월 동부그룹이 공개매수를 통해 한농을 인수하는데 성공하였다.

반면에 97년초 신동방이 외국인과 고려산업, 성원그룹등과 동조하여 미도파를 공개매수하였으나 미도파의 대주주인 대농(당시 미도파 지분 32.9% 보유)측의 지원요청으로 전경련 회사들이 미도파 방어에 참여하여 신동방의 미도파 인수는 실패로 끝났다.

이 사건으로 대농측은 약 300억원의 손실을 입었고 미도파는 98년 3월 부도가 났다.

이밖에 공개매수사례를 보면 다음과 같다. (머니투데이, 2005. 1. 13)

공개매수목적별 결과(예정수량 달성 여부)

신고서 접수일	공개매수자	공개매수 대상회사	공개매수 기 간	공개매수 목 적	예정수량 달성여부
'03. 7. 28	Lear Automotive Services(Nather lands)	㈜한일	'03.8.1～8.20	상장폐지	초과매수
'03. 10. 15	㈜에살로코리아	㈜케미그라스	'03.10.20～11.10	상장폐지	미달매수
'04. 2. 12	㈜금강고려화학 정상영	현대엘리베이터㈜	'04.2.18～4.13	적대적 M&A	전량매수 (M&A는 실패)
'04. 3. 10	㈜다와이홀딩스	㈜디와이홀딩스		상장폐지	전량매수
'04. 3. 12	㈜동성화학	에스텍㈜	'04.3.22～5.20	상장폐지	미달매수
'04. 3. 30	Citibank Overseas Investment Corporation	㈜한미은행	'04.4.3～4.30	상장폐지	초과매수
'04. 4. 20	㈜신한금융지주	㈜조흥은행	'04.4.26～5.17	상장폐지	전량매수
'04. 6. 17	Nexans	극동전선㈜	'04.6.22～7.12	상장폐지	미달매수
'04. 6. 17	Nexans	넥상스코리아	'04.6.22～7.12	상장폐지	미달매수
'04. 7. 20	박연호	부산상호저축은행	'04.7.26～8.16	상장폐지	미달매수
'04. 9. 20	㈜신한금융지주	굿모닝신한증권	'04.9.24～10.13	상장폐지	미달매수
'04. 10. 12	㈜세아홀딩스	㈜세아메탈	'04.10.18～11.19	상장폐지	미달매수
'04. 11. 29	미성교역㈜	세원화성㈜	'04.13.3～12.22	상장폐지	미달매수
'04. 12. 20	동서산업㈜	동서산업㈜	'04.12.24～'05.1.12	상장폐지	진행중
'04. 12. 27	㈜이랜드월드	㈜세이브존 아이앤씨	'04.12.31～'05.1.19	적대적 M&A	진행중

③ 시장매집

적대적 M&A를 위해 흔히 사용하는 방법으로 이는 주식매수를 공개매수에 의하지 않고 증권거래소 또는 코스닥증권시장의 장내에서 경영권획득을 위해 필요하다고 판단되는 수량의 주식을 비공개적으로 지속적으로 매수해나가는 전략이다.

주식의 시장매수(Market Sweep)는 공개매수에 비해 비교적 장기간에 걸쳐 비공개적으로 매수하게 된다.

10%이상의 주식을 취득하지 못하도록 했던 증권거래법 제200조가 폐지되어 97년 4월부터 10%이상의 주식을 취득할 수 있게 되었고, 98년 2월 증권거래법 개정으로 25% 의무공개매수 규정이 폐지되어 적대적 M&A가 가능한 법적토대가 마련되었다.

그러나 유의해야 할 점은 증권거래법상의 5% Rule(지분취득공시의무)이 상대적으로 강화되어 시장매수에 대한 정보는 쉽게 노출되게 되었다.

따라서 해당회사의 M&A 정보가 유출되어 주가가 급등할 경우나 기존 대주주와 경영진이 적극적인 경영권 방어를 위해 나설 경우 목표달성이 어려워진다고 볼 수 있다.

증권거래법 200조의 2 제1항에서 규정하는 주식의 대량보유 등의 보고에 해당하는 지분취득 공시의무내용은 본인과 특별관계자의 지분율이 5% 이상이 되거나 그 후 1%이상의 지분율변동이 있을 때에는 그날로부터 5일 이내에 그 보유상황을 금융감독위원회와 거래소(코스닥상장법인의 경우에는 협회를 말한다)에 보고하여야 한다.

사례

시장매집사례

공격회사	대상 회사	연도	주요내용	인수진행 상황
동부그룹	한농	1994 ~ 1995	· 한농의 경우 당초부터 1대 주주와 2대 주주의 지분이 거의 대등한 수준(24.8% 對 24.5%)으로 근본적인 취약성을 안고 있었으며 그러한 상황에서 2대주주가 동부그룹에 지분을 넘기는데 합의함. · 동부는 은행의 특정금전신탁을 이용해 한농 주식 8.3%를 미리 확보하고 2대주주의 지분을 전부 인수함으로써 한농의 경영권을 손쉽게 인수함.	인수성공
신원그룹	제일 물산	1996	· 제일물산의 경우도 1대주주와 2대주주간의 지분 차이가 거의 없었다는 (26.4% 對 26.0)점	인수성공

			에서는 한농의 경우와 같으나, 다른 점은 한농의 경우 2대주주가 평소 친분이 있던 신원측을 끌어들여 1대주주의 경영권을 빼앗았다는 점임 · 신원은 장외시장을 통해 제일물산 주식 20.3%를 사들인 데다 경영권 방어가 불가능하다고 판단한 2대주주가 자신의 지분마저 넘김으로써 쉽게 1대주주의 자리를 차지하였음.	
금복주, 무학주조, 대선주조	OB맥주	1996	· 1996년 11월 지방소주 3사(금복주, 무학주조, 대선주조)는 OB맥주 주식 15% 이상을 매집한 뒤 소수주주의 자격으로 OB맥주의 회계장부 열람가처분 신청을 법원에 제출하여 1997년 1월에 법원으로부터 열람허용 결정을 받아냄 · 지방 소주사 측은 OB맥주의 경영부실의 원인을 파악, 필요하다면 경영진을 문책하기 위한 조치라고 주장하고 있으나, OB의 자회사인 경월그린 소주의 지방시장 진출과 맞물려 시장쟁탈전과 연계된 지분 싸움의 양상을 띠고 있음	타협
우학그룹	한화종금	1996	· 한화종금의 2대주주인 우풍상호신용금고 회장은 '소수주주의 권익을 무시한 한화측의 전횡과 경영부진'등을 이유로 평소 친분이 있던 우학그룹측과 함께 한화종금 주식 40%이상을 확보하고 임시주총소집을 요구함 · 한화측은 발행주식총수의 17.9%(전환 후 발행주식수 감안)에 달하는 대규모의 사모전환사채를 발행하여 제3자에게 배정함 · 이에 따라 박회장측의 지분율은 오히려 더 낮아져 비공식지분까지 합치더라도 41%에서 36%가 되어 경영권 분쟁이 사모전환사채발행 및 제3자 배정의 적법성 논쟁으로 전환됨	실패
사보이호텔	신성무역	1997	공개기업으로서 최저의 자본금 규모를 유지하고 저율 배당으로 소액 주주들의 지지를 받고 있지 못한 현 소유경영에 대하여 97.4.1부로 시행된 새로운 증권거래법에 의한 최초의 공개매수 였음. 의무공개매수 규정과 주식 대량 보유 보고 의무규정(5%룰) 위반으로 검찰에 고발하였으며 증	인수성공

			권관리 위원회에서 위반 주식의 매각 명령 및 공개 매수 중지 조치를 취했다. 매각 명령을 이행한 후 공개 매수를 다시 실시하여 1997.7.31일 지분을 51.5% 확보하고 기존 대표이사가 경영에 참여하는 것으로 하고 일단 마무리 되는 듯하여 일부에서는 우호적 M&A라고 하기도 했으나 결과적으로 기존 대표이사는 3개월도 못되어 퇴직하고 2001년 아직도 법적 다툼이 있음.	

기타의 공격전략

1) 위임장 대결

(1) 의미

목표기업의 경영권을 확보하기 위해서는 결론적으로 주주총회의 의결을 거쳐 매수자(인수기업)가 원하는 이사회의 임원을 선임하는 것으로 종결된다. 공개매수나 시장매집은 주주총회에서 최대주주로서 의결권을 행사하기 위한 의결권주식의 확보방법 이라 할 수 있다. 따라서 경영권 확보를 위해서는 반드시 적대적 M&A를 시도하는 측에서 임원선임에 필요한 지분율을 모두 가지고 있을 필요는 없다. 물론 충분한 주식을 매집하여 많은 의결권을 확보하고 있다면 경영권확보를 위한 우위에 설수 있지만 만만치 않은 자금의 소요와, 5%룰 등으로 주식매집이 간단하지만은 않기 때문이다. 그렇기 때문에 불특정다수의 소액투자자 또는 몇몇 주요 주주가 M&A 추진자의 경영권 확보 노력에 협조해 준다면 막대한 자금을 동원하여 주식을 매수하지 않고도 주주총회에서 매수자가 원하는 방향으로 이사회를 장악하여 임원을 교체한 다음 경영권을 확보할 수 있다.

위임장대결(Proxy Fight)이란 주주총회에서 다수의 의결권을 확보할 목적으로 의결권이 있는 주주로부터 의결권을 위임 받아 주주총회에서 기업지배권(경영권)을 확보하고자 하는 방법이다.

의결권 위임장(Proxy)은 의결권의 대리를 입증하는 증서이며 원칙적으로 불참하는 주주의 불이익을 줄이기 위해서 만든 제도이다.

그러나 M&A가 점차 발달하면서 동일한 목적아래 공동의 이익을 추구하는 주주들과 협의하여 적대적 M&A를 위한 전략으로 활용되기도 한다.

또한 이 방법은 단 한 주의 주식을 소유하지 않고도 경영권 지배를 할 수 있는 이사의 선임이 가능하나 실제적으로는 쉽지 않기 때문에 주체세력이 단독 또는 공동의 자금으로 어느 정도의 지분을 장내시장매집을 통해 확보한 다음 의결권을 위임 받는 것이 일반적이다.

위임장 대결은 대체로 대주주 지분율이 낮거나 지분 분산이 잘 된 기업 또는 지분분쟁이 있는 기업에서 많이 발생한다. 특히 경영자가 무능하여 경쟁에서 뒤지고 실적이 악화됨으로 인해 주가가 낮은 기업이 주 공격대상이 될 수 있다. 또한 경영자가 부도덕한 기업도 위임장 대결의 주요 공격대상이 될 수 있다.

이 외에도 기업의 자산을 비효율적으로 활용하는 기업, 경영자가 기업의 자산을 유용하는 기업, 경영자의 개인회사에 기업의 자금을 대여 또는 지급보증하거나 거래관계를 통해 개인의 사욕을 챙기는 기업도 위임장 대결의 공격대상이 될 수 있다.

결국 경쟁력 강화에 소홀하면서 경영자가 비효율적, 독단적인 경영을 하고 있는 기업이나 경영자가 기타주주나 임직원 및 회사의 거래처로부터 신임을 얻지 못하고 있거나 도덕적으로 문제가 있는 경우이거나 대주주 지분이 매우 낮아 지분분쟁의 소지가 있는 경우에 발생한다고 볼 수 있다.

M&A공격자가 막대한 자금을 동원해 주식을 매수해 자기의 의결권을 행사하는 시장매집과 공개매수와 달리 기타 주주의 의결권 행사를 위임받아 공격자에 유리한 의결권을 행사한다는 점에서 차이가 있다. 이 방식은 선진국에서 공개매수와 더불어 많이 사용되고 있지만, 국내에서는 활발하게 사용되지 않고 있으나 최근 들어 KT&G와 같은 우량한 대기업을 대상으로 아이칸 등과 같은 외국자본가에 의해 종종발생하고 있다.

※ 의결권행사와 관련하여 의결권이 제한되는 경우를 요약하여 정리하면 다음과 같다.

〈 의결권 제한규정 〉

구 분	제 한 내 용
상 법	· 주주명부폐쇄기간 중에 전환한 주식은 그 기간중의 주총에서 의결권이 제한됨(350조) · 총회 결의에 특별이해관계 주주는 의결권이 제한됨(368조 ④) · 발행회사 자기주식은 의결권 없음(369조 ②) · 자회사에 의해 예외적으로 취득한 모회사 주식은 의결권 없음(369조 ③) · 회사(자회사 포함)가 다른 회사의 주식을 10%초과 취득하고 있는 경우 그 다른 회사가 소유하는 회사의 주식(상호주)은 의결권 없음(369조 ③) · 쌍방이 서로 10% 초과한 경우 쌍방 소유의 주식은 의결권 없음(369조 ③) · 감사의 선임에 있어서 3%이상을 초과하여 소유하는 주주의 그 초과주식은 의결권이 제한됨(409조)
증 권 거래법	· 공개매수규정을 위반하여 취득한 주식은 매수한 날로부터 처분 후 6개월간 의결권이 제한됨(21조의 3) · 5%보고규정 (5% Rule)을 위반한 경우 위반분에 대해 매수일로부터 당해 보고 또는 정정 보고한 후 6개월간 의결권이 제한됨(200조의 3) · 거래법상 의결권 대리행사의 권유규정에 의하지 않고 행사하는 의결권 대리행사 위임장의 경우에는 의결권이 없음(199조) · 공공적법인이 발행한 주식에 대해 등록당시 10% 초과 소유주주는 그 비율초과분, 일반주주는 3%이내에서 정관규정상 한도초과분에 대해서는 의결권이 없음(200조) · 상장법인의 감사선임 및 해임에 있어서 3%이상(특수관계인 포함)을 초과하여 소유하는 주주의 그 초과주식은 의결권이 제한됨(191조의 11 ①)
공 정 거래법	· 법 규정상 시정명령을 받은 주식은 시정명령을 받은 날로부터 의결권행사가 제한됨(18조 ①) · 대규모기업집단에 대한 상호출자금지 규정을 위반한 주식전부에 대해 시정조치일부터 위반사항 해소시까지 의결권행사 제한(18조 ②) · 대규모기업집단에 속하는 금융 또는 보험업을 영위하는 회사가 소유하고 있는 국내계열사의 주식 중 관계법령에 의해 승인받은 한도의 초과 소유분은 의결권 제한(11조)
기 타	· 은행법에서 규정하는 금융기관에 대한 의결권 있는 주식의 소유한도 초과분에 대해서는 의결권이 제한됨(은행법 16조) · 은행 신탁계정(특정금전신탁 포함)에 속하는 주식은 신탁재산에 손실을 초래할 것이 명백한 경우에 한하여 신탁회사가 직접 의결권을 행사하며, 그 외에는 찬반비율에 따라 권리행사(신탁업감독규정 22조)

(2) 성공전략

첫째, 적대적 M&A에 대한 대상기업을 선정하여 공격을 위한 제반 전략수립을 한다.

둘째, 현경영진과 주주들에게 불만을 갖고 있는 불만주주(dissident share holder)의 취합과 불만주주의 집단을 구성하여 의결권을 위임받을 수 있는 세력을 만든다. 이러한 실천을 위한 방안으로 경영자의 무능함과 부도덕성을 지적하고, 인수 후 회사의 경영 목표와 회사비전을 제시하여 확실한 우호세력으로 확보하고 성공 시 일정한 수익금을 지급하겠다는 의사표시를 한다.

셋째, 불만주주집단이 현경영진에 대한 공격자료작성과 안건준비를 하도록 유도한다.

넷째, 주주들에게 설득작업을 위해 주주명부확인을 회사에 요청하며 이 경우 주요설득의 대상은 투자은행, 회계법인, 변호사, 홍보회사, 대리인, 증권자문가 등 이다.

다섯째, 위임장 요구의 권유서한 발송과 주주에게 편지, 전화, e-mail등으로 지지를 호소한다.

여섯째, 의결권 위임장을 다수확보한다.

일곱째, 특정안건심의요구 또는 이사선임의 요구서를 대상기업에 제출한다.

여덟째, 주주총회의 안건 상정을 관철하도록 하며 주주총회에 참석하여 그동안 준비한 모든 전략을 동원하여 공격자측이 요구한 사람으로 이사에 선임되도록 노력한다.

마지막으로, 경영권 확보가 성공적으로 진행될 경우에 대상회사를 확실히 장악할 수 있도록 하는 Post M&A 전략의 이행이 필요하다.

2) 소수 주주권 확보

회사가 발행한 총주식의 5% 이상의 주식을 매집하여 소수주주권을 행사한다. 이때 여러 사람이 공동으로 연대하여 소수주주권을 확보할 수도 있다.

상법 제466조의 주주의 회계장부 열람권이나 상법 제467조의 회사의 업무와 재산상태의 검사권을 이용하여 경영자의 부당성을 밝혀낸다.

이를 토대로 상법 제366조의 주주총회소집청구권을 활용하여 주주총회를 소집하고 이사해임을 통해 경영권을 확보하는 전략이다.

아울러 위임장 대결도 함께 사용할 수 있다.

상법 제467(회사업무, 재산상태의 검사)

① 회사의 업무집해에 관하여 부정행위 또는 법령이나 정관에 위반한 중대한 사실이 있음을 의심할 사유가 있는 때에는 발행주식의 총수의 100분의 3이상에 해당하는 주식을 가진 주주는 회사의 업무와 재산상태를 조사하게 하기 위하여 법원에 검사인의 선임을 청구할 수 있다.

② 검사인은 그 조사의 결과를 법원에 보고하여야 한다.

③ 법원은 제2항의 보고에 의하여 필요하다고 인정한 때에는 대표이사에게 주주총회의 소집을 명할 수 있다.

④ 이사와 감사는 지체없이 제3항의 규정에 의한 검사인의 보고서의 정확여부를 조사하여 이를 주주총회에 보고하여야 한다.

상법 제366조(소수주주에 의한 소집청구)

① 발행주식의 총수의 100분의 3이상에 해당하는 주식을 가진 주주는 회의의 목적사항과 소집의 이유를 기재한 서면을 이사회에 제출하여 임시총회의 소집을 청구할 수 있다.

② 제1항의 청구가 있은 후 지체없이 총회소집의 절차를 밟지 아니한 때에는 청구한 주주는 법원의 허가를 얻어 총회를 소집할 수 있다.

③ 제1항 및 제2항의 규정에 의한 총회는 회사의 업무와 재산상태를 조사하게 하기 위하여 검사인을 선임할 수 있다.

3) 우회때리기

적대적 M&A의 공격을 위해 공개매수, 시장매집, 위임장대결의 방법을 주로 활용할 수 있으나 이 방법은 대주주의 지분이 낮을 경우에 이용할 수 있다.

반면에 대주주의 지분이 높을 경우에는 매우 어려울 것이다.

따라서 대주주의 지분이 높은 기업을 인수하기 위해서는 많은 시간과 노력이 필요할 것이다. 이런 경우에 협력업체나 이해관계자 등을 이용하는 우회때리기(detour) 전략이 필요하다.

이 전략은 협력업체나 이해관계자들을 자기편으로 만들어 이용하는 방법이다.

이를 위해 대상기업과 거래처 중 거래관계와 납품가격 등에 불만이 있는 많은 업체를 찾아내 서서히 압박하는 방법이다.

이때 대상기업과 긴밀한 협력관계에 있는 회사와 접근하게 되면 정보만 유출하게 되므로 각별한 주의가 요구된다.

4) 그린메일

그린메일은 협박장을 의미하는 Black mail을 모방한 것으로 녹색의 화폐(달러)를 직접적으로 연상시킴에 따라 Green mail이라고 하였다.

이러한 그린메일의 유형을 살펴보면 다음과 같다.

첫째, 대량주식보유자가 적대적 M&A의 공격자 또는 타 경쟁업체에 자신의 주식을 높은 가격에 넘기거나 의결권 위임을 통해 적정한 수익을 보장 받는 수단으로 활용하거나,

둘째, 대상기업의 공동 경영자에게 자신의 주식을 양도하여 완전한 경영권을 획득시켜 주면서 자신의 주식을 높은 가격에 매도하는 경우,

셋째, 대상기업의 대주주 또는 경영자에게 자신의 주식을 프리미엄을 얹어 인수를 요구하는 행위를 말한다.

이때 대상기업이 주식매입을 거부할 경우 그린메일러(Green mailer)는 적대적 기업인수자로 변하기도 한다.

한편 그린메일에 응하게 될 경우 다음과 같은 문제점에 노출 될 수 있다.

첫째, 대상기업의 입장 : 일단 대상기업이 한번 굴복하게 되면 다른 협박자(green mailer)가 나타나서 똑같은 방법으로 괴롭히게 되어, 기업의 이익을 보호하는데 있어 비효율적이다. 또한 그린메일러에게 굴복하여 주식매입에 응하게 되었을 경우에는 그린메일러에 지급된 자금을 기업내로 환수하기 위해서 주주들의 소송이 계속되므로 거래당사자들의 위치가 위험해진다.

둘째, 주주의 입장 : 동종의 주식을 보유하고 있는 다른 주주들에게는 프리미엄이 지불되지 않아서 '형평의 원칙'에 어긋난다.

적대적 M&A의 전략비교

앞에서 설명한 바와 같이 주식의 공개매수, 시장매수, 위임장 대결은 적대적 M&A를 위한 가장 일반적인 전략이지만 적대적 M&A에 방어하려는 자가 취할 수 있는 방법이 될 수 있다.

다시 말해 주식의 시장매집을 통해 지분을 확대하려는 세력이 있을 경우 회사 또는 대주주도 시장매집을 통해 경영권 방어를 할 수 있으며, 의결권 대리행사를 통해 위임장대결을 하려는 세력이 있을 경우 회사의 대주주 측에서도 이러한 방법을 통해 경영권 방어를 할 것이기 때문이다.

구 분	공개매수	시장매집	위임장대결
특 징	· 특정기간 동안 일정주식수를 일정한 가격으로 취득할 수 있는 법적 제도	· 주식시장을 통해 은밀하게 목표주식을 매수하여 보유분을 늘려나가는 전략	· 목표기업의 주요주주 또는 일반 주주에 대한 설득 및 권유를 통한 의결권행사의 위임을 받아 주주총회결의에 강력한 영향력을 행사하는 전략
장 점	· 단기간에 원하는 지분의 확보가 가능 · 매수자금 예측 가능 · 매수의 투명성 · 일반투자자의 이익 배려	· 은밀한 진행 가능 · 주식시세에 따라 탄력적인 매수가 가능(저가매집 가능)	· 상대적으로 소규모의 매수자금 · 공개적 여론조성
단 점	· 선전포고효과 · 실패에 따른 이미지 추락 · 상대적으로 고가매수	· 장기간 소요 · 정보노출에 대한 조기대응 · 위법성 시비 위험	· 엄격한 법적 절차 · 목표기업의 확실한 내부정보 필요

〈각국의 M&A공격수단 비교〉

구분		한국	미국	일본	영국	독일	EU
시장매집 (5% Rule)	주식대량보유 보고의무	○	○	○	○	○	-
	주식대량보유 보고기한 규제	○	○	○	○	○	-
공개매수 (Tender Offer)	공개매수기간 제한	○	○	○	○	○	○
	대상회사의 방어행위 허용	○	○	○	×	×	×
	잔여주식 공개매수 의무	×	×	×	○	○	○
위임장대결(Proxy Fight) 규제		○	○	○	○	○	-
이면거래 강요행위 (Green Mail) 금지		○	×	○			-

제10부
적대적 M&A의 방어전략

제1장 자가진단과 안정적 지분확보에 의한 방어/401
제2장 경영활동에 의한 방어/410
제3장 제도개선을 통한 방어/433

제1장 자가진단과 안정적 지분확보에 의한 방어

1 자가진단을 통한 사전예방

적대적 M&A가 발생하면 통상적으로는 회사와 대주주의 경우 막대한 방어비용이 발생하고 회사의 신뢰도 하락과 더불어 경영진의 분열이 초래될 수 있고 종업원의 갈등표출과 이탈이 발생할 수 있는 등 많은 부작용이 따를 수 있기 때문에 사전에 그런 일이 발생하지 않도록 하는 노력이 매우 중요하다. 따라서 평소에 적대적 M&A로부터 대상이 될 수 있는 여러 가지의 요인을 검토하고 자가진단의 체크리스트를 작성하여 그에 따른 후속 대응책을 마련해 나가는 것이 적대적 M&A로부터 방어하는 사전 예방조치가 될 것이다. 이와 같이 적대적 M&A로부터 방어할 수 있는 예방적 자가진단의 내용을 살펴보고자 한다.

1) 지분 구조

① 대주주의 지분이 낮은가, 우호적인 안정지분은 어느 정도 확보하고 있는가.

대주주의 지분이 낮을 경우 항상 적대적 M&A로부터 자유로울 수 가 없다. 따라서 상법상의 보통결의(상법 제368조 제1항)를 할 수 있는 발행주식총수의 1/4 이상 소유하거나 특별결의(상법 제434조)를 할 수 있는 발행주식총수의 1/3이상 소유하는 것이 가장 안정적이나, 현실적으로 어려울 경우에는 회사의 협력업체를 활용한 상호주를 확보하거나, 백지주(White Squires)를 확보하거나, 우리사주 등과 같은 우호적세력을 확보하는 노력을 통하여 대주주의 낮은 지분으로 인한 문제점을 극복할 필요가 있다.

② 지분분쟁 가능성은 없는가.

초기의 부족자금을 해결하기 위해 외부 투자자로부터 투자를 받은 기업의 경우와 동업관계에 있는 회사의 경우 경영진 또는 주요 주주간 비슷한 지분율을 소유하고 있는 경우가 많으며, 여러 요인들로 인해 경영권분쟁 또는 갈등관계에 놓일 수 있다.

이 경우 경영권분쟁과 지분경쟁관계에 있는 어느 일방의 경영진 또는 주요주주와의 관계를 통해 회사의 정보를 파악할 수 있으며 공동으로 적대적M&A를 시도할 수 있는 빌미를 제공하게 된다. 따라서 사전에 회사내부의 경영권분쟁의 요인이나 지분분쟁의 요인이 있는지를 파악해 그러한 요인을 차단하는 노력이 필요하다.

③ 피라미드식의 단순한 지배구조를 갖고 있는가.

피라미드식의 단순한 지배구조를 갖고 있는 모회사의 경우 적대적M&A세력으로부터 공격을 받을 수 있는 여지가 있다. 따라서 가능하다면 지배구조를 복잡하게 하는 전략이 필요하다.

④ 우호주주 또는 장기보유 주주와의 관계는 원만한가.

회사의 경영진에 대한 우호세력 주주나 장기적으로 주식을 보유하고 있는 주주를 철저히 파악하여 지속적으로 특별히 관리하고 그들과의 유대관계 강화를 위해 평소에 편지를 발송하거나, 회사의 행사에 초대하거나, 회사의 발전상황을 알려줌으로써 회사에 대한 관심을 높이고, 실질적 주인이라는 인식을 심어주고, 가능한한 최대한 배당을 하는 등의 노력을 다한다면 어려운 일을 당하거나 적대적 M&A세력이 있을 경우 든든한 협조자가 될 것이다.

2) 재무상태와 수익구조

① 숨겨진 부동산 등 자산이 많은가. 향후 개발 예정지역에 대규모 부동산은 없는가.

숨겨진 부동산등의 내재가치가 높은 자산이 많을 경우와 향후 개발 예정지역에 대규모 부동산이 있을 경우와 유휴자산의 매각으로 자금 조달이 용이할 경우 투자 전략차원에서 적대적 M&A세력으로부터 공격의 대상이 된다.

② 경영을 지배하고 있는 자회사들이 우량한가.

경영을 지배하고 있는 우량한 자회사들이 많은 경우 전략적 차원에서 적대적 M&A세력으로부터 공격의 대상이 되므로 평소에 모회사 및 자회사의 이상 징후를 관찰한다.

③ 현금성 자산이 많은가. 현금흐름이 양호한가. 또는 부채비율 낮고 재무구조가 양호하여 차입여력이 높은가.

현금성 자산이 많은 경우와 현금흐름이 양호하여 차입여력이 높은 경우의 회사 중 저평가 되어 있거나 시가총액이 적거나 대주주의 지분이 낮은 경우 적대적 M&A세력으로부터 공격의 대상이 되므로 주가의 흐름과 거래량 등의 면밀한 관찰이 필요하다.

④ 비효율적으로 운용되고 있는 유휴자산은 없는가.

비효율적으로 운용되고 있는 유휴자산(토지, 브랜드, 기술력, 유통망 등)이 있을 경우에 경영진의 무능함을 내세워 적대적 M&A세력으로부터 공격의 대상이 될 수 있으므로 주의를 기울일 필요가 있다.

⑤ 수익에 비해 배당이 너무 인색하지는 않은가.

수익에 비해 배당이 너무 인색한 회사의 경영주일 경우 주주로부터 비판을 받거나 도덕적으로 도마에 오를 수 있다. 이러한 틈을 이용해 적대적 M&A세력으로부터 공격의 대상이 될 수 있거나 빌미를 줄 수 있으므로 주의를 기울인다.

⑥ 적자사업부 또는 자회사를 매각할 경우 기업수익에 호재가 되는가.

회사의 사업부 또는 자회사 중 지속적인 적자로 기업수익에 악영향을 미치고 있으나 이를 매각할 경우 기업수익이 급속하게 개선될 여지가 많은 때 적대적 M&A의 공격의 대상이 될 수 있다.

3) 주가수준과 거래량

대주주 지분이 낮으면서 주가가 저평가 되어 있거나, 부동산 · 자회사 등 보유자산가치에 비해 주가가 저평가 되어 있거나, 수익이나 현금흐름에 비해 주가가 너무 낮은 경우 이거나, 특허나 기술 · 영업권 등 주가에 반영되지 않고 있는 무형 자산이 많은 경우의 공개법인일 경우 평소에 비해 비정상적으로 주식의 가격이 등락하거나 거래량이 증가할 경우 적대적 M&A세력으로부터의 공격을 의심하고 주의 깊게 관찰하여 대응한다.

4) 기술과 인력 수준

특허보유 및 기술수준이 높은 회사이거나 보유인력이 탁월한 수준인 회사 중 어려운 자금사정으로 직원에 대한 대우가 낮거나 영업능력이 떨어질 경우 보유기술이나 우수한 인력을 확보하여 시너지효과를 극대화할 목적으로 적대적 M&A의 공격의 대상이 될 수 있다.

5) 경영자의 자질

경영자의 부조리 등 도덕성에 문제가 있거나, 대주주 개인회사와 원칙에 벗어난 거래관계에 있거나, 비합리적 운영에 대한 경영자에 불만 세력이 있거나, 특별하게 경영자의 자질이 무능하여 회사에 나쁜 영향을 미칠 경우 회사 내부세력의 반발을 키울 수 있으며 회사 내부세력과 동조하여 적대적 M&A의 공격의 대상이 될 수 있다.

안정적인 지분확보에 의한 방어

기업들의 규모가 계속해서 확장되고 대규모 자금이 소요되는 상황에서 대주주가 계속해서 안정적인 지분을 유지하기는 쉽지 않은 것이 현실이다.

특히나 최근 몇 년 사이에 등록된 코스닥 기업들은 대주주와 특수관계자의 지분이 매우 낮은 경우가 많다. 이는 자신의 자금조달 한계로 대부분 외부의 기관투자자들로부터 조달하여 기업을 운영해온 영향이다.

주식의 분산이 잘 이루어짐으로써 좋은 점도 있으나 적대적 M&A로부터 항상 노출될 수 있다는 어려움이 있다. 따라서 경영권 확보에 위협이 되지 않는 지분의 확보가 매우 중요한 것이다. 그리고 대주주가 충분한 지분을 보유하지 못할 경우에는 안정적인 우호지분확보에 항상 노력해야 하며 이를 위한 몇 가지 방안을 살펴보고자 한다.

1) 상법상의 안정적인 지분확보

경영권을 안정적으로 유지하기 위한 지분의 가장 확실한 방법은 과반수이상의 지분을 갖는 것이나 현실적으로 쉽지 않기 때문에 상법상 주주총회의 보통결의가 가능한 25%이상의 지분과 주주총회의 특별결의가 가능한 1/3이상에 해당하는 33%의 지분확보가 안정적인 지분확보라고 할 수 있을 것이다.

① 주주총회 보통 결의 사항: 출석한 주주의 의결권의 과반수와 발행주식 총수의 4분의 1이상(상법 제368조 제1항)

* 보통결의 사항 : 이사, 감사, 청산인의 선임, 보수 결정(상법 382조, 409조, 388조, 415조, 542조 2항) 검사인의 선임(366조), 이사, 감사, 청산인의 책임해제 유보, 주식배당, 배당금지급시기 정함, 재무재표승인, 청산

인 해임, 청산종결승인, 총회의 연기속행
② 주주총회 특별결의사항 : 출석한 주주의 의결권의 2/3 이상의 수와 발행 주식총수 1/3이상(상법 제434조)
* 특별결의 사항 : 정관의 변경 · 영업의 전부 또는 중요한 일부 양도 · 영업 전부의 임대 또는 경영위임 다른 회사의 영업 전부의 양수 · 사후설립 · 이사 또는 감사의 해임 · 액면미달신주발행 · 자본의 감소 · 주주총회 결의에 의한 해산, 회사의 계속, 합병계약서승인……등

2) 우호적 지분 확보

회사의 주주명부를 확인하여 어느 정도의 지분을 장기적으로 소유하고 있는 개인과 법인 등의 자료를 작성하고 그들의 인적사항을 파악하여 회사의 움직임과 주요한 사항에 대해 수시로 연락하고 대표이사 명의로 된 서신이나 e-mail을 보내는 등의 노력과 함께 회사의 특별한 행사 등에 초청하여 친교를 한다면 충분히 회사의 대주주 편에서 지원해줄 수 있는 우호적 세력으로 확보할 수 있을 것이다.

뿐만 아니라 백기사(White Knight)나 그린메일러(Green Mailer), 화이트스퀘어(White Squire)를 우호적 세력으로 활용할 수 있다.

3) 백지주(White Squires) 활용

백지주는 백기사와 유사하지만 통상적으로 경영권 인수에는 관심이 없는 투자자로서 대상기업의 상당지분을 매입하겠다고 동의한 주주나 대상기업의 경영진에게 우호적인 관계를 맺어 적대적인 인수시도가 들어올 때 경영진의 편을 들어 주는 투자자를 지칭한다.

대상기업은 적대적 인수시도가 있을 때 화이트 스퀘어에게 양호한 조건으로 주식을 대량 발행해 우호적인 지분을 늘리고 적대적 인수기업의 지분을 상대적으로 희석시킴으로써 경영권을 방어하는 행위다. 대부분 화이트 스퀘어에게 주식을 발행할 때에는 동시에 불가침협정을 맺는다. 또한 투자자에게 회사에 대한 일정한 배당수익을 보장하거나 회사에 일정한 자문역할을 부여하기도 한다.

소버린(Sovereign)과 경영권 경쟁을 하고 있는 SK㈜의 주식을 삼성전자가 1.39%까지 매집하여 SK㈜의 경영권 방어에 우호적인 백지주의 역할을 하게 된 것이다.

삼성전자가 SK㈜의 주식을 매집한 것은 삼성전자 자신의 우호세력기대와 국내최대의 이동통신사인 SK텔레콤과의 비즈니스관계, 국내3대 휴대전화기메이커인 팬택엔큐리텔의 SK㈜의 주식매집에 대한 영향등 복합적 차원에서 주식을 매집한것으로 풀이된다.

또한 노르웨이계 해운사인 골라 LNG의 적대적 M&A 공세에 시달리는 대한해운의 백지주가 된 포스코의 사례이다. 포스코는 대한해운이 보유하고 있는 자사주 217,373주(2.17%)를 인수하기로 하여 경영권방어에 힘을 실어 준 것이다.

포스코가 대한해운의 주식을 매입한 것은 경영권 방어에 우호적 세력이 되면서 포스코의 철강원자재의 안정적인 수송을 지원받기 위한 것이며 대우조선 해양도 대한해운의 자사주 755,870주를 257억원에 취득한바 있다.

4) 회사의 협력업체 활용

기업은 혼자서 독립적으로 생산하고 소비하는 조직이 아니다. 반드시 다른 기업들과 유기적인 관계에 있게 된다. 따라서 협력관계에 있는 기업으로 하여금 자사 주식을 보유토록 함으로써 안정 지분 확보와 더불어 더욱 돈독한 협력관계를 유지할 수 있을 것이다.

자사 주식을 보유하는 방법으로 여러 회사가 나누어 상대회사의 주식을 상호보유 하거나 공개법인과 비공개법인 간에 상호주식을 보유하는 방법을 활용할 수 있다. 또한 회사와의 관계회사 또는 계열사를 활용하여 우호지분을 확보하여 경영권 방어 전략으로 활용할 수 있다.

삼성SDI가 삼성그룹지주회사격인 삼성물산을 지키기 위해 삼성물산 보통주 700억원어치를 사들인 사례나, 현대그룹이 대주주 지분율이 낮은 현대상선 경영권 방어를 위해 현대상선 지분 12%를 홍콩계 펀드인 허치슨왐포에게 넘긴 사례등을 들 수 있으며, (국민일보, 요약정리) 일본의 미쓰비시 스미토모 미쓰이가 복잡한 매트릭스형 상호 지분 보유를 통해, 도요타 마쓰시타 신일본제철이 1대1 상호 지분 소유를 통해 경영권 방어를 위한 연대를 형성한 것은 상호주 보유지원에 의한 경영권방어의 사례로 볼 수 있다. (매일경제, 2004. 12. 14, 요약 정리)

5) 상호주 보유

적대적 인수기업이 자신의 기업(공격을 받는 대상기업)에 대해 공개매수를 할 때 공개매수가 종료되기 이전 또는 공개매수 결과 적대적 기업이 대상기업의 주식 40% 미만을 취득한 경우, 대상기업이 신속히 적대적 인수기업의 주식 10% 이상을 취득해 방어하는 방법이다. 상법상 상호간에 10% 이상의 주식을 보유할 경우에는 상호주식 의결권이 제한되므로 적대적 인수기업은 대상기업에 대해 의결권을 행사할 수 없다. (상법 제369조 ③)

국내 M&A 사상 상호주 전략이 처음 사용된 사례를 보면 1997년 11월 3일 레이디가구가 경영권 방어를 위해 공개매수자였던 중원의 주식 14만8천7백주(6.06%)를 장외매수 함으로써 중원의 최대주주인 강재영회장(21.49%.52만6천9백86주)에 이어2대주주로 부상했다.

상호주 전략으로 중원이 보유중인 레이디가구 주식의 의결권을 제한하는 한편 중원에 대한 회계장부열람권을 청구하기 위해 주식을 사들였으며, 10%이상 수준까지 주식을 사들일 예정이라고 밝혔다. 이는 레이디가구가 중원주식을 10%이상 취득하면 중원이 공개매수당시 보유한 레이디가구 주식 19만7천4백40주(10.97%)는 의결권을 상실하기 때문이다. 〔한국경제 1997-11-03〕

6) 기관투자가 활용

은행, 투신, 연기금 등 기관투자가들의 증권시장 참여가 매우 높으므로 회사의 주가에 미치는 영향이 클 뿐만 아니라 이들과의 관계설정이 어떠냐에 따라 경영권의 안정에 절대적인 영향을 미치게 되므로 기관투자가들을 안정적인 우호세력으로 확보하는 방안을 연구해야 한다.

우호적 기관투자자 에게 지분을 늘리도록 하여 안정지분을 유지하도록 하며, 전환사채, 신주인수권부사채 등을 발행하여 적대적M&A가 발생하였을 때 주식전환을 통한 지분확대가 가능하도록 한다면 좋은 방어 전략이 될 수 있다.

기관투자가와 같이 대규모의 지분을 보유할 수 있는 투자가들에게 IR[2]이나 최고경영자들과의 의사소통을 통해 정보를 제공하고, 자신의 주식을 장기적으로 보유하면서 정책방향에 대한 적절한 조언이나 경영감시를 할 수 있도록 함으로써, 경영의 안정을 이루고 자금의 조달을 원활하게 하는 것이다.

7) 우리사주제도 활용

우리사주제도를 적절히 활용하면 확실한 우호적 세력으로 만들 수 있다.

---

2) IR(Investor relation) : 기업이 자본시장에서 정당한 평가를 얻기 위하여 주식 및 사채투자자들을 대상으로 실시하는 기업의 홍보활동

증권거래법 제191조의7 제1항에서는 유상증자시 20%의 범위 안에서 우리사주조합원에게 우선적으로 배정할 수 있다고 규정하고 있다.

안정적이고 높은 배당을 하거나 장기보유시 종업원들에게 여러 가지 혜택을 부여하는 등 우리사주제도를 이용한 종업원지주제를 잘 활성화함으로써 기업의 이익이 실질적으로 종업원들에게 돌아가게 하여 애사심을 높일 수 있을 뿐 아니라 안정적인 지분을 확보할 수 있는 일석이조를 얻을 수 있다. 뿐만아니라 성과급을 자사주 또는 주식으로 지급하여 유사시 우호지분으로 활용할 수 있다.

증권거래법 제191조의7(우리사주조합원에 대한 우선배정)

① 주권상장법인 또는 주식을 신규로 상장하고자 하는 법인이 주식을 모집 또는 매출하는 경우에 당해 법인의 우리사주조합원은 모집 또는 매출하는 주식총수의 100분의 20범위 안에서 우선적으로 주식의 배정을 받을 권리가 있다. 다만, 다음 각 호의 1에 해당하는 경우에는 그러하지 아니하다.

1. 외국인투자촉진법에 의한 외국인투자기업 중 대통령령이 정하는 법인이 주식을 발행하는 경우
2. 기타 우리사주조합원에 대한 우선배정이 곤란한 경우로서 대통령령이 정하는 경우

② 제1항의 규정은 우리사주조합원이 소유하는 주식수가 신규로 발행되는 주식과 이미 발행된 주식의 총수의 100분의 20을 초과하는 경우에는 이를 적용하지 아니한다.

③ 재정경제부장관은 제1항의 규정에 의한 우리사주조합원에 대한 주식의 배정과 그 주식의 처분 등에 관하여 필요한 기준을 정할 수 있다.

증권거래법 시행령 제84조의15(우리사주조합원에 대한 우선배정 예외 등)

① 법 제191조의 7 제1항 제2호에서 "대통령령이 정하는 경우"라 함은 다음 각 호의 경우를 말한다.

1. 주권상장법인이 주식을 모집 또는 매출하는 경우 우리사주조합원의 청약액과 법 제191조의7 제1항 본문의 규정에 의하여 청약직전 12월간 취득한 당해 법인의 주식의 취득가액(취득가액이 액면액에 미달하는 경우에는 액면액을 말한다. 이하 이 조에서 같다)을 합산한 금액이 당해 법인으로부터 청약직전 12월간 지급 받은 급여총액(소득세과세대상이 되는 급여액을 말한다)을 초과하는 경우
2. 우리사주조합원의 청약 액과 당해 청약 전에 법 제191조의7 제1항 본문의 규정에 의하여 취득한 주식의 취득가액의 누적액을 합산한 금액

이 당해 법인의 발행주식총액 또는 출자총액의 100분의 1에 해당하는 금액과 3억원 중 적은 금액을 초과하는 경우

② 제1항 제2호의 규정을 적용함에 있어서 법 제191조의7 제1항 본문의 규정에 의하여 취득한 주식의 취득가액의 누적액에는 재정경제부장관이 정하는 동일업종을 영위하는 다른 법인의 종업원으로서 법 제191조의7 제1항 본문의 규정에 의하여 취득한 주식의 취득가액을 포함하여 이를 계산한다.

③ 법 제191조의7 제2항의 규정에 의한 우리사주조합원의 소유주식수의 산정은 법 제8조 제1항 본문의 규정에 의하여 유가증권의 모집 또는 매출에 관한 신고서를 금융감독위원회에 제출한 날(법 제8조 제1항 단서의 규정에 의하여 신고서를 제출하지 아니하는 경우에는 주주총회 또는 이사회의 결의가 있은 날)의 직전 일의 주주명부상 우리사주조합의 대표자 명의로 명의개서 된 주식에 의한다. 다만, 제2조의7 제2항의 규정에 의하여 증권금융회사가 예탁원에 예탁한 주식의 경우에는 법 제174조 제3항의 규정에 의한 예탁자계좌부에 의한다.

제2장
경영활동에 의한 방어

 재무활동에 의한 방어

1) 고주가유지

적대적 M&A에 대한 최선의 방어전략은 기업가치인 주가를 높게 유지하는 것이다. 그 이유는 기업의 시장가치인 주가가 저 평가 되고 있다면 단순한 매매차익을 겨냥하는 투자자뿐만 아니라 관련 기업들이나 인수전문가들이 공격적인 투자를 시도할 것이기 때문이다. 그런데 만약 시장가치(market value)에 그 기업의 내재가치(intrinsic value)가 충분히 반영되어 고주가(high level of stock price)를 유지한다면 매매차익을 노리는 매수자들의 적대적 M&A의 공격대상에서 벗어날 수 있을 것이다.

적대적 M&A방어를 위한 고주가 유지 전략은 다음과 같다.

첫째, 투자자들을 대상으로 지속적인 투자자관리(investor relation: IR)[3]를 실시하여 회사에 대한 올바른 평가를 받을 수 있도록 하는 노력과, 회사의 비전이나 방향에 대한 홍보활동을 통하여 회사에 대한 관심을 높인다.

둘째, 효율적인 경영을 통해 우수한 경영실적을 유지하여 주식의 가치가 저평가 되지 않도록 하는 노력을 기울인다.

셋째, 회사와의 거래관계가 많거나 교류가 번번한 회사와의 우호적 상호주보유를 통하여 주식의 가치를 일정하게 유지하거나 자사주펀드나 특정금전신

---

3) 투자자관리(IR): 기업과 주주간에 행해지는 적극적인 의사소통을 말하는 것으로 좁은 의미로는 기업 측이 주주에 대해서 경영이념, 사업계획 및 재무활동 등의 정보를 공개하여 투자자와 우호적인 관계를 구축하려는 전략적인 제반 활동을 의미한다. 이와 같이 자발적이고 적극적인 정보공개를 지속적으로 시행해 나갈 때 시장에서 회사에 대한 부정적 정보가 발생하더라도 이에 대한 대처능력을 높여 궁극적으로 주주이탈을 막을 수 있다.

탁을 통하여 일정한 주가 이하로 떨어질 경우 자동매수를 하는 방안을 활용할 수 있다.

넷째, 주가가 과소평가 되어 있을 경우 배당률을 대폭 높이거나 주가상승이 기대되는 재료를 발표하여 주가를 높여 공격자 측의 매수비용을 증대시키는 방안을 활용한다.

2) 자기주식취득

자기주식취득(Stock Repurchase) 또는 자사주매입(Buy Back Shares)은 말 그대로 회사가 발행한 자기주식을 회사가 매입하여 유동주식수를 줄이면서 주식의 가치를 상승시켜 공격자들의 주식매집을 어렵게 만드는 방어 전략이다.

그러나 현재의 자기주식 취득제도는 적대적M&A로부터 경영권을 효과적으로 방어할 수 있는 수단이 되지 못한다는 한계와, 회사의 자금이 비효율적으로 사용될 수 있다는 문제점이 있다. 현재 법인이 취득한 자기주식에 대해서는 의결권을 인정하고 있지 않다. 따라서 상장법인이 경영권 보호를 위해 자기주식을 취득하는 경우 적대적 M&A를 하려고 시도하는 자의 의결권 비율을 상대적으로 증가시켜 오히려 경영권 방어를 더 어렵게 하는 역기능이 될 수 있다.

M&A 방어를 위한 자사주매입 시 주주나 회사를 위한 정당한 권리 실행행위로 볼 수 있을지에 대한 논란이 있을 수 있고, 이로 인해 이사는 M&A 시도자나 소수주주에 의한 가처분 신청, 소송 등에 휘말릴 가능성이 있다. 우리 상법에서는 자사주 매입은 주식소각 목적, 회사의 합병 또는 다른 회사의 영업전부의 양수로 인 할 때, 회사의 권리를 실행함에 있어 그 목적을 달성하기 위하여 필요한 때, 단주처리를 위해 필요한 때, 주주가 주식매수 청구권을 행사한 때(상법 제341조의2)등으로 제한하고 있기 때문이다.

또한 경영권 방어를 위해 과도하게 자기주식을 취득하는 경우 생산적 활동에 투자되어야 할 회사의 자금이 비효율적인 투자처에 사용되는 문제가 발생할 수 있다. 그러므로 자기주식 취득이 경영권 보호를 위한 좋은 수단이라고 볼 수 없기 때문에 회사가 처한 사정을 고려하여 신중한 접근과 전략이 요구된다.

자기주식의 취득방법

- 자사주펀드에 가입하여 매입하거나, 특정금전신탁 가입을 통하여 매입하는 방법이며 이 경우는 자사주의 취득과 달리 의결권을 갖는다.
- 시장에서 매입

- 자기공개매수(STO: Self Tender Offer)에 의한 자사주매입(일반적인 공개 매수와 동일)
- 장외에서 협의하여 매입할 수 있으나 이 방법은 현재 시행되고 있지 않다.

공개법인의 자기주식 취득방법

상장회사나 코스닥 등록 회사는 증권거래법 제189조의 2에 의해 자기주식의 취득을 통해 적대적 M&A의 방어수단으로 활용할 수 있으나 다음의 조건을 충족하여야 한다.

- 상장법인 또는 코스닥 등록법인은 자기의 명의와 계산으로 취득
- 이익배당을 할 수 있는 한도(상법 제462조 제1항)안에서 취득

이에 따라 종전의 취득에 대한 비율한도 제한은 폐지하고, 금액한도만을 존속시키고 있다. 취득금액은 이익배당한도 이하로 제한되므로 적자기업의 경우 사용할 수 없다는 점과 이렇게 하여 취득한 자기주식에 대해서는 의결권이 없다는 점(상법 제369조 제2항)이 한계이다. 따라서, 보유하고 있는 자사주를 우호적인 제3자에게 매각한다면 의결권이 우호적으로 행사될 수 있어 방어수단으로서의 효과가 커질 것이다.

비공개법인의 자기주식 취득방법

비공개기업은 자기주식취득이 제한적으로 허용된다. 상법 제341조에서 허용하는 비공개법인의 자기주식취득은 다음의 경우에 한하여 예외적으로 허용한다.

- 주식을 소각하기 위한 때
- 회사의 합병 또는 다른 회사의 영업전부의 양수로 인 할 때
- 회사의 권리를 실행함에 있어 그 목적을 달성하기 위하여 필요한 때
- 단주처리를 위해 필요한 때
- 주주가 주식매수 청구권을 행사한 때(상법 제341조의2)

3) 자본구조개편(또는 변경)

자본의 구조를 악화시키는 방향으로 자본재구축(Recapitalization)을 시도하는 전략이다. 이 방법은 부채가 적어 차입조달에 여력이 많은 기업인 경우에 차입금을 동원하여 주주들에게 초과배당 또는 특별배당(Super dividend)을 실시하거나 자기주식을 취득하여 적대적 M&A의 매수의지를 약화시키는 전략이다.

그러나 주주들에 대한 배당은 주주총회의 결의사항 이어서 즉각적인 행동으로 이어지기 어렵고, 자기주식 매입 또한 앞에서 살펴본 바와 같이 제한적일 수밖에 없다. 따라서 차입금 조달을 통해 확보된 자금으로 비교적 많은 자금이 소요되는 사업에 투자를 하거나 타 기업을 인수하면서 현금의 유동성을 축소시키는 방법을 병행하는 것이 바람직할 것이다.

이 경우에 유의해야할 사항은 적대적 M&A에 대한 방어만을 염두에 두고 회사내부의 자금을 과다하게 사용하게 된다면 자금부족으로 회사가 어려움에 처할 수 있으므로 이 문제를 함께 검토해야 한다.

한편 우리나라의 이익배당은 상법 제462조 제1항에서 배당 가능 이익 범위 내에서 할 수 있다고 규정되어 있어 배당을 통한 대규모 자금소진에는 어려움이 많다.

상법 제462조 제2항은 배당에 위법이 있을 경우 채권자는 주주를 상대로 배당금의 반환을 청구할 수 있고, 민법 제741조에는 부당이득반환청구를 할 수 있다는 것이 통설이다.

4) 소유구조변경

우리나라 기업의 전형적인 피라미드식의 지분소유구조를 변경하여 적대적 M&A로부터 방어하는 전략이다.

지금까지의 우리나라 기업들의 전형적인 소유구조는 대주주가 모회사에 투자하여 지분을 소유하고 모회사는 다시 자회사에, 자회사는 다시 손자회사에 투자하는 수직적, 중앙집권적 주식지배구조를 갖고 있어 적대적 M&A에 쉽게 노출되어 있었다.

뿐만 아니라 자회사나 손자회사의 재무구조나 경영성과가 우수하여 주식가치가 높게 형성되는 반면 모회사의 경영실적이 부진하거나 여러 가지 루머나 부도덕한 행위로 여론이 악화되어 주가가 저평가 되어 있을 경우는 적대적 M&A에 심각한 피해를 입을 수 있다.

적대적 M&A에서 방어할 수 있는 이상적인 소유구조는 대주주가 각 기업의 지분을 소유하거나 대주주가 절대지분을 가지는 지주회사(Holding Company)를 설립하여 지주회사가 자회사의 지분을 소유하는 모델이다.

이 경우 기업이 거대화되고 대주주 혼자서 투자한다는 것이 어렵기 때문에 소유구조변경전략을 활용하는 것이다.

〈 전형적인 지분소유구조 〉

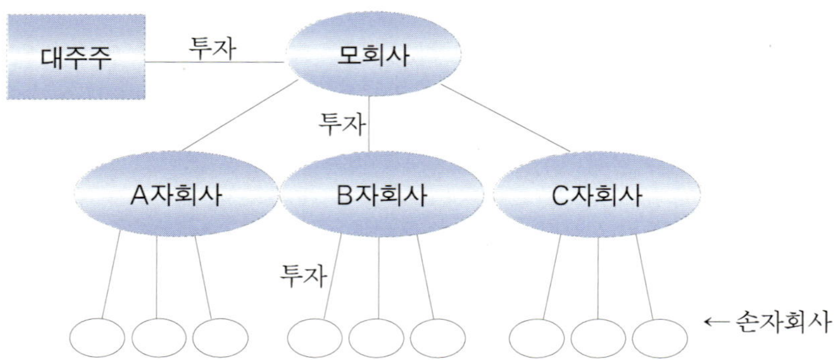

그 전략의 첫 번째 방법은 먼저 그룹의 계열사를 몇 개의 중핵기업으로 나누어 모기업이 중핵기업의 지분을 일부 소유하는 형태로서 대주주는 모기업과 중핵기업의 지분을 소유한다. 또 중핵기업은 또 다른 자회사들의 지분을 교차 소유하는 형태로 한 기업을 인수하면 다른 기업이 자동적으로 인수되는 일이 발생하지 않도록 하는 방법이다.

두 번째 방법은 과거에 일부 대주주들이 많이 사용한 방법으로 대주주가 많이 보유하고 있는 기업과 그렇지 않은 기업의 합병비율을 조정하여 대주주 지분율을 높이는 방법이다. 그러나 이 방법은 상당히 긴 시간이 소요되고 면밀한 준비가 선행되어야 한다.

소유구조 변경전략은 이상적인 방어전략이 될 수 있지만 실시에 어려움이 따른다는 단점도 있다. 소유구조의 변경은 단시일 내에 이루어질 수 있는 것이 아니므로 시간을 갖고 법의 테두리 내에서 철저한 계획을 수립하여 점진적으로 실시하여야 할 것이다.

〈 이상적인 지분소유구조 〉

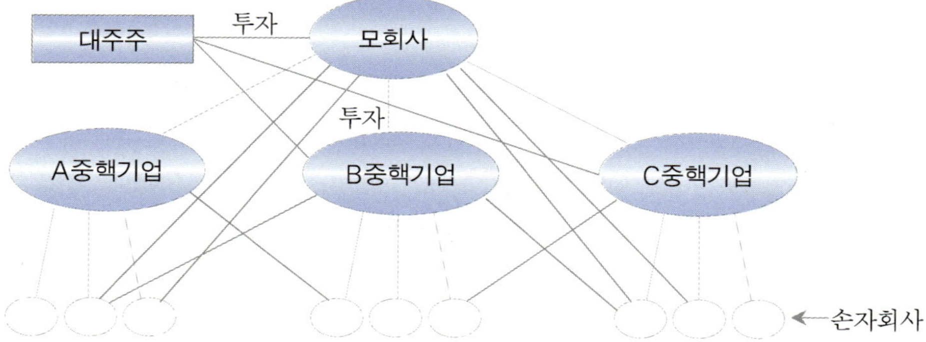

5) 극약처방

극약처방(poison fill)은 적대적 M&A를 방지하기 위하여 극단적인 방법을 동원해서 대상기업의 주식가격을 높이거나 또는 대상기업 자체의 가치를 감소시키는 것을 말한다.

이 방법을 사용하는 구체적 전략으로는 우선 매수기업이 적대적 M&A를 시도할 때 전환우선주(convertible preferred stock)[4]를 보통주로 전환하게 하여 공격 기업에 대한 방어기업의 의결권수를 늘리는 것을 들 수 있다. 또는 상환우선주(callable preferred stock)의 상환을 통해 일시적으로 막대한 현금유출을 발생시켜 방어대상 기업의 가치를 떨어뜨려 매수기업의 매수의욕을 꺾을 수 있다.

이 기법은 미국에서 일반적으로 사용되는 것으로 특정기업을 상대로 적대적 인수 시도가 있을 경우 대상기업의 독소증권을 보유한 주주에게 특별한 권리를 부여해 이를 행사하게 함으로써 인수자로 하여금 적대적 인수를 포기하도록 유도한 방법이다. 또한 프랑스와 일본등도 이 제도를 도입하여 사용 하고 있다.

독소증권은 예방적 차원에서 인수시도가 있기 전에 보통주주 등에게 배당형식으로 발행해 지급하는 것이 보통이며 독소증권발행은 주주총회 승인 없이 이사회의 결의만으로도 가능하다.

우리나라에서 이 제도가 도입되면 변칙적으로 M&A를 시도하려는 세력들이 그 기 업에 느끼는 매력을 줄일 수 있다. 물론 포이즌 필 제도가 뿌리를 내리려면 항상 주식을 발행할 수 있게 하는 등의 제도적 보완장치가 뒤따라야 한다.

6) 주식의 제3자 배정증자

상법상 주식의 제3자 배정이란 주주의 권리인 신주인수권을 제한하고 제3자에게 신주를 배정하는 방식이다.

주식의 제3자 할당증자(allotted increase of capital)는 기업의 매수대상기업이 되었을 때 주주의 신주인수권을 제한하고 기업을 인수할 의사가 없는 우호적인 제3자의 백지주(white squire)에게 신주를 발행함으로써 주주의 지분율을 떨어뜨리는 방법이다.

신주인수권을 제3자에게 배정하기 위해서는 정관에 주주의 신주인수권을 제

4) 전환우선주 발행(convertible preferred stock) - 보통주로 전환 가능한 우선주를 배당으로 발행하여 특정사건이 발생하면 우선주를 보유한 주주가 대상기업에 고가로 매각하거나 인수기업과 합병할 경우에는 합병기업의 주식으로 전환할 수 있는 권리를 부여한다.

한하고 대상을 구체적으로 명시하여야 한다. (상법 제418조, 제420조, 제5호). 그러나 제3자 배정이 단순히 M&A에 대한 방어목적으로 사용될 경우에는 적법하지 않다.

따라서 주식의 제3자 배정에 의한 경영권 방어전략을 위해서는 적법한 범위내에서 행해져야 하고 사전에 예방적 차원에서 우호적인 제3자를 물색하여 인수하게 함으로써 안정적 지분을 확대하는 방법으로 활용해야 할 것이다.

7) 계약적 장애의 창설

기업이 금융기관으로부터 부채를 조달할 경우 금융기관은 대상기업에 대해 재무적 제한조항(financial covenants)을 삽입하는 경우가 많다. 즉 기업의 경영진이 대출조건으로 자신의 기업이 제3의 적대적 인수자에 피 인수되거나 특정 조건에 놓일 경우에는 즉시 원리금을 상환하기로 한다든지 금융기관에 유리한 조건을 부여하는 조항을 삽입하는데, 이를 계약적 장애의 창설이라 한다. 적대적 기업 인수자는 대상기업을 M&A하게 되면 대상기업이 조달한 부채를 일시에 갚아야 하므로 재무구조가 나빠지고, 인수자금을 빌리기도 어려워지기 때문에 인수를 꺼리게 마련이다.

지금까지 우리나라의 금융관행을 비춰볼 때 이러한 방법은 사실상 사용하기가 매우 어렵다고 판단된다. 왜냐하면 금융기관에서 대출할 때 부동산 등의 담보를 제공하는 경우가 많으므로, 제3자에 의한 M&A가 일어나도 원리금을 굳이 상환 받을 필요가 없고, 인수자와 원리금상환에 대해 재계약을 할 수 있기 때문이다.

8) CB와 BW 발행

이 밖에도 재무활동을 통한 적대적 M&A로부터의 방어전략은 전환사채(Convertible Bond: CB)나 신주인수권부사채(Bond with Warrants : BW)의 잠재주권을 발행하여 우호적인 자에게 인수시키는 방법이다.

사채의 발행은 정관 또는 이사회에서 자유로이 정할 수 있다.

다만, 주주 이외의 자에게 전환사채나 신주인수권부사채를 발행하고자 하는 경우에 그 발행할 수 있는 사채의 액, 발행의 조건이나 주식의 내용 등에 관한 사항에 관하여 정관에 규정이 없으면 주주총회의 특별결의로써 이를 결정해야 한다. (상법 제513조 제2항, 제516조의 2 제2항)

다만, 주주 이외의 자에게 전환사채나 신주인수권부사채를 발행하고자 하는 경우에 그 발행할 수 있는 사채의 액, 발행의 조건이나 주식의 내용 등에 관한 사항에 관하여 정관에 규정이 없으면 주주총회의 특별결의로써 이를 결정해야 한다. (상법 제513조 제3항, 제516조의2 제4항)

따라서, 적대적 M&A의 대상이 된 기업의 경영진은 그 우호세력에게 주식형 사채를 사모의 방식으로 발행한 다음, 전환사채의 경우에는 전환청구(상법 제515조)에 의해서 신주인수권부사채의 경우에는 신주인수권행사(상법 제516조의 8)에 의해서 그 사채권자에게 신주를 배정, 인수시킴으로써 공격세력이 확보한 주식비율을 축소시키는 방법을 활용할 수 있다.

특히, 신주인수권부사채의 경우 신주인수권부사채의 발행을 결정하면서 신주인수권만을 양도할 수 있음을 정한 때(상법 제516조의 2 제4호)에는 신주인수권부증권을 발행해야 한다. (상법 제516조의 5 제1항) 이를 분리형 신주인수권부사채라고 하는데, 상법은 이를 인정하고 신주인수권의 양도는 신주인수권부증권의 교부에 의해서만 이를 행한다고 규정하고 있다. (상법 제516조의 6)

방어하는 경영자 입장에서는 이러한 분리형 신주인수권부사채를 발행하여 이를 제3자에게 배정한 다음 회사의 기존 지배주주가 그러한 제3자로부터 신주인수권만을 저가에 양도 받고, 나머지 사채권은 회사가 매입하여 소각하는 등으로 기존지배주주에게만 그 보유주식을 늘려주는 방식도 사용될 수 있다.

 사업구조조정을 통한 방어

1) 분할설립

적대적 M&A의 대상이 되고 있는 중요한 자산 또는 사업부를 따로 분할하여 독립회사를 설립하는 방법(split-off)도 매우 유용한 방어전략이 될 수 있다. 분할하여 회사를 설립할 때 모회사가 대부분의 지분을 보유하게 되면 기업의 가치에는 변화가 없게 된다.

구체적인 분할설립 된 회사의 자본구성을 살펴보면 우선 모회사가 필요한 만큼의 비율로 출자하게 된다. 모회사가 절대적 지배를 하지 않을 만큼의 지분을 보유하면서 나머지는 모회사 주주에게 골고루 나누어주고 일부는 일반인에게 공개모집을 함으로써 실질적으로는 지배관계에 있지만 법적으로는 별개의 법인으로 되도록 하는 것이다.

이와 같이 적대적 M&A의 대상이 되는 중요 사업부를 분할설립 시킴으로써 실질적으로는 지배권을 행사하면서 형식적으로는 다른 회사로 이원화 시켜서 방어할 수 있게 된다. 이는 중요자산 매각전략과 목적이나 실시방법에서 유사하지만 분리형식 면에서 다를 뿐만 아니라 매각되지 않고 실질적 지배 하에 있게 된다는 점에서 차이가 있다.

2) 타 기업인수

매수기업이 적대적 M&A를 시도할 때 대상기업은 불필요한 타 기업을 인수하여 기업가치를 떨어뜨림으로써 매수기업의 매수의욕을 떨어뜨리는 전략이다.

만약 대상기업이 대기업과 합병한다면 매수기업은 대상기업을 매수하는 데 필요 이상으로 많은 자금이 소요될 것이다. 또한 대상기업이 부채가 많은 기업을 인수하거나 부실기업을 인수한다면 대상기업에 대한 매수기업의 인수의욕은 저하되게 된다.

3) 방어적 합병 추진

방어적 합병(defensive merger)이란 적대적 M&A 시도가 들어올 때 대상기업이 적대적 인수기업과 경쟁관계에 있는 다른 기업을 인수·합병해 대상기업과 인수기업 간의 독과점문제를 야기해 법률적으로 인수를 방어하는 방법이다. 즉 대상기업이 방어적 합병을 한 후에 적대적 인수기업이 대상기업을 인수하게 되면 독과점관련 규정의 제한을 받게 되므로 인수를 포기하게 만드는 전략이다.

4) 왕관의 보석 매각

적대적 인수 측이 대상기업에서 가장 중요하다고 생각하는 자산(영업권, 특허권 등 무형의 자산포함) 사업부분을 일컬어 왕관의 보석(The Crown Jewel) 또는 황금알 이라고 부른다.

'왕관의 보석' 전략이란 인수공격자로 하여금 공격의사를 포기하도록 하기 위해서, 대상기업이 스스로 '왕관의 보석' 부분에 해당되는 자산이나 사업부문을 매각 처분해 버리는 것을 말한다. 이러한 매각처분은 기업 내에 현금흐름(cash flow)을 양호하게 해서 인수공격자와 싸울 수 있는 자금과 여유를 늘려주기도 한다.

그러나 만약 인수공격자가 특정한 자산이나 사업부문에 매수유인을 느껴서 그 때문에 대상기업 전부를 인수하려 했다면, 그 자산이나 사업부문은 대상기업 측에게도 대단히 중요할 것이고 그것의 매각처분은 장기적으로 대상기업 측에 손해 될 수도 있다.

따라서 이 부분의 자산이나 사업부를 분할하여 회사가 실질적으로 지배하는 별도의 독립회사를 만든다면 방어전략과 함께 회사의 주요한 자산과 사업부분을 계속 유지하는 효과를 누릴 수 있다.

또한 대상기업이 황금알을 매각하려고 할 때 매수기업보다 우호적인 기업에게 우선적으로 매수할 수 있는 권리를 부여하는 매수선택권(buying option)을 제시할 수 있다. 매수선택권은 적대적 M&A에 대한 방어를 위해 우호적인 기업매수자를 찾아 대상기업의 주식 또는 자산을 우선적으로 매수할 수 있도록 하는 것이다. 이 중 황금알선택권(crown jewels option)은 자산이나 사업부 또는 자회사를 시장가격 이하의 조건으로 매수할 권리를 부여하는 매수선택권이다. 이는 실질적으로 자산을 전부 양도하는 것이 아니므로 주주총회의 승인을 받을 필요는 없다.

공개매수가 발생하였을 경우 황금알선택권을 이용하여 중요자산을 즉각 매도한다면 그 자산을 목표로 삼고 매수하려고 했던 매수기업은 매수의욕이 꺾이게 된다. 이러한 황금알의 매각은 이익의 실현을 통한 주가상승을 가져올 수도 있다. 주가상승은 주주들에게 이익이 환원되는 효과를 가져옴과 동시에 매수기업의 매수비용을 상승시키는 부담을 안겨줄 수 있다.

사례

후지산케이의 사례

일본 굴지의 미디어그룹 '후지산케이'의 경영권을 뺏으려는 라이브도어와 이를 막으려는 후지산케이의 공방전의 경우이다.

'05. 3. 11일 후지가 추진한 신주인수권 발행이 부당한 것으로 법원으로부터 가처분 판결이 내려짐에 따라 라이브도어가 일단 유리한 고지를 차지하는 데 성공했다.

당장 후지 측은 닛폰방송이 갖고 있는 중요 자산을 그룹 내 다른 기업에 매각하는 방안을 검토하고 있다. 이른바 '크라운 주얼(왕관의 보석.crown jewel)'이라 불리는 이 기법은 미국에서 적대적 인수·합병(M&A)을 방어하기 위한 하나의 수단으로 활용되고 있다. 즉 라이브도어가 닛폰방송의 경영에 뛰어들기 전에 중요 자산을 미리 팔아버려 자산가치를 떨어뜨리는 방법으로

M&A의 의미를 희석시켜 버리려는 것이다. 후지그룹은 닛폰방송이 갖고 있는 후지TV의 주식이나 자회사 음반회사(포니케년) 등 우량 자산을 후지그룹 내 다른 회사에 매각해 버리는 방법을 강구 중이다.

상황이 이렇게 돌아가자 라이브도어에도 비상이 걸렸다. 라이브도어는 법원의 가처분결정이 내려진 직후인 05. 3.12일 닛폰방송의 임원 전원에 "중요자산을 다른 이에게 매각하지 말고 계속 보유해달라"고 요구하는 문서를 보냈다. '크라운 주얼'을 묵과하지 않겠다는 의지를 내비친 것이다. 라이브도어는 "만약 중요자산을 매각할 경우 추후 주주대표 소송에 의해 임원진에 법적인 책임을 물을 것"이라고 경고했다.

라이브도어는 닛폰방송의 주식을 47% 가량 취득했다. 추가로 닛폰방송의 주식을 사들이고 있어 2005년 6월의 주주총회의 주주명부가 확정되는 이달('05. 3월) 말까지는 50%를 넘어설 것으로 보인다. 그렇게 되면 6월의 주주총회에서 임기가 끝나는 이사진 전원을 자신들의 세력으로 채울 수 있게 된다. 이 경우 닛폰방송이 갖고 있는 후지TV의 지분을 통해 후지TV를 사실상의 지주회사로 삼고있는 후지산케이그룹에 대한 경영권을 간접 행사할 수 있게 되는 것이다. (중앙일보, 2005. 3. 15, 요약정리)

3 정관을 이용한 방어전략

1) 이사회 활동

적대적 M&A로부터 경영권을 방어하기 위한 전략 중 이사회를 활용한 여러 가지 방법을 사용할 수 있다.

첫째, 이사의 시차임기제도 활용이다. (상법 제433조 제1항)

이사의 시차임기제(Staggered Board Provision)는 이사전원의 임기가 동시에 만료되지 않도록 하기 위해 이사의 임기를 조금씩 달리하여 임기에 시차를 두는 제도이다.

시차이사조항은 실질적으로 이사의 임기를 연장하는 효과를 갖는다. 예컨대 이사의 총원 중 한해에 3분의 1씩만 선출하도록 하여 이사회 장악에 2년 이상 소요되게 하는 전략이다. 9명의 이사가 있는 회사에서 이사를 3명씩 3개 그룹으로 나누어 매년 정기 주주총회에서 3명씩만을 선임하게 하는 경우 과반수의 이사를 교체하는 데 2번의 정기주주총회가 있어야 하고 모두 교체하는 데는 3번의 정기주주총회를 거쳐야 가능하므로 적어도 2년 내지 3년의 기간이 필요하다. 그러므로 대상회사의 지배권을 즉시 취득할 수 없게 되고, 이로 인해 2단계 거래도 지연되는 결과가 된다.

그러나 인수 측에서 기존의 이사들에게 특별공로금을 지급하든지 이사회의 인원을 늘려 사실상 이사의 발언권을 차단하여 사퇴시킬 수도 있으므로 이사의 시차임기제도는 이사회의 지배를 지연시키는 효과는 있지만 근본적인 방어수단이 될 수 없다.

상법에서 정하는 이사사퇴 시 유의할 사항은 이사는 언제든지 주주총회의 특별결의로 해임할 수 있도록 하면서도, 정당한 사유 없이 그 임기만료 전에 해임한 때에는 해임으로 인한 이사의 손해에 대해 배상을 하도록 규정하고 있다.(제385조 제1항) 이러한 점에서 손해배상을 감수하지 않는 한, 공개매수자는 정당한 사유 없이 임기만료 전에 이사해임을 하기 어렵다.

또한, 공개매수자는 정관상의 이사정원을 증원하여 그 자리에 자신의 인물을 선임함으로써, 현 경영진의 이사회지배를 희석시켜 이사회에 대한 지배권을 취득할 수도 있다.

둘째, 이사의 선임에 대한 요건을 강화한다.

상법에 의하면 이사의 해임은 주총 특별결의에 의하지만, 선임에 대해서는 특별한 제한이 없기 때문에 보통결의로 가능하다. 그런데 이사의 선임은 주총 특별결의에 의한다고 정관에 규정한다면 적대적 M&A로 이사를 선임하는 것이 용이하지 않을 것이다. 그러나 이 방법이 적법한지에 대한 법률검토가 선행되어야 할 것이다.

셋째, 이사 수를 제한하는 규정을 둔다.

상법규정에 의하면 이사의 수는 3인 이상(상법개정안 383조: 자본금이 5억원 미만은 예외)이어야 한다. 이와 같이 이사의 수에 하한규정은 있으나 상한규정은 없기 때문에 정관에 상한을 규정(예컨대 이사 3인이상 8인 이내로 규정)한다. 이 경우 이사해임에 필요한 지분을 확보해야 하므로 적대적 M&A가 사실상 어렵게 되는 효과가 있다.

넷째, 이사선임에 대한 자격규정을 둔다.

현행 상법에는 이사의 자격제한 규정이 없다. 그러나 정관에 해당기업의 일정기간 근무경력(예: 1년 이상 등)을 이사의 자격요건으로 규정한다면, 이러한 자격요건에 미달하는 적대적 M&A관련자 또는 회사와 무관한 제3자가 이사로 선임되는 것을 예방할 수 있다.

실제로 이 방법은 최근 코스닥등록기업을 중심으로 활용하는 사례가 일어나고 있다.

다섯째, 이사진이 일시에 전원사임 한다.

이사진전원사임(people pill)을 통한 방어란 대상기업 경영진의 의사와는 무관하게 대상기업이 적대적으로 인수기업에 피 인수될 경우, 즉시 대상기업의 이사진 전원이 동시에 사임함으로써 대상기업의 경영에 일대 혼란을 야기 시키는 방법으로 이사진이 일시에 사임할 경우 경영에 심각한 공백이 오게 되어 기업의 경영 활동에 치명적인 영향이 오게 되고 또한 주식가치가 급격히 하락하게 되어 공격에 부담을 주게 하는 전략이다.

2) 황금낙하산

황금낙하산(golden parachute)은 매수기업의 적대적 M&A로 경영진이 실직할 경우 통상적인 퇴직금 이외에 현금이나 주식매입선택권(stock option) 등을 규정 이상으로 지급한다거나 남은 임기 동안의 상여금 지급 등을 보장하는 계약을 말한다. 이러한 계약은 주주총회의 승인을 받아 회사정관에 임원의 퇴직금규정 등을 설정하여 매수자의 매수부담을 증가시키려는 것이 황금 낙하산 전략이다.

이는 직접적으로 경영자의 신분을 보장하게 되고 동시에 매수기업이 적대적 M&A에 성공하였다 하더라도 과다한 퇴직금을 부담해야 하므로 간접적으로 매수기업에 대한 매수비용을 증가시켜 매수동기를 약화시키게 된다. 반면에 무능한 경영자에게 장기근속과 과도한 혜택을 부여하는 수단으로 악용될 가능성이 있고, 회사의 과다한 비용이 증가한다는 문제점이 있다.

그러나 규모가 큰 인수합병에서는 황금낙하산 비용이 차지하는 액수가 전체 매수비용 중 미미한 부분이기 때문에 방어효과가 상대적으로 감소될 수 있다는 것이다.

국내의 코스닥 등록기업인 옵셔널 벤처스 코리아(구: 뉴비젼 벤처캐피탈)는 2001년 6월 23일 정기 주주총회에서 국내 최초로 금낙하산제도를 정관에 규정해 임원이 임기 이전에 강제 퇴임을 하게 되면 퇴직 위로금으로 50억원과 임원의 보증한도를 기존의 2억원에서 50억원으로 대폭 상향하여 지급하기로 했다. 옵셔널 벤처스 코리아가 2001년 2월 미국의 투자회사 옵셔널 벤처스 인코퍼레이션으로 변경되면서, 제1대주주였던 광주은행은 2대주주가 되었다. 광주은행은 금낙하산제도 도입에 대해 도덕적 해이라는 이유를 들어 반대했으나 주주총회 표결에서 패했다.

또한 마니커와 아인스, 알앤엘바이오 등은 M&A로 기존경영진을 사임시킬 때는 대표이사와 이사에게 각각 30억원 이상과 이사 20억원 이상을 지급하도록 규정하고 있다.

이밖에도 한신코퍼레이션, 이오리스, 탑엔지니어링 등도 정관에 황금낙하산 규정을 도입했으며, 3월 결산법인 신일산업도 2대주주인 금호전기의 적대적 M&A에 방어하기위해 이 규정을 2004. 5. 28일 정기주주총회에서 승인받을 것으로 밝혔다. KT&G의 적대적M&A를 계기로 태창기업, 서울식품공업, 메디포스트, 아이브릿지, 케이비테크놀러지, 호스텍글로벌 등도 도입하였다.

또한, 이러한 황금낙하산이란 것 외에도 직원에 대한 강제 퇴직 시 고액의 퇴직금을 지불토록 하는 규정을 둘 수도 있는데 이러한 것을 황금낙하산과 구별하여 은낙하산(silver parachute)이라고 부르기도 한다. 이는 기업매수 후에 대규모 조직개편을 계획하고 있는 매수인에게 다액의 퇴직금의 부담을 지움으로써 인수합병을 주저하게 하는 역할을 하고 근무기간 중에는 근로의욕을 고취시키는 기능도 한다.

그러나 사업부를 분리하거나 매각을 하려고 할 때는 오히려 해당 기업에게 커다란 부담을 주게 되므로 많이 사용되지는 못하고 있으며, 회사의 비용을 과다하게 발생시킬 수 있는 문제점을 갖고 있다.

3) 특별다수결 규정

특별다수결의(supermajority amendments) 또는 초다수결의제란 적대적 M&A를 통한 이사진 교체 등 기업지배권 변동 사항에 대해 특별결의보다 더 높은 정족수(예를 들어 주주총회 출석 주주의 90%)의 찬성을 얻도록 하는 내용을 정관에 규정하는 것이다.

또한 2단계 공개매수시의 2단계 합병이나 자산양도 등의 기업결합에 필요한 주주총회의 결의요건을 가중하는 조항을 말한다. 방어수단으로 특별다수결조항(Supermajority Provisions)을 채택하는 목적은 공개매수자가 대상회사의 지배권을 획득한 후 합병 등의 2단계 거래를 실행하는 것을 어렵게 하기 위한 것이다. 이렇게 되면 공개매수자는 1단계의 공개매수에서 취득해야 하는 주식수가 증가하게 되므로 공개매수비용이 증가하는 불이익을 입게 되어 공개매수를 주저하게 될 수도 있다.

다만, 특별다수결조항이 채택된 경우에도 공개매수자는 지배주식을 취득한 후 통상의 정관변경 절차를 통해서 특별다수결조항을 완화할 수 있다. 그러므로 이를 방지하기 위해서 특별다수결조항을 변경하는 경우에도 주주총회의 특별다수결요건을 요구하는 조항을 설정할 수 있다.

특별다수결규정은 일부 기업에서 경영권 방어 목적으로 암암리에 채택하고 있는 것으로 알려져 있으나, 국내에서는 아직 판례를 찾기 힘들 만큼 이례적인 일이다. 현행 상법에는 이사 해임이나 정관 변경, 회사 분할 등 특별결의 안건에 대해 주총 출석 주주 의결권의 2/3이상, 발행 주식수의 1/3이상의 찬성을 얻어 결정하도록 규정해놓고 있다.

하지만 이 같은 특별결의 정족수를 해당 기업에서 임의로 강화할 수 있는지 여부에 대해서는 따로 명시해 두고 있지 않다. 그러나 특별결의 요건을 기존 수준보다 약화시키는 것은 금지돼 있지만, 강화하는 것은 법리에 위반되지 않는다는 것이 법조계의 다수 의견으로 알려져 있다.

최근 우리나라에서 정관개정을 통해 초다수의결제를 도입한 사례가 발생하고 있다. 넥스콘테크, 한솔상호저축은행, 아세아조인트, 솔빛미디어 등을 들 수 있으며 이들 업체들은 적대적 M&A에 대한 경영권 방어를 위해 초다수의결제를 도입하는 것으로 알려졌다.

솔빛 미디어는 2005. 3. 31일 개최되는 주주총회에서 적대적 M&A에 의한 이사 교체 시에는 발행주식의 70%, 출석주식의 90%이상의 찬성을 필요로 한다는 정관변경안을 상정시키기로 했으며, 넥스콘테크는 초다수의결제를 도입하여 케이아이씨(KIC)의 적대적 인수합병(M&A)으로부터 방어할 수 있는 기틀을 마련했다. 넥스콘테크는 28일 충남 천안 본사에서 열린 제9기 정기주주총회에서 인수・합병(M&A) 방어를 위한 정관변경 및 이사선임을 포함한 모든 안건이 원안대로 통과됐다고 밝혔다. 이날('05. 3. 28) 주총에는 총발행주식 1122만 622주 가운데 819만7075주(73.05%)가 참여했다. 이번 주총에서 가장 이목을 끌었던 안건은 초다수의결제였다. 초다수결의제 안건은 참석주식수중 71.59%의 찬성으로 가결됐다. 넥스콘테크가 추진한 초다수의결제는 이사 해임요건을 출석주주의 4분의 3이상과 발행주식의 과반수로 강화키고 동일한 사업연도에 정당한 사유없이 해임될 수 있는 이사의 수는 직전 사업 연도말 재적 이사의 4분의 1을 초과할 수 없다는 내용을 골자로 하고 있다.

KT&G의 적대적M&A를 계기로 삼환기업, 미래산업, 서울식품공업, 한국공항, 케이아이씨, 우리이티아이, 서울일렉트론 등도 이 제도를 도입한 것으로 전해졌다.

그러나 이러한 규정은 우호적 M&A일 경우 인수협상을 어렵게 하거나 융통성이 없어지므로 예외적으로 이용해야 할 것으로 본다.

4) 공정가격

공정가격조항(fair price amendments)은 특별다수결의조항과 함께 M&A가 발생할 때 인수자가 매입하는 모든 대상기업의 주식에 대해 공정가격이 지불될 경우에는 특별다수결의조항을 자동으로 면제해주는 조항을 말한다. 이 때 공정가격은 인수자가 협상일 이전에 특정 기간 동안(예를 들어 2년 전부터 현재까지) 대상기업의 주식을 매입한 가격 중 최고가격이나 대상기업의 장부가치를 기준으로 특정금액을 초과하는 금액으로 규정한다.

4 공개매수에 의한 방어

1) 역공개매수

적대적 인수기업이 공개매수를 해올 때 여기에 맞서 대상기업이 적대적 인수기업을 대상으로 공개매수 해 오히려 적대적 인수기업을 먼저 인수함으로써 방어하는 전략으로 역공개매수(counter tender offer)라고 하며 흔히 팩맨 전략(Pac man strategy)[5]이라 불린다.

그러나 상법상 특정기업의 주식을 40% 이상 보유할 경우에는 보유회사를 모회사라 하고 피 보유 회사를 자회사라 하는데 원칙적으로 자회사는 모회사의 주식취득이 금지된다. 그리고 모회사와 자회사의 관계에서는 대상기업이 적대적 인수기업의 주식 10% 이상을 보유할 경우 적대적 인수기업이 보유한 대상기업의 주식에 대해 의결권을 제한하고 있다.

2) 공개매수에 대한 반대의견 표시

적대적인 공개매수가 발표되면 우선 몇 가지 사용 가능한 단기 방어전략을 모색하여야 할 것이다. 그 가운데 가장 쉽고 빠른 전략 가운데 하나는 경영자들이 주주에게 인수 반대의견을 표시하도록 권유하는 전략이다.

공개매수가 발생하면 원칙적으로 일단 경영자들은 중립적인 위치에 있어야 한다. 공개매수에 대항하기 위해 방어를 위한 의결권이 있는 신주발행, 의결권주식의 신주인수권증서발행, 전환사채발행, 황금알에 해당하는 중요자산 매각,

---

5) 팩맨전략(Pac Man Strategy)은 컴퓨터게임의 이름을 본 따 부르는 것이다.

자사주 매입 등 어떠한 방어적 목적의 조치도 해서는 안 된다.

증권거래법 제25조와 동시행령 제13조의 관한 의견표시에서 규정한 대로, 즉 증권거래법에 "공개매수 신청서가 제출된 유가증권의 발행인은 대통령령이 정하는 바(공개매수에 관한 광고, 서신, 기타 문서)에 의하여 그 공개매수에 의한 의견을 표명할 수 있다"라고 한 규정하고 있고 이 경우 그 내용에 있어 중요한 사항을 누락하거나 오해를 일으킬 수 있는 것이어서는 아니 된다. 여론에 호소하는 대외적인 공시효과를 가질 수 있어서 일반 개인투자자들에게 호응을 얻어 낼 수도 있다.

한편 노동조합이나 직원들이 적극적으로 반대의사를 표시한다면 여론조성에 많은 도움이 될 수 있을 것이다.

3) 공개매수가격보다 주가 높게 유지

적대적 M&A를 하기 위해 매수기업이 공개매수를 시도할 때 가장 강력하고 확실한 방어전략은 주가를 공개매수 가격보다 높게 유지시키는 방법이다. 이는 앞서 설명한 사업구조를 조정하거나 정관규정을 설치하는 방법보다 직접적인 방어 전략일 뿐만 아니라 반대의견 표시전략이나 역 공개매수전략보다도 근원적인 대처방법이라고 할 수 있다.

이러한 공개매수 가격 상위유지전략은 공개매수 청약기간 동안 주가를 공개매수 가격보다 높게 유지함으로써 주주들로 하여금 청약에 응하지 않도록 하는 방법인 것이다. 일반 주주들의 입장에서는 굳이 공개매수 가격보다 높은 가격으로 유지되는 경우에 공개매수에 응할 필요성을 느끼지 않는 것이다.

다만 주주들은 공개매수 기간이 끝난 후에는 다시 상당히 하락 될 것을 염려하여 공개매수에 응할 수도 있다. 따라서 효과적인 방어전략이 되기 위해서는 주식의 가격이 공개매수 가격보다 훨씬 더 높게 형성되도록 하는 것이 필요하며 또한 공개매수 기간이 끝나더라도 주식의 가격이 그 이상 유지될 수 있다는 가능성을 제시해야 할 것이다.

공개매수 가격보다 높게 주가를 유지하는 전략은 단기적으로는 강력하고 확실한 방어전략이 될 수 있다는 장점이 있는 반면에 자금이 많이 소요될 가능성도 있으며 우호적 협조자의 도움도 필요하다.

4) 자기공개매수

공개매수(tender offer)는 다른 기업을 인수하기 위해 사용되는 경우가 대부분이

지만 대상기업이 적대적 인수기업의 공개매수에 대해 방어할 목적으로 자신을 대상으로, 즉 자사의 주주를 상대로 공개매수를 하는 것을 자기공개매수(self tender offer)라고 한다. 대상기업은 자기 공개매수를 통해 취득하는 주식도 자기주식이 되므로, 의결권을 확보할 수는 없으나 적대적 인수기업의 공개매수가격보다 높게 제시해 적대적 공개매수를 실패하게 하는 방안이다.

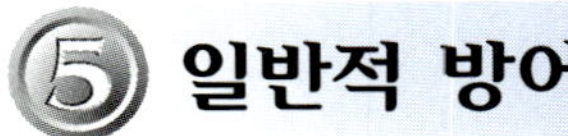

5 일반적 방어

1) 인수 반대 캠페인

외부로부터의 적대적 M&A의 목표가 된 대상회사가 인수 시도의 부당성과 이에 대한 반대의견을 적극적으로 주주와 외부에 알리고자 하는 활동을 말하며 이를 반 인수 캠페인이라고 한다. 즉, 인수희망자의 인수 시도가 부당한 것이며, 공개매수에 응하지 않는 것이 주주들에게 이익이 된다는 점과 주식의 실질가치가 공개매수가격을 상회한다는 점을 주주들에게 홍보하여 주주가 공개매수에 참여하지 않도록 유도하고, 인수희망자의 비윤리성을 여론에 호소하고 현 경영진의 임기동안의 성과를 공개적으로 홍보하여 인수 시도가 여론의 저항에 직면케 하는 일련의 활동을 말한다. 대체로 이러한 활동은 대상회사 경영진의 기자회견, 보도자료 배포, 신문·방송광고, 인터넷 활용, 주주에 대한 편지발송 등의 수단을 통해 이루어진다.

특히, 대기업이나 외국 기업의 경우 적대적 M&A에 의한 방법으로 중소기업을 인수하기에는 여러 가지 사회적인 비난이 따를 수 있으므로 효과적인 경영권 보호수단이 될 수도 있을 것이다.

반면에 주가의 시세차익이 주목적인 일반 주주의 경우에 공개매수가격이 상대적으로 높다면 공개매수에 응하는 것을 저지하기는 어려울 것이다.

인수반대캠페인을 활용한 적대적 M&A의 대표적 방어사례는 삼성생명의 기아자동차에 대한 사건에서 볼 수 있다.

당시 삼성생명이 기아의 주식을 상당수 보유하고 있는 것이 언론에 보도되면서 많은 사람들이 이에 관심을 가지게 되었다. 결국 대다수 국민들이 약자인 '기아'의 편을 들게 되었고 삼성생명은 자신이 보유하고 있던 기아주식을 매각하기로 함으로써 기아의 판정승으로 일단락되어진 사례이다.

이 사건을 계기로 국내에서 M&A에 대한 관심이 많이 고조되는 계기를 낳기도 하였다.

재벌에 의한 경제력 집중을 완화하기 위해 우리나라에서는 '공정거래법', '증권거래법' 등에서 대주주의 지분축소 내지는 이의 증가를 감시하는 제도를 도입하고 '소유분산'을 이루려는 노력을 기울여 왔다. 그런데, '소유분산'이 잘 이루어져 있는 기아에 대해 삼성생명이 상당량의 주식을 취득하자 기아는 경영권에 위협을 느끼게 된 것이다.

기아측은 당시 자동차산업 진출을 꾀하고 있는 삼성그룹이 기아를 인수하려는 의도에서 주식을 취득했다고 주장했고, 삼성생명은 보험자산의 운용 중에 수익성 등을 고려, 기아 주식을 매입하게 되었다고 입장을 밝혔으나, 대다수 국민들은 기아의 입장에 동조하였다.

실제로 삼성생명이 기아주식을 취득한데 대한 법적하자는 없었다. 당시 보험회사에 대한 '자산운용준칙'에 따르면 한 회사의 주식을 10%이상 취득하지 못하도록 되어 있는데, 삼성생명의 기아차 주식보유량은 이에 미치지 못하는 것이었다. 하지만 삼성의 다른 계열사들(안국화재 등)이 모두 이 정도수준의 물량을 보유했더라면 아마 기아의 경영권을 충분히 장악할 수 있었을 것으로 여겨진다. (시사저널, 1993. 11. 4, 요약정리)

2) 법률적인 대응

사업 분야와 경쟁관계에 있는 기업이나 사업부 영업과 관련된 자산을 취득하거나 신규로 창설하여 매수기업에 의한 인수가 경쟁 제한적인 기업결합에 해당되는 경우 공정거래위원회에 제소할 수 있다. 공정거래위원회는 이를 인정하여 시정명령을 내리면 그 때부터 매수자는 의결권을 박탈당하게 된다.

이와 같이 매수기업이 주식취득과정에서 공정거래법뿐만 아니라 상법 또는 증권거래법의 5% Rule 등 관련법규에 위반되는 행위를 한 경우 그 내용을 관련기관에 고발하거나 소송을 제기하여 공격자로부터 방어하는 전략이다.

이는 공개매수 전에 제3자의 명의로 미리 주식을 사들이거나 위장분산을 한 사실이 있는지, 또한 주식매수자금의 출처가 정당한지를 따져 관계법규를 위반했으면 소송(litigation)에 들어가는 전략이다.

그렇지 못한 경우에는 매수대상기업 스스로 관련법규에 의해 소송이 제기될 수 있도록 법규를 위반하여 일단 시간을 벌고 그 다음 방어전략을 수립하는 방법도 있을 수 있다.

3) 그린메일과 불가침협정

매수기업이 적대적인 M&A를 시도하고자 할 때 이에 대하여 수동적인 입장에서 매수기업에게 일정한 대가를 지불하고 더 이상의 매수시도를 하지 않도록 할 수 있다. 이 때 발생하는 것이 그린메일(greenmail)과 불가침 협정(standstill agreement)이다.

그린메일(greenmail)이란 잠재적인 기업 매수자들이 대상기업의 주식을 사전에 매입하여 확보한 주식에 대해 M&A를 포기하는 것을 조건으로 일정한 프리미엄을 주고 재 매입함으로써 매수시도를 방어하는 전략을 말한다. 실제로 매수기업은 매수대상기업의 경영권을 획득하는 것을 최종 목표로 하지 않고 그린메일을 통해 매매차익을 얻으려고 주식을 매집하는 경우가 많이 있다.

그린메일은 블랙메일(blackmail)에 비유되어 생긴 용어이다. 블랙메일은 상대방을 으박질러서 강탈하는 것을 의미하는데, 그린메일은 이보다 좀 더 유화적으로 표현한 것이다. 주로 기업매수를 전문으로 하는 기업사냥꾼(raiders)들이 상당량의 주식을 사전에 모아 놓고 대상기업의 경영층에 협상을 제의하고 적당한 대가가 없으면 공개매수 하겠다고 알린다. 이럴 경우에 대상기업은 상당한 프리미엄을 더하여 사주면서 앞으로 일정기간 동안 다시 공격하지 않겠다는 약속을 받아놓는다.

이와 같이 매수대상기업이 매수기업에게 지급하는 것을 그린메일이라고 하면 이에 대하여 매수기업이 일정한 기간 동안 매수대상기업에 대한 M&A를 하지 않겠다고 약정하는 것을 불가침 협정(standstill agreement)이라고 한다.

그러나 이러한 불가침 협정을 체결하는 방법은 그린메일을 목적으로 하는 M&A의 경우에 대하여서는 효과적인 방어전략이 되지만 실제로 경영권을 획득할 목적의 매수기업에게는 효과가 없다.

또한 그린메일을 노리는 매수자들에게 일정한 프리미엄을 지불하게 되면 다른 일반 주주들과 차별성이 발생하게 되어 일반 주주들에게 불만이 생길 수 있다. 그리고 이러한 사실이 외부에 알려질 경우에는 경영에 막대한 지장을 초래할 수 있어서 적용에 어려움이 있다.

4) 백기사 활용

적대적 인수기업의 공개매수가 진행되는 동안 대상기업의 경영진이 여러 가지 방어 전략을 사용했으나 효과가 없어 주로 최종적으로 선택하는 방법이다.

원래의 의미는 기업을 공격측에 넘겨주지 않고 백기사(White Knight)에게 인수시키는 방법으로 사실상 우호적 제3자에 대한 경영권 양도이다. 백기사에게 경영권을 양도 할 경우 기존의 경영진과 직원의 고용보장이 안정되고 계속해서 우호적인 분위기에서 경영할 수 있는 이점이 있기 때문이다.

한편으로 대주주와 우호적인 백기사로 하여금 주식매집에 나서게 하여 높은 주가를 형성시킴으로써 공격측의 의도를 좌절하게 하여 경영권을 방어하고 그 대신 백기사에게는 적정한 사례를 할 수도 있다.

회사의 경영진과 대주주에게 있어 백기사는 매우 중요한 위치를 차지하고 있다. 칼 아이칸으로부터 적대적M&A공격을 받은 KT&G의 경영진은 정상적인 경영활동을 하지 못할 정도로 경영외적인 일에 시간을 보냈다. 적대적M&A에 대한 전문자문사를 선임하고 외국 주주를 만나러 다니느라 든 시간과 비용도 만만치 않다고 본다. 이와 같이 적대적M&A공격자로부터 공격을 받지 않기 위해서는 평소에 안정적인 지분관리에 소홀해서는 안 된다. 이를 위해 적대적M&A로부터 공격을 받을 가능성이 있는 처지가 비슷한 회사와의 연대를 통해 서로의 주식을 교차 보유하는 전략이 필요하다. 또는 최근에 나온 백기사펀드를 활용하여 서로 공생 공영하는 협력도 고려 해 볼만하다.

5) 임직원 활용

현 경영진 또는 종업원들이 외부로부터 자금을 차입하거나 직접조달하여 자신의 기업을 인수할 수도 있으며 상당한 지분을 확보하여 공격을 어렵게 하는 전략을 취할 수 있다. 또한 종업원지주제도(ESOP: Employee Stock Ownership Plan)를 활용할 하여 적대적 M&A로부터 방어할 수 있다.

ESOP가 지니는 효과는 크게 세 가지로 요약될 수 있다.

첫째, 경영진 차입매수(MBO: Management Buy-out)가 새로운 경영진의 의사에 의해 고용이 감소될 가능성이 있는 반면 ESOP는 종업원 측에는 확실한 고용안정, 경영진에는 보다 유연한 보상체계를 통하여 비용감소라는 양대 효과를 가져온다.

둘째, 단순 고용된 상황에서는 쉽지 않았던 종업원들의 주인의식 제고에 의한 동기 유발과 협력으로 생산성 증대의 결실을 맺을 수 있다.

셋째, 임금만으로는 가능하지 않았던 노사간 이윤공유(profit sharing)의 달성을 도모할 수 있다.

우리나라에서도 ESOP를 활용하여 부실기업의 정리방법이나 대기업의 회사분할을 위한 방법으로 활용되고 있다.

부도직전에 있는 중소기업의 경우 종업원들이 합의하여 임금채권의 출자전환이나 개인 재산 투자를 통해 사업을 인수하는 방법이 사용되고 있으며, 중견 기업이나 대기업의 경우에는 비핵심적 또는 비효율적인 사업부문에 대한 기업분할 차원에서 ESOP를 실시하는 방안이 모색되고 있다.

〈 국내기업의 사례 〉

신규회사명	분리전회사	분야	종업원수(명)	ESOP방식
멀티캡	현대전자	PC사업부문	100	임직원인수에 의한 독립회사 설립
동양인더스트리	효성T&C	플라스틱용기 제작	23	임직원인수에 의한 독립회사 설립
로지텍	삼성물산	물류업무	17	임직원인수에 의한 독립회사 설립
벨로체	대우전자	디지털피아노사업		임직원인수에 의한 독립회사 설립
대신산업	대신산업	자동차제어기 및 농기구 부품	40	경매낙찰방식에 의한 회사 인수
한빛패션	거평패션	속옷사업 일부	170	화의신청이후 노조측이 일부 설비 인수

〈미국의 유나이티드 항공사례〉

94년7월 미국 대형항공사중의 하나인 유나이티드 항공은 노사간 합의에 의한 ESOP을 통하여 미국에서 가장 큰 종업원지주회사로 변신하였다.

경영진은 총 주식의 55%지분(당시 가격으로 약 19억 달러)을 노조측에 인도했고 노조는 최소한 3년 동안 15%의 임금 삭감과 복지혜택 축소, 그리고 작업규칙의 변화를 양보하였다.

또한 노조는 이사회에서 3개의 좌석을 확보하면서 동시에 확실한 직업보장을 획득하였다.

현재까지 그 결과는 성공적인 것으로 평가되고 있다.

유나이티드 항공의 운영 수익은 94년 4%에서 97년 13%로 증가했고 종업원의 적극적인 참여와 협조로 시장점유율을 제고시키면서 비효율적인 업무를 대폭 축소하였다.

6) 종업원의 퇴직금 규정 활용

종업원 퇴직금 규정에 우리나라의 특수한 상황을 접목시키면 유효한 방어전략이 될 수 있다. 즉, 기업은 종업원들의 일시 퇴직을 감안한 100% 종업원 퇴직충당금을 설정하여야 하나 대부분의 기업이 엄청난 충당금에 훨씬 못 미치는 금액을 설정하고 있을 뿐 아니라, 퇴직충당금으로 설정한 금액도 당장 현금으로 마련하기 힘들기 때문에 일시 퇴직할 경우 엄청난 자금경색에 봉착될 수도 있다. 따라서 종업원과 연대하여 경영자 및 종업원이 반대하는 M&A 시도가 있을 경우에 일시 퇴직하는 방법을 고려해 볼 만한 것이다.

7) 주가 감시체계구축

당해 기업의 주가 및 거래량에 대해 항상 주의를 기울이고 이를 뒷받침하는 체계를 기업 내에 갖추어야 한다. 이를 통해 특별한 이유 없이 거래량이 증가하거나, 주가가 지속적으로 상승하는 경우 주식의 이동사항 등을 면밀히 조사해야 한다. 적대적 M&A를 시도하는 측은 사전에 충분한 준비를 하는데 반해 방어기업은 이에 대응할 시간적 여유가 없다. 하지만 주가 감시체계를 구축(Shark Watching)한 기업의 경우 M&A 움직임을 조기에 발견하여 이에 대응할 시간적 여유를 가질 수 있어 적대적 M&A에 효율적으로 대처할 수 있다.

주식시장에서 주식의 거래량 변동과 가격추이 감시를 위해 회사 측과 계약에 의해 주식의 변동 상황 감시를 주요업무로 하는 회사를 상어감시자(Shark Watcher)라고 한다.

8) IR활동강화

기업의 주가가 내재가치에 비해 현저히 저평가되는 경우는 적대적 인수합병의 대상이 될 수 있으므로 기업의 사업내용이나 성장전망에 대해 외부 투자가에게 적극적으로 알리고(IR활동강화) 관심을 유발할 필요가 있다.

또한 현재 경영진의 노력과 경영전략목표의 설정, 합리적 경영방침으로 회사의 비전을 제시하고 인력 및 기술개발 등으로 경쟁력을 강화하여 회사의 실적을 향상시키는데 노력함으로서 경영진 교체 등의 명분을 주지 않는 전략이다.

제3장
제도개선을 통한 방어

1997년 11월 외환위기때 국제통화기금(IMF)으로부터 부족한 외환을 지원받기위해 외국인의 국내투자에 대한 규제를 대폭완화하거나 폐지하였다.

외국인에 대한 투자규제 완화 주요내용
· 외국인주식비중 단계적 확대[투자한도: 종목별26%, 1인당7%](97.11월)
· 외국인 주식 비중 확대[투자한도: 종목별50%, 1인당 50%](97.12월)
· 부실기업의 구조조정을 촉진할 목적으로 25%이상 지분취득시 의무적으로 50%+1주의 의무공개매수제도 폐지(98.2월)
· 외국인의 적대적 M&A 전면허용(98.3월)
· 외국인의 상장기업 주식취득 규제(10%)폐지(98.5월)
· 외국인투자의 자유화(99.5월)

반면에 우리나라기업이 경영권을 방어할 수 있는 제도로는 5%이상 주식취득시 신고를 의무화하는 5% Rule제도(98. 1월)와 금융계열사의 의결권 제한적허용(2002. 1월), 자사주소각제도 정도뿐이다. 따라서 외국인의 적대적 M&A에 무제한 노출되어 경영권을 지키기 위한 과다한 자금의 지출과 배당압력, 국가 주요산업에 대한 해외유출 등 기업경영에 심각한 문제점을 야기 시키고 있는 실정이다.

외국인의 적대적 M&A에 노출되어 경영권을 위협받고 있거나 주가에 영향을 주고 있는 기업은 영국계 헤르메스자산운용(Hermes Investment Management Limited : HIML)의 삼성물산에 대한 주식매집, 소버린의 SK㈜에 대한 주식매집과 LG의 지분 7%와 LG전자의 지분 7.2%의 매집 및 경영권 참여를 위한 주식취득보고사실, 노르웨이계 해운사인 골라LNG의 대한해운 주식매집등을 대표적 사례로 들 수 있다.

이를 개선하기위해 전경련 등 경제계에서는 지속적으로 기업의 경영권방어를 위한 대책을 건의하고 있으며, 금융연구원등 정부 측에서도 글로벌스탠더드에 맞게 제도를 보완하고 있는 것으로 안다.

 공개매수기간 중 증자 허용

현행 증권거래법 제23조(공개매수자의 매수의제한 등)는 기업이 공개매수대상이 되면 경영권방어를 위해 신주나 전환사채(CB), 신주인수권부사채(BW)등의 주식관련 사채를 발행하지 못하도록 하고 있다.

그러나 공개매수기간 중 유무상증자를 허용하는 대신 일정기간동안 횟수를 제한했던 공개매수(현재 공개매수 이후 6개월간 반복공개매수 금지)를 무제한 실시할 수 있도록 규제를 완화하여 형평성을 맞출 필요가 있다.

 출자총액제한제도 완화

1) 출자총액제한제도의 의미

출자총액제한제도란 출자총액제한기업집단에 속하는 회사(금융업 또는 보험업을 영위하는 기업집단과 지주회사를 제외한 자산총액의 합계액이 6조원 이상인 기업집단; 시행령 제17조 제2항)가 순자산(자본총계에서 계열사의 액면가 출자액을 뺀 금액)의 25%를 초과하여 다른 국내회사의 주식을 취득 또는 소유할 수 없도록 제한하는 제도이다.(독점규제 및 공정거래에 관한 법률 제10조 출자총액의 제한 및 동법 시행령 등)

이러한 출자총액제한제의 주요 연혁은 다음과 같다.

- 1986 12.31(1차 개정): 지주회사의 설립 및 전환 금지, 재벌 계열회사가 타 회사에 출자할 수 있는 총액(출자총액제한)을 순자산의 40%로 제한하는 제도 도입
- 1990 1.13(2차 개정): 상호출자 및 출자총액제한 위반에 대한 과징금 도입
- 1994 12.22(4차 개정): 출자총액제한제도 순자산의 40% → 25%로 변경 강화, 출자총액제한을 받지 않는 소유분산 우량기업 및 집단제도 도입, 제1종 SOC시설 영위사업자에 대한 출자총액제한의 한시적 배제
- 1998. 2.24(6차 개정): 외국의 적대적M&A를 방어한다는 명분에 따라 출자총액제한제를 폐지
- 1999. 12.28(7차 개정): 출자한도는 순자산액의 25%로 제한하고 대상 기업집단을

시행령에서 자산총액 5조원이상으로 하여 출자총액제한제 재도입(2001.4.1.시행)

- 2005년 이후: 특히 시행령 개정을 통해 대상기업집단을 자산총액 6조원 이상으로 상향 조정하고 예외 확대 지속하게 되었다.

출자총액제한제도가 적용되는 출자총액제한기업집단은 그에 속하는 국내회사들의 자산총액 합계액이 6조원 이상인 기업집단을 말한다."(공정거래백서 2005년 제3편 대기업집단 시책의 추진)

〈 2006년 현재 출자총액제한 대상 기업집단 적용제외 기업집단 등의 현황 〉

구분	기업집단 또는 회사 수		기업집단 또는 회사명
자산총액 6조원 이상의 출자총액 제한지정집단	14개 기업집단		삼성, 현대자동차, 에스케이, 엘지, 롯데, 지에스, 한화, 두산, 금호아시아나, 동부, 현대, CJ, 대림, 하이트맥주
자산총액 6조원이나 졸업기준 충족 기업집단	14개 기업집단	의결권 괴리도·의결권 승수 졸업기준 8개 기업집단	한전, 포스코, 케이티, 한국철도공사, 현대중공업, 신세계, LS
		단순출자구조 졸업기준 6개기업집단	한국도로공사 대한주택공사 한국토지공사 한국가스공사 하이닉스 지엠대우
출총제기업집단 소속회사이면서 졸업기준 충족 적용제외 회사	120개사	금융업·보험업 영위회사: 39개사	
		지주회사 및 그 소속회사: 72개사	
		회생절차가 진행중인 회사: 3개사	
		지배구조 모범기업: 6개사	6개사(두산, 두산중공업, 두산인프라코어, 두산산업개발, CJ, CJ개발)

2) 출자총액제한제에 대한 일반적 평가

출자총액제한제는 대기업집단의 무분별한 계열사 확장과 지배력 강화 등을 위한 과다한 출자(단순출자에서 순환출자·교차 피라미드식 출자 등 모든 유형의 출자)를 총량적으로 억제하는 제도로서의 의의를 갖고 있다.

그러나 출자의 총량만을 제한하는 제도의 특성 때문에 여러 한계들을 가지고 있는 것도 사실이다.

첫째로, 제도의 테두리 내에서 벌어지는 비생산적 출자 및 직접적으로 가공자본을 창출하는 순환출자 등 상호출자의 변형된 형태들을 막을 수 없다.

둘째로, 출자총액제한제는 모든 유형의 출자를 허용할 수밖에 없는 조건에서 과도한 출자에 대한 총량적 규제라는 점에서 총량을 지나치게 상향조정하는 경우에는 실효성을 상실하게 되며, 반대로 규제의 실효성을 도모하기 위해 하향조정하는 경우에는 출자의 성격을 둘러싼 논란이 불가피하다. 즉, 대기업집단에 속하는 회사들이 계열사를 포함한 다른 회사에 출자하는 이유는 무분별한 계열사 확장 및 지배력 강화라는 측면도 있지만 동시에 신규 사업 진출·전략적 제휴·자회사의 필요성·안정적인 매입매출시장의 확보 등 자본주의 시장경제를 전제로 할 때 성립하는 생산적 투자의 성격을 동반할 수도 있으며, 따라서 생산적 출자를 가로막고 있다는 논란으로부터 자유로울 수 없다.

셋째로, 출자의 성격을 둘러싼 논란 때문에 현재의 제도처럼 예외(또는 적용제외)를 인정하는 경우, 예외(또는 적용제외)의 합리성을 둘러싼 논란이 불가피하며 또한 현재처럼 예외(또는 적용제외)의 범위가 확대되는 경우 출자총액제가 갖는 소극적인 의의마저 실효성을 상실할 여지가 있다.

넷째로, 무분별한 계열사 확장과 지배력 강화 등을 위한 과다한 출자는 자산 6조원이상의 대기업집단에만 발생하는 문제가 아니다. 오히려 내·외부적 견제 감시가 상대적으로 덜한 하위집단에서 더 심각하게 발생하는 문제이다. 물론 기업집단의 규모가 커질수록 그 부작용과 국민경제적 피해가 커지기 때문에 규모가 큰 기업집단일 수록 규제의 필요성이 더욱 크다는 것은 사실이며, 또한 이를 마땅하게 대체할 수 있는 실효성 있는 제도적 장치들이 작동하지 않는 조건에서 달리 선택의 여지가 없으므로 지정기준은 이해관계자들의 줄다리기와 정치적 타협 등에 의해 결정될 수밖에 없는 한계가 있는 것도 사실이다.

3) 출자총액제한제의 개선

독점규제 및 공정거래에 관한 법률 제10조 출자총액의 제한 및 동법 시행령을 개정하여 전략적 신규사업영역에 진출하거나 사업 확장을 위한 투자 등에는 투자에 제한을 두지 않거나, 자본차익만을 노린 외국인의 적대적 M&A에 대해서는 계열사의 출자를 통해 지분증가를 할 수 있도록 하거나, 화의신청 또는 법정관리 기업, 구조조정 대상기업, 금융기관의 부실채권 매입, 국가의 기간산업투자와 공공안보를 위한 산업 등에는 예외로 인정하여 외국계 펀드와의 형평성을 맞추고 알짜기업이 무분별하게 외국인에 넘어가지 않도록 하는 제도보완이 조속히 이루어져 기업들의 투자와 경영의욕이 떨어지지 않도록 할 필요가 있다.

다음은 공정거래위원회 2006. 3. 13 (월) 보도한 "출자총액제한제"와 관련하여 발표한 내용이다.

- 정부는 민관합동 T/F의 논의를 거쳐 '03년 12월 「시장개혁 3개년 로드맵」을 수립·발표한 바 있습니다. 동 로드맵에서 출자총액제한제도의 경우 '06년까지는 기본 틀을 유지하고 '07년에 시장상황에 대한 종합평가를 거쳐 기업 내·외부 견제시스템이 효과적으로 작동될 경우 출자총액제한제도를 폐지하고 기업별 자율규제방식으로의 전환을 검토하기로 하였음을 명확히 제시하였습니다.
- 따라서 정부의 약속은 출자총액제한제도를 '06년 말에 폐지하겠다는 것이 아니라 '06년까지는 유지하되 '07년에 시장상황에 대한 평가를 거쳐 그 폐지 여부 등을 재검토하겠다는 것입니다.

③ 황금주 제도

황금주(golden shares)제도는 인수 · 합병(M&A) 등 중요한 사안에 대해 거부권을 행사할 수 있는 권리가 주어진 특별주식으로, 미국과 유럽에서 공공성이 강한 기업을 민영화할 때 주로 활용됐다.

독점성 및 공익성이 높고 지배주주가 없는 공기업(민영화된 공기업포함)이나 국가의 중요한 산업을 담당하고 있는 기간산업 등에는 투기적 자본으로부터 위협받지 않도록 하는 경영권방어의 보호 장치가 필요하다고 본다.

예컨대 거래가 불가능한 '특별주' 하나를 정부가 갖고 있도록 하여 국가이익에 중대한 침해를 주거나 사회적인 이익에 반대하는 사안에 대해 거부권을 행사 하도록 하는 제도이다.

이 제도를 도입한 나라는 영국, 프랑스 등이며, 순환출자구도에만 의존해왔던 일본도 2006년 6월 회사법을 개정해 독약처방과 황금주제도, 차등의결권 등을 도입하여 부당한 M&A로부터 경영권을 보호하는 방어수단으로 하였다.

이러한 황금주는 우리나라의 상법 취지에는 맞지 않으며 잘못하면 소수 경영인의 경영권 보호를 위한 차단막으로 쓰일 수 있으며, 황금주 한 주를 가진 사람이 자신의 이익에 부합되지 않는다고 중요사안마다 거부권을 사용할 수 있는 가능성이 많기 때문에 공공성이 강한 기업이나 국가의 이익에 부합하는 경우에 한해 제한적으로 사용되어야 할 것으로 본다.

 차등의결권제도

상법 제369조(의결권)에서 의결권은 1주마다 1개로 한다 라고 규정되어 있다. 그러나 적대적 M&A 방어를 위해 국가산업정책상 또는 특별히 지정하는 산업에 대해서는 차등의결권주식(Dual-Class Share)제도를 제한적으로 도입하거나 주식보유기간에 따라 차등의결권을 부여하는 방법을 고려 할 필요가 있다. 이 경우 주식시장의 안정과 주식시장 활성화에도 기여할 수 있을 것으로 본다.

상공회의소에 의하면 유럽의 경우 상장회사의 20.1%, 미국의 경우 11.5%의 기업이 차등의결권제도를 채택하고 있다고 발표하였으며 미국, 영국, 프랑스, 일본 등 선진국에서는 안정적인 경영권방어수단으로 차등의결권제도가 보편화되어 있다고 했다.

예컨대, 미국의 Roper Industries, Inc. 라는 회사의 정관에는 다음과 같은 조항이 있다고 한다. "4년 미만의 기간 동안 회사의 주식을 보유한 주주의 의결권은 1주당 1개이며, 4년 이상의 주주의 의결권은 1주당 5개이다." 라고 규정하고 있다는 것이다. 이렇듯 '모든 주식은 평등하다'라는 '1주1의결권의 원칙'이 아니라, 주주의 성격이나 주권의 종류에 따라 1주의 의결권을 차등하여 부여하자는 것이다. 이 역시 적대적 M&A를 방어하기 위한 효과적인 장치라고 할 수 있다. 해당 회사의 주식을 예전부터 계속 가지고 있었던 주주가 더 많은 의결권을 가지고 있으니 KT&G를 곤경에 빠뜨리고 있는 '칼 아이칸'과 같은 막대한 자금을 갖고 단기간에 주식을 매집한다고 해도 짧은 기간 동안 사들인 주식으로는 '감 놓아라 대추 놓아라' 하는 식의 경영권간섭이 쉽지 않게 될 수 있다.

이와 같이 적대적 M&A의 효과적인 방어 수단들에 대해 재계는 계속적으로 도입을 주장해오고 있다. 하지만 이런 제도가 기존 대주주의 기득권을 너무 보장해 준다는 소액주주나 경제시민단체들의 비난도 만만치 않다.

KT&G사태가 터지고 나니 이제 서야 정부가 부랴부랴 도입을 검토할 움직임을 보이고 있다. 하지만 정부가 이 제도를 도입한다고 하더라도 상장회사가 이를 당장에 실전에 적용할 수 있을 것 같지는 않다. 왜냐하면 이 제도를 활용하기 위해서는 회사의 헌법이나 다름없는 '정관'을 고쳐야 한다. 그런데 우리나라에서는 회사가 정관을 고치기 위해서 주주들의 동의를 구해야 한다. 그것도 주주총회 특별결의 사항이다. 특별결의 사항의 경우 발행 주식총수의 과반수가 주총에 참석해서 그 참석한 의결권의 2/3이상이 찬성을 해야 결정이 되는 것이기 때문이다.

 제3자 신주인수권부여 확대

상법 제418조(신주인수권의 내용 및 배정일의 지정공고) 제2항에서는 정관에 정하는 바에 따라 주주외의 자(제3자)에게 신주를 배정할 경우에는 신기술도입과 재무구조개선 등 회사의 경영상목적을 달성하기 위해 필요한 경우에 한해 제3자 신주인수권 부여를 허용하고 있으나, 회사의 안정적인 경영환경의 조성이나 적대적 M&A에 대한 방어를 위한 경우에도 기존주주의 이익을 침해하지 않는 범위내에서 정관의 규정에 따라 허용을 요구하고 있다.

 외국인투자촉진법 개정

반도체, 정유, 조선, 철강 등의 전략산업과 국가의 주요기간산업과 공공성이 많은 산업 등에 대해서는 외국자본의 적대적 인수합병(M&A)을 금지할 필요가 있다.

이러한 시점에서 국회가 2004년 12월에 외국인투자촉진법을 개정하는 법안이 제출됐다. 개정안에 따르면 현행 외국인투자촉진법상 국가안보 등을 이유로 외국인투자 규제를 받고 있는 방위산업에 추가로 대통령령이 정하는 국내 기간산업체에 대한 외국인 투자는 사전에 산업자원부 장관에게 승인을 얻도록 했다.

산자부장관에게 승인을 얻지 않고 취득한 주식은 의결권을 행사할 수 없고 산자부장관은 6개월 안에 해당 주식에 대한 처분을 명령할 수 있다. 산자부장관 승인절차는 전문가들로 구성된 산자부산하 심사위원회를 구성해 승인 여부를 결정하도록 한다는 내용이다.

국내주요기업 중 이미 외국인이 지배주주일 때에는 법 시행 후 2개월 안에 산자부장관에게 승인신청서를 제출하도록 하는 경과규정도 두는 내용을 개정안은 담고 있다. 법안이 국회를 통과하면 주총을 앞두고 영국계 펀드인 소버린측(Sovereign)에 줄기차게 경영권을 위협을 받고 있는 SK를 비롯해 외국인 지분율이 절반 이상에 달하는 삼성전자 등에 대한 외국인 적대적 M&A 염려는 덜 수 있을 것으로 보인다.

이는 미국의 엑슨-플로리오법의 한국판인 셈이다. (매일경제, 2004. 12. 15, 요

약)미국 엑슨-플로리오(Exon-Florio)법은 외국인이 미국기업을 인수할 때 정부가 국가안보에 위협이 된다고 '판단'하면 얼마든지 이를 무산시킬 수 있는 강력한 권한을 정부에 부여하고 있다.

이 법은 80년대 후반 외국인이 잇달아 미국기업을 인수하면서 악화된 여론을 등에 업고 등장했다. 이 법은 결국 당시 초대형 딜이었던 일본 후지쓰의 미국 반도체회사 페어차일드 인수건에 대해 '국가안보상 불가하다'는 이유로 무산시키고 만다.

그 후에도 미국정부는 1300여건에 이르는 외국인투자에 대해 이 법을 근거로 심사를 했다. 이 가운데 8건이 투자 철회되었고 2건은 대통령 권한으로 투자를 금지했다. 지난해에도 홍콩 허치슨 암포와가 미국기업을 인수하려다 이 법안에 걸려 결국 인수 의사를 철회하고 말았다.

미국은 엑슨-플로리오법 도입 후 연방법과 각 주법에 적대적 M&A에 대한 다양한 방어 장치를 마련해 놓았다. 미국뿐만 아니다. 호주 정부는 2001년 다국적 기업인 쉘이 자국의 대표적 석유기업인 우드사이드(Woodside)를 적대적 M&A하려 하자 "쉘이 호주 천연자원 개발원을 국가적 이익 차원에서 개발하지 않을 것"이라며 인수를 불허했다. 영국에서는 경영권 변동 등 주요 의사 결정시 '1주 다표권'을 통해 거부권을 행사할 수 있는 황금주제도를 시행한 바 있다.

 기타의 방어전략

1) 금융계열사 의결권제한제도 완화

금융회사 의결권제한제도(재벌 소속 금융회사들의 자기계열사 의결권을 30% 이내로 제한한 규제) 등 재벌 정책과 관련된 각종 차별적 규제에 대해 적대적 M&A가 있는 경우 완화를 요구하고 있다.

2) 독약처방

독약처방 또는 독소조항이라고 하는 이 방법은 적대적M&A시도가 있을 때 기존주주에게 싼 가격으로 대량의 신주를 배정하는 것을 말한다,

신주가 대량으로 발행되면 적대적M&A를 시도하려는 측의 지분율이 낮아져 기존경영진이 M&A방어에 유리한 위치에 서게 된다. 이 방법을 채택하고 있는

나라는 미국, 프랑스, 일본 등이다.

이러한 경영권방어 장치는 주주의 권리를 침해하고 기존의 대주주권리를 과도하게 보호해 기업의 도덕적 해이 또는 대주주가 나쁜 전횡을 하여도 견제할 수 없는 문제점이 있고 또 다른 부작용을 낳을 수 있다는 것이다.

3) 냉각기간제도

냉각기간제도(cooling off period)는 적대적 M&A를 시도하고자하는 측에서 그 의도를 숨긴 채 지분을 매집할 경우 일정기간동안 매집한 주식에 대해 의결권을 제한하거나 강제매각을 의무화시키는 제도이다.

4) 거주요건강화와 이사수 제한

적대적 M&A에 대한 외국인의 이사선임 시 한국 내 일정기간동안의 거주사실 요건강화와 외국인에 대한 이사수제한 등을 적대적 M&A의 방어 전략으로 활용할 수 있을 것으로 본다.

5) '일부의결권제한주식'과 '강제전환상환부주식'의 발행

적대적M&A로부터 공격을 받을 때 경영권방어를 해야 하는 중요한 사안에 한해 '일부의결권제한주식'의 발행을 검토하고 있으며, 또 기업이 원할 때 주주의 의사를 묻지 않고 강제로 주식의 성격을 바꾸거나 현금으로 상환할 수 있는 '강제전환상환부주식'발행을 추진 중인 것으로 정부가 발표했다.

6) 의무공개매수제도 재도입

KT&G와 같은 민영화된 공기업에 대해 제3자로부터 적대적M&A가 시도될 때 증권거래법 제200조의 소유상한제도와 의무공개매수제도를 재도입 하여 상장기업의 주식을 25%이상 매입하려고 하면 50%+1주 또는 34%+1주 까지 공개매수를 통해 청약하도록 한 강제조항이나 국가의 공공성이 강한 전략산업 등에 대한 M&A거부 제도 등을 도입하여 국가경제의 안정성을 유지할 필요가 있다. 이와 같은 제도는 영국과 프랑스, 일본 등이 사용하고 있다.

미국의 대표적인 기업사냥꾼 칼 아이칸이 우리 대표 기업인 KT&G의 주식을 매집하여 경영권을 우협하고 있다. 타이거펀드의 SK텔레콤 공격, 소버린의 SK

공격에 이어 우리 대표기업에 대한 외국 계 자본의 세번째 공격이다.

외국 헤지펀드나 사모펀드들은 왜 한국 기업들을 M&A 타깃으로 삼고 있는가. 이는 간단하다. 우리나라 M&A 관련 제도가 완벽하지 않기 때문이다. 또 그런 틈을 이용하면 돈을 벌 것이라는 자신감도 있기 때문이다.

결론적으로 보면 미국이나 영국, 프랑스, 일본 등 해외 선진국들도 국가안보나 공공질서를 위해 주식취득을 제한하고 적대적M&A로부터 경영권을 보호할 수 있는 여러 가지의 장치가 있다. 이를 참고해 글로벌 스탠다드에 어긋나지 않는 수준에서 제도를 보완해야 할 것으로 본다.

그러나 외국인의 적대적 M&A에 대한 방어책을 강화할 경우 예상되는 문제점도 함께 고려해야 할 것으로 본다.

우선, 국내증시에서 상장기업 전체의 절반 가까이의 주식을 외국인이 차지하고 있다는 현실을 고려해야 한다. 적대적M&A에 대한 방어에만 초점이 맞춰지면 주가하락의 위험성이 있으며, 주가하락이 장기간 계속 될 경우에 기업의 자금조달 기능 등에 많은 악재가 될 수 있다. 또한 국가경제에도 적잖은 타격이 될 수 있으며, 주식가치하락에 따른 여러 가지의 사회적 문제점도 나타날 수 있다.

그다음, 외국인의 직접투자와 간접투자의욕을 저하시키는 현상이 발생하여 투자유치에 상당한 어려움을 겪을 수 있다.

마지막으로 해외자본시장에서의 신뢰하락으로 우리나라 기업에 대한 해외시장에서의 자본조달을 어렵게 하거나 자본조달비용을 높이는 결과를 가져올 수 있다.

〈 각국의 M&A방어수단 비교 〉

구 분	한국	미국	일본	영국	독일	EU
주식의 제3자 배정	○	○	○	○	○	-
초다수결의제 (Supermajority Voting)	○	○	○	×	○	-
시차임기제 (Staggered Board)	○	○	○	×	○	-
황금낙하산 (Golden Parachute)	○	○	○	○	○	-
극약처방 (Poison Pill)	×	○	○	×	○	-
차등의결권주식 (Dual-Class Share)	×	△	○	○	×	-
자기주식 취득 (Stock Repur chase)	○	○	○	○	△	-

제11부
M&A를 위한 기업가치평가

제1장 기업가치평가의 이해/445

제2장 M&A를 위한 기업가치 평가방법 사례/449

제3장 법령에 의한 기업가치 평가/457

제1장
기업가치평가의 이해

기업가치평가의 의미

기업의 가치평가는 그 방법과 기준이 매우 다양하여 M&A를 시도하는 매수측에서 합리적인 기업가치를 평가하기가 쉽지 않다는데 애로점이 있다. 그러므로 당사자의 M&A의 목적과 경영전략에 따라 합리적인 평가기준을 설정하여 평가하는 것이 바람직할 것으로 본다. M&A에 있어서 기업의 가치평가는 매도자측과 매수자측간의 가격협상의 기준이 되므로 매우 중요한 M&A과정의 하나이다. 통상적으로 사용하고 있는 평가방법은 자산가치(Net Asset Value)와 수익가치(Revenue Value)에 의해 평가한다. 또한 대상기업이 공개법인일 경우 평가된 기업가치에 시장가치(Market Value)를 고려하여 결정한다.

그밖에 공개법인과 비공개법인간의 합병가액 산정 방법으로 구유가증권인수업무규정에 의한 공모가격산정방법을 사용하고 있으며, 비공개법인에 대한 주식가치평가는 상속세 및 증여세법에 의한 기업가치평가방법을 사용하고 있다.

M&A거래에 있어 기업의 가치를 평가한다는 것은 통상적으로 대상기업이 발행한 주식의 가치를 평가한다는 의미로 사용되며 그 구체적 평가목적은 아래의 표와 같이 정리할 수 있다.

평가 목적	주 요 내 용
주식인수	· 적정양도가액 산정 · 상속 및 증여세 산정
합병	· 합병비율산정
주식교환	· 현물출자가액 · 주식교환비율산정
기업분할 및 분사	· 기업분할과 분사를 위한 가치 평가
영업권	· 자산 및 부채의 평가 또는 사업부문의 영업권 양도가액 산정

② 기업가치평가의 특성

기업은 기업의 가치극대화를 목표로 자본과 인력을 적절히 활용, 끊임없이 변화하고 성장해가는 영속체(Going Concern)로서의 특성을 갖고 있다. 따라서 기업의 가치는 기업이 현재 보유하고 있는 경영자원(유・무형의 자산들)에 대한 미래 수익창출능력의 평가액이라고 할 수 있다. 그러나 미래의 영업상황을 예측하고 예상되는 수익을 추정하는데는 고려하여야 할 요소가 너무 많고 개발된 평가방법 또한 복잡하여 평가자 및 평가결과의 이용자가 전문적 지식이 없이는 쉽게 이해할 수 없는 특징을 갖고 있다.

그리고 기업의 가치는 누가(Who), 언제(When), 어떤 목적으로(Why) 평가하는가에 따라 다르게 평가되는 특성을 지니고 있다. 즉, 매수대상기업이 소유하고 있는 경영자원이 매수하고자 하는 자에 따라 시너지효과(Synergy Effect)의 정도에 차이가 발생하기 때문에 기업의 가치는 매수전략과 매수하려는 자가 누구냐에 따라 달라질 수 있게 되는 것이다. 그리고 평가하는 시점에 따라서도 기업가치의 평가는 달라지게 된다. 평가하려는 기업이 속한 산업의 경기순환(Cycle)상 상승국면일 때와 하강국면일 때와의 평가가치는 현저한 차이가 있을 것이며, 전년도 또는 당해연도의 영업실적이 상대적으로 좋게 나타나는 시점에서의 기업가치가 그렇지 않은 때 보다 높게 평가될 가능성이 많다. 기업의 시장가치를 대표하는 주가를 생각해 보면 강세장에서의 기업가치평가와 약세장에서의 평가는 현저한 차이가 있게 된다. 따라서 기업의 가치는 시간의 흐름에 따라 끊임없이 변동되는 것으로 이해할 수 있다.

한편, 기업의 가치를 어떤 목적에서 평가하는가에 따라 평가의 기준 및 관점이 달라지게 되므로 평가목적 또한 기업가치에 차이를 가져오는 중요한 변수가 된다. 기업매수를 목적으로 기업가치를 평가한다면 평가자는 매수 후에 매수대상기업으로부터 창출해 낼 수 있는 수익 또는 현금유입액을 중요한 평가의 기준으로 삼을 것이나, 기업에 자금을 대출하여 주는 채권자의 입장일 경우 기업에 대한 평가는 기업의 청산을 가정한 자산 등의 처분가치 및 향후의 부도발생 위험 등에 상대적으로 높은 가중치를 두고 가치평가를 하게 될 것이다.

기업가치평가의 고려요인

M&A를 위한 기업의 가치평가는 단순히 이론적 평가방법에 의한 수치상으로만 결정하기가 어려운 것이 현실이다. M&A에 있어 기업은 상품이다. 상품중에도 아주 특별한 상품이라고 할 수 있다. 그 이유는 단순히 사고파는 물건으로써의 상품이 아니라 생명력을 지닌 기업이기 때문이다. M&A에 있어 사고파는 직접적인 상품의 대상은 대상기업의 경영권을 지배하고 있는 대주주등이 소유하고 있는 주식이지만 최종적인 거래의 목표는 대상기업의 경영권을 획득하는 것이다.

따라서 대상기업에 대한 이론적평가에 의한 가치 뿐만아니라 수치상으로 표시되지 않는 비재무적가치와 경영권프리미엄가치가 M&A를 위한 의사결정에 매우 중요한 위치를 차지하고 있는 것이 현실이며, M&A를 위한 기업가치 평가의 고려요인을 정리하면 다음과 같다.

M&A를 위한 기업가치 평가의 고려요인

구 분	비재무적가치 고려요인
가. 이론적 기업평가가치	· 자산가치, 수익가치, 시장가치에 의한 기업평가가치
나. 경영활동관련	· M&A 목적과 경영전략의 적합성 정도 · 인수합병에 따른 경영활동의 시너지효과 정도 · R&D Power와 보유기술력의 정도 · 임직원의 업무능력과 회사에 대한 애사심 정도 · 법적보호를 받는 독점적 위치의 사업권 소유여부 또는 우수거래처의 확보 와 제품(원료 등)의 공급권 보유정도 · Brand Power, 시장인지도와 점유율 정도 · 해외시장에 대한 network 정도 · 기업공개(IPO) 여부

다. M&A시장상황	· 대상기업에 대한 인수의향자의 수와 인수를 위한 경쟁관계 · 인수자측의 인수의지와 적극성 정도 · 국내외 경기상황에 대한 대상기업과의 연관성정도 · 대상기업에 대한 이미지와 시장의 평판
라. 경영권프리미엄	· 경영권 확보에 따른 프리미엄의 가치
마. 인수리스크	· 대상기업인수에 따른 미래의 Risk 정도 · 인수후 경영환경변화에 따른 경영위험정도 · 추가적인 구조조정 비용과 운영자금의 부담정도 · 인수합병에 대한 역시너지 효과 정도 · 핵심인재의 유출가능성 정도
바. 양도자의 상황	· 양도자측의 양도사유와 다급성 정도 · 회사내에서의 평판 · 외부거래처와 주요주주가 보는 양도자의 신뢰성
사. 최종협상가치	① (가+나+다+라) − (마+바)의 가치 ② 당사자와의 최종협상 과 당사자와의 신뢰구축정도
아. M&A결정가치	① ± ②

제2장 M&A를 위한 기업가치 평가방법 사례

 자산가치접근법(Asset-Based Approach)

1) 평가방법의 개요

자산가치(Net asset value)는 기업이 현재 보유하고 있는 총자산에서 총부채를 차감한 순자산가치를 기업의 가치로 평가하는 평가방법으로, 이해하기 쉽고 평가방법도 상대적으로 간편하여 M&A 거래에서 기본적 평가방법으로 널리 사용되고 있다. 그러나 이 자산가치의 평가에 있어서도 대차대조표상의 각 자산과 부채항목을 어떤 기준에 의해 어떻게 평가할 것인가에 따라 자산가치금액은 천차만별로 달라질 수 있다. 즉, 기업회계기준에 따라 작성된 대차대조표상의 순자산가액(총자산, 총부채)을 자산가치로 평가(장부가치)할 수 있고, 장부상의 각 자산, 부채를 시가로 재평가한 후 이 재평가금액을 기준으로 순자산가액을 평가(시가평가가치)할 수도 있다. 또한 보수적인 관점에서 현재 회사가 보유하고 있는 각각의 자산을 처분한다고 할 때 예상되는 처분가격의 합계금액에서 총부채금액을 차감한 잔여가액을 자산가치로 평가(청산가치)하는 방법이 있다.

2) 평가방법의 사례

일반적으로 M&A 거래에서는 장부가치에 자산, 부채의 각 항목을 적절히 평가한 후 그 평가차액을 가감하여 산정하는 시가평가방법(또는 재평가방법)에 의한 자산가치를 널리 사용하고 있다. 실무적으로는 역사적 원가인 장부가액을 기준으로 유형자산 등 시가와 장부가액이 차이 나는 항목에 대해 장부가액을 조정하는 방법으로 대상기업의 순자산가치를 구한다. 이러한 자산가치에 회사의 자산으로 계상되지 않은 무형자산인 영업권의 가치나 경영권프리미엄 등을 고려하여 인수대상 주식의 가치를 결정하게 된다. 추가적으로 채권단의 입장에서는 청산가치평가법을 병행하여 최소 기업가치를 추정하는 데 이용하기도 한다.

자산가치접근법중 시가평가가치에 대한 사례는 회사의 개별자산의 시가를 구하여 합산하면 되므로 생략하고 다만, 청산가치 산정시 각 계정과목별로 적용되는 평가기준을 예를 들면 다음과 같다.

계정과목	평 가 기 준
매도가능증권	상장주식: 평가일 기준 종가 비상장주식: 피투자회사의 최근 대차대조표상 순자산가액 채권: 시가 또는 시장이자율로 할인한 현재가치평가액
매출채권	회수가능가액에서 회수에 필요한 회수비용을 차감하여 평가
기타 채권	회수가능가액에서 회수에 필요한 회수비용을 차감하여 평가
재고자산	판매시의 순실현가능가액(판매시 회수부대비용 차감)
선급비용	회수가능가액
유형자산	감정가액 또는 시가 등에 법원 경매물건의 평균낙찰율 및 배당기일을 고려하여 회수가능가액의 시가로 평가
무형자산	매각시 매각가능가액에서 회수비용 등을 고려하여 평가
부채	장부가액으로 평가
우발채무	지급보증 등 추가 부채 발생예상액을 기준으로 평가

② 수익가치접근법(Income Approach)

1) 평가방법의 개요

자산가치는 그 평가방법이 비교적 단순하고 객관적이라는 장점을 가지고 있으나, 기업이라는 실체가 미래의 수익 또는 현금흐름창출을 목적으로 존재하는 영속체(Going Concern)라는 점에서의 미래 수익창출능력을 반영하지 못하는 단점을 가지고 있다. 즉, M&A를 통해 지속적 성장을 꾀하려는 매수자는 목표기업의 매수 후에 기업이 보유하고 있는 각 자산을 매각 처분하여 매매차익을 실현시키려 하는 것이 아니라 매수 후에 계속적인 영업을 통해 수익(또는 현금흐름)을 창출하고 기존의 영업과 시너지효과를 극대화시키려는 목적에서 기업을 매수하는 것이므로 매수대상기업의 현재의 재산상태를 가지고 향후에 얼마만큼의 수익을 실현시킬 수 있는가에 보다 많은 관심을 갖게 된다. 따라서 기업가치의 평가에 있어 기업의 현 재무상황도 중요하지만 향후의 수익창출능력 또한 중요한 평가요인이 아닐 수 없다.

그리고 미래의 수익이라는 것은 궁극적으로 현금수입을 말하는 것이므로 미래 수익창출능력은 향후 영업을 통해 기대되는 순 현금흐름(Net Cash Flow)이라 할 수 있으며 미래의 순 현금흐름을 일정한 할인료로 할인한 현재가치가 곧 미래의 영업을 고려한 기업가치가 된다.

한편, M&A를 통해 기업을 매수하려는 매수자는 매수가격보다 매수 후 미래 현금흐름의 현재가치가 크다고 판단될 때 매수를 결정하게 될 것이다. 즉, 앞에서 설명한 자산가치가 M&A 거래에서 가격협상의 기초가 된다면 미래현금흐름의 현재가치는 매수의사결정의 핵심 지표인 동시에 매수가격으로 제시할 수 있는 최대치가 된다.

2) 평가방법의 사례

수익가치 평가방법은 대부분의 기업가치 평가시 적용하는 방법인 현금흐름할인법(DCF방법, Discounted Cash flow Model)을 적용한다. 일정한 배당지급이 기대되는 경우에는 배당현금흐름을 할인하여 자본의 가치를 산정하는 방법(Dividend Discount Model)이 적용하기도 하나, 대부분의 경우에는 기업이 창출하는 미래현금흐름을 현재가치로 할인하는 DCF방법을 사용한다. 이는 현재 법정관리, Workout 등 기업구조조정과 관련한 기업의 계속기업가치를 산정하는 데에도 대부분 적용하고 있다.

DCF방법 적용시 기업가치(Enterprise Value: EV)는 영업가치와 비영업용자산의 가치로 구성되는데 영업가치는 영업활동으로부터 발생하는 현금흐름(FCF: Free Cash Flow)를 기업의 위험도를 반영한 적절한 할인율(가중평균할인율, WACC : Weighted Average Cost of Capital)로 할인하여 산정하고, 비영업용자산의 가치 또한 비영업용자산으로부터 발생되는 미래 현금흐름을 할인하여 산정한다.

DCF방법에 의한 기업가치산정방법 및 사례는 재무관리 교재나 다른 관련 서적에서 많이 다루고 있으므로 구체적인 설명은 생략하기로 한다. 다만, 미래현금흐름 및 향후투자액을 추정하는 것이나 할인율 그리고 영구성장율 등에 따라 기업가치의 변화가 심하므로 이러한 한계점 등을 고려하여 기업가치를 이해해야 할 것으로 본다.

DCF방법의 경우 이러한 변수들의 변화에 따라 기업가치의 변동이 심하므로 적절한 시뮬레이션을 통해 회사의 기업가치가 어떻게 변하는지에 대해 예상하는 것도 좋은 분석이 될 것이다.

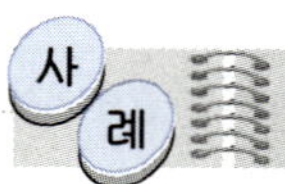

DCF방법에 의한 기업가치 평가의 사례

다음 사례는 개략적인 DCF방법의 계산흐름만을 설명한 것으로 구체적인 현재가치 계산과정, 영구현금흐름의 현재가치 계산과정, 가중평균할인율(WACC)의 계산과정 등은 모두 생략하였고, 사례의 회사의 경우 비영업자산은 없는 것으로 가정하여 계속기업가치를 산정한 사례이다.

① 1단계로 회사의 매출액, 매출원가, 판관비, 향후투자액 등을 추정하여 다음과 같은 영업현금흐름(FCF: Free Cash Flow)을 구한다.

(단위: 백만원)

구 분	2004년	2005년	2006년	2007년	2008년
매출액(주1)	85,707	88,279	90,927	93,655	96,464
매출원가(주2)	74,753	76,996	79,306	81,685	84,135
매출총이익(주3)	10,954	11,283	11,621	11,970	12,329
판매비와관리비(주4)	8,956	9,217	9,486	9,762	10,047
영업이익(주5)	1,998	2,066	2,136	2,208	2,282
영업이익법인세(주6)	(415)	(398)	(587)	(607)	(627)
세후영업이익(주7)	1,583	1,668	1,549	1,601	1,655
감가상각비(주8)	2,524	2,524	2,524	2,524	2,524
운전자본증감(주9)	(774)	(798)	(822)	(846)	(872)
설비투자(주10)	(1,001)	(1,001)	(1,001)	(1,001)	(1,001)
영업현금흐름(주11) Free Cash flow	2,332	2,393	2,250	2,277	2,306

(주1) 매출 : 향후 시장상황, 점유율 예측 등을 통해 판매량과 판매단가 등을 바탕으로 향후 매출액을 추정한다.

(주2) 매출원가 : 회사의 과거 제품별 매출원가를 토대로 변동비와 고정비로 구분하고, 각 원가 항목별로 추정한다.

(주3) 매출총이익 = 매출액 − 매출원가

(주4) 판매비와 관리비 : 회사의 과거 판매비와 관리비를 토대로 변동비와 고정비로 구분하고, 각 비용 항목별로 추정한다.

(주5) 영업이익 = 매출총이익 − 판매비와 관리비

(주6) 영업이익법인세 : 영업이익에 적용되는 법인세로 일반적으로 영업이익에 법인세율을 적용하여 계산하나 실무적으로는 회사의 이월결손금 및 세액공제 등을 고려한 실제 법인세 부담액을 계산하여 추정한다.

(주7) 세후 영업이익 = 영업이익 − 영업이익법인세

(주8) 감가상각비 : 영업이익계산시 비용항목이었으나 현금유출비용이 아니므로 가산한다.

(주9) 운전자본 증감 : 회사의 매출액 등의 변화에 따라 운전자금소요액을 추정하여 반영하는 것으로 일반적으로는 매출채권회전율, 매입채무회전율, 재고자산회전율 등을 적용하여 매출액과 매출원가의 변동시 필요한 운전자금을 추정하여 반영한다.

(주10) 설비투자 : 회사의 향후투자계획을 반영한다.

(주11) 영업현금흐름(Free Cash flow) = 세후영업이익 + 감가상각비 − 운전자본증(감) − 설비투자액

② 2단계로 영업현금흐름(FCF)을 회사의 가중평균할인율(WACC)을 적용하여 할인한 영업현금흐름의 현가를 구한다. 당 사례에서는 회사의 가중평균할인율(WACC)이 10%라고 가정하여 평가시점인 2004년 시점에서 2008년까지의 영업현금흐름의 현가를 구한다. 회사의 2008년까지 영업현금흐름의 현가는 10%로 할인하였을 경우 9,204백만원으로 계산되었다.

③ 3단계로 2009년 이후의 현금흐름의 현가는 영구성장율이 없다고 가정할 경우 다음과 같이 구한다.

(단위:백만원)

구 분	2009년(주1)	할인율(주2)	영구성장가치(주3)	현재가치(주4)
2009년 영업현금흐름	3,178	10%	31,777	20,694

(주1) 2009년의 영업현금흐름은 다음과 같다. 2009년 매출액은 2008년 매출액과 동일하므로 운전자본의 증감이 없는 것으로 가정한다.

(단위:백만원)

구 분	금액
2009년 추정 영업이익(A)	2,282
영업이익에 대한 법인세(B)	(627)
세후영업이익(C=A−B)	1,655
감가상각비(D)	2,524
설비투자(E)	(1,001)
영업현금흐름(F=C+D+E)	3,178

(주2) 할인율 : 회사의 가중평균할인율(WACC)을 적용한다.
(주3) 영구성장가치 = 2009년 영업현금흐름 / (할인율 - 성장율 0%)
(주4) 현재가치 = 영구성장가치는 2008년의 가치이므로 추정시점인 2003년 시점으로 할인한 가치임

④ 4단계로 2004년 1월부터 2008년 12월까지의 영업현금흐름의 현재가치와 2009년 이후의 영업현금 흐름의 현재가치(할인율 10% 가정)를 합한 회사의 계속기업가치는 다음과 같이 계산된다.

(단위:백만원)

계속기업가치	금 액
2004 년1월부터 2008년 12월까지의 영업현금흐름의 현재가치	9,204
2009년 이후 영업현금흐름의 현재가치	20,694
합 계	29,898

시장가치접근법(Market Approach)

1) 평가방법의 개요

자산가치와 수익가치가 평가대상 기업의 고유한 재무상황 및 미래 수익창출 능력만을 가지고 기업가치를 평가하는 가치개념이라면, 시장가치는 이런 기업의 재무상황과 미래 수익창출 가능성을 기초로 시장 메카니즘을 통해 형성되는 기업의 가치를 말한다.

즉, 상장기업 또는 코스닥등록기업의 경우 발행주식이 증권거래소에 상장되어 불특정 다수인의 매도·매수주문에 의해 주식가격이 형성되는데, 이런 증권시장에서의 주가는 바로 주식발행기업의 시장가치가 되는 것이다. 시장가치 형성의 기초는 자산가치와 수익가치 즉, 기업의 본질가치가 그 기준이 되지만 주식시장 전체의 상황에 따라 주가는 끊임없이 변동하는 특성을 갖는다.

이론적으로 보면 시장가치는 궁극적으로 기업의 본질가치와 일치하여야 하나 변화하는 시장상황에서 수요와 공급의 법칙에 따라 시장가격은 형성되고 변동되므로 본질가치와 반드시 일치하지는 않는다. 따라서 어느 평가시점에서의 시

장가치는 본질가치보다 현실적인 기업가치가 될 수 있으며, M&A거래에 있어서도 거래시점에서의 시장가치는 가격협상의 중요한 기준이 된다.

한편, 비상장기업 또는 상장기업의 일부사업부 등의 시장가치는 증권시장을 통해 형성될 여지가 없기 때문에 객관적인 시장가치는 존재하지 않으나, 동일한 업종에 속하고 규모가 비슷한 상장기업(Peer Companies)의 주가 및 각종 주가관련 승수(Market Multiple)를 이용하여 상대적인 시가(상대가치)를 산정해 볼 수 있다. 이런, 상대가치는 계산이 간편하고 이해하기 쉬워 미래현금흐름가치 분석(DCF방법)을 하기 전단계로 기업가치의 개략적 범위를 추정하는데 많이 활용되고 있으며, 다른 평가방법에 의한 기업가치를 검증하는 용도로 선진국에서 보편적으로 사용되는 평가방법이다.

Market Multiple(승수) 중 PER(주가/주당순이익), PSR(주가/주당매출액)은 주당순이익 또는 주당매출액에 비해 주가가 몇배로 형성되고 있는가를 나타내 주는 승수이기 때문에 기업의 재무구조(부채비율)를 적절히 반영하지 못하는 단점이 있고, PBR(주가/주당장부가치)은 자산가치의 개념이 반영된 승수이기 때문에 자산가치가 갖는 한계를 내포하고 있다. 그러나 EV(기업가치)에 대한 Multiple(승수)은 재무구조가 반영된 개념(EV에 주주지분가치 및 차입금금액이 모두 포함됨)의 승수이기 때문에 기업전체의 가치(Firm Value) 또는 특정 사업부문의 가치를 평가하는데 유용한 지표로 사용되고 있다.

2) 평가방법의 사례

일반적으로 M&A 대상기업(또는 사업부문)의 상대가치 평가는 상장 유사기업들(Peer Group)을 선정한 후, 그 기업들의 상기 여러 시장승수를 복수로 사용하여 평가 대상기업의 적정한 가치 범위를 추정하는 방식으로 이루어지게 된다. 그리고 이런 상대가치의 추정 범위는 보다 구체적인 자료분석을 통해 이루어지는 현금흐름할인가치 분석결과를 검증하고, 차이를 분석하는 기초자료로 이용되며 M&A 가격협상의 기본 Base로도 활용 된다.

즉, 실무적으로는 먼저 유사기업을 선정한 뒤, 유사기업의 EV(기업가치), 매출액, EBITDA(영업이익 + 감가상각비), EBIT(영업이익) 등 재무지표를 분석하고 적절한 재무지표를 기준으로 대상회사의 기업가치를 산정하는 방법이다. 즉, 유사기업의 기업가치(EV)와 매출액, EBITDA, EBIT 등과의 비율을 산정하고, 가장 적합한 비율을 찾고, 동일한 비율을 대상기업에 적용하여 대상기업의 기업가치를 산정한다. 예를 들어, 유사기업의 기업가치가 EBITDA의 7배로 산정된 경우 대상기업의 EBITDA가 100억원일 경우 대상기업의 기업가치를 700억원으로 산정하는 방식이다. 이와 같이 기업가치와 관련 재무지표를 비교하는 방법 외에 주식가치와 관련 지표간의 비율인 PER, PBR 등을 이용해 추정하는 방법도 많이 이용되고 있다.

사례

다음의 사례는 EBITDA 승수(EBITDA Multiple)를 이용하여 기업가치를 구하는 간단한 사례를 소개한 것으로 회사의 기업가치계산과정 및 EBITDA 계산과정 등은 생략하고 계산흐름만을 보여준 사례이다.

① 1단계로 먼저 유사회사를 선정한 뒤 유사회사의 EBITDA 승수를 먼저 구한다.

(단위: 백만원)

유사회사명	시가총액	기업가치(A)	EBITDA(B)	매출액	EBITDA 승수 (A/B)
A사	1,110,323	2,770,696	590,781	3,608,521	4.7
B사	640,894	2,266,601	351,714	2,323,457	6.4
C사	193,200	211,332	67,046	626,426	3.2

유사회사 승수		
	최대	6.4
	최소	3.2
	평균	4.8

② 2단계로 유사회사의 EBITDA 승수 중 평균치를 적용하여 대상회사의 기업가치를 구하면 다음과 같다.

(단위:백만원)

대상회사의 EBITDA (A)	적용 EBITDA 승수 (B)	상대가치 (A×B)
100,000	4.8	480,000

제3장 법령에 의한 기업가치 평가

법령에 의한 기업가치 평가의 대표적인 것으로는 증권거래법에 따라 공개법인과 비공개법인의 합병가액산정시 사용중인 본질가치 및 상대가치와 상속세 및 증여세법상 주식평가시 적용하는 평가방법이 있다. 이에 대해서는 관련 규정 및 내용 등에 대한 언급만 하고, 구체적인 사례는 생략하기로 한다.

1 구 유가증권 인수업무 규정에 의한 공모가격산정방법

2002년 8월 이전까지 IPO의 경우 공모대상기업의 가치산정법으로 사용했으나 지금은 IPO시 수요예측을 감안하여 주간증권사와 발행사가 자율적으로 산정토록 했다. 그러나 증권거래법 시행령 제84조의7 (합병의 요건·절차 등) 및 동 시행규칙 제36조의12(합병가액 산정방법)에 의해 공개법인과 비공개법인의 합병가액산정방법으로 계속 사용 중이고, 공모대상기업의 가치산정시에도 희망공모가액의 산정에 계속 이용되고 있다. 세부 계산방법은 다음의 관련조문을 참조하기 바란다.

1) 기준주가 산정방법

합병가액	산 정 내 역
기준주가	기준주가 = MIN[(ⓐ+ⓑ+ⓒ)/3, ⓒ] ⓐ 합병신고서 제출일 전일을 기산일로 한 최근 1개월 산술평균종가 ⓑ 합병신고서 제출일 전일을 기산일로 한 최근 1주일 산술평균종가 ⓒ 합병신고서 제출일 전일 종가

2) 본질가치 산정방법

본질가치는 다음에서 산정하는 자산가치와 수익가치를 각각 4:6으로 가중평균하여 산정한다.

구 분	산정방법
자산가치	(A)
수익가치	(B)
본질가치	C = (A×0.4)+(B×0.6)
규 정	유가증권의 발행 및 공시 등에 관한 규정 시행세칙 제5조

3) 자산가치 산정방법

자산가치는 합병신고서를 제출하는 사업연도의 직전연도말 자본총계에서 다음과 같은 사항을 가감하여 산정한다.

구 분	산 정 방 법
1. 합병신고서 제출일 직전연도 감사보고서상 자본총계	A
(1) 가산항목	B=a+b+c
자기주식	a
결산기 이후 유상증자액	b
결산기 이후 자본잉여금 증가액	c
(2) 차감항목	C=a+b+c+d+e+f+g
무형자산	a
회수불능채권	b
투자주식 및 관계회사주식 평가감 주)	c
퇴직급여충당금 부족설정액	d
전환권 및 신주인수권 대가	e
결산기 이후 특별손실	f
결산기 이후 전기오류수정손실	g
2. 순 자 산	D=A+B－C
3. 발행주식 총수	E=a+b+c
최근 사업연도말 발행주식수	a
결산기 이후 유상증자주식수	b
결산기 이후 무상증자주식수	c
4. 1주당 자산가치	F=D/E
규 정	유가증권의 발행 및 공시 등에 관한 규정 시행세칙 제5조

주 : 순자산가액이 취득원가보다 낮은 경우 순자산가액과 취득원가와의 차이

4) 수익가치 산정방법

수익가치는 다음과 같이 합병신고서를 제출하는 사업연도와 그 다음사업연도 2개년을 추정하여 산정한 주당 추정이익을 자본환원율(할인율)로 할인하여 산정한다.

수익가치를 할인하기 위한 할인율은 국민, 우리, 외환, 조흥 및 신한은행의 1년만기 정기예금 최저이율 평균치의 1.5배를 적용한다.

구 분	추정 1차연도	추정 2차연도	산정방법
1. 추정연도 경상이익			A
2. 유상증자 추정이익(주1)			B
3. 소 계			C = A + B
4. 법 인 세 등			D
5. 각사업연도추정이익	a	b	E = C − D
6. 발 행 주 식 총 수	c	d	F
7. 1 주당추정이익	F = a /c	F = b/d	
8. 추정연도별가중치(주2)	60%	40%	
9. 1 주당평균추정이익			G = E × 60% + F × 40%
10. 자본환원율			H
11.1 주당수익가치			I = G / H
규 정	유가증권의 발행 및 공시 등에 관한 규정 시행세칙 제7조		

주 : 1) 유상증자 추정이익 : 결산기 이후 유상증자액 × 시중은행의 1년만기 정기예금 최고이율 × (사업연도 개시일~납입일) / 365일

2) 제2차 사업연도의 1주당 추정이익이 제1차 사업연도의 추정이익보다 적은 경우에는 추정연도별 가중치를 50% : 50%를 적용함.

5) 상대가치 산정방법

구 분	산 정 방 법
상 대 가 치	상대가치 = MIN[①,②] ① 유사회사별 비교가치를 평균한 가액의 30% 이상을 할인한 가액 ② 유사회사 주가의 평균치 ※ 유사회사 주가는 분석기준일 전일부터 소급하여 1월간 종가의 산술평균으로 함. 단, 그 가액이 분석기준일의 전일종가를 상회하는 경우에는 분석기준일의 전일종가로 함.

상대가치 산출 요약	① 유사회사별로 비교가치를 평균한 가액의 30% 이상을 할인한 가액 ② 유사회사별 비교가치 = 유사회사 주가 × (발행회사 주당경상이익/유사회사 주당경상이익) + (발행회사 주당순이익/유사회사 주당순이익)/2 ③ 주당경상이익 = (최근연도 경상이익/발행주식총수) + (직전연도 경상이익/발행주식총수)/2 ④ 발행주식총수는 분석기준일 현재임.
유사회사의 조건	유사회사는 평가대상회사와 자본금, 매출액, 주요재무비율, 주당순이익, 제품구성비 등이 유사한 공개법인으로서 다음의 요건을 충족하는 2개 이상의 상장 또는 협회등록법인으로 한다. ① 주당경상이익이 액면가액의 10% 이상일 것 ② 주당순자산이 액면가액 이상일 것 ③ 상장 또는 협회등록일이 속하는 사업연도의 결산을 종료하였을 것 ④ 최근사업연도 감사의견이 적정 또는 한정일 것
규 정	유가증권의 발행 및 공시 등에 관한 규정 시행세칙 제8조

② 상속세 및 증여세법상 비상장주식의 보충적 평가방법

세법상 주식가격평가는 일반적으로는 시가를 적용하게 되어 있지만 비상장주식 등 시가가 불분명한 경우에는 대부분의 경우 상속세 및 증여세법상의 보충적평가방법을 적용하게 된다. 이는 과세가격 산정시 근거가 되므로 특정한 주식관련 거래이전에 주식거래와 관련한 세금 부담액을 사전에 면밀히 검토하여 자의적 평가 방법에 따른 납세자의 혼선을 방지하고 세원을 확보하고자 보충적평가방법을 규정하고 있다. (상속세 및 증여세법 제60조)

상장법인 등의 평가방법은 설명을 생략하고, 비상장주식의 보충적평가방법은 상증법상 순손익가치와 순자산가치를 각각 3과 2의 비율로 가중평균하도록 되어 있다. (상속세 및 증여세법 제63조 제1항 제1호 다목, 동법시행령제54조 제1항) 다만, 청산절차를 진행중이거나 사업개시후 3년미만 등의 경우 순자산가치에 의해서만 평가하도록 되어 있다.

다음은 상증법상의 주식평가방법에 대해 설명한 것으로 참고하기 바란다.

1) 순손익 가치

1주당 가액= 1주당 최근 3년간의 손손익액의 가중평균액(①) 또는 1주당 추정

이익의 평균액(②)/ 국세청장이 고시하는 이자율(10%)

① 1주당 최근 3년간의 손손익액의 가중평균액의 계산

1주당 최근 3년간의 손손익액의 가중평균액 = (A × 3+B × 2+C × 1)/6

A : 평가기준일 이전 1년이 되는 사업연도의 1주당 순손익액

B : 평가기준일 이전 2년이 되는 사업연도의 1주당 순손익액

C : 평가기준일 이전 3년이 되는 사업연도의 1주당 순손익액

1단계로 순손익액의 계산은 상증법시행령 제56조 제3항에 의거하여 각 사업연도 소득에 다음의 가감항목을 반영하여 산출한다.

항 목		비 고
가산항목	국세 및 지방세 과오납에 대한 환급금이자	법인세법 제18조 제4호
	기관투자가가 상장법인 등으로부터 받은 배당소득금액 중 90% 상당액	법인세법 제18조 제6호
	지주회사의 수입배당금의 익금불산입	법인세법 제18조의 2
	수입배당금액의 익금불산입	법인세법 제18조의 3
차감항목	당해 사업연도의 법인세액(주민세, 농어촌 특별세 포함)	법인세산출세액에 공제감면세액을 차감하고 가산세를 가산한 총결정세액(당해 사업연도에 대한 수정 및 경정 후의 금액)
	벌금, 과료, 과태료, 가산금 및 체납처분비	법인세법 제21조 제4호
	법령에 의하여 의무적으로 납부한 것이 아닌 공과금	법인세법 제21조 제5호
	업무무관지출비용	법인세법 제27조
	각 세법에서 규정하는 징수불이행으로 인하여 납부하였거나 납부할 세액	법인세법 제21조 제1호
	기부금, 접대비 손금불산입액	법인세법 제24조 및 제25조, 비지정기부금 포함 조세특례제한법 제136조
	과다경비 등 손금불산입액	법인세법 제26조
	지급이자 손금불산입액	법인세법 제28조 및 조세특례제한법 제135조
	광고선전비 손금불산입액	조세특례제한법 제137조
	배당으로 간주된 이자의 손금불산입액	국제조세조정에 관한 법률 제14조

가산항목은 주로 법인의 순자산에 증가를 가져왔으나 조세정책상 익금에 산입하지 아니한 금액이며, 차감항목은 실질적인 면에서 법인의 순자산을 감소시켰으나 조세정책상 손금에 불산입한 항목이다. 실무상 흔히 발생하는 세무조정사항 중 위의 가감항목에 포함되지 아니한 것을 열거하면, 가지급금에 대한 인정이자, 대손충당금 및 대손금 관련 세무조정사항, 감가상각 한도초과액, 외환환산손익, 재고평가손익, 퇴직급여충당금 등 주로 실질적인 부의 변동이 없거나 자산과 직접 관련된 세무조정항목임을 알 수 있다.

2단계로 발행주식 총수를 계산한다. (상증법시행령 제56조 제2항) 각 사업연도 소득을 기초로 하여 가감항목을 조정한 순손익액을 산출하였다면, 이제 1주당 순손익액을 구하기 위하여 발행주식총수로 나누어야 한다. 이 때, 발행주식총수라 함은 각 사업연도 종료일 현재의 발행주식총수로 하며, 무상증자나 무상감자가 있는 경우에는 상증법시행규칙 제17조의 3 제5항 규정에 의하여 조정하여야 한다. 동 시행규칙에 따를 경우, 평가의 대상이 되는 3년의 기간 동안 새로운 자본의 납입이 없었다면 결국 최근 사업연도 말의 발행주식 총수를 일률적으로 적용하면 된다.

② 1주당 추정이익의 평균액의 계산

사업개시 후 3년 미만이거나 일시의 우발적인 사건에 의하여 최근 3년간의 순손익액이 비정상적으로 증가하는 등의 사유로 인하여 1주당 최근 3년간의 순손익액의 가중평균액을 사용하는 것이 불합리한 경우에는 1주당 추정이익의 평균가액으로 평가할 수 있도록 정하고 있다. 이 때 1주당 추정이익은 신용평가전문기관 또는 공인회계사법에 의한 회계법인 중 2 이상의 평가전문기관이 평가한 평균가액으로 한다.

2) 순자산가치

당해 기업의 총자산가액에서 총부채를 차감한 순자산가액에 영업권을 합하여 산출한 순자산가액을 발행주식총수로 나눈 금액을 1주당 순자산가치로 산출한다. 이 때 발행주식총수는 평가기준일 현재의 발행주식총수로 한다.

순자산가액 = 영업권 제외된 순자산가액(①) + 영업권 가액(②) = 조정된 자산가액 − 조정된 부채가액 + 영업권

① 영업권 제외된 순자산가액의 산정

순자산가액은 평가기준일 현재를 기준으로 하므로 상속개시일 또는 증여일을 기준으로 하여 기업의 총자산에서 총부채를 차감한 가액으로 한다. 자산의 가액 중 유가증권이나 부동산 등 시가가 있는 경우나 보충적인평가방법에 의하여 평가가 가능한 경우에는 평가한 가액을 자산의 가액으로 하며, 매출채권 중 회수불능가액이 있다면 차감한다.

② 영업권가액의 산정(상증법시행령 제59조 제2항)

순자산가액을 산정하기 위해서는 상기 "① 영업권 제외된 순자산가액의 산정"에 아래 산식으로 산출된 영업권가액을 포함시켜야 한다.

$$\sum_{n=1} \frac{\text{영업권 지속연수}(*)\{(\text{최근 3년간 가중평균순손익액}\times 50\%) - (\text{자기자본}\times 10\%(**)\}}{(1+10\%)^{n}}$$

(*) 영업권의 지속연수는 원칙 5년

(**) 재정경제부령이 정하는 율

3) 최대주주 등에 대한 할증평가

최대주주 등에 대해서는 보충적평가방법에 의하여 평가한 1주당 가액에 지분율이 50% 이하일 경우 20%(중소기업의 경우 10%), 지분율이 50%를 초과할 경우 30%(중소기업의 경우 15%)를 할증하도록 규정하고 있다.

이와 같이 주식평가액을 할증하는 이유는 최대주주 등이 매각하는 주식은 경영권이 수반되어 매매가 이루어진다고 가정하여 경영권프리미엄만큼을 가산한 것으로 해석하고 있기 때문이다.

구조조정을 통한 M&A 사례

1. 자회사의 구조조정/468

2. 모회사의 구조조정/471

3. 모회사의 M&A/478

4. 결론/481

구조조정을 통한 M&A 사례

본 사례는 1년여에 걸쳐 진행된 비공개법인(공개법인의 자회사)과 공개법인(비공개법인의 모회사)의 구조조정 및 M&A에 대한 것으로 독자의 이해를 돕고자 요약하여 비실명으로 정리한 것이다.

본 사례의 특징은 M&A에서 다루어지는 대부분의 내용(구조조정, 영업권의양도, 자본금의 무상감자, 주주우선공모증자에 의한 자본금의 유상증자, 제3자배정에 의한 유상증자, 주식의 장내매집, 구조조정 완료 후 M&A실시 등)들이 연속적으로 발생하여 참고자료로 가치가 높다 하겠다.

〈 전체구조조정과 M&A의 주요일정 〉

일 정	주 요 내 용	비 고
04.6월	자회사의 영업권 임대 사업으로 전환	자회사의 1차 구조조정
04.12월	모회사의 무상감자 완료	모회사의 1차 구조조정
04.12월	자회사의 영업권양도	자회사의 2차 구조조정
05.2월	모회사의 자본전액잠식으로 매매거래 정지	2004년 결산기준
05.3월	모회사의 유상증자 완료	모회사의 2차 구조조정
05.3월	자본전액잠식해소를 위한 회계감사 실시	'05. 1. 1～3. 10까지
05.3월말	자본전액잠식해소사유 금감위와 증권거래소 보고	
05.3월말	주권매매거래정지해지 및 매매거래개시	
05.4.1	M&A를 위한 MOU 체결	
05.4.7	M&A 실사완료	
05.4.13	M&A 본계약 체결	주주우선 공모증자완료조건
05.4.21	제3자배정 유상증자 완료	
05.5.10	임시주주총회개최(경영권이전)	이사 및 감사선임

 자회사의 구조조정

1) 자회사 개요

구 분	주 요 내 용	비 고
회사명	자회사	
법인형태	비공개 중소법인	
주생산품	전자부품	
설립년도	8년 경과	모회사와 동일한 업종
직 원 수	150명	

2) 자회사의 구조조정

(1) 구조조정 동기

- 수익성이 낮은 매출거래처의 영업중지로 매출감소
- 운영자금 부족
- 과다한 금융부채
- 중요 영업권 양도를 통한 모회사의 지급보증 해소
- 완전매각(Voluntary bust-up) 후 회사청산(liquidation) 실행

(2) 구조조정 내용

단 계	구 조 조 정	구 조 조 정 효 과
1차 (04년 6월말)	· 회사 전체생산 공정(10개)별 개별사업체에 영업권 임대	· 임대보증금 10억 입금 · 월 임대료1억 입금 · 전직원 퇴직처리후 공정별 개별사업체에 재 고용시켜 고용문제 해결 · 부족운영자금 해소
2차 (04년 12월말)	· 회사의 중요영업권 양도*) → 사업용토지, 건물, 생산설비, 직원, 영업거래처 등	· 금융부채 130억원의 채무이전에 의한 부채 상환 · 추가적인 경영 Risk 해소 · 인수측에서 직원의 안정적 고용 보장 · 청산을 위한 사전정리 완료

*) 중요 영업권양도 일정

일 정	중 요 절 차	주 요 내 용
04년 3~6월	· 1단계 구조조정 실행	공정별 임대사업으로 전환
04년 7~9월	· 중요 영업권양도를 위한 사전준비	· 양도대상 영업권 결정 · 인수업체 선정 · 금융부채이전을 위한 금융기관과의 사전협의 · 영업권양도와 관련한 법률, 회계, 세무문제 검토
04년 10월	· 영업권양도를 위한 대상자산 및 부채의 정밀실사와 평가	
04.11.5	· 영업권양도 이사회 결의	
04.11.6	· 영업권양수도 계약서체결	
04.11.21	· 주주총회 개최	상법 제374조
04.11.25	· *)주식매수청구권행사 및 대금 지급	상법 제374조의 2
04.12.1	· 영업권양수도 완료	영업권양수도 대상의 자산 및 부채이전

*) 모회사의 자회사 지분소유비율은 85% 이었으며 나머지 15%에 대한 주식매수청구권 행사에 대해 5%의 주주가 주식매수청구권을 행사하였으며 10%의 주주는 행사하지 않았음(1주당 액면가 5,000원, 1주당 주식매수청구권행사가격 100원)

☞ 기타의 주요일정은 비공개법인의 영업권 양수도 절차 참조

3) 영업권 양도 전 후 재무현황

(단위:억원)

과 목	전기(영업권양도이전)	영업권양도	당기(영업권양도이후)	비 고
당 좌 자 산	43	0	10	
재 고 자 산	25	0	0	
투 자 자 산	2	0	0	
유 형 자 산	165	165	0	처분손익△35
무 형 자 산	0	0	0	
자 산 총 계	235	165	10	
유 동 부 채	210	0	146	
(금융권부채)	(145)	(70)	(75)	
고 정 부 채	65	0	0	

(금융권부채)	(60)	(60)	(0)	
부 채 총 계	275	130	146	
자 본 금 자본잉여금 결 손 금	80 30 △150	0 0 0	80 30 △246	
자 본 총 계	△40	0	△136	
부채와자본 총 계	235	35	10	

*) 중요 영업권 양도와 관련되는 유형자산과 금융부채이전에 대한 회계처리만 표시함.

4) 영업권양수 업체

(1) 회사개요

구 분	주 요 내 용	비 고
회 사 명 법 인 형 태 주 생 산 품 설 립 년 도 직 원 수	영업양수회사 거래소상장 공개법인 전자부품 30년 경과 500명	영업권양도회사와 동업종
자 산 총 액 부 채 총 액 자 본 총 액 매 출 액	1,300억원 500억원 800억원 1,500억원	

(2) 영업권양수 목적

구 분	주 요 내용
동기	· 동업종의 매출증대에 따른 추가생산설비 확대필요 · 자산인수(purchase of assets)에 따른 대금지급을 자회사의 부채를 이전받는 (assumption of liabilities) 방식(P&A방식)으로 실제자금 투자없이 인수
효과	· 기존자산(토지, 건물, 생산설비 등) 인수에 따른 투자비 대폭절감 →신규투자비용의 50% 소요 · 1년이상 생산설비 소요기간 단축 · 기존의 영업거래처 확보와 숙련된 직원의 승계로 생산성 증대 · 매출극대화를 통한 주가상승 · 동업종의 영업확장과 시너지 효과 증대

모회사의 구조조정

1) 모회사 개요

구 분	주 요 내 용	비 고
회 사 명	모회사	
법 인 형 태	거래소상장 공개법인	
주 생 산 품	전자부품	
설 립 년 도	30년 경과	
직 원 수	300명	
기 업 집 단	회사가 속해있는 기업집단 해당 없음.	

2) 모회사의 구조조정

(1) 구조조정 동기

- 자회사의 자본잠식으로 출자 자본금 80억원 전액 손실 처리
- 외상매출금, 대여금, 선급금 등 자회사에 대한 채권 140억원 전액 손실처리
- 자회사의 운영자금 지원에 대한 과다한 자금 부담
- 자회사 지원에 따른 모회사의 경영부실

(2) 1단계 구조조정 내용(무상감자)

구조조정	구조조정 효과
· 자회사의 부실자산 전액 대손처리 · 주식병합을 통한 무상감자실시 →80%무상감자(대주주, 소액주주 동일)	· 감자전 납입자본금 175억원 · 감자후 납입자본금 35억원 자본잉여금 140억원 발생

〈 주식병합을 통한 무상감자 〉

일 자	절 차	주 요 내 용	관련규정
04.9.22	감자이사회 결의	주식병합을 통한 무상감자결의	
	주주총회소집의 이사회결의	무상감자를 위한 주주총회 소집결정	상법 제362조
	이사회결의 신고 및 공시	금감위, 증권거래소	발행공시규정 제69조 상장법인공시규정 제4조
	일시매매거래정지	상장법인 발행주식총수의 10%이상 자본감소 또는 주식소각 이사회 결의시	상장법인공시규정 제20조의 2, 동세칙 제9조
04.9.26	주주명부폐쇄 및 기준일 공고	주주명부확정기준일 2주전 공고	상법 제354조
04.10.10	주주명부확정 기준일	주주총회에서 감자승인 의결권행사를 위한 주주 확정	상법 제354조
04.10.20	주주총회소집통지 및 공고비치	자본감소사유, 자본감소방법, 자본감소 주식의 종류와 수, 자본감소비율및기준등을 정보통신망에 게재하고 회사와 명의개서대행회사, 금감위와 거래소에 비치	증권거래법 제191조의 10, 동시행령 제84조의 17 유가증권의 발행 및 공시 등에 관한 규정 제73조
04.10.20	주주총회소집공고 및 통지발송	감자에 관한 의안과 요령을 기재하여 주주총회일 2주전 공고 및 통지	상법 제363조
04.11.5	감자승인 주주총회개최	감자승인을 위한 주주총회 특별결의	상법 제438조
04.11.6	채권자이의제출 공고및최고	· 채권자 이의를 제출하지 않을 경우 감자를 승인하는 것으로 한다. · 이의를 제출한 채권자가 있을 경우 별도로 변제, 담보제공, 재산	상법 제439조

		신탁의 보호절차를 취한다.	
04.11.6	구주권 제출 공고	2주이내 공고, 1개월 이상	상법 제440조
04.12.6	매매거래정지시작	구주권 제출기간만료 전일부터 주권변경상장전일까지	상장규정 제45조 제1항
04.12.7	채권자이의제출기간 만료	공고일로부터 1개월 이상	상법 제439조
04.12.7	구주권제출기간만료	공고일로부터 1개월 이상	상법 제440조
04.12.10	감가기준일	구주권제출기간이 만료한때에 그 효력이 발생하나 채권자 보호절차가 종료되지 않을경우에는 그 종료시 효력이 발생한다.	상법 제441조
04.12.11	감자 등기	감자의 효력이 발생한 날(감자기준일)로부터 본점 소재지에서 2주이내에 완료한다.	상법 제183조
04.12.15	변경상장신청	감자등기일로부터 2주전까지 거래소에 당해 유가증권의 변경상장신청서와 첨부서류를 제출한다.	유가증권상장규정 제14조 및 제50조 제2항
04.12.15	신주권상장 및 주권변경상장시초가 결정	· 1주당평가가격:주식병합전 최종일 종가×병합비율 · 1주당시초가격:평가가격의 50% 200% 범위내에서 주문접수하여 9시에 시초가 결정	거래소업무규정 시행세칙 별표1

☞ 감자의 종류는 유상감자와 무상감자로 구분하며, 그 방법은 액면가액을 감액하는 방법과 주식수를 감소시키는 방법이 있다.
감자의 방법 중 가장 일반적으로 사용하는 것은 주식의 병합을 통한 무상감자이며, 특정주식의 소각(일부주식의 소각)을 통한 무상감자도 행해지고 있다.

(3) 2단계 구조조정 내용(유상증자)

구조조정	구조조정 효과
· 주주우선공모증자에 의한 *)유상증자 실시 · 05년 3월 10일 주금납입 및 증자 등기완료 *) 증자주요 내용 참조 *) 유상증자 일정표 참조	· 납입자본금 35억원의 200% 실시 · 1주당 액면가 500원 · 1주당 발행가 550원 · 유상증자대금입금 77억원

〈 증자 주요 내용 〉

구 분	주 요 내 용
증자비율	200% 유상증자
액면가	1주당 500원
발행가	1주당 550원(10% 프리미엄발행)
증자방식	주주우선공모증자
주식배정방법	<1단계> · 우리사주조합 우선배정 20% · 주주배정 80% <2단계> · 일반공모: 우리사주조합실권주+주주배정실권주
주관사	S 증권사
할인율적용	유가증권 발행 및 공시 등에 관한 규정 제57조에 의해 산출되는 보통주의 기준주가에 할인율 30% 적용
발행가액확정	청약일전 3거래일전인 05년 3월 2일 확정
최종실권주처리	일반공모 후 총청약주식수가 공모주식수에 미달하여 실권주가 발생할시에는 미발행처리
주요일정	*)유상증자 일정표 참조

☞ 증자의 목적은 ①유상증자와 ②무상증자로 구분할 수 있다.

☞ 증자의 유형은 ①발행가액에 따라 액면발행, 액면미달발행, 시가발행으로 나눌 수 있으며, ②신주배정방법에 따라 구주주배정증자, 공모증자(주주우선공모, 일반공모), 제3자배정증자로 나눌 수 있다. ③신주의 발행방법에 따라 직접발행과 간접발행(총액인수, 잔액인수, 모집주선)으로 나눌 수 있다.

*) 유상증자 일정표

번호	업무내용	일정	관련기관		비고	관련규정
			주관처	대상처		
1	증자 이사회결의 및 공시	D－17	발행사	예탁원, 금감원		상법 제416조
2	대표주관회사 계약체결	D－16	발행사			
3	유가증권신고서 제출 및 예비사업설명서 제출	D－16	발행사	감독원		증권거래법 제8조

4	신주발행계획 및 본 사업설명서제출	D－15	발행사	기준일 2주전 (신문공고)	예탁원	상법 제148조
5	신고서 효력발생 및 본 사업설명서제출	D－05	발행사			증권거래법 제9조 및 제12조, 동시행규칙 제3조
6	신주발행의뢰	D－03	발행사	예탁원		
7	1차 발행예정가액 결정 및 공시	D－03	발행사	금감위, 예탁원(3거래일전 기준으로)		유가증권발행 및공시등에관한규정 제57조
8	주1)권리락	D－01				
9	신주배정기준일	D				
10	권리주주확정 및 배정명세표인수	D+15	예탁원			
11	신주배정통지서, 청약서발송	D+15	예탁원	청약일 2주간전		상법 제420조, 상법 제419조
12	주2)2차 발행가액 확정 및 통보	D+27	발행사	증권거래소 및 신문공고		유가증권발행 및공지등에관한규정 제57조
13	우리사주 및 주주청약	D+32	대표주관회사	3/7 3/8 2일간 청약		
14	직접, 이중 청약자 통보	D+34	예탁원	이중청약대금 반환		
15	일반공모 청약공고	D+36	대표주관회사			
16	주3)일반공모 청약	D+39	대표주관회사	3/14 3/15 2일간 청약		
17	청약결과집계 및 배정공고	D+42	대표주관회사			
18	초과청약금 환불	D+42	대표주관회사			
19	주금납입	D+42	대표주관회사	하나은행		상법 제183조 및 제317조
20	증자등기 및 납입금 인출	D+43	발행사	법원		
21	청약결과통보	D+43	발행사	예탁원		
22	권리상장신청	D+46	발행사	거래소 (상장일: 4일후)		
23	주권소요량 산정	D+47	예탁원			

24	권리상장	D+50	거래소			유가증권상장규정 제9조, 동시행세칙 제5조의 3
25	산정내역서 발행	D+48	예탁원	가쇄계약및증권용지교부신청		상법 제356조
26	용지납품일	D+53	가쇄소			
27	견양주권인수 및 변경상장신청	D+53	발행사			
28	주권교부일	D+56				
29	실물주권상장	D+57	예탁원			

주 : 1) 권리락(주주확정일 전일)

- 권리락기준가={(권리부종가×증자전주식수)+(발행가액×증자주식수)}/(증자전주식수+증자주식수)=(권리부종가+발행가액×유상증자비율)/(1+유상증자비율)
- 권리부종가 : 권리락 전일의 종가
- 발행가액 : 1차 발행가액
- 유상증자비율 : 증자주식수/증자전 주식수

2) 발행가액 결정

- 1차발행가 산정방식 = {기준주가 × (1 – 할인율)/(1 + 증자비율 × 할인율)}
  → 1차발행가 기준주가 = MIN{(매월거래량가중평균종가 + 1주일거래량가중평균종가 + 기산일종가)/3, 기산일종가}
- 2차발행가 산정방식 = 기준주가 × (1 – 할인율)
  → 2차발행가 기준주가 = MIN{(1주일거래량가중평균종가 + 최근일종가)/2, 기산일종가}
- 확정발행가 산정방식 = 위 두 발행가액중 낮은가액

3) 일반공모증자 발행가액 결정

구 분	내 용
할 인 율	100분의 30 이내
기 산 일	청약일 전 제5거래일을 기산일로 하여 기준주가를 산정
계 산 식	발행가 = 기준주가 × (1 – 할인율)
기준주가	MAX{1개월 거래량가중평균종가, 1주일 거래량가중평균종가, 최근일종가}

3) 모회사의 구조조정 효과

(1) 자회사 영업권 양도에 따른 효과

- 자회사에 연대보증된 130억원의 금융기관 지급보증해소와 그로 인한 우발채무부담소멸

- 자회사에 담보로 제공한 금융권 예금 30억원 해지로 운영자금의 유동성 증가
- 자회사의 자금지원 중지로 자회사의 자금부담해소
- 모회사에 대한 경영집중가능

(2) 무상감자와 유상증자에 따른 효과

- 재무구조의 획기적 개선
- 단기고금리 금융권부채 일부상환과 금융비용절감
- 원자재 구매처에 대한 대금결제 기일단축에 따른 신용회복과 자재구매원가 인하
- 매출거래처에 대한 신용증대로 매출증가 및 이익확대
- 직원의 사기 증대
- 주식가치의 상승

(3) 유상증자 후 자본금 변동상황

(단위:억원)

년월일	자본금의 증감	현재 자본금	자본금의 증감 사유
설립시	5	5	
'04. 12월 까지	170	175	주주배정증자, 일반공모, CB전환, BW전환 등을 통한 수차례 자본금 증자
'04. 12월	△140	35	재무구조개선을 위한 무상감자(80%)실시 → 무상감자 주요일정표 참조
'05. 3월	70	105	재무구조개선을 위한 유상증자 200%실시 → 유상증자 주요일정표 참조

*) 05년 3월일 현재 주식수량에 영향을 미칠 수 있는 회사가 발행한 CB 또는 BW등은 없음.

(4) 유상증자 후 주주분포

구 분	증자 전		증자 후		비 고
	자본금(억원)	지분율(%)	자본금(억원)	지분율(%)	
대주주	3.5	10.0	10.5	10.0	우리사주 우선배정 실권주 일반공모 참여
우리사주	0	0	13.65	13.0	
우호주주	0	0	10.5	10.0	
소액주주	31.5	90.0	70.35	67.0	
합 계	35억원	100%	105억원	100%	

*) 유상증자 후 우호지분 확보(우리사주 및 우호지분을 포함하여 34.65%)로 안정적 경영권 유지가능

(5) 자본잠식해소

2004년말 현재의 회계감사보고서상 자본금의 전액잠식으로 주식의 매매거래가 정지(유가증권시장 상장규정 제95조) 되었으며 1차 유상증자와 05년 1월 1일부터 3월 10일까지의 결산결과를 더하여 자본잠식사유가 해소된 사업보고서를 금융감독원에 보고함으로써 주식의 매매거래정지가 해제(유가증권시장 상장규정 제95조 및 동시행세칙 제46조)되어 정상으로 주식의 거래가 재개되어 성공적인 구조조정이 마무리 되었다고 볼 수 있다.

*) 자본잠식해소내용

과 목	금 액	비 고
자산총계 부채총계	450 480	
04년말 자본총계	△20	· 자회사의 투자자본금 및 채권에 대한 대손설정으로 당기손실발생하여 자본전액 잠식
유상증자	77	· 05년 3월 10일 증자 등기 완료
주주우선공모 증자후자본총계 (05. 3. 10일 현재)	57	· 납입자본금(105억)의 50%(52.5억원)미만으로 관리종목 편입위험 탈피 · 자본잠식금액 48억원, 자본잠식률 45.7%
이익잉여금 (05. 1. 1～3. 10까지)	5	· 자본잠식 해소를 위해 사업보고서제출기한(05. 3. 31일)까지 회계감사실시(05년1월부터 3월10일까지)하여 당기순이익 5억발생으로 자본잠식해소사유 금감원과 증권거래소에 보고 완료. · 관리종목편입사유해소 *) 유가증권시장상장규정 제95조 및 동시행세칙 제46조
이익잉여금 가산후자본총계 (05. 3. 10일 현재)	62	· 납입자본금의 50%이상으로 관리종목편입사유해소 →자본잠식금액43억원, 자본잠식률 40.95%

③ 모회사의 M&A

자회사의 영업권양도를 통한 구조조정과 모회사의 무상감자 및 유상증자를 통한 구조조정을 마무리한 후 모회사의 대주주는 경영권을 양도하기 위한 M&A를 실시하였으며 그 주요내용은 다음과 같다.

1) M&A 목적

구 분	주 요 내 용	비 고
회사입장	· 과다한 부채비율인하 · 제2차 증자를 통한 금융부채상환 · 주식의 가치상승필요	
대주주입장 (양도측입장)	· 소유주식매각(경영권프리미엄포함) · 경영리스크 해소 · 자금조달 능력 부재 · 새로운 사업기회 구상	
인수측입장	· 기존사업과의 영업 및 생산활동 시너지 효과기대 · 회사인수를 통한 사업다각화 · 비공개법인의 고부가가치 영업부문접목으로 기업가치 증대기대	

2) 주요 M&A 일정

일 정	주 요 내 용	비 고
4. 1	MOU 체결	
7	실사완료	
13	M&A 본계약체결	제3자배정 유상증자 내용 첨부
13	제3자 배정 유상증자 이사회 결의 및 공시	
21	제3자배정 유상증자 완료	
5. 10	임시주주총회 (경영권이전)	신임이사 및 감사선임

3) 제3자배정 유상증자

인수측의 제3자배정에 대한 유상증자의 내용은 다음과 같다.

증자금액	취득지분율	비 고
40억원(액면25억+프리미엄15억원)	주1) 19.23%	· 1주당액면가 500원 · 1주당발행가 800원주2)

주 : 1) 제3자배정유상증자(액면기준) 25/증자 후 자본금 130억원×100=19.23%

2) 발행가액산정(유가증권의 발행 및 공시등에 관한 규정 제57조)

구조조정을 통한 M&A 사례

항 목	기 준
기 산 일	이사회결의일 전일
발행가액	기준주가 × (1 – 할인율)
기준주가	①과②중 낮은 가액 ① [1개월평균종가+1주일평균종가+최근일종가]/3 ② 최근일 종가
할 인 율	10%이내에서 발행회사가 자율적으로 결정

〈 제3자배정유상증자 주요일정표 〉

주 요 업 무	일 정	비 고
정관정비(정관에 제3자 배정에 관한 사항 명시) 또는 주총특별결의	D－1까지	정관에 3자배정 규정 없을 경우 약 6주 소요
이사회 결의, 신고, 공시	D	
청약 및 납입	D+1	
증자등기, 주금인출	D+2	
상 장 (등록)	D+10	

* 정관정비를 위한 임시주총 또는 제3자배정 의결을 위한 임시주총을 소집하기 위해서는 이를 결정한 이사회 결의일로부터 약 6주가 소요된다.

〈 제3자배정유상증자의 참고사례 〉

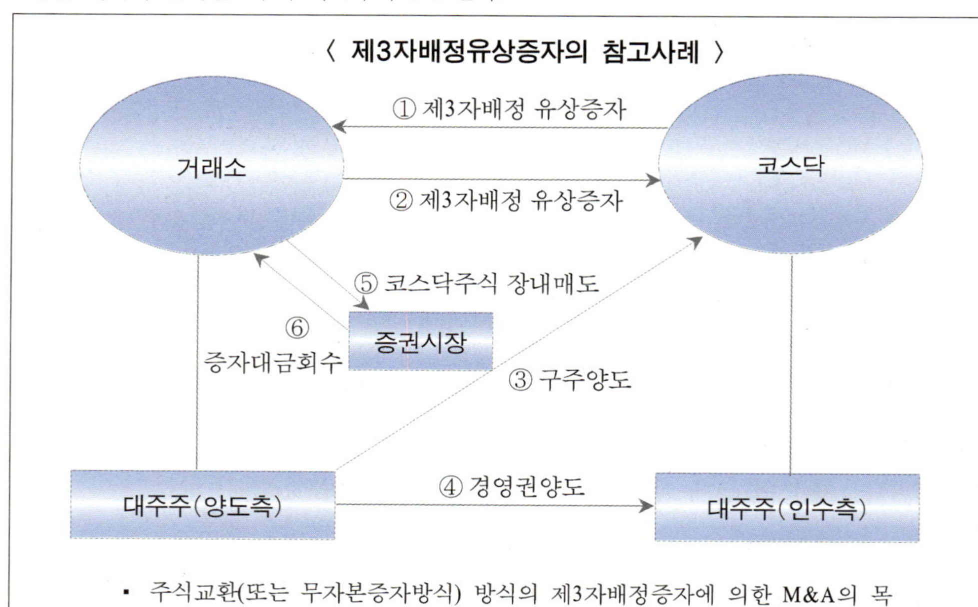

- 주식교환(또는 무자본증자방식) 방식의 제3자배정증자에 의한 M&A의 목적은 코스닥법인의 대주주가 코스닥법인의 자금을 활용하여 거래소상장회사의 경영권을 취득하고자 할 경우이며
- 거래소 상장회사는 증자후 적정시점에 보유한 코스닥법인의 주식을 장내 등에서 양도함으로 투자(증자)자금 회수 가능

4) M&A이후 주주분포

(단위:억원, %)

주주	M&A이전		M&A 이후		비고
	자본금	지분율	자본금	지분율	
인수측	0	0	주)40.7	31.31	
양도측	10.5	10.0	0	0	
우리사주	13.65	13.0	13.65	10.5	증자에 의한 지분율 감소
우호주주	10.5	10.0	0	0	M&A시 장내매도
소액주주	70.35	67.0	75.65	58.19	
계	105억원	100%	130억원	100%	

주) 인수측 지분취득내용

구 분	자본금(억원)	비 고
대주주지분인수	10.5	
제3자배정	25.0	
장내주식매입	5.2	우호지분의 장내매도 주식일부와 소액주주 주식일부매입
계	40.7	

④ 결론

구 분	주 요 내 용
자회사입장 (비공개법인)	· 1차(공정별 임대사업장으로 전환), 2차 구조조정(영업권의 완전 양도) 완료. · 회사를 완전 청산할 수 있는 계기마련
모회사입장 (공개법인)	· 자회사의 구조조정과 무상감자 및 1차 유상증자를 통하여 그동안의 재무적리스크를 완전탈피하고 우량회사로 변할 수 있는 기틀마련 · 구조조정과 2차유상증자(40억원)를 통하여 재무구조를 획기적으로 개선하였으며 금융부채 상환(50억원)를 통한 금융비용의 절감과 금융기관으로부터 높은 신용도를 회복하여 기존 차입금에 대한 금리인하 조정 계기 · 생산설비에 대한 증설 및 개체로 생산성향상과 고부가가치의 매출증대로 이익구조개선 · 대외거래처로부터 신용증대에 따른 원자재 원가인하와 영업신장 · 주식의 가치 상승 · 직원의 사기고취

부 록

▶ M&A용어/485

▶주식 등의 대량보유 상황보고서/515

▶우회공개 방법별 작성서식/548

M&A 용어

◈ 국문 ◈

- **간이합병** : 간이합병은 흡수합병시 피합병회사(소멸회사)가 합병승인 주주총회를 거치지 않고 합병주주총회를 갈음하는 이사회 결의만으로 합병이 이루어지는 합병의 형태를 말한다.
  다만 소멸회사의 총주주의 동의가 있거나 흡수합병회사가 소멸회사 주식의 90% 이상을 소유하는 경우에 한한다.

- **공개매수(Tender Offer 또는 Take Over Bid)** : 공개매수(미국에서는 tender offer, 영국에서는 take overbid라고 하며 일반적으로 TOB라고 한다)에 의한 기업지배권의 인수는 적대적 M&A에 의한 형태이며 공개매수란 불특정 다수인에 대하여 주식 등의 매수의 청약을 하거나 매도의 청약을 권유하고 유가증권시장 및 코스닥시장 밖에서 당해 주식 등을 매수하는 것을 말한다. (증권거래법 제21조 제3항)

- **공정거래법(Fair Trade Act)** : 시장 구조의 독과점화를 억제하고 경쟁을 제한하거나 불공정한 거래행위를 규제하여 공정하고 자유로운 경쟁질서를 확립하는데 목적을 둔 것으로 법률명은 [독점 규제 및 공정거래에 관한 법률]임.

- **구조 개편적 M&A(Restructure M&A)** : 구조 개편적 M&A(Restructure M&A)는 기업의 영업활동, 재무구조, 주주구성, 경영진구성 등을 변경하고자 하는 목적으로 이루어지는 M&A를 말한다. 예컨대 사업의 구조조정, 기업분할매각 또는 분할합병, 영업양도, 자산양도 등을 통한 기업의 구조조정 차원에서 행해지는 경우이다.

- **기습(Raid)** : 마치 TV에서 토요일밤에 특별프로(Saturday Night Special)를 방영하듯이 주말을 앞두고 주주들에게 주식을 높은 가격으로 사주겠다고 통고하는 것이다.
  이러한 '기습' 방법은 주주들에게 공개매수제의에 응할 수 있는 시간적 여유를 주말 몇일 밖에 주지 않음으로써 대상기업의 경영진이 방어전략을 준비하는 시간을 최소한 짧게 하는 효과가 있었다.

- **그린메일(Green Mail)** : 그린메일은 협박장을 의미하는 Black mail을 모방한 것으로 녹색의 화폐(달러)를 직접적으로 연상시킴에 따라 Green mail이라고 하였다.

- **기업인수(Corporate acquisitions)** : 주식인수(Stock acquisitions)거래는 매도자와

매수자간의 계약에 의해 이루어지는 사유재산의 거래행위이며 주식인수를 통해 대상기업의 경영권을 완전히 넘겨받을 수 있게 되는데 이를 기업인수(Corporate acquisitions)라고 한다.

· **내부자 거래(Insider Trading)** : 회사의 임직원, 주요 주주, 기타 회사의 일정한 관계에 있는 자가 당해 회사의 업무 등과 관련하여 일반인에게 공개되지 않은 중요한 정보를 이용하여 당해 기업의 주식 등 유가증권을 거래하거나 타인에게 이용하는 것.

· **냉각기간제도(Cooling off Period)** : 적대적 M&A 시도 등이 있는 경우 일정기간 동안 추가주식취득과 의결권행사를 금지함으로써 주주총회 직전에 보유목적을 기습적으로 변경한 후 경영권에 영향력을 행사하는 것을 방지하고 기존 경영진과 투자자에게 적대적 M&A에 대응하고 그 가능성에 대하여 숙지할 수 있는 기간을 부여하는 제도이다.

· **교환비율(Exchange Ratio)** : 합병기업이 대상기업의 주식 1주를 매수하기 위해 발행해야 하는 주식의 수.

· **노샵 조항(No Shop Provisions)** : 대상기업이 특정인을 제외한 어떠한 매수자와도 매도협상을 하지 않을 것임을 나타내는 증서.

· **독성 풋(Poison Put)** : 적대적 인수와 같은 특정 사건의 발생시 사채권자가 발행기업으로부터 특정기간 동안에 액면가격 또는 그 이상의 가격으로 사채를 상환 받을 수 있는 풋 옵션이 포함된 채권을 발행하는 것.

· **드래그 얼롱(drag along)** : '드래그 얼롱'이란 1대 주주가 자신의 일정 지분 이상을 팔 때 원매자(인수자)가 원할 경우 2 · 3대 주주도 동일한 조건으로 팔아야 하는 것으로 2.3대 주주로서는 지분 처분에 제약을 받는 요인이 된다.

· **딥포켓(Deep Pocket)전략** : 시장1위 굳히기 전략이다. 시장점유율의 선발주자로서 동원 가능한 모든 강점을 이용해 후발주자를 제압하는 경우다.

· **러너지수(Lerner Index)** : 아바 러너(Abba Lerner)에 의해 개발된 것으로 가격과 가격에 대응하는 한계 비용의 차이점으로 시장지배력을 측정하는 지수.

· **레드오션전략(Red Ocean Strategy)** : 이미 잘 알려져 있는 시장, 즉 현재 존재하는 모든 산업을 말한다.

· **레만방식(Lehman Scale)** : 인수 가격에 대한 중개 수수료 산출방식으로 처음 백만 불까지는 5%로 하며 다음 백만불 단위로 각각 4%, 3%, 2%가 누적 부과되며 5백만불 초과분에 대해서는 1%를 적용하는 5－4－3－2－1의 수수료 결정방식. 이를 M&A공식 또는 월스트리트 법칙으로도 부른다.

· **레블론 의무(Revelon Duties)** : 회사가 경영권을 넘기거나 해체될 때 주주들에게 최고 이익을 제공하고자 최고가격을 받아 내리는 것.

· **매도권 계획(Back End Rights Plan)** : 매수 기업이 일정 비율 이상의 주식을

인수할 경우 주주 등이 그들이 보유한 주식을 현금, 사채, 우선주 등으로 교환해 줄 것을 발행 기업에게 청구할 수 있는 권리.

- **물적분할** : 상법 제530조의 12(물적분할)에서 규정하는 물적분할은 분할회사가 존속하면서 분할신설법인 또는 합병상대회사가 발행하는 신주를 분할회사가 100% 소유하는 형태의 분할로 분할회사의 기존 주주들은 신설회사 또는 합병 상대회사의 신주를 소유하지 않는 형태의 분할이다.

- **바이아웃펀드(buy out fund)** : 바이아웃펀드(buy out fund)는 일명 LBO(leveraged buy out)라 불리우며, 차입 및 채권발행을 통해 조달한 자금으로 기업을 인수합병하여 피인수기업의 이익, 자산매각, 재상장등으로 차입금을 상환하는 펀드이다.

- **버스트업 인수(Bustup Takeover)** : 대상 기업의 자산의 일부 또는 전부를 처분한 후 수행되는 인수.

- **벌처 펀드(Vulture fund)** : 벌처 펀드(Vulture fund)는 M&A의 특수한 유형으로서, 파산기업을 전문적으로 인수하는 기금을 말한다. 일반적으로 기업이 파산선고를 맞게되면 증권시장에서는 주권뿐만 아니라 채무증권의 가격이 큰 폭으로 하락하게 되는데, 벌처 펀드는 파산기업의 채무증권 등을 값싸게 매입해 주요 채권자가 되고 난 후에 파산기업을 회생시켜 자본차익을 남기는 것을 목적으로 한다. 따라서 위험은 매우 높으나 성공할 경우에는 막대한 차익을 올릴 수 있다.

- **보증(Representation and Warranty)** : 'Representation'은 현실에 대한 보장이라고 번역되며, 'Warranty'는 미래에 대한 보증으로 번역되어 서로 구분될 수도 있으나 현실적으로는 서로 혼용하거나 병용해서 쓰는 경우가 많다.

- **보통주 발행부 매각(Equity Carve Outs)** : 분리매각의 한 변형으로 기업 자산의 일부에 대하여 새로운 보통주 주식을 발행하여 제3자에게 매각함으로써 새로운 기업을 탄생시키는 것.

- **복합매수** : 기업인수의 자금지급을 현금과 주식교환, 차입매수방식을 혼합하여 사용하는 방식으로 이밖에도 Bridge financing, 기존의 회사부채를 인수하는 방식, 기타의 현물지급 등을 결제수단으로 활용할 수 있다.

- **부분분할(Split-Off)** : 지주회사의 일부 주주가 자신이 소유하고 있는 주식을 지주회사에게 되돌려주고 그 대가로 지주회사에 종속되어 있는 종속회사의 주식을 받음으로써 주주집단이 분할되는 것.

- **분리매각(Divestitures)** : 기업의 일부 사업부를 다른 기업에 직접 매각하는 것으로 새로운 소유주에 의해 경영이 이루어지게 된다. 국내에서도 영업의 일부 양도와 같은 방식으로 분리매각하는 경우가 많이 있다. 우리나라에서는 중요한 사업부를 분리매각하는 경우 영업의 전부 양도에 해당하여 주주총회의 특별결의(상법 제374조, 제434조)를 거쳐야 한다.

· **분리설립(Spin-Off)** : 분리설립은 신설회사로서 자회사를 설립하고 신설 자회사의 주식을 모회사 기존주주의 지분율에 비례하여 주식을 배분함으로써 모회사의 기존주주가 새로운 법인의 주식을 소유하는 형태를 말한다. 따라서 보통 새로 설립된 기업의 주주구성은 기존의 주주구성과 동일한 형태가 된다.

· **붓스트랩 효과(Bootstrap Effects)** : 대상기업의 보통주와 새로이 발행한 전환사채를 교환하는 것.

· **블루필드(Blue Field)** : 공업지역 내의 업체를 M&A 방식으로 인수하여 진출하는 방식.

· **블루오션전략(Blue Ocean Strategy)** : 알려져 있지 않은 시장, 즉 현재 존재하지 않아서 경쟁에 의해 더럽혀 지지 않은 모든 산업의 시장을 말한다.

· **사모M&A펀드** : 사모M&A펀드는 투자대상기업에 제약이 없다는 점에서 사모주식 투자펀드와 유사하나 법률적 형태가 간접투자자산운용법상 주식 회사의 형태란 점에서 차이가 있음.

· **사모주식투자펀드(PEF: private equity fund)** : 사모주식투자펀드(PEF: private equity fund)는 토종자본의 육성과 함께 M&A시장의 활성화를 추진하기 위해 도입한 제도이다.
PEF는 보험사, 연기금, 금융기관, 각종 재단 등으로부터 비교적 대규모자금을 조달하여 기업을 인수.합병한 후 가치를 극대화 한 다음 재매각하여 투자자금을 회수하는 펀드이다.

· **사모펀드(private equity fund)** : 소수의 특정투자자로부터 자금을 모아 주식 또는 채권 등에 운용하는 펀드를 말한다. 이와 반대로 가입자를 공개적으로 모아 누구나 가입할 수 있는 펀드를 공모펀드라고 한다.

· **사전주식매입(Block parchase)** : 인수시도자가 대상기업 측으로 하여금 인수제의를 무시하지 못하도록 하는 방법으로 인수시도자가 사전에 대상기업의 주식을 매입해 놓고 통고하는 것으로, 사전주식매입을 위해 상당한 시간을 두고 장기간에 걸쳐 꾸준히 주식을 매수하여 주식을 늘려가는 방법 (매수축적: Protracted Build-up)과 대상기업 측에서 눈치채지 못하도록 일시에 4.9% 정도의 주식을 매입하는 방법(새벽의 기습: Dawn raid)을 사용할 수 있다.

· **삼각합병(triangular merger)** : 삼각합병(triangular merger)은 모회사의 자회사가 제3의 회사와 합병하는 형태로 이를 통해 모회사가 실제로 제3의 회사에 대한 경영권을 획득하고 지배하는 합병이다.

· **상승효과(Synergy Effect)** : 2+3=7이 되는 논리로 각 부문의 합보다 가치가 보다 크게 창출되는 통합효과. 기업인수합병에 있어 효율성 이론의 근간이 되고 있다.

· **상장 합자회사(Master limited Partnership: MLP)** : 주식이 상장되어 거래되고 있는 합자회사.

· **소규모 합병** : 법인의 흡수합병시 존속회사가 일정한 소규모의 회사를 흡수합

병하는 경우 주주총회의 승인과 반대주주의 주식매수청구권을 생략하고 합병 주주총회를 갈음하는 이사회 결의만으로 합병이 가능하도록 한 제도이다.
다만, 존속회사가 합병으로 인하여 발행하는 신주의 총수가 존속하는 회사의 발행주식총수의 5%를 초과하지 아니하여야 한다.

- **소멸분할** : 회사가 분할을 목적으로 2개 이상의 신설회사에 재산을 이전하고 청산절차 없이 소멸하는 분할방식으로 반드시 2개 이상의 회사가 신설된다.
신설되는 회사의 자본은 분할회사로부터 분리한 영업재산만으로 구성할 수 있거나, 제3자로부터 출자를 받아 자본을 구성할 수 있다.

- **소멸분할합병** : 소멸분할합병은 분할회사가 자신의 영업을 A사업부와 B사업부의 2개 이상으로 분할하여 다른 기존의 2개 이상의 회사에 출자하여 합병하고 분할회사 자신은 소멸하는 방식이다.

- **소수 주주권 확보** : 회사가 발행한 총주식의 5% 이상의 주식을 매집하여 소수주주권을 행사한다. 이때 여러 사람이 공동으로 연대하여 소수주주권을 확보할 수도 있다.
상법 제466조의 회계장부 열람권이나 상법 제467조의 회사의 업무와 재산상태의 검사권을 이용하여 경영자의 부당성을 밝혀낸다.
이를 토대로 상법 제366조의 주주총회 소집청구권을 활용하여 주주총회를 소집하고 이사해임을 통해 경영권을 확보하는 전략이다.

- **수직적 M&A(Vertical M&A)** : 수직적 M&A(Vertical M&A)는 동일한 사업군에서 한 기업의 생산과정이나 판매 과정상에 서로 연관되어 있는 회사간에 이루어지는 M&A 형태이다.
이러한 수직적 M&A의 주된 목적은 생산 또는 판매에 있어 원활한 업무추진을 위한 전략으로 활용한다.

- **수평적 M&A(Horizontal M&A)** : 수평적 M&A(Horizontal M&A)는 동일한 산업군에서 동일한 제품 또는 용역을 생산하거나 서로 경쟁관계에 있는 기업간에 이루어지는 M&A 형태이다.
이러한 수평적 M&A가 이루어지는 주된 목적은 시장 점유율을 확대하거나 영업력강화를 통한 생산 및 판매를 일원화 하기 위한 전략으로 활용한다.

- **스텁(Stub)** : 기업이 자본 재구축을 실시하는 경우에 주주에게 새로운 지분의 소유를 나타내는 주식증서.

- **스트롱홀드(Strongholds)전략** : 요새를 지키기 위해 '진보하지 않으면 퇴보한다'는 평범한 진리를 교훈 삼아 후발업체를 M&A하여 규모의 경제를 이루거나, 공격적으로 마케팅을 강화 하거나, 전략적 제휴 강화를 추진해 난공불락의 요새를 구축하는 기업혁신전략이다.

- **시장가치접근법(Market Approach)** : 자산가치와 수익가치가 평가대상 기업의 고유한 재무상황 및 미래 수익창출능력만을 가지고 기업가치를 평가하는 가치개념이라면, 시장가치는 이런 기업의 재무상황과 미래 수익창출 가능성을 기초로 시장 메카니즘을 통해 형성되는 기업

의 가치를 말한다.

· **시장매집(Market Sweep)** : 적대적 M&A를 위해 흔히 사용하는 방법으로 이는 주식매수를 공개매수에 의하지 않고 증권거래소 또는 코스닥증권시장의 장내에서 경영권획득을 위해 필요하다고 판단되는 수량의 주식을 비공개적으로 지속적으로 매수해나가는 전략이다.

· **신설분할합병** : 분할회사가 자신의 영업을 A사업부와 B사업부의 2개 이상으로 분할하여 다른 기존 회사의 영업과 합병하면서 합병회사를 새로이 신설하는 방법이다.

· **신설합병(Consolidation)** : 신설합병은 합병에 해당하는 2개 이상의 회사가 신설회사를 별도 설립하여 2개이상의 합병해당회사의 자산과 부채를 포함한 모든 권리와 의무를 포함한 기업지배권을 신설회사로 포괄적으로 이전하고 합병해당회사는 별도의 청산절차를 거치지 않고 소멸하는 합병형태를 말하며, 이때 신설회사를 합병회사라 하고 소멸되는 회사를 피 합병회사라 부르며 소멸되는 합병 해당회사의 주주는 신설회사의 주식과 합병교부금을 교부 받게 된다.

· **신주인수권(Subscription On Right)** : 신주 모집시 우선적으로 신주를 할당 받을 권리. 신주 인수권은 구(舊)주주에게 부여되는 경우와 제3자에게 부여되는 경우가 있다.

· **신주인수권부사채(Bond with Warrant)** : 신주인수권부사채(Bond with Warrant: BW)란 사채권자에게 발행 후 일정한 기간(행사기간)내에 정해진 가격(행사가격)으로 발행회사의 신주발행을 청구할 수 있는 권리(신주인수권)가 부여된 사채를 의미한다.

· **M&A 중개회사(M&A Boutique)** : 대상기업의 M&A업무 진행에 있어서 매우 중요한 역할을 하는 전문중개자(brokerage) 또는 M&A부띠크(boutique)라고 불려진다. 대상기업의 대주주인 양도자 측 또는 인수자 측의 전문 대리인(Agent)으로 주로 활동하면서 M&A업무의 시작에서부터 종결까지 업무를 협의하고 조정하는 역할을 담당한다.

· **약정(Covenants)** : 약정은 계약체결부터 계약종결까지의 기간 동안 일정한 일이 일어나는 것 또는 일어나지 않는 것을 약속, 보증하는 것을 말한다. 보증이 과거나 현재의 사실을 대상으로 하는 데 비해 약정은 계약 체결 이후(때로는 Closing 이후)에 대한 약속과 보증이라는 점에서 서로 구분된다.

· **역공개매수(PacMan Defense)** : 적대적 인수기업이 공개매수를 해올 때 여기에 맞서 대상기업이 적대적 인수기업을 대상으로 공개매수 해 오히려 적대적 인수기업을 먼저 인수함으로써 방어하는 전략을 역공개매수(counter tender offer)라고 하며 흔히 팩맨 전략(Pac man strategy)이라 불린다.

· **역차입매수(Reverse LBO)** : 역차입매수의 목적은 주로 기존의 차입매수 투자가에게 주식에 대한 유동성을 제공해 애초에 목표한 투자차익을 회수하기 위한 것이다

- **역합병 (Reverse mergers)** : 정상적인 합병(forward merger)은 인수기업이 존속기업이되고 피인수 대상기업이 소멸기업으로 합병되는 경우가 대부분이나 역합병은 인수기업이 소멸하고 피인수 대상기업이 존속기업으로 남는 형태의 합병을 말하며 Reverse merger 또는 Reverse Take Over(RTO)라고 한다.

- **영업시너지** : 영업시너지란 영업적인 측면에서 매출액, 매출원가 등의 개선을 통해 영업이익을 증대시키는 시너지 효과를 일컫는다.

- **영업양수도** : 영업양수도는 회사의 경영에 필요한 사업부문의 자산, 부채, 인원, 조직과 영업에 필요한 비밀과 노하우, 영업거래처의 유·무형 자산일체를 포괄적 또는 부분적으로 양수도 되어 계속해서 영업상의 일관성을 유지하면서 경영주체만 변경되는 것으로 해석할 수 있다.

- **완전분할(Split-Up)** : 지주회사를 소유하고 있는 일부 주주에게 주주회사 소속의 한 종속기업의 주식을 교부하고 다른 주주에게는 또 다른 종속기업의 주식을 교부함으로써 주주분할을 시행하는 방법.

- **왕관의 보석(Crown Jewel)** : 「왕관의 보석」전략이란 인수공격자로 하여금 공격의사를 포기하도록 하기 위해서, 대상기업이 스스로 「왕관의 보석」부분에 해당되는 자산이나 사업부문을 매각 처분해 버리는 것을 말한다. 이러한 매각처분은 기업 내에 현금흐름(cash flow)을 양호하게 해서 인수공격자와 싸울 수 있는 자금과 여유를 늘려주기도 한다.

- **우호적 M&A(Friendly M&A)** : 국내에서 이루어지는 대부분의 M&A는 우호적 방식을 취하고 있으며 우호적 M&A (Friendly M&A)는 피인수대상회사의 대주주 또는 경영진에게 M&A에 대한 의사를 타진하여 우호적인 관계에서 M&A에 대한 제반 절차와 업무를 추진하는 것을 말한다.

- **우호적 통고** : 인수시도자가 직접 혹은 투자은행(Investment Bank)과 같은 중개기관을 통해서 대상기업에 인수제의를 전달하고 협상할 의향여부를 타진해 보는 방법이다. 이 방법은 인수시도자 측에서 적대적 공격수단을 별로 갖고 있을 않을 때 사용될 수 있지만, 대상기업의 반응이 부정적일 때에는 시간만 낭비하게 된다.

- **우회공개(Back Door Listing)** : 우회공개는 A&D와 상반되는 개념으로 비공개법인이 공개법인을 인수하여 합병하거나 영업양수도, 현물출자, 주식교환 등을 통해 일반적인 기업공개의 절차를 거치지 않고 공개법인으로 전환되는 것을 우회상장 또는 우회등록이라 하며 일명 뒷문등록이라 하여 Back Door Listing 이라 부른다.

- **우회매리기(detour)** : 적대적 M&A의 공격을 위해 공개매수, 시장매집, 위임장대결의 방법을 주로 활용할 수 있으나 이 방법은 대주주의 지분이 낮을 경우에 이용할 수 있다.
반면에 대주주의 지분이 높을 경우에는 매우 어려울 것이다.

따라서 대주주의 지분이 높은 기업을 인수하기 위해서는 많은 시간과 노력이 필요할 것이다. 이런 경우에 협력업체나 이해관계자 등을 이용하는 우회때리기(detour) 전략이 필요하다.

이 전략은 협력업체나 이해관계자들을 자기편으로 만들어 이용하는 방법이다. 이를 위해 대상기업과 거래처 중 거래관계와 납품가격 등에 불만이 있는 많은 업체를 찾아내 서서히 압박하는 방법이다.

· **위임장대결(Proxy Fight)** : 위임장대결(Proxy Fight)이란 주주총회에서 다수의 의결권을 확보할 목적으로 의결권이 있는 주주로부터 의결권을 위임 받아 주주총회에서 기업의 지배권을 확보하고자 하는 방법이다.

· **은낙하산(Silver Parachute)** : 금 낙하산이 경영층을 위한 것인 반면 이는 종업원들을 대상으로 하는 것으로 M&A에 의하여 타 회사에 매수되는 경우 종업원들에게 막대한 퇴직금을 지급하도록 한 규정.

· **2단계 공개매수(Two-Tiered Tender Offer)** : 두 단계로 나누어 제의하는 공개매수. 1단계에서 높은 가격으로 현금매수를 해주고 이에 응하지 않은 주주들에게 2단계에서 합병하고자 하는 기업의 주식을 불리한 조건으로 교환해주는 방법이다.

즉, 공개매수의 가격을 차등화하며 1단계 매수에 응하는 주주에게 높은 가격에 매수해 줌으로써 주주들에게 압박을 가하는 전략이며 M&A를 조기에 성공시킬 수 있는 수단으로 활용된다.

· **인수 반대 캠페인** : 외부로부터의 적대적 M&A의 목표가 된 대상회사가 인수 시도의 부당성과 이에 대한 반대의견을 적극적으로 주주와 외부에 알려 당해 인수 시도를 저지하기 위한 활동을 널리 반 인수 캠페인이라고 한다.

· **잉여자금(Free Cash Flow)** : 정(正)의 순현재가치를 지닌 투자에 소요되는 자금을 초과하는 자금흐름.

· **인적분할** : 신설회사 또는 분할상대 회사가 발행한 신주를 분할회사의 기존 주주들이 100%의 주식을 소유하는 형태의 분할방식이다.

· **의향서(Letter of intent)** : 기업 인수 및 합병 계약서의 체결 전 인수에 관한 기본적 사항을 합의한 신사협정.

· **자기공개매수(self tender offer)** : 공개매수(tender offer)는 다른 기업을 인수하기 위해 사용되는 경우가 대부분이지만 대상기업이 적대적 인수기업의 공개매수에 대해 방어할 목적으로 자신을 대상으로, 즉 자사의 주주를 상대로 공개매수를 하는 것을 자기공개매수(self tender offer)라고 한다.

· **자기주식취득** : 자기주식취득(Share repurchase) 또는 자사주매입(Buy Back Shares)은 말 그대로 회사가 발행한 자기주식을 회사가 매입하여 유동주식수를 줄이면서 주식의 가치를 상승시켜 공격자들의 주식매집을 어렵게 만드는 방어전략이다. 자기 주식의 취득방법은 자기공개매수, 공개시장환매, 프리미엄부환매 등이 있다.

- **자만가설(Hubris Hypothesis)** : 경영자들이 과도한 자만심 또는 동물적 근성 때문에 합병 기회를 낙관적으로 평가하는 오류를 범하게 된다는 롤(Roll)의 이론

- **자본구조개편** : 자본의 구조를 악화시키는 방향으로 자본재구축(Recapitalization)을 시도하는 전략이다. 이 방법은 부채가 적어 차입조달에 여력이 많은 기업인 경우에 차입금을 동원하여 주주들에게 초과배당 또는 특별배당(Super dividend)을 실시하거나 자기주식을 취득하여 적대적 M&A의 매수의지를 약화시키는 전략이다.

- **자본자산가격 모형(Capital Asset Pricing Model: CAPM)** : 자본과 시장이 균형상태를 이룰 때 자본가격의 가격, 즉 기대수익과 위험과의 관계를 예측하는 모형

- **자본재구축계획(Recapitalization Plan)** : 기업의 재무구조를 급격하게 변화시키는 방어전략

- **자사원 채용(Buy Back)** : 자사의 유능한 직원의 타사로부터 스카우트 제의를 받아 회사를 떠나려고 할 때 스카우트 조건보다 좋은 조건을 제시하여 당해 인재의 사외 유출을 방어하는 행위.

- **자산가치접근법(Asset Based Approach)** : 자산가치(Net asset value)는 기업이 현재 보유하고 있는 총자산에서 총부채를 차감한 순자산가치를 기업의 가치로 평가하는 평가방법으로, 이해하기 쉽고 평가방법도 상대적으로 간편하여 M&A 거래에서 기본적 평가방법으로 널리 사용되고 있다.

- **자산부채의 이전(P&A)** : 자산부채이전(P&A)이란 자산은 인수(purchase of assets)하고 부채는 이전받는(assumption of liabilities)방식의 거래를 말한다.

  P&A는 선택적으로 자산과 부채를 인수한다는 점에서 영업양수도와 비슷하지만 종업원에 대하여는 고용을 승계할 의무가 없다는 점이 영업양수도와 다르다. 그러나 선택적으로 개별자산과 부채를 인수하는 경우라도 영업의 동일성이 유지가 될 경우에는 종업원에 대한 고용승계 의무가 따르게 된다는 점에 유의할 필요가 있다.

- **잠금 방식(Lockup Option)** : 적대적 매수자로부터 매수 위협을 받고 있는 대상 기업이 우호적 매수자에게 자기의 왕관의 보석을 우선적으로 취득할 수 있도록 부여하는 선택권.

- **재정거래업자(arbitrageurs)** : 외부투자자(Outside investors) 중 재정거래업자(arbitrageurs: 압스, arbs)는 M&A와 관련된 재정거래를 전문적으로 하는 사람들을 일컫는다.

- **적대적용(Cram Down)** : 파산에 따른 기업재편 계획안이 비록 모든 권리자들로부터 승인되지 않더라도 일단 확정이 되면 모든 권리자에게 적용되는 것.

- **적대적 M&A(Hostile M&A)** : 공격자 자신이 계획한 일방적인 기준에 의하여 특정 대상기업을 선정하고 대상기업의 경영권을 획득하기 위하여 여러 가지 강압적 방법을 동원하여 대상기업의 대주주와 경영자의 의사와는 무관하게 대상기업의 경영권을 획득하기 위한 M&A의

한 형태로써 당사자간의 원만한 협상과 적법한 절차에 의해 진행하는 우호적 M&A(Friendly M&A)와 상반되는 형태의 M&A방식이다.

- **전략적 제휴(strategic alliance)** : 전략적 제휴(strategic alliance)는 넓은 의미에서의 M&A의 영역으로 해석할 수 있으며 M&A의 목표가 기업의 가치극대화에 있듯이 전략적 제휴 또한 무한경쟁시대에서 살아남기 위한 기업경영의 필수전략이라고 볼 수 있다.

- **전진형 삼각합병(forward triangular merger)** : 전진형 삼각합병(forward triangular merger)은 모회사가 합병을 위해서 자회사를 설립한 후 모회사는 자회사의 주식을 소유하고 있으면서 이러한 자회사에 제3의 회사(피합병회사)를 흡수 합병시키는 것이다.

- **전환사채(CB: Convertible Bond)** : 전환사채권자에게 전환기간 내에 주어진 조건(전환조건)으로 당해 사채발행회사의 주식으로 전환할 수 있는 권리 즉, 전환권이 부여된 사채이다.

- **제3자의 신주인수** : 제3자에 대한 신주인수권이란 주주 이외에 제3자가 신주를 인수할 수 있는 권한을 갖는 것이다. 대상기업의 대주주와 사전협의를 통해 우호적인 방법으로 제3자 배정에 의한 신주인수권의 인수로 기업지배권을 인수하는 방법이다.

- **조건(Condition)** : 조건이란 그러한 조건조항이 실현되지 않는 경우 계약당사자는 아무런 책임을 지지 아니하고 서로가 계약의 종결(Closing) 자체를 거부할 수 있는 사유들을 통틀어서 말한다. 조건에는 선행조건(Condition Precedent)과 후행조건(Condition Subsequent)이 있다.
  또 조건에는 원칙적으로 중요도의 경중이 있어서 계약법상 원칙적으로 중요한(Material) 조건들만 계약취소요건이 되며, 경미한 것은 계약종결(Closing) 때 가격정산이나 'Escrow Closing'의 대상이 된다.

- **존속분할** : 분할회사가 사업일부분을 신설회사에 출자(이전)하고 분할회사 자신은 소멸하지 않고 그대로 존속하는 분할방식이다.
  분할회사로부터 분리된 영업재산만으로 회사의 자본을 구성할 수 있거나 제3자로부터 출자를 받아 자본을 구성할 수 있다.

- **존속분할합병** : 존속분할합병은 분할회사가 자신의 A사업부와 B사업부 가운데 A사업부를 다른 회사에 출자해 합병하고 기존의 분할회사는 계속 존속하는 방식의 분할을 말한다.

- **종업원지주제(Employee Stock Ownership Plans: ESOP)** : 기업이 종업원에게 자사나 자회사의 주식구입에 필요한 자금의 일부를 지원하거나 외부 차입의 지급 보증을 해줌으로써 종업원의 자사주식 소유를 지원하는 제도로 적대적 M&A의 방어책이 되기도 한다.

- **주식첨가제(Equity Kicker)** : 채권자들이 특정한 가격에 피인수기업의 주식으로 전환할 수 있는 권리를 받는 것.

- **주식파킹(Stock Parking)** : 증권거래법상 공시규정들을 피하기 위하여 타인 명

의로 주식을 보유하는 행위.

- **주주이해 가설(Shareholders Interest Hypothesis)** : 경영권 방어조치, 특히 예방적 사전적 방어전략이 주주의 부(富)를 증가시킨다는 가설.

- **중립적 M&A(Neutral M&A)** : 중립적 M&A(Neutral M&A, Unopposed M&A)는 피 인수회사의 경영자 또는 대주주가 인수 측의 기업인수의향에 관한 찬반의 견이나 아무런 조언을 하지 않으며 방관자적 자세를 취하는 경우이다.

- **지주회사(holding company)** : 완전모회사가 자체의 사업을 영위하면서 다른 완전자회사의 지배를 통한 지주회사가 되는 형태를 사업형 지주회사라 하고 완전모회사는 자체의 사업을 영위하지 않고 완전자회사들을 지배하는 형태를 순수형 지주회사라고 한다.

- **집중률(Concentration Ratios)** : 산업내 일부 상위기업, 통상 산업내 상위 4개 또는 공개기업의 시장점유율의 정도로서 동일산업내 수평적 합병에 의한 독점에 대한 소송을 제기할 수 있는 기준이 된다.

- **집중투자(Pure Plays)** : 어떤 특정 산업이나 기업의 주식에 집중된 투자.

- **차등의결권제도** : 상법 제369조(의결권)에서 의결권은 1주마다 1개로 한다라고 규정되어 있다.
  그러나 적대적 M&A 방어를 위해 국가산업정책상 또는 특별히 지정하는 산업에 대해서는 차등의결권 제도를 제한적으로 도입하거나 주식보유기간에 따라 차등의결권을 부여하는 방법을 고려 할 필요가 있다. 이 경우 주식시장의 안정과 주식시장 활성화에도 기여할 수 있을 것으로 본다.

- **차입매수(Leveraged Buy Out: LBO)** : 차입매수(LBO: leverage buy out) 방식이란 인수회사가 인수대상기업의 자산이나 주식 또는 인수대상기업의 신용을 담보로 인수자금을 조달하거나, 인수대상기업을 담보로 정크본드(Junk Bond)를 발행하여 인수자금을 조달하는 매수 방식이다.

- **초과투표권(Super voting Rights)** : 보통 1주당 여러 개의 의결권을 행사할 수 있는 권리.

- **초토화 방어전략(Scorched Earth Defense)** : 바람직하지 못한 매수자를 저지하기 위해 대상기업에 부정적인 효과를 가져오는 조치를 취하는 방어방법. 예컨대 고의적으로 부채비율을 과도하게 높이는 행위 등이다.

- **칼라협약(Collar Agreement)** : 거래 종결 전에 해당 주가가 특정 금액 이상으로 상승하거나 특정 금액 이하로 하락할 경우, 교환 비율의 조정을 규정한 제도적 장치. 이 협약에 따라 매수자는 합병 시점의 주가가 계약체결시점보다 높을 경우로부터, 그리고 매도자는 합병시점의 주가가 계약 체결 시점보다 낮을 경우로부터 보호받게 된다.

- **회사분할(Sell-Off)** : 회사분할(sell-offs)이란 회사의 영업을 둘 이상으로 분할하여 분할된 사업부문의 자산과 부채를 포괄적으로 이전하여 1개 이상의 회

사를 설립함으로써 1개 회사가 2개 이상의 회사로 나누어 설립되거나 분할된 사업부문을 기존의 다른 회사와 합병 시키는 것을 말한다.
이때 자산과 부채를 포괄적으로 이전하는 회사를 '분할회사'라 하고 자산과 부채를 포괄적으로 이전 받는 회사를 '분할신설회사'라 한다.

· **태그얼롱(tag along)** : 드래그얼롱(drag along)에 방어할 수 있는 것이 태그얼롱(tag along)이다.
태그얼롱은 1대주주가 계열사등 특수관계인에게 지분매각시 1대주주 이하 주주의 지분을 동일한 비율대로 팔아 달라는 것이다

· **토핑 보상(Topping Fees)** : 우호적 매수자가 적대적 매수자에 대항하여 손해를 입었을 때 이를 대상기업이 보상해 주는 것.

· **투자자관리(IR :Investor Relations)** : 투자자관리 또는 주주관리의 의미로서 기업과 주주간에 행해지는 적극적인 의사소통을 말하는 것이다. 좁은 의미로는 기업 측이 주주에 대해서 경영이념, 사업계획 및 재무활동 등의 정보를 공개하여 투자자와 우호적인 관계를 구축하려는 전략적인 제반 활동을 의미한다. 이와 같이 자발적이고 적극적인 정보공개를 지속적으로 시행해 나갈 때 시장에 회사에 대한 부정적 정보가 발생하더라도 이에 대한 대처능력을 높여 궁극적으로 주주이탈을 막을 수 있다.

· **투표권 계획(Voting Plans)** : 기업 매수자가 대상기업 주식의 일정 지분 이상을 취득할 시 우선주 보유 주주들이 초과투표권(Supervoting rights)을 행사할 수 있도록 한 독약 먹이기의 한 변형.

· **특별다수결 규정** : 특별다수 결의(supermajority amendments)또는 초다수 의결제란 적대적 M&A를 통한 이사진 교체 등 지배권 변동 사항에 대해 특별결의보다 더 높은 정족수(예를 들어 주주총회 출석 주주의 90%)의 찬성을 얻도록 하는 내용을 정관에 규정하는 것이다.

· **특정주식 재매입(Targeted Share Repurchase)** : 그린메일러까지 포함하여 회사의 대주주들로부터 주식을 재매입하는 것.

· **파워플레이(Power Play)전략** : 아이스하키에서 상대팀 선수가 퇴장 당해 수적인 우위에 있을 때 집중 공격에 나서는 게임 전략을 말하는 것으로 M&A를 통해 적기에 시장을 공략하는 경영전략을 말한다.

· **플립 오버(Flip Over Poison Pill Plan)** : 배당 성격의 주식매수권으로 합병 제의가 공시될 때 대상 기업의 주식을 저가에 매수할 수 있는 권리.

· **플립 인(Flip In Poison Pill Plan)** : 매수대상 기업의 주주에게 대상기업의 보통주를 매우 저렴한 가격으로 매입할 수 있는 권리를 가질 수 있도록 하는 것. 플립오버(Flip over)가 100% 매수시에만 유효한 데 대한 보완책으로 고안되었다.

· **합병(Mergers)** : 2개 이상의 회사가 청산절차를 거치지 않고 해당 회사의 계약에 의해 하나의 회사로 합쳐지는 것을 말하며 피 합병 회사의 자산과 부채를 포함한 회사의 모든 권리와 의무가 합병법인(존속회사 또는 신설회사)으로 포괄적으로 승계되고 이전되어 기업지배권(corporate governance) 즉, 회사경영권의 변화가 일어나는 것을 말한다.

· **현물지급증권(Payments In Kind: PIK)** : 신종 회사채 또는 우선주로서 일정기간 동안 이자 또는 배당을 현금대신 현물로 지급하는 증권.

· **혼합가격(Blended Price)** : 2단계 공개매수에서 결정된 가중 평균가격

· **혼합적 M&A(Conglomerate M&A)** : 혼합적 M&A(Conglomerate M&A)는 전혀 다른 업종의 회사를 M&A하는 경우이다.
이러한 혼합적 M&A는 사업다각화의 경영전략 차원에서 이루어진다.

· **화의제도** : 기업이 파산 위험에 직면할 때 법원의 중재 감독 하에 채권자들과 매수 변정협정 (화의조건)을 체결, 파산을 피하는 제도.

· **후진형 삼각합병(reverse triangular merger)** : 모회사가 제3의 회사와의 합병을 목적으로 자회사를 설립하고, 그 자회사가 제3의 회사에 합병되어 소멸하고 제3의 회사가 합병 후에 존속하는 형태를 말한다.

· **흡수합병** : 흡수합병은 합병에 해당하는 2개 이상의 회사 중 존속하는 흡수합병 법인이 소멸하는 피흡수합병 법인의 자산과 부채를 포함한 모든 권리와 의무를 포괄적으로 승계하는 합병을 말하며 이때, 존속회사를 흡수합병회사라 하고 소멸회사를 피흡수합병회사라 한다. 이 경우 피흡수합병 회사의 주주는 흡수합병회사의 주식과 합병교부금을 교부 받게 된다.

· **흡수분할합병** : 흡수분할합병은 분할회사의 영업 가운데 일부를 분할하면서 합병상대인 다른 회사에 피흡수되는 방식의 분할합병을 말한다.

◈ 영문 ◈

· **Agency problem(대리인 문제)** : 소유와 경영이 분리되어 있는 경우에 주식회사의 주인(principal)인 주주 대신에 대리인(agent)인 이사진이 경영을 함으로써 양자 간의 이해갈등(conflict of interests)으로 인해 발생하는 문제를 총칭하여 일컫는다.

· **Agency Theory** : 경영자란 주주들의 권익을 보위하는 대리인(Agent)이라는 것이다. 그러나 경영자도 개인적인 힘, 안정적인 직장 등과 같은 자신의 권익을 추구하려고 한다. 그러므로 주주의 이익을 최대한 보장하기 위해서는 주주들에게 돌아가는 이익에 상응하는 대가를 경영자에게 주어야 한다. 자신들의 안정적인 직장을 유지하기 위하여 외부로부터의 기업매수 시도를 방해하지 않도록 황금낙하산과 같은 후한 보상금을 주는 것이 주주들에게도 이득이 된다는 이론이다.

· **Anti greenmail amendment(그린메일 금지규정)** : 그린메일에 참여하지 않은 주주들로부터 승인을 받지 않고 이사진의 결정으로 그린메일러에게 프리미엄부로 환매하는 것을 금지하는 정관상의 규정을 말한다.

· **Anti take over amendment(인수방지 정관개정)** : 상어퇴치법(shark repellent)으로 불리기도 하며 원치 않는 인수자로부터의 공격에 대비해 적대적 M&A가 어렵도록 정관을 개정해 M&A를 방어하는 방법을 통틀어 일컫는다. 주요한 수단으로는 초다수결의(supermajority), 공정가격조항(fair price amendment) 등이 있다.

· **Any or all offer(전량조건부 공개매수)** : 공개매수를 할 때 매수예정 주식 수의 최대치를 밝히지 않고, 또한 일정 요건이 충족되지 않을 경우에 전량 반환한다는 조건의 공개매수를 말한다. 국내에서는 공개매수 신청서상에 매수 예정 주식수를 반드시 기재해야 한다.

· **Appraisal right(주식매수청구권)** : 회사의 경영에 중대한 영향을 끼치는 합병 또는 영업권 양수도 등을 하는 경우 이에 반대하는 주주들이 해당기업에게 특정 가격(주식매수 청구가격)으로 환매해 줄 것을 요청할 수 있는 권리를 말한다. 청구권은 보통주주뿐만 아니라 우선주주에게도 부여된다.

· **Arbitrage(재정거래)** : Capital Gain을 노리고 주가의 재정거래를 행하는 것이다. 재정거래업자는 정보를 이용하여 주가가 변동하는 가운데 이익을 취하는 것이다. Green Mailer와 비슷하나 반드시 M&A거래의 당사자가 되지는 않는다.

· **Arbitrage fund(아비트리지 펀드)** : 전문적으로 아비트리지를 이용한 유가증권 투자를 위해 설립되는 기금(펀드)이다. M&A 전문회사 또는 투자은행에서 조성하는 경우가 많다.

· **Arbs(Risk Arbitragers)** : 어느 기업이 매수거래의 목표가 되었다는 소문이 돌면 그 주식의 주가는 오르게 되는데 이때 매수합병거래의 대상이 되는 기업을 찾아서 투자하여 이익을 거두는 사람들을

말한다. 투자은행들은 조직 내에 이러한 일을 하는 부서를 두기도 한다.

· **Asset acquisitions (자산인수)** : 기업인수 방법 중 대상기업의 주식 대신에 대상 기업의 공장 · 기계 등의 실물자산과 영업권 · 인력 등의 무형자산을 인수하는 방식이다.

· **A&D(Acquisition & Development)** : 실무에서 일반적으로 말하는 인수후개발이라 불리는 A&D는 Acquisition & Development의 약어로서 M&A와 R&D의 복합된 의미로 해석할 수 있다.
A&D는 증권거래소시장의 상장 또는 코스닥증권시장의 등록법인이 비공개법인을 인수하여 합병하거나 비공개법인의 우량한 사업부문을 인수하여 공개법인의 적자사업부문을 정리하거나 새로운 사업으로의 업종전환을 통해 기업의 구조조정을 꾀하고 경쟁력을 높여 기업의 가치를 극대화 시키는 경우 또는 공개법인간의 M&A를 통하여 시장지배력의 확대 효과를 얻고자 하는 것으로 정의할 수 있다.

· **Bank mail(은행협정)** : 소요되는 자금을 조달하는 경우 인수기업과 자금공급자 간에 인수자금의 조달과 관련하여 맺는 협정을 말한다.

· **Bankruptcy costs(파산비용)** : 기업이 파산을 맞을 경우 파산절차와 관련해 지출하는 변호사 수임료 등의 비용을 의미한다. 하지만 기업이 파산하고 난 후의 실재적인 비용을 의미하기보다는 정상적인 기업들이 파산할 가능성으로 인해 기업가치에 부(-)의 영향을 미치는 일종의 기회비용을 뜻한다. 즉 기업이 부채가 증가함에 따라 지급이자가 늘고 그로 인해 파산 가능성(확률)이 증대되고 그 기업의 파산비용도 증가하는 것이다.

· **Bear Hug(곰의 포옹)** : 이는 가만히 있는 사람을 곰이 뒤에서 껴안거나 곰이 앞발로 짓누르는 것처럼 으시시한 분위기를 느끼게 하는 방법이다. 즉 구체적인 주위의 상황 설명과 함께 공식적으로 인수제의를 통고하거나 대상기업의 경영진에게 단도직입적으로 경영권을 넘기라고 종용하는 것을 베어허그(Bear hugs)식이라고 한다.

· **Black Knights(흑기사)** : 기업내용이 양호할 경우 인수를 시도하려는 회사가 여럿 나타나게 된다. 좋은 대상기업을 찾아내 인수공격을 하더라도 다른 기업에서 더 높은 가격과 조건을 제시하면서 달려드는 경우를 지칭한다.

· **Board out clause(이사진 위임조항)** : 초다수 결의 등 적대적 인수를 방지하는 정관이 오히려 우호적인 M&A까지 저해할 우려가 있으므로 인수방지와 관련된 조항의 발효시기 및 조건을 대상기업의 이사진에게 위임한 조항을 말한다. 이는 우호적 M&A는 물론이고 적대적 M&A에 있어서도 대상기업의 이사진에게 협상력을 높여주기 위한 수단이 된다.

· **Boutique(부티크)** : 소수의 M&A 전문가들로 구성한, 정예인원으로 운영되는 소규모 투자은행을 일컫는다. 이들은 M&A 중개는 물론 재정자문인 역할을 하기도 하며 규모가 큰 부띠크의 경우에는 자체 자금조달을 통해 기업인수를 하

280는 등 매우 전문적인 업무를 수행한다. 다른 말로 M&A 전문회사 또는 차입매수 전문가(LBO artists)라고도 한다.

· **Brand name capital(상표가치)** : 기업의 가치평가와 관련해 대상기업의 상호 또는 유명한 상품의 이름이 일반 소비자에게 인지되는 정도를 가치로 환산한 금액을 말한다. 참고로 1995년 세계 최고의 브랜드는 코카콜라로 조사되었으며, 그 브랜드 가치는 390억 달러에 달한다.

· **Bridge financing(브릿지 금융)** : M&A는 신속하게 이루어져야 하지만 인수금액이 거액인 경우에는 정크 본드의 발행 등을 통한 인수자금조달이 단기간에 쉽지 않다. 이런 경우 사후에 정크 본드 발행을 통해 조달된 자금으로 상환하기로 하고 시간적인 차이를 극복하기 위해 일시적인 단기자금을 융통하는 금융을 말한다. 브릿지 금융의 주된 자금공급자 역할은 대부분 상업은행이 맡고 있다. 또한 브릿지 금융으로 이루어지는 대출을 Bridge loan(브릿지 론) 이라고 말한다.

· **Business judgment rule(사업판단의 원칙)** : 이사진이 기업경영과 관련한 의사결정을 하는데 있어 합리적인 사고에 기초해 주주들의 이익을 위해 최선을 다해야 한다는 법률적 원리(legal doctrine)를 일컫는다. 사업판단의 원칙은 수탁의무와 더불어 이사들의 책임을 규정하는 대원칙이 되고 있다.

· **Bust up fees(Topping fees, 위약금)** : 인수계약서 또는 합병계약서를 작성하면서 더 나은 조건을 제시하는 제3의 인수자가 나타나 원래의 계약을 파기하는 경우 계약파기에 따른 손실을 계약상대방에게 지급하기로 약정하는 위약금을 말한다. 위약금의 예로서 MCI 커뮤니케이션스는 브리티시 텔레콤(BT)과의 합병계약을 파기하고 월드콤과 합병하면서 브리티시 텔레콤에 4억 5,000만 달러의 위약금을 지불했다.

· **Bust up takeover(인수해체)** : 분할가치가 현재의 주식시가보다 높은 경우에 대상기업을 인수해 사업부문별로 분할매각함으로써 차익을 노리는 것을 목적으로 하는 형태의 M&A방식이다. 해체인수는 기업사냥꾼들이 활기를 치던 1980년대 미국에서 대 유행했다.

· **Buy Back(자기주식 취득)** : 시장에서 자기주식을 되사, 상대방의 TOB를 저지하는 방어전략의 하나이다.

· **Capital budgeting(자본예산)** : 신규투자안에 대해 투자비용(투입요소)과 투자로 인한 수익(산출요소)의 비교를 통해 투자안의 채택을 결정하는 것을 말한다.

· **Capital structure(자본구조)** : 기업의 대차대조표상 자금을 조달하는 원천이 되는 회사채 등의 부채금액과 보통주 금액, 그리고 우선주 금액의 구성을 의미한다. 부채금액은 타인자본이 되며 보통주와 우선주는 자기자본을 구성한다.

· **Cash cows(캐시 카우)** : 보스턴 컨설팅 그룹(BCG)이 개발한 용어로서 특정 사업부문이 높은 시장점유율과 낮은 성장률을 나타내고 있어 재투자를 할 경우에 재투자비용보다 그로 인한 수익의 현금흐름이 더욱 큰 사업을 말한다.

· **Chinese Paper/Money** : 신용이 없는 자금이라든지, 증권류를 말한다. 가치가 불안정한 증권류로서 장래가치가 하락할 수도 있지만 장래에도 가치가 있다는 식으로 또는 가치가 상승할 것으로 위장하고 있는 것이다. M&A거래의 대가로서 교부되는 증권류로서 명확한 근거가 없는 것에 대하여 이와 같이 부르기도 한다.

· **Chinese wall(죽은장막)** : 금융기관 내에서 투자은행업무와 재정거래 기능업무간 분리를 하여 업무종사자 사이의 정보흐름을 차단해야 한다는 원칙을 말하는 것으로, 부당거래인 내부자거래(insider trading)를 방지하기 위한 조처다.

· **Classified board(staggered board, 이사임기시차제)** : 이사진을 몇 개의 그룹으로 나누어 이사의 임기를 교차하게 함으로써 적대적 인수자로부터 이사회 장악을 저지하려는 목적으로 적대적 M&A를 방어하는 전략을 말한다. 이사임기시차제를 두면 적대적 인수자는 대상기업의 주식을 인수하더라도 일시에 전면적인 이사진 개편이 어렵다. 이사진을 개편하지 못하면 당초 계획한 인수 후 기업재구축 등을 실행하기가 어렵기 때문에 적대적 인수를 포기하게 된다. 참고로 신규 이사진 선임은 주주총회의 보통결의 사항이지만 기존 이사진 해임은 특별결의 사항임에 유의할 필요가 있다. 그리고 이사임기시차제를 초다수결의의 조항과 함께 규정한다면 그 효과는 더욱 클 수 있다.

· **Clayton Act(클레이턴법)** : 1914년 처음 제정되고 1950년에 더욱 강화된 반독점금지연방법(federal antitrust law)이다. 제7조에서 연방거래위원회(Federal Trade Commission: FTC)에 경쟁을 저해하는 M&A를 규제할 수 있는 권한을 부여하고 있다.

· **Clean up merger(take out merger)** : 인수기업이 부분 공개매수 등을 통해 대상기업의 경영지배권을 확보한 다음 매입하지 않은 대상기업 주주들의 주식을 매입하여(take out 또는 clean up) 대상기업을 합병하는 것을 말한다.

· **Closed corporation** : 회사의 주식이 소수의 개인 또는 집단 등에게 집중되어 주식거래가 매우 빈약한 회사를 가리킨다.

· **Closed shop** : 어떤 직종 · 경영에서 근로자를 고용할 때, 노동조합원임을 고용조건으로 내세우는 제도로서 항운업 등에서 아주 제한적으로 활용되고 있다. 노사간에 협정이 있으면, 고용자는 조합에 가입한 사람 이외는 고용할 수 없게 되고, 조합을 탈퇴하거나 제명된 사람은 해고해야 한다. 이는 직업별 조합이 노동시장을 완전히 지배하기 위하여 채택한 제도이다. 그러나 기계화의 진행에 따라 직종의 변화가 심해지고 다량의 미숙련근로자가 유입(流入)하는 현상이 생겼기 때문에, 숙련공의 직업별 조합이 만든 클로즈드숍 제도는 유지하기가 어렵다.

· **Coercive tender offer(강압적공개매수)** : 공개매수에 먼저 응하는 주주들에게 높은 가격을 지불함으로서 대상기업의 주주들에게 공개매수 압력(pressure)을 가하는 종류의 공개매수다. 그런데 이것은

한 번의 공개매수에서는 불가능하고 2단계 또는 다단계 공개매수 등에서 일어난다.

- **Collateral restraints(상호제한)** : 합작회사 또는 전략적 제휴를 하면서 특정 지역에서의 상호 경쟁을 제한하는 당사자 간의 약정이다. 상호제한 규정은 독점금지와 관련한 규정에 저촉될 가능성이 매우 높으므로 유의해야 한다.

- **Complementarity(상호보완성)** : 기업합병에서 특정 기업의 강점이 상대기업의 약점을 보완해주는 효과로서 영업 시너지 효과를 크게 한다. 예를 들어 수익성 있는 신규사업을 확보하고 있으나 자금이 부족한 기업이 자금은 풍부하나 투자할 신규사업을 찾지 못하고 있는 기업과 합병하면 서로의 약점을 보완할 수 있다.

- **Conglomerate(혼합적 기업)** : 사업부문에 있어 수평적 또는 수직적 연관이 없는 사업들을 영위하는 기업을 말한다. 혼합적 기업은 혼합적 합병의 결과로 나타나는 경우가 많으며, 분할가치가 높을 경우에는 해체인수의 대상이 되기도 한다.

- **Conglomerate merger(혼합적 합병)** : 영업상 수평적 또는 수직적 연관이 없는, 업종이 전혀 다른 기업들의 결합을 가리킨다.

- **Contingent voting rights(잠재적 의결권)** : 보통 때는 의결권이 없으나 특정한 사건(event)이 발생하는 경우 의결권을 행사할 수 있는 잠재적인 의결권을 말한다. 예를 들어 적대적인 공개매수가 발생하거나 적대적 인수자가 대상기업 주식을 특정 지분율(가령 20~30%) 이상 취득했을 때 의결권이 생겨나는 경우다.

- **Counter tender offer(대한공개매수)** : 공개매수의 대상이 되는 기업이 적대적 M&A를 방어할 목적으로 역으로 공격자의 상대 기업을 먼저 공개매수해 인수하는 방어전략이다. 전자오락 게임에서 이름을 따서 일명 [팩맨 전략(pac man strategy)]이라고도 한다.

- **Covenant(Indenture, 재무약정)** : 회사채권을 발행하거나 금융기관으로부터 대출을 받을 경우 해당기업이 자금조달 조건으로 재무적으로 지켜야 할 의무 사항에 대해 규정하는 계약을 말한다. 예를 들어 해당기업이 자금조달 이후에 부채비율을 200% 이내로 제한하는 규정을 들 수 있다. 물론 재무약정을 위반하는 경우에는 대출을 상환해야 하는 등 벌칙조항이 따른다.

- **Cumulative voting(누적 투표제)** : 이사진의 선임에서 선임대상 이사의 수에 비례해 의결권을 갖는 제도다. 예를 들어 이사를 다섯 명 선임하기로 하는 경우에 보통주 10주에 대해 50의결권을 부여하는 것이다. 누적투표제를 도입하면 소수주주들은 특정 이사에게 몰아서 투표할 수 있는 데 반해, 대주주는 자신이 추천한 인물에 나누어 투표를 해야 한다. 따라서 대주주의 인물로만 이사진을 구성하는 것이 어려워지게 된다. 누적투표제는 소수주권의 한 유형으로 분류된다.

- **Defensive diversification(방어적 다각화)** : 현재 영위하고 있는 상품 또는 제품의 시장이 라이프사이클상 한계에 달

하는 경우 이를 극복하기 위해 신상품시장으로 진출하는 것이다. 다각화의 방법은 내적 성장(internal growth)과 외적 성장(external growth) 가운데 선택하는데, 그 기준은 시대마다 다르다.

- **Delaware relocation(본사이전)** : 미국은 주(state)마다 회사법이 다르다. 그 중 특히 델라웨어 주의 회사법은 다른 주에 비해 경영권 방어에 우호적인 규정이 많다. 그래서 다른 주에 소재한 미국 기업들은 경영권 방어가 상대적으로 용이한 델라웨어 주로 본사를 이전해 적대적 M&A를 어렵게 하는 것이다.

- **Demerger(sell off, 탈합병)** : 기업합병 또는 기업인수를 통해 기업의 규모를 확대(expansion)하는 것과는 반대로 분리설립이나 매각처분 등을 통해 기업 규모를 축소하는 전략을 통틀어 일컫는다.

- **De novo entry(신규진입)** : 새로운 시장에 진출하기 위해 신규회사를 설립해 새로이 진출하는 것을 말한다.

- **Dissident(Insurgent, 불만주주)** : 특정 기업의 현 경영진에 대해 불만을 갖고 있는 해당기업의 외부주주를 가리키는데, 이들은 다른 소수주주들을 대상으로 적극적인 위임장권유를 통해 경영권 교체를 시도하는 위임장경쟁을 벌이는 주체가 된다.

- **Divestiture(사업분할)** : 법원의 명령에 의해 해당기업이 자산을 처분하는 행위를 말하며 보통 독점금지법을 실행하는 과정에서 취해진다. 미국의 마이크로소프트사가 법원의 독점금지법 위반 판단에 의해 사업분할의 가능성이 보도되기도 했다.

  사업분할은 경영전략상 매각하는 경향이 있다. 단순히 업적이 부진한 부분을 제거하는 것만을 의미하는 것이 아니라 충분히 수익성이 있지만 구조조정 과정에서 여러 가지 필요에 의해 사업을 매각하고 핵심사업에 주력하려는 경향이 있다.

- **Dogs** : 보스턴 컨설팅 그룹이 분류한 기업성장 점유 매트릭스 가운데 낮은 시장점유율과 성장률을 보이는 사업을 가리킨다.

- **Earn out(사후정산)** : 우호적인 M&A에서 인수자와 매도자 간에 대상기업의 향후 전망에 대한 견해차가 큰 경우 인수금액에 현저한 차이가 발생하므로 협상이 순조롭지 못하다. 이런 경우 우선 대상기업을 인수해 경영하고 일정 기간이 지난 후에 실현되는 수익을 참조해 인수금액의 나머지를 정산하는 방식이다.

- **Employee buy out(EBO, 종업원(차입) 매수)** : 종업원 지주제도의 한 형태로서 대상기업의 종업원들이 주체가 되어 대상기업을 차입매수 방식으로 인수하는 것이다. 종업원매수의 결과 대상기업은 종업원 지주회사가 된다.

- **Equity carve out(Split off IPO, 지분공개)** : 자회사의 주식 일부를 일반 투자자들에게 매각하고 기업을 공개(IPO)하는 것을 말한다. 특징적인 것은 국내의 일반 관행과는 달리 신주를 발행하는 것이 아니라 모회사가 보유하고 있는 구주를 매각하기 때문에 발행금액의 현금흐름

이 공개되는 자회사가 아니라 모회사로 유입된다.

· **Exchange off(전환제의)** : 특정 유가증권을 다른 종류의 다른 유가증권으로 전환할 것을 제의해 자본구조를 변경시키는 것을 의미한다. 예를 들어 회사채 또는 금융기관 대출금을 보통주식으로 출자 전환하는 것이다. 전환제의는 다른 종류의 유가증권으로 전환함으로써 대상기업의 자본구조를 최적화하기 위해 실행한다.

· **External growth(외적 성장)** : 신규사업으로 진출하고자 할 때 기업의 외부 자원인, 동일 업종을 영위하고 있는 다른 기업을 인수하거나 합병함으로써 기업의 규모를 확대, 성장시키는 경영전략이다.

· **Event Risk** : 채권시장에서 기존의 채권이 정크본드를 발행하게 되면 채권가격이 떨어지게 되는데 이러한 위험을 말한다. M&A가 활발해지면서 정크본드의 발행이 늘어나는데 이에 따라 이벤트 리스크 현상도 발생하게 된다.

· **Fair Price Measure(공정가격 조항)** : 적대적 TOB에 대한 방어책의 하나이다. 통상 비우호적인 TOB의 경우에 2단계 매수전략을 쓰게 되는데 이것은 매수금액을 낮추기 위하여 우선 최초에 경영지배권을 취득하는 데 충분한 주식수를 대상으로 TOB를 개시하고 잔존주식에 대하여 제2차 TOB를 시도함으로써 전주식을 취득한 후에 합병을 완료하려고 하는 전략이다.
이런 경우 2차 TOB의 매수조건은 당초보다 나쁠 것으로 예상되므로 2차 TOB대상이 되는 주식에 대해서도 1차와 마찬가지 조건이 아니면 오퍼할 수 없도록 규정하는 것이다. 결과적으로는 이것이 비우호적인 TOB가 진행되는 것을 회피하도록 하여주는 효과가 있다.

· **Fallen angel(추락한 천사)** : 특정 기업이 채권을 발행할 당시에는 신용평가기관에 의해 투자가격 등급으로 발행했으나 그 이후 경영악화 등으로 인해 투자부적격 등급으로 추락한 채권을 의미했다. 그러나 최근에는 정크 본드와 동일한 의미로도 사용되고 있다.

· **Fiduciary duty(수탁의무)** : 기업경영의 주체가 되는 이사회의 이사들은 기업의 주인으로부터 경영을 수탁받은 수탁자(대리인, agent)로서 주인인 주주의 이익을 위해 노력해야 할 의무가 있다는 법률적 원칙을 말한다.

· **Fiduciary out clause** : 두 회사가 인수 또는 합병계약서를 체결할 때 계약체결 이후 더 나은 조건을 제시하는 제3의 인수자가 나타날 경우 피인수자측이 계약을 파기할 수 있는 권한을 부여한 조항을 가리킨다.

· **Financial Synergy(재무 시너지)** : 현금흐름에 있어 완전상관관계를 갖지 않는 기업들이 합병하는 경우 합병기업의 현금흐름 변동성이 감소하는 공보험 효과가 있다. 변동성이 감소하면 경영위험(business risk)이 감소하므로 합병기업의 채무능력(debt capacity)이 증대되고 유가증권의 발행비용에 있어 규모의 경제를 누릴 수 있는 등 재무적 이점이 있다. 이러한 효과를 통틀어 재무 시너지라 한다.

· **Financial Leverage(재무레버리지)** : 자본구조상에서 자기자본 대 타인자본(장기부채 등)의 비율을 말한다. 타인자본 비중이 클수록 재무 레버리지의 수준이 높으며, 주주의 입장에서는 타인자본에 의한 수익률이 자본 조달비용(지급이자)을 초과하는 한 이 재무 레버리지를 높이는 것이 유리하다.

· **Financial Structure** : 대차대조표의 대변(부채+자본)항목으로서 차변인 자산을 구입하는데 조달된 자금의 원천을 뜻하며 장기부채, 자기자본은 물론 단기부채 및 기타부채 모두를 망라한다.

· **Flip Over** : 방어기법의 일환으로서 모든 주주들은 각각의 보유주식에 대해서 특정한 계기(적대적 기업인수)가 발생했을 때 인수합병후 존속하는 기업의 주식을 매수할 수 있는 권리를 받게 된다.

· **Forward merger(순합병)** : 통상 발생하는 합병의 경우로서 인수기업이 대상기업을 흡수하는 합병이다. 그런데 순합병이란 용어는 잘 쓰지 않지만 역합병에 대한 상대적 용어로 사용된다.

· **Goldburg(가치하락자산)** : 기업인수자들이 선호하는 핵심자산이지만 경기후퇴나 초인플레이션 현상이 벌어질 경우 오히려 경제가치가 상실될 위험이 큰 자산을 말한다.

· **Going Private(주식 비공개회사화)** : 기업공개와는 반대의 개념으로 사용된다. 특정기업이 제3자에 의한 주식 전량매입 또는 자체의 자기주식 매입을 통해 비공개 기업이 되는 행위를 말한다. 즉 매수대상이 되어 혼란이 일어나는 것을 피하기 위한 극단적인 방어책으로서 주식을 비공개로 해버리는 수단을 취하는 것이다. 최근 미국에서 빈번하게 일어나고 있다.

· **Golden handcuffs(황금수갑)** : 인수기업이 대상기업을 인수한 후 경영하기 위해서는 대상기업의 내부정보 또는 사정을 잘 알고 있는 인물이 필요하다. 이러한 인물들이 피인수 이후에 회사를 그만둘 경우에는 기업인수가 실패로 돌아갈 가능성이 높다. 따라서 대상기업의 주요 임직원들에게 높은 급여 또는 인센티브 등을 지급하거나 약속함으로써 회사에 묶어두는 것을 말한다. 특히 전문 인력을 확보하거나 신기술을 도입할 목적으로 이루어지는 기업인수에서는 필수적이다.

· **Golden Parachute(황금낙하산)** : 매수기업의 적대적 M&A로 경영진이 실직할 경우 통상적인 퇴직금 이외에 현금이나 주식매입선택권(stock option) 등을 규정 이상으로 지급한다거나 남은 임기 동안의 상여금 지급 등을 보장하는 계약을 말한다. 이러한 계약은 주주총회의 승인을 받아 회사정관에 임원의 퇴직금규정 등을 설정하여 매수자의 매수부담을 증가시키려는 것이 황금낙하산 전략이다.

· **Golden Pension** : Golden Parachute의 일종으로서 매수당한 기업의 경영진에게 장기간의 연금지불을 보장하는 것을 명기한 계약을 칭한다.

· **Good will(영업권)** : 인수기업이 대상기업을 장부가격 이상으로 지불하고 인수

할 때 인수금액과 장부가격의 차이로서 일종의 프리미엄이 된다.

· **Greenfield start up** : M&A에 의한 외적 성장이 아니라 내부자원을 이용해 신규 공장을 설립해 사업을 확정하는 경영정책이다.

· **Green mailer(그린메일러)** : 그린메일을 통해 자본차익을 남기려는 투자자를 지칭한다. 보통 엄청난 재력가인 경우가 대부분이다.

· **High yield bond(고수익 채권)** : 정크 본드는 투자적격의 일반채권에 비해 이자율이 높기 때문에 정크 본드를 다른 말로 고수익채권이라 한다.

· **Hubris(허브리스)** : 기업의 경영자들이 자신의 능력에 대해 과신하는 것을 일컫는다. 경영자들의 자만심으로 인해 과다한 금액을 들여 기업인수를 하는 경우 투자에 실패할 가능성이 높다. 그래서 이러한 허브리스를 [승자에의 저주(winners curse)]라고도 한다.

· **In Play** : Take Over관련루머나 그 행위의 영향을 받은 주식을 말한다. 합병 검토의 루머가 있는 주식, 경영진이 안정적인 경영권을 확보하거나 자기자본 수익률을 올리기 위하여 일반 주주들로부터 주식을 되사서 자본금을 감소시키려는 기업의 주식 또는 LBO가 시도되고 있는 기업의 주식 등을 가리킨다.

· **Initial public offering(IPO, 기업공개)** : 특정 개인이나 집단이 보유하고 있는 주식을 일반투자자들에게 공개해 매각하는 것을 말한다. 대상기업의 공개는 곧 증권거래소 상장과 함께 이루어지는 경우가 많기 때문에 거래소상장(listing)과 동일시하기도 하지만 엄연히 다른 의미다.

· **Incentive stock option(ISO, 인센티브 스톡 옵션)** : 특정 기업의 주식을 염가로 매입할 수 있는 권리를 부여한 유가증권을 말한다. 대리인 문제를 해결하기 위한 수단으로서 해당기업의 경영진에게 지급함으로써 주가가 상승하면 경영진은 보유한 옵션을 행사해 주가차익을 얻을 수 있다. 또한 생산성 향상으로 인한 과실을 공유하기 위해 직원들에게 지급하기도 하며 국내 모험기업들이 발행하는 스톡 옵션이 해당된다.

· **Inside stockholder(내부주주)** : 회사의 경영에 이사로서 직접 참여하는 주주를 지칭한다. 내부주주와 경영에 참여하지 않는 외부주주 사이에는 이해관계의 갈등이 발생하기도 한다.

· **Internal growth(내적 성장)** : 외적 성장과는 달리 신규 투자사업에 대해 내부자원을 활용해 진출하는 기업의 성장전략을 가리킨다.

· **Jewish Dentist** : 방어전술의 하나로서 매수자의 사회적 약점을 매스컴을 이용하여 선전광고함으로써 매수자의 이미지손실을 기도하여 매수자의 이미지를 추락시키고 이렇게 함으로써 일반소액주주가 TOB에 응하지 않게 되어 결과적으로 매수가 실패하게 된다.

· **Junk Bond(정크본드)** : 신용평가사로부터 BB등급 이하의 신용평가를 받은 회사채를 말한다. 정크본드는 주로 LBO등

의 기업매수, 합병 과정에서 자금력이 부족하거나 신용이 높지 않은 기업이 발행한다. 본래는 Blue Chip이라 불리는 우량한 채권이 어떤 이유로 등급이 하락하게 되는 경우도 있으나, 최근의 정크본드는 처음부터 투자 부적격의 낮은 등급 또는 등급이 없는 것까지가 거래의 대상이 되고 있으며 이것은 그린메일러와 관련이 있다. 투자부적격의 등급이라고 하더라도 자금용도가 그린메일의 매수자금원이 된다고 한다면 등급에도 불구하고 안정성이 높다고 할 수 있다.

- **Killer Bees** : TOB에 걸려있는 회사를 돕는 사람이다. 보통 타겟회사를 덜 매력적으로 만들거나 매수하기 어렵게 하는 전략을 만들어내는 투자은행가들을 말한다.

- **LBO fund(차입매수 펀드)** : 차입매수에 전문적으로 투자할 목적으로 설정된 기금을 가리킨다. 차입매수가 발생하면 주로 인수자측이 발행하는 정크 본드를 매입해 자금을 제공하는 경우가 많다.

- **lead parachute(납낙하산)** : 적대적 M&A 등 경영권 변동으로 중간관리자가 해고될 경우 지급하는 거액의 퇴직 위로금이다.

- **Leveraged Company** : 자본 구조면에서 타인자본을 포함하고 있는 기업, 통상적으로 타인자본의 비중이 높은회사 즉 재무 레버리지 비율이 큰 기업을 지칭함.

- **Lock up Option(우선매입권)** : 적대적 매수자로부터 매수위협을 받고 있는 타겟기업이 우호적 매수자에게 자기의 Crown Jewel을 우선적으로 취득할 수 있도록 부여하는 선택권이다. 적대적 매수에 대하여 백기사의 활약을 기대하는 경우 백기사에 대하여 부여되는 인센티브를 말한다.

- **Management Buy Out(MBO)** : 경영자가 자사주식을 매입하여 주식을 비공개화 함으로써 TOB를 저지시키는 방위책의 하나이다.

- **Managerial entrenchment(경영진 참호구축)** : 적대적 인수에 대해 방어를 하는 경우 대상기업의 경영진이 주주들의 이익이 아니라 자신의 자리를 보전하는 등의 목적을 위해 방어전략을 펴는 것을 가리킨다.

- **Maximum limit offer(최대 제한 공개매수)** : 공개매수 희망수량에 미치지 못하는 수의 주식이 응모될 경우에는 전량을 매수하고 희망수량을 초과하는 경우엔 안분배정 방식을 통해 매수하는 조건의 공개매수다.

- **Mezzanine financing(중간층 금융)** : 차입매수에 소요되는 인수자금을 주식과 담보부채권을 통해 조달하고 부족분을 후순위 채무를 통해 조달하는 금융을 말한다.

- **Minority squeeze out(Squeeze out)** : 상장기업의 지배주주가 소수주주들이 보유한 주식을 공개매수를 통해 모두 매입하고 상장을 폐지하는 것이다.

- **Multiple step merger(다단계 합병)** : 2단계 합병을 확대해 여러 단계에 걸쳐 이루어지는 합병을 말한다.

- **Negative good will(부의영업권)** : 인수

기업이 대상기업을 장부가격 미만으로 인수하는 경우 인수금액과 장부가격의 차이를 나타낸다.

- **Open market share repurchase(공개시장 환매)** : 자기공개매수 또는 프리미엄부 환매와는 달리 공개시장인 거래소시장에서 시가로 자기주식을 매입하는 것이다.

- **Open shop** : 기업의 종업원이 그 회사에 결성되어 있는 노동조합에 대한 가입 여부를 자유의사로 결정할 수 있는 제도 클로즈드 숍(closed shop)의 반대개념이다. 종업원 자격과 조합원 자격과는 서로 관계가 없기 때문에 조합원 ·비조합원을 불문하고 똑같이 고용의 기회가 부여된다. 따라서 사용자측에서 비조합원인 노동자만을 고용하여 노동조합을 배제하는 데 악용하기도 하였다. 한국에서는 공무원을 제외한 모든 근로자에게 오픈숍을 적용하고 있으며(노동조합법 8조), 이를 이유로 해고 등 근로자에게 불이익을 주는 사용자의 행위를 '부당노동행위'로 규제하고 있다(노동조합법 39조).

- **Operating synergy(영업 시너지)** : 둘 이상의 기업이 합병하는 경우 그 결합으로 인해 상호보완성 또는 규모의 경제 등을 통해 합병기업이 누리게 되는 수익이나 비용 면에서의 시너지 효과다.

- **Outside stockholder(외부주주)** : 내부주주와 반대로 회사의 경영에 참여하지 못하는 외부의 일반 주주를 가리키며 이들이 내부주주에 대한 불만을 가질 때 불만주주가 되어 위임장 경쟁의 주체가 되기도 한다.

- **Pac Man Defense(팩맨방어전략)** : 방어전략의 일종으로 매수위협을 받고 있는 타겟회사가 역으로 상대방을 매수하려는 카운터 오퍼를 제시하여 대세를 역전시키는 전략을 말한다. 일본 비디오 전자게임 Pac Man에서 나온 용어로서 매수대상 기업이 역으로 매수를 시도한 기업을 매수해 버리는 상황을 총칭하며 적극적 매수방어책의 하나이다.

- **Partial tender offer(부분 공개매수)** : 대상기업의 발행주식 전량을 매수하지 않고 일부 주식을 매수키로 하는 공개매수를 말한다.

- **Payment in kind provision(PIK 조항)** : 회사채를 발행하면서 회사채의 이자지급을 현금 대신에 원래 채권과 동일한 조건의 회사채를 발행해 지급할 수 있다는 조항이다.

- **PIK bond** : PIK 조항을 두고 발행한 회사채를 말한다.

- **Poison Debt(극약처방)** : 방어전략의 하나로서 타겟회사의 경영권에 변동이 발생하면 차입금을 일시에 상환토록하는 대부계약을 체결한다든가, 거액의 사채를 발행하여 재무체질을 약화시켜 적대적 매수측의 흥미를 잃게 하는 것을 말한다.

- **Poison Pill(극약처방법)** : 방어전략의 하나로서 타겟회사가 자사의 매수매력을 떨어뜨리기 위해 취하는 조치를 말한다. 예를 들어 매수될 경우엔 타겟회사의 우선주들을 프리미엄이 추가된 가액

으로 매수회사에 매각할 수 있는 권리를 우선주주에게 부여하는 등 매수시도가 시작된 경우에 매수 코스트를 높게하여 매수자의 매수시도를 단념시키려는 수단 등이다.

- **Pooling of Interest(지분풀링법)** : 기업결합시에 적용되는 회계방법의 일종으로 양사의 대차대조표 제항목을 장부상 가격 그대로 단순합산하는 것을 말한다. 이 경우에는 흔히 장부상 이익이 과대계상되어 나타남에 따라 매수회사의 입장에서는 이보다 유리한 매입법을 선호하게 된다.

- **Premium buy back(프리미엄부 환매)** : 자기주식을 거래소시장을 통하지 않고 특정의 제3자에게서 시가보다 높은 가격으로 매입하는 것으로 협상부 환매(negotiated[targeted] share repurchase)라고도 한다. 또한 파는 측의 입장에서 본다면 그린메일이 된다. 그린메일과 프리미엄부 환매를 같은 용어로 사용하기도 한다.

- **Private Market Value(PMV)** : 여러 사업부문을 독립적으로 영위하는 대상 기업에 대해 각 사업부문별로 가치를 산정해 합산한 기업가치를 말한다. 만일 특정 기업의 주식가치가 PMV보다 낮을 경우에는 인수해체 또는 자발적 분리정리를 하는 대상이 된다.

- **Privatization(민영화)** : 공공기관이 대주주로 소유하고 있는 공공기업을 민간기업에 매각하는 것을 말한다.

- **Proxy contest(Proxy fight, 위임장 경쟁)** : 불만주주, 그리고 이에 대항하는 내부주주 또는 경영진 간에 기업지배권을 둘러싸고 자신에게 의결권을 위임할 것을 일반 주주들에게 권유하는 경쟁을 말한다.

- **Proxy solicitation(위임장 권유)** : 경영진이나 불만주주들이 주주총회의 의안투표에서 유리한 고지를 점령하기 위해 일반 주주들에게 의결권을 위임할 것을 권유하는 것을 말한다.

- **Proxy solicitation firm(위임장 권유 대행기업)** : 위임장 경쟁을 둘러싸고 고객기업을 위해 위임장 권유를 전문적으로 하는 기업이다.

- **Raider(기업사냥꾼)** : 공개매수방법을 통해 주식을 매입하거나 위임장 대결을 통해 경영진을 교체하는 등의 전략으로 기업의 경영권 지배를 노리거나 그린메일 등의 방법으로 단기간의 막대한 주식매각차익을 노리는 개인투자가 또는 기업을 말한다.

- **Re capitalization(자본구조 개편)** : 기발행된 회사채를 주식으로 전환시키거나 우선주를 보통주로 교체하거나 또는 특정 회사채를 다른 종류의 회사채로 교체하는 등의 방법으로 기업의 자본구조를 변화시키는 작업을 말한다. 기업이 파산하면 일반적으로 이러한 자본구조 개편을 단행하게 된다.
매수에 대한 방어책으로도 사용되며 증자에 의해 자기자본 증가를 꾀하여 매수대상 기업이 주식 총수를 증가시켜 매수를 곤란하게 하는 대책이다

- **Re capitalization Technique** : 매수에 대한 방어책의 하나. 증자에 의해 자기자

본 증가를 꾀하여 매수 대상 기업이 주식 총수를 증가시켜 매수를 곤란하게 하는 대책. 매수 코스트가 높아지게 되기 때문에 한정된 자금에 의한 매수는 필연적으로 주저하게 됨.

- **Reverse Synergy(Negative synergy, 역시너지)** : 역시너지는 M&A로 인해 기업가치가 오히려 줄어들게 되는 것을 말한다. 역시너지는 사업부문 간의 갈등 또는 간섭 등으로 발생할 수 있으며, 이런 경우에는 독립된 회사로 운영되는 것이 더욱 나은 기업가치를 창출하게 된다. 따라서 역시너지는 기업분할 등의 방법을 통해 해결 가능하다. 대표적인 예로서 AT&T가 NCR를 인수했다가 역시너지로 이내 오히려 수익성이 악화되자 NCR를 다시 분리설립한 경우를 들 수 있다. 그 결과 NCR는 적자에서 흑자로 전환할 수 있었다.

- **Risk arbitrage(위험 있는 재정거래)** : 원래 의미의 무위험 재정거래(riskless arbitrage)와 달리 위험이 있긴 하지만 투자의 속성상 본래[고위험, 고수익(high risk, high return)]의 관점에서 위험에 비해 상대적으로 높은 수익을 올릴 수 있는 거래를 말한다.

- **Risk free rate(무위험 이자율)** : 파산의 위험이 전혀 없는 자산에 대한 투자수익률을 말한다.

- **Saturday night special(토요일 밤의 기습)** : 대상기업의 경영진이 대응할 수 있는 시간적 여유를 줄이기 위해 기습적으로 토요일 밤에 공개매수를 발표해 적대적으로 인수하려는 전략이다.

- **Senior debt(선순위 채권)** : 채무기업이 파산할 경우 채권의 상환이 우선 순위인 채무를 말하는데, 보통 채무기업의 자산을 담보로 채권을 발행하기 때문에 (자산)담보부 채권이라고도 한다.

- **Shark Repellent(상어격퇴법)** : 방어전략의 하나로서 M&A에 들어갈 것이 예상되는 경우 매수 위험을 회피하기 위해 사전에 정관을 변경하고 경영지배권의 획득을 곤란하게 하는 방어책이다. 정관 중에 Super Majority조항을 삽입하고 합병의 승인에 주주 75%이상의 승인을 요하게 하는 등의 규정이 그것이다.

- **Shark Watcher(상어감시자)** : M&A시도를 사전에 파악해내는 것을 주업으로 하는 회사이다. 고객인 특정기업의 의뢰를 받아 해당회사의 주식거래 변동사항을 면밀히 감시, 대량취득을 하고 있는 주체의 신원을 파악해내는 회사를 말한다.

- **Shell Corporation(패각회사)** : 법인으로 설립, 등록은 돼 있으나 특별한 자산도 없고 영업활동도 하지 않고 있는 회사를 말한다. 본격적인 영업활동 개시 전에 자금조달을 목적으로 설립되는 경우도 있으나 탈세를 목적으로 표면에 내세워지는 경우도 있으며, M&A의 경우에는 그린메일러가 정크본드를 발행하는 때에 만들기도 한다.

- **Short sale(공개, 대주)** : 투자자가 특정기업의 주가가 하락할 것으로 예상해 증권회사에서 해당 주식을 빌려 매도한 후 일정 기간 내에 해당 주식을 매입해 상환하는 거래다. 투자자의 예상대로

해당 기업의 주가가 하락한다면 이익을 얻는 대신에 반대의 경우라면 손실을 입게 된다.

· **Short tendering(공제공)** : 부분 공개매수 등의 경우에 대상기업의 주주가 공개매수에 대한 청약 경쟁률을 감안해 자신이 보유하고 있는 주식 이상으로 공개매수에 응하는 것이다. 미국에서는 대부분의 주에서 공제공을 금하고 있으며, 국내에서는 공개매수의 응모가 실물이전 원칙이기 때문에 불가능하다.

· **Short Form Merger(약식합병)** : 대주주가 절대다수의 주식을 보유하고 있을 때 주주총회의 합병이라는 절차를 필요로 하지 않고 이사회의 결의만으로 합병할 수 있도록 하는 것이다.

· **Sleeping beauty(잠자는 미녀)** : 현재 적대적 인수의 위협을 받지 않고 있으나 가까운 장래에 인수가 시도될 가능성이 있는 기업을 가리킨다.

· **Staggered Election(시차제 이사선출)** : 이사진의 개편을 한 번에 전면적으로 단행하지 않고 한 번 개편시에 총인원의 일정비율씩만 개편하는 것을 말한다. 이렇게 되면 M&A시 경영지배권을 완전히 장악하기까지 몇 년간의 시간을 필요로 하게 된다. Stock Guard Board라고도 한다.

· **Stakeholder(이해관계자)** : 특정 기업에 대해 유무형의 이해관계를 지닌 개인이나 집단을 통칭한다. 이해관계자 집단에는 주주, 채권자, 근로자, 소비자, 거래업체, 관공서, 지역사회 등이 포함된다.

· **Standstill agreement(불가침협정)** : 특정 기업의 주식을 일정 기간 동안 특정지분 이상 매입하지 않을 것을 약정하는 계약이다. 불가침협정은 그린메일뿐만 아니라 백기사에서도 나타난다.

· **Stock aequisition(주식인수)** : 기업인수 방법 가운데 대상기업의 주식을 인수해 대상기업의 자산에 대해 경영지배권을 확보하는 방식의 M&A를 의미한다.

· **Stock Guard Board** : 임원의 임기를 서로 다르게 나누어 임원전원의 교체를 불가능하게 하는 M&A의 방어 수단

· **Stock lock up option(주식잠금협정)** : 잠금협정에서 부여하는 권리 가운데 대상 기업의 주식을 염가에 매입할 수 있는 권리를 부여하는 것이다.

· **Subordinated debt(후순위 채무)** : 채무기업이 파산할 경우 채권의 상환이 후순위인 채무를 말하는데, 대표적으로 정크본드를 들 수 있다.

· **Super Majority Provision(특별 다수결규정)** : 이사선임에 대한 주주총회의 결의, M&A에 관한 사항, 그 외 중요안건에 대해서는 통상의 안건보다 다수를 얻어서 결의를 하도록 정관에 규정하는 것을 말한다. 이러한 조항을 두면 통상적인 다수의 주식 즉 50% 이상의 주식을 취득하더라드 기업의 경영권을 획득하지 못하게 되어 M&A의 방어수단이 된다. 한편 무배당조건부로 1주에 100의결권을 가지는 주식을 발행하여 의결권 차별주식을 인정하는 Super Stock제도를 가지고 있는 국가도 있으나 우리나라는 1주 1의결권의 원칙을 갖고 있다.

· **Super Stock** : 적대적인 매수를 곤란하게 하기위한 방어책으로 안정주주에 의한 지주비율의 향상을 기대할 수 없는 미국에 있어서 경영진 내지 경영진에 호의적인 그룹에 대하여 주주총회의 승인을 얻어 다른 주주보다도 유리한 의결권을 가진 주식을 발행하고 보유하게 하는 방법이다. 예를 들면 무배당으로 하는 것과 같은 조건을 붙여 1주에 100 의결권을 가지는 주식을 발행하는 것이다. 따라서 Super Stock이 있는 회사의 경우에는 매수를 망설이게 되므로 매수에 대한 방어책이 될 수 있다. 우리나라와 일본과 같이 1주 1의결권 원칙을 고수하는 나라에서는 불가능하지만 의결권 차별 주식을 인정한 나라에서는 Super Stock이 인정된다.

· **Synergy(시너지효과)** : 독립기업으로 경영되는 것보다 기업인수 또는 기업합병으로 인한 기업결합으로 경영의 효율이 더욱 높아지는 효과로서, 그 결과 기업결합으로 인한 산출요소가 개별 기업들의 산출요소의 합계보다 커진다.

· **Take Over** : 특정기업에서의 경영지배권의 변화를 지칭한다.

· **Tin parachute(양철낙하산)** : 경영권 변동으로 하위 근로자들이 해고될 경우 지급하기로 하는 거액의 퇴직 위로금이다.

· **Toehold investment(기초투자)** : M&A와 관련해 특정 기업의 주식을 약 5% 정도 은밀히 매입하는 투자로서 5% 룰 때문에 시장에 알려지지 않을 정도의 주식을 취득한다.

· **Treasury bond(자기사채)** : 사채의 발행회사가 보유하고 있는 자기 회사채를 말한다.

· **Target Company** : 잠재적 기업 매수자들로부터 Take over 시도를 할 만한 가치가 있는 매력적인 기업으로 평가되어 M&A대상으로 선정된 회사를 말한다.

· **Union shop** : 사용자가 종업원을 고용할 때는 자유이나, 일단 채용이 되면 반드시 노동조합에 가입해야 하며 조합으로부터 제명 · 탈퇴한 자는 회사가 해고해야만 한다는 것을 정한 노동협약상의 조항. 즉, 근로자가 노동조합원의 자격을 취득하지 않거나 자격을 상실하였을 때 사용자로 하여금 당해 노동자와의 고용관계를 종식하도록 함으로써 간접적으로 노동조합의 유지 · 확대를 기하려는 제도이다. 이 제도는 일본에서 많이 채용되었다.

· **Unit Management Buy out** : 사업분할에 있어 분할되는 사업부 또는 자회사의 관리책임자인 사업책임자가 스스로 매수자가 되고 사업을 계속하는 경우를 말한다. LBO의 한 형태이다.

· **Voluntary bust up(자발적 분리정리)** : 특정 기업의 경영진이 자발적으로 행하는 분리정리다.

· **Vulture** : 파산기업의 채무증권을 집중매입하여 기업을 재정비한 후 되팔아 넘기는 것을 말한다. 위험은 높고 성공시에는 막대한 수익을 얻을 수 있다. Vulture는 시체를 쪼아 먹고 사는 대머리 독수리의 일종이다.

· **White Knight(백기사)** : 적대적 M&A를 시도하는 상대로부터 위협을 받고 있는 타겟회사가 적대적인 상대의 경영지배를 피하기 위해 이를 대신할 제3자를 물색하게 되는 경우 이 우호적인 제3의 매수자를 지칭한다.

· **White Squire(백지주)** : 백지주는 백기사와 유사하지만 통상적으로 경영권 인수에는 관심이 없는 투자자로서 대상기업의 상당지분을 매입하겠다고 동의한 주주나 대상기업의 경영진에게 우호적인 관계를 맺어 적대적인 인수시도가 들어올 때 경영진의 편을 들어주는 투자자를 지칭한다.

주식 등의 대량보유 상황보고서

(5% 보고서식 개정안내)

○ 2005. 3. 29자로 개정된 주식 등 대량보유 상황보고제도에 따라 보유목적별로 구분된 새로운 서식에 따라 보고서를 작성하여야 합니다.

현행서식		개정서식
별지 제6호 서식 (일반투자자용)	⇒	별지 제6호 서식 (경영참가목적용)
별지 제7호 서식 (기관투자자용)	⇒	별지 제7호 서식 (단순투자목적용)

○ 개정법률 부칙 제4조 제2항에 따라 기존 보고자중 경영참가목적을 가진 자가 그 목적을 재 보고하는 경우에도 새로운 서식에 따라 보고하여야 합니다.

○ 개정 서식은 3. 28(월)부터 전자문서편집기로 제공될 예정이며, 3. 29부터 전자공시시스템(DART)에서는 새로운 서식만 이용할 수 있습니다.

(별지 제6호 서식)

주식등의 대량보유 상황보고서

(경영참가목적용)

금융감독위원회 귀중　　　　　보고의무발생일　:　　년 월 일
한국증권선물거래소 귀중　　　　보고서작성기준일 :　　년 월 일

보고자 :

【 기재상의 주의 】

보고서표지

1. 보고서의 표제

- 주식 등의 보유비율이 최초로 100분의 5이상이 되어 신규보고하는 경우, 직전의 대량보유상황보고서상에 기재된 보유비율로부터 100분의 1이상 증가 또는 감소하여 보고하는 경우 또는 보유목적이 변경되어 보고하는 경우에는 「주식 등의 대량보유상황보고서」 표제를 사용한다.
- 이미 제출한 보고서를 정정하는 경우에는 정정사유, 정정사항 등을 기재한 정오표를 별도로 작성한다.

2. 보고의무발생일

- 「보고의무발생일」은 다음과 기재한다.

① 주권이 신규로 유가증권시장 또는 코스닥시장에 상장되는 경우 당해 주권의 상장일
② 주권상장법인 등의 주식 등의 보유비율이 최초로 100분의 5이상이 되는 경우와 그 보유비율이 100분의 5미만으로 된 후 다시 100분의 5이상이 되는 경우에는 주식 등의 보유비율이 100분의 5이상이 된 날
③ 직전의 대량보유상황보고서에 기재된 주식 등의 보유비율로부터 100분의 1이상 증가 또는 감소하게 된 경우에는 그 증가 또는 감소가 있은 날
④ 보유목적이 변경된 경우에는 그 변경된 날

3. 보고서작성기준일

- 「보고서작성기준일」에는 대량보유상황보고서 작성시 기준으로 한 날을 기재하되, 보고의무발생일 이후 보고서 제출일 전일까지 새로운 변동내용이 발생한 경우 최후의 변동일을 보고서작성기준일로 한다.

4. 보고자
- 보고자가 자연인의 경우에는 주민등록표상의 성명을, 법인의 경우에는 등기부등본상의 상호 또는 명칭을, 기타 단체의 경우에는 정관·규약상의 명칭을 기재한다. 보고자가 외국인(외국법인 포함. 이하 같다)인 경우 외국인투자등록증상의 성명을 기재한다.

제1부 보고의 개요

1. 발행회사

회사명		회사코드	
법인구분		의결권있는 발행주식 총수(주)	
본점소재지			

【 기재상의 주의 】

제1부 보고의 개요

1. 발행회사
- 「회사명」란에는 법인등기부상의 상호를 ○○○(주) 또는 (주)○○○로 기재한다.
- 「회사코드」란에는 한국증권선물거래소가 주권상장법인 등에 부여한 국제표준증권코드 중 발행회사를 인식할 수 있는 고유코드인 6자리를 기재한다.
- 「법인구분」란에는 주권상장법인, 코스닥상장법인 중 해당내용을 기재한다.
- 「의결권있는 발행주식총수」란에는 원칙적으로 보고서 작성기준일 현재 의결권있는 발행주식총수를 기재한다. 이 경우 상법 등 관계법령에 의해 일시적으로 의결권이 제한된 주식은 발행주식총수에 포함한다.
- 「본점소재지」란에는 법인등기부상의 주된 사무소의 소재지를 기재한다.

2. 대량보유자에 관한 사항

가. 보고자

(1) 보고자 개요

보고구분	신규(변동)(목적변경)				개별(연명)	
보고자 구분					국 적	
성명(명칭)	한글				한자 (영문)	
주민등록번호등					생년월일 (설립연월일)	년 월 일
주소(본점소재지)					전화번호	
직업(사업내용)					발행회사와의 관계	
업무상 연락처 및 담당자	주소				전화번호	
	소속		직위		성명	

【 기재상의 주의 】

2. 대량보유자에 관한 사항

가. 보고자

(1) 보고자 개요

- 「보고구분」란에는 신규, 변동 또는 목적변경으로 구분하고, 보고자가 단독으로 보고하는 경우 개별을, 보고자가 특별관계자를 연명하여 보고하는 경우 연명을 기재한다.
- 「보고자구분」란에는 개인, 법인, 기타 단체, 외국인 등 해당내용을 기재한다.
- 「국적」란에는 보고자가 자연인인 경우 주된 주소지의 국가명을, 법인 또는 단체인 경우 주된 사무소 소재지의 국가명을 기재한다.
- 「성명(명칭)」란에는 보고서표지의 「4. 보고자」의 기재방법에 따라 기재하며, 반드시 한글과 한자(한자로 표기할 수 없는 외국인의 경우 영문)를 모두 기재한다.
- 「주민등록번호등」란에는 내국인의 경우에는 주민등록번호를, 법인의 경우에는 사업자등록번호를, 외국인의 경우에는 금융감독원장이 발부한 외국인투자등록증에 기재된 투자등록번호를 기재하되 투자등록번호가 없는 경우에는 여권번호, 납세번호, 기타 당해 국가에서 부여한 고유번호를 기재한다.
- 「주소(본점소재지)」란에는 개인의 경우 주민등록표상의 주소를, 법인의 경우 등기부등본상의 본점소재지를, 단체의 경우 정관·규약상의 주된 사무

소를, 외국인인 경우 외국인투자등록서류상의 주소를 기재한다.
- 「전화번호」란에는 보고자와 통화할 수 있는 전화번호를 기재한다.
- 「직업(사업내용)」란에는 보고자가 자연인인 경우 보고서 작성기준일 현재 보고자가 주로 종사하는 직업, 법인 또는 단체의 경우 보고서 작성기준일 현재 영위하고 있는 주된 사업내용을 기재한다.
- 「발행회사와의 관계」란에는 최대주주, 주요주주, 임원 등 해당사항을 기재한다.
- 「업무상 연락처 및 담당자」란에는 당해 보고서를 실제로 작성한 자 또는 이를 대리한 자에 관한 해당사항을 모두 기재한다.

(2) 보고자에 대한 구체적인 사항(법인 또는 단체만 해당)

○ 법적성격
○ 자본금
○ 임원현황
○ 의사결정기구
○ 최대주주

【 기재상의 주의 】

(2) 보고자에 대한 구체적인 사항(법인 또는 단체만 해당)
- 「법적성격」에는 주식회사, 유한회사, 합자회사, 합명회사, 증권투자회사, 기금, 조합등 당해 법인 또는 단체의 설립근거법령 및 당해 법령에 따른 법적성격을 기재한다.
- 「자본금」에는 법인등기부상의 자본금 또는 출자총액을 기재한다.
- 「임원」에는 이사, 감사, 사실상 이에 준하는 자로서 당해 법인 또는 단체를 대표하는 자(2인 이상인 경우 전원)와 재무, 자산운용 또는 그 밖에 증권관련 업무를 집행하거나 지시 또는 감독하는 자의 성명, 직위, 담당업무를 기재한다.
- 「의사결정기구」에는 이사회, 주주총회, 사원총회 등 법인 또는 단체의 재무, 자산운용, 그 밖에 증권관련 주요의사결정을 하는 기구의 명칭, 권한, 의사결정방법 등을 구체적으로 기재한다.
- 「최대주주」에는 보고자의 최대주주 성명 또는 명칭(최대주주가 단체인 경우 그 단체의 대표자를 포함) 및 그 지분율을 기재한다. 이 경우 간접투자자산운용업법 제144조의2의 규정에 의한 사모투자전문회사의 최대주주는 무한책임사원 중 최대출자자를 말한다.

나. 특별관계자

(1) 특별관계자 개요

연번	성명 (명칭)	구분	보고자와 의 관계	주민등록 번호 등	국적	주소 (소재지)	직업 (사업내용)	비고

(2) 특별관계자에 대한 구체적인 사항(법인 또는 단체만 해당)

○ 법적성격 ○ 자본금 ○ 임원현황 ○ 의사결정기구 ○ 최대주주

【 기재상의 주의 】

나. 특별관계자

(1) 특별관계자 개요
- 「연번」란에는 특별관계자의 기재순으로 일련번호를 기재한다.
- 「구분」란에는 개인, 법인, 기타 단체등 해당내용을 기재한다.
- 「보고자와의 관계」란에는 특수관계인, 공동보유자 중 해당내용을 기재한다.

(2) 특별관계자에 대한 구체적인 사항(법인 또는 단체만 해당)
- 법인 또는 단체인 특별관계자 각각에 대하여 「가. 보고자」의 「(2) 보고자에 대한 구체적인 사항(법인 또는 단체만 해당)」의 기재방법에 따라 작성한다.

다. 자산운용회사

(보고자 또는 특별관계자가 규정 제134조 제2항에 따른 "투자회사등"인 경우에 한함)

(1) 자산운용사 개요

연번	명칭	사업자등록 번호 등	대상 투자회사등	국적	주소 (소재지)	비고

(2) 자산운용사에 대한 구체적인 사항

○ 법적성격 ○ 자본금 ○ 임원현황 ○ 의사결정기구 ○ 최대주주

【 기재상의 주의 】

다. 자산운용사

- 대량 보유자 및 그 특별관계자가 간접투자자산운용업법에 의한 투자회사 또는 이와 유사한 법인 또는 단체("투자회사 등"이라 한다.)인 경우에는 「유가증권발행 및 공시등에 관한 규정」(이하 "규정"이라 한다) 제134조 제2항에 따라 당해 투자회사 등의 자산운용회사 각각에 대하여 해당 사항을 기재한다.

(1) 자산운용사 개요

- 「연번」란에는 자산운용사의 기재순으로 일련번호를 기재한다.
- 「대상투자회사등」란에는 자산운용의 대상이 되는 투자회사 등을 기재한다.

(2) 자산운용사에 대한 구체적인 사항

- 자산운용사 각각에 대하여 「가. 보고자」의 「(2) 보고자에 대한 구체적인 사항(법인 또는 단체만 해당)」의 기재방법에 따라 작성한다.

3. 보유주식 등의 수 및 보유비율

	작성 기준일	보고자		주식등의 비율		주권의 비율	
		본인 성명	특별관계 자수	주식등의 수(주)	비율(%)	주식수(주)	비율(%)
직전 보고서							
이번 보고서							
증감							

【 기재상의 주의 】

3. 보유주식등의 수 및 보유비율

- 「직전보고서」란에는 '변동' 또는 '목적변경'에 따른 보고일 경우 작성기준일, 보고자, 주식 등의 비율 및 주권의 비율을 직전보고서의 기재내용 그대로 기재하고 '신규'보고일 경우에는 기재하지 않는다.
- 「이번보고서」란에는 보고서작성기준일 현재 주식등의 총수 및 보유비율 등을 기재하되, 비율은 소숫점 이하 셋째자리를 사사오입하여 소숫점 이하 둘째자리까지 산출하여 기재한다. 단, 「이번보고서」의 주식등의 비율은 제2부 「1. 보고자 및 특별관계자별 보유내역」의 합계와 동일하여야 한다.
- 「증감」란에는 직전보고서에서 이번보고서의 주식등의 수 및 비율을 단순차감하여 기재한다. 단, 「증감」란의 기재사항은 제3부 「1. 변동내역 총괄표」의 합계와 일치하여야 한다.

4. 보유목적

(1) 보유목적의 개요(회사 또는 그 임원에 대하여 사실상의 영향력 행사 목적 여부)

Ⅰ.이사 및 감사의 선임 · 해임 또는 직무의 정지
Ⅱ. 이사 및 이사회 등 회사의 기관과 관련된 정관의 변경
Ⅲ. 회사의 자본금의 변경
Ⅳ. 회사의 배당 결정에 대한 영향
Ⅴ. 회사의 합병(간이합병 및 소규모합병을 포함한다) 및 분할
Ⅵ. 주식의 포괄적 교환 및 이전
Ⅶ. 영업의 전부 또는 중요한 일부의 양수 또는 양도
Ⅷ. 자산의 전부 또는 중요한 일부의 처분 또는 양도
Ⅸ. 영업의 전부 또는 중요한 일부의 임대, 경영 위임 또는 타인과 영업의 손익전부를 같이 하는 계약 기타 이에 준하는 계약의 체결, 변경 또는 해약
Ⅹ. 회사의 해산

【 기재상의 주의 】

4. 보유목적

(1) 보유목적의 개요

- 증권거래법시행령 제86조의7의 규정에 따라 Ⅰ~Ⅹ 각호의 어느 하나에 해당하는 것을 위하여 회사 또는 그 임원에 대하여 사실상 영향력을 행사하고 있거나 영향력을 행사하고자 하는 목적이 있는지 여부를 기재한다.

- 이 경우 사실상의 영향력행사는 증권거래법 제191조의13(소수주주권 행사) 제 5항(상법 제366조에 규정된 권리에 한한다) · 제191조의14(주주제안) 및 상법 제363조의2(주주제안권) · 제366조(소수주주에 의한 소집청구)에 규정된 권리를 행사하거나 이를 제3자가 행사하도록 하는 것을 포함한다.

(2) 보유목적에 대한 구체적인 사항

【 기재상의 주의 】
(2) 보유목적에 대한 구체적인 사항 -「(1) 보유목적의 개요」에 해당 사항이 있는 경우 현재 영향력행사의 내용 또는 향후 영향력 행사 계획 및 방법을 구체적으로 기재한다.

5. 변동사유

【 기재상의 주의 】
5. 변동사유 - 장내(장외)매수/매도, 유/무상신주취득, 증여/수증 등 보유주식 등의 취득/처분 방법과 그 처분사유를 기재한다.

제2부 대량보유내역

1. 보고자 및 특별관계자별 보유내역

(1) 주식 등의 종류별 보유내역

<table>
<tr><td rowspan="3">관계</td><td rowspan="3">성명(명칭)</td><td rowspan="3">주민등록번호 등</td><td colspan="10">보유주식 등의 내역</td></tr>
<tr><td colspan="3">주권</td><td rowspan="2">주식옵션 권리행사로 취득할 보통주</td><td rowspan="2">신주인수권 표시증서</td><td rowspan="2">전환사채권</td><td rowspan="2">신주인수권부사채권</td><td rowspan="2">교환사채권</td><td colspan="2">합계</td></tr>
<tr><td>보통주</td><td>의결권 있는 우선주</td><td>보통주로 전환될 우선주</td><td>주수(주)</td><td>비율(%)</td></tr>
<tr><td>보고자</td><td></td><td></td><td></td><td></td><td></td><td></td><td></td><td></td><td></td><td></td><td></td><td></td></tr>
<tr><td rowspan="4">특별관계자</td><td></td><td></td><td></td><td></td><td></td><td></td><td></td><td></td><td></td><td></td><td></td><td></td></tr>
<tr><td></td><td></td><td></td><td></td><td></td><td></td><td></td><td></td><td></td><td></td><td></td><td></td></tr>
<tr><td></td><td></td><td></td><td></td><td></td><td></td><td></td><td></td><td></td><td></td><td></td><td></td></tr>
<tr><td></td><td></td><td></td><td></td><td></td><td></td><td></td><td></td><td></td><td></td><td></td><td></td></tr>
<tr><td colspan="3" rowspan="4">합계</td><td></td><td></td><td></td><td rowspan="2"></td><td rowspan="2"></td><td rowspan="2"></td><td rowspan="2"></td><td rowspan="2"></td><td rowspan="2"></td><td rowspan="2"></td></tr>
<tr><td>a1</td><td>a2</td><td>a3</td></tr>
<tr><td colspan="2"></td><td rowspan="2"></td><td rowspan="2">a4</td><td rowspan="2">B</td><td rowspan="2">C</td><td rowspan="2">D</td><td rowspan="2">E</td><td rowspan="2"></td><td rowspan="2"></td></tr>
<tr><td colspan="2">A(=a1+a2)</td></tr>
</table>

<table>
<tr><td rowspan="2">의결권있는 발행주식 총수(G)</td><td rowspan="2">보유잠재주식의 수
(a3+a4+B+C+D+E=H)</td><td colspan="2">보유비율(%)</td></tr>
<tr><td>주식등의 보유비율
(A+H / G+H-E) × 100</td><td>주권의 보유비율
(A / G) × 100</td></tr>
<tr><td></td><td></td><td></td><td></td></tr>
</table>

【 기재상의 주의 】

제2부 대량보유내역

1. 보고자 및 특별관계자별 보유내역

(1) 주식 등의 종류에 따른 보유내역

- 「보유주식 등의 내역」란에는 보고서 작성기준일 현재를 기준으로 보고자 및 특별관계자가 보유하는 주식 등의 수와 보유비율을 기재한다.
- 주권은 보통주, 의결권있는 우선주 및 보통주로 전환되는 우선주별로 주

식의 수를 기재하며, 주권이외의 것은 잠재주식의 수(주식으로 환산한 수)를 기재하되, 신주인수권행사, 전환청구, 교환청구를 할 수 있는 기간이 경과한 것은 보유하고 있는 주식 등의 수에서 제외하고, 주식매수선택권을 부여받은 경우에는 신주인수권표시증서에 포함한다.

- 신주발행시에는 당해 주권의 효력이 발생할 때까지 그 발행에 관계되는 주권은 보유주식 등의 수에서 제외한다.
- 신주인수권증서를 교부받아 신주의 인수신청을 한 경우에는 주권이 발행될 때까지 신주인수권표시증서란에 기재한다.
- 주식 등을 민법상 공유에 의하여 보유하고 있는 경우에는 공유부분을 자기의 보유분으로 하여 기재한다.
- 상속재산인 주식 등에 대해서는, 상속인이 1인인 경우 상속인은 단순승인 또는 한정승인에 따라 상속이 확정될 때까지 당해 상속재산에 속하는 주식 등을 보유주식 등의 수에서 제외할 수 있으며, 상속인이 수인인 경우 상속인은 상속재산에 속하는 주식 등과 관계되는 유산분할이 종료될 때까지 당해 주식 등을 보유주식 등의 수에서 제외할 수 있다.

(2) 보유형태별 보유내역

관계	성명 (명칭)	주민등록 번호등	소유에 준하는 보유(증권거래법시행령 제10조의 4) 형태						합계	
			제1호	제2호	제3호	제4호	제5호	제6호	주수	비율
보고자										
특별관계자										

※ 소유에 준하는 보유(증권거래법시행령 제10조의 4)

- 제1호 누구의 명의로든지 자기의 계산으로 주식 등을 소유하는 경우,
- 제2호 법률의 규정 또는 매매 기타 계약에 의하여 주식 등의 인도청구권을 갖는 경우
- 제3호 법률의 규정 또는 금전의 신탁계약·담보계약 기타 계약에 의하여 당해 주식 등의 취득 또는 처분권한이나 의결권을 갖는 경우
- 제4호 주식 등의 매매의 일방예약을 하고 당해 매매를 완결할 권리를 취득하는 경우로서 당해 권리행사에 의하여 매수인으로서의 지위를 갖는 경우
- 제5호 주식 등의 매매거래에 관한 유가증권옵션을 취득하는 경우로서 당해 유가증권옵션의 행사에 의하여 매수인으로서의 지위를 갖는 경우

- 제6호 주식매수선택권을 부여받은 경우

【 기재상의 주의 】

(2) 보유형태에 따른 보유내역

- 보고서 작성기준일 현재를 기준으로 보고자 및 특별관계자가 보유하는 주식 등의 수 및 보유비율을 증권거래법시행령 제10조의4 제1호 내지 제6호에서 정하는 소유에 준하는 보유의 형태에 따라 구분하여 기재한다.

「제1호」 누구의 명의로든지 자기의 계산으로 주식 등을 소유하는 경우,

「제2호」 법률의 규정 또는 매매 기타 계약에 의하여 주식 등의 인도청구권을 갖는 경우(타인명의로 주식 등을 보유하거나 주권 등의 매수약정을 하고 주권 등의 인도를 받지 않은 경우 등),

「제3호」 법률의 규정 또는 금전의 신탁계약·담보계약 기타 계약에 의하여 당해 주식 등의 취득 또는 처분권한이나 의결권(의결권의 행사를 지시할 수 있는 권한을 포함한다)을 갖는 경우(투자일임계약에 의하여 투자권한을 보유하고 있는 투자자문사, 신탁계약에 의하여 운용지시권을 보유하고 있는 특정금전신탁의 수익자, 재산관리권을 내용으로 투자권한을 보유하고 있는 친권자, 간접투자자산운용법에 의한 투자회사 또는 이와 유사한 법인, 단체인 경우 투자회사 등의 자산을 운용하는 회사 등),

「제4호」 주식 등의 매매의 일방예약을 하고 당해 매매를 완결할 권리를 취득하는 경우로서 당해 권리행사에 의하여 매수인으로서의 지위를 갖는 경우,

「제5호」주식 등의 매매거래에 관한 유가증권옵션을 취득하는 경우로서 당해 유가증권옵션의 행사에 의하여 매수인으로서의 지위를 갖는 경우,

「제6호」 법 제189조의4의 규정에 의한 주식매수선택권을 부여받은 경우

- 「합계」란의 주수 및 비율은 각각 「(1) 주식 등의 종류에 따른 보유내역」의 「합계」란의 주수 및 비율과 일치해야 한다.

2. 보유주식 등에 대한 계약

성명(명칭)	보고자와의 관계	주민등록번호등	주식등의 종류	주식수	금액	상대방	내용

【 기재상의 주의 】

2. 보유주식 등의 계약

- 주식 등의 보유와 관련한 주요계약이 있는 경우 이를 기재한다. 특히, 타인의 명의로 주식을 소유하거나 증권거래법시행령 제10조의4 제2호 내지 제6호에서 정하는 보유분이 있는 경우 그 내역을 상세히 기재한다.

- 「보고자와의 관계」란에는 본인, 특수관계인, 공동보유자 중 해당내용을 기재한다.

- 「주식등의 종류」란에는 주요계약의 대상이 되는 주식 등의 종류를 증권거래법시행령 제10조 각호의 구분에 따라 구체적으로 기재하되, 주권의 경우 보통주와 보통주로 전환될 우선주로 구분하여 기재한다.

- 「주식수」란에는 당해 계약과 관계된 주식의 수를 기재한다.

- 「상대방」란에는 당해 계약의 상대방이 개인의 경우에는 성명을, 법인 또는 단체의 경우에는 명칭을 기재한다.

- 「내용」란에는 보유주식 등에 관한 담보계약, 신탁계약, 환매계약, 매수 또는 매도의 일방예약 기타 중요한 계약 또는 약속의 내용을 기재한다. 단체 등의 업무집행자로서 주식 등을 보유하거나 공유하고 있는 경우에는 그 취지를 기재한다.

- 주식옵션의 권리행사로 취득할 주식에 관한 사항은 「주식수」, 「금액」, 「내용」란에 한하여 기재한다. 「주식수」란에는 보유 주식옵션(콜옵션) 전부의 권리행사시 취득하는 주식수를, 「금액」란에는 옵션매수를 위해 지출한 옵션대금과 권리행사시 결제에 필요한 예상권리행사대금을 합산한 금액을, 「내용」란에는 종목명, 미결제약정수량, 권리행사가격 등을 기재한다.

3. 자기계정 및 고객계정별 보유내역(기관투자자에 한함)

명칭	보고자와의 관계	계정별 내역				합계	
		자기계정(주)	비율(%)	고객계정(주)	비율(%)	계(주)	비율(%)
합계							

【 기재상의 주의 】

3. 자기계정 및 고객계정별 보유내역(기관투자가에 한함)

- 보고자 또는 특별관계자가 기관투자가인 경우 자기계정과 고객계정별로 구분하여 보유주식 등의 수와 보유비율을 기재한다.

부록

제3부 직전보고일 이후 대량변동 내역

1. 변동내역 총괄표

<table>
<tr><td rowspan="3">관계</td><td rowspan="3">성명
(명칭)</td><td rowspan="3">주민
등록
번호
등</td><td colspan="10">증감주식 등의 내역</td></tr>
<tr><td colspan="3">주권</td><td rowspan="2">주식
옵션
권리
행사로
취득할
보통주</td><td rowspan="2">신주
인수권
표시
증서</td><td rowspan="2">전환
사채권</td><td rowspan="2">신주
인수
권부
사채권</td><td rowspan="2">교환
사채권</td><td colspan="2">합계</td></tr>
<tr><td>보통
주</td><td>의결권
있는
우선주</td><td>보통
주로
전환될
우선주</td><td>주수
(주)</td><td>증감
비율
(%)</td></tr>
<tr><td>보고자</td><td></td><td></td><td></td><td></td><td></td><td></td><td></td><td></td><td></td><td></td><td></td><td></td></tr>
<tr><td rowspan="4">특별
관계
자</td><td></td><td></td><td></td><td></td><td></td><td></td><td></td><td></td><td></td><td></td><td></td><td></td></tr>
<tr><td></td><td></td><td></td><td></td><td></td><td></td><td></td><td></td><td></td><td></td><td></td><td></td></tr>
<tr><td></td><td></td><td></td><td></td><td></td><td></td><td></td><td></td><td></td><td></td><td></td><td></td></tr>
<tr><td></td><td></td><td></td><td></td><td></td><td></td><td></td><td></td><td></td><td></td><td></td><td></td></tr>
<tr><td colspan="3" rowspan="2">합 계</td><td>a1</td><td>a2</td><td>a3</td><td rowspan="2">a4</td><td rowspan="2">B</td><td rowspan="2">C</td><td rowspan="2">D</td><td rowspan="2">E</td><td rowspan="2">F</td><td rowspan="2"></td></tr>
<tr><td colspan="2">A(=a1+a2)</td><td></td></tr>
</table>

【 기재상의 주의 】

제3부 직전보고일 이후 대량변동 내역

1. 변동내역 총괄표

- 직전보고일 이후 보유주식 등의 변동이 있는 경우 보고자 및 특별관계자별로 해당란에 순증감주식수를 기재하고, 그 순서대로 「2. 세부변동내역」란에 해당내용을 기재한다.
- 신규보고인 경우 제2부 「1. 보고자 및 특별관계자별 보유내역」과 동일한 주수 및 비율 등을 기재한다.
- 「증감주식 등의 내역」란의 합계는 제1부 「3. 보유주식 등의 수 및 보유비율」의 증감과 일치해야 하며, 보고자 및 특별관계자의 증감주식 등의 수 및 비율은 이번 보고서에서 직전보고서의를 차감한 주식 등의 수 및 비율을 기재한다.
- 발행주식 등의 총수가 변동된 경우 보고자 및 특별관계자의 보유주식 등의 수가 변동이 없더라도 보유비율의 변동은 발생할 수 있으므로 변동비율을 기재하여야 한다.

2. 세부변동내역

성명(명칭)	주민등록번호등	변동일	취득/처분방법	주식등의 종류	변동 내역			취득/처분단가	비고
					변동전	증감	변동후		

【 기재상의 주의 】

2. 세부변동내역

- 「1. 변동내역 총괄표」란에 기재된 보고자 및 특별관계자 순서대로 직전보고일 이후 이번 보고서 작성기준일까지의 주식 등의 종류별 변동내역을 변동일자 순으로 기재한다.
- 「변동일」란에는 보고서표지의 보고의무발생일을 기준으로 직전보고일 이후 이번 보고서 작성기준일까지의 주식 등의 종류별 변동내역을 변동일자 순으로 기재한다.
- 「취득/처분방법」란에는 장내매수(매도), 장외매수(매도), 유상(무상)신주취득, 신규상장(등록), 실권주인수, 전환사채・신주인수권부사채・교환사채 등의 권리행사, 주식옵션의 권리행사 또는 권리행사배정, 신규보고, 합병 등 증감의 원인이 되는 사유를 기재하되 적당한 사유가 없을 경우 "기타"로 기재하고 「비고」란에 구체적인 변동내용을 기재한다.
- 「변동전」란에는 직전보고서에 기재된 주식 등의 수를 기재하고, 「증감」란에는 직전보고일 이후 보고서 작성기준일까지 변동된 주식등의 수를 기재하며(감소의 경우에는 주식수 앞에 "-"로 표기), 「변동후」란은 「변동전」 주식 등의 수에 증감된 주식 등의 수를 가감하여 기재한다.
- 주식 등의 종류별로 「변동전」, 「증감」, 「변동후」의 수를 기재하여야 하며, 1일에 2회이상 주식 등을 취득 또는 처분한때에는 각각의 1일 합산분을 기재한다.
- 「취득/처분단가」란에는 그 날의 처분 또는 취득 수량으로 가중평균한 단가를 기재한다. 이 경우 주식옵션의 권리행사・권리행사배정으로 취득 또는 처분하는 주식의 매수・매도단가는 다음과 같이 구한다.
  - ・콜옵션 권리행사로 취득하는 주식의 매수단가

=(옵션대금+옵션권리행사대금-옵션권리행사차금)/권리행사로 취득한 주식수

· 풋옵션 권리행사배정으로 취득하는 주식의 매수단가
= 권리행사가격

· 풋옵션 권리행사로 처분하는 주식의 매도단가
=(-옵션대금+옵션권리행사대금+옵션권리행사차금)/권리행사로 처분한 주식수

· 콜옵션 권리행사배정으로 처분하는 주식의 매도단가
= 권리행사가격

- 「비고」란에는 취득/처분방법이 장외거래, 상속/피상속, 증여/수증, 차입/대여, 대물변제수령/변제 등에 의한 거래일 경우 거래상대방에 대한 성명(법인인 경우 법인명)을 기재하고, 기타 취득·처분과 관련된 사항을 기재한다.

3. 취득에 필요한 자금 등의 조성내역

(1) 취득자금등의 개요

자기자금(H)	차입금(I)	기타(J)	계(H+I+J)

(2) 취득자금등의 조성경위 및 원천

○ 자기자금의 경우
○ 차입금의 경우
○ 기타의 경우

【 기재상의 주의 】

3. 취득에 필요한 자금 등의 조성내역

(1) 취득자금등의 개요

- 「자기자금」, 「차입금」란에는 당해 주식 등의 취득시 사용한 자금총액을 자기자금과 차입금으로 구분하여 기재하고, 「기타」란에는 상속, 증여, 대물변제, 교환 등 취득자금 없이 취득한 원인 또는 계약을 기재한다.

(2) 취득자금등의 조성경위 및 원천
- 「자기자금의 경우」에는 출자(현물출자 포함) 또는 증자, 자산매각, 투자이익, 상속, 증여 등 자기자금이 형성된 조성경위 및 원천(차입금을 일시적으로 예금한 경우 등은 제외)을 구체적으로 기재한다.
- 「차입금의 경우」에는 차입형태(채무증서발행, 금융기관차입 등), 차입처, 차입기간, 이자율, 담보제공여부, 차입자이외의 자가 담보물 제공여부 등 차입관련 계약의 중요사항을 구체적으로 기재한다.
- 「기타의 경우」란에는 당해 주식 등을 상속, 증여, 대물변제, 교환 등 취득자금 없이 취득한 원인 또는 계약에 대하여 구체적으로 기재한다.

※ 단순투자 목적으로 보고한 자가 보유목적을 경영참가목적으로 변경보고하는 경우 보유분 전체에 대한 취득자금 원천을 기재한다.

【 기재상의 주의 】

첨부서류

1. 증빙서류
- 규정 제135조에 따라 대량보유상황보고서 제출시 매매보고서 기타 취득 또는 처분을 증빙할 수 있는 자료와 보유주식 등에 관한 주요 계약서사본(증권거래법시행령 제86조의4제1항의 규정에 따라 보고서를 기재한 경우로서 계약서를 작성한 경우에 한한다)을 첨부하여야 한다.
- 다음 각호에 해당하는 법인이 유가증권시장 또는 코스닥시장을 통하여 주식 등을 취득 또는 처분하는 경우에는 그 취득 또는 처분에 관한 증빙자료의 제출을 생략할 수 있다. 이 경우 제4호 내지 제6호에 해당하는 법인의 경우 대량보유상황보고서를 신규로 제출하는 때에 당해 감독기관의 인가, 허가 또는 등록확인서 등 당해 업무를 영위하는 법인임을 확인할 수 있는 서류를 제출하여야 한다.

제1호 증권거래법시행령 제86조의8의 규정에 의한 기관투자가

제2호 투자회사 또는 자산운용회사, 간접투자자산운영법에 의하여 투자일임업을 영위하는 투자자문회사

제3호 외국법령에 의하여 외국에서 은행업·증권업·보험업·자산운용업·투자일임업을 주된 업무로 영위하는 법인

제4호 외국법령에 의한 증권투자회사

제5호 기타 이에 준하는 법인으로 감독원장이 정하는 법인

2. 위임장

- 대량보유상황보고서의 보고자가 규정 제132조에 따라 특별관계자 전원의 위임을 받아 당해 보고자 및 당해 특별관계자 전원의 보고서를 연명으로 하여 제출하는 경우 당해 보고자는 그 특별관계자 전원으로부터 보고에 관한 일체의 사항을 위임받은 사실을 증명할 수 있는 서면을 받아 최초 연명보고시에 이를 첨부하여 제출한다.

(별지 제7호 서식)

주식등의 대량보유 상황보고서
(단순투자목적용)

금융감독위원회 귀중　　　　　　　　보고의무발생일　:　　년 월 일
한국증권선물거래소 귀중　　　　　　보고서작성기준일 :　　년 월 일

보고자 본인 및 연명보고하는 특별관계자 전원은 주식 등의 보유기간동안 법시행령 제86조의7의 규정에 의한 경영권에 영향을 주기 위한 행위를 하지 않을 것을 확인합니다.

보고자 :

【 기재상의 주의 】
보고서표지

1. 보고서의 표제

- 주식 등의 보유비율이 최초로 100분의 5이상이 되어 신규보고하는 경우나 직전의 대량보유상황보고서상에 기재된 보유비율로부터 100분의 1이상 증가 또는 감소하여 보고하는 경우, 보유목적이 변경되어 보고하는 경우에는 「주식 등의 대량보유상황보고서」 표제를 사용한다.
- 이미 제출한 보고서를 정정하는 경우에는 정정사유, 정정사항 등을 기재한 정오표를 별도로 작성한다.

2. 보고의무발생일

- 「보고의무발생일」은 다음과 기재한다.
① 주권이 신규로 유가증권시장 또는 코스닥시장에 상장되는 경우 당해 주권의 상장일
② 주권상장법인 등의 주식 등의 보유비율이 최초로 100분의 5이상이 되는 경우와 그 보유비율이 100분의 5미만으로 된 후 다시 100분의 5이상이 되는 경우에는 주식 등의 보유비율이 100분의 5이상이 된 날
③ 직전의 대량보유상황보고서에 기재된 주식 등의 보유비율로부터 100분의 1이상 증가 또는 감소하게 된 경우에는 그 증가 또는 감소가 있은 날

④ 보유목적이 변경된 경우에는 그 변경된 날

3. 보고서작성기준일
- 「보고서작성기준일」에는 대량보유상황보고서 작성시 기준으로 한 날을 기재하되, 보고의무발생일 이후 보고서 제출일 전일까지 새로운 변동내용이 발생한 경우 최후의 변동일을 보고서작성기준일로 한다.

4. 확인
- 대량보유상황보고서의 보고자는 당해 보고자 및 특별관계자 전원이 주식 등의 보유기간 중에 경영참가행위를 하지 않겠다는 확인을 증명할 수 있는 서류를 첨부하여 제출한다.

5. 보고자
- 보고자가 자연인의 경우에는 주민등록표상의 성명을, 법인의 경우에는 등기부등본상의 상호 또는 명칭을, 기타 단체의 경우에는 정관·규약상의 명칭을 기재한다. 보고자가 외국인(외국법인 포함. 이하 같다)인 경우 외국인투자등록증상의 성명을 기재한다.

제1부 보고의 개요

1. 발행회사

회사명		회사코드	
법인구분		의결권있는 발행주식 총수(주)	
본점소재지			

【 기재상의 주의 】

제1부 보고의 개요

1. 발행회사
- 「회사명」란에는 법인등기부상의 상호를 ○○○(주) 또는 (주)○○○로 기재한다.
- 「회사코드」란에는 한국증권선물거래소가 주권상장법인 등에 부여한 국제표준증권코드 중 발행회사를 인식할 수 있는 고유코드인 6자리를 기재한다.
- 「법인구분」란에는 주권상장법인, 코스닥상장법인 중 해당내용을 기재한다.

- 「의결권있는 발행주식총수」란에는 원칙적으로 보고서 작성기준일 현재 의결권있는 발행주식총수를 기재한다. 이 경우 상법 등 관계법령에 의해 일시적으로 의결권이 제한된 주식은 발행주식총수에 포함한다.
- 「본점소재지」란에는 법인등기부상의 주된 사무소의 소재지를 기재한다.

2. 대량보유자에 관한 사항

가. 보고자

(1) 보고자 개요

보고구분	신규(변동)(목적변경)				개별(연명)	
보고자 구분					국 적	
성명(명칭)	한글				한자 (영문)	
주민등록번호등					생년월일 (설립연월일)	년 월 일
주소(본점소재지)					전화번호	
직업(사업내용)					발행회사와의 관계	
업무상 연락처 및 담당자	주소				전화번호	
	소속		직위		성명	

【 기재상의 주의 】

2. 대량보유자에 관한 사항

가. 보고자

(1) 보고자 개요
- 「보고구분」란에는 신규, 변동 또는 목적변경으로 구분하고, 보고자가 단독으로 보고하는 경우 개별을, 보고자가 특별관계자를 연명하여 보고하는 경우 연명을 기재한다.
- 「보고자구분」란에는 개인, 기관투자가, 일반법인, 외국인, 기타 단체 등 해당내용을 기재한다.
- 「국적」란에는 보고자가 자연인인 경우 국적을, 법인 또는 단체인 경우 주된 사무소 소재지의 국가명을 기재한다.
- 「성명(명칭)」란에는 보고서표지의 「4. 보고자」의 기재방법에 따라 기재하며, 반드시 한글과 한자(한자로 표기할 수 없는 외국인의 경우 영문)를 모

두 기재한다.

- 「주민등록번호등」란에는 내국인의 경우에는 주민등록번호를, 법인의 경우에는 사업자등록번호를, 외국인의 경우에는 금융감독원장이 발부한 외국인투자등록증에 기재된 투자등록번호를 기재하되 투자등록번호가 없는 경우에는 여권번호, 납세번호, 기타 당해 국가에서 부여한 고유번호를 기재한다.
- 「주소(본점소재지)」란에는 개인의 경우 주민등록표상의 주소를, 법인의 경우 등기부등본상의 본점소재지를, 단체의 경우 정관·규약상의 주된 사무소를, 외국인인 경우 외국인투자등록서류상의 주소를 기재한다.
- 「전화번호」란에는 보고자와 통화할 수 있는 전화번호를 기재한다.
- 「직업(사업내용)」란에는 보고자가 자연인인 경우 보고서 작성기준일 현재 보고자가 주로 종사하는 직업, 법인 또는 단체의 경우 보고서 작성기준일 현재 영위하고 있는 주된 사업내용을 기재한다.
- 「발행회사와의 관계」란에는 최대주주, 주요주주, 임원 등 해당사항을 기재한다.
- 「업무상 연락처 및 담당자」란에는 당해 보고서를 실제로 작성한 자 또는 이를 대리한 자에 관한 해당사항을 모두 기재한다.

(2) 보고자에 대한 구체적인 사항(법인 또는 단체만 해당)

○ 법적성격
○ 자본금
○ 임원현황
○ 의사결정기구
○ 최대주주

【 기재상의 주의】

(2) 보고자에 대한 구체적인 사항(법인 또는 단체만 해당)

- 「법적성격」에는 주식회사, 유한회사, 합자회사, 합명회사, 증권투자회사, 기금, 조합 등 당해 법인 또는 단체의 설립근거법령 및 당해 법령에 따른 법적성격을 기재한다.
- 「자본금」에는 법인등기부상의 자본금 또는 출자총액을 기재한다.
- 「임원」에는 당해 법인 또는 단체를 대표하는 자(2인 이상인 경우 전원)의

성명 및 직위를 기재한다.
- 「의사결정기구」에는 회사의 자산운용과 관련한 의사결정기구의 명칭을 기재한다.
- 「최대주주」에는 보고자의 최대주주 성명 또는 명칭을 기재한다. 이 경우 간접투자자산운용업법 제144조의2의 규정에 의한 사모투자전문회사의 최대주주는 무한책임사원 중 최대출자자를 말한다.나. 특별관계자

(1) 특별관계자 개요

연번	성명 (명칭)	구분	보고자와의 관계	주민등록 번호 등	국적	주소 (소재지)	직업 (사업내용)	비고

(2) 특별관계자에 대한 구체적인 사항(법인 또는 단체만 해당)

○ 법적성격
○ 자본금
○ 임원현황
○ 의사결정기구
○ 최대주주

【 기재상의 주의 】

나. 특별관계자

(1) 특별관계자 개요

- 「연번」란에는 특별관계자의 기재순으로 일련번호를 기재한다.
- 「구분」란에는 개인, 법인, 기타 단체등 해당내용을 기재한다.
- 「보고자와의 관계」란에는 특수관계인, 공동보유자 중 해당내용을 기재한다.

(2) 특별관계자에 대한 구체적인 사항(법인 또는 단체만 해당)

- 법인 또는 단체인 특별관계자 각각에 대하여 「가. 보고자」의 「(2) 보고자에 대한 구체적인 사항(법인 또는 단체만 해당)」의 기재방법에 따라 작성한다.

다. 자산운용회사
(보고자 또는 특별관계자가 규정 제134조 제2항에 따른 "투자회사등"인 경우에 한함)

(1) 자산운용사 개요

연번	명칭	사업자등록 번호 등	대상 투자회사등	국적	주소 (소재지)	비고

(2) 자산운용사에 대한 구체적인 사항

○ 법적성격
○ 자본금
○ 임원현황
○ 의사결정기구
○ 최대주주

【 기재상의 주의 】

다. 자산운용사

- 대량 보유자 및 그 특별관계자가 간접투자자산운용업법에 의한 투자회사 또는 이와 유사한 법인 또는 단체("투자회사 등"이라 한다.)인 경우에는 「유가증권발행 및 공시 등에 관한 규정」(이하 "규정"이라 한다) 제134조 제2항에 따라 당해 투자회사 등의 자산운용회사 각각에 대하여 해당 사항을 기재한다.

(1) 자산운용사 개요
- 「연번」란에는 자산운용사의 기재순으로 일련번호를 기재한다.
- 「대상투자회사 등」란에는 자산운용의 대상이 되는 투자회사 등을 기재한다.

(2) 자산운용사에 대한 구체적인 사항

- 자산운용사 각각에 대하여 「가. 보고자」의 「(2) 보고자에 대한 구체적인 사항(법인 또는 단체만 해당)」의 기재방법에 따라 작성한다.

3. 보유주식 등의 수 및 보유비율

	작성기준일	보고자		주식 등의 비율		주권의 비율	
		본인 성명	특별 관계자수	주식 등의 수(주)	비율(%)	주식수(주)	비율(%)
직전보고서							
이번보고서							
증감							

【 기재상의 주의 】

3. 보유주식 등의 수 및 보유비율

- 「직전보고서」란에는 '변동' 또는 '목적변경'에 따른 보고일 경우 작성기준일, 보고자, 주식 등의 비율 및 주권의 비율을 직전보고서의 기재내용 그대로 기재하고 '신규'보고일 경우에는 기재하지 않는다.
- 「이번보고서」란에는 보고서작성기준일 현재 주식 등의 총수 및 보유비율 등을 기재하되, 비율은 소숫점 이하 셋째자리를 사사오입하여 소숫점 이하 둘째자리까지 산출하여 기재한다. 단, 「이번보고서」의 주식 등의 비율은 제2부 「1. 보고자 및 특별관계자별 보유내역」의 합계와 동일하여야 한다.
- 「증감」란에는 직전보고서에서 이번보고서의 주식 등의 수 및 비율을 단순차감하여 기재한다. 단,「증감」란의 기재사항은 제3부 「1. 변동내역 총괄표」의 합계와 일치하여야 한다.

4. 변동사유

【 기재상의 주의 】

4. 변동사유

- 장내(장외)매수/매도, 유/무상신주취득, 증여/수증 등 보유주식 등의 취득/처분 방법과 그 처분사유를 기재한다.

제2부 대량보유내역

1. 보고자 및 특별관계자별 보유내역

(1) 주식등의 종류별 보유내역

관계	성명(명칭)	주민등록번호 등	보유주식 등의 내역									
			주권			주식옵션권리행사로 취득할 보통주	신주인수권표시증서	전환사채권	신주인수권부사채권	교환사채권	합계	
			보통주	의결권 있는 우선주	보통주로 전환될 우선주						주수(주)	비율(%)
보고자												
특별관계자												
합계			a1	a2	a3	a4	B	C	D	E		
			A(=a1+a2)									

의결권있는 발행주식 총수(G)	보유잠재주식의 수 (a3+a4+B+C+D+E=H)	보유비율(%)	
		주식 등의 보유비율 (A+H / G+H-E) × 100	주권의 보유비율 (A / G) × 100

【 기재상의 주의 】

제2부 대량보유내역

1. 보고자 및 특별관계자별 보유내역

(1) 주식 등의 종류에 따른 보유내역

- 「보유주식 등의 내역」란에는 보고서 작성기준일 현재를 기준으로 보고자

및 특별관계자가 보유하는 주식 등의 수와 보유비율을 기재한다.

- 주권은 보통주, 의결권있는 우선주 및 보통주로 전환되는 우선주별로 주식의 수를 기재하며, 주권이외의 것은 잠재주식의 수(주식으로 환산한 수)를 기재하되, 신주인수권행사, 전환청구, 교환청구를 할 수 있는 기간이 경과한 것은 보유하고 있는 주식 등의 수에서 제외하고, 주식매수선택권을 부여받은 경우에는 신주인수권표시증서에 포함한다.
- 신주발행시에는 당해 주권의 효력이 발생할 때까지 그 발행에 관계되는 주권은 보유주식 등의 수에서 제외한다.
- 신주인수권증서를 교부받아 신주의 인수신청을 한 경우에는 주권이 발행될 때까지 신주인수권표시증서란에 기재한다.
- 주식 등을 민법상 공유에 의하여 보유하고 있는 경우에는 공유부분을 자기의 보유분으로 하여 기재한다.
- 상속재산인 주식 등에 대해서는, 상속인이 1인인 경우 상속인은 단순승인 또는 한정승인에 따라 상속이 확정될 때까지 당해 상속재산에 속하는 주식 등을 보유주식 등의 수에서 제외할 수 있으며, 상속인이 수인인 경우 상속인은 상속재산에 속하는 주식 등과 관계되는 유산분할이 종료될 때까지 당해 주식 등을 보유주식 등의 수에서 제외할 수 있다.

2. 자기계정 및 고객계정별 보유내역(기관투자자에 한함)

명칭	보고자와의 관계	계정별 내역				합계	
		자기계정(주)	비율(%)	고객계정(주)	비율(%)	계(주)	비율(%)
합계							

【 기재상의 주의 】

2. 자기계정 및 고객계정별 보유내역(기관투자가에 한함)

- 보고자 또는 특별관계자가 기관투자가인 경우 자기계정과 고객계정별로 구분하여 보유주식 등의 수와 보유비율을 기재한다.

제3부 직전보고일 이후 대량변동 내역

1. 변동내역 총괄표

<table>
<tr><th rowspan="3">관계</th><th rowspan="3">성명
(명칭)</th><th rowspan="3">주민
등록
번호
등</th><th colspan="10">증감주식등의 내역</th></tr>
<tr><th colspan="3">주 권</th><th rowspan="2">주식
옵션
권리
행사로
취득할
보통주</th><th rowspan="2">신주
인수권
표시
증서</th><th rowspan="2">전환
사채
권</th><th rowspan="2">신주
인수
권부
사채권</th><th rowspan="2">교환
사채
권</th><th colspan="2">합계</th></tr>
<tr><th>보통
주</th><th>의결권
있는
우선주</th><th>보통
주로
전환될
우선주</th><th>주
수
(주)</th><th>증
감
비
율
(%)</th></tr>
<tr><td>보고
자</td><td></td><td></td><td></td><td></td><td></td><td></td><td></td><td></td><td></td><td></td><td></td><td></td></tr>
<tr><td rowspan="4">특
별
관
계
자</td><td></td><td></td><td></td><td></td><td></td><td></td><td></td><td></td><td></td><td></td><td></td><td></td></tr>
<tr><td></td><td></td><td></td><td></td><td></td><td></td><td></td><td></td><td></td><td></td><td></td><td></td></tr>
<tr><td></td><td></td><td></td><td></td><td></td><td></td><td></td><td></td><td></td><td></td><td></td><td></td></tr>
<tr><td></td><td></td><td></td><td></td><td></td><td></td><td></td><td></td><td></td><td></td><td></td><td></td></tr>
<tr><td colspan="3" rowspan="4">합 계</td><td></td><td></td><td></td><td rowspan="2"></td><td rowspan="2"></td><td rowspan="2"></td><td rowspan="2"></td><td rowspan="2"></td><td rowspan="2"></td><td rowspan="2"></td></tr>
<tr><td>a1</td><td>a2</td><td>a3</td></tr>
<tr><td colspan="2"></td><td rowspan="2"></td><td rowspan="2">a4</td><td rowspan="2">B</td><td rowspan="2">C</td><td rowspan="2">D</td><td rowspan="2">E</td><td rowspan="2">F</td><td rowspan="2"></td></tr>
<tr><td colspan="2">A(=a1+a2)</td></tr>
</table>

【 기재상의 주의 】

제3부 직전보고일 이후 대량변동 내역

1. 변동내역 총괄표

- 직전보고일 이후 보유주식 등의 변동이 있는 경우 보고자 및 특별관계자별로 해당란에 순증감주식수를 기재하고, 그 순서대로 「2. 세부변동내역」란에 해당내용을 기재한다.
- 신규보고인 경우 제2부 「1. 보고자 및 특별관계자별 보유내역」과 동일한 주수 및 비율 등을 기재한다.
- 「증감주식등의 내역」란의 합계는 제1부 「3. 보유주식 등의 수 및 보유비율」의 증감과 일치해야 하며, 보고자 및 특별관계자의 증감주식 등의 수 및 비율은 이번 보고서에서 직전보고서의를 차감한 주식 등의 수 및 비율을 기재한다.
- 발행주식등의 총수가 변동된 경우 보고자 및 특별관계자의 보유주식 등의 수가 변동이 없더라도 보유비율의 변동은 발생할 수 있으므로 변동비율을 기재하여야 한다.

2. 세부변동내역

성명(명칭)	주민등록 번호 등	변동일	취득/처분방법	주식 등의 종류	변동 내역			취득/처분 단가	비고
					변동전	증감	변동후		

【 기재상의 주의 】

2. 세부변동내역

- 「1. 변동내역 총괄표」란에 기재된 보고자 및 특별관계자 순서대로 직전보고일 이후 이번 보고서 작성기준일까지의 주식 등의 종류별 변동내역을 변동일자 순으로 기재한다.
- 「변동일」란에는 보고서표지의 보고의무발생일을 기준으로 직전보고일 이후 이번 보고서 작성기준일까지의 주식 등의 종류별 변동내역을 변동일자 순으로 기재한다.
- 「취득/처분방법」란에는 장내매수(매도), 장외매수(매도), 유상(무상)신주취득, 신규상장(등록), 실권주인수, 전환사채・신주인수권부사채・교환사채 등의 권리행사, 주식옵션의 권리행사 또는 권리행사배정, 신규보고, 합병 등 증감의 원인이 되는 사유를 기재하되 적당한 사유가 없을 경우 "기타"로 기재하고 「비고」란에 구체적인 변동내용을 기재한다.
- 「변동전」란에는 직전보고서에 기재된 주식 등의 수를 기재하고, 「증감」란에는 직전보고일 이후 보고서 작성기준일까지 변동된 주식 등의 수를 기재하며(감소의 경우에는 주식수 앞에 "-"로 표기), 「변동후」란은 「변동전」 주식 등의 수에 증감된 주식 등의 수를 가감하여 기재한다.
- 주식 등의 종류별로 「변동전」, 「증감」, 「변동후」의 수를 기재하여야 하며, 1일에 2회이상 주식 등을 취득 또는 처분한때에는 각각의 1일 합산분을 기재한다.
- 「취득/처분단가」란에는 그 날의 처분 또는 취득 수량으로 가중평균한 단가를 기재한다. 이 경우 주식옵션의 권리행사・권리행사배정으로 취득 또는 처분하는 주식의 매수・매도단가는 다음과 같이 구한다.
  - ・콜옵션 권리행사로 취득하는 주식의 매수단가

    =(옵션대금+옵션권리행사대금-옵션권리행사차금)/권리행사로 취득한 주

식수
· 풋옵션 권리행사배정으로 취득하는 주식의 매수단가
= 권리행사가격
· 풋옵션 권리행사로 처분하는 주식의 매도단가
=(-옵션대금+옵션권리행사대금+옵션권리행사차금)/권리행사로 처분한 주식수
· 콜옵션 권리행사배정으로 처분하는 주식의 매도단가
= 권리행사가격

- 「비고」란에는 취득/처분방법이 장외거래, 상속/피상속, 증여/수증, 차입/대여, 대물변제수령/변제 등에 의한 거래일 경우 거래상대방에 대한 성명(법인인 경우 법인명)을 기재하고, 기타 취득·처분과 관련된 사항을 기재한다.

【 기재상의 주의 】

첨부서류

1. 증빙서류
- 「유가증권발행 및 공시 등에 관한 규정」(이하 규정이라 한다) 제135조에 따라 대량보유상황보고서 제출시 매매보고서 기타 취득 또는 처분을 증빙할 수 있는 자료와 보유주식 등에 관한 주요 계약서사본(증권거래법시행령 제86조의4제1항의 규정에 따라 보고서를 기재한 경우로서 계약서를 작성한 경우에 한한다)을 첨부하여야 한다.
- 다음 각호에 해당하는 법인이 유가증권시장 또는 코스닥시장을 통하여 주식 등을 취득 또는 처분하는 경우에는 그 취득 또는 처분에 관한 증빙자료의 제출을 생략할 수 있다. 이 경우 제4호 내지 제6호에 해당하는 법인의 경우 대량보유상황보고서를 신규로 제출하는 때에 당해 감독기관의 인가, 허가 또는 등록확인서 등 당해 업무를 영위하는 법인임을 확인할 수 있는 서류를 제출하여야 한다.

제1호 증권거래법시행령 제86조의8의 규정에 의한 기관투자가
제2호 투자회사 또는 자산운용회사, 간접투자자산운영법에 의하여 투자일임업을 영위하는 투자자문회사
제3호 외국법령에 의하여 외국에서 은행업·증권업·보험업·자산운용업·투자일임업을 주된 업무로 영위하는 법인
제4호 외국법령에 의한 증권투자회사

제5호 기타 이에 준하는 법인으로 감독원장이 정하는 법인

2. 위임장
- 대량보유상황보고서의 보고자가 규정 제132조에 따라 특별관계자 전원의 위임을 받아 당해 보고자 및 당해 특별관계자 전원의 보고서를 연명으로 하여 제출하는 경우 당해 보고자는 그 특별관계자 전원으로부터 보고에 관한 일체의 사항을 위임받은 사실을 증명할 수 있는 서면을 받아 최초 연명보고시에 이를 첨부하여 제출한다.

3. 확인서
- 대량보유상황보고서의 보고자는 규정 제134조 제2항 제2호와 관련하여 당해 보고자 및 특별관계자 전원이 주식 등의 보유기간 중에 증권거래법시행령 제86조의7에 해당하는 행위를 하지 않겠다는 확인을 증명할 수 있는 서류를 첨부하여 제출한다.

우회공개의 방법별 작성서식

합병을 통한 비공개법인의 우회상장기업관리방안, 포괄적주식교환을 통한 비공개법인의 우회상장기업관리방안, 주식스왑, 영업양수, 제3자배정 유상증자 등 신주발행 등을 통한 비공개법인의 우회상장기업관리방안의 상세내용은 아래의 상장서식에서 구체적으로 제시되어 있다.

〔상장서식 25〕 비공개법인과의 합병 관련 확인서
〔상장서식 26〕 비공개법인과의 포괄적 주식교환 관련 확인서
〔상장서식 27〕 비공개법인으로부터의 영업양수와 제 3자 배정 증자 등 관련 확인서
〔상장서식 28〕 비공개법인이 발행한 주식양수와 제 3자 배정 증자 등 관련 확인서

[별 첨]
(상장서식 25)

비공개법인과의 합병 관련 확인서

한국증권선물거래소
이사장 귀하

당사는 비공개법인과의 합병과 관련하여 코스닥시장상장규정 제19조의 규정에 따라 다음 사항이 틀림이 없음을 확인하며, 만약 허위의 사실이 발견될 경우 거래소가 코스닥시장 관련규정 및 동 시행세칙에 근거하여 당사에 대하여 행하는 상장폐지, 관리종목지정 등 어떠한 조치에 대하여도 이의를 제기하지 않을 것과 동 확인의무를 위반함으로써 발생하는 일체의 손해에 대하여 모든 책임을 부담할 것을 확약합니다.

- 다 음 -

1. 비공개법인의 명칭 :
2. 최대주주 변경등의 여부에 관한 사항주1)

부록

구분	해당 여부	"예" 일 경우 당사의 최대주주명		
		변경전	변경후	관계주[2)]
2-1. 합병신고서 제출일 이전 1년이내에 비공개법인의 최대주주등주[3)]이 당사의 최대주주가 되었는지 여부	예 아니오			
2-2. 합병으로 인하여 비공개법인의 최대주주등이 당사의 최대주주가 되는지의 여부(합병신고서상 합병비율에 따라 최대주주가 되는 경우를 말함)	예 아니오			

2-3. 합병으로 인한 주식수 역전이 있는지 여부 (아래의 "2-3-1"이 "예"이고 "2-3-2"가 "아니오"인 경우"예"로 기재)	예 아니오	※ "2-1, 2-2" 중 하나 이상이 "예"인 경우 기재 생략
2-3-1. 비공개법인의 최대주주 등 및 5% 이상 주주가 합병신고서 제출일 현재 소유하고 있는 당사의 주식과 합병으로 인하여 교부받을 신주의 주식수의 합계가 합병신고서 제출일 현재 당사의 최대주주 등이 소유하고 있는 당사의 주식수보다 큰 지 여부	예 아니오	○ 합병신고서 제출일 현재 비공개법인의 최대주주등 및 5% 이상 주주가 소유하고 있는 당사의 주식수 : ________ ○ 당해 최대주주등 및 5% 이상 주주가 합병으로 인하여 교부받을 신주의 주식수 : ________ ○ 합병신고서 제출일 현재 당사의 최대주주등이 소유하고 있는 당사의 주식수 : ________
2-3-2. <"2-3-1"이 "예"인 경우에만 기재> 당해 비공개법인의 최대주주등 및 5% 이상 주주가 합병신고서 제출일 전 1년 이전에 당사의 최대주주가 되었는지 여부	예 아니오	○ 최대주주 변경일 : ○ 변경전 당사의 최대주주명 : ○ 변경후 당사의 최대주주명 : * 관계주[2)]:

주1) "2-1, 2-2"에서 당사의 최대주주 여부에 대한 판단 및 "2-3"에서 주식수의 산정에 있어, 합병신고서 제출일 현재 행사되지 아니한 주식관련사채*의 권리행사로 인하여 증가될 주식(합병신고서 제출일 현재의 전환가액 등을 기준으로 한다. 이하 같다)과 합병신고서 제출일 현재 법률의 규정 또는 매매 기타 계약에 의하여 인도청구권을 갖는 주식(예약매매주식등) 및 주식관련사채*(권리행사르 인하여 증가될 주식을 기준으로 한다)는 이를 포함하여 계산한다.

* 권리행사 기간 미도래분도 포함한다.

주2) 당사의 변경 후 최대주주와 합병대상 비공개법인의 관계를 말한다[합병대상 비공개법인의 최대주주, 최대주주의 특수관계인(당해 비공개볍인을 포함한다), 대표이사, 임원, 5%이상주주 등으로 기재]

주3) 최대주주 및 그 특수관계인(당해 비공개법인을 포함한다)을 말한다.

3. 비공개법인의 규모가 당사보다 더 큰지 여부에 관한 사항

(단위 : 원)

3. 비공개법인의 규모가 당사보다 더 큰지 여부주1)	예, 아니오		
구분	자산총계	자본금	매출액
당사주[2)]			
비공개법인주[2)]			

주1) 비공개법인의 자산총계, 자본금, 매출액 중 2가지 이상이 당사보다 큰 경우 "예"로 기재

주2) 합병신고서 제출일 현재의 최근사업연도(또는 최근사업연도말)를 기준으로 한다.

※ 이하는 위 "2-1, 2-2, 2-3, 3"중 하나 이상이 "예"인 경우에만 기재

※ 위 "2-1, 2-2, 2-3, 3"이 모두 "아니오"인 경우에는 아래 첨부서류 중 "5-5, 5-6, 5-7"의 서류는 제출 면제

4. 합병요건주[1)] 충족에 관한 사항

구분	기준	충족여부 (○, ×)	비고
경상이익[주2)] 주[3)]	있을 것		
자본잠식주[2)]	없을 것		
감사의견주[2)] 주[3)]	적정		
무상증자	자본금 증가액이 100%이하일것		
	증자시마다 증자직후 자기자본비율이 200%이상일것		
유상증자	자본금 증가액이 100%이하일것		
	100%초과할 경우 보호예수		
지분변동제한주[4)]	6월간 최대주주등 및 5% 이상 주주의 지분변동이 없을 것		
소송 등	소송 등 중요한 분쟁 無		
부도	6월전 부도사유 해소		
본건 합병 이전에 타법인과 합병, 분할(합병), 영업양수 · 도시주[4)]	합병등 기일이 속한 사업연도 결산 확정(3월미만시 차기)		

주1) 합병신고서 제출일을 기준으로 한다.

주2) 비공개법인의 최근사업연도(또는 최근사업연도말)의 실적등을 말한다.

주3) 비공개법인의 결산기 변경으로 인해 최근사업연도가 6월 미만인 경우에는 최근사업연도 및 최근사업연도의 직전사업연도에 대해서도 동 요건을 적용한다.

주4) 소규모 합병인 경우에는 적용하지 아니한다.(비고란에 소규모 합병임을 표시)

5. 첨부서류

구분	첨부서류명	첨부여부 (○, ×)	비고
5-1	보호예수대상자의 보호예수확약서		
5-2	비공개법인의 합병신고서 제출일 현재 주주명부요약표 (최대주주등 및 5%이상주주의 경우 주주별로 구분표시)		
5-3	비공개법인의 최대주주등 및 5%이상주주의 당사 주식 소유 현황 명세서주1)		
5-4	당사 최대주주등의 주식소유현황 명세서주1)		
5-5	비공개법인의 감사보고서		
5-6	비공개법인의 등기부등본(최근2년간 자본금 변동사항 포함)		
5-7	비공개법인의 주거래은행 확인서		부도 사실 無 또는 6월내 해소
5-8	기타 1~4의 내용을 확인할 수 있는 서류		

주1) · 합병 전 및 합병 후를 기준으로 각각 작성하며,
· ①소유주식수, ②주식관련사채의 권리행사로 인하여 증가될 주식수, ③인도청구권을 갖는 주식수, ④인도청구권을 갖는 주식관련사채의 권리행사로 인하여 증가될 주식수 등을 구분하여 모두 표시 ("2"의 주1) 참조)

상기 내용이 틀림없음을 확인합니다.

년 월 일

회 사 명 :

주 소 :

대표이사 : (인)

부록

(상장서식 26)

비공개법인과의 포괄적 주식교환 관련 확인서

한국증권선물거래소
이사장 귀하

당사는 비공개법인과의 포괄적 주식교환과 관련하여 코스닥시장상장규정 제19조의2의 규정에 따라 다음 사항이 틀림이 없음을 확인하며, 만약 허위의 사실이 발견될 경우 거래소가 코스닥시장 관련규정 및 동 시행세칙에 근거하여 당사에 대하여 행하는 상장폐지, 관리종목지정 등 어떠한 조치에 대하여도 이의를 제기하지 않을 것과 동 확인의무를 위반함으로써 발생하는 일체의 손해에 대하여 모든 책임을 부담할 것을 확약합니다.

- 다 음 -

1. 비공개법인의 명칭 :
2. 최대주주 변경등의 여부에 관한 사항주1)

구분	해당 여부	"예" 일 경우 당사의 최대주주명		
		변경전	변경후	관계주[2)]
2-1. 주식교환신고서 제출일 이전 1년이내에 비공개법인의 최대주주등주[3)]이 당사의 최대주주가 되었는지 여부	예 아니오			
2-2. 주식교환으로 인하여 비공개법인의 최대주주등이 당사의 최대주주가 되는지의 여부(주식교환신고서상 교환비율에 따라 최대주주가 되는 경우를 말함)	예 아니오			

2-3. 주식교환으로 인한 주식수 역전이 있는지 여부 (아래의 "2-3-1"이 "예"이고 "2-3-2"가 "아니오"인 경우"예"로 기재)	예 아니오	※ "2-1, 2-2" 중 하나 이상이 "예"인 경우 기재 생략
2-3-1. 비공개법인의 최대주주등 및 5% 이상 주주가 주식교환신고서 제출일 현재 소유하고 있는 당사의 주식과 주식교환으로 인하여 교부받을 신주의 주식수의 합계가 주식교환신고서 제출일 현재 당사의 최대주주등이 소유하고 있는 당사의 주식수보다 큰 지 여부	예 아니오	○ 주식교환신고서 제출일 현재 비공개법인의 최대주주등 및 5% 이상 주주가 소유하고 있는 당사의 주식수 : ______ ○ 당해 최대주주등 및 5% 이상 주주가 주식교환으로 인하여 교부받을 신주의 주식수 : ______ ○ 주식교환신고서 제출일 현재 당사의 최대주주등이 소유하고 있는 당사의 주식수 : ______
2-3-2. <"2-3-1"이 "예"인 경우에만 기재> 당해 비공개법인의 최대주주등 및 5% 이상 주주가 주식교환신고서 제출일 전 1년 이전에 당사의 최대주주가 되었는지 여부	예 아니오	○ 최대주주 변경일 : ○ 변경전 당사의 최대주주명 : ○ 변경후 당사의 최대주주명 : * 관계주[2] :

주1) "2-1, 2-2"에서 당사의 최대주주 여부에 대한 판단 및 "2-3"에서 주식수의 산정에 있어, 주식교환신고서 제출일 현재 행사되지 아니한 주식관련사채*의 권리행사로 인하여 증가될 주식(주식교환신고서 제출일 현재의 전환가액 등을 기준으로 한다. 이하 같다)과 주식교환신고서 제출일 현재 법률의 규정 또는 매매 기타 계약에 의하여 인도청구권을 갖는 주식(예약매매주식등) 및 주식관련사채*(권리행사로 인하여 증가될 주식을 기준으로 한다)는 이를 포함하여 계산한다.

* 권리행사 기간 미도래분도 포함한다.

주2) 당사의 변경후 최대주주와 주식교환대상 비공개법인의 관계를 말한다〔합병대상 비공개법인의 최대주주, 최대주주의 특수관계인(당해 비공개법인을 포함한다), 대표이사, 임원, 5%이상주주 등으로 기재〕

주3) 최대주주 및 그 특수관계인(당해 비공개법인을 포함한다)을 말한다.

※ 이하는 위 "2-1, 2-2, 2-3"중 하나 이상이 "예"인 경우에만 기재

※ 위 "2-1, 2-2, 2-3"이 모두 "아니오"인 경우에는 아래 첨부서류 중 "4-5, 4-6, 4-7"의 서류는 제출 면제

3. 주식교환 요건[주1] 충족에 관한 사항

구분	기준	충족여부 (○, ×)	비고
경상이익[주2) 주3)]	있을 것		
자본잠식[주2)]	없을 것		
감사의견[주2) 주3)]	적정		
무상증자	자본금 증가액이 100%이하일것		
	증자시마다 증자직후 자기자본비율이 200%이상일것		
유상증자	자본금 증가액이 100%이하일것		
	100%초과할 경우 보호예수		
지분변동제한주[4)]	6월간 최대주주등 및 5% 이상 주주의 지분변동이 없을 것		
소송 등	소송 등 중요한 분쟁 無		
부도	6월전 부도사유 해소		
본건 교환 이전에 타법인과 합병, 분할(합병), 영업양수·도 시주[4)]	합병등 기일이 속한 사업연도 결산 확정(3월미만시 차기)		

주1) 주식교환신고서 제출일을 기준으로 한다.

주2) 비공개법인의 최근사업연도(또는 최근사업연도말)의 실적 등을 말한다.

주3) 비공개법인의 결산기 변경으로 인해 최근사업연도가 6월 미만인 경우에는 최근사업연도 및 최근사업연도의 직전사업연도에 대해서도 동 요건을 적용한다.

주4) 소규모 주식교환인 경우에는 적용하지 아니한다.(비고란에 소규모 주식교환임을 표시)

4. 첨부서류

구분	첨부서류명	첨부여부 (○, ×)	비고
4-1	보호예수대상자의 보호예수확약서		
4-2	비공개법인의 주식교환신고서 제출일 현재 주주명부요약표 (최대주주등 및 5%이상주주의 경우 주주별로 구분표시)		
4-3	비공개법인의 최대주주등 및 5%이상주주의 당사 주식 소유 현황 명세서[주1)]		
4-4	당사 최대주주등의 주식소유현황 명세서[주1)]		
4-5	비공개법인의 감사보고서		
4-6	비공개법인의 등기부등본(최근2년간 자본금 변동사항 포함)		
4-7	비공개법인의 주거래은행 확인서		부도사실 無 또는6월내 해소
4-8	기타 1~3의 내용을 확인할 수 있는 서류		

주1) · 주식교환전 및 주식교환후를 기준으로 각각 작성하며,
· ①소유주식수, ②주식관련사채의 권리행사로 인하여 증가될 주식수, ③인도청구권을 갖는 주식수, ④인도청구권을 갖는 주식관련사채의 권리행사로 인하여 증가될 주식수 등을 구분하여 모두 표시 ("2"의 주1) 참조)

상기 내용이 틀림없음을 확인합니다.

년 월 일

회 사 명 :

주 소 :

대표이사 : (인)

부록

(상장서식 27)

비공개법인으로부터의 영업양수와
제3자배정 증자등 관련 확인서

한국증권선물거래소
이사장 귀하

당사는 비공개법인으로부터의 영업양수와 제3자배정 증자등과 관련하여 코스닥시장상장규정 제19조의3제1항, 제3항 및 제4항의 규정에 따라 다음 사항이 틀림이 없음을 확인하며, 만약 허위의 사실이 발견될 경우 거래소가 코스닥시장 관련규정 및 동 시행세칙에 근거하여 당사에 대하여 행하는 상장폐지, 관리종목지정 등 어떠한 조치에 대하여도 이의를 제기하지 않을 것과 동 확인의무를 위반함으로써 발생하는 일체의 손해에 대하여 모든 책임을 부담할 것을 확약합니다.

- 다 음 -

1. 비공개법인의 명칭 :
2. 비공개법인으로부터의 영업양수에 관한 사항

양수대상 영업부문		영업양수신고서 제출일	
주주총회일		영업양수기준일	

3. 제3자배정방식의 주식등 발행에 관한 사항

3-1 영업양수신고서 제출일 이전 6월 이내에 제3자배정 방식의 주식등[주1) 발행 사실[주2) 유무		예, 아니오
(3-1이 '예'인 경우) ※ 2회 이상인 경우는 회차별로 각각 작성	3-1-1 배정대상자 명단	
	3-1-2 배정대상자중 비공개법인의 최대주주등[주3)이 포함되어 있는지 여부	예, 아니오
	* '예'인 경우 해당 배정대상자 및 관계[주4)	
	3-1-3 발행유가증권의 종류	
	3-1-4 주식등의 발행일[주5)	

주1) 주권, 신주인수권 표시 증서, 전환사채권, 신주인수권부사채권, 교환사채권을 말한다.
주2) 주식등의 발행일을 기준으로 한다.

주3) 최대주주 및 그 특수관계인(당해 비공개법인을 포함한다)을 말한다.

주4) 비공개법인과 배정대상자의 관계를 말한다〔비공개법인의 최대주주, 최대주주의 특수관계인(발행회사 본인을 포함한다), 대표이사, 임원 등으로 기재〕

주5) 주식의 경우 주금납입일의 익일을 말한다.

3-2 영업양수신고서 제출일 이후 6월 이내에 제3자배정 방식의 주식등 주1) 발행 계획 주2) 유무		예, 아니오
(3-2가 '예'인 경우) ※ 2회 이상인 경우는 회차별로 각각 작성	3-2-1 배정예정대상자 명단	
	3-2-2 배정예정대상자중 비공개법인의 최대주주등 주3)이 포함되어 있는지 여부	예, 아니오
	* '예'인 경우 해당 배정예정대상자 및 관계 주4)	
	3-2-3 발행예정유가증권의 종류	
	3-2-4 주식등의 발행예정일 주5)	

주1) 주권, 신주인수권 표시 증서, 전환사채권, 신주인수권부사채권, 교환사채권을 말한다.

주2) 주식등의 발행예정일을 기준으로 한다.

주3) 최대주주 및 그 특수관계인(당해 비공개법인을 포함한다)을 말한다.

주4) 비공개법인과 배정대상자의 관계를 말한다〔비공개법인의 최대주주, 최대주주의 특수관계인(발행회사 본인을 포함한다), 대표이사, 임원 등으로 기재〕

주5) 주식의 경우 주금납입예정일의 익일을 말한다.

※ 이하는 위 "3-1-2, 3-2-2"중 하나 이상이 "예"인 경우에만 기재

※ 위 "3-1, 3-2"가 모두 "아니오"인 경우에는 첨부서류 제출 면제

※ 위 "3-1-2, 3-2-2"가 모두 "아니오"인 경우에는 아래 첨부서류 중 "6-1, 6-3, 6-4, 6-5"의 서류는 제출 면제

※ "3-2-2"가 "예"인 경우 "4"의 기재사항 및 "6-2, 6-3, 6-4"의 첨부서류를 기재함에 있어, 당해 제3자배정방식의 주식등의 발행예정일 현재의 주식수 및 최대주주 여부 등에 관한 사항 등은 발행예정일까지 소유하게 될 주식수 등을 포함하여 작성

4. 최대주주 변경 등 여부에 관한 사항[주1)]

구 분	해당 여부	"예" 일 경우 당사의 최대주주명		
		변경전	변경후	관계[주2)]
4-1. "3-1, 3-1-2"가 모두 "예"인 경우로서 영업양수신고서 제출일 이전 1년 이내에 비공개법인의 최대주주등주3)이 당사의 최대주주가 된 경우 또는 "3-2, 3-2-2"가 모두 "예"인 경우로서 영업양수신고서 제출일 1년 이전이 되는 날부터 당해 제3자배정 방식의 주식등의 발행일 이전에 비공개법인의 최대주주등이 당사의 최대주주가 된 경우에 해당하는지 여부	예 아니오			
4-2. 제3자배정 방식으로 발행된 주식등을 배정받아 비공개법인의 최대주주등이 당사의 최대주주가 되는지의 여부	예 아니오			

4-3. 제3자배정에 의한 주식등의 발행으로 주식수 역전이 있는지 여부 (아래의 "4-3-1"이 "예"이고 "4-3-2"가 "아니오"인 경우"예"로 기재)	예 아니오	※ "4-1, 4-2" 중 하나 이상이 "예"인 경우 기재 생략
4-3-1. 아래의 ① 또는 ② 중 하나에 해당하는지 여부 ① 영업양수신고서 제출일 이전 6월 이내에 당사가 비공개법인의 최대주주등을 대상으로 제3자배정으로 주식등을 발행하는 경우에는, 영업양수신고서 제출일 현재 비공개법인의 최대주주등 및 5% 이상 주주가 소유하고 있는 당사의 주식수의 합계가 영업양수신고서 제출일 현재 당사의 최대주주등이 소유하고 있는 당사의 주식수의 합계보다 큰 경우 ② 영업양수신고서 제출일 이후 6월 이내에 당사가 비공개법인의 최대주주등을 대상으로 제3자배정으로 주식등을 발행하는 경우에는, 발행일 현재 비공개법인의 최대주주등 및 5% 이상 주주가 소유하고 있는 당사의 주식수의 합계(당해 발행분 포함)가 발행일 현재 당사의 최대주주등이 소유하고 있는 당사의 주식수의 합계(당해 발행분 포함)보다 큰 경우	예 아니오	○ 신고서제출일(또는 발행일) 현재 비공개법인의 최대주주등 및 5% 이상 주주가 소유하고 있는 당사의 주식수 : ________ ○ 신고서제출일(또는 발행일) 현재 당사의 최대주주등이 소유하고 있는 당사의 주식수 : ________

4-3-2. <"4-3-1"이 "예"인 경우에만 기재> 당해 비공개법인의 최대주주등 및 5% 이상 주주가 영업양수신고서 제출일전 1년 이전에 당사의 최대주주가 되었는지 여부	예 아니오	○ 최대주주 변경일 : ○ 변경전 당사의 최대주주명 : ○ 변경후 당사의 최대주주명 : * 관계[주2)]:

주1) "4-1, 4-2"에서 당사의 최대주주 여부에 대한 판단 및 "4-3"에서 주식수의 산정에 있어, 영업양수신고서 제출일 및 당해 주식등의 발행일 현재 행사되지 아니한 주식관련사채*(당해 발행분을 포함한다)의 권리행사로 인하여 증가될 주식(영업양수신고서 제출일 및 당해 주식등의 발행일 현재의 전환가액 등을 기준으로 한다. 이하 같다)과 영업양수신고서 제출일 및 당해 주식등의 발행일 현재 법률의 규정 또는 매매 기타 계약에 의하여 인도청구권을 갖는 주식(예약매매주식등) 및 주식관련사채*(권리행사로 인하여 증가될 주식을 기준으로 한다)는 이를 포함하여 계산한다.

* 권리행사 기간 미도래분도 포함한다.

주2) 당사의 변경후 최대주주와 비공개법인의 관계를 말한다 〔비공개법인의 최대주주, 최대주주의 특수관계인(당해 비공개법인을 포함한다), 대표이사, 임원, 5%이상주주 등으로 기재〕

주3) 최대주주 및 그 특수관계인(당해 비공개법인을 포함한다)을 말한다.

※ 이하는 위 "4-1, 4-2, 4-3"중 하나 이상이 "예"인 경우에만 기재

※ 위 "4-1, 4-2, 4-3"이 모두 "아니오"인 경우에는 아래 첨부서류 중 "6-5"의 서류는 제출 면제

5. 비공개법인으로부터의 영업양수와 제3자배정 증자등 요건주1) 충족에 관한 사항

구 분	기 준	충족여부 (○, ×)	비 고
경상이익[주2) 주3)]	있을 것		
부채초과[주2)]	부채가 자산을 초과하지 않을 것		
감사의견[주2), 주3) 주4)]	적정		

주1) 영업양수신고서 제출일을 기준으로 한다.

주2) 양수하고자 하는 영업부문의 최근사업연도(또는 최근사업연도말)의 실적등을 말한다.

주3) 비공개법인의 결산기 변경으로 인해 최근사업연도가 6월 미만인 경우에는 최근사업연도 및 최근사업연도의 직전사업연도에 대해서도 동 요건을 적용한다.

주4) 양수하고자 하는 영업부문의 자산액, 부채액, 매출액 및 경상이익이 주석으로 기재된 양도회사의 재무제표에 대한 감사의견을 말한다.〔당해 자산액 등에 관한 감사인(재무제표에 대한 감사인과 동일한 감사인에 한한다)의 확인서를 제출하는 경우에는 주석으로 기재된 것으로 간주한다〕

6. 첨부서류

구분	첨부서류명	첨부여부 (○, ×)	비고
6-1	보호예수대상자의 보호예수확약서 ※ 제3자배정 방식의 주식등의 발행일이 신고서 제출일 이후인 경우에 한함		
6-2	비공개법인의 주주명부요약표[주1)] (최대주주등 및 5%이상주주의 경우 주주별로 구분표시)		
6-3	비공개법인의 최대주주등 및 5%이상주주의 당사 주식 소유현황 명세서[주2)]		
6-4	당사 최대주주등의 주식소유현황 명세서[주2)]		
6-5	비공개법인의 감사보고서		
6-6	비공개법인의 등기부등본		
6-7	기타 1~5의 내용을 확인할 수 있는 서류		

주1) 영업양수신고서 제출일, 제3자배정방식의 주식등의 발행일을 기준으로 각각 작성

주2) · 영업양수신고서 제출일, 제3자배정방식의 주식등의 발행전 및 발행후를 기준으로 각각 작성하며,

· ①소유주식수, ②주식관련사채의 권리행사로 인하여 증가될 주식수, ③인도청구권을 갖는 주식수, ④인도청구권을 갖는 주식관련사채의 권리행사로 인하여 증가될 주식수 등을 구분하여 모두 표시 ("4"의 주1) 참조)

※ 코스닥시장상장규정시행세칙 제19조의3제5항 후단의 규정에 따라 영업양수신고서 제출일 이후의 제3자배정 방식의 주식등의 발행과 관련하여 확인서를 추가로 제출하는 경우에는 "3-2, 4"의 기재사항 및 "6-2, 6-3, 6-4"의 첨부서류는 발행 계획이 아닌 발행 사실을 기준으로 작성한다.

상기 내용이 틀림없음을 확인합니다.

년 월 일

회 사 명 :

주 소 :

대표이사 : (인)

(상장서식 28)

비공개법인이 발행한 주식양수와 제3자배정 증자등 관련 확인서

한국증권선물거래소
이사장 귀하

당사는 비공개법인이 발행한 주식양수와 제3자배정 증자등과 관련하여 코스닥시장상장규정 제19조의3제2항 내지 제4항의 규정에 따라 다음 사항이 틀림이 없음을 확인하며, 만약 허위의 사실이 발견될 경우 거래소가 코스닥시장 관련 규정 및 동 시행세칙에 근거하여 당사에 대하여 행하는 상장폐지, 관리종목지정 등 어떠한 조치에 대하여도 이의를 제기하지 않을 것과 동 확인의무를 위반함으로써 발생하는 일체의 손해에 대하여 모든 책임을 부담할 것을 확약합니다.

- 다 음 -

1. 비공개법인의 명칭 :
2. 비공개법인이 발행한 주식양수에 관한 사항

2-1 주식양도자 명단 및 양도자별 양도주식수	
2-2 주식양도자중 비공개법인의 최대주주등[주1)]이 있는지 여부	예, 아니오
* '예'인 경우 해당 양도자 및 관계[주2)]	
2-3 주식양수후 당사의 비공개법인 소유 지분율이 50% 이상이거나 30%를 초과하면서 최다출자자인지 여부	예, 아니오
* 주식양수후 비공개법인에 대한 당사의 소유 지분율	
2-4 자산양수신고서 제출일	
2-5 주식을 교부 받는(은) 날	

주1) 최대주주 및 그 특수관계인(당해 비공개법인을 포함한다)을 말한다.

주2) 주식 양도자와 주식 발행기업의 관계를 말한다〔발행기업의 최대주주, 최대주주의 특수관계인(발행회사 본인을 포함한다), 대표이사, 임원 등으로 기재〕

※ 이하는 위 "2-2, 2-3"이 모두 "예"인 경우에만 기재

※ 위 "2-2, 2-3"중 하나 이상이 "아니오"인 경우에는 아래 첨부서류 중 "6-2"만 첨부

(다만, 아래 "3"을 기재하고 "3-1, 3-2"가 모두 "아니오"인 경우에는 제출 면제)

3. 제3자배정방식의 주식등 발행에 관한 사항

3-1 자산양수신고서 제출일 이전 6월 이내에 제3자배정 방식의 주식등[주1] 발행 사실[주2] 유무		예, 아니오
(3-1이 '예'인 경우) ※ 2회 이상인 경우는 회차별로 각각 작성	3-1-1 배정대상자 명단	
	3-1-2 배정대상자중 비공개법인의 최대주주등[주3]이 포함되어 있는지 여부	예, 아니오
	* '예'인 경우 해당 배정대상자 및 관계[주4]	
	3-1-3 발행유가증권의 종류	
	3-1-4 주식등의 발행일[주5]	

주1) 주권, 신주인수권 표시 증서, 전환사채권, 신주인수권부사채권, 교환사채권을 말한다.
주2) 주식등의 발행일을 기준으로 한다.
주3) 최대주주 및 그 특수관계인(당해 비공개법인을 포함한다)을 말한다.
주4) 비공개법인과 배정대상자의 관계를 말한다[비공개법인의 최대주주, 최대주주의 특수관계인(발행회사 본인을 포함한다), 대표이사, 임원 등으로 기재]
주5) 주식의 경우 주금납입일의 익일을 말한다.

3-2 자산양수신고서 제출일 이후 6월 이내에 제3자배정 방식의 주식등[주1] 발행 계획[주2] 유무		예, 아니오
(3-2가 '예'인 경우) ※ 2회 이상인 경우는 회차별로 각각 작성	3-2-1 배정예정대상자 명단	
	3-2-2 배정예정대상자중 비공개법인의 최대주주등[주3]이 포함되어 있는지 여부	예, 아니오
	* '예'인 경우 해당 배정예정대상자 및 관계[주4]	
	3-2-3 발행예정유가증권의 종류	
	3-2-4 주식등의 발행예정일[주5]	

주1) 주권, 신주인수권 표시 증서, 전환사채권, 신주인수권부사채권, 교환사채권을 말한다.
주2) 주식등의 발행예정일을 기준으로 한다.
주3) 최대주주 및 그 특수관계인(당해 비공개법인을 포함한다)을 말한다.
주4) 비공개법인과 배정대상자의 관계를 말한다[비공개법인의 최대주주, 최대주주의 특수관계인(발행회사 본인을 포함한다), 대표이사, 임원 등으로 기재]
주5) 주식의 경우 주금납입예정일의 익일을 말한다.

※ 이하는 위 "3-1-2, 3-2-2"중 하나 이상이 "예"인 경우에만 기재
※ 위 "3-1, 3-2"가 모두 "아니오"인 경우에는 첨부서류 제출 면제
※ 위 "3-1-2, 3-2-2"가 모두 "아니오"인 경우에는 아래 첨부서류 중 "6-1, 6-3, 6-4, 6-5, 6-7"의 서류는 제출 면제
※ "3-2-2"가 "예"인 경우 "4"의 기재사항 및 "6-2, 6-3, 6-4"의 첨부서류를 기재함에 있어,

당해 제3자배정방식의 주식등의 발행예정일 현재의 주식수 및 최대주주 여부 등에 관한 사항 등은 발행예정일까지 소유하게 될 주식수 등을 포함하여 작성

4. 최대주주 변경등 여부에 관한 사항[주1)]

구 분	해당 여부	"예" 일 경우 당사의 최대주주명		
		변경전	변경후	관계[주2)]
4-1. "3-1, 3-1-2"가 모두 "예"인 경우로서 자산양수신고서 제출일 이전 1년 이내에 비공개법인의 최대주주등[주3)]이 당사의 최대주주가 된 경우 또는 "3-2, 3-2-2"가 모두 "예"인 경우로서 자산양수신고서 제출일 1년 이전이 되는 날부터 당해 제3자배정 방식의 주식등의 발행일 이전에 비공개법인의 최대주주등이 당사의 최대주주가 된 경우에 해당하는지 여부	예 아니오			
4-2. 제3자배정 방식으로 발행된 주식등을 배정받아 비공개법인의 최대주주등이 당사의 최대주주가 되는지의 여부	예 아니오			

4-3. 제3자배정에 의한 주식등의 발행으로 주식수 역전이 있는지 여부 (아래의 "4-3-1"이 "예"이고 "4-3-2"가 "아니오"인 경우"예"로 기재)	예 아니오	※ "4-1, 4-2" 중 하나 이상이 "예"인 경우 기재 생략
4-3-1. 아래의 ① 또는 ② 중 하나에 해당하는지 여부 ① 자산양수신고서 제출일 이전 6월 이내에 당사가 비공개법인의 최대주주등을 대상으로 제3자배정으로 주식등을 발행하는 경우에는, 자산양수신고서 제출일 현재 비공개법인의 최대주주등 및 5% 이상 주주가 소유하고 있는 당사의 주식수의 합계가 자산양수신고서 제출일 현재 당사의 최대주주등이 소유하고 있는 당사의 주식수의 합계보다 큰 경우 ② 자산양수신고서 제출일 이후 6월 이내에 당사가 비공개법인의 최대주주등을 대상으로 제3자배정으로 주식등을 발행하는 경우에는, 발행일 현재 비공개법인의 최대주주등 및 5% 이상 주주가 소유하고 있는 당사의 주식수의 합계(당해 발행분 포함)가 발행일 현재 당사의 최대주주등이 소유하고 있는 당사의 주식수의 합계(당해 발행분 포함)보다 큰 경우	예 아니오	○ 신고서제출일(또는 발행일) 현재 비공개법인의 최대주주등 및 5% 이상 주주가 소유하고 있는 당사의 주식수 : ________ ○ 신고서제출일(또는 발행일) 현재 당사의 최대주주등이 소유하고 있는 당사의 주식수 :________

<table>
<tr><td>4-3-2. <"4-3-1"이 "예"인 경우에만 기재>
당해 비공개법인의 최대주주등 및 5% 이상 주주가 자산양수신고서 제출일전 1년 이전에 당사의 최대주주가 되었는지 여부</td><td>예

아니오</td><td>○ 최대주주 변경일 :
○ 변경전 당사의 최대주주명 :
○ 변경후 당사의 최대주주명 :
* 관계[주2)]:</td></tr>
</table>

주1) "4-1, 4-2"에서 당사의 최대주주 여부에 대한 판단 및 "4-3"에서 주식수의 산정에 있어, 자산양수신고서 제출일 및 당해 주식등의 발행일 현재 행사되지 아니한 주식관련사채*(당해 발행분을 포함한다)의 권리행사로 인하여 증가될 주식(자산양수신고서 제출일 및 당해 주식등의 발행일 현재의 전환가액 등을 기준으로 한다. 이하 같다)과 자산양수신고서 제출일 및 당해 주식등의 발행일 현재 법률의 규정 또는 매매 기타 계약에 의하여 인도청구권을 갖는 주식(예약매매주식등) 및 주식관련사채*(권리행사로 인하여 증가될 주식을 기준으로 한다)는 이를 포함하여 계산한다.

* 권리행사 기간 미도래분도 포함한다.

주2) 당사의 변경후 최대주주와 비공개법인의 관계를 말한다 [비공개법인의 최대주주, 최대주주의 특수관계인(당해 비공개법인을 포함한다), 대표이사, 임원, 5%이상주주 등으로 기재]

주3) 최대주주 및 그 특수관계인(당해 비공개법인을 포함한다)을 말한다.

※ 이하는 위 "4-1, 4-2, 4-3"중 하나 이상이 "예"인 경우에만 기재

※ 위 "4-1, 4-2, 4-3"이 모두 "아니오"인 경우에는 아래 첨부서류 중 "6-5, 6-7"의 서류는 제출 면제

5. 비공개법인이 발행한 주식양수와 제3자배정 증자등 요건[주1)] 충족에 관한 사항

구 분	기 준	충족여부 (○, ×)	비 고
경상이익[주2) 주3)]	있을 것		
자본잠식[주2)]	없을 것		
감사의견[주2) 주3)]	적정		
소송 등	소송 등 중요한 분쟁 無		
부도	6월전 부도사유 해소		
본건 주식양수 이전에 타법인과 합병, 분할(합병), 영업양수·도시	합병등 기일이 속한 사업연도 결산 확정(3월미만시 차기)		

주1) 자산양수신고서 제출일을 기준으로 한다.

주2) 비공개법인의 최근사업연도(또는 최근사업연도말)의 실적 등을 말한다.

주3) 비공개법인의 결산기 변경으로 인해 최근사업연도가 6월 미만인 경우에는 최근사업연도 및 최근사업연도의 직전사업연도에 대해서도 동 요건을 적용한다.

6. 첨부서류

구분	첨부서류명	첨부여부 (○, ×)	비고
6-1	보호예수대상자의 보호예수확약서 ※ 제3자배정 방식의 주식등의 발행일이 신고서 제출일 이후인 경우에 한함		
6-2	비공개법인의 주주명부요약표[주1)] (최대주주등 및 5%이상주주의 경우 주주별로 구분표시)		
6-3	비공개법인의 최대주주등 및 5%이상주주의 당사 주식 소유 현황 명세서[주2)]		
6-4	당사 최대주주등의 소유주식현황 명세서[주2)]		
6-5	비공개법인의 감사보고서		
6-6	비공개법인의 등기부등본		
6-7	비공개법인의 주거래은행 확인서		부도 사실 無 또는 6월내 해소
6-8	기타 1~5의 내용을 확인할 수 있는 서류		

주1) 자산양수신고서 제출일, 제3자배정방식의 주식등의 발행일을 기준으로 각각 작성

주2) · 자산양수신고서 제출일, 제3자배정방식의 주식등의 발행전 및 발행후를 기준으로 각각 작성하며,
· ①소유주식수, ②주식관련사채의 권리행사로 인하여 증가될 주식수, ③인도청구권을 갖는 주식수, ④인도청구권을 갖는 주식관련사채의 권리행사로 인하여 증가될 주식수 등을 구분하여 모두 표시 ("4"의 주1) 참조)

※ 코스닥시장상장규정시행세칙 제19조의3제5항 후단의 규정에 따라 자산양수신고서 제출일 이후의 제3자배정 방식의 주식등의 발행과 관련하여 확인서를 추가로 제출하는 경우에는 "3-2, 4"의 기재사항 및 "6-2, 6-3, 6-4"의 첨부서류는 발행 계획이 아닌 발행 사실을 기준으로 작성한다.

상기 내용이 틀림없음을 확인합니다.

년 월 일

회 사 명 :

주 소 :

대표이사 : (인)

참고문헌

◈ 서적

* 최상우・전우수・김세영, "기업금융과 M&A", 삼일인포마인(주), 2003. 12.
* 지호준・박용원, "M&A", 법문사, 1993. 03,
* 김동환・김종천・김안생, "21C 최신 M&A", 무역경영사, 2000. 5.
* 박희연, "M&A전쟁과 기업혁명", (주)넥서스, 1997. 2.
* 성보경, "M&A와 기업탈취전략", 도서출판 창해, 1994. 2.
* 제해진, "M&A를 알아야 주식투자 성공한다", 한국경제신문, 2002. 2.
* 대신증권(주)M&A팀, "M&A이론과 실무", 대신증권(주), 1998. 12
* 화인경영회계법인・법무법인 한결・윤종훈, "M&A를 알아야 경영할 수 있다", 매일경제신문사, 2001. 1.
* 커트슬레이어(옮긴이 함형기), "기업합병의 천재들", 좋은책만들기, 2001. 6.
* 제해진, "알기쉬운 M&A와 주식투자", 한국경제신문사, 1998. 1.
* 문원영, "M&A 이론과 실제", 도서출판 상지문화사, 1992. 1.
* 갈정웅, "기업도 상품이다, M&A의 모든 것", 명진출판, 1991. 4.
* 이동호, "M&A매뉴얼", 매일경제신문사, 1997. 4.
* 막스하벡・프리츠 크뢰거・마이클트램(옮긴이 정영환, 이영호, 주진형, 문유동), "합병, 그 이후", 대청미디어, 2001. 4.
* 권영철, "무한경쟁시대의 전략적 제휴", 김영사, 1995. 1.
* 한국 왓슨와이어트 M&A팀, "성공적인 M&A로의 초대", 도서출판 무한, 2001. 11.
* 김위찬・르네 마보안(옮긴이 강혜구), "블루오션전략", (주)교보문고, 2005. 5.

◈ 법령자료

상법
증권거래법, 동시행령, 동시행규칙
유가증권발행 및 공시 등에 관한 규정, 동 시행세칙
유가증권상장규정, 동 시행세칙
유가증권협회 등록규정, 동 시행세칙
유가증권협회 공시규정, 동 시행세칙
협회등록법인 공시규정, 동 시행세칙
회사정리법
상장법인의 재무관리 등에 관한규정, 동 시행세칙
금융산업의 구조개선에 관한 법률
벤처기업육성에 관한 특별조치법
법인세법, 동시행령
소득세법, 동시행령
상속세 및 증여세법, 동시행령
증권거래세법
지방세법, 동시행령
조세특례제한법
비송사건절차법
금융지주회사법, 동시행령
신탁업감독규정

찾아보기

【한글】

(ㄱ)

가격경쟁력 49
가격협상 455
가교은행(312
가압류 144
가중평균 457, 460
가중평균액 460
가중평균할인율 453
가중평균할인율 451
가치창출 158
가치혁신 49
가치혁신 M&A 33
가치혁신 경영전략 33
가치혁신 영업전략 33
가치혁신 재무전략 33
가치혁신 전략 35
가치혁신 34
가치혁신 45
각기간 369
간이주식교환 321, 339
간이합병 162, 199
간이합병 164
간접발행(총액인수, 잔액인수, 모집주선) 474
간접인수비용 106
간접적우회공개 214
간접투자 87
감가상각충당금 142
감각상각비 362
감사보고서 141
감자 183
감자차손 284
감자차손익 284
감자차익 63
감정가액 450
개별교섭 72, 84
거래관계 144
거래소상장기업 125
거래옵션 127
결손금 63, 141
경기순환(Cycle) 446
경상이익 245
경상적인 영업양수도 294
경업금지 297
경영권 방어 357
경영권방어수단 438
경영권분쟁 402
경영권프리미엄 450
경영권프리미엄가치 447
경영권획득 359
경영성과 353
경영자원 446
경영전략적 측면 360
경영지배권 108
경영진 91
경영진 차입매수 430
경영진차입매수 93
경영합리화 74, 78, 209, 228
경쟁적 공개매수 379
경제적 규제 완화 40
계속기업 34
계속기업가치 451, 454
계약유지금 105
계약적 장애의 창설 416
계열회사 176
고도산업기반 확충 356
고위험・고수익 96
고정비 452, 453
곰의포옹 375
공감대구축 153
공개 매수 65

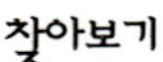

찾아보기

공개기업 123
공개매수 32, 68, 73, 94, 351, 378, 396, 425
공개매수 72
공개매수 376
공개매수 426
공개매수 85
공개매수, 213
공개매수가격 427
공개매수공고 384
공개매수공고일 384
공개매수기간 434
공개매수비용 423
공개매수설명서 386
공개매수신고서 384
공개매수예정주식 387
공개매수자 384, 421
공개매수전략 426
공개매수청약 30
공개법인 173, 180, 185, 196, 205
공개법인전환 206
공개요건 174
공공적 법인 351
공동보유자 68, 365, 366, 378
공동사업 40
공동자회사 242
공동투자자 363
공모가격산정방법 445
공모대상기업 457
공모증자 474
공모펀드 367
공시의무 364
공적자금 57
공정가격조항 425
공정가액 284
공제감면세액 461
과세사업 63
과점주주 152
관계회사 107, 304, 353, 406
관련기업의 인수 134
관리종목 166, 298
관리종목지정 548
관리종목지정기준 298
교환사채 226
교환사채권 378, 384
교환청구권 383
구분경리 63
구조개편적 M&A 72
구조개편적M&A 83
구조조정 34, 53, 66, 107, 205, 349, 351, 356, 374
구조조정펀드 93
구주인수 65, 213
구주주배정증자 474
국제적 투기자본 357
국제투기자본 358
권리락 475, 476
권리락기준가 476
권리부종가 476
균형가격 96
그린메일 397
그린메일 429
그린메일러 96
그린메일러 405
그린메일러 397
극약처방 415
금리지표 109
금융부채 481
금융비용 362, 481
금융비용부담률 247
금융상품 141
금융조달 211
기습 377
기업가치 49, 273, 356, 455
기업가치 451
기업가치극대화 33, 34, 207
기업가치산정방법 451
기업가치평가 213
기업가치평가 146
기업가치평가방법 445
기업가치혁신 33, 35, 48
기업간의 전략적 제휴 28
기업결합 27, 423
기업결합시 171
기업결합신고 171
기업결합신고대상회사 299
기업결합신고제도 32
기업구조재편 73
기업구조재편성 28
기업구조조정 213, 451
기업별노조 137
기업분할 29, 91, 446
기업분할매각 83
기업분할제도 228

기업을 확장 34
기업을 확장 34
기업의 내적성장 34
기업의 외적성장 34
기업의 인수와 합병 29
기업의 지배권 28
기업인수 27
기업인수 65
기업인수자 91
기업재구축 29, 241
기업재구축 241
기업재분할매각 351
기업전체 455
기업지배구조 356, 357
기업지배권 65, 66, 69, 106, 162, 392
기업지배권 98
기업지배권 161
기업집중 298
기업합병 27
기업확장 48
기준주가 335
기한부증권 109

(ㄴ)

내국법인 63
내부 유보율 353
내부유보자금 107
내재가치 33, 38
내재가치 410
내적가치 351
내적성장 34, 81
냉각기간 369
냉각기간제도 441

(ㄷ)

단기시세차익 358
단독투자법인 86
단순분할 249, 253, 256
단주 182
당기순이익 56, 245
당좌비율 247
대규모기업집단 30, 394
대기업 125
대량주식보유자 397
대량주식취득제한 30
대량해고 94
대상기업 91
대상기업 93
대용증권 113
대주 96
대주주 93, 173, 183, 356, 361, 404
대차대조표 141
대체산업 36
대항공개매수 380, 385
독립채산제 157
뒷문등록 205
드래그얼롱 58
등록요건 68
딥포켓 전략 33, 49
딥포켓 49, 50, 50, 50

(ㄹ)

레드오션 44
레드오션전략 48
레드오션전략 47
레버리지 효과 108
레버리지효과 118

(ㅁ)

만기보장이자 111
매수비용 411
매수선택권 419
매수의사결정 451
매수전략 446
매수청구기간 194
매수축적 375
매입채무회전율 453
매출채권회전율 453
머천드뱅킹 118
머천드뱅킹 118
면제사업 63
명목회사 59
명의개서 150
명의개서 대리인제도 180
모기업(분할회사) 273
모회사 107, 167, 318
목표 수익률 363
무 의결권 110
무상감자 354, 374, 462, 473
무상증자 56, 462
무상증자주식수 458
무위험거래 96

찾아보기

무위험거래 96
무자본증자방식 480
무한경쟁 39
무형고정자산 144
무형자산 352, 450
무형자산의 감가상각 144
물적분할 245, 267, 268, 268, 269, 326
물적분할은 267
물적회사 170
미납세금 145
미래현금흐름 451

(ㅂ)

바이아웃펀드 119
반대주주 199, 216, 339
반복공개매수 434
발행가액 476
발행가액산정 479
발행예정일 563
발행이율 110
발행주식수 353, 361
발행주식총수 63, 163, 462, 462
발행회사 110
방어적 합병 418
배당 60
배당가능이익 284
배당금 56
배당률 110
배당수익 59
배당압력 108
배당현금흐름 451
백기사 375, 405, 430
백지주 401
벌처펀드 119
법정관리 436, 451
베어허그 376
벤처기업 125, 208
변경등기 184
변동비 452, 453
보유주식 61
보증사채 108
보충적인평가방법 463
보충적평가방법 460, 463
보통결의 365, 401, 404
보통사채 114
보통주 415
복합매수 72
복합문화 154
본질가치 335, 454, 455, 457, 457
부가가치 241
부당이득반환청구 413
부당이득반환청구권 151
부대비용 105
부보 예금의 이전 312
부분공개매수 388
부분인수 380
부분적주식교환 217
부실기업 107, 132, 173
부실자산 311, 313
부실자산정리 153
부실채권 312, 436
부외자산부문 136
부채는 이전받는방식 311
부채비율 54, 94, 353
부채의존도 108
부채총액 215
부채항목 449
분리형 신주인수권부사채 71, 417
분할 183, 189, 243, 246
분할계획서 253, 271
분할기일 247
분할신설법인 244, 246, 248, 267
분할신설회사 241, 270, 326
분할합병 83, 177, 183, 243, 243, 246, 250, 253, 255, 256
분할합병결의 261
분할합병계약 체결 260
분할합병계약서 177, 253
분할합병기일 258, 265
분할합병등기 258
분할합병보고총회 258
분할합병주주총회 260
분할회사 241, 273, 326
분할회사와 255
불가침 협정 429
불가침협약 375
불가침협정 405
불만주주 395
불비례적인적분할 267
불용자산 144
브랜드 파워 34
브랜드가치 351

브리지 론 117
브릿지파이낸싱 118
브릿지파이낸싱 118
블랙메일 429
블루오션 45
블루오션전략 33, 48
블루오션전략 44, 45, 47
비공개기업 123
비공개법인 164, 180, 205, 548, 561
비공개법인과 173
비관련기업을 인수134
비교가치 459, 460
비례적인적분할 267
비례적인적분할시 285
비밀유지계약서 130
비분리형 신주인수권부사채 71
비상장기업 166
비영리법인 64
비영업용자산 451
비재무적가치 447

(ㅅ)

사모M&A펀드 93, 119
사모M&A펀드제도 31
사모주식투자펀드(PEF) 93, 119
사모투자펀드 31
사모펀드 367
사업구조조정 207, 213
사업다각화 73, 80, 208
사업분산효과 80
사업손실 229
사업손실준비금 229
사업연도 63
사업의 분할매각 28
사업재구축 352
사업적 판단 93
사업형지주회사 92, 323
사용금지가처분 144
사전주식매입 375
사채 114
사채 108
사채권 소멸 113
사후손실보전 57
사후손실보존비용 57
사후통합 158
산술평균종가 457
산업별노조 137
산업합리화 30
삼각합병 167
상대가치 335, 455, 457
상속 67
상속세 61
상승국면 446
상어감시자 432
상장기업 166
상장요건 174
상장을 폐지 56
상장제도 166, 228
상장폐지 117, 548
상표 144
상표권 144, 145, 362
상호주 394, 401, 406
상호출자 394
상호출자금지 30
상환우선주 415
새로운 기업가치혁신 34
새로운 시장 36
새벽의 기습 375
선순위채권 116
설립등기일 246
성공수수료 105
세금공제효과 118
세금추징 59
세무조정계산서 141
세후 순이익 361
세후 영업이익 453
소규모주식교환 321, 322
소규모주식이전 322
소규모합병 162, 163, 196, 197
소규모합병 163
소규모합병제도 196
소멸기업 116, 165
소멸등기 184
소멸법인 196
소멸분할 249
소멸분할합병 251
소멸회사 162, 164, 180, 199
소비성향 37
소송 428
소수주주 356
소수주주권 395
소액주주 93, 173, 173, 183

찾아보기

속용 297
손금 63, 229
손금불산입액 461
손금산입 229
손익계산서 141
손해배상청구권 151
수권자본금 361
수권주식수 179
수요예측 457
수익가치 454, 457
수익가치 445
수익가치접근법 450
수익창출능력 450
수입배당금액 461
수직계열화 78
수직적 M&A 207
수직적 M&A 72, 78
수직적M&A 85
수탁의 의무 93
수평적 M&A 49, 207, 208
수평적 M&A 72, 74
수평적M&A 85
순 현금흐름 451
순 현금흐름 451
순손익가치 460
순수형지주회사 92, 323
순실현가능가액 450
순자산가액 449, 462, 462
순자산가치 449, 460, 462
순자산액 110, 163
순환출자 356, 357
스톡옵션(주식매입선택권) 228
스트롱홀드 전략 52
스트롱홀드 전략 33
스트롱홀드략 52
승수 455
시가발행 474
시가유상증자 111, 114, 114
시가총액 67, 354, 363, 403
시가평가가치 449
시가평가방법 449
시너지창출효과 133
시너지효과 35, 209
시너지효과 446
시세차익 59, 427
시장 매수 65
시장가치 455
시장가치 445
시장가치 410
시장가치접근법 454
시장매수 73
시장매수 390
시장매수, 213
시장매집 396, 397
시장수익율 109
시장승수 455
시장의 지배력을 확보 49
시장이자율 450
시장점유율 362
시장지배력 207
시장창조전략 45
시장확충 73
시차임기제 420
시차임기제도 420
신설기업(피분할회사) 273
신설분할합병 252
신설합병 27, 161
신설회사 161, 268, 273
신주발행 337
신주상장 192, 196
신주인수 65
신주인수권 69, 70, 111, 115, 383, 415
신주인수권 71
신주인수권부사채 88, 114, 128, 416
신주인수권부사채 111
신주인수권부사채 416
신주인수권부사채 106, 107, 213
신주인수권부사채인수 65
신주인수권부사채 70
신주인수권부사채권 248, 378
신주인수권부증권 417
신주인수권행사 417
실사가격 148
실용신안권 145
실질적가치 113
실질투자자 59, 60

(ㅇ)
액면미달발행 226, 474
액면발행 474
양도가액 104
양도소득세 152
양해각서(MOU) 135
양해각서 134
업무제휴 40
업종전환 205
엑슨-플로리오 440
엔젤 119
역경매 50
역공개매수 425
역시너지 273
역차입매수 117
역차입매수 117
역합병 116, 165, 165, 166
연구개발 35
영구성장가치 454
영구성장율 451
영구자기자본 114
영구증권 109
영업권 144, 289, 446, 450
영업양도 27, 83
영업양도대금 215
영업양도인 243
영업양도자 289
영업양수 556
영업양수 특례 31
영업양수도 29, 91, 205, 214, 289
영업양수자 289
영업의 양수도 34
영업이익 56, 245
영업이익법인세 453
영업적 측면 360
영업현금흐름 453
영업현금흐름 452
영업현금흐름 453
영업활동정지 298
예금보험금의 지급 312
예산제도 143
예탁자계좌부기재확인서 192
오프라인기업 208
온라인기업 208
완전매각 468
완전모회사 318, 323, 333, 339, 339
완전자회사 220, 318, 333, 339, 339
왕관의 보석 418
외국인의 직접투자 86
외부이해관계자 91, 97
외부투자가 91
외부투자자 96
외부평가기관 173
외적성장 81
우량기업 132
우량자산 312, 313
우리사주 401
우리사주제도 143, 407
우발채무 136
우선주 110
우선협상자 58
우호세력 402
우호적 M&A 72, 350
우호적 공개매수 378
우호적 통고 375
우호적M&A 65, 211
우호적지분 381
우호주주 402
우호지분 365
우회공개 28, 205, 230
우회공개추이 235
우회등록 28, 166, 173, 205
우회등록 208
우회때리기 396
우회상장 28, 205
운영자금 107
위임장대결 375, 396, 397
위임장대결 382, 392
위임장쟁탈 73
위장계열사 355
위장분산 428
유동비율 247
유무상증자 434
유비쿼터스 36
유사기업 455
유상감자 56, 473
유상증자 66, 110, 213, 374, 467
유상증자 107
유상증자 추정이익 459
유상증자발행가액 69
유상증자비율 476
유상증자주식수 458

찾아보기

유통물량 68
유통주식수 363
유한회사 170
유휴자산 402, 403
은낙하산 423
응모주식 387
응모주주 386
의결권 대리행사 397
의결권 제한 380
의결권 행사 361
의결권제한 32
의결권제한제도 440
의결권행사 369
의무공개매수제도 31, 433
의사결정 146
의사결정구조 147
의장권 145
의제배당 215
이론적평가 447
이사진전원사임 422
이사회결의 213
이월결손금 61, 63, 453
이윤공유 430
이익구조개선 481
이익배당 180, 226, 337
이익소각 225
이익잉여금 141
이익참가부사채 226
이자 60
이자소득 59
이중과세방지협약 60
익금 63, 229
익금불산입 461
인센티브 156
인수 34
인수기업 165
인수대상회사 131
인수비용 100, 127
인수의향서 130
인수자측 92
인수제비용 132
인수후개발 205
인적분할 246, 267, 273, 326
인적분할합병 246, 257
인적자원 153
인적회사 170
인테나 47
일반 비공개기업 125
일반공모 477
일반공모 증자 225
일반공모증자 476
일반법인 351
일반적인 정보 360
일반합병 162
임시주주총회 213

(ㅈ)

자금공급자 91
자금공급자 95
자금지원을 수반한 합병312
자기공개매수 427
자기공개매수 412
자기자금 29
자기자본 30, 109, 110, 110, 114, 245
자기자본비율 313
자기주식 225, 229, 394, 411, 458
자기주식 취득 225
자기주식취득 225, 411
자문기관 91
자문기관 94
자본감소 270
자본금 114, 324
자본시장 173, 211
자본의 가치를 산정하는 방법 451
자본이득 111
자본이득 실현 33
자본이득 55, 87, 95
자본잉여금 56, 324
자본잠식 55, 166
자본잠식사유 478
자본재구축 412
자본전액잠식 166
자본전입 111
자본제휴 40
자본조달비용 442
자본준비금 110, 114
자본차익 97
자본투자 40
자본환원율 459
자사주 229
자사주매입 411
자사주소각제도 433

자사주식 406
자사주처분손실준비금 229
자사주펀드 410
자산가치 335, 403, 450, 454, 454
자산가치 445
자산가치 449
자산가치접근법 450
자산가치접근법449
자산과 부채이전 91
자산부채이전 28, 311
자산수증이익 61, 63
자산양도 83
자산양수도 34
자산양수신고서 564
자산은 인수 311
자산인수 471
자산재평가 247
자산총액 215
자회사 165, 167, 318
잔여재산분배청구권 109
잠정거래가격 148
잠정거래금액 135
장기보유 402
장내매매 67
장부가치 449
장외매매 67, 68
장외매매거래 66
장외시장 166
재고자산평가 142
재고자산회전율 453
재등록 175, 246, 246
재등록신청일 246
재무구조개선 110, 213
재무구조조정 207, 213
재무시너지효과 80
재무예측 143
재무적 제한조항 416
재무적리스크 481
재무적제한조항 94
재상장 175, 244
재상장 117
재정거래 96
재정거래 96
재정거래업자 96
재정거래업자 96
재평가 273
재평가방법 449
재평가적립금 63
적대적 M&A 349
적대적 M&A 72, 350
적대적 M&A 73
적대적 공개매수 379
적자기업 61
전략적 제휴 29, 33
전략적 제휴 39
전략적제휴 34, 36
전량인수 380
전문중개자 95
전문중개회사 102
전진형 삼각합병 167
전통적 기업가치 33
전환가액 110, 111
전환권 109, 111
전환기간 70
전환사채 88, 114, 114, 128, 416
전환사채 106, 107, 213
전환사채 인수 65
전환사채 70, 109
전환사채 416
전환사채권 248, 378
전환사채권자 70
전환우선주 415
전환조건 70, 109
전환청구 417
전환청구권 383
절세효과 33, 61
정기주주총회 213
정밀실사 94, 103, 134, 213
정밀실사 135, 136
정보생산활동 356
정보제공료 105
정상적인 합병 165
정크본드 117
정크본드 88
정크본드 118
정크본드채권 118
제2차 납세의무 152
제3자 신주인수권 32
제3자배정 556
제3자배정 유상증자 479
제3자배정방식 560
제3자배정신주인수 213

찾아보기

제3자배정유상증자 479
제3자배정증자 474
제3자에 대한 신주인수권 69
제3자의 신주인수 65
제권판결 145
제도변경 235
제품 수명주기 39
제한세율 60
제휴합작벤처 40
조달비용 110
조세부담 61, 64
조세조약 60
조세조약개정 59
조세피난처 59
조세회피지역 59
조정된 부채가액 462
조정된 자산가액 462
조직재편성 153
존립중의 회사 243
존속기업 165
존속법인 62, 196
존속분할 249
존속분할합병 251
존속회사 161, 162, 164, 179, 199, 268
존속흡수분할합병 254
종업원 91
종업원 차입매수 93
종업원지주제 408
종업원지주제 94
종업원지주제도 93
종업원지주제도 430
주가 455
주가 감시체계를 구축 432
주가관련 승수 455
주가흐름 372
주권교부일 172
주권상장법인 297
주권의인도 150
주금납입 319
주당경상이익 460
주당매출액 455
주당순이익 455
주당장부가치 455
주식 162
주식가치하락 442
주식거래 회전율 362
주식공개매수 378
주식교 480
주식교환 36, 72, 88, 91, 107, 205, 213, 214, 217, 317, 317, 317, 329, 331, 334, 343, 380, 446
주식교환 380
주식교환가격 335
주식교환계약서 322, 332, 336
주식교환비율 220, 318, 446
주식교환시 330
주식교환제도 31, 317
주식교환특례제도 31
주식납입금 113
주식매수선택권 69
주식매수자금 428
주식매수청구 383
주식매수청구권 30, 163, 181, 216, 255, 318, 332
주식매수청구권행사 469
주식매입선택권 128
주식매입선택권 422
주식매집 430
주식매집비율 365
주식명의개서 150
주식발행초과금 63, 112
주식배당 111, 220, 226
주식병합 182, 183, 189, 472
주식보유기간 438
주식분산요건 285
주식소유비율 68
주식소유상한제도 351, 355
주식스왑 232
주식시장 96, 166
주식양도차익 59, 60, 318
주식의 교환비율 96
주식의 대량보유 등의 보고 365
주식의 매매거래정지 478
주식의 보호예수 150
주식의 제3자 할당증자 415
주식의무공개매수제도 355
주식의무보유기간 332
주식의변동상황감시 432
주식의부분적 교환제도 217
주식의포괄적교환 317, 336, 336
주식의포괄적교환일 339
주식의포괄적교환제도 217

주식의포괄적이전 317, 323
주식이전 317, 323, 343
주식인수 213, 446
주식인수 65
주식전환 213
주식지분가치 267
주식취득 27, 65
주식회사 170
주요주주 198, 369
주주 91, 109
주주가치 318
주주명부 폐쇄기간 188
주주명부 폐쇄기준일 188
주주명부폐쇄 187, 197, 261, 472
주주명부폐쇄기간 394
주주명부확정기간 180
주주명부확정기준일 187
주주배정증자 477
주주우선공모증자 467
주주의 의결권 163
주주총회 163, 169, 365, 365
주주총회 특별결의 181
주주총회소집청구권 395
준비금 111
중간배당 180, 337
중립적 M&A 73
중립적 M&A 72
중립적 공개매수 379
중소기업 125
중요한 영업양수도 294
중요한영업양수・도 217
증권거래세 152
증여 67
증여세 61, 152
증자 55
증자대금 215
증자전주식수 476
증자주식수 476
지급보증 107, 356
지배관계 172
지배구조 304
지배구조개선 357
지분가치 267
지분경쟁관계 402
지분매각 59
지분분산 353
지분분쟁 353
지분소유구조 413
지분참여제휴 40
지적소유권 362
지적재산권 143
지정감사제도 235
지주회사 30, 92, 220, 268, 318, 323
지주회사 413
지주회사 92
지주회사전환 220
지주회사제도 228
직접 자금지원 312
직접금융 173
직접매수 68
직접발행 474
직접인수비용 106
직접적우회공개 211
직접투자자본 31

(ㅊ)

차등의결권제도 31, 438, 438
차입금의존도 247
차입매수 116
차입매수 353, 358
차입매수 88
차입매수 72
차입매수 116
차입여력 402
차입자금 29
착수계약금 105
착시현상 134
창업이득 212
채권자 91, 109, 195
채권자 94
채무면제 56, 354
채무면제이익 61, 63
채무보증 304
채무보증제한 30
채무보증한도 30
처분가치 447
처분명령권 366
청산 55, 162, 214, 313, 349
청산가치 449, 450
청산배당 214, 215, 216
청산배당금 117, 221
청약기간 426

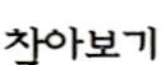
찾아보기

초과금 110
초과배당 412
초과주식 394
초기인수비용 132
초다수의결제 423
초박막 액정표시장치 46
총 인수비용 54
총부채 449, 462
총자본이익률 109
총자산 449
최대주주65, 66, 172, 174, 175, 334, 366, 369, 463, 549
최저이율 459
최종조건협상 146
최종협상가치 448
추계결정 64
추정가능세금 145
추정이익 462
출자 304
출자전환 61, 66, 354
출자총액 63
출자총액제한 30

(ㅋ)

컨버전스(융・복합화) 46
컨소시엄 40
코스닥등록기업 125
코스닥회사 230

(ㅌ)

타인자본 109, 110, 114
태그얼롱 58
퇴직금 예치금 142
퇴직금 추계액 142
퇴직충당금 432
퇴출요건 68
투기 97
투기자 97
투기자본 31
투자 수익적 측면 360
투자소득 59, 60, 60
투자수익 59
투자수익 351
투자시장 96
투자유가증권 324
투자자관리 410
투자자금 126, 212
특별결의 163, 365, 401, 404
특별관계자 65
특별다수결의423
특별다수결조항423
특별배당 412
특별손실 458
특별주식 437
특수관계인 175, 361, 557
특수관계자 174, 365, 404
특수정보 360
특허권 362

(ㅍ)

파워플레이 전략 33, 51
파워플레이 51, 52
파트너쉽 134
판매이익률 362
패각회사 116
패각회사 116
팩맨 전략 425
평가결과 446
평가목적 447
평가방법 446
평가요인 451
포괄적 상호 특허사용(크로스 라이센스) 40
포괄적 주식교환 232, 552
포괄적교환일 339
포괄적주식교환 217
표면이자율 112
표준화된 업무제도 143
푸른 바다 47
풋백옵션 57
플러스섬 133
피 분할회사 273
피 인수기업 73
피 합병법인 63, 64
피분할회사 267
피인수기업 165
피투자회사 450
피합병기업 166
피합병법인 62, 189
피합병법인의 상호 144
피합병회사 184, 199
피흡수합병 162
피흡수합병회사 162

(ㅎ)

하강국면 446
할인율 451, 454
합병 34, 91, 177, 446
합병 교부금 180
합병 161
합병가액 445
합병가액산정 174
합병가액산정방법 457
합병가치 213
합병결의 195
합병계약 171
합병계약서 163, 177, 179, 189
합병교부금 162
합병기업 166
합병기일 179, 190, 254
합병대가 63
합병대차대조표 189
합병등기 171, 179, 254
합병등기일 63, 185
합병법인 63, 64, 161, 189
합병보고주주총회 198
합병보고총회 183, 191
합병비율 173, 179, 414, 446
합병비율평가 185
합병승인 179, 181, 254
합병신고서 185, 549
합병신주 181, 183, 191, 198, 263
합병신주교부 192
합병요건주 550
합병절차 169
합병주주총회 179, 181
합병차익 64
합병회사 184, 190, 199
합병후기업통합 154
합작투자 28
합작투자법인 87
합작투자법인 86
해외신주인수권부사채 225
해외의 직접투자 86
해외자본시장 442
해외전환사채 225
햄(아마추어 무선통신) 46
행사가격 70, 111, 113
행사기간 70, 111
현금매수 380
현금배당 220
현금유입액 447
현금유출비용 453
현금흐름 34, 116
현금흐름 451
현금흐름분석 141
현금흐름창출 450
현금흐름할인가치 455
현금흐름할인법 451
현물출자 205, 214, 216, 220, 318
현물출자가액 446
현물출자방식 241
현재가치 451, 454
현재가치평가액 450
혼합적 M&A 72, 80
화의신청 436
화이트스퀘어 405
황금낙하산 422
황금낙하산 422
황금알 54
황금알 54
황금알선택권 419
황금주제도 437
황금주제도 32, 440
회사경영권 161
회사분할 241
회사정리절차 177
회사채 107
회사청산 468
회수가능가액 450
회수부대비용 450
회수불능채권 458
회수비용 450
후보대상기업 127, 131
후순위채권 116
후진형 삼각합병 168
흑자기업 61
흡수분할합병 252, 263
흡수합병 27, 161, 166, 211
흡수합병회사 162

찾아보기

【영문】

A

A&D 205, 207
A&D(Acquisition & Development) 28
A&D(Acquisition&Development 37
Acquisition & Development 205

B

Back Door Listing 28, 205
BIS 313
Black mail 397
Bridge financing 88
BW 73, 353
BW 477

C

CB 73, 353
CB 477
closed shop 138
CRC 119

D

DCF 451

E

EBIT 455
EBITDA 455
EBO 93
Employe Buy-Out 93
Employee Stock Ownership Plan 93
ESOP 93, 431
EV 455

F

Firm Value 455

G

Greenfield형투자 87

H

Hot Money 87

I

IPO 457

L

leverage effect 118

M

M&A 205
M&A Boutique 95
M&A 펀드 95
M&A결정가치 448
M&A부띠크 95
M&A중개회사(M&A Boutique) 91
M&A펀드 91, 93
Management Buy-out 93
Market Multiple 455
MBO 93
MBO: Management Buy-Out) 107
Merger & Acquisition(M&A) 27

N

Net Asset Value 445, 449
Net Cash Flow 451

O

open shop 138

P

PBR 455
PDA 46
Peer Group 455
PER 455
Post M&A 103, 152, 359
Project financing 103, 107
PSR 455

R

R&D 34, 205
Reverse merger 165
Reverse Take Over(RTO) 165

S

shell company 61
short selling 96

T

take over bid 68
Task force team: TFT 213
tender offer 68
TFT-LCD 46

TFT: task force team 124

U

union shop 138

V

Valuation 146
VI : Value Innovation 45
Voluntary bust-up 468
Vulture Fund 119

W

Warrant 106
Workout 451

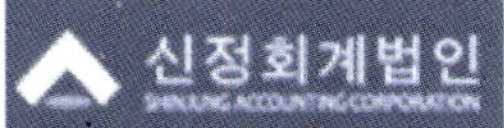

주 소 : 서울 강남구 도곡동 949-3 캠코양재타워 9층
전 화 : (02) 2057-3070(대표) 팩스: (02) 2057-3517
홈페이지 : www.sjcpa.co.kr

주요업무 : 회계감사, 세무조정, IPO자문, 기업구조조정
부동산전문컨설팅

김 진 한 (신정회계법인 이사)

E-mail : jhkim@sjcpa.co.kr

학력 및 경력 : 서울대학교 경제학과 졸업
한국 공인회계사, 미국 공인회계사
벨류미트인베스트먼트 근무
삼일회계법인, 영화회계법인 근무

주 소 : 서울 강남구 삼성동 171-2 한국감정원빌딩 8층
전 화 : (02) 555-9211(대표) 팩스: (02) 555-9015
홈페이지 : www.swacc.com

주요업무 : 회계감사, 조세업무 및 컨설팅, IR.IPO컨설팅
기업가치평가 및 실사업무
내부통제시스템구축컨설팅
외투법인 관련업무(영어/일어 서비스)

장 태 일 (신화회계법인 대표)

E-mail : tichang@swacc.com

학력 및 경력 : Thunderbird Graduate School(MBA)
공인회계사, 영화회계법인 근무
중소기업 제7, 8차 자산유동화 전문유한회사
실무위원
외투기업(미국/일본)회계감사 및 컨설팅
에너지관리공단 대전지부 매각 컨설팅 외 다수

저자약력

기업M&A주식회사
대표이사 **박 상 호**
www.globalstock.co.kr
globalstock@naver.com

▪ **전문분야**

M&A, A&D, 우회등록, IPO, 투자유치, 전략적 제휴

▪ **전문분야 강의경험과 자격**

- 한국능률협회와 공동으로 "해외투자전략 전문가 양성과정" 개설하여 강의
- 전경련국제경영원, 한국원가원, 한국외대, 한국경영기술지도사협회 등에서 M&A업무강의
- 한국능률협회, 서울상공회의소, KOTRA, 한국무역협회, 우성식품 등에서 해외투자 실무강의
- 중소기업청 경영지도사 등록
- 경기중소기업청 소상공인지원센터 경영지도분과장 위촉
- 한국원가원 기업가치평가사 과정 지도교수 위촉

▪ **저서 및 논문**

- 해외투자 실무매뉴얼(1995. 1월), 21세기북스
- 알기쉬운 해외투자실무(1996. 5월), 21세기북스
- 해외투자와 합작투자계약서 작성요령(1995년), 서울상공회의소
- 해외투자전략(1996년), 한국능률협회
- 외국인 직접투자의 경제적 효과와 활성화방안(1998년), 한국외국어대학교
- 전략적 M&A가 기업가치에 미치는 영향(2000년), KAIST

▪ **주요학력**

- 한국외국어대학교 국제경영학 석사
- KAIST 테크노경영대학원 AVM수료
- 고려대학교 언론대학원 최고위언론과정 수료
- The George Washington University AMP수료
- 숭실대학교 경상대학 경영학과 졸업
- 한국외국어대학교 세계경영대학원 AMP수료

인 지

블루오션 M & A 전략 - 개정판

초　판 1쇄 발행 — 2005년 9월 1일
초　판 2쇄 발행 — 2006년 1월 20일
개정판 1쇄 발행 — 2006년 9월 9일
지은이 — 박 상 호
펴낸이 — 전 두 표
펴낸데 — 도서출판 두남
서울시 강동구 성내동 455 - 12
등록 : 제2 - 624호(1988. 7. 21)
TEL : 478 - 2066 / 2067 / 2311
FAX : 478 - 2068
E-mail : dunam1@unitel.co.kr
http://www.dunam.co.kr

정가 32,000원

ISBN 89-8404-696-5 13320